한반도 평화와 통일 1

남남갈등을 넘어 비핵평화와 통일을 향해

한반도평화만들기·한반도포럼 기획
백영철 외 지음

연세대학교 출판문화원

차례

1권

1부 남북관계 3.0: 한반도 평화협력 프로세스

공동필자
백영철(건국대), 권만학(경희대), 김석진(산업연구원), 문정인(연세대), 박명림(연세대), 박영호(통일연구원), 안희창(중앙일보), 유호열(고려대), 이정철(숭실대), 임혁백(고려대), 전봉근(국립외교원), 조동호(이화여대), 조성렬(국가안보전략연구소), 최진욱(통일연구원)

2부 한반도 대전환: 어디로 갈 것인가?

3부 북한은 어디로 가고 있는가?

5부
북핵문제와
남북관계 그리고
국제관계

서문

백영철 전 한반도포럼 이사장, 현 한반도평화만들기 고문

한반도포럼의 그동안의 학술적 노력들을 모두 모아 하나의 책으로 출간합니다. 본서에는 한반도포럼의 일련의 활동 가운데 2011년 3월의 한반도포럼 창립 기념 학술회의부터 2016년 4월 25일에 열린 창립 5주년 기념 학술회의까지 6년간의 학술회의에서 발표된 원고들을 정리하여 수록하였습니다. 거의 모든 활동 내용을 포괄한 셈입니다. 거기에다 두 편의 전체 총괄 논문 및 세 편의 특별기고를 새로이 추가하였습니다.

한반도포럼은 남북관계 개선과 협력, 한반도 비핵평화와 통일, 그리고 동아시아 평화를 향한 실질적이면서도 균형적인 비전과 전략을 제시하는 것을 목적으로 결성된 최고의 정책 싱크탱크의 하나입니다. 보수와 진보를 망라하고, 정치·경제·국제관계·안보 등 관련 분야를 포괄하여 뜻을 같이하는 학자 35명이 창립회원으로 참여하였습니다. 한반도포럼의 그간의 활동과 내용을 돌이켜 보건데, 참여 학자들의 면면은 명실상부하게 최고의 전문가라 평가하는 데 부족함이 없습니다.

한반도포럼이 출범한 2010-11년 전후는 한반도 상황과 주변질서에 큰 변화가 일어나고 있던 시기였습니다. 중국은 급속한 정치·경제·군사적 성장에 힘입어 미국과 세계질서를 양분하는 G-2의 위치에 올라섰습니다. 또한 힘을 바탕으로 동중국해와 남중국해는 물론 국제적으로도 크고 작은 긴

장을 반복했습니다. 북한은 2009년과 2013년에 두 차례에 걸쳐 핵실험을 통하여 동북아의 힘의 균형을 뒤흔들고 있었으며, 특히 2011년에는 김정일의 사망과 김정은의 권력승계로 인해 내외 상황과 정책의 높은 불가측성을 노정하고 있었습니다. 남북관계 역시 천안함 사건과 연평도 포격사건으로 인해 어느 때보다 엄중했습니다.

한반도포럼은 이러한 내외의 변화를 구조적 전환으로 보았습니다. 그러한 도전은 우리에게 한반도 평화를 구축하기 위한 비전과 방책을 마련하는 데에도 근본적인 전환의 필요성을 제기하였습니다. 과거의 전략과 정책으로는 변화된 상황에 적절히 대응할 수 없기 때문에 고도의 지혜와 새로운 대응이 필요하다는 것이 한반도포럼 출범의 기본 문제의식이었습니다. 이상과 현실, 민족과 국제, 보수와 진보라는 과거의 이분법을 극복하는 동시에 세계와 동북아, 그리고 한반도의 미래 방향을 복합적으로 천착하여 보다 바람직한 비전과 전략을 제시하는 것이 필요했습니다.

본서의 모든 발표와 연구들은 새로운 비전과 방안을 모색하고자 시도한 한반도포럼 참여학자들의 공동, 또는 개별적인 발표물들입니다. 창립 이래로 한반도포럼의 중심 주제는 언제나 한반도의 비핵평화와 교류협력, 미래통일이었습니다. 이 주제를 중심으로 세계 및 동북아 질서, 북한문제와 남북관계, 남남갈등과 대북정책, 북핵문제와 6자회담, 한반도 안보 및 평화체제 구축 방안 등을 핵심의제로 하여 20여 차례에 걸친 학술회의와 30여 차례의 워크샵을 개최하였습니다. 이 책은 그동안의 한반도포럼의 학술활동을 모두 모은 결정체라고 할 수 있을 것입니다.

한 가지 밝혀둘 것은 전신인 한국통일포럼에서부터 한반도포럼에 이르기까지의 주요 대안 제시들은 참가자들의 집단지성과 노력의 작품이었다는 점입니다. 예컨데 한반도평화프로세스는 본인의 주도하에 강원대 박영호 교수와 외교안보연구원 전봉근 박사가 참여하여 기본 윤곽을 작성하였고, 권만학 교수는 남북관계 제도 개선을, 그리고 박명림 교수는 한반도 평화체제 구축과 평화협정 방안을 제시하였습니다. 박영호 교수의 성실함과 전봉근 박사의 전문성이 끼친 기여에 감사를 표합니다. 또한 이홍구 전 총리께서는 한반도 비핵평화체제 구축은 궁극적으로 북한의 비핵화 완성과 더불어 북미관계 정상화가 이루어져야 가능하다는 경로를 제시하여 주었습니다.

한국통일포럼과 한반도포럼의 지난 사반세기를 돌아보건대 그동안 한반도 화해협력과 평화구축에 나름대로 중요한 업적을 이룩하였다고 생각합니다. 포럼의 설립과 운영을 주도한 사람으로서 회고컨대 큰 보람이 아닐 수 없습니다. 특히 아래의 세 계기는 결정적이었습니다. [여기에서 한국통일포럼의 자세한 업적을 적시하지는 않겠습니다. 그에 대해서는 필자가 편집한 《분단을 넘어, 통일을 향해》(건국대학교 출판부, 2000)를 참조해주시면 고맙겠습니다.]

우선, 한반도포럼은 1995-99년과 2003년에 걸쳐 남한·북한·해외학자들 사이에 한반도문제를 토의하기 위해 결성되었던 한국통일포럼에 그 뿌리를 두고 있습니다. 한국통일포럼은 1995년 7월 중국 베이징에서 남·북·해외학자들이 함께 주최한 역사적인 첫 통일학술회의가 결정적 계기였습니다. 이후 남·북·해외학자들 간의 통일회의를 지속적으로 추진할 구심점이 필요하다는 공감대가 형성되면서 정식으로 출범하였습니다. 한국통일포럼은 통일회의를 직접 기획·조직·협의·성사시킴은 물론 이후 이를 정례화하였습니다.

이는 분단 이후 최초의 남북 정례 학술회의였습니다. 특히 언어·역사·문화와 같은 비정치적 분야가 아닌, 가장 첨예한 현실적 의제인 남북관계와 비핵평화의 문제에 대해 남북 사이에 공동회의를 정례화한 것은 남북관계사에서 이정표적 기여라는 평가를 받아왔습니다. 남북 사이에 새로운 학술적 플랫폼을 최초로 열기 위한 준비와 실현과정에서의 많은 분들의 각고의 땀과 노고를 잊을 수가 없습니다.

6년간의 남북학술회의를 통해 남북한 및 해외의 학자들은 서로의 생각과 입장을 탁자 위에 올려놓고 기탄없이 토론함으로써 한반도문제에 관한 상이점과 공통점을 발견하고 합의점을 모색하였습니다. 따라서 남북한의 학술과 담론공동체를 형성하기 위한 한국통일포럼의 노력과 성과는 남북관계사와 한반도학술사에서 하나의 획기적 사건이라고 할 수 있을 것입니다.

실제 정책 측면에서도 한반도 및 북한문제의 중요 문제들에 대해 북한의 당국자들로부터 실제의 정책 표명과 실현에 앞서서 미리 직접 듣고 파악할 수 있었던 기회들은 무엇과도 바꿀 수 없는 소중한 경험이었습니다. 이는 현장대화만이 줄 수 있는 최고의 성과였습니다. 거기에는 서울불바다 발언에 대한 발언 당사자인 박영수 조국평화통일위원회 서기국 부국장(차관급. 당시 사회정치학회 위원)의 최초 해명과 사과, 김일성 사후 3년상(三年喪) 예측과 김정일의 승계 사실, 남북정상회담 수용에 대한 강력한 의지 표명, 한반도에너지기구(KEDO) 성공에 대한 부정적 전망, 핵개발 구상과 장기적 암시, 6자회담 수용과 참석에 대한 분명한 의사 표시, 북미 대화와 관계 개선 및 수교에 대한 적극적인 의지 표명…, 등의 핵심적인 문제와 사안들이 포함됩니다.

특별히 2003년에는 한반도의 화해협력 및 평화통일의 방안에 대한 회의를 평양에서 공개적으로 개최하는 예상치 못한 성과를 거둔 바 있습니다. 평양학술회의 당시 필자는 기조발제를 통하여 한반도 평화문제의 관련 당사자인 남북한과 주변 4개국인 미·중·일·러 6개국 사이의 대화를 통한 한반도의 비핵화와 평화체제 구축이 가능함을 적시함으로써 한반도 비핵평화를 위한 다자주의적 접근과 6자회담의 필요성을 제시하였습니다. 당시 미국은 북핵문제 해결에 있어서 선(先)핵폐기 후(後)안전보장을, 북한은 선안전보장 후핵폐기 방안으로 서로 대치하고 있을 때였습니다.

그러나 한국통일포럼의 한반도 평화프로세스는 핵폐기와 평화체제구축, 그리고 경제지원을 포괄적·단계적·동시적으로 해결하자고 획기적으로 제안하였던 것입니다. 이러한 한국통일포럼의 제안은 2005년 9.19공동선언, 2007년 2.13합의에 대폭 반영된 바 있습니다. 이러한 성과를 거둔 데 대해 저는 지금도 큰 보람을 느낍니다. 한국통일포럼과 함께 통일학술회의를 개최해온 북한의 최고 실무자였던 원동연 통일전선부 부부장(당시 사회과학원 참사)이 훗날 "백 선생이 2003년 3월에 제시한 비핵화 방안과 6자회담 구상은 5월에 중국 왕이 외교부 부부장이 평양 방문시 동일하게 제안하였고, 이어서 8월에는 첫 번째 6자회담으로 이어졌습니다"라고 직접 말해주기도 하였습니다.

두 번째는 2012년 대통령 선거를 앞두고 30여 명의 최고 전문가들이 30회 이상의 집단토론을 거쳐 제시한 '남북관계 3.0: 한반도평화협력프로세스' 입니다. 이는 한반도평화프로세스를 업그레이드시켜 보다 정치한 안으로 제시한 것이었습니다. 한반도포럼의 모든 연구결과들은 분석의 치밀함은 물론 실질적인 정책적 함의를 지니고 있다는 점에서 한반도 평화에 크게 기여하였음이 분명합니다. 그중에서도 "남북관계 3.0"은 한반도의 비핵화와 평화체제 구축을 위한 구체적인 비전과 체계적인 로드맵을 적실성 있게 제시하였다는 점에서 특기할 만한 성과였습니다. 그 결과 당시 대선에 참여한 주요 정당들은 앞을 다투어 한반도포럼의 제안을 자신들의 정책으로 수용하였습니다.

세 번째는 한반도포럼과 국회 남북관계특위가 공동 주최한 "남남갈등을 넘어 평화와 통일을 향해: 지속가능한 대북정책" 토론회입니다. 당시 토론회에는 여야 정당의 대표와 원내대표들이 모두 참여하여 진영대결을 극복하고 초당적인 대북정책을 수립할 것을 처음으로 합의하고 약속하였습니다. 당시 필자는 초당적 대북정책협의체를 상설적으로 설치할 것을 제안한 바 있습니다. 대북정책의 지속성을 마련하기 위한 한반도포럼과 국회의 공동 노력은 이념지향에 따른 그동안의 진영대결을 극복하려는 대표적인 노력이었습니다.

한반도포럼은 지난 2017년 3월에 한반도와 동아시아 평화를 위한 비전 제시와 정책개발, 그리고 공론화의 역할을 (재)한반도평화만들기(이사장: 홍석현)에 넘겨주었습니다. 결국 한반도포럼은 한국통일포럼의 후신이자 (재)한반도평화만들기의 전신으로서 그 중간 매개 역할을 감당한 셈입니다. 출범 이후 (재)한반도평화만들기는 한반도평화의 철학과 방향을 정립하고 보수와 진보를 아우르는 대안을 제시하고자 노력하고 있습니다. 한반도평화만들기는 2021년 11월 동아시아와 한반도 평화에 대한 그간의 공로를 인정받아 국가균형발전위원회로부터 '동북아+평화상'을 수상한 바 있습니다. 한반도평화만들기가 한국통일포럼과 한반도포럼의 역사와 성과를 이어받고 뛰어넘어 최고의 국제적 싱크탱크로서 활동하기를 소망합니다.

끝으로 한반도포럼에 진심과 열정을 다해 참여해주신 모든 회원과 관계자분들께 깊은 감사의 말씀을 드립니다. 회원 모두의 헌신적인 열정과 참여는 한반도포럼의 활동과 성장, 그리고 성과의 토대이자 자양분이었습니다. 특히 한반도문제에 대한 최고 권위자이신 이홍구 고문은 참여 연구자들 못지않은 열성으로 한반도포럼을 처음부터 끝까지 이끌어주셨습니다. 또한 최고의 국제적 식견을 갖고 계신 홍석현 중앙일보·jtbc 회장은 한반도포럼의 재정은 물론 보도를 비롯한 후원을 아끼지 않음으로써 포럼의 비약적 발전을 가능케 해주었습니다. 두 분께 각별한 감사의 말씀을 드립니다.

1995-96년 한국통일포럼이 출발할 때부터 저를 도와 운영과 총무를 담당하여 완벽한 일처리 솜씨를 보여준 권만학 전 한반도포럼 회장, 그리고 학술과 이론을 담당하여 헌신적 노력을 아끼지 않은 박명림 연세대 교수께

깊은 감사의 뜻을 표합니다. 권만학 교수는 치밀한 준비와 논리를 통해, 북한과의 학술회의 논의가 교착상태에 빠졌을 때마다 원칙을 지키면서도 능숙하게 돌파하는 탁월한 능력을 보여주었습니다. 수차에 걸친 남북학술회의는 권만학 교수의 원숙한 지혜와 담대한 돌파력에 힘입은 바 큽니다. 북한과의 회의가 갖는 고도의 민감성을 반영하여 제가 명명한 이른바 '지뢰제거작업' 과정에서, 지난한 이견조율을 위해 남북학술회의 때마다 북한측과 치열하게 논쟁하면서 며칠씩 철야작업을 통해 합의를 이끌어내었던 박명림 교수의 전문성과 노고를 잊을 수가 없습니다.

한반도포럼은 중앙일보와 함께하였다고 해도 과언이 아닙니다. 포럼의 논의가 국민과 공유될 수 있었던 바탕에는 중앙일보 임직원의 공헌이 컸습니다. 한반도포럼을 체계적으로 뒷받침해준 중앙일보의 이하경 주필께 감사의 뜻을 표합니다. 또한 초기 학술회의를 실무적으로 뒷받침해준 중앙일보 통일문화연구소의 고윤희 전 소장, 국회와 공동학술회의를 개최하도록 큰 역할을 해준 이정민 전 소장, 그리고 운영을 담당해준 안희창 전 기자께도 감사를 표합니다. 흩어져 있는 발표문들을 찾는 수고를 해준 박수성, 정영교 두 기자에게도 감사의 뜻을 전합니다. 끝으로 출간을 위한 초기 작업 과정에서 박영호 교수의 수고, 최종 원고 정리와 편집을 담당하여 오랫동안 수고해준 박명림 교수와 장훈각 박사께도 깊은 감사를 표합니다.

한반도포럼에는 함께하지 못하였으나 한국통일포럼 이래 한반도의 평화를 위한 논의와 토론으로 많은 날들을 함께 담론하며 지새웠던 국내, 북한, 그리고 해외 학자들에게 존경과 감사의 말씀을 전합니다. 서울, 평양, 금강산, 개성, 베이징, 베를린, 애틀란타… 를 비롯한 많은 곳에서의 성취와 안타까움의 장면들이 주마등처럼 스쳐갑니다. 한반도 평화와 화해에 관한 접근과 생각은 달랐지만 구동존이(求同存異)의 정신으로 상대를 이해하고 이견을 수렴하려 노력했던 편린들은 잊을 수가 없습니다.

출간을 앞둔 현재의 상황에서 볼 때, 북한의 비핵화를 통한 한반도 평화 정착의 가능성은 요원해 보입니다. 최근 미중 간에는 반도체 문제와 대만 문제 등을 둘러싼 대립이 격화되고 있고, 러시아는 우크라이나 침공으로 미국 등 서방국가들과 대립이 격화되는 상황에서 국제공조를 통한 북핵문제의 평화적 해결은 더욱 난망해 보입니다. 강대국 간 대결의 격화가 북한에게는 국제정치무대에서 자율성 확대에 유리한 국면으로 전개되는 가운데 북한은 최근 '핵무력의 법제화'로 핵보유의 공식화는 물론 선제 타격의 가능성까지 열어놓고 있습니다.

한편 한국의 윤석열 정부는 '킬체인', '한국형 미사일 방어체계', '한국형 대량 응징보복' 전략 등 소위 '한국형 3축 체계'를 고도화하는 한편 한미일 군사협력, 특히 미국의 핵 확장억제력 강화로 북한에 대처하고 있습니다. 요컨대 남북 간의 강 대 강 대결 속에 한반도의 긴장은 더욱 고조되고 있는 상황입니다. 한국에서는 안보환경의 변화에 따른 새로운 대처방안을 모색하는 가운데 전술핵 재배치, 전략자산의 순환배치, 나토식 핵공유, 그리고 자체 핵개발 등 다양한 대처방안들이 제시되고 있습니다. 이와 관련하여 본 책에서는 전봉근, 박영호, 박명림 교수들이 다양한 정책대안의 적실성과 타당성을 논구하고 새로운 방향을 모색하고 있습니다.

요컨대, 한반도 비핵평화체제로 가는 경로는 결코 순탄치 않으며, 때로는 험로를 걸어야 하는 상황이지만 우리는 비핵평화의 목표를 결코 포기할 수는 없습니다. 그러나 무력을 통한 해결은 어떠한 경우에도 배제되어야 할 것입니다. 현재의 남북 대결과 대립 속에서도 대화의 채널을 다시 열어 한반도의 긴장완화와 평화유지를 위해서 최선의 노력을 경주하고, 궁극적으로는 비핵화의 평화적 해결방안을 실현하여야 할 것입니다. 그리하여, 마침내 한반도의 항구적인 평화를 향한 우리의 모든 노력들이 대합수(大合水)를 통해 하나로 만나게 될 그날을 간절히 기대합니다.

축사

홍석현 한반도평화만들기 이사장

2011년 3월에 창립한 한반도포럼의 노력을 집대성한 신간 「한반도 평화와 통일: 남남갈등을 넘어 비핵평화와 통일을 향해」가 나왔습니다. 대단히 기쁘게 생각합니다. 혼신의 힘을 다해 연구해오신 회원 한 분 한 분께 감사한 마음으로 축하의 인사를 보냅니다.

한반도포럼은 재단법인 한반도평화만들기의 모태입니다. 국내 최고의 전문가들이 모여 북한 비핵화, 남북한의 화해협력, 한반도 평화구축을 위한 담론을 이끌었고, 현실적인 비전과 해법을 끊임없이 제시해왔습니다. 특히 다양한 견해를 가진 전문가들이 각자의 학문적 입장이나 이념적 선호의 차이를 넘어 집단지성을 통해 객관적인 대안을 제시하고자 노력해왔습니다. 이번에 출간된 책은 분단국가 지식인의 고뇌와 성찰, 열망을 고스란히 담고 있습니다.

최근 전개되고 있는 한반도와 세계 질서의 변화 양태는 기존의 평화를 위협하는 새로운 도전입니다. 미국과 중국의 경쟁과 대립, 우크라이나 전쟁으로 인한 서방과 러시아의 대립은 진영대결의 양상으로 발전하고 있습니다. 미국과 서방이 한편이 되고 중국과 러시아가 다른 편이 되었습니다. 많은 전문가들이 진영간의 공세적이고 적대적인 대외정책과 대립관계를 특징으로 하는 국제체제가 다시 도래할 것으로 예측하고 있습니다.

남북관계도 한 치 앞을 가늠하기 여려울 정도로 강(强) 대 강(强)의 대결 양상을 보이고 있습니다. 북한은 2019년 2월 하노이에서 열린 북미회담 결렬 이후 최근에 이르기까지 핵보유에 대한 의지를 더욱 확고히 함과 동시에 각종 미사일 실험을 통해서 한국은 물론 세계를 향해 공세적 입장을 강화하고 있습니다. 우리 정부는 평화와 협력을 추구하되 북한의 비협력적인 태도에는 강경하게 대응한다는 '팃포탯(tit for tat)' 전략으로 대응하고 있습니다. 이러한 정책기조는 한미동맹과 국제적 연대 강화, 그리고 우리 국방력의 첨단화와 내실화를 공고히 하는 것을 바탕으로 하고 있습니다.

전지구적 진영화와 남북한의 강 대 강 대결구도는 한반도의 긴장을 고조시키고 있습니다. 향후 남북관계 진전과 평화구축을 제약하는 핵심 요인이기도 합니다. 이 책은 이처럼 큰 격변으로 지혜를 모아야 할 필요가 절실한 시점에 나왔습니다. 한반도포럼의 연구자들은 북한 핵문제가 대두한 이후 현재에 이르기까지 국내정치, 남북관계, 동북아시아는 물론 세계 정치 전반에 걸쳐 깊은 고민과 성찰을 통해 현실적이고 실천적인 대안을 제시하고 있습니다.

이렇게 중요한 연구성과를 도출할 수 있도록 한반도포럼을 이끌어오신 모든 회원들께 감사의 말씀을 드립니다. 특히 한반도포럼의 결성과 운영, 비전과 논의의 처음과 끝에는 백영철 전 이사장님이 있었다고 해도 과언이 아닙니다. 지금까지 전심전력을 다해 포럼을 만들고 이끌어주신 데 대해 특별한 감사의 말씀을 드립니다. 그리고 권만학·박영호·박명림 교수와 이하경 중앙일보 주필은 어젠더 세팅 과정에서 핵심적 역할을 수행하면서 '한반도포럼'을 내실 있게 이끌었습니다. 네 분의 헌신에도 깊은 감사를 표합니다.

한반도평화에 오랫동안 관심을 기울여온 저는 개인적으로 한반도포럼의 전신인 한국통일포럼 때부터 재정 후원과 공론화를 위해 나름대로 노력해

왔습니다. 돌이켜보면 한반도포럼과 동고동락할 기회를 가져 무한한 보람을 느꼈다는 사실을 기쁘게 고백합니다.

북한 비핵화와 한반도 평화구축을 위해 진보와 보수의 정파를 초월해 모두가 공감할 수 있는 대안을 제시하는 일은 앞으로도 계속되어야 할 것입니다. 저는 한반도포럼을 발전적으로 확대한 재단법인 한반도평화만들기의 발전을 위해서 최선을 다할 것입니다. 그래서 한반도평화만들기가 아시아를 대표하는 세계적인 평화 플랫폼으로 확고히 자리잡을 수 있도록 하겠습니다. 한반도와 세계 평화를 향한 여러분과 저의 열망은 영원할 것입니다. 감사합니다.

총론 I

「한반도포럼」의 연혁과 활동

백영철, 권만학, 박명림

1. 「한국통일포럼」과 「한반도포럼」

「한반도포럼」은 2011년 3월 한반도의 안정과 화해, 평화와 통일에 대한 대전략을 마련하기 위한 목적으로 설립되었다. 「한반도포럼」은 창립 이래 남북관계와 한반도 문제, 동북아 관련 분야의 최고 전문가들이 회원으로 참여하여 학술논의와 담론을 전개하고 보수·진보의 다양한 학문적·정책적 해법과 대안을 제시해왔다. 「한반도포럼」은 건전한 보수와 합리적 진보를 아우르는 통합적 시각에서 바람직한 정책방향을 제시함으로써 이념과 정파를 초월하여 지속가능한 대북정책을 개발하고 한반도의 안정과 평화에 기여하고자 하였으며, 이 분야에서 그 구성상 최고의 전문가 집단이라고 평가받아왔다.

「한반도포럼」은 1995-96년에 설립된 「한국통일포럼」(이하 「통일포럼」)에 그 뿌리를 두고 있다. 「통일포럼」은 1995년에 개최된 제1차 「남·북·해외 학자 통일회의」(이하 통일회의) 이후 백영철 건국대 교수의 제안과 주도로 통일회의의 발전과 정례화를 추진하기 위해 설립되었다. 즉 「통일포럼」은 통일회의의 구심점 역할을 하는 동시에 남측 학자들의 대표성을 강화하기 위해 결성된 자율적인 순수 민간학술단체로서, 남북화해협력 및 평화통일, 북한의 개혁개방에의 기여를 목표로 하였다. 「통일포럼」의 준비와 설립에는 건국대 백영철 교수, 고려대 최장집 교수, 서울대 장달중 교수, 하영선 교수, 경희대 권만학 교수, 연세대 김기정 교수, 동국대 정용길 교수, 고려대 박명림 박사 등 8인이 창립위원으로 참여하였다. 설립 당시 「통일포럼」은 「한국통일학술포럼」의 이름으로 출범하였으나 1998년 4월 정기총회에서 『한국통일포럼』으로 명의를 변경하였다.

「통일포럼」은 한반도 평화·통일문제에 관해서 최고의 전문성과 한국 지성사회의 학문적·이념적 균형과 대표성을 확보할 수 있도록 대표적인 전문가들을 초빙하였으며, 잦은 논의와 회의를 통하여 당면 과제에 대한 의사교환과 정책방향에 대한 의견을 제시함으로써 한반도 평화와 교류협력 증대에 상당한 공헌을 하였다. 또한 「통일포럼」은 그 때까지 전례가 전혀 없었던, 연례 남북 통일학술회의를 개최함으로써 남북한은 물론 해외의 학자들이 한반도 평화와 통일을 논의하는 공론의 장을 정례화하였으며, 북한의 핵문제를 최초로 남북한 간에 학술토론의 의제로 제시하여 심층 논의에 이르게 하는 등 남북문제에 관한 의제를 선도하였다. 당시 남북해외 학자들의 정례적인 준비와 논의 공간은, 분단 이후 최초로 공동의제에 대해, 공동의 남북 학술담론 공간을 창출한 획기적인 업적이었다. 이와 더불어 「통일포럼」은 남북한의 정부 당국과 관계기관들과 언론은 물론 일반 국민의 통일문제에 관한 관심과 이해를 크게 고양시키는 등 남북한의 학술교류사에 하나의 역사적 획을 긋는 성과를 거두었다.

「통일포럼」은 통일회의를 개최하는 동안 보수와 진보 어느 한 쪽의 이념적 성향에 치우치지 않고 학문적 관용과 절제, 균형과 형평의 입장을 유지하려 노력하였다. 통일회의에 참여한 학자들의 구성을 살펴보면 「통일포럼」의 노력이 잘 드러난다. 통일회의에는 국내의 거의 모든 통일 전문가들이 참여하였으며, 이념성향에 있어서도 보수와 진보를 망라하였다. 연령적으로도 노장, 중견, 소장층이 고루 분포되어 있다. 그러나 가장 중요한 기준은 역시 최고의 학문적 전문성이었다. 우리는 매번 수백 명의 관련 전공학자들의 연구와 글을 읽어가며 섬세한 독해와 분석을 거듭하였다. 남측의 참석학자들의 면면은 이를 잘 말해준다.

정치학자로는 구영록, 한배호, 정진위, 오기평, 안병준, 길승흠, 백영철, 최장집, 이정복, 김학준, 신복룡, 장공자, 하영선, 임혁백, 문정인, 장달중, 함택영, 심지연, 지병문, 권만학, 김기정, 박건영, 한용섭, 고성준, 이서항, 서동만, 남궁영, 최대석, 김재홍, 이종석, 박명림 외 다수가 참여하였다. 경제학자로는 정운찬, 안석교, 이영선, 조동호, 동용승, 전홍택, 김경량,… 등의 학자들이 참여하였다.

이와 같은 순수학문 영역의 학자들 외에도 각 정부 기관과 민간 단체에 참여한 다수의 전문가와 학자들이 포함됨으로써 진보와 보수, 연령, 순수학문과 정책, 이론과 실천분야 등 모든 입장을 포괄하여 가장 균형적으로 남북문제에 접근할 수 있도록 하였다. 이를 통해 「통일포럼」은 남북관계와 통일문제의 전문성에서 남한과 북한에서 명실공히 최고 수준을 확보하였다.

실제 뚜껑을 열고 보니 통일회의에 참가한 북측 학자들 역시 남측 참가자의 전문성 수준에 뒤지지 않는 최고 수준이었다. 이종혁, 김구식, 김철식, 원동연, 김경남, 조성발, 최성익, 박영수, 안경호, 김문일, 김만길, 김관기, 김명조, 박영철,… 등 북측 참가자들도 노·장·청을 망라한 대남정책의 최고 실세들로 구성되어 있음을 알 수 있다. 그들은 순수 학자라기보다는 사회주의 국가의 특성상 수십 년 동안 남북문제를 국가의 중요 직위에서 직접 다뤄온 인사들이었다.

이와 더불어 송두율, 이정식, 고병철, 이홍영, 길영환, 박한식, 이채진,

김영진,… 등 해외의 한반도 문제 및 북핵문제의 당대 최고 전문가들이 다수 참여하였다. 남한과 북한, 해외의 최고의 한반도문제 전문가들이 한군데 모여서 담론하는 장면과 수준들은 가위 장관이자 단연 당대 최고였다.

2. 「통일포럼」과 「남북해외학자 통일회의」

남북한과 해외의 학자들이 참여하는 통일회의는 1995년부터 1999년까지 연이어 5차례의 연례 학술회의를 개최하였으며, 2003년에는 평양에서 1차례의 학술회의를 열었다. 남북한과 해외의 학자들이 공동으로 직접 기획하고 조직하여 통일회의를 지속적으로 개최하였다는 것은 분단 이후 처음으로 통일을 주제로 한 논의의 광장을 열었다는 것을 의미하는 것으로 남북한 학술사에 있어서 대단히 큰 성과가 아닐 수 없다.

제1차 통일회의는 「서울대학교 한국정치연구소」와 북한의 「사회정치학회」의 공동주최로 1995년 7월 31일부터 8월 1일까지 2일간 베이징(北京) 쉐라톤호텔에서 개최되었다. 제1차 통일회의는 1994년 베를린(Berlin)에서 열렸던 세계정치학회에 참석하였던 백영철 교수(건국대)의 제의로 길승흠 교수(서울대), 송두율 교수(독일 뮌스터대) 등 3인이 중심이 되어 기획, 추진되었다. 특히 송두율 교수는 회의의 전과정에서 남북 양측의 의견이 대립할 때마다 차이를 조율하는 등 남북한 간의 가교 역할을 담당하는 역할을 헌신적으로 수행하였다. 1차 회의는 "통일의 원칙과 화해협력", "통일의 방식"을 주제로 각 분과별로 발표와 토론을 갖고 이어 종합토론이 진행되었다. 남측에서는 서울대 한국정치연구소의 길승흠 교수를 단장으로 14인이, 북측에서는 김구식 통일문제연구소 부소장을 단장으로 7인, 해외에서는 이정식 미 펜실베니아 대학 교수를 비롯하여 모두 6인이 참여하였다.

1차 회의에서는 통일의 원칙과 방안 등과 같은 큰 주제를 중심으로 토의가 이루어졌다. 자주·평화·민족대단결의 '조국통일 3대원칙'에 관해서 북측 학자들은 '자주'가 가장 핵심적인 요소로 이를 통해서만 진정한 민족대단결과 평화에 도달할 수 있다는 입장을 견지하였던 반면에 남측 학자들은 '평화'의 원칙을 강조하였다. 통일방안과 관련하여서도 북측 학자들은 북한의 공식적 입장인 '1민족 2제도 2정부 1국가'의 고려연방제안을 적극 주장하였고, 남측의 학자들은 '화해협력–남북연합–통일국가'의 3단계 민족공동체안을 강조하였다. 또한 통일 이후의 국가와 관련하여서도 자유민주주의와 인민민주주의 체제로 주장이 나뉘는 등 1차 회의에서는 각 주제에 대하여 남북의 학자들 간에 입장과 시각이 다르다는 것이 확연하게 부각되었다. 그러나 1차 회의를 통해 남북한의 학자들은 통일에 관한 입장과 해석상의 차이에도 불구하고 남북한 양측 모두 민족의 화해와 협력을 통한 평화적 통일의 방향에 대한 공감대가 존재하고 있음을 확인할 수 있었다.

제2차 남북해외동포학자 학술회의는 「통일포럼」과 북한의 「사회정치학회」의 공동주최로 1996년 9월 13일부터 15일까지 3일간 베이징 쉐라톤호텔에서 '민족통일의 전망과 과제'를 주제로 개최되었다. 2차 회의는 「통일포럼」이 주체가 되어 개최하였던 첫 번째 통일회의로 1995년에 열렸던 「남북해외학자 통일학술회의」를 실질적으로 계승한 회의이다. 이 회의는 정치화해 2개 분과, 평화체제 및 군사문제 1개 분과, 경제사회 교류 및 협력 1개, 종합토론 1개 분과 등 총 5개 분과로 나뉘어 진행되었다. 남측에서는 백영철 교수 외 20인이, 북측에서는 김구식 통일문제연구소 부소장 외 9인이, 그리고 해외에서는 고병철 교수 외 2인이 참가하였다.

제2차 통일회의는 1996년 5월에 폴란드의 바르샤바에서 예비회담을 갖고 단절된 남북관계를 학자들 수준에서라도 복원하기 위해 남북한의 관계자 모두가 심혈을 기울여 준비한 회의로 통일문제의 각론을 중심으로 논의가 이루어졌다. 남측과 해외 학자들은 세계적 환경변화와 한반도 통일의 조건, 평화체제 구상, 정치적 화해, 경제교류의 활성화 방안 등 각 사안에 관한 해결책을 모색하였다. 북측 학자들은 민족 문제, 흡수 통일의 부당성, 연방제, 정치·군사 문제, 「조미 잠정협정」 체결 문제 등에 관하여 원론적 입장에서 크게 벗어나지 않는 주장들을 제기하였다. 2차 회의에서는 한총련 문제나 북미평화협정의 당사자 문제 등에서 의견이 대립하기도 하였으나 상호간에 직접적인 비난을 피하고 견해차를 인정하며 점차 이해의 폭을 넓혀나가자는 방향으로 이해와 타협이 이루어지는 등 회의는 한층 성숙해져 있었다. 여기에는 직접적인 상호 비난과 대단히 민감한 부분에 대한 일방적 주장을 남북 참여자 스스로 사전에 조정한 결과이기도 하였다.

제3차 남북해외동포학자 학술회의는 「통일포럼」과 북한의 「사회정치학회」의 공동주최로 1997년 8월 29일부터 30일까지 2일간 베이징 켐핀스키 호텔에서 '남·북 화해협력을 위한 실천방안의 모색'을 주제로 개최되었다. 3차 회의는 "정치화해/민족자주", "군사안보/평화", "교류협력/민족대단결"을 주제로 각 분과별로 발표와 토론이 있은 후, 종합토론 순으로 진행되었다. 남측에서는 백영철 교수 외 14인이, 북측에서는 김철식 단장 외 10인, 해외에서는 이홍영 교수 외 2인이 참여하였다.

3차 회의는 위기와 희망이 교차하는 긴장감이 바탕에 흐르는 회의였다. 동년 2월 12일 주체사상의 거두 황장엽 전 노동당 비서의 망명으로 인한 남북관계의 경색, 8월 5일 4자회담 예비회담의 개최, 8월 19일 신포에서의 경수로 부지공사 착공 등 남북관계 및 국제환경의 변화 등이 그것이다. 특히 신포 경수로 착공과 4자회담 개최를 위한 예비회담은 그 어느 때보다 남북관계 진전에 긍정적 영향을 미칠 것으로 기대를 갖게 했다. 3차 회의는 동일한 주제를 남과 북의 언어로 병기한 각 분과의 주제 구성에서도 알 수 있듯이 남북한 간 서로의 차이는 물론이고 공동으로 나아가고자 하는 방향에 대한 강한 열망이 표현된 회의였다. 회의의 분위기 역시 남북협력의 가능성을 모색하고자 하는 경향이 강했다. 남측 학자들은 한반도 문제의 국제화와 한반도화의 필요성, 절대안보개념에서 상호안보, 공동안보, 협력안보 개념으로의 전환을 통한 평화구축 추구, 경제교류 등 구체적으로 교류협력을 증진시킬 방안 모색의 필요성 등을 강조하였다. 반면에 북측 학자들은 사회주의 붕괴, 개혁개방, 북한붕괴, 식량문제, 경제위기 등 북한의 체제변화와 관련한 민감한 문제들을 논의하면서도 '자주'노선을 대단히 중시하는 경향이 있었다. 이날 회의에서는 삼성과 LG 등 기업의 실무책임급의 인사들의 발표도 함께 진행되어 경제협력 방안에 관한 토론 내용이 피상적 수준에 그치지 않을 수 있었다. 그러나 남측의 발표들이 독자적인 연구결과를 자유로이 발표했던 것에 비하여 북측은 여전히 이전 회의와 거의 동일한 논지를 토대로 발표자들 간에 역할분담과 주제분할을 통해서 논문이 집필되는 모습에서 벗어나지 못했다.

제4차 남북해외동포학자 학술회의는 「통일포럼」과 북한의 「사회정치학회」의 공동주최로 1998년 2월 20일부터 21일까지 2일간 베이징 켐핀스키 호텔에서 남·북 화해협력을 위한 새 시대 모색", 북측에서는 "조국통일과 학자들의 역할"을 주제로 개최되었다. 4차 회의는 "화해 및 통일 실천 방안/ 자주", "교류 및 협력 실천 방안/ 협력", "평화체제 구축과 긴장완화/ 평화"를 주제로 각 분과별로 발표와 토론이 있은 후, 종합토론 순으로 진행하였다. 남측에서는 백영철 교수 외 16인이, 북측에서는 김철식 단장 외 6인이 참여하였다.

4차 회의에서는 사회·경제 교류 및 군사적 긴장완화를 위한 방책을 중심으로 발표와 토의가 이루어졌다. 아직 세계관, 통일전략, 국가발전전략, 개혁·개방, 미국에 대한 인식과 해법의 문제에 있어서 근본적으로 차이를 보이고 있었으나, 북한과 남한이 처한 경제위기가 남북한 간의 교류와 협력을 증진시킬 것이라는 점에 대해서는 상호 공감대가 형성되었다. 특히 4차 회의에는 1994년 3월 19일 남북 정상회담 및 현안 협의를 위한 제8차 실무대표 접촉에서 '서울불바다' 발언으로 파장을 일으켰던 박영수 조국평화통일위원회(조평통) 부위원장이 북측 단장으로 참석했다. 박 단장은 통일회의를 통해 당시 '서울불바다' 발언의 배경과 과정에 대해 해명하였으며, 조심스럽게 김대중 정부의 출범이 이후의 남북관계 개선의 기회가 될 수 있기를 희망한다는 뜻의 메시지를 전했다. 이러한 사례들은 남북한 학자들 간에 핵심적인 부분에서는 근본적인 인식의 차이가 분명히 존재하는 것이 사실임에도 불구하고 잦은 교류와 만남을 통해 향후 남북관계는 보다 발전될 가능성이 높다는 것을 말해주는 것이라 평가할 수 있다.

제5차 남북해외동포학자 학술회의는 「통일포럼」과 북한의 「사회정치학회」와 공동으로 1999년 10월 26일부터 27일까지 2일간 베이징 옌사센터에서 '남북의 평화와 통일'을 주제로 개최되었다. 5차 회의는 "남북의 통일정책", "신뢰구축과 평화체제", "교류와 협력/민족대단결의 실천적 방도"를 주제로 각 분과별로 발표와 토론이 있은 후, 종합토론 순으로 진행되었다. 남측에서는 백영철 교수 외 22인이, 북측에서는 원동연 단장 외 9인이, 해외에서는 고병철 교수 외 2인이 참여하였다.

5차 회의는 남북한과 해외 학자들의 대표들이 개인자격이나마 그동안의 토의와 신뢰를 바탕으로 '공동평가서'에 서명하는 큰 성과를 이루어냈다. '공동평가서'는 7·4 남북공동성명의 자주·평화·민족대단결의 기본 정신과, 남북기본합의서의 화해·불가침·교류협력 합의정신을 함께 실현하자는데 참석자들이 공감한다는 점을 확인하였다. 5차 회의에서도 북측 학자들은 자주, 평화, 민족대단결의 조국통일 3원칙 중 자주와 민족대단결을 더 강조하고, 주한미군과 국가보안법 문제들을 거론하며 김대중 정부의 햇볕정책을 북한의 변화를 유도하는 정책으로 평가하는 등 기존의 주장에서 크게 벗어나지 않는 모습을 보인 것도 사실이다. 그러나 북측 학자들은 이례적으로 남한 학자들의 주장을 반영한 공동평가서에 서명하였을 뿐만 아니라, 북한의 형법과 인권 문제, 전쟁위협의 문제를 제기하고 햇볕정책은 한반도의 냉전을 녹이기 위한 것으로 남북관계 진전을 위한 중요한 계기가 될 것이라는 남측 학자들의 주장에 대해 반박하지 않고 조목조목 진지하게 경청하는 자세를 보여주었다. 5회에 걸쳐 학술회의를 진행하면서 쌓인 상호소통의 결과가 상호신뢰와 합의 가능성의 증대로 나타나는 순간이었으며 괄목할 만한 변화였다.

2003년에는 평양에서 남북해외동포학자 학술회의가 개최되었다. 남북정상회담을 계기로 비록 연례회의는 중단되었지만, 사실상 6차 남북학술회의였다. 「통일포럼」은 북한의 「사회정치학회」와 공동으로 2003년 3월 26일부터 27일까지 2일간 평양의 인민문화궁전에서 '평화와 통일'을 주제로 제6차 회의를 개최하였다. 6차 회의는 분단 이후 처음으로 평양에서 남북한 학자들이 평화와 통일을 논의한 역사적인 회의였다. 6차 회의는 "6·15공동선언과 남북관계[새로운 시대의 남북관계(오전 회의), 교류협력(오후 회의)]", "신뢰구축과 평화체제; 한반도의 위기와 평화"를 주제로 진행되었다. 남측에서는 백영철 교수 외 20인이, 북측에서는 강운빈 단장 외 21인이, 해외에서는 김영진 교수 외 3인이 참여하였다.

2003년의 평양회의는 「통일포럼」이 남북관계의 진전에 대단히 중요한 역할을 수행했던 의미 깊은 회의였다. 「통일포럼」은 북핵문제 해결에 있어 다자가 참여하는 해법을 제시함으로써 6자회담으로 발전하는 틀을 마련하였다. 또한 「통일포럼」은 백영철 회장의 주도 하에 3단계 북핵폐기 프로그램을 중심 내용으로 하는 '한반도평화프로세스'를 제안하였다. 한반도평화프로세스는 한반도 비핵화와 함께 1) 한반도 평화협정 체결, 2) 북-미, 북-일 간 국교정상화, 3) 동북아 다자간 안보체제 구축을 통해 3중의 평화보장체제를 구축함으로써 한반도의 안전보장을 확보하고자 하는 계획이다. 「통일포럼」의 이 제안 이전까지만 해도 미국은 북핵문제 해결방안으로 '선 핵폐기, 후 안전보장'의 입장을, 북한은 '선 안전보장, 후 핵폐기'의 주장을 굽히지 않은 상태로 핵문제 해결에 한 걸음도 진전을 보지 못하고 있던 상태였다. 「통일포럼」이 제기한 '한반도평화프로세스'는 핵폐기와 안전보장의 문제, 그리고 경제지원의 문제를 동시에 타결하는 것을 원칙으로 하는 획기적인 제안이었다. 「통일포럼」의 '한반도평화프로세스'안은 이후 2005년의 '9 · 19공동선언'과 2007년의 '2 · 13합의'의 기본 가이드라인의 역할을 함으로써 남북관계 발전에 크게 기여하였다.

3. 「통일포럼」의 주요 성과와 기여

「통일포럼」은 북한대표로부터 자신들의 2000년, 2007년 정상회담 준비에 큰 도움이 되었다는 평가를 공식적으로 전달받은 바 있다. 통일회의는 매번 상당 기간 동안의 학술적 준비와 토론, 교류와 합의에 이르는 경험을 통해 남북한의 화해와 협력, 평화와 공존공영으로 나아가는 가교(架橋)로서 그 모범을 보여주었다고 할 것이다. 남북 양측 집행부의 끊임없는 노력과 회의 참여자들이 보여준 주제에 대한 진지성과 구체성, 민감한 토론을 진행하면서도 토론의 절차와 예절을 지켜내는 학자적 자세와 성숙성이 통일회의가 성공적으로 남북학술교류의 모범이 될 수 있었던 원동력이었다.

통일회의가 처음부터 낙관적인 결과를 예측할 수 있을 만큼 순조롭게 진행되었던 것은 아니다. 분단 이후 최초로 남북한의 학자들이 만났던 1995년의 제1차 통일회의에서는 주제에 따라 원색적인 격론을 벌일 정도로 남북한 학자들의 시각은 분단 50년의 거리와 차이를 노정하였다. 그럼에도 「통일포럼」은 남북을 아우르는 수준에서의 평화·통일의 큰 그림을 제시함과 동시에 서로의 차이를 인정하고 확인하면서도 이해의 폭을 차츰 넓혀나가면서 동질성을 찾아감으로써 미래의 통일논의에 기초를 제공하려는 노력을 지속했다.

「통일포럼」의 이러한 노력은 회의를 거듭함에 따라 서로의 차이는 극복할 수 있는 문제라는 확신을 갖게 하였으며, 회의의 형식과 내용에 있어 커다란 진전을 이루어냈다. 먼저 회의의 형식 측면에서 큰 변화가 있었다. 회의 초기에는 북한 측 참여자들은 주제발표와 토론에 있어 사전에 정해진 역할분담을 통해 형식적이고 공식적인 입장을 되풀이하는 경향이 있었다. 그러나 회의가 매년 지속됨에 따라 주제에 대한 즉석 토론과 논쟁을 통해서 정책의 핵심에 관한 진심과 실제 의도에 관한 의견이 교환되는 수준에 이르는 발전이 이루어졌다. 특히 1999년의 통일회의는 자유롭고도 활발한 토론이 진행됨으로써 '통일논의의 열린 공간'으로서 자리매김할 수 있었다.

회의의 내용 측면에 있어서도 큰 진전이 이루어졌다. 북한의 주요 학자들과 회의를 진행하면서 직접 만나지 않고는 파악하기 어려운 북한의 인식과 입장의 속내를 구체적으로 접할 수 있었다. 이것은 평화와 통일에 관한 논의의 지평을 넓히려는 「통일포럼」의 끊임없는 노력의 결과이기도 하였다. 「통일포럼」은 수차례의 회의를 거치면서 남북한 간에 그동안 금기시되어오던 민감한 주제들에 대해서도 모든 회의과정을 통해 지속적으로 문제를 제기하고 의제로 삼아 깊숙한 논의를 전개했다. 예를 들어, 북한이 의제로 포함시키기를 꺼려했던 조선로동당 규약 개폐문제, 세습체제, 수령제, 강성대국론, 북한형법의 구체적 조항별 문제점, 정치범수용소, 대량기아에 대한 북한 정권의 책임, 인권문제… 등을 제기함은 물론 북한체제의 핵심기치인 선군정치-군사제일주의-핵무장 시도를 체계적이고 논리적으로 비판하였다. 「통일포럼」의 이러한 문제제기는 평양회의에서도 계속되었다. 이러한 북한체제의 본질적인 문제들은 그동안 북한 당국이 금기시하여 거론되는 것조차 어려웠던 문제들로서 사실 당시에는 공식적인 당국자 회담에서도 우리 정부가 쉬이 제기하기 어려운 주제들이었다.

통일회의가 이러한 성과를 거둘 수 있었던 요인은 무엇보다 「통일포럼」이 회의를 준비하면서 남남합의, 민간과 정부 간 합의, 그리고 남북합의라는 3중의 대화와 합의를 이끌어냈다는 점에 있었다. 특히 남측의 진보와 보수 참여자들 간의 내부합의 및 정부 측과의 사전 논의를 통한 큰 틀에서의 합의를 이루어냈다는 점에서, 남북대화에 앞선 남남합의는 향후 우리사회 내부의 관점 대립을 해결했던 하나의 대표적인 성공사례로서 그 의의가 자못 크다. 한마디로 「통일포럼」은 남남갈등의 극복을 앞서 제시하고 추구하였을 뿐만 아니라, 그 자체가 남남합의를 이룬 대표적인 기구였다.

1995년 1차 통일회의 이후 「통일포럼」의 집행부는 한반도 평화와 통일 문제를 바라보는 남북의 이념과 시각 차이가 무척 크며 대립과 갈등의 요인들이 많다는 것을 깊이 인지할 수 있었다. 이에 따라 제2차 통일회의를 위한 예비회담에서 「통일포럼」의 백영철 회장은 상호성에 입각해서 민감한 문제는 사전예비회담을 통해 긴밀히 토론하여 조정하기로 하는 안을 적극 제안하였으며, 치열하고도 섬세한 논의를 거쳐 북측 집행부도 이에 동의하였다. 백영철 회장의 명명으로 사후에 유명해진 이른바 '지뢰제거작업'이었다.

지뢰제거작업과 함께 또 하나의 중요한 성공요인은, 역시 백영철 회장이 제안한 토론의 예절(courtesy of debate)이었다. 남북관계 현안에 대한 시각과 토론에 임하는 당시 남과 북 참가자들의 사고와 행동은 너무도 많이 달랐다. 특히 북한 참가자들의 과도한 체제옹호 주장과 정치 공세를 방치하여 상호 예절을 준수하지 않을 경우 토론의 과잉 이념화나 파국을 피하기를 어려워 보였다. 따라서 회의의 성공적 안착과 정례화를 위해서는 아무리 생각과 주장이 다르더라도 발표와 토론의 현장에서 최대한 예절과 규범을 준수하기로 합의하였다.

이후부터 의제는 충분한 논의를 통해 사전에 합의에 이르도록 조정되었고, 집중적이고도 강도 높은 예비회의를 통해 본회의 이전에 발표문의 상호 조정과 수정, 삭제, 수위조절이 이루어져 발표의 수준과 문안을 다듬었다.

우리의 경우 거의 모든 학자들은 회의의 원만한 진행과 성공을 위해 지뢰제거 작업에 동의를 해주었다. 물론 말할 필요도 없이 발표자의 학문적 자율성을 충분히 보장하는 범위 내에서였다. 그러나 우리의 경우 발표자가 동의하지 않는 조정은 불가능하였다.

지뢰제거 작업 과정에서, 모든 발표가 당국의 공식 정책을 분야별로 나누어 담당하는 일종의 정치선전물에 가까웠던 북한측의 발표 내용을 사전 토론을 통하여 수정하는 일은 결코 쉬운 일이 아니었다. 그러나 우리는 최선의 노력을 다하여 성취해내었다. 남북 양측 모두 상대방을 불필요하게 자극할 수 있는 용어와 내용을 사전에 제거하였으며, 구체적인 표현에 이르기까지 조심스럽게 접근하였다. 2차 회의의 예비회의부터 시작된 '지뢰제거작업'의 과정에서 남북 양측은 때로는 관점의 차이를 두고 대단히 격렬하게 논쟁하였으며, 동시에 상호간 공통점도 발견하였다. 이 과정을 통해 양측은 서로에 대한 이해와 상호 양보 그리고 상호주의 원칙의 존중과 준수를 확인할 수 있었다.

'지뢰제거작업'을 이끌어낸 두 기본 정신은 화이부동(和而不同)과 구동존이(求同尊異)였다. 부동과 존이에도 불구하고 화이와 구동의 큰 길을 제시하고자 하는 것이었다. 그것은 통일회의를 넘어 한반도 평화와 통일의 본령이자 대의이기도 하였다. 통일회의의 기본정신을 가장 잘 드러냈던 사례는 1998년의 제4차 통일회의였다. 4차 회의에는 1994년 '서울불바다' 발언으로 잘 알려진 박영수 조국평화통일위원회(조평통) 부위원장이 북측 단장으로 직접 참석하였다. 「통일포럼」은 합의와 결렬을 반복한 예비회담에서의 지난한 조정을 통해 박영수 부위원장이 본회의에서 당시의 '서울불바다' 발언의 배경과 진의에 대해 직접 해명하고 남북한 화해의 가능성을 담은 메시지를 전하도록 하는 성과를 거두었다.

'지뢰제거과정'은 남북한 간에 보다 민감하고 근원적인 쟁점을 공개리에 그 근저로부터 심층적 전면적으로 분석하고 논의하지 못한 단점을 지닌 것도 사실이다. 그러나 그러한 과정이 없었다면 6.15 남북정상회담 이전이었던 당시에는 남북 최초의 정례 학술회의 자체가 성사될 수 없는 상황이었다. 따라서, 상호 이해와 양보, 절제와 합의라는 학문적 성숙성을 통해서 차이를 확인하고 인정하면서도 공통된 부분에 대한 합의를 지향하고자 하는 생산적인 논의가 이루어지는 과정과 결과를 경험하는 기회를 제공하였다는 점에서 그것은 대단히 긍정적인 성과를 이루어내는 원동력이었다. 동시에 북측의 공식 주장 및 정책과, 내면 의도 및 실상 사이의 차이를 파악하는 최고의 기회인 동시에, 통일회의가 북측의 정치선전장(政治宣傳場)으로 이용되는 것을 차단하는 효과를 가졌다. 매회 계속된 치밀한 예비회의를 통해 실제로 통일회의에서 북한은 남한에 대한 내정간섭 발언을 점차 축소했으며, 회의를 거듭할수록 정치적 발언은 크게 줄어들다가, 나중에는 아예 시도조차 하지 않는 성과를 거둘 수 있었다.

「통일포럼」은 통일회의 남측 참가자들 간에도 남북한 간 차이를 극복하고 화해와 협력이라는 정신에 함께할 수 있도록 노력하였다. 통일회의 초기 북측 학자들은 집단적 역할분담에 의거하여 발표와 토론을 진행하였고 질의에 대한 답변도 공식적 입장에서 조금도 벗어나지 않는 모습을 보였다. 사회주의 통제국가의 학자들답게 학문적 자율성은 전혀 찾을 수 없었다. 이것은 독자적 학문 연구를 통해 자유롭게 자신의 의사를 개진하는 남측 학자들에게는 익숙하지 않은 경험이었다. 이러한 이질감을 극복하기 위한 회의를 준비하는 과정에서 「통일포럼」의 진정성과 노력을 남측 학자들은 충분히 이해하고 받아들여주었다. 한반도의 평화를 위해 서로 양보와 협조, 대동의 마음을 아끼지 않은 것이다.

「통일포럼」은 정부 당국과도 긴밀하게 협조하면서 통일회의를 이끌어갔다. 회의 개최 전후에 항상 정부 당국과 긴밀히 협의하였으며, 회의가 종료되면 매번 회의 내용을 포함하여 쟁점이 되었던 사안에 대한 북측의 주장과 입장, 주요 정책변화 등을 정부에 설명하고 전달함으로써 정부의 정책 판단에 중요한 도움을 제공하였다. 또한 「통일포럼」은 북측 인사들을 직접 접촉을 통하지 않고는 입수 불가능한 북한의 많은 주요한 사실들, 긴밀한 핵심정책과 결정사항을 우리 사회와 정부에 직접 제공하였다. 긴 남북관계의 역사에 비추어볼 때 매우 소중한 성과였다.

예컨대 김정일 노동당 총비서의 공식적인 등극 시기, 김영삼 정부와의 공식 대화 거부의사, 경수로 사업과 북한 내부 연료 사정의 긴밀한 상관관계, 신포 경수로 사업에 대한 북한 내부의 논쟁 및 부정적 전망과 대비, 페리보고서에 대한 북한의 평가와 대응방향, 햇볕정책에 대한 북한 내부의 쟁점과 평가, 노무현 정부의 정책에 대한 평가와 기대, 선군정치의 등장을 둘러싼 내부의 격렬한 논쟁, 대미 강경파와 온건파 사이의 정책논쟁, 북핵 위기 해결을 위한 다자주의 수용 의사 표명과 전달, 핵무기 정책의 모순적인 양면성 노정, 3대세습에 대한 충격적인 부정적 비판… 등 당국자 회담을 비롯한 정부 수준의 공식적 회의에서는 결코 들을 수 없는 극비 사항 또는 중대사안을 상호 대화와 토의과정을 통해 확인하고 이를 우리의 공식채널을 통해 정부에 전달하였다. 특히 6자회담 수용의사 표시를 우리 정부에 알렸던 일은 대단히 획기적인 업적이었다.

당시 우리의 정부기관과 통일부서들도 「통일포럼」이 분석하여 파악한 것을 중요한 내용으로 간주하고 대북정책을 수립함에 있어 적극적으로 참조하였다. 정부는 「통일포럼」의 노력에 부응하여 법·제도적으로 통일회의를 적극적으로 지원하였다. 정부와의 긴밀한 협력은 김영삼 정부, 김대중 정부, 노무현 정부에 이르기까지 통일회의를 지속할 수 있도록 한 대단히 중요한 기초가 되었다.

언론사 역시 적극적인 보도와 재정 지원을 제공함으로써 통일회의가 지속적으로 개최될 수 있도록 크게 기여하였다. 통일회의가 개최될 때마다 주요 언론사들은 회의를 적극적으로 취재하여 상세하게 보도하였다. 중앙일보(3회), 동아일보(1회), 한겨레신문(1회), 한국일보(1회), KBS(1회) 등 한국의 진보언론과 보수언론이 모두 통일회의를 비중 있게 다루었다. 각 언론사들은 통일회의 결과를 2면 내지 4면에 걸쳐 크게 보도하였다. 특히 2003년 평양회의의 경우 국영방송 KBS는 회의를 특집 프로그램으로 녹화·방영한 바 있다. 이렇듯 언론사들이 적극적으로 통일회의에 관심을 보이고 보도할 수 있었던 이유는 통일회의가 남북한 학자들이 직접 참여하여 기획하고 진행하는 회의라는 역사적 의미와 더불어 회의의 주제, 구성, 내용에 있어서도 이념적인 균형을 잃지 않고 객관적으로 차분하게 진행되었기 때문이다.

전폭적인 언론보도는 통일논의를 널리 공론화하는 효과를 가져왔다. 상당히 미묘할 수 있는 남북한 간의 통일 논의와 주장이 주요 일간신문의 지면을 통해 전국적으로 보도되어 국민들에게 전달됨으로써 통일문제와 그를 둘러싼 대한 북한의 주장이 단순히 학자들 간의 학문적 논의에 그치지 않고 많은 국민의 관심사가 될 수 있도록 하였다. 또한 언론사의 전폭적인 재정적 지원은 「통일포럼」이 통일회의를 이끌어나가는데 자율성과 독자성을 바탕으로 일관성을 유지할 수 있도록 함으로써 북측의 신뢰를 얻을 수 있는 밑바탕이 되었다.

4. 「한반도포럼」의 설립 목적과 학술 활동

「통일포럼」을 잇는 「한반도포럼」은 북한과 동북아 관련 분야의 최고 학자와 전문가 35명이 창립회원으로 참여하여 한반도의 안정과 평화 그리고 통일에 대한 대전략과 로드맵을 제시하고자 설립된 싱크탱크이다. 무엇보다도 「통일포럼」 전환의 필요성을 맞아 당시 「통일포럼」의 백영철 회장의 최초 제안과 중앙일보·jtbc의 홍석현 회장의 수용으로 「한반도포럼」 창립이 가능하였다.

특별히 「한반도포럼」은 진보와 보수, 전쟁과 평화, 분단과 통일의 이분법을 극복하고 북한의 핵실험과 중국의 굴기라는 근본적 환경변화에 대응하기 위해 거시적이며 장기적인 대전환과 대전략을 모색하고자 하였다. 「한반도포럼」은 학문적 입장과 이념적 편향을 극복하고 다양한 논의를 수렴함과 동시에 균형 잡힌 대안을 제시하기 위해 보수와 진보 모두가 모여 함께 머리를 맞대고 토론을 통해 미래를 제시하는 열린 포럼으로 운영되었다. 중앙일보는 「한반도포럼」의 논의를 국민에게 널리 알리고 공유함으로써 학자들의 구상에만 그치지 않고 국민과 함께하는 공론의 장으로 확장하는 역할을 수행하였다.

「한반도포럼」은 한반도의 평화를 대주제로 북한의 정치경제, 남북관계와 대북정책, 북핵문제와 6자회담, 독일통일, 한반도 안보 그리고 한반도 비핵-평화체제 구축방안 등의 핵심의제들을 주제로 하여 2011년 3월 창립 이래 2016년 4월까지 20여 차례에 걸친 학술회의와 30여 차례의 워크샵을 개최하였다. 본서에는 「한반도포럼」의 일련의 노력들을 2011년 3월의 한반도포럼 창립 기념 학술회의부터 2016년 4월 25일에 열린 한반도포럼 창립 5주년 기념 학술회의까지의 발표문을 정리하여 수록하였다.

1) 2011년 「한반도포럼」 학술회의

2010년부터 창립 논의와 준비를 시작한 한반도포럼은 2011년 3월 28일에 "한반도의 대전환: 어디로 갈 것인가"를 주제로 '한반도포럼 창립 학술회의'를 개최함으로써 본격적인 학술활동을 전개하기 시작했다. 2011년은 한반도포럼이 세기적 전환의 시기라고 명명하였듯이 지구적 힘의 균형의 재편성이 이루어지고 있다고 평가되는 때였다. 동시에 남북관계는 미래를 가늠하기 어려울 정도의 심대한 변화의 시기였다. 중국은 정치적, 경제적, 군사적으로 급성장하여 미국과 세계질서를 형성하는 G-2로 불릴 정도로 성장했다. G-2의 원래 의미는 미국의 세계질서 운영계획에 중국을 포함시키는 것이었으나 세계 2강으로서의 중국이라는 의미로 사용될 정도로 중국의 부상은 중요한 의미를 가지고 있었다. 또한 북한은 김정일 사망과 김정은으로의 세습과 체제변화로 인해 내부의 불안정 요인이 급격히 증가되던 시기였다.

남북관계는 단절된 채 군사적 충돌 가능성까지 제기될 정도로 위기의 시간을 보내고 있었다. 2008년 박왕자 씨 피살 사건으로 인해 금강산관광이 중단된 이후 남북관계의 경색국면을 벗어나지 못하고 있던 차에 2010년 3월 천안함 폭침 사건이 발생하였고, 이의 책임을 물어 이명박 정부는 5.24조치를 통해 대북제재를 가함으로써 사실상 개성공단을 제외하고는 북한과의 교류를 전면 중단하였다. 이어 동년 10월에는 연평도 포격사건이 발발함으로써 한반도는 일촉즉발의 위기감을 느끼지 않을 수 없는 상황이었다.

한반도포럼은 국제적 역학관계의 근본적 변화를 기초로 북한의 불안정성과 남북관계의 경색 상황의 내용과 방향을 세 주제로 나누어 분석·진단하고 우리의 대안을 모색였다. 제1회의는 "G-2 시대의 국제전략 – 친미와 친중 이분법을 넘어"를 주제로 우리가 택해야 할 국제전략에 관해 논의하였다. 제2회의는 "북한은 어디로? - 북한의 미래와 한반도"를 주제로 북한의 현재와 미래를 분석하였다. 제3회의는 "한국의 남북관계 비전과 전략 - 보수와 진보의 통합적 대북전략은 무엇인가?"를 주제로 우리가 일관성을 가지고 정권의 변화에 부침 없이 지속적으로 취해나갈 대북전략에 관하여 논의하였다.

미국과 중국을 중심으로 하는 G-2시대 우리의 국제전략을 다룬 제1회의에서 친미와 친중을 넘는 우리의 국제전략을 분석한 두 논문은 모두 중국의 부상은 국제정치의 구조를 변화시킬 것이며 남북관계에 대단히 중요한 영향, 특히 중국의 이해가 한반도에 투사될 가능성이 크다고 분석하고 있다. "중국의 부상과 한국의 대응전략"(권만학)은 중국의 강대국 부상은 세기적 현상으로 세기적 대전환이라고 평가하고, 한국은 동북아 평화의 선도적 역할을 중심으로 최대한 공동의 이익을 증대시키는 방향의 국가전략을 취하는 것이 바람직하다고 분석하였다. 특히 이 논문은 북한에 대한 적대적 정책은 중국을 적으로 돌리는 결과를 초래할 가능성이 높다는 점을 지적하고 북한의 실체를 인정하는 바탕 위에서 평화공존을 추진하는 것이 바람직하다고 제언하고 있다.

"'G-2'시대 한국의 외교전략"(김재철)은 미국과 중국관계는 경쟁과 협력이 공존하는 복합적 관계로 나아갈 가능성이 높다고 분석하면서 우리의 외교전략은 크게 두 가지의 방향을 기초로 구축되어야 한다는 점을 강조하였다. 첫째는 미국과 중국의 관계에서 양자택일적 시각을 배제하는 것이 우리 외교전략의 핵심이 되어야 하며, 미중 양국이 경쟁할 가능성뿐만 아니라 타협할 가능성에도 대비할 필요가 있다는 점을 지적하였다. 둘째는 미중 관계를 활용하려는 노력, 예를 들어 한미동맹을 통해 중국의 행동에 영향을 미치려는 시도와 같은 정책은 현실성이 크지 않기 때문에 지양하고 미중갈등에 연루되지 않도록 노력하는 것이 우리 외교전략의 기초가 되어야 한다고 강조하였다.

제2회의에서는 "북한은 어디로? - 북한의 미래와 한반도"를 주제로 북한의 현재를 분석, 평가하는 바탕 위에 우리의 국가전략에 관한 논의가 이루어졌다. "북한은 어디로? - 북한경제의 상황 평가와 미래 전망-"(조동호)은 북한 경제는 한국은행의 발표나 몇몇 언론의 보도와는 달리 지난 몇 년간 전체적으로 볼 때 소폭이나마 상승을 이어가고 있다고 평가하였다. 따라서 조만간 북한체제가 붕괴할 가능성보다는 점진적인 개방을 통해 당분간은 체제가 유지될 가능성이 농후하다는 것을 전제로 국가전략을 취해야 한다고 분석하였다. 이에 기초하여 차기 정부의 대북정책은 김대중·노무현 정부의 유화정책, 이명박 정부의 강경정책의 두 스펙트럼의 중간에 둘 필요가 있으며, 이러한 정책이 북한의 개방을 유도하는 데 긍정적인 영향을 미칠 것으로 보았다.

"북한은 어디로? -세습·핵·빈곤·폐쇄의 4중 악순환을 넘어"(박명림)는 오늘날 북한체제를 규정하는 핵심기조를 세습독재, 기아와 빈곤, 핵문제, 폐쇄의 문제로 보고, 각각의 영역에 대한 분석을 통하여 북한의 현재를 분석하고 미래를 전망하였다. 먼저, 북한의 3대세습은 위로부터의 개혁의 길이 자발적으로 봉쇄되었음을 의미하며, 현재 북한은 억압과 빈곤과 폐쇄의 정도를 고려할 때 당분간은 밑으로부터의 변혁 가능성 역시 낮다고 평가하였다. 둘째, 인민빈곤과 기아 문제는 민빈군강(民貧軍强)의 양극체제를 생산하였으며, 지속적인 탈북을 유도함으로 인해 아래로부터의 저항이나 개혁의 경로를 차단하는 효과를 가져오고 있다고 분석하였다. 셋째, 북한에게 핵무기는 주권국가로서 북한 자신의 생존을 위한 수단으로서 강력한 대미, 대중, 대한, 대일 레버리지를 구축하는 기재 역할을 하고 있다고 분석하고, 북핵문제해결은 국제 및 남북 양대 기축으로 접근해야한다는 점을 강조하였다. 끝으로, 체제폐쇄의 문제로서 북한을 개방시키겠다는 의지보다 중요한 것은 개방하지 않으면 안 될 조건과 구조를 만드는 일이라는 점을 지적하면서 그러한 조건과 구조를 주조하기 위한 한미, 한중 협력이 필요하다는 점을 강조하였다.

제3회의는 "한국의 남북관계 비전과 전략 - 보수와 진보의 통합적 대북전략은 무엇인가?"를 주제로 국민적 합의에 기초함으로써 정권 변화에 종속되지 않는 대북전략을 제시하는 것에 초점을 두어 논의가 이루어졌다. "한반도 평화와 통일을 위한 대북정책의 제안"(백영철)은 G-2시대의 도래와 북·중관계의 강화 등 한반도 주변정세의 급변을 한반도의 평화와 통일에 중대한 도전으로 파악하고 이를 넘어 한반도 평화에 이르는 대안과 정책을 제시하고 있다. 먼저 본 연구는 한국의 대북정책은 정권의 이념적 성격에 따라 김대중·노무현 정부와 이명박 정부의 대북정책의 양극단을 오가는 문제를 지니고 있음을 지적하였다. 또한 김대중·노무현 정부의 대북정책은 안이한 대북인식과 과도한 포용정책의 공과가 있으며, 이명박 정부의 대북정책은 북한 강경파 군부의 입지를 강화시키고 대중국 의존도를 높이는 결과를 초래한 한계를 지닌 정책으로 분석하고 이에 대한 대안의 모색이 절실하다는 점을 강조하였다.

이 연구는 향후 우리의 대북정책은 포용론과 원칙론, 즉 보수-진보의 이분법적 접근에서 벗어나 실용적이고 장기적인 국익 도모 차원에서 접근해야 한다는 점을 토대로 '비핵·평화협력 정책'을 대안으로 제시하였다. '비핵·평화협력 정책'은 일방적 지원('햇볕정책')이나 일방적 봉쇄가 아닌 남북간 상호 호혜적 발전을 도모하는 것을 기조로 북한의 비핵화의 진전 수준과 연계하여 대북 지원과 협력의 프로그램을 확대해나가는 정책을 말한다. 특히 1단계는 한반도 평화유지 정책을 강화하는(peace-keeping) 단계, 2단계는 한반도 평화구축(peace-making) 단계로 제시함으로써 각 단계별 핵심

정책과 접근을 상호 연동하여 체계적으로 제시하고 있다. 이와 더불어 이 연구는 전략적 유연성의 확보, 고위급 대화 채널의 가동, 포괄적 대북정책 추진기구의 설립 등 현실적이고 실천적인 대안을 제시하고 있다.

한반도포럼은 2011년 6월 29일에 열린 제2회 한반도포럼 학술회의를 통해 "북한은 어디로 가고 있는가?"를 대주제로 북한문제의 주요 영역에 대한 핵심적 소주제들을 중심으로 많은 연구자들이 현황과 전망에 대한 요점을 간략·명료하게 제시하고 논의하는 자리를 마련하였다. 이날 회의는 한반도포럼의 회원 21명이 각자의 주제를 발표하는 회의의 형식으로 진행되었다. 이날 토의된 소주제는 "북한 내부: 실상과 진단 – 정치, 세습, 선군," "북한 경제: 시장과 계획의 실상," "북한 외교: 6자 회담 등 대외 관계의 미래," 등 북한의 정치, 경제, 외교의 문제를 포괄했으며, 종합토론을 통해 "우리의 대책은 무엇인가?"에 대한 토의가 이루어졌다.

2) 2012년 「한반도포럼」 학술회의

2012년 2월 2일에 개최된 제3회 한반도포럼 학술회의에서는 "김정일 이후 시대의 한반도"를 대주제로 김정일 이후의 북한체제의 안정성과 정책방향 전반을 검토하고 북핵문제와 동북아 국제관계, 남북관계를 전망하였다. 이명박 정부는 남북관계의 원칙을 강조하는 가운데 유연성을 확대하는 입장에서 대북정책을 구사하고 있었으나 남북 간 경색국면이 타개되지 못하던 상황에서 갑작스러운 김정일 국방위원장의 사망은 한반도와 남북관계의 불안정성을 증대시키면서 동시에 새로운 변화의 가능성을 열었다. 한반도포럼은 정기 학술회의를 통해 김정일 이후의 북한체제의 변화 가능성과 방향, 남북관계에 미치는 영향, 북한의 대외관계를 진단하고 남북관계 개선을 위한 유의미한 방향을 제시하고자 하였다.

이날 학술회의는 ‘김정일 이후의 북한’, ‘한반도 평화’, ‘남북관계와 대북정책’을 소주제로 3개 회의로 진행되었다. 김정일 이후의 북한을 다룬 제1회의에서 김정은 체제의 변화 가능성을 진단한 세 논문은 공통적으로 단기적으로는 북한체제의 급변 가능성이 낮으며, 북한의 대남, 대외정책에서의 큰 변화를 기대하기 어렵다고 분석했다. “김정은 세습 정권과 권력구조 변화 전망”(유호열)은 견고한 족벌체제를 기반으로 하고 있는 김정은 체제는 단기적으로는 안정을 유지할 수 있을 것이며, 따라서 남북관계가 획기적으로 진전될 것을 기대하기는 어렵다고 보았다. 이어 발표된 “북한 경제 : 개혁 개방의 전망과 과제”(이정철)는 북한이 중국식 개혁개방 노선을 채택할 가능성은 없어 보이며, 북한의 젊은 세대가 개혁과 개방을 선호할 것이라고 판단하는 것 역시 섣부른 예측일 것이라고 분석하였다. “김정일 사망과 북한사회의 변화”(이우영)는 북한에 중간지배집단과 하위 집단의 위상 변화 등 북한의 사회는 분명히 변화하고 있으나, 이것이 곧바로 사회체제의 변화를 유인할 것이라고 판단하기는 어려우며, 북한체제의 변화는 장기적 차원의 문제가 될 것이라고 지적하였다.

제2회의에서 우리의 대북정책과 북미, 북중 관계의 변화 가능성을 검토한 세 연구 역시 북한의 대외관계에서 단기적으로 근본적인 변화가능성을 낮게 보았다. “6자회담의 전망과 과제 : 북한 비핵화 전략 신구상”(전봉근)은 6자회담회담을 포함하여 그동안 우리의 정부가 북한의 핵무장 동기를 해소시키지 못했던 문제를 극복할 수 있는 정책대안으로 포괄적, 다층적, 단계적 접근방안을 핵심으로 하는 비핵화 전략을 제시하였다. “김정일 시대 이후의 북미관계 전망과 과제”(박영호) 역시 북한의 표출된 정책노선을 준거로 보면 김정은 체제가 과감한 정책 전환을 시도할 가능성은 낮으며, 따라서 미국이 양보하면서 북한과의 관계 정상화를 추진할 가능성은 거의 없다고 전망하였다. “김정일 이후 북중관계 전망 – 한중관계에 대한 함의와 더불어 -"(김홍규)는 중국은 김정은에 대한 지지를 분명하게 표명하고 나섬으로써 한반도 현상유지라는 대북정책의 기조를 계속 유지할 것으로 보았다. 이 연구는 향후 우리의 대중전략은 중장기적으로 미국과의 튼튼한 동맹관계를 토대로 "연미화중(聯美和中)"의 정책을 추진함으로써 한국과 중국 쌍방의 이익의 조화를 추구하는 전략이 필요함을 강조했다.

김정일 이후 시대의 남북관계와 대북정책을 주제로 열린 제3회의에서는 정치, 경제, 인도적 지원 분야에서의 대북정책을 논의하였다. "김정일 이후의 남북관계 -거시와 미시, 구조와 정책의 한 융합접근-"(박명림) 역시 북한의 근본적인 변화가능성은 높지 않다고 진단했다. 이것은 세습왕조정권의 속성으로, 정권의 세습은 세습이전의 구조로부터의 단절과 탈출을 불가능하게 하기 때문이다. 이 연구는 특히 우리 내부에서 공존과 수렴을 통한 공준(公準)을 확보하여 민주적 합의를 도출함으로써 진보정부-보수정부를 넘는 근본원칙의 확립과 일관성 있는 대북정책을 추진할 것을 제안하였다. "대북 경제협력 전망과 과제"(양문수)는 남북경협 상황은 당장 큰 변화는 없을 것으로 보았다. 이 연구는 북한의 미래는 북한이 결정하는 것이라는 생각이 필요하다는 점을 강조하고, 장기적으로 북한의 경제성장을 돕는 정책이 통일에 도움을 줄 것이라고 제언하였다. "김정일 이후 시대의 남북관계와 대북정책 -대북 인도주의 정책-"(방현섭)은 인도주의적 문제에 있어서 정부는 비정치적으로 접근해야 할 필요가 있다고 보았다. 인도적 지원사업을 지속함으로써 북한과의 의사소통의 채널을 유지할 필요성이 있음을 지적하였다.

「한반도포럼」은 2003년 '평양 학술회의' 이래 한반도의 비핵·평화체제 수립을 위하여 평화협정 체결, 북미·북일 관계정상화, 동북아 다자안보 협력기구 창설을 중심으로 하는 안전보장 체제 구축과 인도적 지원을 비롯한 경제·사회 교류와 협력을 지속적으로 제안해왔다. 이러한 활동의 연장선상에서 「한반도포럼」은 2012년 9월에 그동안의 제안들을 체계화하여 한반도의 평화와 공존을 위한 새로운 비전과 구상이 담긴 한반도 평화협력을 위한 로드맵을 단행본으로 출간하였다. 「남북관계 3.0: 한반도 평화협력프로세스」(이하 '평화협력프로세스')가 그것이다. '평화협력프로세스'는 「한반도포럼」이 그동안 주장해온 3단계 '남북공동체 통일방안'(평화협력-남북연합-남북통일)의 1단계인 '평화협력' 단계를 완성하기 위한 정책구상으로, 남북한의 상호 실체와 국가성의 인정 위에 비핵평화협력과 궁극적으로 남북공동체 통일을 지향하는 새로운 로드맵이다.

백영철이 주도한 '평화협력프로세스'는 한반도 비핵·평화의 3단계 진전 정도(평화협력 기반조성단계, 평화협력 심화단계, 평화협력 정착단계)에 따라 세 개의 핵심 분야(① 비핵화·군사분야, ② 경제협력·인도지원분야, ③ 평화체제·국제분야)에 단계별로 채택할 정책들을 구성한 한반도 평화체제 구축전략이다. 이 평화협력프로세스의 초기 작업과정에는 박영호, 전봉근, 남궁영 교수가 함께 참여하였다.

「한반도포럼」의 '평화협력프로세스'는 두 가지 핵심 주장을 요체로 한다. 첫째, 1단계 평화협력 기반조성단계에서 '남북기본조약' 체결을 제안하였다. '남북기본조약'은 남과 북이 민족 대 민족의 관계가 아닌 국가 대 국가의 관계라는 것을 인정하는 것을 전제로 하는 조약으로서, 상호 중상 비방 금지, 무력 불사용과 불침공, 대화협상을 통한 평화적 해결 원칙을 바탕으로 한다. 둘째, 「한반도포럼」은 북한의 안보불안을 해소하기 위한 방안으로 한반도 비핵화가 완성되는 최종단계인 평화협력 정착단계에서 남북을 협정의 당사자로 하고 미국과 중국이 이를 보장하는 '2+2' 방식의 한반도 평화협정 체결, 북미·북일 국교정상화, 동북아안보협력기구 설치 등의 국제적 안전보장체제가 구축되어야 한다는 점을 강조하였다.

「한반도포럼」의 '평화협력프로세스'는 대북정책의 일관성을 확보하고,

진보·보수의 이념적 정향을 극복하여 모든 국민이 동의할 수 있는 정책, 그리고 남북한은 물론 관계국이 모두 참여하는 평화의 길을 제시하고 있다는 점에 그 의미가 있다. 첫째, 그동안 역대 정부의 대북정책의 비일관성을 극복하기 위해 제안된 로드맵이다. 우리 역대정부의 대북정책은 정권의 이념 성향에 따라 극에서 극으로 이동하는 단절적 양상을 보여왔다. 대북정책에 있어서의 비일관성은 한반도 평화와 안정에 부정적으로 작용했다. 대북정책을 두고 남남갈등이 발생함으로써 사회적 분열현상이 격화되었으며, 북한 당국에게도 일관된 사인을 제공하지 못함으로써 남북관계의 불안전성의 한 요인이 되었다. 둘째, '평화협력프로세스'는 건전한 보수와 합리적 진보를 아우르는 통합적 시각에서 남북한이 처한 현실에 대한 냉철한 분석과 판단에 근거한 실용적 접근에 기초한 평화협력 로드맵이다. '평화협력프로세스'는 민족 중심의 시각을 넘어 국가 대 국가의 문제로 남북관계를 파악하는 새로운 인식적 전환을 기반으로 한다. 동시에 남북한 모두 유엔에 가입한 국제적으로 공인된 국가라는 점을 인정하는 곳에서부터 남북관계를 풀어나가고자 한 중요한 노력이다. 셋째, 그동안 북한이 지속적으로 요구하였던 안보문제를 국제적으로 보장하고자 하는 로드맵이다. 다시 말해서 남북관계, 북한과 미·일관계 그리고 역내 국가들 간 상호관계를 포괄하는 다차원적 안전보장체제를 확보함으로써 안정적으로 한반도 비핵평화와 협력에 이르는 로드맵이다.

3) 2013년 「한반도포럼」 학술회의

2012년 말부터 박근혜 정부가 출범한 2013년은 한반도 안보상황이 엄중하게 전개되는 시기였다. 북한의 장거리로켓 발사(2012.12.12)에 대한 유엔 안보리의 대북결의 2087호, 북한의 3차 핵실험 강행(2013.2.12.)과 강화된 대북제재를 담은 유엔 안보리의 대북결의 2094호, 이에 대한 북한의 반발과 미국과 일본에 대한 군사적 위협이 이어지는 등 위기의 강도는 예전과는 비교하기 어려웠다. 더욱이 북한의 3차 핵실험은 과거 초보적인 핵폭발장치의 작동시험 수준에서 나아가 우라늄탄의 실험일 가능성까지 제기되었다. 「한반도포럼」은 새로이 출범한 박근혜 정부의 대북정책, 북한의 대외관계, 남북관계, 북핵문제와 6자회담, 북한의 경제문제를 검토하고 박근혜 정부가 취해야 할 정책대안의 방향을 제시하였다. 특히 12월 23일의 세미나에서는 갑작스러운 장성택 처형에 따라 긴급히 북한의 정세와 남북관계에 미치는 영향에 관한 진단이 이루어졌다.

2013년 5월 10일에 개최된 「한반도포럼」 세미나에서는 박근혜 정부의 대북정책을 주제로 두 편의 논문이 발표되었다. "박근혜 정부의 대북정책: 한반도 신뢰프로세스와 그 과제"(박영호)는 국내적, 국제적 각 단위 신뢰프로세스 간 상호 조화와 균형, 선순환 과정의 중요성을 강조하였다. "북핵정책의 위기와 대응전략"(전봉근)은 '한반도형' 비핵화 해법 개발의 필요성을 제기함과 동시에 김정은을 대화상대로 부정할 필요가 없으며, 적정 시기에 현상타개와 군사적 긴장완화를 위한 남북대화가 필요하다는 점을 강조하였다.

2013년 6월 28일에 개최된 「한반도포럼」 세미나는 북미관계와 북중관계를 중심으로 북한의 대외관계의 현재와 전망에 대한 검토가 이루어졌다. "북미관계의 현황과 전망"(박영호)은 미국과 북한의 입장이 변화 없이 대립하는 상태가 지속되는 한 북미관계의 근본적 개선은 어려울 것으로 예상된다고 전망하였다. "북중관계의 지속과 변화와 그 함의"(이희옥)에서는 중국이 북한의 장거리미사일 발사에 대응한 유엔의 제재결의안(2087호)에 찬성했으나, 이것이 중국의 입장이 전면적으로 변화한 것으로 읽기 어렵다고 보았다. 중국은 북한 압박과 현상유지 정책의 사이에서 움직일 가능성이 크며, 우리에게는 중국의 부상이 가져올 힘의 변화를 정확하게 읽어내는 것이 필요한 것이며, 한미공조와 한중협력을 동시에 추진하면서 한반도를 둘러싼 국제정치를 효과적으로 관리하여 위험도를 낮추는 방향으로 접근할 필요가 있다는 점을 강조하였다.

2013년 8월 27일의 한반도포럼」 세미나에서는 '남북관계 어떻게 풀 것인가'를 주제로 두 편의 논문이 발표되었다. "남북관계 어떻게 풀 것인가"(권만학)는 흡수통일도, 무조건적 화해도 아닌 평화공존을 목표로 해야 한다고 지적하고 있다. 여기에는 남북의 평화공존 지향 합의, 남북의 상호 국가 인정, 인위적 통일 포기, 한반도 비핵화와 군비 축소, 정전체제의 평화체제 전환, 경협의 지속적 추진, 그리고 인도적 문제에 대한 합리적 추구가 포함된다. "남북관계 어떻게 풀 것인가"(유호열)는 박근혜 정부의 한반도 신뢰프로세스를 통해 궁극적으로 남북관계의 정상화와 한반도의 평화통일 기반이 조성될 수 있는 조건들을 분석하였다. 특히 이 연구는 안보-외교-통일-대북정책이 일관성을 유지하고 최적의 수준에서 조율할 필요성을 강조하였다.

2013년 10월 31일에 개최된 「한반도포럼」 세미나에서는 지지부진한 상태를 벗어나지 못하고 있는 6자회담의 타개방안을 모색하는 2편의 논문이 발표되었다. "북핵문제와 6자회담"(문정인)은 북핵문제 해결을 위해서는 한국 정부의 적극적인 대응이 성과를 낼 가능성이 높다고 보고 9.19공동성명에 기초하여 박근혜 정부의 독자적인 '북핵 해법 마스터플랜'을 마련할 것을 제안하였다. "북핵문제와 6자회담, 그리고 박근혜 정부의 대응 방향"(유호열)는 북핵문제를 조속히 해소하기 위해서는 한미동맹의 전력 강화, 전시작전권 이양문제를 북핵문제가 완전히 해결될 때까지 무기한 보류하는 등 안보부문의 대비태세를 철저히 함과 동시에 북한의 '피포위의식' 또는 미국에 대한 과도한 피해의식을 불식시킬 수 있는 정책이 집행되어야 할 것이라고 주장하였다.

2013년 12월 경제개혁과 온건파로 알려진 장성택의 처형으로 북한의 강경파가 득세하게 될 것으로 예측됨에 따라 한반도를 둘러싼 위기감은 고조되었다. 2013년 12월 23일의 「한반도포럼」 세미나에서는 장성택 제거가 남북관계에 미칠 의미와 영향, 그리고 향후 한반도 평화에 미칠 영향에 관해 분석하고 이에 대한 대책을 모색하였다.

"장성택 숙청 이후 북한정세와 대북정책 방향"(최진욱)은 북한은 내부결속을 다지는 데 힘을 쓰는 한편 외부의 위협에 민감해지면서 대외관계는 위축될 수밖에 없을 것으로 보았다. "장성택 숙청 이후 김정은 체제의 미래"(고유환)는 장성택의 숙청은 신·구 파워엘리트간의 권력투쟁의 성격을 지니는 것으로, 북한 내부의 권력개편작업이 마무리되어 정권의 안정성이 확보되는 경우, 북한은 남북경협에 나서는 등 대외관계 확장을 위해 적극성을 보일 가능성이 높다고 평가하였다.

이날 회의에서는 북한 경제를 진단하는 두 편의 논문도 함께 발표되었다. "북한 경제실적 재평가: 주요 쟁점과 가설"(김석진)은 북한의 경제사정이 일부 호전되는 경향이 있는 것은 지표로 확인 가능한 사실이나, 북한이 적극적인 개혁·개방으로 전환하지 않는 경우 경제성장에는 제약이 따를 가능성이 높다고 분석하였다. "북한의 경제정책: 평가와 전망"(김병연)은 장성택 처형 이후 북한 경제는 단기적으로는 대외거래가 위축될 가능성이 높으며, 장기적으로는 무역과 대외정책 및 관련 법률과 제도를 정비하는 경우 장기성장의 궤도에 진입할 수 있겠지만 그 가능성은 낮게 보고 있다.

4) 2014년 「한반도포럼」 학술회의

2014년 역시 북한의 공세적 도발의 시기라고 할 수 있을 정도로 북핵문제를 둘러싸고 한반도는 긴장이 더욱 고조되던 시기였다. 박근혜 대통령은 동년 3월 28일 구동독 지역인 드레스덴에서 한반도 평화통일을 위한 구체적인 대북 제안을 발표한 바 있다. 일명 드레스덴 선언이다. 이에 대해 북한은 드레스덴 선언을 '흡수통일의 일환'이라고 공식적으로 비난하면서 미국의 대북 적대정책이 지속될 경우 자신의 새로운 형태의 핵실험(4차 핵실험)을 배제하지 않을 것이라고 밝히는 등 드레스덴 선언에 강력히 반발하는 동시에 군사적 위협의 강도를 높여갔다. 이에 「한반도포럼」은 평화의 문제를 남북협력, 국제협력, 긴장완화, 개발협력 분야를 중심으로 긴장완화 방안을 검토하면서 남북관계 경색을 완화시킬 수 있는 새로운 돌파구를 찾고자 했다.

2014년 4월 22일의 「한반도포럼」 창립 3주년 학술회의에서는 "한반도 평화와 통일 - 통일과정을 중심으로"를 대주제로 하여 "한반도 평화 협력과 통일", "국제협력과 한반도 통일"을 세부주제로 학술회의를 개최하였다. 제1회의에서는 '한반도 평화 협력과 통일'을 주제로 5편의 논문이 발표되었다. 4편의 논문은 대북정책, 외교, 통일정책 면에서 우리 정부가 취해야 할 기본적인 정책방향에 대해 제언하였으며, 1편의 논문은 향후 경제정책의 방향에 관해 논의하였다. "드레스덴 선언과 한반도 통일"(유호열)은 '북핵불용'과 '튼튼한 안보'를 바탕으로 드레스덴 선언의 구체화와 불안정한 북한의 내부 정세에 전략적으로 대응하기 위해서는 주변국과의 공조관계를 기초로 우리의 중장기 전략 목표에 따라 한반도 정세를 주도해 나가는 것이 중요하다는 점을 지적했다. "북한체제 변화와 통일정책"(박형중)은 북핵문제는 한반도 갈등은 남북한 어느 한쪽이 '항복'하기 전까지 '갈등과 대치'가 지속될 가능성이 높을 것이라고 분석하고, 통일 · 대북정책은 좌파 또는 우파 또는 그 어느 색깔의 희망에 근거하여 설정되어서는 안 된다는 점을 강조하였다. "북핵외교의 리셋팅: 환경 변화와 새로운 비핵화 전략 모색”(전봉근)은 새로운 ‘한반도’ 비핵화모델은 안보-경제 교환 모델, 중재와 정치적 빅딜 모델, 안보환경의 변화와 정권의 변화가 전제된 모델 등의 복합 모델이 될 것이며, 포괄적, 다층적, 단계적 접근방안에 따라 비핵화 전략을 추진할 것을 제안하였다. 여기에는 복합적 비핵화 전략에는 북한의 핵무장 동기를 해소하기 위한 북한 변화전략도 포함된다. “한반도 통일준비와 통일과정”(박영호)에서는 박근혜 정부의 통일추진구도는 민족공동체 통일방안의 기본 골격을 유지하면서도 변화된 남북관계와 국제정세의 현실을 반영할 필요가 있다는 것을 지적하였다. 특히 이 과정에서 남북한은 남북기본합의서 제1조에 기초하여 유엔회원국으로서 ‘국가성’을 인정할 필요가 있음을 강조하였다. “남북 경제협력과 통일 준비”(김병연)는 경협의 결과가 북한 최고 결정자의 의사 결정에 영향을 미칠 수 있는 ‘스마트 전략’, 다시 말해서 북한 주민의 생계유지와 보건을 목적으로 하는 인도적 지원과 같이 밑에서부터 북한 당국자들을 움직일 수 있는 정책의 중요성을 강조하였다.

‘국제협력과 한반도 통일’을 주제로 한 제2회의에서는 한미, 한중, 한일, 한러 협력에 관한 논문들이 발표되었다. “한미협력과 통일”(박인휘)은 북핵문제 해결을 위해서는 소규모 평화, 작은 평화가 지속적으로 축적되는 과정이 중요하며, 여기에 미국이 중요한 협력자가 될 수 있도록 미국과의 공조를 이끌어 내는 우리 정부의 노력이 필요하다고 주장하였다. “한반도 통일과 중국”(김흥규)에서는 한중간 전략적 협력동반자관계를 내실화함으로써 연미화중(聯美和中)의 단계에서 상호 공동의 전략적 목표에 합의하고 협력지향적인 행동을 같이하는 연미협중(聯美協中)의 단계로 진화할 수 있도록 노력해야 할 것이라고 주장하였다. “한-러 관계와 통일 -교통, 물류협력을 중심으로-”(안병민)는 북한과 러시아가 향후 동북아지역의 경제성장을 위한 상호 파트너로서 책임 있는 역할을 지니고 있음을 인식하게 하는 것이 중요하며, 서로 간에 신뢰 매카니즘이 구축되어야 한다고 분석하였다. 이를 바탕으로 동북아 교통 인프라 국제협력사업은 국민적 공감대, 경제성, 상호성, 북한의 수용가능성, 안정성, 사업의 국제성에 기초한 사업이 추진되어야 할 것이라고 주장했다. "한일관계와 통일"(진창수)은 드레스덴 구상 및 동아시아 평화공동체 실현을 위해서는 일본의 협력이 반드시 필요하기 때문에 한일 간 정책 협의 확대를 추진해야 하며, 북한문제 관련 한미일 공조를 강화하고, 한반도 유사시에 대비한 한미일 및 한일 간 안보대화를 확대함과 동시에 한미중 협력과 한미일 공조를 병행함으로써 한미중 공조체제에 대한 일본의 우려를 불식시킬 필요가 있다고 제언하였다.

2014년 9월 26일에는 "한반도 긴장완화와 평화구축 방안"을 주제로 「한반도포럼」 학술회의가 개최되었다. "한반도 군사적 긴장 실태와 해소방안 모색"(박휘락)은 확고한 억제태세 유지를 기본으로 하되, 단번에 문제를 해결할 수 없다는 것을 인정하는 것으로부터 출발할 것을 제안하였다. 남북한이 보통의 국가들처럼 교류하고 무역하며 평화적으로 공존하면서 이후 상호간에 합의가 되면 통일을 추진하는 길을 모색하는 것이 필요함을 강조하였다. "남북한 긴장완화와 신뢰구축 방안"(한용섭)에서는 북핵 문제의 해결 없이는 재래식 군사문제에 대해서 토의조차 해서는 안 된다는 주장은 큰 오산으로, 경제지원과 북한의 군사방면 양보를 연계하는 방안과 비무장지역을 평화와 산업 복합단지로 개발하는 등 군사적 긴장을 완화시킬 수 있는 방법을 모색해야 할 것이라고 보았다. "'전략적 인내'의 한계와 새로운 비핵화외교 모색"(전봉근)에서는 전략적 인내는 북한의 시간벌기에 이용되는 경향이 있으며, 북핵문제의 장기화는 북핵위기에 익숙해지는 위험이 있음을 지적한다. 여기에 대응하여 핵동결, 미니 패키지 딜, 한반도형 비핵화 모델의 마련, 복합적 비핵화 로드맵 구축, 북한 변화전략 등 적극적인 정부정책이 필요할 것이라고 보았다. "한반도 평화정착 추진 방안: 문제의 원인과 새로운 접근"(박영호)은 과거의 기능주의적인 대북정책으로는 북핵 문제를 풀 수 없다는 점을 지적한다. 경제 대 안보가 아닌 '안보 대 안보'의 교환 방식으로의 정책변화가 있어야 함을 강조하고 있다.

2014년 12월 10일 「한반도포럼」 세미나에서는 북한 개발협력 추진방향을 주제로 1편의 논문이 발표되었다. "북한 개발협력 추진방향 관련 주요 쟁점"(김석진)에서는 이제까지의 대북지원은 대부분 단순 물자 지원 중심의 인도적 지원에 해당하는 것이었으며, 본격적인 개발협력 사업은 아직 착수되지 않고 있다는 점을 지적하고, 향후 남북관계 발전단계에 따라 ① 사회개발, ② 농업, 환경, ③ 경제 인프라, ④ 민관협력을 통한 상업적 경협(즉 개발협력 성격이 가미된 상업적 경협)분야에서 북한 개발협력을 진행하는 방안에 대해 논의하였다. 경색국면에서는 유엔 산하 기구들과의 협력을 확대와 민간단체의 지원사업 장려의 방법이 있으며, 남북관계가 개선되는 경우 보건, 농업, 환경 등의 사업을 우선적으로 추진하는 방안을 제안하였다. 또한 차후의 본격적 개발협력을 준비하기 위해서 정부와 유엔 산하기구, 국내외 민간단체 간 협력을 강화하기 위한 북한 개발협력 협의체를 구성하는 것도 필수적인 과제로 삼아야 할 것이라고 분석하였다.

5) 2015년 「한반도포럼」 학술회의

2015년에도 「한반도포럼」은 남북한의 정전체제를 극복하고 안정적인 평화상태로 전환될 수 있는 정책대안을 모색하고자 노력하였다. 동년 3월에는 박근혜 정부 2년의 대북정책을 평가하고 바람직한 정책방향을 제시하고자 하였으며, 6월에는 국회의 남북특위와 공동주최로 남남갈등을 극복하여 지속가능한 대북정책의 수립을 위한 학술회의를 개최하였다. 10월에는 8월에 발생했던 목함지뢰 사건으로 인해 일촉즉발의 전쟁위기로 치달았던 일을 계기로 남북한의 군사적 긴장완화와 항구적 평화체제를 구축하는 방안을 모색하는 회의를 개최하여 논의를 진행하였다.

3월 20일에는 "현 정부의 대북정책과 남북관계 개선방안"을 주제로 박근혜 정부 2년간의 대북정책의 성과와 한계를 평가하고 남은 3년의 과제와 대안을 모색하는 학술회의를 개최하였다. "박근혜 정부 대북정책 2년 평가와 향후 정책방향"(최진욱)은 박근혜 정부의 신뢰 프로세스에 대한 평가를 바탕으로 북핵문제의 일괄타결보다는 남북관계의 현실을 인정하고 북한문제를 중장기적으로 관리할 필요가 있다고 평가하였다. 특히 통일을 위해 북한의 변화가 필수적이기 때문에 북한 주민들을 대상으로 한 정책개발 및 실행이 시급한 문제라고 진단하였다. "박근혜 행정부의 대북정책과 남북관계 개선방안"(권만학)은 한반도 신뢰프로세스는 과거의 정책들과 마찬가지로 안보문제를 경제를 통해 해소시키려 하는 기능주의적 접근법이 갖는 한계를 지닌다고 분석하였다. 이 연구는 북핵문제는 북한의 체제안보의 문제로서 구조적이고 정치적으로 접근할 것을 제안하였다. 여기에는 남북한이 상호 국가성을 인정하는 것, 비핵과 평화를 교환하는 것이 포함되며, 섣부른 통일논의는 자제할 것 등이 포함되어 있다.

2015년 6월 8일에는 「한반도포럼」과 국회 「남북관계 및 교류협력 발전 특별위원회」의 공동주최로 "남남갈등을 넘어 평화와 통일을 향해 지속가능한 대북정책"을 주제로 하는 학술회의가 개최되었다. 한국의 역대 정부의 대북정책은 이념 성향에 따라 극단을 달리하는 경향을 보이며 정책의 일관성을 결여했다는 특징을 지닌다. 이러한 대북정책의 단절성은 북한 당국에게 통일된 메시지를 전달하지 못한다는 문제를 지니고 있는 동시에, 한국 내에서의 북한문제를 둘러싼 남남갈등을 유발함으로써 심각한 사회적 갈등과 비용낭비를 초래해왔다. 따라서 각 정파나 이념을 초월하여 지속가능한 대북정책을 수립할 필요성이 언제나 제기되어온 것이 사실이다.

「한반도포럼」과 국회의 「남북특위」는 이날 회의를 통해 국회와 주요 정당들이 남남갈등을 넘어 국민통합에 기초한 정권교체를 넘는 지속가능한 대북정책을 수립할 것을 약속하였다. 또한 초당적이고 지속가능한 대북정책 추진을 위해 여당과 야당 그리고 정부의 고위급 간 협의체를 구성할 것도 촉구되었다. 남남갈등을 넘어 국민들이 합의한 일관된 대북정책의 수립을 주장해온 「한반도포럼」의 큰 성과가 아닐 수 없다.

2015년 10월 15일에는 「한반도포럼」은 「평화오디세이」의 공동주최로 "한반도 긴장 완화와 평화체제 건설"을 주제로 한반도포럼 학술회의를 개최하였다. 이날 회의는 8월의 목침지뢰 사건으로 촉발된 극도의 군사적 위기 이후에 열린 학술회의로 한반도 평화를 위한 남북관계의 안정적 발전 방안과 이를 실현하기 위한 국제전략에 초점이 맞춰졌다. "남북 평화공존과 한반도 평화 프로세스"(권만학)는 기존의 흡수통일을 기반으로 하는 정책에서 '비핵평화·화해통일'로의 대북정책 기조에 있어서의 패러다임 전환이 필요하다는 점을 강조하였다. 이 연구는 북한의 핵·미사일 개발 동결과 북한의 안보불안 해소, 국가성 인정을 연동시킴과 동시에 남북한 간에 기본조약을 체결함으로써 새로운 남북관계를 정립시키며, 북핵포기와 평화협정 체결, 북미관계 정상화, 동북아 평화체제 구축을 통해 북한의 안보불안을 근본적으로 해소시키자고 제안하였다. "한반도 평화협정과 한반도 평화체제"(박명림)는 총 51개조에 달하는 평화협정문 초안 전문과 조문별 상세한 설명을 함께 발표하였다. 대북정책의 패러다임 전환과 함께 한반도의 군사적 긴장을 완화시킬 수 있는 방법에 관한 논의도 이루어졌다. "남북한 군사적 긴장완화와 신뢰구축"(홍규덕)에서는 북한이 핵을 포기하기 전에는 한반도에서의 소모적 군비경쟁을 종식시키기 어렵다는 것이 현실이나, 재래식 무기 분야에 있어서 군사적 긴장상태를 완화시킬 수 있는 노력까지 포기할 필요는 없다고 보았다. 이 연구는 비무장지대 내 대인지뢰 제거 작업과 같이 국제사회의 지지와 남북한 간 위기를 촉발시킬 수 있는 위험성을 지닌 사안을 남북이 공동으로 합의하여 진척시켜나가는 방법을 제시하고 있다.

한반도 평화와 국제전략을 다룬 두 번째 회의에서는 한반도를 둘러싼 미국, 중국, 일본, 러시아 등 관계국들과의 협력전략에 관한 논의들이 이루어졌다. 미국의 역할에 초점을 맞춘 "한반도 평화문제: 북한과 미국"(박영호)은 선핵포기 전략으로부터 북한의 비핵화와 북미 관계정상화 그리고 평화체제 구축 문제를 병행적으로 진행시키는 방향으로 미국의 정책변화가 필요하다는 점을 강조하였다. 북한과 밀접한 관계를 유지하고 대중국 정책을 논한 "한반도 평화와 중국"(이희옥)에서는 중국은 미중관계의 큰 틀에서 북한문제에 접근하고 있는 만큼, 일방적으로 미국의 입장을 지지하는 입장에서는 것은 되도록 피하면서 미중관계가 고착화되기 이전에 한반도 평화를 보장할 돌파구를 찾을 필요가 있음을 강조하였다. 일본과 러시아와의 관계를 다룬 논문들 역시 그들이 한반도에 갖는 이익과 역할에 주목하였다. "한반도 평화와 일본"(박철희)은 한반도에 대한 영향력 감소를 우려하는 일본의 입장을 고려하여 일본과의 전략적 연계를 강화함으로써 일본의 역량과 자산이 대북억지력 향상과 북한의 변화에 이바지할 수 있도록 노력해야 한다는 점을 강조하였다. 대러시아정책 방향을 다룬 "러시아의 신(新)동방정책과 한반도 및 동북아 평화"(신범식) 역시 동북아 평화와 발전을 위한 중재자와 조력자의 위상을 가지고 있는 러시아와의 전략적 협력관계와 상호공동이해의 폭을 적극적으로 넓혀나갈 필요가 있다는 점을 강조하였다.

이날 종합토론에서는 어디에서부터 한반도의 평화문제를 풀어가야 할 것인가에 대한 중요한 논의가 이루어졌다. 종합토론 발제문으로 발표된 "남북한·북한핵·평화체제·통일"(송민순)은 통일이 북핵문제를 해결할 것이라고 주장하는 것은 목표를 달성할 수단이 없는 상태에서 토로되는 좌절감에 지나지 않을 것이라는 점을 분명하게 지적하였다. 중요한 것은 이 발제문이 주장하듯이 통일을 목적으로 한 정책추진의 결과로서 오는 통일이 아닌 평화로운 공존의 자연스러운 결과로서의 통일이 바람직하다는 점이다. 이러한 관점의 변화는 그동안 「한반도포럼」이 제안해온 북한의 체제안보 우려를 해소시키는 지점에서부터, 다시 말해서 북한 핵무장의 명분을 제거하는 그 지점에서부터 한반도 평화에 관한 논의가 시작되어야 한다는 것을 의미하는 것이다.

6) 2016년도 「한반도포럼」 학술회의

2016년은 북핵이 얼마나 한반도의 평화와 안정을 위협하는 존재인가를 확인할 수 있는 한 해였다. 북한이 제4차 핵실험(1.6)과 장거리 미사일로 추정되는 발사체(2.7)를 쏘아 올리자 이후 한국의 개성공단 중단조치, 한국과 미국, 일본의 독자적 제재조치, 민생분야를 제외한 무역, 금융, 무기거래, 우주협력 등 전방위 분야에서 북한과의 교류협력을 제한한 유엔의 안보리 결의 2270호가 통과되는 등 다차원의 제재조치들이 이루어졌다. 또한 한국과 미국은 역대 최대규모의 키리졸브훈련에 이어 4월에는 독수리훈련을 실시함으로써 군사적으로도 강력히 대응하였다. 북한은 이에 맞서 청와대 선제 타격 위협(2.24), 신형방사포 발사(3.3), 이어 "실전 배비한 핵탄두들을 임의의 순간에 쏴버릴 수 있게 항시적으로 준비해야 한다"(3.4)고 밝히는 등 한반도의 군사적 긴장은 그 어느 때보다 한층 높아졌다. 더욱이 박근혜 정부의 개성공단 중단조치로 인해 모든 수준에서의 남북관계는 단절됨으로써 남북관계는 냉전시대로 회귀했다.

2016년 4월 25일에 열렸던 「한반도포럼」 창립 5주년 기념 학술회의는 이러한 엄중한 시기에 한반도의 긴장을 완화하고 평화에 이르는 길을 모색하고자 “북핵문제와 한반도 평화”를 주제로 개최되었다. 제1회의에서는 “북핵문제와 국제정치”를 주제로 북한은 물론 미국과 중국의 입장과 정책에 관한 논의가 이루어졌다. “북핵 위협과 비핵·평화”(권만학)는 그동안 한국과 미국이 채택했던 선비핵화를 이끌어내기 위한 제재에 기반한 북핵 대응 정책은 완전히 실패했다고 평가하였다. 그 이유는 북한이 핵무장을 선택한 이유가 “생존”을 위한 것이기 때문이다. 북한에게 핵을 먼저 포기하라고 요구하는 것은 백기를 들고 투항하라고 요구하는 것과 같다. 또한 중국이 북한의 붕괴를 원하지 않는 현 상황에서 제재가 북한의 비핵화를 견인할 가능성 역시 낮을 것이다. 이 연구는 과거의 정책에서 벗어나 비핵화와 평화체제를 구축하는 문제는 선후가 아니라 병행적으로 추진되어야 한다는 점을 다시 확인하였다. 이 연구는 이후 한국 정부가 취해야 할 대북정책의 기조를 다음과 같이 제시하였다. 한국은 북한의 국가성을 인정하고 북한과의 평화공존, 흡수 통일정책을 포기해야 할 것이며, 북한 역시 이에 상응하여 북핵의 동결과 폐기, 적화통일의 포기에 동의하여야 할 것이다. 동시에 남북한과 미국과 중국이 참여하는 평화협정의 체결, 북미·북일 관계정상화, 동북아 지역 안보체제의 구축과 같은 다자가 참여하는 평화체제가 형성되어야 할 것이다.

“북핵문제와 국제정치: 북한의 정책과 입장”(고유한)은 북핵문제는 북한의 수령체제, 남북한 간 체제경쟁, 북미, 북중 관계에서 비롯된 복합적 요인이 결합된 역사-구조적 산물이라고 평가하고, 한국과 미국이 북한의 핵개발에 이른 원인을 무시하고 선핵폐기론만을 주장한다면 북핵문제는 해결하기 어려울 것으로 전망하였다. 이 논문은 한·미는 선핵폐기에서 ‘선 고도화방지 후 폐기’로 정책을 수정하고 북한의 요구사항인 평화협정문제와 비핵화를 동시행동원칙에서 교환할 것을 주장하였다.

“An American Perspective”(Robert Carlin)는 부시 정부가 클린턴 정부의

대북정책을 전면적으로 폐기하면서 잠재적 위협인 중국과 소련으로부터의 안전보장을 위해 대화를 원했던 북한과의 협상이 실패함으로써 북핵문제를 해결할 수 있었던 기회를 놓쳤던 교훈을 기억해야 한다고 지적하였다. 비록 북한의 미사일과 핵도발로 촉발되었으나 중국이 참여하는 유엔 안보리 결의안 2270호가 북한을 협상장으로 이끌어내는 경우 한국은 물론 미국에게도 기회의 창이 될 것이며 이에 대해 면밀하게 그리고 적극적으로 대응해야 할 것이라고 주장하였다. 이 연구는 6자회담과 같은 기제보다는 북한과 미국의 직접적인 대화가 보다 효과가 클 것이라고 보고 있다.

"How to dismantle North Korea of its nuclear and missile programs"(Zu Feng)는 유엔제재 2270호에 중국이 참여하는 것은 기존의 북중관계의 변화를 의미하는 것이라고 지적하였다. 이 연구는 중국이 북한을 전통적 동맹국, 대미 완충지대에서 '전략적 부담'으로 인식하기 시작하였다는 것을 뜻하는 것으로, 북한 핵문제는 중국을 포함한 국제사회의 제재가 얼마나 효과적으로 작용하는가에 따라 결정되어질 것이며, 성공적인 제재가 이루어지도록 하기 위해서는 한국, 미국, 중국의 긴밀한 협조와 조정이 필요하다는 점을 강조하였다. 특히 사드 문제와 같이 상호 민감한 안보문제에서의 갈등은 피해야 할 것이라고 제언하였다.

제2회의에서는 "북핵문제와 남북관계"를 주제로 4차 핵실험에 대한 우리 정부의 대응방안과 대북제제의 효과, 비핵화에 대한 대안에 관한 논의가 이루어졌다. "북핵 동향 분석과 비핵화 전략의 재검토"(전봉근)는 북한의 핵전력의 현실화와 이를 둘러싼 국제환경이 북핵문제 해결에 부정적으로 발전하고 있는 경향이 있다고 분석하고, 이를 극복하기 위한 새로운 비핵화 전략을 다음과 같이 제시하였다. 첫째, 남북 고위당국자 핵회담 및 6자 수석회담을 통한 '미니 일괄타결' 모색할 것. 둘째, 「한반도포럼」이 그동안 제안했던 바와 같이 북한의 핵동결과 폐기를 북한체제의 안전보장과 연동시키는 '한반도형' 비핵화 모델 및 복합 로드맵 개발할 것. 셋째, 정권 교체에 따른 대북정책 변화와 남남갈등을 극복할 수 있는 '지속가능한 대북정책'을 마련할 것. 넷째, 북한 체제와 정권을 위협하는 수준에까지 강력한 제재와 압박조치를 유지하는 동시에 평화적 해결 원칙을 북한에게 지속적으로 확인시킬 것 등 4가지의 정책 방향이 그것이다.

"국제사회의 대북제재: 실효성과 한계"(장형수)는 유엔 안보리 결의 2270호와 미국 행정명령 13722호 등 강력한 경제제재가 북한을 협상장으로 끌어내기 위해 도입되었으나, 그 실효성은 결정적이지 않을 가능성이 있다고 지적하였다. 북한의 핵·탄도미사일 개발 비용 조달이 예상 외로 대외의존도가 낮을 수 있으며, 중국이 완전한 경제제재에 동참하지 않을 가능성이 높기 때문이다. 이 논문은 우리 정부가 대북제재에만 의존할 것이 아니라 향후 북핵 문제가 대화국면으로 진입하는 경우 우리의 이익확보를 위한 로드맵을 작성하는 등 국익의 관점에서 접근할 필요성이 있다고 지적하였다.

총론 Ⅱ

「한반도포럼」의 연구 담론과 대안 제시

백영철, 박명림

1. 북핵문제의 현실 - 현황과 과제

북한은 2016년 2월 초 대륙간 탄도미사일(ICBM)로 의심되는 장거리미사일을 발사한 이후 4차 핵실험(2016.02.12), 잠수함발사탄도미사일(SLBM) 발사 시험, 5차 핵실험(2016.09.09) 등 수차례의 핵실험과 미사일 발사 시험을 시도하였다. 유엔을 비롯한 국제사회 역시 북한의 도발에 대해 제재 일변도로 압박의 강도를 높여갔다. 유엔결의안 제2270호(2016.03.02), 미국의 행정명령(2016.03.16), 한국의 개성공단 폐쇄, 사드 배치 결정, 북한 인권법 발효 등 북한의 각 행위에 일대일의 압박을 가하는 형태로 제재가 가해졌다.

2017년에는 북한핵 문제(북핵문제)는 더욱 악화되어 한반도에서 진짜 전쟁이 일어나는 것은 아닌가 할 정도로 위기감이 극도로 고조되었다. 북한은 동년 9월 3일에 수소탄 실험으로 보이는 6차 핵실험을 감행하였고, 이어 11월 29일 화성-15호형 ICBM급 장거리 미사일을 발사한 후 핵무력 완성을 선포했다. 북한이 핵무장 완성을 선언하는 일련의 과정에서 미국은 한반도 인근에서 항공모함 전단이 포함된 군사훈련을 수행하는 한편, 수차례에 걸쳐 전략자산을 한반도에 전개시켰다. 특히 2017년 9월에는 한국 정부에 사전 통보 없이 '죽음의 백조'라고 불리우는 B-1B Lancer 전략폭격기를 한반도에 출격시킴으로써 한국의 의지와 관계없이 전쟁이 발발할 수도 있다는 위기감에 휩싸이기도 했다. 더욱이 유엔 안전보장이사회는 같은 해 12월 22일에 대북 결의 제2397호를 채택함으로써 더한층 강력한 대북제재로 이에 대응했다. 이러한 대립은 북한의 국제적인 고립이 보다 강화됨으로써 한반도에서의 안보 불안정은 고조되고 국제적 갈등이 심화되는 결과를 초래했다.

일촉즉발의 이 위기국면은 2018년 들어 김정은 국무위원장이 신년사를 통해 2018년 평창동계올림픽에 참가할 의사를 표명한 이후 여기에 우리 정부가 발 빠르게 대응하여 수용 의사를 밝히면서 극적으로 반전되기 시작했다. 이를 계기로 다양한 차원의 남북대화 채널이 복원, 가동되어 평창동계올림픽 일부 종목에서 남북한 단일팀이 구성되었으며, 동계올림픽 개막식에서는 남북이 공동으로 입장하였다. 이후 남북한 정상은 2018년 한 해에만 모두 세 차례에 걸쳐 만났다. 4월 27일에는 판문점에서 정상회담을 갖고 "한반도의 평화와 번영, 통일을 위한 판문점선언"(판문점선언)을 발표했으며, 5월 26일에는 판문점 북측 통일각에서 깜짝 정상회담을 개최했다. 9월 18일부터 20일까지 문재인 대통령이 평양을 방문하여 정상회담을 갖고 9.19 남북공동성명을 선언하였다.

일련의 정상회담을 통해 남북한은 한반도의 비핵화와 평화를 약속했으며, 특히 경제부문에서의 협력관계를 재구축할 것을 규정했다. 협력관계의 재구축에는 그동안 중단되어 재개하지 못하고 있는 금강산관광 사업과 개성공단 사업을 재개할 것과 끊어진 남북한 철도와 도로를 다시 잇는 것을 중심내용으로 하고 있다. 북미 간에도 역사적인 정상회담이 개최되어 북핵

문제 해결에 대한 기대감을 높였다. 김정은 국무위원장과 도날드 트럼프 미 대통령은 2018년 6월 12일 싱가폴에서 정상회담을 개최하고 한반도의 비핵화와 북미관계의 개선과 발전에 관한 노력을 기울일 것이라는 점에 합의했다.

그러나 세 차례에 걸친 남북정상회담을 이끌어낸 문재인 정부 하에서도 남북관계의 현실은 답보상태를 벗어나지 못했다. 2019년 2월 제2차 북미 정상회담이 결렬된 이후 북미협상이 고착된 것도 중요한 하나의 이유였다. 이러한 현상들은 북핵문제는 단순히 한반도의 문제가 아닌 세계문제로 변하였다는 것을 의미한다. 다시 말해서 북핵문제 해결과 관련한 한국 정부의 자율성이 제한적이며, 한국 정부가 국제사회와 별도로 독자적으로 움직일 수 있는 여지는 많지 않다는 것을 말한다. 대북제재와 관련한 유엔결의안과 미국의 법안들 그리고 행정명령을 중심으로 촘촘하게 짜여진 대북제재 시스템은 북핵문제를 해소하고자 하는 의도라 하더라도 한국 정부가 기계 부품 하나 마음대로 북한에 제공할 수가 없는 제약을 부과하고 있다. 전격적으로 북한 봉쇄를 결정한 2016년 유엔결의안 제2270호 이후 한국의 대북한 자율성 역시 그 체제 내로 제한된 것이다.

북핵문제의 세계문제로의 확산은 한국 정부에게 새로운 과제를 던져주었다. "한미협력과 통일"(박인휘)에서 지적하듯이 약 30년 동안 핵문제를 해소시키지 못함으로 인해 북한이 결국은 핵을 포기하지 않을 것이라는 비관적 전망이 확산되는 핵 피로(nuclear fatigue) 현상이 발생하고, 미국과 중국이 핵폐기가 아닌 현실적인 핵관리 정책으로 선회하는 것 아닌가 하는 우려까지 확산되고 있다. 또한 시간이 흐를수록 북한의 핵능력은 증강되고 있다. 이는 비핵화 비용의 증가와 비핵화 가능성은 낮아지는 결과를 초래할 수 있다.("'전략적 인내'의 한계와 새로운 비핵화외교 모색". 전봉근)

이러한 현상은 한반도의 비핵화는 반드시 한국이 주도하여 극복함으로써 한반도에 평화를 정착시켜야 한다는 중차대한 과제가 우리에게 주어져 있음을 의미한다. 우리가 해결해야 하는 이 과제는 "북한체제 변화와 통일정책"(박형중)에서 지적하듯이 '매우 높은 수준의 위험 요소'를 동반하는 매우 거칠고 다루기 어려운 문제임에 틀림이 없다. 이 연구가 제언하듯이 북핵문제에 대응하고 해결책을 찾는 과정에서 중요한 것은 목가적 희망적 전망 및 정책 방향 그리고 각 정권의 이념석 성향이나 색깔에 근거하는 정책이 아니라, 냉엄한 현실에 바탕한 구체적이고 실질적인 대안이 모색되어야 하는 것이다.

본서에 수록된 「한반도포럼」의 연구 성과들은 현재의 북핵문제 해법과 관련하여 중요한 쟁점들을 논리적으로 분석하고 있다. 첫째, 북한이 핵을 보유하는 상황은 한반도의 평화를 저해하는 근본요인일 뿐만 아니라 우리가 용납할 수 없는 것임을 분명하게 밝혔다. 둘째, 북핵문제가 수면 위로 떠오른 이후 약 30여 년에 걸친 북핵제거를 위한 노력에도 불구하고 실패한 원인을 규명하였다. 셋째, 「한반도포럼」은 북핵문제 해결을 위해서는 남북관계와 통일에 대한 논의에 있어서 그 패러다임의 전환을 통해 해결할 것을 제안하였다. 이것은 북핵문제를 둘러싼 남북한의 인식과 해법에 대한 깊은 고찰과 사유에 근거를 두고 있다. 즉, 대결이나 흡수가 아닌 평화와 공존, 민족 대 민족에서 국가 대 국가로 남북문제를 거시적으로 그려나가야 한다는 것을 제안하였다. 넷째, 「한반도포럼」은 남북관계와 통일에 대한 패러다임의 전환을 기초로 국내수준(남남갈등 극복과 지속가능한 대북정책 수립), 남북수준(평화공존과 화해·교류·협력), 국제수준에서의 정책대안(비핵평화, 북미·북일 관계정상화, 동북아집단안전보장체제)들을 제시하였다.

2. 한반도 비핵화_양보할 수 없는 원칙

북한은 2012년과 2013년에 걸쳐 핵보유국임을 선언하였다. "'전략적 인내'의 한계와 새로운 비핵화외교 모색"(전봉근)에서 확인하고 있듯이 첫째, 핵보유국임을 헌법에 명기하였다. 북한은 개정헌법(2012.4) 서문에 "우리 조국을 불패의 정치사상 강국, 핵보유국, 무적의 군사강국으로 전변시켰으며, 강성국가 건설의 휘황한 대통로를 열어놓았다"고 규정함으로써 헌법 수준에서 핵보유국임을 선언하였다. 둘째, 북한은 핵·경제병진정책을 채택할 것임을 선언하였다. 2013년 3월 31일 노동당중앙위원회 전원회의에서 "경제건설과 핵무력건설을 병진시킬 데 대한 새로운 전략노선"이 채택되었음을 밝히고, 핵보유의 합법화, 핵무력의 확대 강화, 핵무력의 전투준비태세 완비 등이 국가정책으로 채택되었다. 셋째, 북한은 2013년 4월 1일 최고인민회의에서 "자위적 핵보유국의 지위를 더욱 공고히 할 데 대하여"라는 법을 채택하여 핵무기 보유와 사용을 법제화하였다. 이 법 제3조는 "핵억제력과 핵보복 타격력을 질량적으로 강화하기 위한 실제적인 대책"을 세울 것을 규정하였으며, 제4조에서 "핵무기는 적대적인 다른 핵보유국이 우리 공화국을 침략하거나 공격하는 경우 그를 격퇴하고 보복타격을 가하기 위하여 조선인민군 최고사령관의 최종명령에 의하여서만 사용"하도록 한다고 규정하여 핵무기 사용의 최고 권한이 김정은에게 있음을 분명하게 하였다.

「2018 국방백서」에 따르면, 2018년 현재 북한은 핵탄두의 표준화·규격화·소형화·경량화·다종화를 달성하였다고 주장한 바 있다. 북한이 보유하고 있는 핵무기 제조용 플루토늄은 50kg에 달할 것으로 보이며 상당량의 고농축우라늄(HEU) 역시 보유하고 있는 것으로 분석되고 있다. 그러나 북한이 핵보유국으로서 국제사회에서 인정받고 핵무기를 실전에 배치하는 상황은 한국으로서는 절대로 받아들일 수 없는 최악의 경우이다. 북한의 핵무기는 우리가 '용납할 수 없는 위협'이며, 한반도의 비핵화는 '양보할 수 없는 원칙'이다. 「한반도포럼」은 우리가 북한핵을 용인해서는 안 되는 이유를 크게 두 가지로 지적하고 있다. 북한핵을 용인하는 경우 첫째, 무한의 안보비용이 소요될 것이나 북핵억지의 실효성은 낮을 것이다. 둘째, 북핵억지를 미국에 맡기는 경우 지나친 대미의존 현상을 초래할 것이며, 미국 및 여타 우방국들로부터의 지지를 확보하기 위해 국가의 많은 자원을 소모하게 되는 결과를 가져올 것이다. 이와 더불어 세 번째의 문제를 제기할 수 있다. 북한의 핵보유는 우리의 운명을 강대국 간의 이해득실과 계산에 맡기는 결과를 초래할 가능성이 있다는 우려가 그것이다. 이 문제들을 차례로 살펴보기로 한다.

일반적으로 핵무기에는 핵무기로 대응하는 것이 원칙이다. 핵무기와 같은 비대칭전력에 재래식 무기로 맞설 수는 없다. 무엇보다 재래식 전력으로써 핵전력에 대응하는 경우 그 억지력에 대한 신뢰성과 비용 측면에서의 비효율성이라는 문제를 지적하지 않을 수 없다. "남북 평화공존과 한반도 평화 프로세스"(권만학)는 재래식 전력으로 북한핵을 억지하는 경우 무한대의 군비경쟁을 초래할 것이라고 분석했다. 북한의 핵무장은 상대적으로 적은 비용으로 가능하지만 재래식 무기체계를 통한 핵억지 비용은 천문학적이다. 그러나 재래식 무기체계를 통한 핵억지 능력은 비용 대비 효과에 의문을 남긴다.

한국이 북핵과 미사일 위협에 대응하기 위해 구축하고 있는 체제는 한국형 3축체계이다. 이것은 북한핵 및 미사일에 대한 감시, 정찰, 타격을 위한 킬 체인(Kill Chain)과 미사일 탐지와 요격을 위한 한국형 미사일 방어(Korean Air and Missile Defence, KAMD) 그리고 전담부대 침투자산과 정찰 및 타격전력을 육성하는 대량응징보복(Korea Massive Punishment & Retaliation, KMPR)을 중심으로 구성되어 있다. 문제는 이 핵억지 전략이 완전한 대응방안으로서 일정한 한계를 지니고 있다는 점이다. 북한의 핵 발사 징후를 탐지하고 이를 타격하는 능력이 완전하지 않으며, 실전에서 실패하는 경우 핵위기를 더욱 고조시킬 가능성이 있다.

막대한 비용이 소요되는 재래식 무기에 의존하는 핵억지 노력이 갖는 또 하나의 약점은 이 체계가 전형적 안보딜레마를 초래할 가능성이 상존한다는 것이다. "남북 평화공존과 한반도 평화 프로세스"(권만학)는 한국이 지속적으로 억지전력을 강화하는 경우 북한도 선제공격을 회피하여 핵반격을 가할 수 있는 능력(second strike capability)의 향상을 기함과 동시에 이동식 발사대, 잠수함 발사 미사일, 저고도 항공기 등 탐지를 피해 핵을 투발할 수 있는 수단을 개발할 것이다. 이에 한국은 다시 선제공격능력(first strike capability)을 확보하지 않을 수 없는 딜레마에 처하게 될 것이 자명하다. 또한 재래식 전력으로 핵무기를 대응하는 경우 북한의 핵공갈(nuclear blackmail)로부터 자유로울 수 없는 문제를 내포하게 된다.

둘째, 재래식전력에 의한 핵억지가 불완전함에 따라 미국에 대한 의존도는 더욱 심화될 수밖에 없을 것이다. 북한의 핵무기 위협은 전쟁을 경험한 우리에게는 핵전쟁에 대한 공포가 항시적으로 존재하는 결과를 낳게 될 위험이 있다. 이에 대응하기 위해서는 재래식 억제체계의 확보와 더불어 미국의 확장억지전략에 의존해야 하는 것은 불가피하다. 이 경우 미국의 억지공약을 전적으로 신뢰할 수 없다는 문제가 발생한다. 미국이 자국 본토에 대한 공격 위협에도 한국을 보호할 것이라는 보장이 없기 때문이다. 이러한 경우 미국에의 일방적인 의존도는 더욱 심화될 것이다. 또한 북핵문제를 해소하기 위한 외교에 전력을 쏟을 수밖에 없다. "'전략적 인내'의 한계와 새로운 비핵화 외교 모색"(전봉근)이 지적하고 있듯이 우리의 외교역량의 대부분을 비핵화 외교에 집중토록 하는 결과를 초래함으로써, 외교적 자원의 비효율적 사용과 낭비를 초래하게 될 것이다.

셋째, 국제정치는 도덕에 기반하기보다는 힘과 실리를 토대로 하여 정책 결정이 일어나는 장이다. 영원한 우방도 영원한 적도 없는 것이 국제정치의 기본적 특성이다. 동북아는 세계의 강대국들이 한반도를 중심으로 집중되어 있다. 동북아는 한국과 미국, 일본을 한 축으로, 그리고 중국과 러시아, 북한을 다른 한 축으로 하여 힘의 균형이 이루어져 있다. 이 상태에서 북한이 핵을 보유하게 되는 경우 한국은 군사적 소국화를 넘어 최악의 경우 우리의 운명이 동북아 힘의 균형 변화에 따라 강대국 간 관계에 좌우되는 결과로 이어질 가능성이 존재한다.

요컨대, 북한의 핵보유는 우리에게는 재앙이 될 가능성이 높다. 무한의 군비경쟁의 순환에 빠지게 될 위험뿐만 아니라 심각한 국제의존 및 국력 낭비 상황이 초래될 가능성이 높다. 더욱이 세계의 군사강국들이 한반도를 중심으로 대립하는 형세의 국제정치적 조건 아래에서 국가의 안보문제가 강대국들의 힘의 관계에 좌우되는 위험한 시나리오까지 생각하지 않을 수 없다. 그럴 경우 남한이 핵무장의 길을 계속 추진하지 않을 것이라는 보장은 없는 것이다.

3. 북핵과 북한의 체제안보

북핵문제 대두 이후 우리 정부는 이를 해결하기 위해 많은 노력을 기울여왔다. 노태우 정부는 미국과의 정책협조를 기본정책으로 하되 남북관계의 개선을 적극적으로 모색하고 남북한 간 대화의 틀 내에서 핵문제를 함께 토의하여 해결한다는 입장을 견지했다. 노태우 정부는 한반도 비핵화에 관한 공동선언(1992. 1. 20)과 남북기본합의서(1992. 2. 19)를 이끌어내는 데 성공하였다. 그러나 북한이 국제원자력기구(IAEA)의 핵사찰과 남북한 상호사찰의 문제를 철저히 분리하여 대응함으로써 북핵의 사찰에는 실패했다.

김영삼 정부는 출범 초기 민족이 우선이라는 입장에 기초하여 비전향 장기수 이인모를 조건 없이 북송하고 인도적 분야에 있어서 적극적으로 지원을 시도하는 등 남북관계 개선을 위한 노력을 기울였다. 그러나 북한이 핵확산금지조약(NPT)에서 탈퇴한 이후 북핵문제 우선해결의 원칙에 기초하여 핵을 가진 상대와는 악수를 하지 않는다는 강경한 입장으로 선회함으로써 북한과의 대화를 통해 주도적으로 북핵문제를 해결하는 데는 한계를 보였다. 더욱이 북핵문제에 대한 일괄타결안을 반대함으로써 제네바 합의를 위한 협상에서 배제되고 결과적으로 경수로 건설의 비용만을 부담하게 되는 결과를 초래하였다.

김대중 정부는 남북관계 개선을 위해 많은 노력을 기울였으나 북핵문제 해결에는 상대적으로 소홀했다. 김대중 정부는 북한과의 교류협력을 일관되게 추진함으로써 햇볕정책이 흡수통일 전략이 아님을 북한으로 하여금 확신케 하고자 했다. 경제교류활성화를 통한 북한의 개방을 유도하였으며, 남한의 자본·기술을 북한의 노동·인력과 결합시켜 남북한의 경제개발을 촉진하고자 했다. 하지만 최초로 이루어진 남북정상회담에서 핵문제는 논의되지 않았다. 햇볕정책으로 북한과의 관계가 원만하게 진전되고 있었으며, 제네바합의체제의 이행에 기대를 걸고 있었던 것으로 보인다.

2차 북핵위기로 긴장이 고조되는 시기에 출범한 노무현 정부는 김대중 정부의 정책을 계승하는 한편 북핵 문제는 다자주의적 틀을 통해 해결하고자 하였다. 노무현 정부는 북한과 미국 간에 핵 포기와 체제 안정보장에 대한 합의를 이끌어내는 것을 목표로 6자회담을 추진하였다. 이 결과 2005년에는 9.19합의를 이끌어내는 성과를 거두었다. 핵심내용은, 북한은 모든 핵무기와 현존하는 핵계획의 포기와 핵확산금지조약(NPT) 및 국제원자력기구(IAEA) 복귀를 약속하고, 미국은 핵무기 또는 재래식 무기로 북한 공격할 의사가 없음을 확인한 것이었다. 그러나 북한이 2006년 10월에 1차 핵실험을 시행하면서 9.19합의는 이행에 실패하고 말았다.

북한의 1차 핵실험은 이명박 정부의 정책선택에 상당히 영향을 미쳤다. 이명박 정부의 대북정책은 김대중·노무현 정부의 온건정책에 대한 비판과 반발에 기초했다. 이명박 정부의 '비핵·개방 3000'은 북한의 핵 폐기의 이행 단계를 북한의 핵 시설 불능화 완료, 북한의 핵 폐기 이행, 북한의 핵 폐기 완료 등 3단계로 구분하여 각 단계에 따라 경제적 지원을 제공하는 것을 주된 내용으로 하였다. 박근혜 정부의 신뢰프로세스와 드레스덴 선언 역시 북한의 핵 폐기 단계에 따라 정부의 경제적 지원을 확대해나간다는 점에서 유사한 정책기조를 유지하고 있다.

이명박 정부의 '비핵평화 3000'과 박근혜 정부의 신뢰프로세스가 갖는 동일성은 그 제안들이 북한의 행위 변화를 조건으로 하는 평화구축안이라는 점이다. 남북관계의 개선과 평화체제 구축을 위해서는 그리고 북한에 대한 경제적 지원을 위해서는 북한이 먼저 변화하라는 요구를 전제로 한다. 다시 말해서 대규모의 경제적 지원은 핵포기에 대한 대가로서 제시된 것이다. 이러한 대북정책이 갖는 문제는 북한이 핵보유에 이르게 된 근본 동인이 무엇인가를 정확하게 파악하지 못했거나 또는 그것을 외면한 결과였다고 평가할 수 있다.

「한반도포럼」은 우리 역대 정부의 북핵문제에 관한 대북정책에 두 가지의 큰 한계가 있음을 확인하였다. 첫째, 정부 교체에 따른 정책 연속성의 단절 문제이다. 특히 정권의 이념 성향에 따라 포용과 억제, 교류와 단절 등 대북정책의 진폭이 대단히 큰 현상이 발생함에 따라 대북정책의 일관성을 상실하는 결과를 초래하였다. 둘째, 핵문제와 같은 정치군사적 쟁점을 경제분야 협력을 통해 해결하려는 기능주의 이론에 근거한 정책을 폄으로써 북한이 핵무기를 보유하게 된 근본동인의 해소에 실패함으로써 핵문제 해결 역시 진전을 이루어내지 못하고 있다.

먼저, 「한반도포럼」을 통해 발표된 여러 논문들은 북핵문제를 포함한 대북정책의 비일관성의 문제를 지적하고 있다. "6자회담의 전망과 과제 : 북한 비핵화 전략 신구상"(전봉근)은 정권교체에 따라 대북정책이 포용정책, 봉쇄정책, 북한의 정권교체 추구 등 폭넓게 급변함에 따라 중장기적으로 정책의 성과를 이끌어 내지 못했다고 지적하였다. 정책의 비일관성은 북한으로 하여금 우리의 대북정책에 대한 불신을 초래하여 북한이 최악의 상황에 대비하는 대남정책을 추진하게 함으로써 결과적으로 남북 간 신뢰회복과 합의이행을 거의 불가능하게 하는 한계를 노정했다고 분석하였다. 대북정책의 단절성은 대북정책의 전략적 토대를 취약하게 하며, 평화체제 구축이라는 핵심과제를 장기전략의 관점에서 일관성을 가지고 추진할 수 없도록 하는 결과를 낳았다.("한반도 평화정착 추진 방안: 문제의 원인과 새로운 접근". 박영호) 동시에 잦은 대북정책 변경은 북한에게 핵합의 이행을 지연하거나 거부하는데 필요한 명분을 제공하고, 북한이 핵합의를 이행하는 척하면서도 핵심 조항의 이행을 지연하거나 거부하는 헷징전략을 사용하는 빌미가 되기도 하였다.("북핵 동향 분석과 비핵화 전략의 재검토". 전봉근)

더욱 문제가 되는 것은 정부의 이념적 성향에 따라 대북정책의 내용과 방향이 결정되는 모습을 보이고 있다는 것이다. 노태우 정부를 제외한다면 이러한 경향은 우리 역대 정부 모두에 해당한다. 정권의 이념에 따라 상이한 대북정책은 북핵문제를 해결할 수 없었을 뿐만 아니라, 한국 사회 내부의 분열을 강화시키는 결과로 나타났다. 이념에 기초한 대북정책은 정권 내부에서 협애하게 작성됨으로써 정권의 이념적 정체성과 지지층을 강화시켰을지 몰라도, 광범위한 국민들의 지지를 확보하는데 필요한 장기적 비전과 논리성, 그리고 현실적 타당성을 결여하였다. 동시에 각 정권의 이념에 기초한 정책들은 극단적 이념주의자들 사이의 남남갈등만 증폭시켰을 뿐이다.("남북 평화공존과 한반도 평화 프로세스". 권만학)

둘째, 기능주의 이론에 근거하여 경제를 통해 정치군사적 문제에 접근하려는 대북정책 기조에 문제가 있다. 우리 정부의 대북정책의 기조는 경제 및 사회문화 분야 교류의 확대가 정치적·군사적 신뢰구축으로 이어질 것이라는 기능주의에 바탕을 둔 단계적·평화적 접근이었다.("한반도 평화정착 추진 방안: 문제의 원인과 새로운 접근"(박영호) 이것은 정부의 좌–우 이념적 정향과는 관계없이 우리 정부에 의해 추진된 중요한 대북정책 기조이다. 그러나 북핵문제가 대두된 1980년대부터 현재까지 우리 정부는 북한 핵문제를 해소시키지 못하고 있다. 그 이유는 우리의 대북정책이 북한이 핵을 개발하고자 하는 근본 동인을 간과하거나 무시했기 때문이다.

북한이 핵을 보유하고자 하는 의지의 강도에 대해 안이하게 판단하고 있었던 것은 사실이다. 북핵문제가 대두하기 시작했던 초기에 북한이 핵보유를 국가적 목표로 하는 것인지 여부에 대해서 크게 세 가지의 시각이 있었다. 첫째 한국과 미국으로부터 정치·경제적 양보를 이끌어내기 위한 카드로 충분한 지원이 보장된다면 포기할 수도 있다는 견해. 둘째 핵보유를 목적으로 하지만 보유 여부는 북한의 선택지 중의 하나로 상황에 따라 포기할 수도 있다는 견해. 셋째는 남한과 미국에 대한 군사적 억지수단으로 핵보유 자체가 목적이었다는 견해가 그것이다. 당시만 해도 북한은 핵을 포기할 수 있는 하나의 카드로 판단하는 것이 일반적이었다.

북한의 핵무기 개발의 이유에 대하여는 다양하게 설명되어지고 있다. 우선 북한의 의도는 핵보유를 통해 재래식 무기경쟁에 소요되는 자원을 경제부문으로 돌려 경제성장을 도모하는 것이라고 할 수 있다는 경제적 설명이 있다. 그러나 북한의 핵무기 개발은 핵억지력 확보를 위한 북한의 국가적 목적이었다고 판단하는 것이 옳을 것이다. "북핵 위협과 비핵·평화"(권만학)에서 북한이 핵을 보유하고자 하는 가장 큰 이유로 성능 대비 저렴한 핵무기를 개발함으로써 적대적인 환경에서 오는 생존 위협에 대처하기 위한 것이라고 분석하듯이 북한의 핵개발 근저에는 북한체제의 생존문제가 놓여 있다. 이 점은 북한이 핵개발에 이르는 조건과 과정을 놓고 분석해 볼 때 더욱 분명해진다.

북한이 본격적으로 핵개발에 매진했던 시기는 소련과 동구권의 붕괴로 인해 북한의 고립과 생존이 문제가 되었던 때였다. 1990년 9월 세바르드나제(Eudard Shevardnadze) 소련 외상이 한국과의 수교방침을 통보하기 위해 평양을 방문했을 때, 북한은 한국과의 수교는 북한을 국제적으로 고립시키려는 남조선의 북방정책을 실현시켜 흡수통일을 조장하게 하는 책동에 소련이 협조하는 것이라고 신랄하게 비판한 적이 있다. 그리고 이어 한소수교에 따라 조·소동맹이 유명무실하게 되었기 때문에 소련과의 동맹관계에 의존했던 일부 무기도 자체로 마련하는 대책을 세우지 않을 수 없게 될 것이라며 핵무기 개발의사를 암시한 바 있다. 또한 1991년 2월 북한 외상 김영남이 탄자니아를 방문하였을 당시 소련이 더 이상 핵안보를 제공하지 않고 있으나 북한은 이미 자체적으로 핵무기를 획득하기 위한 계획을 진행시키고 있었다고 언급했었다. 이것은 탄자니아 주재 미 대사관이 보고서를 통해 확인할 수 있다.[1)]

북한의 핵개발의 역사는 한국전쟁 직후까지 올라간다. 북한은 휴전 이후 오랫동안 핵개발 계획을 단계적으로 실천해왔다고 보는 것이 옳을 것이다. 북한은 1955년에 핵물리연구소를 창설하고 이듬해 소련과 '핵에너지 평화

---

1) "North Korean Nuclear Pontential (1991. 3. 11)," 장훈각, "노태우 정부의 북방정책과 남북관계: 북핵위기를 중심으로," 「동서연구」, 23:2 (2011), pp. 152-153.

이용협력협정'을 체결한 바 있다. 이 협정에 따라 약 250여 명의 북한 과학자들이 30년간 소련의 두브나연구소에서 핵물리학을 연구할 수 있었다. 북한은 해외연구인력을 양성함과 동시에 1962년에 평북 영변에 원자력 연구소, 김일성 종합대학과 김책공업대학에 핵물리 학원을 설립하여 북한 내부에도 핵개발과 관련한 기반을 마련하였다. 특히 중국이 1964년 핵실험에 성공하자 북한은 이를 미국의 전쟁위협에 심대한 타격을 준 사건이라고 높이 평가하고, 중국에게 핵무기 제조기술을 공유할 것을 요청했으나 거절당한 바 있다. 1965년에는 소련의 지원으로 IRT-2000 연구용 원자로를 건설하고 이를 기반으로 1969년 국책사업으로 핵무기 개발을 본격적으로 추진한 것으로 알려졌다.

북한의 핵개발 노력은 김일성의 연설을 통해 확인할 수 있다. 김일성은 1965년 10월 노동당 도당위원장과 군단장 집회 연설에서 "불원간에 핵을 보유할 수 있다"고 언급한 적이 있으며, 1967년에도 "우리도 원자무기를 생산하게 되었다. 미국이 원자탄을 사용한다면 우리도 사용할 수 있다"고 말하는 등 핵무기 제조와 보유를 장담하고 있다.[2] 아직 허장성세였지만 핵무기에 대한 언급이 매우 빠름을 알 수 있다.

1970년대는 남한과 북한 사이에 핵경쟁이 있었던 시기이다. 한반도에서 남북한 모두 핵무기를 보유하기 위해 경쟁하였다. '890 프로젝트' 또는 '백곰 프로젝트'라고 명명된 박정희 대통령의 핵무기 개발 계획은 미국의 강력한 반대로 1976년도 말에 종료되었다. 그러나 북한은 1979년에는 자체기술로 실험용 원자로를 건설하기 시작하여 1986년 가동하였으며, 1985년에는 영변에 핵재처리 시설을 건설하였다, 이 건물이 미국의 첩보위성에

2) 정영태, 「북한 군사정책의 전개양상과 핵정책 전망」 (서울: 민족통일연구원, 1993), p. 104의 각주 137.

포착되기 시작하면서 북한의 핵무기 제조 및 보유가 문제되기 시작한 것이다. 북한은 1983년부터 1993년까지 영변에서 핵무기 개발에 필요한 고온 폭발실험을 70여 차례 실시했다고 알려져 있다. 남한은 핵무기를 포기함으로써 세계와의 단절을 회피한 반면에 북한은 핵보유와 외교적 고립의 길을 통해 체제생존의 선택을 한 것이다.

북한이 핵무장에 이르는 과정을 분석하면 크게 두 가지에 연원하고 있음을 알 수 있다. 첫째, 1990년대 소련과 동구권의 붕괴로 붕괴 이후 안보환경의 급격한 변화로 인한 북한의 '피포위의식, 흡수통일에 대한 두려움'("북핵문제와 6자회담, 그리고 박근혜 정부의 대응 방향". 유호열)이 북한이 핵개발을 실행에 옮기게 된 직접적인 계기이다. 둘째, 한국전쟁 직후부터 핵 보유에 관심을 갖고 추진했던 것으로부터 북핵문제는 역사적, 지정학적, 구조적 연원을 가진 북한 고유의 환경에 기초한 문제임을 확인할 수 있다. "북핵문제와 국제정치: 북한의 정책과 입장"(고유한)은 북한이 핵개발을 하게 된 원인을 복합적인 역사-구조적 요인으로 나누어 북한이 핵을 보유하기에 이른 이유를 분석하였다. 그들은 수령체제 보위를 위한 '만능의 보검'으로서의 핵개발(북한 내부 요인), 북미 적대관계의 산물로서의 핵개발 (미국 요인), 대국주의 반대와 자주노선 추구로서의 핵개발(중국요인), 분단과 체제경쟁의 결과물로서의 핵개발(남한요인)을 말한다.

다시 말해서 북핵문제는 북한의 체제생존을 둘러싼 구조적 연원으로부터 비롯된 문제이다. 말을 바꾸면, 북핵문제는 북한의 체제안보에 대한 불안감이 구조적으로 해소될 때 풀릴 성질의 것이다. 앞서 보았듯 우리 정부는 북핵문제를 해결하기 위하여 주로 경제적 대가와의 교환을 추진해왔다. 그러나 이러한 경제적 접근은 북한의 '안보와 경제적 대가의 교환'을 통한 것으로 한반도의 지정학적 구조에서 현실 적합성을 갖지 않는 방식이며 북한이 쉽게 수용할 수 있는 것이 아님을 지난 30년의 북핵문제의 전개과정에서 볼 수 있었다.("한반도 평화정착 추진 방안: 문제의 원인과 새로운 접근". 박영호) 다시 말해서 경제적 교류를 통한 호혜적 이익들이 북핵무장을 가져온 구조적 문제를 해결하기에는 너무 작은 이익이기 때문이다.("박근혜 행정부의 대북정책과 남북관계 개선방안". 권만학)

「한반도포럼」은 과거의 기능주의적 접근이나 강압적 정책을 넘어, 구조적이고 정치적으로 접근할 것을 제안하였다. 이것은 곧 "한반도 평화문제: 북한과 미국"(박영호)에서 정확하게 표현하고 있듯이, 북핵문제의 해결은 '안보와 안보의 교환', 즉 북핵문제의 해결과 한반도 평화체제 구축의 교환방식을 말한다. '안보와 안보의 교환'은 북한만의 안보를 보장해주는 것에 그치지 않는다. 이것은 남북한, 북미 간 상호 적대성을 해소하여 평화공존을 확보하는 공동안보(common security) 시스템의 구축을 의미한다. 다시 말해서, 나와 남의 안보를 동시에 보장하는 것을 목표로 하는 공동안보와 평화공존의 개념이다.("북핵 위협과 비핵·평화". 권만학) 북한이 일관되게 요구하는 것은 미국과의 관계정상화를 통해 북한체제의 안전을 보장받는 일이다. "한반도 평화문제: 북한과 미국"(박영호)이 지적하듯이 미국은 지금까지와는 다른 방식으로 북한에 접근할 필요가 있다. 핵문제에 있어서 북한의 우선 행동의 원칙만을 고수하기보다는 핵문제와 북미 관계정상화와 평화체제의 구축을 병행적으로 동시에 추진해 나갈 필요가 있다.

4. 대북정책의 패러다임_통일에서 평화로

우리 사회는 통일론의 과잉에 빠져 있다고 해도 과언은 아니다. 북한과 관련한 모든 담론은 결국 '통일'이라는 목표를 향하고 있다. 역대 모든 정부는 취임과 동시에 자신들의 통일론을 성안하여 이를 중심으로 대북정책을 전개했다. “박근혜 행정부의 대북정책과 남북관계 개선방안”(권만학)은 현시점에서 성급한 통일논의와 정책적으로 통일을 추구할 때 다음과 같은 논리적 결과가 예상되기 때문에 위험하다고 분석하였다. ① 한반도에서의 통일은 평화통일을 포함하여 남한 체제와 제도에로의 흡수통일이 될 수밖에 없으며, ② 흡수통일은 편익보다 훨씬 큰 비용을 수반할 것이고, ③ 그 경우 한반도에서, 독일 모델과 같은 “결과로서의 흡수통일” 가능성은 낮아질 것이며, ④ 인위적으로 통일을 추구하고 압박하는 정책은 엄청난 대결 비용을 발생시킬 것이다. 따라서 “정책으로서의 통일”, 다시 말해서 통일을 목표로 대북정책을 추진하는 것은 바람직하지 못할 뿐만 아니라 위험하기까지 하다.

이와 같은 추론이 가능한 근본적인 이유는 통일과 관련한 논의는 반드시 통일 후의 국가형태와 체제는 무엇이 되어야 하는가에 대한 논의를 수반하기 때문이다. 남북한이 서로 체제를 달리하는 현실에서 통일국가의 체제는 대단히 민감하고 조심스러운 문제이다. “남북 평화공존과 한반도 평화 프로세스”(권만학)에서 자세하게 논증하고 있듯이 통일논의는 단방제, 연방제, 그리고 국가연합 등 통일 이후의 궁극적인 국가형태에 대한 논의를 수반한다. 논리적으로 단방제는 체제와 이념이 다른 남북한이 어느 한쪽의 체제에 기반한 단일국가 또는 합의된 새로운 형태의 단일국가를 형성하는 것이다. 단방제에서는 남북한 어느 하나의 체재는 소멸하거나 양 체제의 수정을 요구할 것이며, 연방제는 양 체제는 공존한다고 하나 상위 연방정부는 단일정부일 수밖에 없고 그 권한을 어떻게 구성할 것인가는 역시 핵심적 갈등 요인으로 남는다. 국가연합의 경우는 하나의 국가라고 하기보다는 2국가 공동체(commonwealth) 성격이 될 것이다. 역대 우리 정부의 통일방안은 명시적으로나 묵시적으로나 단방제 통일을 지향했다. 모든 정부들은 어떠한 경로를 거치든 우리의 체제와 제도, 즉 ‘자유민주주의와 시장경제'로의 '하나의 통일국가' 형성을 목표로 했다. 북한 역시 우리와 다르지 않다. 남북한 양측의 통일구상은 결국 상대방 체제의 붕괴를 전제로 하는 흡수통일 방안이며 약자인 어느 일방의 극단적 저항 가능성을 내포하고 있다고 할 것이다.

통일을 강조할수록 오히려 통일과 멀어지는 역설이 발생하는 원인이 여기에 있다. 남과 북에 서로 다른 정권, 서로 다른 국민들이 이미 확고하게 자리잡고 있기 때문에 단순한 영토적 결합은 이후의 권력투쟁의 불씨를 남겨놓기 때문이다. 「한반도포럼」이 강조하듯 통일담론의 변화가 필요한 이유이다. 통일이라는 상태만을 목적으로 할 것이 아니라 평화라는 과정 중심의 담론으로 재편되어야 한다. 통일에 관한 논의는 서로 다른 체제를 지향하는 두 정치공동체가 엄존한다는 이러한 현실을 인정하는 바탕에서 상호 공존에서부터 시작하여야 할 것이다.

한반도포럼의 운영을 주도해온 백영철은 당시 통일중심의 담론에서 벗어나 평화와 평화과정 중심의 논의를 전개하여 평화라는 거대 담론의 새로운 정책방향을 제시하였다. 예컨대 2005년 한반도포럼의 전신인 한국통일포럼이 간행한 《한반도평화 프로세스》와 2012년 한반도포럼이 제시한 《남북관계3.0: 한반도평화협력 프로세스》 두 책의 제목이 이를 웅변적으로 말해주고 있다. 특히 한반도 평화협력 프로세스는 비핵화=-경협-평화체제 주축 등 3개 분야에 걸쳐 3단계 동시 타결의 정책방안을 제시하면서 궁극적으로 한반도 비핵화 완성과 남북 경제공동체 건설, 그리고 한반도 평화체제 구축이라는 목표를 설정하고 있다.

"남북한 · 북한핵 · 평화체제 · 통일"(송민순)에서 지적하듯이 통일이 북핵문제의 해결책이라는 표현은 현실화시킬 수단이 부재한 상태에서 목표만을 강조하는 것과 다르지 않다. 이것은 문제의 해법을 제시하는 것이 아니라 곧 좌절감의 표현이라 할 수 있다. 이 발표는 통일에 이르는 길은 도달해야 할 목표라기보다는 평화공존의 귀결이라는 것을 강조한다. "북핵 위협과 비핵·평화"(권만학) 역시 결과로서의 독일 통일은 흡수 통일이지만, 과정으로서의 독일 통일은 평화공존과 협력이었음에서 교훈을 얻어야 할 것이라는 점을 강조했다. 독일의 통일은 동서독의 상호간 주권과 영토를 인정하였던 동서독 기본조약(1972)에 그 기초를 두고 있다. 상대의 주권과 영토를 인정하는 가운데 전개된 동서독 간의 평화공존은 결과적으로 독일이 통일에 이르게 한 환경이자 동력이었다.

평화는 공존을 전제로 한다. 그리고 평화는 남북한의 화해를 전제로 한다. 동시에 평화를 강조하는 것이 분단 상태의 영구적 용인을 의미하지는 않는다. 북한의 침략으로 시작된 전쟁의 참화는 남북한 모두에게 가공할 상처를 남겼다. 그 상흔을 풀어내고 다시 손을 잡고 마음의 문을 열기까지는 매우 오랜 시간이 필요하다. 남북한 서로가 화해하지 않는 통일은 또 다른 비극을 야기할 가능성이 높다. 상이한 체제에서 상대에 대한 반감을 키우며 살아온 사람들, 막강한 군사력으로 무장한 사람들이 갑자기 진정한 내면 화해없이 통일을 맞았을 때 깊은 잠재적 갈등을 통제할 수 있다는 가정은 성립하기 어려울 것이다.

「한반도포럼」이 주장하는 평화공존은 완벽한 평화체제로부터 시작할 것을 요구하는 것이 아니다. 「한반도포럼」이 말하는 평화공존은 남한과 북한 모두의 안보 불안을 없앰으로써 평화로운 교류협력관계를 증진시킬 수 있는 여지를 창출하고 남북한 서로에게 적대적인 환경을 제거하여 평화 상태를 유지하자는 것이다.("북핵 위협과 비핵·평화". 권만학) 이것은 작은 평화가 지속적으로 축적되는 과정을 의미한다. 한반도에 평화와 통일이라는 근본적인 평화가 달성되는 것에 선행하여 지속적으로 축적되는 '작은 평화', '소규모 평화'의 실현이다.("한미협력과 통일". 박인휘)

"한반도 군사적 긴장 실태와 해소방안 모색"(박휘락)에서 지적하듯이 현재의 상황에서 한국의 노력으로 한반도의 군사적 긴장을 완화시킬 수 있는 확실한 방책은 없다. 문제를 한방에 해결할 수 있는 단방약(silver bullet)은 없다는 말이다. 장기적이면서 근본적으로 접근할 수밖에 없는 것이 현실이고, 다양한 분야에서 다양한 처방을 지속적으로 강구할 필요가 여기에서 시작하는 것이다. 이 연구는 대단히 중요한 문제 하나를 지적하고 있다. 즉, 국민들이 통일지상주의에서 벗어나 보다 냉정하게 한반도의 평화문제에 대해 접근할 필요가 있다는 것이다. 통일을 우선하면서 현재와 같은 군사적 긴장관계로 지내는 것보다는 남북한이 보통의 국가들처럼 군사적 긴장 없이 교류하고 무역하면서 지내는 것이 더욱 바람직한 관계일 수 있으며, 이 길이 평화공존, 그리고 궁극적으로 다시 하나의 정치공동체를 형성할 수 있는 지름길이 될 수 있지 않겠느냐는 문제 제기이다.

5. 남남관계: 일관된 대북정책의 형성을 지향해야

김영삼 정부가 노태우 정부의 한민족 공동체 통일방안을 계승, 세련화하여 '화해협력', '남북연합', '통일헌법에 따른 남북 자유총선거'를 규정한 '민족공동체 통일방안'을 마련한 이후 우리 정부의 통일안은 그 기본원칙에는 큰 변화 없이 현재에 이르고 있다. 그러나 북한 문제를 둘러싼 정부의 정책은 진보와 보수 정권 간에 기조와 내용에 있어 크게 차이를 보였다. 「한반도포럼」을 통해 발표된 여러 논문들이 북핵문제를 적절히 다루지 못한 주요한 원인 중 하나로 대북정책의 비일관성의 문제를 지적하였다.

"6자회담의 전망과 과제 : 북한 비핵화 전략 신구상"(전봉근)은 그동안의 대북(핵)정책은 포용정책과 봉쇄정책 사이에서 폭넓게 급변함으로써 지속적이고 일관된 대북정책을 실시하지 못함으로써 정책의 방향성과 일관성을 해치는 경향이 있었다는 점을 정책상의 가장 큰 문제로 보았다. 따라서 정권교체에 따른 대북정책이 불가피한 한국과 미국의 경우 정책의 일관성 유지를 위해 정부와 정책공동체의 노력이 필요함을 강조하였다. 또한 "남북관계 어떻게 풀 것인가"(유호열) 역시 대북정책뿐만 아니라 북핵문제와 관련한 정책분야들 간의 일관성, 즉 안보-외교-통일-대북정책이 일관성을 유지하고 최적의 수준에서 조율되어야 한다는 점을 강조하였다.

이러한 대북정책의 비일관성의 원인은 정부가 객관적 현실에 기초하기보다는 진영논리와 이념을 앞세웠기 때문이다.("김정일 이후의 남북관계-거시와 미시, 구조와 정책의 한 융합접근-". 박명림) 이 연구의 지적과 같이 우리 정부는 보편적 가치와 국가공동체의 미래에 대한 비전을 중심으로 남북한의 현실에 기초하여 정책결정을 하기보다는 진영과 이념에 기초하여 타 진영 정부와는 다른 정책을 펼쳐야 한다는, 진영단절의 내부 정치논리에 집중해온 것이 사실이다. 다시 말해서 국내 진영논리의 연장으로서 남북문제를 보고, 파당적 이념성의 연장에서 대북정책을 결정해왔다. 이를테면 이명박 정부의 경우 김대중, 노무현 정부의 대북정책이 한계가 있었다고 해서 두 정부의 대북정책을 실패와 오류로 규정하고 정반대의 차원에서 대안을 찾았다. 이러한 이념 중심의 대북정책은 결과적으로 남북관계의 긴장과 대립을 초래하였다.

우리 정부가 이념과 진영논리를 앞세운 정책적 양극화 현상을 보이는 기저에는 한국사회에 만연한 '남남갈등'이 자리 잡고 있다. 남남갈등이란 주로 북한 및 통일에 관한 의견차이로 나타나는 한국사회의 내부적 갈등현상을 지칭한다. 남남갈등은 해방과 분단, 전쟁이라는 역사과정을 통해 형성되었고, 남북의 분단을 전제로 한다. 따라서 체험이자 고통의 영역이고, 기억과 증오의 영역이다. 이 갈등은 이해관계의 타협에 기초한 합리적 접근이 아니라 감정과 이념에 기초한 가치지향적 특성을 갖는 행동의 산물로서, 남북관계와 통일문제의 거의 모든 분야에 걸쳐 표출되고 있다. 북한에 대한 인식, 남북관계, 북핵문제, 평화체제, 전작권, 북방한계선, 통일방안 등의 통일정책분야는 물론이고 남북경제협력, 인도주의적 대북지원문제 등 북한 문제와 관련한 모든 영역이 첨예한 대립 의제들이다.

남남갈등의 경우 한번 문제가 되기 시작하면 객관적 사실이 무엇이었느냐는 것은 중요한 판단의 기준이 되지 않는다. 한반도에는 북한과 두 개의 한국, 즉 진보 남한과 보수 남한이라는 세 개의 한국이 있다는 말이 있을 정도로 남한 사회의 진보와 보수 간 대립은 상호 증오라고 할 정도로 심각한 수준에 이르고 있다. 분명히 이러한 상황은 건강한 사회가 보이는 모습이라고 할 수 없다. 진보정부-보수정부를 넘는 근본원칙의 확립과 이념보다는 현실을, 관념보다는 실질에 기초한 대북정책에 있어서 일관성의 추구가 절실하다. 특히 정책적 양극화를 넘기 위해서는 이념적 담론적 양극화를 넘는 것이 선제적이고 필수적이다. 한국사회는 전자 못지않게 후자가 더 심각한 경우가 너무도 많기 때문이다.

"김정일 이후의 남북관계-거시와 미시, 구조와 정책의 한 융합접근-"(박명림)은 내부 통합 없는 균형적 통합적 대북정책은 불가능하다는 점을 분명하게 밝히고 있다. 이 연구는 다음 세 가지 우리의 대북정책의 원칙이 지향해나가야 할 방향을 제시하고 있다. 첫째, 일관된 대북정책을 수립·추진하기 위해 가장 중요한 것은 우리 사회 내부에서의 '공존과 수렴을 통한 공준(公準)을 확보'해야 한다는 것이다. 이때 공준은 단순히 중용이나 통합이 아니라, 그 이전의 최소 필수 요건으로서의 '현실성과 실용성'을 의미한다. 둘째, 공준의 합의, 창출, 추구, 실현을 위해 가장 중요한 것은 남한 사회가 대북문제에 관한 한 ①"사활적 필수적" 이익과 원칙 ②"중대한" 이익과 원칙, ③"차요의" 이익과 원칙 ④"부차적" 이익과 원칙을 구분한 뒤, 진보-보수 간에 명확한 대차대조표를 만들어 합의 가능한 공적 범주를 확대해

가는 것이다. 남북관계의 기저 공준으로서 최소한 평화공존, 화해협력, 반핵, 세습비판, 인도적 지원에는 합의해야 한다. 그리고 그러한 공준에 바탕한 특정 "이념"과 "정부"를 넘는 "국가"와 "공화국" 차원의 대북정책의 일관성이 핵심이다. 진보정부–보수정부를 넘는 근본원칙의 확립과 일관성의 추구가 절실하다는 점이다. 셋째는 앞서 말한 필수, 중대, 차요, 부차 이익에 대해 중요도가 높을수록 합의하고, 낮을수록 갈등을 회피할 수 있는 지혜가 필요하다. 사활적 국가이익에서는 차이를 가져서는 안 되며. 좌우 양극단을 제외하면, 사실상 대북정책에서 현재처럼 극단적으로 충돌할 요소는 그리 많지 않은 것이다.

과거에 한국의 대북·통일정책은 정부의 독점하에 수립, 결정, 집행됨으로써 대북정책의 성안과 집행과정에서 정당이나 국회, 일반 국민은 소외되어 왔던 것이 사실이다. 특히 민주화 이전까지 한국사회는 대북정책과 관련한 자유롭고 자발적인 통일논의는 극도로 제한되었다. 따라서 민주화 이후 대북정책을 둘러싼 남남갈등의 분출은 남북문제에 관한 민간부문의 참여 의지가 표출된 것이라고 해석할 수도 있다. 그 결과 대북정책은 이념적으로 다극적(多極的)이고 균열적인 정책대립의 대상으로 떠올랐다.

이제는 정부여당만의 정책독점이 아니라 야당과도 협의되고 조율된 정책, 국민 일반이 공감하고 동의하는 정책이 채택되고 유지되어야 할 것이다. 야당과 국민들의 지지가 뒷받침되지 않는 대북정책은 남남갈등을 해소할 수 없으며 정책의 지속성에도 한계를 보일 수밖에 없기 때문이다. 남남갈등은 남한사회 내부에서 조율된 대북정책을 통해 남북관계의 개선이 이루어짐에 따라 그 갈등의 정도와 폭이 축소될 것이다. 독일의 통일이 가능했던 이유도 독일 정부가 야당과 협의되고 조율된 정책을 가지고 여야의 구분 없이, 그리고 정권의 변동에도 근본에 있어 변화를 주지 않는 정책이 실행되었던 점에서 찾을 수 있다.

이 점에서 백영철의 주도로 「한반도포럼」이 국회와 공동으로 지속가능한 대북정책 세미나를 개최한 것은 특별히 고무적이다. 남북관계 논의 역사에서 특기할만한 계기였던 것이다. 「한반도포럼」은 이 세미나를 통해 정치, 군사, 경제 등 남북관계 전반에 걸쳐 장기적인 남북관계 개선과 안정은 남남갈등 해소를 통해 증진될 수 있다는 점을 분명히 하였다. 이날 세미나에서 국회와 주요 정당들은 백영철이 기조발제에서 제안한 대로 정권교체를 넘는 지속가능한 대북정책의 필요성을 합의하고 국민통합에 기여할 것을 약속한 바 있다. 이를 위해 장기적으로 여야는 물론 정부가 함께하는 여·야·정 협의체를 가동시킬 수 있도록 노력하기로 하는 등 지속가능한 대북정책을 합의하고 수립할 것을 선언하였다.

민주주의 사회에서 국민적 정당성을 확보하는 가장 대표적인 기관은 정당과 의회이다. 정당과 의회제도를 통해 사회 갈등이 대표되고 조화되지 못할 경우, 갈등의 심화는 정치적 안정을 위협하게 된다. 결국 남남갈등의 문제를 조정하고 해소할 제도적 장치로 국민의 정치적 의사를 표출하는 정당과 국민의 의사에 따라 구성되는 의회의 구성과 역할이 중요하다. 정당과 국회가 남남갈등의 문제를 흡수·대표하고 정부가 이를 정책으로 수용하고 타협해 나가야한다. 즉 당리당략에 따르는 정략적 행위보다는 남남갈등을 조정하고 해소시켜 남남평화에 이르는 초당적 협력이 먼저 요구된다. 우리는 이미 초당적 협력을 통한 장기적 지속화의 경험이 있다. 한민족공동체 통일방안이 가장 대표적인 성공사례이다.

6-1. 남북관계_정치와 군사

그간 「한반도포럼」은 현실에 기초하여 남북관계가 재정립되어야 할 필요성을 제기하여 왔다. 이와 같은 노력은 「한반도포럼」을 통해 발표된 여러 논문들에서 찾아볼 수 있다. 그 핵심은 북한을 국가로서 인정하는 것을 기초로 새로이 남북관계를 구성하고 북핵문제를 해결하여야 한다는 것이다. 다시 말해서 남북한이 상호간에 서로의 국가성을 인정하는 지점으로부터 남북관계를 새롭게 구성해가자는 주장이다.

국가성을 인정한다는 것은 그동안 북한을 규정하고 있는 '반국가집단'이라는 개념에서 탈피하여 북한 역시 주권을 갖는 국가임을 인정하고("남북평화공존과 한반도 평화 프로세스". 권만학), 남북한 모두 동등한 국가로서 유엔회원국으로 활동하고 있는 현실에 기초한 사고를 가져야 한다("한반도 통일준비와 통일과정". 박영호)는 것을 의미한다. 「한반도포럼」의 평화구상의 기초에는 북한의 국가성을 인정하고 한반도에 평화적 환경을 부여함으로써 북한 핵무장의 근본적인 동인을 해결하는 동시에 한반도에 평화체제를 구축하는 큰 그림이 놓여 있다. 그동안 북한의 비핵화와 남북관계의 발전을 가로막는 가장 큰 장애물은 북한의 피포위의식과 미국에 대한 피해의식에 기인한 안보불안이었다. 이를 해결하는 방안은 곧 '비핵과 평화를 교환'하는 것("박근혜 행정부의 대북정책과 남북관계 개선방안". 권만학)이며 '안보와 안보를 교환'하는 것이다("한반도 평화정착 추진 방안: 문제의 원인과 새로운 접근". 박영호).

이 국가성 문제는 진정한 평화공존은 일방적 시혜가 아닌, 호혜적 형태로 확보되어야 한다는 상호주의 원칙을 기초로 하고 있다. 북한 역시 남한을 명백한 주권국가로 인정하여 적화통일의 대상으로 간주하거나, 한국 정부를 적대시하는 일체의 제도나 정책을 동시에 폐기해야 한다. 남과 북은 이미 1991년 남북기본합의서 제1조를 통해 "상호간의 체제를 인정하고 존중한다"고 합의함으로써 양 체제의 합법적 존재성을 인정한 바 있다. 「한반도포럼」은 여기에서 한 걸음 더 나아가 '남북기본조약'을 체결하고 서울과 평양에 각각 상주대표부를 설치할 것을 제안하였다.("남북관계 3.0: 한반도 평화협력프로세스". 한반도포럼) 남북기본합의서는 남북관계를 '나라와 나라' 사이의 관계가 아닌 통일을 지향하는 과정에서 잠정적으로 형성되는 '특수관계'로 규정하고 있으나, 한반도포럼이 제안하는 '남북기본조약'은 남북한은 각각 '나라'라는 실체를 갖는 존재라는 점에 기초하고 있다. 즉, 남북한의 관계를 '국가와 국가 간의 특수 관계'로 새롭게 규정하였다. 이로써 남과 북은 각각 유엔회원국으로서 유엔헌장을 포함한 국제사회의 기본규범과 국제법을 준수는 국가로서 존재하게 되는 것이다.

통일 시까지 포괄적 잠정조약의 성격을 갖는 남북기본조약 체제하에서 남북한은 다음과 같은 4가지의 조치를 즉시 시행할 것을 제안하였다. 첫째, 상호 국가성 인정과 존중에 바탕하여 비방과 중상 금지, 무력 불사용과 불침공, 대화와 협상을 통한 평화적 해결 원칙을 확고히 한다. 둘째 남과 북은 남북기본조약의 체결과 함께 쌍방의 수도에 양측 정부를 대표하여 일상적인 남북관계를 담당할 상주대표부를 설치·교환한다. 셋째, 남북당국 간 고위급대화를 복원하고 대화창구를 다원화한다. 특히 남북 정상 및 총리의 상호 방문과 회담을 정례화한다. 동시에 해당 부문 간의 장관급 회담도 정례화한다. 정부 간, 비정부 간 각종 남북 대화채널을 복원하고 활성화한다. 남북 간 대화채널은 정부 독점체제에서 벗어나, 국회, 언론, 종교, NGO, 문화예술, 학계 등을 포함하여 다원화 다층화 다각화한다.

「한반도포럼」이 제안한 남북기본조약의 기초안의 주요 내용을 간략히 정리하면 다음과 같다. 남북기본조약은 남북한 상호간 국가성을 인정하는 것을 요체로 한다. 이것을 기초로 영토, 인권존중, 차별대우 금지, 분재의 평화적 해결 원칙, 상호불가침, 대량살상무기의 포기 등을 규정한다. 첫째, 상호 인정 조항이다. 남과 북은 상호 국가적 실체성을 인정하고 정상적인 선린관계를 발전시킨다. 둘째, 상호관계의 원칙을 규정하고 있다. 남과 북은 유엔헌장의 제반 목표와 원칙, 특히 모든 국가 및 상호간의 주권·평등·독립·자주·영토의 존중, 인권보호 및 차별대우 금지를 지향한다. 셋째, 분쟁의 평화적 해결의 원칙이다. 분쟁문제는 오로지 평화적인 수단을 통해 해결한다. 넷째, 무력사용 포기 및 불가침 조항이다. 남과 북은 상호 무력위협과 무력사용을 포기하고 불가침 원칙을 준수한다. 남북 불가침 경계선과 구역은 1953년 7월 27일자 군사정전에 관한 협정에 규정된 군사분계선과 지금까지 쌍방이 관할하여 온 구역으로 한다. 다섯째, 대량살상무기 포기 조항이다. 핵무기, 생물학무기, 화학무기를 포함한 대량살상무기를 포기하며 상호 군비통제와 축소 논의에 착수한다. 여섯째, 남북기본조약은 남북한은 즉시 '양국'관계의 실질적 정상화를 위해 핵, 경제협력, 평화체제 문제 등에 관해 즉각 협상을 개시할 것을 요구하였다. 이 초안은 위의 주요 조항 외에도 남북한 주권이 미치는 지역의 문제, 교류협력의 문제, 상주대표부 설치의 문제, 다른 법률과의 관계 등을 규정하고 있다.

이미 국제사회에서 남북한이 공인된 독립국가로서 인정받고 활동하고 있는 현실이지만, 북한을 국가로 인정하는 경우 대단히 민감한 문제들이 대두될 수밖에 없다. 무엇보다 중요한 것이 북한의 국민과 영토 문제이다. 우리가 북한을 주권국가로 인정하는 경우 북한의 국민과 영토 역시 인정해야 한다. 북한 주민을 북한이라는 주권국가의 국민으로서, 그리고 동시에 북한 당국이 관할하고 있는 휴전선 이북 지역을 미수복 영토가 아니라 북한의 영토로 인정해야 하는 것이다. 국민과 영토는 주권과 함께 국가를 이루는 핵심 요소를 구성한다. 따라서 분단 이후 한 번도 북한의 국가성을 인정하지 않았던 우리 사회에서 이 문제는 매우 민감한 성격을 지니고 있어 세심한 주의가 필요하다.

먼저, 북한 주민 문제이다. 현재 우리 헌법은 북한 주민을 외국인으로 보지 않는다. 탈북자라는 언어는 '북한 이탈 주민'으로 미수복 지역, 즉 북한지역에서 탈출한 한국인을 의미한다. 현재 거주지가 한국인가 제3국인가를 구별하지 않고 북한지역에서 이탈한 북한 주민은 탈북자이다. "남북평화공존과 한반도 평화 프로세스"(권만학)는 탈북자를 처음부터 한국 국민으로 인정하는 한 북한으로서는 개방을 할 수가 없다는 점을 지적하였다. 그럴 경우 개혁개방을 한다면 "동독과 같은 대량 탈북 사태가 일어날 것이 뻔한데 어떻게 개방개혁을 할 수가 있겠는가"라는 물음을 던짐으로써 북한 주민과 관련한 정교한 논의가 필요함을 제기하였다. 국가성 인정과 평화공존의 본질을 지적한 것이다.

북한 주민 문제 못지않게 세심한 주의가 필요한 것은 영토문제이다. 유엔은 물론 세계 어느 나라도 북한을 한국의 영토로 인정하고 있지 않다. 그러나 우리 헌법 제4조 영토조항은 "대한민국의 영토는 한반도와 그 부속도서로 한다"고 규정하고 있다. 따라서 북한의 영토를 인정한다는 것은 우리 헌법과 충돌할 수밖에 없으며, 헌법을 현실에 맞게 수정한다는 것은 개헌사항으로 국민의 동의가 반드시 필요하다. 북한을 반국가단체로 규정하고 북한지역에 대한 통치권을 부인하고 우리의 영토로 간주하는 것이 국제적 규범과 현실에 부합하지 않는다고 하더라도, 분단 국가로서 한국의 특수성을 내포한 이 문제는 한국사회에서는 국민의 동의를 얻어야하는 대단히 민감할 수밖에 없는 영역에 속한다.

북한 주민과 영토 문제와 더불어 북방한계선, 국가보안법 문제 등 국민적 토론과 설득 그리고 합의가 필요한 중요한 문제들이 남아 있다. 북방한계선 문제는 1991년 남북기본합의서에서 협상을 통해 해결할 것을 약속한 바 있다. 그러나 안보에 대한 우려로 인해 여전히 첨예하게 대립하고 있다. 국가보안법 역시 남북관계의 새로운 전진을 위해서는 우리사회 내에서 합의가 이루어져야 하는 중요한 문제이다. 「한반도포럼」은 "남북관계 3.0"에서 북방한계선 문제는 북방한계선 지역에 서해평화협력지대를 설치하고,

장기적으로 금강산-개성공단-서해평화협력지대로 연결되는 동해-내륙-서해에 걸친 남북평화경제벨트를 구축함으로써 평화공존의 시각에서 국제법과 상호 안보 우려를 불식시킬 수 있는 방향으로 해결할 것을 제안하였다. 국가보안법의 경우, "남북평화공존과 한반도 평화 프로세스"(권만학)는 핵능력을 제외하면 경제력 등 월등한 국력을 지닌 한국으로서 북한을 과대평가하거나 두려워하기보다는 현실에 부합하는 방향으로의 검토가 필요한 문제라는 점을 지적하고 있다.

정치적 문제에 대한 합의와 더불어 실효성 있는 군사적 대치상태를 완화시킬 조치들에 남북한이 합의하고 시행할 필요가 있다. 남북한 간의 정치적 관계의 회복은 군사적 긴장상태의 완화와 신뢰회복이 그 전제조건이 될 것이다. 「한반도포럼」의 많은 연구들은 북핵문제 해결을 향한 합의가 이루어지기 전까지는 확고한 안보태세와 굳건한 한미동맹에 기초하여 북한의 도발에 대한 억지력을 유지하여야 한다는 점에 동의한다. 분명히 북핵문제가 상존하는 한 남북한 간의 군사적 긴장관계가 해소될 가능성은 대단히 낮은 것 역시 사실이다.

그럼에도 불구하고 군사적 대립으로 인한 갈등이 위기로 악화되는 것을 예방하고 통제할 수 있기 위해서는 남북한 간의 군사적 긴장완화와 신뢰조치의 실현은 중요한 필요조건이라 할 수 있다. "남북한 긴장완화와 신뢰구축 방안"(한용섭)에서 지적하고 있듯이 북핵문제가 있다고 하더라도 남북한 간에 재래식 군사부문에 관한 협의를 진행시키지 않을 이유는 없다. 국제사회의 지지를 바탕으로 북한이 협의에 나설 가능성이 있는 비무장지대 내의 지뢰제거와 같은 사안을 적극적으로 추진할 필요성이 여기에 있다.("남북한 군사적 긴장완화와 신뢰구축". 홍규덕). 문제는 이행을 통한 신뢰이며, 핵문제의 악화와 병행은 안된다는 점이다.

6-2. 남북관계_경제협력

남북경협은 남북관계를 안정적으로 유지하고 관리하는 중요한 수단이다.("대북 경제협력 전망과 과제". 양문수) 남북한 상호 간에 경제적 의존도가 높아질수록 당연히 남북관계 개선에 영향을 미칠 가능성 또한 높아진다. 우리가 지속적으로 남북한 경제교류의 내용과 범위를 확장해야 하는 이유이다. 정치적 문제에 관한 북한의 의사결정 방향에 영향을 미치고자 한다면 남북한의 경제관계 역시 복원해야 하며 인도적 지원을 포함한 남북 간 교류협력의 끈을 다시 이어야 한다.

「한반도포럼」의 여러 연구들이 분석하고 전망하였듯이 북한의 경제는 2005년 이후 회복세를 보이고 있다. 그러나 적극적인 개혁개방으로 나아가지 않을 경우 북한이 경제성장을 이루어내기는 어려울 것으로 전망된다. "북한 경제실적 재평가: 주요 쟁점과 가설"(김석진)은 북한의 식량·농업 사정, 대외경협과 외화수급 사정, 비공식경제 부문, 국가재정과 공식경제부문 등에 대한 실증적 분석을 통해 북한경제는 2005년 이후 제로 성장 상태라기보다는 회복세가 이어지고 있다고 볼 만한 정황 증거들이 있다는 점을 확인했다. 경제사정이 호전된 주요 요인으로 시장화와 사유화가 일정 정도 진행되고 있으며, 중국의 성장에 힘입은 대외경제환경의 변화가 유리하게 작용하고 있다는 점을 지적하고 있다. 전체적인 경제 사정의 호전에도 불구하고 북한의 국가재정과 공식경제는 여전히 불안정한 상태에 있는 것으로 보이기 때문에 북한이 적극적 개혁 개방 정책으로 전환하지 않는다면, 비공식경제의 성장에는 제약이 있을 수밖에 없다.

북한경제의 성장 가능성이 낙관적이지만은 않다는 것은 "북한의 경제정책: 평가와 전망"(김병연)에서도 확인할 수 있다. 이 연구 역시 북한은 핵·경제 병진노선의 성공을 위해 부분적 시장화와 특구 방식의 대외 개방 정책을 중심으로 정책을 전개하고 있으나 이러한 경제 조치들로써는 북한경제를 건설할 가능성은 희박하다고 평가하였다. 우선 경제특구가 북한경제에 긍정적으로 영향을 미치지 못할 가능성이 높은 주된 이유는 경제특구에 관련한 법적, 제도적, 인프라가 미비하고 북한의 다른 지역과의 성장연계성을 결여한 고립적 계획이기 때문이다. 동시에 북한이 핵개발을 포기하지 않는 한 남한과 국제사회의 대북제재는 계속될 가능성이 높다. 이 점은 북한으로의 투자나 관광에 심각한 제약으로 작용할 요인이다. 북한과 가장 밀접한 관계를 맺고 있는 중국의 기업들도 상당한 위험 부담을 지면서까지 북한에 대한 대규모의 투자를 감행할 것으로 보이지 않는다는 점도 북한의 특구 중심의 발전계획에 지장을 주는 요소이다. 대내 경제정책의 측면에서도 부분적 시장화와 일정한 사유재산을 인용하는 농업개혁을 시도하고는 있으나 소규모의 암묵적인 생산수단의 임대와 일부 소규모 가공업을 제외하고 경제성장의 주축이 될 만한 사기업이 형성되고 있지는 않다.

이렇듯 낙후된 북한경제와 낙관적이지 못한 성장 전망은 북한경제를 회복시키고 일정 수준으로 성장하도록 하는 계획의 필요성을 강화하였다. 그동안 북한경제에 대한 우리의 계획은 두 가지 판단을 바탕에 두고 있다. 하나는 북한을 협상의 장으로 이끌어내는 중요한 동기가 될 것이라는 판단이다. 둘째는 북한의 경제성장은 통일비용을 낮출 것이라는 경제적 판단이다. 「한반도포럼」 역시 북한과의 경제협력은 남북한의 공동번영과 통일기반의 구축을 위해서도 반드시 이루어져야 하는 중요한 문제로 판단하였다. "남북관계 3.0: 한반도 평화협력프로세스"(한반도포럼)은 체계적인 경제협력 로드맵을 제시함으로써 평화공존과 통일의 기반조성에 이바지하고 궁극적으로 경제공동체 실현을 그 목표로 하였다. 그리고 이 남북 경제공동체는 제도적으로 통합된 통일경제에 이르는 중요한 과정이다. '평화협력프로세스'에서 제시한 경제협력 로드맵에 따르면, 평화통일 3단계 중 제1단계인 평화협력 단계에서는 남북 간 교역 및 투자 자유화, 제2단계인 남북연합 단계에서는 단일한 상품시장의 형성과 남측 기업의 대북사업 완전 자유화, 제3단계인 통일국가 완성 단계에서는 하나의 단일한 통일경제를 이룬다.

남북한 경제협력은 지속적으로 그리고 확고하게 공존과 공영에 이르는 것을 목적으로 하고 있다는 메시지를 북한에 줄 수 있어야 할 것이다. 무엇보다 남북한 경제협력의 기조와 원칙은 북한 경제의 성장에 도움을 줄 수 있는 방향이어야 하며, 남북관계의 부침으로부터 일정하게 자율적인 안정성을 유지해야 한다. 경제협력의 안정성 원칙에 기반하여 향후 경제협력방안의 기조와 내용을 제안하면 다음과 같다. 첫째, 북한의 경제성장에 도움을 주는 방향이어야 하며 북한이 참여하는 경제성장전략 또는 경제협력전략이어야 한다. "남북경협의 필요성과 의미의 재정립"(양문수)에서 강조하듯이 남북경협전략은 북한경제의 회복을 위한 전략일 필요가 있으며 남북경협은 이에 기여하는 방안이어야 할 것이다. 그것이 남한으로의 흡수통일이든, 중국의 속국화이든 제3의 길이든, 북한의 미래를 결정하는 한 요인은 북한이라는 점을 간과해서는 곤란하다. 이 연구는 극단적으로 북한이 내전 내지 무정부 상태에 돌입한다 해도, 정권이 껍데기에 불과한 존재로 전락한다 해도, 조선민주주의공화국이라는 국가가 존속하는 한 국제사회가 북한의 미래를 결정할 권한은 없다는 것을 인식할 필요가 있음을 상기시키고 있다. 물론 최악이 경우 다른 가능성이 존재할 수 있다는 점을 배제할 수는 없다.

둘째, 그동안 경제협력의 지속성을 가로막는 요인들을 극복할 수 있는 방안이어야 한다. 남북경제협력은 남북관계의 정치적, 국제적 환경에 종속되어 시행과 단절의 굴곡을 거쳤다. 경제협력은 안정성이 확보되어야 한다. 또한 북한체제에 부정적 요인들을 사전에 차단하고자 하는 북한의 모기장론에 입각한 북한 당국의 의심과 철저한 통제로부터도 역시 자유로울 수 있어야 한다. 북한은 개혁, 개방에 대한 요구를 때로는 체제전환 요구로 이해하는 등 대단히 민감하게 반응하는 경향을 보여왔다. 이 점에 대한 숙고가 필요한 동시에, 북한의 인권과 폐쇄를 악화시키는 경제협력에 대한 우려들 역시 충분한 근거가 존재한다.

따라서 우리 정부가 북한은 물론 세계를 설득해나갈 대안들을 가지고 있어야 함은 분명하다. 이와 관련하여「한반도포럼」이 제안한 바 있는 네 가지 경제협력 방향에 주목할 필요가 있다. 첫째, "남북관계 3.0"과 "북한 개발협력 추진방향 관련 주요 쟁점"(김석진)이 제기하고 있듯이 남북경제협력의 주된 분야를 개발협력사업으로 전환하는 것이다. 과거에 남북한 간에 진행되어온 경제협력사업들은 단순 물자 지원 중심의 인도적 지원에 해당하는 것이 대부분이었다. 이 연구가 지적하고 있듯이 개발사업부문은 ① 사회개발, ② 농업, 환경, ③ 경제 인프라, ④ 민관협력을 통한 상업적 경협(즉 개발협력 성격이 가미된 상업적 경협) 등 북핵문제와 연동하여서도 단계적으로 추진할 수 있는 영역이 풍부하다.

셋째, 북한의 식량, 에너지, 교통, 항만 등 인프라시설 구축을 위한 협력사업의 추진계획을 구체적으로 마련해야 할 것이다. 현재 북한경제의 성장에 있어서 가장 커다란 제약요소는 식량 및 에너지의 부족과 낙후된 교통 인프라이다. 북한의 사회간접자본이 상당히 낙후된 상태를 벗어나지 못하고 있는 이유는 중공업우선의 경제발전 전략, 대외의존적 경제구조를 피하기 위한 내부자원 중심의 발전전략, 폐쇄적 경제구조에 따른 경제적 악순화의 결과이다. 이러한 열악한 사정에도 불구하고 북한이 한국 정부의 제안을 사회간접자본 건설과 관련한 제안을 받아들이지 않는 이유는 경제주권의 문제와 관련이 있다. 국가성을 존중하고 경제통합을 전제로 하지 않는 인프라 구축사업은 북한이 필요로 하는 중요한 경제개발 사업이 될 것으로 판단된다.

넷째, 인도적 지원은 언제라도 재개될 수 있도록 국제사회와의 협의, 설득이 필요하다. “김정일 이후 시대의 남북관계와 대북정책 - 대북 인도주의 정책 -”(방현섭)에서 지적하고 있듯이 북한에 대한 인도적 지원은 북한 당국이 한국 정부의 대북정책을 파악하는 중요한 단서로 인식하고 있다. 남북관계를 열어가는 중요한 시금석이자 연결고리라는 의미이다. 동시에 인도적 지원은 북한 주민으로부터 북한 당국의 의사결정에 영향을 미칠 수 있는 기제가 될 수 있다. 다시 말해서 아래로부터 위로 향하는 압력으로 작용할 수 있는 하나의 요인이다. “남북 경제협력과 통일 준비”(김병연)은 막연하게 북한의 최고결정자의 개혁과 개방 의지에 기대를 걸기보다는 역으로 경협의 결과가 북한 최고 결정자의 의사 결정에 영향을 미칠 수 있는 ‘스마트 전략’이 필요하다는 점을 지적하였다. 북한 주민의 후생증진과 보건을 목적으로 하는 인도적 지원를 남북관계와 관계없이 진행함으로써 우회적으로 그리고 지속적으로 북한 당국의 의사결정에 영향을 미칠 수 있도록 하는 것이 중요하다.

끝으로, 대북 경제제재의 목적은 북한을 협상장으로 유도하는 것이지 북한의 체제변환이나 고사(枯死)에 있는 것은 아니다. 2016년 북한의 장거리 미사일 발사로 전면적인 대북제재를 시행하면서 미국은 제재의 목적이 북한을 대화 무대로 나오게 하는 것이라고 말한 바 있다. 제재를 통해 북한의 핵·경제 병진정책에서 경제부문을 압박함으로써 북한의 선택지를 줄여 비핵화를 위한 회담장으로 북한을 끌어들이는 것이 미국이 원하는 제재의 목적이라는 것이다.

오늘의 강경한 국제적 경제제재 국면에서는 대북 경제협력을 실행하기는 지극히 어려운 실정이라는 점은 강조할 필요도 없다. 그러나 끝내 전쟁위협과 핵문제 악화국면을 넘어 견고한 평화와 협력을 구축하기 위해서라도, 북한의 의사결정에 영향을 미칠 수 있는 경제협력안을 마련하는 것은 비핵평화를 포함한 정치·군사부문의 안정의 지반과 실현을 위해서라도 중요한 과제이다.

7. 한반도 평화체제 구축안

한반도는 현재 정전협정이 지속됨으로 인해 정전상태(state of armistice)에 놓여 있다. 정전상태는 전쟁의 일시적인 중단을 의미하는 것으로 평화상태는 아니다. 이것은 전쟁 당사국 간에 법률상의 사실상의 적대상태(de jure/de facto state of hostility)이다. 전쟁의 잠정 중단상태, 적대관계의 지속상태는 우발적 군사 충돌이 전쟁으로 확대될 수 있는 위험하고도 비정상적인 상태이다. 또한 전쟁의 당사자인 중국(1971년), 남한(1991년), 북한(1991년)이 유엔에 가입하여 회원국으로 활동하면서도 회원국 간에 장기간 적대상태가 유지되고 있는 국제법적으로도 대단히 비정상적인 상태이다. 이러한 비정상적 적대관계와 국제법적 예외상태인 정전상태를 해소하고 정상국가들 사이의 평화상태로 전환하는 것은 시급한 문제가 아닐 수 없다.

「한반도포럼」은 「통일포럼」 당시인 2003년 3월 평양에서 열렸던 제6차 통일학술회의에서 처음으로 ①평화협정 체결, ②북미관계 개선 및 정상화 ③동북아 평화안보기구의 창설을 내용으로 하는 한반도 평화체제 구축안을 통해 비핵화와 한반도 평화체제 건설을 연계한 구상을 발표한 이래 지속적으로 이 문제를 제기해왔다. 2012년에는 '한반도 평화협력프로세스'의 한반도 비핵화 모델의 핵심 제안으로 체계화하였다. 평화협력프로세스 3단계 중 최종단계인 평화협력 정착단계에서 북한의 핵시설 폐기와 완성화에 연계하여 평화협정을 체결하고 북미·북일 국교정상화, 동북아안보협력

기구의 설치를 한반도 평화체제 구축을 위한 세부적인 로드맵으로 제시하였다.

한반도 평화체제 구상의 핵심요체인 평화협정안은 기존의 정전협정의 폐기만을 목적으로 하지 않는다. 한반도 평화체제는 정전협정 및 정전상태의 종식을 '함께' 이루어내는 동시에 한반도의 평화를 제도화함으로써 적극적 평화상태(state of peace)의 구축을 말한다. 2016년 4월 25일 한반도포럼 창립 5주년 학술회의에서 발표되었던 "한반도 평화협정: 초안과 축조 해설"(박명림)은 평화협정과 평화체제의 조문과 내용들을 구체적으로 제시한 바 있다. 이 평화협정(안)은 「한국통일포럼」에서부터 「한반도포럼」에 이르는 오랜 기간에 걸친 학문적 연구의 결실로서, 북한 당국자들로부터도 이러한 내용과 방향의 평화협정이면 북한이 받아들이지 않을 이유가 없다는 답변을 들은 바 있다.

평화협정(안)의 구성과 주요 내용을 간략하게 정리하여 소개하면 다음과 같다. [한반도 평화협정안]은 그 목적과 의미, 비전을 담은 전문(前文)을 비롯하여, 정전협정의 종결 및 평화상태임을 선언하는 제1장, 일반원칙을 제시하는 제2장, 경계를 규정하는 제3장, 비무장지대의 평화지대 설치 및 관리와 이용을 규정한 제4장 등 모두 13개 장, 47개의 조문으로 구성되어 있다.

평화협정안은 전문(前文)에서 평화협정의 근본 목적은 한반도 평화에 그치지 않고 세계평화를 정초하는 것이라는 점을 분명하게 밝히고 있다. 한반도의 갈등구조를 극복해낸다는 것은 세계적 차원에서 냉전의 완전종식과 새로운 평화체제 구축이라는 복합적 의미를 지닌다. 한반도 분단구조는 냉전의 마지막 잔재로서, 세계적 이데올로기 대립의 분할선으로서, 그리고 대립의 전초로서의 상징적 의미를 지니고 있었다. 한반도 정전체제의 해체는 궁극적으로 세계평화의 기초가 되는 역할을 수행하게 될 것이다.

평화협정안은 정전협정으로 잠시 중단되었던 전쟁상태의 완전한 종결을 선언함과 동시에 남한과 북한의 주권, 영토, 체제에 대한 상호 인정을 명확하게 규정하였다. 이로써 지속적인 평화체제 구축이라는 적극적 평화상태임을 분명히 하고 있다. 이 평화상태는 인간존중, 주권과 체제인정, 내정불간섭, 무력사용 금지 및 불가침, 침략전쟁 포기 및 참여 금지, 분쟁의 평화적 해결의 일반원칙 위에 세워진다. 평화의 목적은 인간과 생명과 인권보호이며, 마땅히 인권과 민주주의의 고양으로 나아갈 수 있어야 한다.

평화협정안은 남북한의 지상·해상·공중의 경계와 불가침의 경계를 분명하게 함으로써 분쟁의 여지를 최소화하였고, 비무장지대를 평화적으로 이용할 것을 규정하여 분단의 상징이었던 비무장지대를 평화지대화함으로써 단순히 전쟁의 방지에 그치는 것이 아니라 적극적 평화를 창조하고 건설하고자 하였다. 또한 한반도의 평화는 남북한이 공동으로 관리하며, 여기에 국제적으로 한반도 평화를 담보하기 위해 미국과 중국 등 국제적으로 한반도의 평화를 공동으로 관리할 수 있는 국제적 평화관리기구의 설치를 제안하였다. 국제적 평화관리체제는 남북한 간의 갈등 가능성을 최소화하고 분쟁이 발생하는 경우 이를 조정하는 역할을 함으로써 한반도 평화를 국제적으로 보장하기 위한 제도이다.

또한 본 평화협정의 요체는 북한의 핵을 제거함과 동시에 북한의 체제안보에 대한 불안을 제도적으로 해소하는 평화구축안이라는 점에 있다. 다시 말해 북한의 핵무기 포기에 상응하는 안보 대 안보(security to security), 평화 대 평화(peace to peace)의 교환방식의 구현을 목적으로 한다. 평화협정안은 남한과 북한 모두 핵무기는 물론 대량살상무기의 시험, 제조, 생산, 접수, 보유, 저장, 배비(配備), 사용, 수출을 금지하였다. 동시에 협정의 체결과 동시에 북한과 미국이 서로 공식적 외교관계를 정상화함으로써 상호 적대관계를 청산하는 것을 규정하였다. 평화협정안의 체결과 동시에 북한과 미국 양국이 서로의 주권을 존중하고 국가성을 상호 인정하며, 무력불사용과 전쟁포기, 관계 정상화와 국교수립을 이루어냄으로써 갈등과 대립으로부터 평화공존과 평화상태로의 변화를 제도적으로 실현하는 것이다.

당시 백영철은 평화협정 체결과 북미 국교정상화에서 한 걸음 더 나아가 비핵화의 완성단계에서 6자회담을 동북아의 다자안보 평화기구로 격상시키는 것을 제안하였다. 한반도에 과거 갈등의 당사자들이 공동으로 협력체제를 구축하여 지역은 물론이고 세계적 공존과 번영을 위한 안보와 협력의 새로운 평화모델을 생성시키는 것이다. 한반도의 평화협정은 단순히 남북한의 갈등 해소를 위한 지역 수준에 그치는 것이 아니라 평화를 위한 세계 협력의 새로운 비전을 의미한다.

평화협정안은 두 가지의 대단히 민감하고도 중요한 문제를 규정하였다 평화협정의 당사자 문제와 주한미군 철수문제가 그것이다. 평화협정의 당사자 문제와 주한미군의 한반도 주둔 지속 여부는 그동안 남북한 간에 입장 차이가 크게 드러나는 중요한 논쟁적 문제였으며, 향후 평화협정 체결 시에도 북한과 합의에 이르기까지 난관이 예상되는 핵심 과제이다.

첫째, 당사자문제와 관련하여 평화협정안은 남한과 북한 그리고 미국과 중국의 4자를 협정 체결의 당사자로 참여하는 안을 제안하였다. 평화협정안 논의와 제시 초기에는, 북한이 정전협정에 대한 교조적 해석을 통해, 남한을 결코 한반도 평화(협정과 체제)의 당사자로 인정·수용하지 않는 상황이었다. 치열한 논의과정에서 북한은 항상 남한을 '통일', '남북관계' -- 그들의 용어로는 북남관계 -- 의 상대로는 인정하였으나 '평화', '평화문제'의 상대는 오직 미국이라고 강변하였다. 남한은 '끼어들' 자격이 없다는 완강한 입장이었다. 평화협정이건 평화체제건 동일하였다. 거기에는 전시 작전지휘권의 문제도 포함되어 있었다. 때문에, 북한의 주장에 대한 정면 반박과 대응으로서 남한을 직접적인 동시에 북한과 대등한 평화협정의 제일 당사자로 포함시킬 필요성이 절실했다. 따라서 최초의 평화협정안은 남북을 두 직접적인 협정당사자로 하고 미국과 중국을 보장자로 하는 '2+2' 방식으로 추진하는 안을 제안하였던 것이다.

그러나 그 이후 북한은 여러 남북 및 국제 공동 선언과 합의를 통해 비로소 한국을 한반도 평화의 당사자로 인정하고 수용하게 되어 더 이상 한국의 당사자 성을 주장할 필요가 없게 되었다. 북한 입장의 중대한 변화였다. 게다가 2+2의 형식일 경우 정전협정에 이미 사실상의 당사자로 참여하고 있는 미국과 중국이 평화협정의 서명 당사국에서는 배제되게 되어, 정전협정을 전면 폐기하고 대체하는 평화협정으로서의 의미를 갖기 어렵다는 문제점이 존재하였다. 미국의 중국의 책임성 문제도 중요했다. 나아가, 북한과 미국 사이에 또 다른 평화조약 체결의 필요성이 대두하며, 정전협정 당사국인 중국이 배제되어 중국과 유엔의 정전상태가 해소되지 않는다는 문제점이 발생하게 된다. 이러한 여러 문제들을 동시에 해소하기 위해 남북한과 미국과 중국이 공동으로 서명 당사국으로 참여하는 평화협정안을 제안하게 된 것이다.

과거에 북한은 일관되게 남한의 평화협정 당사자성을 부인해왔다. 북한은 남한이 정전협정의 서명에 참여하지 않았기 때문에 정전협정을 폐기하는 협정에 당사자 자격이 없다는 점과 전시작전권 부재 등 평화협정을 실질적으로 이행할 능력과 권한이 없다는 것을 이유로 평화협정은 긴장상태를 해소하고 전쟁의 위험을 실제로 제거할 능력이 있는 북한과 미국 사이에 체결되어야 한다는 입장을 유지하고 있다.[3)]

향후 평화협정의 협상과정에서도 북한은 동일한 주장을 반복함으로써

3) 김만길, "자주, 평화는 조국통일의 선결과제," 백영철 편, 「분단을 넘어 통일을 향해」 (서울: 건국대학교출판부, 2000), p. 117.

협상에서의 우위를 점하고자 시도할 가능성은 여전히 남아 있다. 여기에 대응하여 남한의 당사자성이 부인되지 않는 논리를 개발할 필요가 있다.

이 문제와 관련하여 「한반도포럼」은 1999년의 제5차 통일회의에서 법리적, 관행적 차원에서 남한은 평화협정의 당사자성을 보유하고 있음을 확인한 바 있다.[4)]

첫째, 법리적 차원에서 조약의 서명자(signatory)와 조약당사자(party)의 개념을 구별해야 한다. 조약당사자는 조약에 의해 구속을 받게 되는 국가를 의미하며, 조약서명자는 당사자를 대표하여 조약에 서명하는 사람을 의미한다. 따라서 정전협정의 서명자들이 각각 어느 국가를 대표하여 정전협정에 서명하였는가가 문제의 핵심으로 조약의 당사자는 남북한을 중심으로 참전 16개국과 중국이라고 할 것이다. 둘째, 현실적으로 그리고 관행적으로 한국전쟁 이후 정전협정은 남북한 모두의 행위를 규율하여왔다. 정전협정은 그 적용대상으로 '한국에서의 교전쌍방'임을 규정하였으며, 이 정전협정에 의거하여 북한은 한국의 정전협정 위반에 관한 문제제기를 수없이 제기한 바 있다. 이것은 한국이 정전협정의 당사자로서 협정에 구속되는 당사자라는 사실을 의미한다. 한국이 정전협정의 당사자가 아닌 경우 정전협정 위반에 대한 문제를 제기할 수 없다는 모순이 발생할 수밖에 없다.

둘째, 주한미군 문제는 향후 북한과의 협상과정에서 신중하고도 철저하게 대응해야 하는 문제이다. 평화협정안은 평화협정이 체결된 이후에도 미군이 한반도에 주둔할 수 있도록 하였다. 주한미군은 북한의 남한 공격은 물론이고 남한의 북한 공격을 막는 이중의 억제(dual deterrence) 기제로서 한반도의 평화를 유지하는 역할을 한다. 또한 주한미군은 평화유지군으로

4) 이서항, "한반도 평화체제 구축의 조건과 방향" 위의 책, pp. 124-125.; 고병철, "평화체제 구축 및 군사적 긴장완화 방안," 위의 책, pp. 955-958.

서 한반도의 비핵화 평화체제 건설에 기여함은 물론이고 일본과 중국의 패권경쟁을 억제하고 조정하는 동북아 지역의 균형자로서 역내 안정과 평화에 긍정적으로 기능할 것이라 점은 분명하다.

주한미군의 존속이 긍정적인 역할을 수행할 것이라고 기대할 수 있음에도 불구하고 이 문제는 평화협정 체결에 이르는 과정에서 대단히 민감한 문제로 대두될 가능성이 높다. 북한은 남북한의 평화와 통일문제는 외세의 배척을 전제로 하는 남북한 내부문제이며, 주한미군은 외세의 상징적 존재로 보고 있다. 더욱이 이러한 인식은 일종의 교리처럼 굳어져 있다. 6차례에 걸친 통일회의에서 발표된 북한 학자들의 논문에서도 확인할 수 있듯이 북한은 남북분단과 갈등과 대립의 원인은 외세의 간섭과 지배에서 연원하며, 외세의 간섭이 없었다면 남북한의 통일은 이미 오래전에 이루어졌을 것이라고 주장하고 있다. 이러한 관점을 기초로 북한은 주한미군의 철수문제를 '통일과 분렬, 애국과 매국을 가르는 시금석'[5]이라고 보고 있으며, 통일을 위해서는 외세에 의존하는 태도를 버리고 민족주체적 입장에서 접근해야 한다는 것을 강조하고 있다. 외세의 간섭과 지배가 한반도 문제의 근본 원인으로 규정하고 있는 원칙론적 입장에 기초한 북한의 인식을 어떻게 설득하여 변화시킬 것인가의 문제는 보다 깊은 논의와 이론적 논리적 체계 구축을 통해 해소시켜야 할 과제이다.

---

5) 김만길, "자주, 평화는 조국통일의 선결과제," 위의 책, p. 114.

8. 맺음말

현재 북한은 사실상의 핵보유국이다. 그동안 우리 정부는 물론 국제사회는 핵보유의 비용을 높이고 핵포기의 편익을 극대화함으로써 북한이 핵을 포기하도록 유도하는 방식에 기초하여 북핵문제를 다루어왔다. 이것은 제재와 관여로 표현된다. 그러나 제재는 핵보유에 따른 비용을 극대화시키지 못함으로써 북한 체제와 정권 안보에 대한 위협을 가하지 못했다. 또한 관여를 통해서도 성공적인 협상의 결과를 도출해내지 못했다.

사실 제재와 관여 외에 우리 정부가 선택할 수 있는 대응방안은 제한되어 있다. 핵무기의 위협에 핵무기로 대응하는 것은 이론적으로나 현실적으로 가장 적절한 방어책이다. 우리의 경우도 마찬가지이다. 북한의 핵문제를 해소시키는 가장 적절한 방책은 우리도 핵을 보유함으로써 한반도에서의 공포의 균형을 통해 북한의 핵위협에 대응하며, 장기적으로 또한 궁극적으로 남북한 간 핵군축협상을 통해 핵무기의 감소와 한반도에서 핵의 제거를 도모하는 것이 북한의 핵무기를 억지하는 동시에 한반도에서 핵무기를 제거하는 방법일 것이다.

그러나 특별기고문 "북한 핵무장 이후 대북 억제를 위한 핵 옵션 논쟁 동향과 평가"(전봉근)에서 자세히 논증하고 있듯이, 우리의 자체 핵무기 개발과 보유 방안은 현실적으로 우리의 선택지가 되기 어렵다. 미국과 세계가 우리의 핵무기 보유를 용인하지 않는다. 동시에 일본과 대만을 비롯한 동아시아 지역의 핵도미노 현상의 도화선이 될 위험만 상승시킴으로써 중장기적으로 우리의 안보환경을 더욱 불안하게 만들 것이다. 자체 핵개발의 대안으로 고려되는 것이 미군의 전술핵무기 재배치이다. 그러나 이 또한 사드 문제에서 보듯이 중국과의 마찰을 심화시킬 것으로 예측되며, 북한의 핵보유 정당성만을 강화시켜줄 뿐 우리의 대북 핵협상력을 높이는 방법이 되기 어렵다.

사실상의 핵보유국으로 핵무기의 고도화, 정밀화, 경량화 그리고 핵투발 수단의 다양화에 매진하고 있는 북한을 상대하기 위해서는 현재에 대한 냉철한 판단에 기반하여 북핵문제의 해결방향에 대한 우리의 분명한 목적과 원칙, 최적의 대응수단이 명확하게 마련되어야 할 것이다. 우선, 우리 정부는 북한이 이른 시기에 핵을 포기할 수도 있다는 희망적인 전망을 지양해야 한다. 북핵 개발과 보유에 이르는 과정을 분석하여 볼 때 핵의 보유는 북한의 국가적 목적이었다. 북한에게 핵무기는 체제와 정권 안보의 핵심수단이다. 핵무기는 힘이며 힘으로써만 외부의 위협으로부터 체제와 정권의 안전을 보장할 수 있다고 굳게 믿고 있다. 수십 년 동안 자신의 체제와 정권 그리고 국민을 지켜주는 핵심수단으로 각인된 그리고 온갖 고난과 역경을 극복하고 보유하게 된 핵무기를 근본적인 조건과 환경의 변화 없이 자발적으로 포기하는 일은 기대하기 어려울 것이다.

그럼에도 우리는 북한의 비핵화를 가장 핵심적인 목적으로 명확하게 규정해야 한다. 북한 핵무기 해결의 목적은 '완전하고 검증 가능하며 불가역적인 핵폐기(CVID)'가 되어야 한다. 북한에게 핵이 있는 경우 우리는 핵전쟁의 공포에서 벗어날 수 없다. 북한이 핵보유를 인정받게 되는 경우 한국은 동북아지역에서 가장 군사적으로 취약한 국가로 미국에 의존하여 생존할 수밖에 없는 국가로 전락하게 할 것이며 이것은 재앙과 같을 것이다. 가시적인 기간 내 우리가 핵을 보유할 가능성이 대단히 적기 때문이다. 북핵문제의 해결 방안과 관련하여 북핵의 양적 증가와 고도화에 따라 우선 동결을 목적으로 접근해야 한다는 견해들이 있다. 그러나 동결은 북핵문제 해결의 한 과정이지 목적이 될 수 없다.

북핵문제는 단기간 내에 해결되지 않을 것이다. 대화와 평화적 방식을 원칙으로 이를 철저히 준수하는 가운데 장기간에 걸쳐 지속적이고 일관된 노력이 투여되어야 하는 문제이다. 특히 이 과정에서 남북한 간 사소한 무력충돌의 가능성을 최소화해야 한다. 오늘날 2018년 9.19군사합의는 사실 사문화되어가는 과정에 있다고 평가되기도 한다. 그러나 "쌍방은 군사적 충돌을 야기할 수 있는 모든 문제를 평화적 방법으로 협의·해결하며, 어떠한 경우에도 무력을 사용하지 않기로 하였다"는 평화적 문제해결의 정신은 계속 유지될 수 있도록 해야하며, 북한이 9.19군사합의를 공식적으로 파기하기 전에는 우리가 먼저 합의를 무력화해서는 안 될 것이다.

현실적으로 북핵문제 해결을 위해 우리가 선택할 수 있는 것은 크게 두 갈래의 길이다. 첫째, 대북 핵억지력을 강화시킴으로써 우리의 안보불안을 최소화하는 동시에 북한의 핵 보유와 사용 의지를 저지하는 것이다. 둘째, 북한이 변화할 수밖에 없는 조건과 환경을 조성함으로써 북한 스스로 핵포기는 물론 변화의 길로 나아가게 하는 것이다. 먼저, 북핵에 대한 억지력을 최대한 강화해야 한다. 북한이 핵으로써 우리를 위태롭게 할 수 없으며, 북한이 핵을 추구하는 것이 오히려 한국의 핵억지력은 물론 국방력 강화를 초래하며, 최악의 경우 한국 역시 핵무기를 보유하기에 이르는 결과를 낳을 것임을 북한이 인지하도록 해야 한다. 이것은 우리의 국가와 국민의 안전을 위한 최소한의 방책으로서 비핵화를 위한 협상 테이블에 올려서는 안 된다.

무엇보다 한국은 자체적인 군사력을 강화하고 내실화하지 않을 수 없다. 재래식 무기가 핵무기를 억제하는 수단이 되지 못한다고 하여 무의미한 것은 결코 아니다. 실제 전쟁에서 핵무기가 사용될 가능성은 낮다. 따라서 재래식 전력의 우세가 무력충돌, 제한전의 억지 역할을 할 수 있으며, 분쟁의 결과에 영향을 미친다. 또한 북한의 핵 위협에 대응하여 마련하고 있는 킬체인(Kill Chain), 한국형 미사일 방어(Korean Air and Missile Defence, KAMD) 그리고 대량응징보복(Korea Massive Punishment & Retaliation,

KMPR)을 중심으로 구성된 한국형 3축체제를 고도화해야 한다. 특히 우리에게 부족한 정보·감시·정찰(ISR) 자산과 지휘·통제·통신·컴퓨터체계(C4) 자산 확보에 역점을 두어야 할 것이다. 또한 예산 집행에 있어서 계획된 일정에 차질이 생겨서는 안 될 것이다.

한미동맹은 북핵 억지력의 현실적이고 강력한 핵심요소이다. 한미동맹을 공고히 하고 미국의 확장억제 이행을 철저하게 보장받아야 한다. 미국의 확장억제는 북한의 핵무기 또는 대량살상무기를 사용한 위협에 대한 전략자산의 전개, 공격징후가 분명할 경우 선제타격, 공격이 이루어질 경우 전략핵무기의 사용을 포함하는 모든 범주의 군사능력을 운용하는 방어기제이다. 여기에는 핵우산의 개념이 포함된다. 비핵국가인 우리로서는 미국의 확장억제에 의존할 수밖에 없다. 따라서 우리는 그 유사시 그 이행을 강화하기 위해 현재 확장억제전략협의체(EDSCG)를 보다 고위급이 참여하는 핵계획집단(NPG)로 격상시켜 확장억제의 계획·검토·운용 단계에 참여할 수 있는 방법을 모색할 필요가 있다. 미국의 전략자산의 수시 또는 상시 순환배치를 통해 북한은 물론 중국을 지속적으로 압박할 필요가 있다.

미국의 확장억제를 확고히 보장받는 동시에 한미연합군의 지휘체계에 관한 세심하고 신중한 검토가 필요하다. 한미연합군의 지휘체계는 전쟁의 승리를 효과적으로 달성하기에 가장 최적의 형태로 설계되고 조직되어야 한다. 전시작전통제권 환수 문제와 이에 따른 한미연합사 조직의 변경 문제는 조급히 서두르기보다 북한의 핵위협과 유사시 효과적인 대응에 적합한 형태를 고민해야 할 것이다. 전시작전권이 미군에 있음으로 인해 북한이 우리와의 군사적 협상을 거부하는 빌미를 제공하고, 한국군의 전력구조가 미군 전력에 부속하는 형태로 기형적으로 발달해 있는 문제가 있으나 북한의 핵무기가 현실적 위협으로 작용하는 현재 우리가 가장 안전한 방법이 무엇인가에 대한 충분한 숙의를 거친 결정이 이루어져야 할 것이다.

국방력의 강화와 한미동맹을 중심으로 한 대비태세를 확고히 함과 동시에 한미일 공동안보체제 구축을 통한 한미일의 대북 안보협력 강화 제도화 방안을 구체적으로 검토할 필요가 있다. 이를 통해 일본의 독자적 군사대국화를 견제하고 군사부문의 지역 안정성을 도모해야 할 것이다. 또한 미 본토에 대한 북한의 핵공격 가능성으로 인하여 미국의 확장억제가 불안해질 가능성에도 대비하여야 한다. 이러한 경우를 위한 자체 핵무기 개발 및 보유를 위한 잠재력을 심화시켜야 할 것이다.

둘째, 북한이 변화할 수밖에 없는 조건을 조성할 수 있어야 한다. 이를 위해서는 국제사회와의 공조를 통해 제재와 관여의 이중접근을 지속함과 동시에 남북한 관계의 근본틀을 변화시킬 필요가 있다. 제재와 관여에 있어서는 압박 일변도의 제재보다는 북한이 국제사회의 일원으로 활동할 수 있는 가능성을 열어놓는 것이 중요하다. 제재와 압박의 목적은 북한의 고사(枯死)가 아니라 전적으로 대화 가능성을 높이고 북한이 협상의 장으로 북한이 나오도록 하는 것이다. 북한이 국제사회에 참여할 수 있는 동기와 계기를 제공함으로써 국제사회의 일원으로서 권리와 의무 그리고 책임을 다할 수 있게 함으로써 북한 스스로 변화할 수 있도록 유도해야 한다. 다시 말해서 북한이 국제사회의 일원으로 활동할 수 있는 공간을 점차 확대함으로써 핵 없이도 체제의 안전이 보장되고 경제성장을 통해 국가의 안정과 번영을 이룰 수 있다는 가능성이 있음을 확인하게 해주는 것이 북한의 핵 포기를 보다 앞당길 수 있는 방책이라고 판단된다. 그동안 실시되었던 제재와 관여의 접근법이 북한의 핵개발은 물론 고도화를 저지하지 못했다. 조건과 환경에 변화가 없다면 동일한 수단은 동일한 결과를 산출할 가능성이 높다.

북한 체제는 왕조세습의 전체주의국가이며 병영국가로서 고립과 궁핍에 익숙한 국가다. 북한을 옥죄기만 하는 방법으로써는 북한 정권을 더욱 공고히 할 뿐이며 북핵 고도화와 양적 팽창을 초래하고, 북한 주민들의 위협의식을 고조시켜 북한 정권의 공격적 핵운용정책에 정당성을 부여하게 될 가능성이 높다. 북한은 고립화와 대결보다는 외부와의 교류와 협력에 더욱 취약한 체제라고 판단된다. 북한이 두려워하는 것은 고립보다는 협력과 교류에 의한 내부의 변화이다. 따라서 북한을 가능한 국제사회의 일원으로 활동할 수 있는 조건과 절차에 관한 방안을 마련하고 미국과 국제사회를 설득하여 실현시킬 수 있어야 한다. 북핵문제의 국제적 성격상 우리 정부는 최대한 미국을 비롯한 국제사회의 대북제재에 공조해야 한다. 그러나 국제사회와 북핵문제에 입장을 같이하고 협력하는 동시에 북한이 협상에 나올 수 있는 유인요인과 추진요인을 마련하여 국제사회 설득과 북한변화를 동시에 추구하는 점에 소홀해서는 안 될 것이다. 우리에게는 군사안보 부문에서 강력히 대응하면서도 정치, 외교적으로는 보다 유연하게 북한과의 대화를 추구하는 이중의 전략이 필요할 것이다.

끝으로, 특별기고문 "대북·통일정책의 성찰과 남북관계 정상화를 위한 정책 방향"(박영호)에서 적확하게 지적하고 있듯이 남북관계를 민족과 민족의 관계에서 국가 대 국가의 관계로 그 프레임을 전환함으로써 남북문제를 거시적으로 그려나갈 필요가 있다. 남북한이 서로 체제를 달리하는 현실에서 평화와 남북 공존의 원칙 아래 북한의 국가성을 인정하는 것을 기초로 국가 대 국가의 관계로 남북관계를 재편할 필요가 있다. 북핵문제는 북한의 체제생존을 둘러싼 구조적 연원으로부터 비롯된 문제이며, 성급한 '하나의 통일국가' 형성을 목표로 남북관계를 바라보는 남북한의 문제이다. 남북한 양측의 통일구상은 상대방 체제의 붕괴를 전제로 하는 흡수통일 방안으로 통일을 강조할수록 오히려 통일과 멀어지는 역설이 발생한다. 연방제 통일안이라 하더라도 통일은 궁극적으로 남북한 중 하나의 정치체제의 소멸을 의미한다. 남북한 두 체제가 유사한 이데올로기와 정치경제체제 하에 경쟁하고 있다면 가능할 수도 있으나 상이한 두 체제가 한 지붕 아래 가까운 미래에 평화적으로 공존한다고 가정하는 것은 현실성이 없다.

따라서 한 체제로의 통일을 단기적 목적으로 하는 것이 아니라 평화와 상호공존이라는 과정 중심의 담론으로 재편되고 통일은 평화의 과정으로서 그리고 그 결과로서 재인식되어야 한다. 그리고 그 바탕 위에 남한과 북한이 서로에 대한 적대적 환경을 완화시켜 상호 안보불안을 구조적으로 제거함으로써 공존과 교류와 협력으로 시작하는 소규모의 평화, 작은 평화가 지속적으로 축적되는 과정을 거쳐 도래할 어느 미래에 통일이라는 근본적인 평화 실현을 지향하는 청사진을 마련할 필요가 있다. 이를 위해 남북한 모두 자국 내 상대를 부인하는 법령과 제도의 조정이 필요하다. 북한이 이를 거부하더라도 우리부터 먼저 북한을 부인하는 법령과 제도를 수정할 필요가 있다. 우리 정부의 변화는 남북관계와 북한 체제와 정권 안보에 관한 북한의 인식에 영향을 미칠 수 있을 것이다.

한반도포럼 참여자 명단

1. 운영위원회

회장	백영철(건국대)
총무이사	권만학(경희대)
학술이사	박명림(연세대)
대외협력이사	유호열(고려대)
국제이사	문정인(연세대)
감사	박영호(통일연구원), 전봉근(국립외교원)
사무국장	고윤희(중앙일보 통일문화연구소)

2. 한반도포럼 참여자

고유환(동국대), 권만학(경희대), 기광서(조선대), 김병연(서울대), 김석진(통일연구원), 김수암(통일연구원), 김영훈(한국농촌경제연구원), 김재철(카톨릭대), 김학성(충남대), 김흥규(성신여대), 문정인(연세대), 박명림(연세대), 박영호(통일연구원), 박인휘(이화여대), 박철희(서울대), 박형중(통일연구원), 박휘락(국민대), 방현섭(함께나누는세상), 백영철(건국대), 신범식(서울대), 안병민(한국교통연구원), 양문수(북한대학원대학), 오승렬(한국외대), 우승지(경희대), 유호열(고려대), 윤덕민(국립외교원), 이우영(북한대학원대학), 이정철(숭실대), 이희옥(성균관대), 장형수(한양대), 전봉근(국립외교원), 조동호(이화여대), 진창수(세종연구소), 진희관(인제대), 최진욱(통일연구원), 한승주(전 외교부 장관), 한용섭(국방대), 홍규덕(숙명여대), 홍석현(중앙일보 · JTBC), Robert Carlin(Visiting Scholar at CISAC), Zhu Feng(Nanjing Uni.) [가나다순]

3. 국회, 지속가능한 대북정책 참여자

권만학(경희대), 김근식(경남대), 김무성(새누리당), 김석진(통일연구원), 김영훈(한국농촌경제연구원), 나경원(새누리당), 남경필(경기도지사), 노웅래(새정치민주연합), 문재인(새정치민주연합), 박명림(연세대), 박영호(통일연구원), 박주선(새정치민주연합), 백영철(건국대), 심상정(정의당), 오세훈(전 서울시장), 원혜영(새정치민주연합), 유재중(새누리당), 이부영(새정치민주연합), 이영선(대한적십자사), 이정철(숭실대), 이호령(국방연구원), 전봉근(국립외교원), 정대철(새정치민주연합), 한용섭(국방대), 홍석현(중앙일보 · JTBC) [가나다순]

한국통일포럼 참여자 명단

1. 창립회원

백영철(건국대), 최장집(고려대), 장달중(서울대), 하영선(서울대), 권만학(경희대), 김기정(연세대), 정용길(동국대), 박명림(고려대)

2. 한국통일포럼 운영위원회

회장	백영철(건국대)
총무이사	권만학(경희대)
학술이사	박명림(고려대)
감사	박영호(통일연구원), 전봉근(국립외교원)
사무국장	문병주(건국대)

3. 한국통일포럼 참여자

강희웅(미국, 하와이대), 고병철(미국, 일리노이대 시카고 캠퍼스), 고성준(제주대), 구영록(서울대), 권만학(경희대), 길승흠(서울대), 길영환(미국, 아이오와대), 김경남(북한, 통일문제연구소), 김경량(강원대), 김관기(북한, 사회과학원), 김광일(북한, 조국통일연구원), 김구식(북한, 통일문제연구소), 김기정(연세대), 김득삼(북한, 사회과학원), 김만길(북한, 조국통일연구원), 김명걸(한겨레신문사), 김문일(북한, 사회과학원), 김선우(남북어린이 어깨동무), 김순권(경북대), 김승정(SK상사), 김양환(북한, 김일성대), 김연각(서원대), 김용학(한국토지공사), 김인옥(북한, 김형직사범대학), 김일기(건국대), 김일연(북한, 교육과학연구소), 김재홍(동아일보), 김정기(한국외대), 김철식(북한, 사회과학원), 김철환(한국무역협회), 김태일(영남대), 김학준(단국대), 김혁철(북한, 조국통일연구원), 남궁영(한국외대), 량운봉(북한, 사회과학원), 리상혁(북한, 통일신보사), 리학수(북한, 김일성대), 문병주(건국대), 문정인(연세대), 민병석(명지대), 박건영(카톨릭대), 박기덕(세종연구소), 박동근(북한, 조국통일연구원), 박명림(고려대), 박영수(북한, 사회정치학학회), 박웅서(삼성경제연구소), 박호성(서강대), 배종렬(수출입은행), 백영철(건국대), 백학순(세종연구소), 서동만(외교안보연구원), 서주석(한국국방연구원), 서철원(북한,

김형직사범대학), 손영규(북한, 사회정치학학회), 손호철(서강대), 송두율(독일, 뮌스터대), 신복룡(건국대), 신욱희(서울대), 심지연(경남대), 안병준(연세대), 안석교(한양대), 오기평(서강대), 원동연(북한, 사회정치학회), 유영구(중앙일보), 윤건차(일본, 가나가와대), 윤창운(한국관광공사), 이서항(외교안보연구원), 이원섭(한겨레신문사), 이정복(서울대), 이정식(미국, 펜실베니아대), 이정훈(미국, 하와이대), 이종석(세종연구소), 이채진(미국, 클레어몬트·맥키나대), 이해성(MBC), 이홍영(미국, 버클리 캘리포니아대), 임용순(성균관대), 임혁백(이화여대), 장공자(충북대), 장달중(서울대), 장용해(북한, 김일성대), 장우영(건국대), 전영남(북한, 김일성대), 전홍택(한국개발연구원), 정영춘(북한, 인민경제대학), 정용길(동국대), 정운찬(서울대), 정진위(연세대), 조동호(한국개발연구원), 조성발(북한, 조선철학학회), 지병문(전남대), 천진환(LG 중국본부), 최규철(동아일보), 최금춘(북한, 김일성대), 최대석(동국대), 최성익(북한, 김일성대), 최인득(북한, 김형직사범대학), 최장집(고려대), 하영선(서울대), 한배호(세종연구소), 한용섭(국방대학원), 한웅히(북한, 사회과학원), 한일상(SK상사), 함택영(경남대), 홍광일(북한, 김일성대) [가나다순]

1부

남북관계 3.0:
한반도 평화협력프로세스

한 반 도 평 화 와 통 일

"비핵평화협력과 남북기본조약 시대를 열자"

한반도포럼

[서언]

[한반도 포럼]은 2012년 대선과 2013년 새 정부 출범을 앞두고 [남북관계 3.0: 한반도평화협력프로세스]라는 제목 하에 [한반도 포럼 리포트 2013]을 내놓습니다.

[한반도 포럼 리포트 2013]은 대북정책을 둘러싼 우리 사회의 첨예한 진보-보수 갈등을 극복하고 지속가능한 대북정책개발과 남북관계 개선에 기여하자는 근본취지 하에 기획되고 작성되었습니다.

남북관계 개선과 협력, 한반도 비핵평화와 통일을 향한 구체적이면서도 균형적인 비전과 구상을 담은 [한반도 포럼 리포트 2013]이 정부, 정당, 언론, 학계, 시민사회, 기업을 포함한 여러 부문에서 폭넓게 토론되고 활용되기를 바라는 마음입니다.

그리하여 대북정책에 대한 우리 내부의 진보-보수 갈등을 극복한 국민합의에 바탕해 한반도가 오늘의 대치상황을 넘어 화해협력과 비핵평화를 향한 큰 걸음을 떼어놓기를 소망합니다.

[한반도 포럼]은 구동존이(求同存異)의 철학과 정신에 입각하여 대북정책을 둘러싼 우리 사회의 진보-보수의 주장들을 균형있게 수렴하고 종합하려 오랜 시간 경청하고 토론을 진행한 바 있습니다. [한반도 포럼 리포트 2013]은 이러한 경청과 상호 대화의 산물입니다.

출간에 즈음하여 발제와 토론, 상호 대화와 집필에 참여해주신 회원들에게 깊이 감사드립니다. [한반도 포럼 리포트 2013]은 모든 회원들의 적극적인 참여와 토론의 공동 산물입니다.

초기 문제제기 단계에서 권만학, 문정인, 박명림, 최진욱 회원의 기조 발제는 대북정책의 분야별 갈등요인과 쟁점을 체계적으로 정리해주었습니다.

이후 모든 회원들이 참여하는 4개의 분과를 구성하여 수개월에 걸친 분과별 토론을 통해 [평화/기본조약] [경제] [교류협력/인도주의] [통일] 분과별 초고가 완성되었습니다. 본 보고서의 기본틀과 분과별 초고 작성에서는 특히 백영철, 박영호, 전봉근, 김석진 회원의 노고가 컸음을 밝혀둡니다.

분과별 초고 제출 이후 총괄집필위원들을 위촉하여 전체 기조의 조율과 통일, 분과별 내용의 수정과 재집필을 집중적으로 진행하였습니다. 백영철, 권만학, 김석진, 박명림, 박영호, 안희창, 유호열, 이정철, 임혁백, 전봉근, 조동호 조성렬 회원이 총괄집필위원으로서 집중적인 수고를 해주었습니다. 전체 초고의 완성 이후에는 박명림 회원이 최종 대표집필을 맡아주었습니다.

강의, 연구, 발표, 해외출장을 포함한 개인적인 여러 일정들을 희생해가면서 토론과 집필에 적극 참여해주신 회원들 한 분 한 분에게 깊은 감사의 말씀을 드리는 바입니다.

[한반도 포럼 리포트 2013] 전체 사무진행은 회장과 함께 권만학 총무이사, 이정철 간사, 고윤희 사무국장이 담당해주었습니다. 세 분께 감사드립니다. 또한 주말에도 쉬지 못하고 실무처리를 맡아준 사무국의 황부연, 정영교 씨의 헌신에도 사의를 표합니다.

무엇보다도 [한반도포럼 리포트 2013]은 한반도 화해협력과 평화통일 문제에 깊은 관심과 식견을 갖춘 중앙일보 홍석현 회장의 적극적인 지원과 협력 없이는 불가능하였습니다. 출간에 즈음하여 감사와 경의를 표하는 바입니다.

[한반도 포럼 리포트 2013]이 남한 내부의 국민합의와 남북 사이의 화해협력 및 평화통일에 기여하기를 바라며 출간에 즈음한 인사말씀에 갈음하는 바입니다.

2012년 8월 한반도 포럼
회 장 백영철

권두언

비핵평화협력과
남북 기본조약 시대를 열자

한반도포럼은 2011년 3월 창립된 이래 세 차례의 학술회의와 많은 내부 워크샵 및 토론회를 개최하였습니다. 그간 회의를 통해서 회원들 간에는 한 가지 공감대가 형성되었습니다. 역대정부의 대북정책이 양극화의 경향을 보이면서 일관성을 결여했다는 점입니다. 정권교체시마다 대북정책이 극에서 극으로 이동하는 단절적 양상은 한반도 평화와 안정에 부정적으로 작용하였습니다. 대북정책을 두고 남남갈등이 유발되고, 불필요한 사회적 비용도 막대하게 지출되었습니다. 일관성의 결여로 인해 전임 정부의 약속과 정책 유산은 후임 정부에게 자주 큰 부담과 제약으로 작용하였습니다.

따라서 이념과 정파를 초월하여 예측 가능성을 높이면서 지속가능한 대북정책을 개발할 절대적 필요성이 제기되었습니다. 특별히 2013년 정권교체기에 채택되어야 할 새로운 대북정책은 국민적 합의, 북한의 수용, 국제적 지지를 확보할 수 있어야 합니다. 새로운 대북정책은 건전한 보수와 합리적 진보를 아우르는 통합적 시각에서 바람직한 정책방향을 제시해야 할 것입니다. 이러한 작업을 위하여 한반도포럼은 그 구성상 최적이며 최고의 전문가 집단이라고 자부합니다.

한반도 상황의 엄중성을 자각한 한반도포럼은 2012년 연초부터 새로운 대북정책을 위한 밀도 깊은 공동 작업을 시작하였습니다. 이번 작업의 목적은 대북정책의 일관성을 유지하면서 단기적으로는 대북정책의 가이드라인을 제시하고 장기적으로는 남북관계의 안정적 토대를 마련함으로써 한반도의 긴장완화와 평화정착, 그리고 궁극적으로 통일에 기여하고자 합니다.

김대중 정부와 노무현 정부의 햇볕정책(포용정책)의 장점은 탈냉전시대의 흐름에 부응하여 남북한 간의 화해와 교류협력의 물꼬를 트고 활성화했다는데 있습니다. 그러나 문제는 남북관계와 북핵문제를 병행 추진하는 과정에서 남북관계에 역점을 두면서 북핵문제를 소홀히 했다는 점입니다. 그 결과 한반도의 평화를 소극적 수준에 머무르게 하였습니다. 한반도의 지속가능하고 안정적인 평화는 북한의 비핵화가 이루어져야 비로소 가능합니다. 이 과정은 단기간에 용이하게 이루어지기보다는 상당한 시간을 소요하는 지루한 과정이 될 수 있습니다.

한편 이명박 정부의 소위 '원칙주의' 대북정책도 문제가 있습니다. 원칙을 강조하는 것은 좋으나 지난 5년 동안 남북 간의 대립과 군사적 긴장은 고조되고 상호 비방이 증폭되어왔습니다. 심지어 무력충돌로까지 이어졌습니다. 북한의 김정은 체제 출범으로 대남 강경노선이 더 강화되고 비방의 수위도 높아졌습니다. 나아가 북한은 핵보유국을 선언한 상태에서 남북한 간 갈등은 중첩되고 간극은 더욱 넓어지고 있습니다.

이러한 현실을 극복하기 위해서는 남북 상호 간의 이성적이고 냉철한 현실인식에 근거한 실용적 접근이 필요합니다. 지금까지의 일반적 시각들은 남북관계를 민족 내부의 관계로 보았습니다. 그러나 남북관계에 있어서 민족문제에 대한 집착과 자기중심적인 배타적 해석들은 종종 갈등 증폭의 요인으로 작용해왔습니다. 남북관계의 획기적 전환점을 제시한 남북기본합의서에 나타났듯이 그동안 남북관계는 비록 분단되었으나 통일을 지향하는 동일한 민족 간의 특수관계로 규정되어 왔습니다.

그러나 실제로 민족의 의미는 남북한에서 상이하게 해석되고 있습니다. 북한에서 민족이란 김일성 주석을 태양으로 추앙하는 '태양의 민족'입니다. 남한에서 민족의 의미는 수천 년의 역사와 전통, 그리고 언어, 문화, 습관을 공유하는 '한민족'으로 인식되고 있습니다. 이렇게 남북한은 상이한 해석을 적용하면서도 하나의 민족이며 특수관계라는 인식하에 상호 간에 과도할 정도로 간섭적이었습니다. 또 지나친 기대가 어그러질 때 상호 비방과 적대, 그리고 상대 지도자에 대한 도를 넘는 모욕 등 정상적 국가 간에 존재하여야 할 상호 존중과 행위 규범(code of conduct)을 벗어났으며 무력사용의 위협마저 상시화되고 있습니다.

남북한은 1991년 8월 유엔에 동시에 가입한 정식 유엔회원 국가들입니다. 같은 분단국가였으되 통일을 이미 성취한 동서독 기본조약이 우리에게 시사하는 바는 매우 큽니다. 남과 북은 이제 유엔회원국으로서 서로의 국가성을 인정한 바탕 위에서 상호관계를 규정할 수 있는 규범·원칙·규칙 등을 명문화해야 할 것입니다. 남북기본조약이 그것입니다. 남북기본조약에 의거하여 남과 북은 상호 간에 상대방을 실체적 국가로 인정하고, 상호 독립·주권·관할지역을 존중하고 불가침 원칙을 준수하며, 모든 분쟁을 오로지 평화적 수단을 통해 해결하고 무력사용을 포기해야 합니다. 남북기본합의서를 업그레이드시킨 남북기본조약은 향후 남북관계의 기본 규범이자 헌장입니다. 동시에 통일 시까지 유효한 잠정적, 포괄적 조약입니다. 이 조약은 어떤 정당이 집권하든 남북관계를 지속가능한 초석 위에 올려놓을 것입니다.

남북기본조약이 체결되면 다음과 같은 시대적 의미를 갖게 됩니다. 첫째, 남북관계의 인식이 민족 중심에서 국가 중심의 시각으로 전환됩니다. 둘째, 기본조약의 체결은 초당적 합의와 비준에 기초한 것이므로 대북정책의 일관성과 남북관계의 지속성이 보다 잘 보장될 수 있습니다. 셋째, 상주 대표부 설치로 당면 현안을 해결할 수 있는 제도적 창구가 마련됩니다.

남북기본조약과는 별도로 한반도 평화협정이 추진되어야 합니다. 남북기본조약이 남북 간의 평화적 분단관리와 협력을 규정하고 평화공존을 추구하는 규범이라면, 평화협정은 1953년 정전협정을 대체하는 남·북·미·중(2+2)이 참여하는 한반도 평화정착의 핵심 요체입니다.

이제 남북문제는 민족 중심의 시각에서 벗어나 국가 중심의 문제로 파악하는 새로운 인식적 전환이 요청되는 상황입니다. 이러한 상황을 반영하여 민족공동체통일방안을 안고 뛰어넘는 남북공동체통일방안을 제안합니다. 민족문제는 장기적 안목에서 이질성을 극복하고 동질성을 확보하면서 통일에 대비한 21세기형 새로운 정체성을 정립해나가야 합니다.

그러나 당면한 갈등과 긴장상태를 고려해서 남북관계는 우선 국가 간의 냉철한 이성을 찾는 것이 중요합니다. 남과 북은 국제사회의 정상적 구성원으로서 국제 규범과 의무를 준수해야 할 것입니다. 국가 중심의 시각이 민족문제를 결코 포기하는 것이 아닙니다. 국가 중심의 새로운 패러다임은 민족문제를 유념하면서 '국가 간의 특수관계'를 설정하자는 것입니다.

북한의 핵무기 보유는 북한 측 입장에서 보면 국가안보와 체제보위를 위해서 포기하기 어려운 수단이겠지만, 한국과, 미국·일본·중국 등 주변국가의 입장에서는 한반도 비핵화는 반드시 성취해야할 과제입니다. 이러한 갈등을 풀기 위해서는 북한이 인식하고 있는 소위 정치군사적 위협요인을 제거하고 북한에게 안정감을 줄 수 있는 평화체제의 구축과 보장이 이루어지는 가운데 북한의 비핵화 과정이 진행될 수 있도록 해야 합니다.

이에 우리는 그 정책대안으로써 [남북관계 3.0: 한반도 평화협력프로세스]를 제안합니다. 이 프로세스의 시작은 남북관계가 새로운 단계로 진입하는 것을 뜻합니다. 우리는 이를 [남북관계3.0]으로 부르고자 합니다. 반목과 적대를 지속한 냉전시대를 [남북관계1.0]이라고 한다면, 협력과 충돌이 공존한 탈냉전시대는 남북기본합의서와 6·15합의체제를 특징으로 하는 [남북관계2.0]이라고 할 수 있을 것입니다. [한반도 평화협력프로세스]가 새롭게 추동할 [남북관계 3.0]은 국가의 실체를 상호 인정하면서 비핵평화협력과 남북기본조약을 특징으로 하는 남북관계의 새 시대, 새 지평을 열어가야 한다고 생각합니다.

이 프로세스는 새로운 북핵문제 해법으로서 '한반도형 비핵화모델'을 제시합니다. '한반도형 비핵화모델'은 북한의 비핵화 과정과 연동하여 평화협정, 북미·북일 국교정상화 및 동북아 다자안보체제를 포함하는 한반도 평화체제 구축방안을 요체로 합니다. 나아가 이에 상응하는 경제협력 및 인도적 지원을 단계적으로 확대함으로써 남북경제공동체를 실현하여 사실상의 통일의 기반을 구축하는 것입니다. 이를 통해 남북한은 남북연합단계로 진입할 수 있을 것입니다.

한국은 중견국가의 위상에 걸맞는 새로운 대북협상 전략을 구사해야 할 것입니다. 한국은 북미대화와 6자회담 재개에 있어서 협상의 사전조건 제시보다는 당면 현안을 대화로 푸는 보다 적극적이고 능동적인 협상전략을 사용해야 합니다. 한국은 북미관계에 있어서도 한반도의 비핵화를 위해서라면 당사자이며 동시에 북미대화를 촉진하는 역할을 자임해야 합니다. 일정수준의 신뢰구축과 남북관계가 진전되면 한국은 북미간의 이해 충돌과 이견해소를 위한 갈등 조정자의 역할을 수행할 수 있을 것입니다.

최근 북한은 '인민생활 향상'을 강조하고 있습니다. 북한 주민들의 생활을 향상시키기 위해서는 북한의 일정한 수준의 개혁·개방이 이루어져야 할 것입니다. 북한이 외국 자본의 유치와 교역의 활성화를 이루기 위해서는 국제사회의 보편적인 규범을 수용하고, 투명성과 일관성이 확보되어야 합니다. 그러나 핵위협의 그림자가 드리워져 있는 한 괄목할만한 성장을 기대하기는 어려울 것입니다. 한반도에 핵의 어두운 그림자를 제거하고, 남북한이 평화공존하고 협력을 통한 공동번영의 시대를 열어나가는 것이 시대적 요청이라고 생각합니다.

총괄요약

한반도에 복합위기 시대가 다가오고 있다. 북한의 핵개발, 김정은 체제의 등장, 남북 군사충돌, 남남갈등 심화, 북중관계 긴밀화, G2시대 도래, 미중 긴장, 세계경제위기의 악화 등으로 인해 대북정책 환경은 급변하고 한반도의 갈등은 심화되었다. 과거사문제와 영토갈등을 포함한 동북아 역내 질서 역시 격동으로 접어들고 있다.

세계경제와 동북아 역내질서, 한반도 상황의 격동에 직면하여 한반도의 비핵·평화, 화해·협력, 공생·공영, 통일을 향한 새로운 비전과 구상이 절대적으로 필요한 시점이다.

이를 위해 한반도포럼은 '비핵평화협력과 남북기본조약 시대를 열자'는 취지 하에 '한반도 평화협력 프로세스'를 제안한다.

우리는 이를 [남북관계3.0]시대로 부르고자 한다. [남북관계 3.0]은 냉전시대의 [남북관계 1.0]과 탈냉전 시대의 [남북관계 2.0]을 안고 또 크게 뛰어넘는다.

[남북관계 1.0]은 한국전쟁이 정초한 냉전시대 정전체제 하의 적대관계를 말한다. 이 때 남과 북은 상호 실체를 인정하지 않은 채 적대와 반목, 증오와 비방, 군사적 위협과 침투를 지속하였다.

[남북관계 2.0]은 탈냉전시대의 남북관계를 말한다. [남북관계 2.0]은 남

북기본합의 체제와 6.15공동선언체제로 구성되어 있다. 남북관계를 나라와 나라 사이의 관계가 아닌, 통일을 지향하는 특수관계 및 민족내부문제로 규정한 이래 상호 인정과 부인, 협력과 적대, 화해와 반목, 공존과 간섭을 교차 반복하는 상황이 지속되었다.

[남북관계3.0]은 [남북관계 1.0]과 [남북관계 2.0]의 두 시대를 크게 안고 또 뛰어넘어 상호 실체와 국가성의 인정 위에 비핵평화협력, 남북기본조약체결, 남북연합, 남북공동체 통일을 향한 가슴 벅찬 새 시대를 열어가고자 한다.

'한반도 평화협력 프로세스'는 '남북공동체 통일방안'의 3단계(평화협력-남북연합-남북통일) 중 1단계인 '평화협력' 단계를 완성하기 위한 정책구상이다.

'남북관계3.0'시대를 열기 위해 '한반도 평화협력 프로세스'는 '남북기본조약'의 체결을 제안하며, 이에 바탕해 궁극적으로 '남북공동체 통일방안'을 실현한다.

'남북기본조약'은 남과 북이 유엔회원국으로서 상호 국가성의 인정과 존중에 바탕해 중상 비방 금지, 무력 불사용과 불침공, 대화협상을 통한 평화적 해결 원칙을 확고히 한다. 특히 남과 북은 기본조약의 체결과 함께 쌍방의 수도에 양측 정부를 대표하여 일상적인 남북관계를 담당할 상주대표부를 설치·교환한다.

분쟁문제는 오로지 평화적인 수단을 통해 해결하며, 남과 북은 상호 무력위협과 무력사용을 포기하고 불가침 원칙을 준수한다. 또한 핵무기, 생물학무기, 화학무기를 포함한 대량살상무기를 포기하며 상호 군비통제와 축소를 실현한다.

'한반도 평화협력 프로세스'는 한반도의 긴급 현안인 평화정착과 비핵화 진전, 군사적 긴장완화와 충돌 방지, 인도적 지원 확대, 경협 제도화 등을 목표로 이를 달성하기 위한 일련의 실천조치를 포함한다.

'한반도 평화협력프로세스'는 포괄적, 다면적, 단계적, 연동적 접근을 기본원칙으로 삼는다. 연동적 접근이란 비핵화–한반도 평화체제 구축–남북 교류협력을 유연한 상호 관련 속에서 발전시켜 나가는 것이다.

'한반도 평화협력 프로세스'는 세 개의 중심축으로 구성된다. 첫째, 북한 비핵화, 군사 분야가 있다. 한반도 비핵화는 반드시 관철해야 하는 목표이다. 둘째, 경협·인도지원 분야는 인도적 지원, 종합개발 지원, 경제협력 사업 등으로 구성되며 통일기반을 조성한다. 셋째, 평화체제·국제분야는 한반도 평화협정, 북미/북일관계 정상화, 동북아 안보협력기구 설립 등으로 구성된다.

'한반도 평화협력 프로세스'는 비핵·평화 실현, 평화체제 구축, 교류협력 확대를 통해 남북 평화협력 공동체를 구현하고자 한다. 이를 통해 한반도 평화를 정착시키고 통일기반을 조성한다.

'한반도 평화협력 프로세스'는 비핵·평화의 진전에 부응하여 3단계로 접근한다. 평화협력 기반조성단계, 평화협력 심화단계, 평화협력 정착단계를 통해 한반도 평화체제 구축전략을 추진한다.

'한반도 평화협력 프로세스'의 최종단계에서는 첫째 한반도 비핵화를 완성하고, 둘째 평화협정, 북미/북일 국교정상화와 동북아안보협력기구 설치를 통한 한반도 평화체제를 구축하며, 셋째 남북자유왕래와 한반도경제권을 실현해 남북경제공동체를 형성한다.

'한반도 평화협력 프로세스'가 제안하는 포괄적 다면적 단계적 연동적 비핵평화협력 경로는 '한반도형 비핵화 모델'로 불릴 수 있을 것이다. 한반도형 비핵화모델은 안보–경제 교환의 우크라이나 모델, 중재와 정치적 빅딜의 리비아 모델, 안보환경의 변화와 정권변화가 전제된 남아프리카공화국 모델을 모두 뛰어넘는 창의적인 복합 모델이라고 할 수 있다.

한반도 평화협력 프로세스 3.0

	비핵화·군사 분야	경협·인도주의 분야	평화체제·국제 분야
1단계 평화·협력 기반조성 단계	○예비조치 - 남북대화채널 복원, 상호 중상비방 중지, 천안함·연평도사건 적정 사과조치	○인도지원 확대	
	○비핵화 - 북핵활동 동결·감시 - 6자회담 재개와 9.19공동성명 재확인 - IAEA 사찰단 복귀 ○정치·군사 신뢰구축 - 남북 당국회담 상설화 - 서해평화협력지대 설치 방안 협의 - 군사공동위원회 구성 - 핵실험 중단, 미사일 발사시험·수출 중단	○교류·협력 증진 - 대북 에너지 지원 - 북 광물자원 공동탐사 - 농업보건의료환경 개발협력개시 - 이산가족 상봉 상설화 - 납북자·국군포로 송환 - 북한종합개발지원 협의	○한반도평화협정 논의 ○북·미/북·일 수교협상 - 연락사무소 설치 ○북한, 국제질서 편입 - 대북제재 완화 - 남·북·러 가스관/철도 건설 사업 논의 ○북한, 국제사회의 보편적 기준 수용
	○남북기본조약 체결 - 상주 대표부 설치		
2단계 평화·협력 심화단계	○정상회담 정례화 및 군비통제 - 북핵시설(농축·재처리) 검증 및 폐기 시작 - 남북정상회담 정례화 - 군사회담 정례화 - 운용적 군비통제 - 대량살상무기 개발·생산·수출중단	○교류·협력 제도화 - 북한종합개발지원계획 추진(공단개발, 에너지, 사회간접자본 등 대형 경협 추진) - 남북 경협 추진 기구 설치 - 남북교류특구 설치·운영 - 사회문화교류협력 심화	○대북 국제지원 제도화 - 대북제재 해제 - 북·일, 북·미 관계 정상화 단계 진입 - 북한의 IMF, World Bank 가입 - 남·북·러 가스관 및 철도 건설 ○동북아 6자정상회담 ○동북아개발은행설립
3단계 평화·협력 정착단계	○비핵화 완성 - 북핵 완전 폐기 ○구조적 군비통제	○한반도 경제권 형성 - 북한종합개발 본격 시행 - 교역 및 투자자유화 - 자유 통행·통신·통상 실시	○평화체제 정착 - 한반도평화협정 체결 - 북일/북미 국교 정상화 - 동북아안보협력체 가동
	한반도비핵화완성	남북 경제공동체 형성	한반도 평화체제 구축

'한반도형 비핵화 모델'은 한반도의 비핵화 진척 수준과 연계하여 한반도 평화협정체결, 북미/북일 관계 정상화, 동북아 평화안보협력체제 구축 등 세 차원의 진전과 발전을 통해 실현되고 보장된다. 이 때 한반도 평화협정은 남북을 협정당사자로 하고 미국과 중국을 보장자로 하는 '2+2' 방식으로 추진한다.

새로운 통일구상을 담은 '남북공동체 통일방안'은 우리의 통일의지를 재확인하고 중장기적 통일전략을 담는다. 이는 국내외적 통일 환경의 변화를 감안하여 기존 통일방안인 '민족공동체 통일방안'을 보완 개선 지양한 것이다.

'남북공동체 통일방안'은 유엔회원국가인 남과 북의 국가성, 독립성, 주권성에 주목하여 상호 실체를 인정한 전제 위에 출발한다. 이는 탈냉전 이후 남북한 각각 민주주의, 국력, 경제상황, 국제관계 등의 심대한 변모와 국제환경의 근본적 변화를 감안한 구상이다. 통일의 전제는 분단과 실체의 인정에서 시작해야 한다. 따라서 '남북공동체 통일방안'은 점진통일, 민주통일, 평화통일, 국제협력통일을 추구한다.

'남북공동체 통일방안'은 인류의 보편적 가치인 자유·민주·복지·평등·평화의 이상을 추구한다.

'남북공동체 통일방안'은 남북관계의 3단계 발전을 거쳐 실현된다.

제1단계인 평화협력 단계에서는 남북한의 상호 국가성과 주권성에 대한 실체 인정에 바탕하여 남북기본조약을 체결하며 교류·협력을 적극 활성화한다.

제2단계인 남북연합 단계에서는 남북연합헌장을 채택하고 남북연합기구를 가동하며 남북 공동생활권을 구현한다.

제3단계인 남북 공동체 통일 단계에서는 법제도적으로 통일국가를 완성한다. 남북 합의로 통일헌법을 제정하고, 통일정부와 통일국회를 구성한다. 부문별 조직과 제도를 통합하여 통일국가의 체제를 정비한다. 통일국가의 체제는 국민의사를 따른다.

I. 서 론

한반도는 남북한의 7000만 한민족의 터전일 뿐 아니라, 동북아의 십자로이자 미, 중, 일, 러 4강이 교차하는 패권경쟁의 장이기도 하다. 한반도가 동북아의 미래 국제질서에 지대한 영향을 미칠 뿐 아니라, 동북아의 국제질서가 역으로 한반도의 평화, 번영, 안보에 엄청난 영향을 미친다.

2차세계대전 후 형성된 전 지구적 냉전은 한반도에 남북분단과 비극적인 전쟁을 초래한 바 있다. 20세기말 국제적 냉전체제가 해체되었음에도 불구하고 한반도는 여전히 유일한 냉전의 섬으로 남아 있다. 냉전 종식 이후에도 지속되고 있는 남북한 간의 긴장과 대결은 동북아 질서를 뒤흔들고 있으며, 동북아의 안보불안과 갈등이 한반도로 역류하여 한반도의 평화와 안정을 위협할 가능성이 증대하고 있다. '한반도 문제'(The Korean Question)는 여전히 한민족의 문제일 뿐 아니라 세계4강이 교차하고 있는 동북아 지역의 중심 문제로 남아 있다.

지금 한반도는 또 한 번의 결정적인 갈림길에 놓여있다. 2012년 12월 대선은 한국 민주화 4반세기를 세계에 자랑하는 축제인 동시에 21세기 한국에 자유, 복지, 평화, 통일을 보장해 줄 제18대 대통령을 선출하는 중대 선거이다. 제18대 대통령은 '한반도 문제'를 근본적으로 해결할 수 있는 대전략을 내놓지 않으면 안 된다.

현재 글로벌 경제위기가 미국, 유럽, 일본을 휩쓸고 있고, 중국과 한국과 같은 상대적으로 건전한 동아시아 경제도 점점 더 세계경제의 위기상황에 빨려들어가고 있다. 과거사문제와 영토갈등을 포함한 동북아 역내 질서 역시 격동으로 접어들고 있다.

이런 중차대한 시점에 '한반도 문제'가 항시적 경제위기에 대한 면역체계를 갖추는 데 발목을 잡아서는 안된다. 민주화를 넘어 고르고 넉넉한 복지체제를 구축하기 위한 과제도 더 이상은 미룰 수 없다. 여기에 한반도 문제 또는 남북한 간의 평화, 통일, 안보 문제를 하루빨리 근본적으로 해결할 수 있는 방안을 찾아야하는 당위성이 있다.

돌아보면, 6월민주항쟁 25년, 민주정부 5번을 경과하고 있음에도 대북정책은 대한민국 국가차원의 일관성과 지속성을 보여주지 못한 채 진보-보수 두 진영, 두 세력, 두 노선, 두 이념이 첨예한 대결양상을 보여주어 왔다. 정부 교체에 따른 '정책왕래'의 진폭 역시 항상 앞선 정부정책의 부정을 통해 하나의 극단에서 또 하나의 극단으로의 전이를 반복하고 있다. 진보 남한과 보수 남한, 진보 대북정책과 보수 대북정책이 따로 존재하는 '평행현상'은 반드시 극복되어야 한다.

정부와 정당을 넘어 학계, 언론, 종교, 문화, 예술 영역에 이르기까지 남한사회 내부에서 대북인식과 정책을 둘러싼 극단적 대치는 한 치도 풀릴 기미를 보이지 않고 있다. 이 문제에 돌입하면 오직 벌거벗은 이념대결만이 남는 상황이 반복되고 있다.

대북정책이야말로 보수남한과 진보남한, 두 남한을 형성하고 가르는 근저요소요 기축요인이 아닐 수 없는 것이다. 대북정책에서 진보-보수의 극단적 대결과 교착 현상은 다시 내부 민주화와 사회개혁정책으로 삼투되어 국내문제에서조차 사사건건 이념대립을 강화·촉진·고착시키고 있다. 이러한 악순환은 현금에 이르러 더욱 강화되어 이제 거의 극점에 다다르지 않았나 싶다.

세계사가 보여주었듯 이념대결이 있는 사회에서 민족문제는 가장 휘발성이 높은 발연재이다. 역사는 민족문제로 인해 붕괴된 민주정부와 분열된 국민국가의 사례들을 자주 보여주었다. 그러나 바로 그렇기 때문에 사회통합과 국가발전을 위해서는 민족문제처럼 이성적이며 균형적으로 접근되어야 하는 문제도 없다. 만약 대북정책에서의 초당적 국민적 합의체계를 구축하지 못한다면 한국사회는 끝내 보수남한과 진보남한으로 분열되어 한 치도 더 앞으로 전진하지 못할런지도 모른다.

과거의 대북정책들은 적지않은 성취를 보여주었음에도 불구하고 커다란 한계를 노정해왔다. 특히 진보-보수정부를 막론하고 북한비핵화와 한반도 평화정착에 실패하였다. 게다가 국내정치목표를 위해 이념적 당파적 논리에 바탕해 전임 정부의 대북정책을 초당적 대승적으로 수용·계승하지 않은 채 전면적인 부정을 반복해온 결과 국력의 낭비와 소모는 물론 대북정책의 일관성·지속성·신뢰성이 사라짐으로써 진보, 보수정부를 막론하고 각각의 대북정책은 실효성을 상실하였다.

과거 대북정책들은 북핵문제를 경제적 유인과 연계해서 해결할 수 있다는 가정에 근거함으로써 실패를 잉태하고 있었다. 북한의 핵 개발과 도발이 근본적으로 체제 안보를 위한 것이라는 가정을 받아들인다면, 북한이 처한 체제 위협 요인을 정치군사적으로 제거해 주지 않는 한, 경제적 유인만으로 북핵문제 해결은 처음부터 난망하였다. 북핵문제 해결의 실패는 다른 부분의 남북관계 및 한반도 국제관계마저 심각한 난맥상으로 몰아넣고 말았다.

낡은 이념과 진영논리를 넘어 실사구시와 구동존이의 자세로 남북관계 및 한반도 문제를 연구하고 대안을 제시해온 한반도포럼은 지난 4반세기의 남북관계를 객관적이며 냉정하게 진단한 뒤, 이를 바탕으로 '남북관계 3.0'의 시대를 향한 새로운 대북정책을 제안하고자 한다. 이제 다시 정부교체시점을 앞두고 우리 한반도 포럼은 초당적이고 균형적이며 통합적인, 그리하여 진보-보수 정부와 진영을 넘는 일관된 대북정책이 나와야할 시점이라고 굳게 믿고 이를 제안하고자 하는 것이다.

새 정부는 더 이상 과거의 무게에 눌려서는 안 되며 미래지향적인 자세로 한반도를 남북한이 평화롭게 공존, 공생, 공영할 수 있는 반석 위에 올려놓아야 한다. 이젠 더 이상, 처음부터 실패가 예고되어있는 기능적 부분적 정책이 아니라, 한반도와 동북아 지역의 평화와 번영을 확고히 구축할 수 있는 지속가능한 포괄적 혁신적인 정책을 내놓아야 한다.

지난 시기 남북한은 분단상황 하에서 자신의 체제와 제도를 전제로 한 통일 정책을 추구함으로써 격렬한 이념갈등과 체제대결의 역사를 경험하였다. 자기 방식 또는 우리식 통일은 타협이 불가능한 긴장과 대결을 결과할 수밖에 없었다.

그러나 남북대결이 지속되는 동안 세계는 평화적인 냉전해체와 동서타협에 도달함으로써 남북한 모두 크나큰 자기모순에 직면해 왔다. 주권 국가만이 회원으로 가입할 수 있는 유엔이 남한과 북한이 회원국으로 가입하는 것을 받아들였고 많은 국가들이 남북한과 동시 수교했음에도 불구하고 우리는 이들 국제기구와 국가들을 적대시하지 못하고 있다.

남북간 긴장과 대결의 근본적인 씨앗은 현실적으로 존재하는 2국가, 국제적으로 인정되고 있는 이들 2국가가, "국가와 국가가 아닌" 관계를 맺고 있다는 사실에 있다. 이 문제가 해결되지 않는 한, 남과 북은 대결 상태를 근본적으로 해결할 수 없다.

우리는 남북한이 공히, 지속가능한 평화, 번영, 안보로 나아갈 수 있도록 하기 위하여서는, 남북한이 서로 실질적인 국가로서의 실체를 인정하고, 상호 주권을 존중하며, 기존 관할 지역에 불가침을 보장하며, 이견을 해소하기 위한 수단으로서 무력을 완전히 포기하고, 대화를 통하여 타협할 것에 합의하는 것이 필수적임을 강조한다.

우리는 이러한 비전과 구상이 충분조건이 결코 아님을 인식하고 있다. 우리는 오늘날 남북한에 요구되는 것이 정복과 흡수의 대상이 아닌 실체적 국가 간의 공존, 대량살상무기의 그늘이 아니라 비핵 평화, 그리고 가능한

한 협력할 수 있는 특수 협력 관계이며, 이러한 목표를 달성하기 위하여 필요한 정교한 정책들을 제안하고자 한다.

이 길은 우리에게는 혁명적이지만, 이미 동서독이 1972년 기본조약을 통하여 선택했으며, 독일의 진보와 보수가 이념적 차이에도 불구하고 민주주의의 방법을 통해 초당적으로 일관성있게 추진하여 그 유효성이 입증된 지속가능한 정책이었음을 강조한다.

Ⅱ. 평화/기본조약

한반도 비핵·평화시대를 열자

가. 비전과 목표

'한반도 평화협력프로세스'의 3대 목표는 한반도비핵화 완성, 한반도평화체제 구축 및 남북경제공동체 형성이다. 이를 통해 궁극적으로 한반도 평화와 통일을 달성하고자 한다.

한반도 평화협력프로세스는 4개의 하위 프로세스로 구성된다.

첫째, 한반도 평화관리와 남북 평화공존 프로세스가 있다. 둘째, 북한 비핵화 프로세스가 있다. 비핵화 프로세스는 시간이 걸리겠지만 결코 포기할 수 없는 목표이다. 셋째, 한반도 평화체제 구축 프로세스는 한반도 평화협정, 북미/북일관계 정상화, 동북아 안보협력기구 설립 등으로 구성된다. 넷째, 남북 경제공동체 프로세스는 인도적 지원, 종합개발 지원, 경제협력사업 등으로 구성되며 통일기반을 조성한다.

나. 원칙

한반도 평화협력프로세스의 추진 원칙은 아래와 같다.

첫째, 남북의 평화공존 원칙이다. 구체적으로 남북 간 상호 실체 인정, 모든 분쟁과 문제의 평화적 해결, 무력 위협 및 사용의 포기를 포함한다.

둘째, 평화협력프로세스는 포괄적, 다면적, 단계적, 연동적으로 접근한다. 연동적 접근이란 비핵화–한반도 평화체제 구축–남북교류 협력–동북아 안보협력을 상호 관련 속에서 발전시켜 나가는 것이며, 이는 조건부, 기계적 연계 등과 차별화된다.

셋째, 프로세스의 지속가능성을 중시한다. 이를 위해 국민적 합의, 주변국의 지지, 북한 참여를 확보해야 한다.

넷째, 기존 남북합의의 기본정신을 존중한다. 특히 남북기본합의서, 6.15공동선언, 10.4정상선언, 6자회담합의 등의 기본정신을 존중하되 그 구체적 실천은 환경의 변화에 따라 조절할 수 있다.

다섯째, 남한은 총체적 국력 우세와 국제적 지지를 감안하여 선제적(proactive) 평화 프로세스를 추진한다.

다. 전략

한반도 평화협력프로세스는 소기의 목적을 달성하기 위해 과감하고 체계적인 추진전략을 요구한다. 이는 탈냉전기 들어 북한 비핵화와 평화정착을 위한 많은 노력이 있었음에도 불구하고, 오히려 한반도 평화와 핵문제가 더욱 악화되었다는 긴박한 현실에 대한 반성에서 출발한다.

첫째, 국가로서의 남북한 실체를 상호 인정하고 분쟁은 대화를 통해 평화적으로 해결한다. 이에 대한 명확한 인식 없이는 남북관계는 결코 앞으로 나아갈 수 없다. 이와 관련하여 남북기본조약의 체결과 함께 쌍방 수도에 양측 정부를 대표하여 일상적 남북관계를 담당할 상주대표부를 설치·교환한다.

둘째, 북한 비핵화를 위해 핵 포기에 대한 대가로 북한의 체제안보를 확실히 보장해주는 다차원적인 평화체제를 구축한다. 구체적으로 한반도 평화협정, 북미/북일 국교정상화, 동북아다자안보협력체 구성을 병행 추진한다. 우리는 이 삼중프로세스를 한반도형 비핵화전략으로 부르고자 한다.

셋째, 한반도 비핵화와 평화를 보장받기 위한 유인책으로 단기적으로는 북한에 대한 경제·에너지 지원과 인도적 지원을 확대하고 중장기적으로 북한 종합개발계획 마련, IMF, IBRD와 같은 국제 금융질서 편입을 추구한다. 북한 비핵화의 실질적 진전에 맞추어 경수로 제공문제도 새로이 검토한다. 요컨대 한반도 비핵평화체제 진척과 연동하여 북한에 경제지원과 안전보장을 제공한다.

넷째, 남북 간 사회경제교류를 활성화하여 남북공동체를 만들어 통일기반을 구축한다.

라. 추진구도

2013년 출범할 신정부의 최우선 대북정책 과제는 군사적 위기 해소와 신뢰회복을 위한 평화협력프로세스의 가동이다.

첫째, 당면 현안의 포괄적 해결방안을 모색한다. 남북관계의 정상화를 위해서는 금강산관광객 피살, 천안함 사태, 연평도 포격에 대한 북측의 유감 표명이 필수적이다. 유감 표명의 주체, 형식, 시기, 내용은 상호 협의에 따른다. 남측은 이에 상응해 '5.24 조치'해제와 금강산관광 재개, 개성공단사업 확대, 경협 활성화는 물론, 대북 인도적 지원의 확대 및 이산가족 상봉 정례화 등을 통해 남북공동체의 기반을 구축한다.

둘째, 남과 북은 군사공동위원회를 설치·가동하여 군사도발 금지, 상호비방 중단, 대화를 통한 평화적 해결 원칙의 확고한 이행을 담보한다. 나아가 남북 군 간의 긴장 고조나 위협적 군사행동을 하지 않겠다는 공동 결의를 선포한다.

특히 군사적 적대관계 종식과 긴장완화를 위해 군사분계선 지역의 선전활동 중지 및 선전수단 제거, 군당국간 직통전화 운영과 군사훈련 참관, NLL 및 비무장지대 인근에서 군사훈련 자제 등을 추진한다. 또한 군사적 신뢰구축조치로서 6.25전쟁 사망자 및 실종자에 대한 공동 유해발굴과 유해송환을 추진한다.

셋째, NLL 지역에 서해평화협력지대 설치를 추진한다. 서해평화협력지대는 서해상의 금강산 및 개성공단에 해당된다. 이 지역에 공동 어로구역을 설정하고 임진강 구역의 공동개발을 추진한다. 이를 통해 금강산-개성공단-서해평화협력지대로 연결되는 동해-내륙-서해에 걸친 남북평화경제벨트를 구축한다. 다만 새로운 합의 달성 시까지 남과 북은 기존경계를 준수한다는 입장을 재확인하는 동시에 무력충돌을 방지할 협상을 즉각 재개한다.

넷째, 기존 남북 간, 다자간 협의 체제를 복원하고 그 정신을 존중한다. 7.4남북공동성명, 남북기본합의서, 6.15공동선언, 10.4정상선언 등 남북합의와 9.19공동선언, 2.13합의, 10.3합의 등 다자 비핵화 합의가 이에 해당된다. 핵무기와 생물·화학무기를 포함한 북한의 대량살상무기는 국제통제체제를 통해 관리하도록 한다.

한반도 평화체제 구축은 남북 간 정치군사적 신뢰의 진전에 부응하여 단계적·전략적으로 접근한다. 이에 따라 평화협력 기반조성단계, 평화협력 심화단계, 평화협력 정착단계 등 3단계 평화체제 구축전략을 추진하며, 최종 평화협력 정착단계에서 한반도 평화협정을 체결하고 남북공동체를 달성한다.

제1단계 평화협력 기반조성단계에서는 남북관계를 복원하기 위한 예비조치로써 대화채널 복원, 상호 중상비방중지, 인도지원 등을 추진한다. 6자회담 재개를 통해 9·19공동성명을 재확인하고 북핵활동 동결·감시, IAEA 사찰단 복귀 등 비핵화의 과정을 시작한다. 동시에 남북당국회담을 통해 서해평화협력지대 설치방안을 협의하는 한편 북한은 핵실험 중단, 미사일발사 시험과 수출중단 조치를 취한다. 북한의 비핵화 진전과 연동하여 한반도 평화협정 논의를 시작하고 북한의 국제사회 보편적 기준 수용 등 관련 조치들을 추진한다. 북·미, 북·일 수교협상을 추진하는 한편 대북제재 완화조치를 취한다. 경협인도주의 분야에서는 대북에너지지원, 이산가족상봉 상설화 및 북한 종합개발 지원협의 등을 추진한다. 이 단계에서 남

한반도 평화협력 프로세스 3.0

	비핵화·군사 분야	경협·인도주의 분야	평화체제·국제 분야
1단계 평화·협력 기반조성 단계	ㅇ예비조치 - 남북대화채널 복원, 상호 중상비방 중지, 천안함·연평도사건 적정 사과조치	ㅇ인도지원 확대	
	ㅇ비핵화 - 북핵활동 동결·감시 - 6자회담 재개와 9.19공동성명 재확인 - IAEA 사찰단 복귀 ㅇ정치·군사 신뢰구축 - 남북 당국회담 상설화 - 서해평화협력지대 설치 방안 협의 - 군사공동위원회 구성 - 핵실험 중단, 미사일 발사시험·수출 중단	ㅇ교류·협력 증진 - 대북 에너지 지원 - 북 광물자원 공동탐사 - 농업보건의료환경 개발협력개시 - 이산가족 상봉 상설화 - 납북자·국군포로 송환 - 북한종합개발지원 협의	ㅇ한반도평화협정 논의 ㅇ북·미/북·일 수교협상 - 연락사무소 설치 ㅇ북한, 국제질서 편입 - 대북제재 완화 - 남·북·러 가스관/철도 건설 사업 논의 ㅇ북한, 국제사회의 보편적 기준 수용
	ㅇ남북기본조약 체결 - 상주 대표부 설치		
2단계 평화·협력 심화단계	ㅇ정상회담 정례화 및 군비통제 - 북핵시설(농축·재처리) 검증 및 폐기 시작 - 남북정상회담 정례화 - 군사회담 정례화 - 운용적 군비통제 - 대량살상무기 개발·생산·수출중단	ㅇ교류·협력 제도화 - 북한종합개발지원계획 추진(공단개발, 에너지, 사회간접자본 등 대형 경협 추진) - 남북 경협 추진 기구 설치 - 남북교류특구 설치·운영 - 사회문화교류협력 심화	ㅇ대북 국제지원 제도화 - 대북제재 해제 - 북·일, 북·미 관계 정상화 단계 진입 - 북한의 IMF, World Bank 가입 - 남·북·러 가스관 및 철도 건설 ㅇ동북아 6자정상회담 ㅇ동북아개발은행설립
3단계 평화·협력 정착단계	ㅇ비핵화 완성 - 북핵 완전 폐기 ㅇ구조적 군비통제	ㅇ한반도 경제권 형성 - 북한종합개발 본격 시행 - 교역 및 투자자유화 - 자유 통행·통신·통상 실시	ㅇ평화체제 정착 - 한반도평화협정 체결 - 북일/북미 국교 정상화 - 동북아안보협력체 가동
	한반도비핵화 완성	남북 경제공동체 형성	한반도 평화체제 구축

북기본조약 체결을 추진한다. 남북기본조약은 남북기본합의서를 업그레이드한 것으로 향후 남북관계의 기본규범이 될 것이다. 특히 기본조약의 체결과 함께 남과 북 쌍방의 수도에 상주대표부를 설치 · 교환한다.

제2단계 평화협력 심화단계에서는 북핵시설(농축 · 재처리) 검증 및 폐기를 본격적으로 시작하며, 북한의 대량살상무기 개발 · 생산 · 수출의 중단을 추진한다. 남북간에는 정상회담 및 군사회담 정례화를 추진한다. 이와 관련하여 평화체제 · 국제분야에서는 대북제재해제, 북한의 IMF, World Bank 가입 등을 통해 대북 국제지원의 제도화를 추진한다. 그리고 북 · 일, 북 · 미관계 정상화가 추진되며, 동북아 6자정상회담을 통한 동북아안보협력체제를 준비한다. 경협 · 인도주의 분야에서는 북한종합개발지원계획 추진, 남북경협 추진 기구 설치, 남북교류특구를 확대하는 한편 사회문화교류협력을 심화한다. 북한종합개발지원계획을 추진하기 위하여 동북아개발은행 설립을 추진한다.

최종 3단계에서는 북한 비핵화와 한반도 평화협정을 통한 한반도 비핵공동체를 달성하고, 남북 자유왕래와 공동시장 형성을 통해 남북 경제공동체를 만들고, 북미/북일 수교, 동북아 평화안보협력체 구축 등을 통한 동북아 평화체제를 구현한다. 특히 평화협력프로세스는 이들 3개축의 균형발전을 전제로 하며, 이 세개축의 선순환을 통해 통일기반을 조성하고 사실상 통일시대를 개막한다.

한반도 평화체제의 안정성과 지속성을 확보하기 위해 한반도 평화협정 체결, 북미/북일 관계 정상화, 동북아 평화안보협력체 가동 등 3개의 구성요소가 필수적이다. 평화협정은 남북한을 협정당사자로 하고 미국과 중국을 보증자로 하는 '2+2' 방식으로 추진한다.

2. '한반도형' 비핵화모델

지난 20년간의 북한 비핵화 구상과 전략은 실패하였다. 이는 북한체제의 내구성, 핵무장 의지, 핵개발 능력을 과소평가한 과오가 있었다. 북핵문제를 북미문제로 인식한 남한의 역할 역시 지나치게 소극적이었다. 20년간 북핵위기의 발생, 위기고조, 합의타결, 합의붕괴, 위기재연이 반복되는 악순환구조를 차단하기 위해 전략적이며 창의적인 접근이 필요하다.

첫째, 북핵문제 해결의 최우선 조치는 북한 핵활동 동결과 9.19공동성명과 2.13합의체제 복구에서 시작한다. 핵활동 동결을 통해 북한 핵능력의 증강을 저지하고 핵협상을 위한 분위기를 조성한다.

둘째, 성과 있는 북핵 협상을 위해 보다 정교하고 강화된 협상과 제재의 병행전략을 구사한다. 북한 비핵화에 대한 종래의 붕괴론, 방치론, 봉쇄론은 북한의 체제 내구성을 과소평가하고 대화론, 지원론, 포용론은 북한의 핵무장 의지를 과소평가하는 오류에 빠졌다. 따라서 '강화된 협상과 제재 병행' 전략은 북한의 핵무장 의지와 체제 내구성을 전제로 한 적극적이고 현실적인 비핵화 추진전략이다.

북핵협상을 위해 제재를 해제한다면, 북한은 더 이상 협상에 참여할 동기를 잃게 된다. 따라서 북한 비핵화를 위해 적극적인 대화를 추진하되 상당기간 유엔 안보리 결의 1718호와 1874호 제재체제를 유지하여 북한의 협상참여 요인을 강화한다. 이를 위해 중국의 적극적인 협력을 유도한다.

셋째, '한반도형' 비핵화모델을 적극 개발한다. 과거 북한 비핵화 노력과 합의는 모두 다른 나라에 적용된 비핵화모델을 모방하는 단계에 그쳐 실패하고 말았다. 특히 1991년 한반도 비핵화 공동선언에 적용된 아르헨티나-브라질 상호사찰 모델, 1994년 미북 제네바합의에 적용된 우크라이나의 안보-경제 교환 모델, 2003년 리비아의 정치적 빅딜과 선 핵포기-후 보상

모델 등이 시도되었다. 그런데 이 사례는 모두 탈냉전기 들어 자발적으로 비핵화를 결정한 국가를 대상으로 하였기 때문에 북한에 적용할 수 없는 한계가 있다. 한편, 북한은 이라크와 리비아 비핵화 사례가 결국 정권붕괴로 이어진 점에 반면교사로 삼고 있으며, 인도·파키스탄 모델에 따라 '사실상 핵국'으로 인정받기를 요구한다.

따라서 새로운 '한반도형' 비핵화모델은 안보-경제 교환의 우크라이나식, 중재와 정치적 빅딜의 리비아 모델, 안보환경의 변화와 정권변화가 전제된 남아프리카공화국 모델의 복합 모델이 되어야한다. 한국은 앞서 사례들을 참조하되 창의적인 '한반도형' 비핵화 해법을 주도적으로 개발해야 한다. '한반도형' 비핵화모델은 9.19 6자 공동성명을 기본으로 하되, 제제와 보상체제, 역할 분담, 이행 일정, 이행보장체제 등을 정교하게 보강하여 6자회담에서 포괄적 다면적 연동적 단계적 일괄타결에 합의해야 한다.

◈ 비핵화모델 비교

모델	특징
아르헨티나-브라질식(1991)	- 탈냉전기 민간정부 등장으로 자발적 핵개발 · 핵경쟁 포기 - 상호사찰 실시로 핵투명성 상호보장 - 한반도 비핵화공동선언의 모델
우크라이나식 (1994)	- 우크라이나, 구소련 붕괴로 핵무기 인수, 핵 포기 자세 - 경제지원과 안전보장 제공과 핵 포기 교환 - 북미 제네바 기본합의1994)의 모델
리비아식 (2003)	- 영국 중재로 미-리비아 간 핵 타결 - 리비아의 선 포기 결정, 미국의 정권교체 불추구, 졍제지원과 관계정상화 보상 - 리비아의 핵개발 기획 단계, 미국의 제재해제 시 석유수출로 경제적 이득 등으로 핵포기 용이
남아공식 (1991)	- 탈냉전기 안보위협 해소, 정권교체로 자발적 핵포기 - 유일한 핵개발 이후 핵포기 사례
파키스탄 · 인도식	- 사실상 핵국으로 북한의 핵무장 모델 - NPT 비가입국으로서 NPT 탈퇴국인 북한과 차이
'한반도식'	- 북한: 핵무장 의지 과시, 유일 NPT 탈퇴국, 핵개발 완성 - 우크라이나식, 남아공식, 리비아식 복합 모델

넷째, 북한 비핵화 노력과 북한 변화·발전 전략을 병행 추진한다. 과거 북핵 문제만을 다루는 북한 비핵화 전략이 실패하였다는 점에 주목하여, 새로운 비핵화전략은 북한의 변화와 발전을 동시에 추구해야 한다. 그리하여 국제사회의 북한체제보장, 북한의 비핵화와 개혁개방, 북한체제의 변화와 발전, 남북관계의 안정과 통일지향이 상호 선순환하는 복합구조를 형성한다.

다섯째, 핵합의의 이행을 강화하고 한반도평화체제를 구축하기 위한 상호 연동되고 상호 조율된 안보조치로써 한반도 평화협정 체결, 북미/북일 수교의 단계적 추진, 동북아 다자안보협력체제 구축 등을 수준별, 단계별로 추진한다. 이 3수준의 동시 추구가 한반도형 비핵화 모델의 요체라고 할 수 있다.

북한 비핵화가 실질적인 진전을 보인 경우, 북한의 강력한 요구와 미래 한반도의 에너지수요를 감안하여 대폭적인 대북경제지원과 경수로 제공에 대한 전략적 검토가 필요하다.

여섯째, 동북아 역내 안정을 위해 동북아 다자안보협력기구를 6자회담 산하 동북아 평화·안보 실무그룹에서 벗어나 독립적으로 운영한다. 동북아 다자안보대화를 장관급으로 유지하며, 최고수준의 정치적 동력을 얻기 위해서 동북아 6자 정상회담을 정례화한다.

3. 남북기본조약 체결과 상주대표부 설치

무엇보다도 남북관계 3.0 시대에는 기존의 모든 남북합의의 정신과 원칙을 아우르고 뛰어넘어, 남북관계를 유엔회원국으로서 “국가와 국가 간의 특수 관계”로 새롭게 규정하여 조속히 남북기본조약을 체결한다. 남북은 향후 남북기본조약체제에 진입한다. 남북한의 개별 국가성을 인정한 1991년 남북한 유엔동시가입의 정신과 전통을 계승한 남북기본조약 체제에서 남과 북은 유엔회원국으로서 유엔헌장을 포함한 국제사회의 기본규범과 국제법을 준수한다. 이때 동서독 기본조약(1972)은 남북기본조약의 모델이 된다. 남북기본조약은 통일 시까지 포괄적 잠정조약의 성격을 갖는다.

남북관계의 큰 전환점이었던 기존의 남북기본합의서 체제는 상호 체제 인정, 내정 불간섭, 비방과 중상 중지를 요구하고 있지만 남북관계를 "나라와 나라 사이의 관계가 아닌 통일을 지향하는 과정에서 잠정적으로 형성되는 특수관계"로 규정하고 있다. 그 이후 남과 북은 상호 체제의 인정과 내정간섭, 협력과 충돌, 공존과 반목을 계속 교차 반복하였다.

남북한을 유엔회원국으로서 "국가와 국가 간의 특수 관계"로 새롭게 규정하는 것은, 대한민국 헌법[3조 영토조항]과 현실[남북분단]의 모순적 충돌이 아니라 오히려 헌법[4조 평화통일 조항]과 현실[남북분단]의 창조적 공존의 문을 여는 것이며, 이 문에 들어서지 않고는 얻을 수 없는 많은 비전·대안·이익·경로들을 우리는 제안하고 추구하고자 한다.

남북기본조약 체제는 첫째, 상호 국가성 인정과 존중에 바탕해 중상비방 금지, 무력 불사용과 불침공, 대화협상을 통한 평화적 해결원칙을 확고히 한다.

둘째, 남과 북은 남북기본조약의 체결과 함께 쌍방의 수도에 양측 정부를 대표하여 일상적인 남북관계를 담당할 상주대표부를 설치·교환한다.

셋째, 남북당국 간 고위급대화를 복원하고 대화창구를 다원화한다. 특히 남북 정상 및 총리의 상호 방문과 회담을 정례화한다. 동시에 해당 부문 간의 장관급 회담도 정례화한다.

정부 간, 비정부 간 각종 남북 대화채널을 복원하고 활성화한다. 남북 간 대화채널은 정부 독점체제에서 벗어나, 국회, 언론, 종교, NGO, 문화예술, 학계 등을 포함하여 다원화 다층화 다각화한다.

아래에 한반도포럼이 제안하는 남북기본조약의 잠정 내용을 제시하고자 한다.

첫째 (상호 인정) 남과 북은 상호 국가적 실체성을 인정하고 정상적인 선린관계를 발전시킨다.

둘째 (상호 관계의 원칙) 남과 북은 유엔헌장의 제반 목표와 원칙, 특히 모든 국가 및 상호간의 주권·평등·독립·자주·영토의 존중, 인권보호 및 차별대우 금지를 지향한다.

셋째 (분쟁의 평화적 해결) 분쟁문제는 오로지 평화적인 수단을 통해 해결한다.

넷째 (무력사용 포기 및 불가침) 남과 북은 상호 무력위협과 무력 사용을 포기하고 불가침 원칙을 준수한다. 남북 불가침 경계선과 구역은 1953년 7월 27일자 군사정전에 관한 협정에 규정된 군사분계선과 지금까지 쌍방이 관할하여 온 구역으로 한다.

다섯째 (대량살상무기 포기) 핵무기, 생물학무기, 화학무기를 포함한 대량살상무기를 포기하며 상호 군비통제와 축소 논의에 착수한다.

여섯째 (협상의 개시) 양국관계의 실질적 정상화를 위해 핵, 경제협력, 평화체제 문제 등에 관해 즉각 협상을 개시한다.

일곱째 (관할지역) 남과 북은 국가권력이 각자의 관할 지역 내에서만 행사될 수 있다는 원칙을 준수한다.

여덟째 (교류협력) 이산가족 등 인도적 문제의 해결, 상호이익 도모를 위한 경제·학문·기술·통행·법률부문의 교류, 우편·전화·보건·문화·스포츠·환경보호 등의 분야에서 협력을 촉진시키고 발전시키는 협정을 체결한다.

아홉째 (상주대표부 설치) 남과 북은 각기 상대방의 정부 소재지에 상주대표부를 설치한다.

열째 (헌법과 법률의 존중) 남과 북은 조약의 체결에도 불구하고 각각의 헌법과 법률에는 아무런 영향을 끼치지 않는다.

열한째 (기존 남북합의의 존중) 남과 북은 그동안 상호 합의한 7.4공동성명, 남북기본합의서, 6.15공동선언, 10.4정상선언의 정신과 원칙을 존중한다.

열두째 (기존 조약과의 관계) 각기 체결한 조약 또는 양국에 관계되는 2국간 및 다국 간의 조약은 이 조약의 저촉을 받지 않는다.

열셋째 (잠정성) 이 조약은 통일을 지향하는 과정에서 잠정적으로 2국가의 실체성을 인정하는 것으로 남과 북은 여전히 1민족으로서 평화통일을 지향함을 확인한다.

4. 국가안전보장조정기구(NSO) 설치와 통일외교안보정책의 통합

첫째, 균형되고 효과적인 대북통일정책을 추진하기 위해 청와대에 대통령직속의 국가안전보장조정기구(NSO. National Security Organization) 설치를 법제화하여 통일외교안보정책을 총괄 조정한다. 특히 현재와 같이 부처별 연락사무 기능이 중심이 된 외교안보수석실 체제로는 급변하고 불확실한 한반도 정세에 선제적으로 대응할 수 없다.

둘째, 대통령 직속의 총괄조정기능을 강화하는 대신 부처별 자율성과 업무 영역을 분명하게 획정한다. 우선 통일부에게 본연의 통일대북 업무영역을 보장한다. 통일부는 평화통일, 남북교류에 주력하고, 국방부는 국방태세 유지, 대북 군사적 억제와 무력사태 대비에 전념하고 대북정책 관련 정무적 판단과 발언을 자제한다. 외교부는 국제협력, 통일외교, 6자회담을 담당한다. 국가정보원은 북한급변사태 등 돌발사태에 대비하되 비공개 업무를 원칙으로 한다.

셋째, 지속가능 대북정책을 추진하기 위해 국회 남북관계특별위원회를 상설화, 활성화하여 대북정책에 대한 초당적·국민적 합의 조성 기능을 강화한다. 대북정책을 둘러싼 소모적인 정치적 논쟁을 방지하기 위해 국회, 정부, 전문가, NGO, 일반 시민이 참여하는 국민합의 정책거버넌스를 중심으로 충분히 토론된 합리적 정책을 선

택하도록 노력한다.

넷째, 남북관계발전에 관한 법률(2005)을 활용하여 대북정책의 일관성, 안정성, 예측가능성을 크게 강화한다. 동 법은 정부 교체에 관계없이 남북관계 발전을 위한 정부의 책무로 한반도 평화증진, 남북경제공동체 구현, 민족 동질성 회복, 인도문제 해결, 대북지원 등을 제시하고 이를 실현하기 위한 여야합의에 바탕한 5년 단위의 남북관계 발전 기본계획과 연도별 시행계획을 수립·추진하도록 의무화하였다. 신정부는 동 법률의 정신과 원칙, 규정에 근거해 여야 합의에 바탕한 초당적인 국민합의 대북정책을 마련해야한다.

Ⅲ. 경제

남북 경제공동체를 형성하자

1. 남북 경제공동체의 비전과 목표

가. 비전과 목표

남북경제협력은 오랫동안 남북 간의 선도적 교류협력 분야로서 기대를 모았으나 아직은 매우 초보적인 수준에 머물러 있다. 최근에는 남북관계 악화로 개성공단을 제외한 모든 경협이 중단되었는바 이는 남북 모두에게 바람직하지 못한 상황이다.

향후 남과 북은 평화체제를 정착시키고 경제공동체를 실현하기 위해 더욱 적극적으로 경제협력을 추진해야 한다. 남북 경제공동체는 남과 북이 공동번영을 도모함과 동시에 평화통일의 기반을 조성하기 위해 반드시 실현해야 할 중요한 목표라고 할 수 있다.

평화협력 단계와 남북연합 단계를 거쳐 통일국가에 이르는 단계적 통일방안을 추진하는 과정에서 남과 북은 각종 경협사업을 꾸준히 확대함과 동시에 제도적 통합을 추진함으로써 점진적으로 경제공동체를 구축할 수 있으며, 궁극적으로는 하나로 통합된 통일경제를 이룰 수 있다.

남북 경제공동체를 추진함으로써 남과 북이 달성하고자 하는 목표는 다음과 같다.

첫째, 남북 간의 화해협력과 상호신뢰를 증진시키고 평화체제를 정착시킨다.

둘째, 북한의 생활수준 향상과 인적자원 개발, 경제발전의 토대 구축을 도모한다.

셋째, 남측기업에게 새로운 사업기회를 열어줌으로써 남한경제의 성장을 촉진하고 대외적 신인도를 개선한다.

넷째, 남북 간의 경제적 연계를 강화하고 남북한 경제의 제도적 통합을 진전시킴으로써 통일경제의 기반을 조성한다.

나. 추진원칙

이런 목표를 효과적으로 달성하기 위해 남북경협 추진시 다음과 같은 원칙을 지키려 노력할 필요가 있다.

첫째, 각종 지원 및 경협사업의 실효성과 경제성을 높이려는 지속적 노력이 필요하다. 대북지원의 경우 인도적 목적 및 개발 목적을 효과적으로 달성할 수 있는 수단과 방식을 선택해야 하며, 비용 대비 효과가 큰 사업을 우선적으로 추진해야 한다. 민간경협의 경우 기업의 수익성을 확보할 수 있는 사업환경을 조성해야 하며, 여러 사업을 긴밀하게 연계하여 시너지 효과를 극대화해야 한다.

둘째, 정부 재정이 투입되는 모든 지원 및 경협사업은 국민적 합의에 기초하여 추진해야 한다. 이를 위해서는 지원 및 경협사업의 진행과정을 충분히 모니터링하고 그 성과를 분명하게 공표하여야 하고(투명성), 정부재정의 건전성을 크게 침해하지 않도록 유의해야 하며(재정 건전성), 전반적 남북관계와 조화되는 방향(남북관계와의 연동)으로 사업을 추진해야 한다.

셋째, 정부와 민간이 적절한 역할분담과 긴밀한 상호협력을 도모해야 한다. 경협에 참여하는 민간기업은 자율적으로 사업을 추진하고 그 결과에 대한 책임도 스스로 부담해야 한다. 정부는 재정지원이 수반되지 않는 순수 민간경협은 남북관계의 일시적 변화와 상관없이 안정적으로 지속될 수 있도록 보장해야 한다. 또한 남북관계가 개선될 경우 민간경협이 더욱 활성화될 수 있도록 정부가 적정 수준의 지원을 실시하고 민관협력 프로젝트도 추진할 필요가 있다.

넷째, 남북경협은 남측의 일방적 지원과 투자만으로 이루어지기보다는 북측도 주도성과 적극성을 발휘하는 방향으로 발전하여야 한다. 개성공단을 비롯해 기존의 많은 경협사업은 남측기업이나 정부가 선제적으로 주도하고 북측은 인력과 토지만을 빌려주거나 일방적인 지원을 받는 형식을 취하였다. 만약 북측 당국과 기업 및 기타 기관이 함께 투자하고 함께 관리하는 공동사업을 진행한다면, 사업 규모를 크게 확대할 수 있고 남과 북이 얻는 경제적 이익과 남북 간 교류 효과도 제고할 수 있다. 정부와 기업은 모든 사업에서 북측의 적극적 참여와 협조를 유도하기 위해 각별한 노력을 기울여야 한다.

다섯째, 남과 북 양자 사업만이 아니라 다양한 방식의 국제협력을 함께 추진함으로써 열린 경제공동체를 지향하는 것이 바람직하다. 미국, 일본, 중국, 러시아 등 주변국 정부뿐 아니라 세계은행, IMF, UN 등 국제기구와 긴밀하게 협력하고 접경지역 공동개발 등 다양한 다자간 사업을 추진할 필요가 있다.

2. 북한경제 현황과 개혁 · 개방 전망

남북경협은 북측 당국의 적극적 협조가 있어야 성공할 수 있으며, 그 장기적 발전전망은 북한의 개혁·개방 여부에 달려 있다. 즉 남북경협은 북한의 개혁·개방을 유도하는 데 기여해야 하며, 또한 북한이 개혁·개방을 진전시켜야만 남북 경제공동체의 지속적 발전이 가능하다.

북한체제와 이념의 경직성을 고려할 때, 북한의 개혁·개방 추진을 낙관하기 어려운 것이 사실이다. 하지만 최근 북한경제 여건과 향후 전망을 고려할 때 시장경제체제로의 본격적 개혁은 아직 기대하기 어렵지만, 북한이 내부적인 정책·제도의 개선 노력과 함께 개방을 향한 전향적인 정책 전환을 시도할 가능성이 있다고 판단된다. 이런 가능성이 실제로 실현되도록 정부는 국제사회와 협력하여 적극적인 경협전략을 구사할 필요가 있다.

가. 북한경제 현황과 전망

북한은 1990년대 초 이래 장기적 경제난을 겪고 있으며, 근본적인 경제 회생이 이루어지고 있다는 조짐은 발견되지 않고 있다. 하지만 최근의 경제 상황은 1990년대 중후반 '고난의 행군' 시기보다는 나아진 것으로 보인다. 많은 북한주민들은 장마당 등 비공식 경제활동을 통해 자력으로 생존하는 법을 터득했다. 북한당국은 남북경협과 북중경협, 그리고 미국 등 국제사회의 지원을 통해 외화와 석유, 식량 등 중요 물자를 획득해 왔다. 최근 남북경협과 국제사회의 지원이 크게 위축되었지만 북한은 북중경협의 확대로 이를 대체할 수 있었던 것으로 보인다. 결론적으로, '아래로부터의 요구'와 외부의 지원 및 경협이 북한경제를 어느 정도 안정화하는 데 기여한 것으로 판단된다.

김정일 국방위원장의 사망 이후 북한당국은 경제안정과 생활수준 향상을 통해 정치·사회 안정을 도모할 필요를 더욱 강하게 느끼고 있는 것으로 보인다. 최근 북한당국은 장마당 활동에 대한 규제를 완화하고 접경지역 특구 개발 등 북중경협의 확대를 위해 노력하고 있는 것으로 알려져 있다. 이런 움직임은 여건만 조성된다면 북측이 남북경협에도 적극 응할 가능성이 있음을 시사하고 있다. 북한은 대외 경제교류를 다변화함으로써 특정 상대국에 대한 일방적 의존에서 벗어날 수 있고 더 많은 경제적 자원을 획득할 수 있기 때문이다. 남북관계가 크게 악화된 가운데에서도 북한당국이 개성공단 사업을 계속 유지하고 있는 것도 이런 이유 때문으로 보인다.

나. 북한의 개혁 · 개방 전망

북한은 체제적·이념적으로 대단히 경직되어 있고 대외개방에 따른 정치적·이념적 위협을 우려하고 있으므로, 중국이나 베트남 같은 과감한 개혁·개방을 추진하기는 어려울 것으로 보인다. 하지만 그보다 훨씬 제한적이고 점진적인 '북한식' 개혁·개방을 추진할 가능성은 상존하고 있으며, 어떤 의미에서는 이미 그런 정책을 추진해 왔다고도 할 수 있다. 예를 들어 개성공단 사업은 과거의 북한으로서는 상상하기 어려웠던, 상당히 진일보한 개방 정책으로 평가할 수 있다.

새로 등장한 김정은 정권은 과거에 비해 개혁·개방에 더 적극적일 것으로 전망된다. 북한당국이 통치에 필요한 경제적 자원을 충분히 획득하려면 대외개방 확대가 필수적이며, 대내 경제체제도 어느 정도는 그 영향을 받을 수밖에 없을 것이다. 김정일 위원장도 2002년 7.1 조치를 비롯해 비교적 개혁적인 정책을 실험했으며 최근에는 북중경협을 크게 확대하기 위해 상당한 노력을 기울였다. 김정은 정권은 새 지도부에 대한 간부층과 주민의 신망을 굳히기 위해 더욱 과감하게 대외개방을 확대하려 할 가능성이 높다.

문제는 북측의 개혁·개방을 가로막는 여러 장애요인을 어떻게 극복할 수 있는가 하는 점이다. 먼저 개방 확대에 따른 정보의 확산과 이념적 해이는 북한당국이 근본적으로 우려하는 사안이다. 그러나 개성공단을 비롯한 남북경협의 경험은 이런 우려가 과장된 것일 수 있음을 보여준다. 개성공단에서는 수만 명의 북측 근로자가 남측 기업에서 일하고 있지만, 정치·사회적으로 별다른 문제는 나타나지 않고 있다. 향후 개성공단을 더욱 확대하거나 개성 외 지역에서 대규모 사업을 개시하더라도 북측이 적절하게 관리한다면 큰 문제 없이 경협을 계속할 수 있을 것이다.

핵문제를 둘러싼 갈등과 남북 간 군사적 긴장은 또 하나의 중요한 장애요인이다. 안보적 사안을 우선시하여 경협을 주저하는 경향은 남과 북 양측 모두에서 나타나고 있다. 또 경협에 적극적인 정책기조를 갖고 있다 하더라도 안보 문제로 갈등이 고조되는 상황에서는 리스크에 대한 우려 및 국민적 공감대 부족으로 사업 진행이 어려워지는 것이 현실이다. 이 문제는 한반도 평화협력 프로세스를 추진함으로써 해결해 나가야 한다. 남과 북은 상호 관계를 개선하고 미국, 중국을 비롯한 국제사회와 함께 협력하여 한반도 평화체제를 정착시켜 나가야 한다. 이런 노력이 결실을 맺을 경우 장기적으로 북한은 대외관계를 정상화할 수 있으며, 이에 따라 개혁·개방도 더욱 적극적으로 추진할 수 있을 것이다.

3. 남북경협 현안과 대책

새로운 경협전략을 추진하기 전에 먼저 해결해야 할 당면 현안이 있다. 2010년 천안함 사건 이후 정부의 '5.24 조치'에 따라 개성공단 사업을 제외한 남북교역 및 대북지원의 대부분이 중단된 상태이다. 따라서 향후 남과 북이 경협을 다시 적극 추진한다면 기존 경협사업의 재활성화에서 출발해야 한다.

가. 5.24 조치 해제

북측의 군사적 도발에 대해 일정한 제재가 필요했다는 점에서 5.24 조치의 정당성을 발견할 수 있다. 하지만 이 조치를 장기간 유지하는 것은 바람직하지 않으며, 향후 경협 활성화를 위해서는 이 조치부터 풀 필요가 있다. 5.24 조치를 해제하려면 남북 당국이 대화를 재개하여 과거 사건에 대한 유감 표명 및 재발방지 대책에 합의하는 절차가 필요하다. 하지만 이런 분위기 조성을 위해 남측이 먼저 인도적 지원 등 일부 사업부터 단계적으로 5.24 조치를 해제하는 방안도 검토할 수 있을 것이다.

나. 금강산 관광 재개 및 개성공단 사업 활성화

민간 경협사업 중에서는 금강산 관광을 재개하는 문제와 개성공단 1단계 사업을 완료하는 문제가 남아 있다. 금강산 관광은 2008년 관광객 사망사건 이후 중단 상태인데, 이의 재개는 남북관계 회복의 중요한 상징이 될 수 있다. 남북 당국은 진상조사와 북측의 사과 표명 및 재발방지를 위해 성실하게 협의하여 우리 국민이 납득할 수 있는 신변안전보장장치를 마련해야 할 것이다.

개성공단 사업은 비교적 안정적으로 진행되고 있으나, 5.24 조치로 추가 입주가 금지되어 있는 상태이다. 또 추가 입주가 허용되더라도 개성 인근 지역 인력 공급 부족 때문에 사업 확대가 어려운 실정이다. 이 문제를 풀기 위해서는 대규모 외지 인력 유치를 위한 숙소 건설이 이루어져야 하며, 이와 관련해 남북 당국과 입주(예정) 기업 간에 건설비 및 운영비의 조달·분담에 관한 협의가 필요하다. 또한 3통(통행, 통신, 통관) 문제의 추가 개선,

임금 지급 및 노무관리 제도 개선을 위한 협의도 필요하다.

다. 2차 정상회담 합의 이행을 위한 협의

남북 당국은 2007년 2차 정상회담에서 각종 경협사업을 추진하는 데 합의한 바 있으나, 이명박 정부 들어 남북관계 악화로 합의가 전혀 이행되지 않고 있다. 향후 남북 당국이 경협을 다시 추진한다면 기존의 여러 합의사항을 존중하는 것이 바람직하며, 따라서 먼저 이 문제에 관한 협의를 진행할 필요가 있다.

2차 정상회담 합의사항에 대해서는 국내에서 많은 논란이 있었다. 정상회담에서도 모든 합의 사업을 그대로 실행하기로 합의한 것은 아니며, 실행 여부, 시기, 규모, 절차 등을 남북경제협력공동위원회 등을 통해 양측이 협의하기로 한 것이었다. 따라서 우리 내부적으로 먼저 합의사업의 시행 여부 및 방안을 검토하여 입장을 정리하고, 이어서 북측과 협의하여 세부 실행방안을 마련해 나갈 필요가 있다.

4. 남북 경협 중장기 추진전략

가. 경제협력의 제도화와 추진체계 정비

남북경협의 제도적 환경은 여러 측면에서 대단히 미비한 상태이다. 남북 당국은 여러 차례에 걸쳐 경협의 제도화에 합의하였다. 1991년의 남북기본합의서와 1992년의 남북교류협력의 이행과 준수를 위한 부속합의서, 그리고 2003년의 4대 경협합의서(투자보장, 이중과세방지, 상사분쟁, 청산결제)가 대표적이다. 그러나 이들 합의 내용 중 많은 부분이 아직 이행되지 않고 있다.

남과 북은 남북기본조약을 맺고, 이에 맞춰 각자 내부의 법과 제도를 정비해야 하며, 이를 이행하기 위한 양측 공동의 추진기구를 설치해야 한다. 경제협력에 대해서는 기본조약에 따른 부속협정으로서 경제협력협정을 체결하여 경협의 제도적 환경을 정비할 필요가 있다. 경제협력협정은 기존의 여러 합의를 총괄할 뿐 아니라 그보다 더 진일보한 내용을 담아냄으로써 경협의 제도적 환경을 획기적으로 개선해야 한다.

경협의 제도적 환경에서 개선해야 할 중요한 사항은 다음과 같다.

첫째, 3통(사람의 통행, 물자의 통관 및 수송, 통신) 환경을 크게 개선해야 한다. 현재 개성공단에 적용되고 있는 3통 관련 제도를 개성공단 외의 모든 남북경협에 확대 적용하고 점진적으로 더 개선해 나가야 한다. 특히 중요한 것은 남북 간 육상교통을 실현하는 것이다.

둘째, 양측 경협 관계자의 상호 방문 및 장기체류를 자유롭게 허용해야 하며 이와 관련한 신변안전보장장치를 마련해야 한다.

셋째, 대북투자 기업의 경영권과 재산권을 확실하게 보장해야 하며 상사분쟁을 합리적으로 해결할 수 있는 절차와 기구를 마련해야 한다. 북측은 남측기업만이 아니라 모든 외국기업에 대해 같은 조치를 실시하는 것이 바람직하다.

남북경협을 추진하기 위한 조직체계도 새롭게 정비할 필요가 있다. 과거 남북 당국은 남북경제협력추진위원회(차관급)를 가동했으며, 2차 정상회담에서는 이를 남북경제협력공동위원회(부총리급)로 격상시키기로 합의한 바 있다. 또 그 산하에 분야별로 다양한 분과위원회를 운영하기로 했다. 향후 여건이 조성되는 대로 남북경협공동위원회를 다시 출범시켜야 하며, 아울러 그 산하에 실무를 책임질 양측 합동의 상설기구를 만드는 것이 바람직하다. 공동위원회 및 그 산하의 상설기구는 당국 간 경협을 추진하는 기본조직이 될 것이며, 민간 경협에 대해서도 당국 간 협의가 필요한 사항을 다를 수 있을 것이다.

나. 북한종합개발지원계획 실시

한반도 평화협력 프로세스에 따라 핵협상이 타결되어 북한의 비핵화가 개시될 경우, 정부는 국제사회와 협력하여 북한에 대한 개발지원을 본격적으로 시작하게 될 것이다. 역대 정부는 에너지 지원을 비롯하여 여러 분야에서 북한에 대해 대규모 개발지원을 실시할 의사를 지속적으로 표명해 왔다. 북한의 비핵화는 장기간에 걸쳐 점진적으로 이행될 가능성이 높으며, 북한에 대한 개발지원 역시 이에 맞추어 단계적으로 실시될 것이다. 그 경우 정부는 국제사회와 협력하여 북한종합개발지원계획을 수립하고 이에 기초해 개발지원을 실시해야 한다.

북한 개발지원을 본격 실시하기 위해서는 사전 준비가 필요하다. 먼저 북한의 개발지원 수요를 파악하기 위해 북한의 경제·사회 상황을 공동 조사할 필요가 있다. 이어서 북한당국은 자체적인 국가개발전략을 수립해야 하며, 공여자인 남한과 국제사회는 이에 상응하는 종합개발지원계획을 수립해야 한다. 이는 저소득 개발도상국에 대해 국제사회가 개발지원을 실시할 때 적용하는 표준적 절차로서, 북한에 대해서도 가급적 국제규범을 적용하려 노력하는 것이 바람직하다.

북한 개발지원을 본격 실시하게 될 경우, 중점 지원부문은 다음과 같이 설정할 수 있다.

첫째는 전력개발을 비롯한 에너지 지원이다. 북한은 1994년 제네바 합의 이래 비핵화의 대가로 전력 등 에너지 지원을 요구해 왔으며, 향후 핵협상에서도 에너지 지원을 가장 중시할 가능성이 높다. 과거 제네바 합의에서는 경수로 건설 사업과 중유 지원을 실시한 바 있다. 향후 핵협상이 타결된다면 과거의 경수로 사업보다 더 진일보하고 확대된 전력 지원 방안이 필요할 것으로 보인다.

둘째, 농업, 환경, 보건의료, 교육 등 북한주민의 생활수준 향상과 인적자원 개발에 기여할 수 있는 부문의 개발협력 사업을 중시해야 한다. 북한 같은 저소득 개도국에 대해서는 이런 부문부터 지원을 시작하는 것이 국제적 관례이다. 이들 부문의 사업은 인도적 목적과 개발 목적을 함께 달성할 수 있으며, 비교적 적은 규모의 지원으로도 큰 성과를 낼 수 있는 가능성이 높다. 이미 지난 10여 년 동안 국내외 민간단체 및 국제기구가 이들 부문의 협력사업을 추진하기 위해 많은 노력을 기울이기도 했다. 정부는 정부 차원의 개발협력 사업을 본격 개시함과 아울러, 민간단체 및 국제기구의 사업도 적극적으로 지원할 필요가 있다. 정부 외의 다양한 지원 채널을 가동시킴으로써 남북 교류 및 북한의 대외 접촉을 극대화하는 것이 바람직하다.

셋째, 경제특구 및 산업단지 개발 등 북한의 산업기반 구축과 남측 기업 및 외국기업의 대북사업을 동시에 지원할 수 있는 경제개발 프로젝트를 실시해야 한다. 북한은 이미 남측과의 개성공단 사업을 진행하고 있고, 최근 중국과도 두 곳의 접경지역 개발을 추진하고 있다. 앞으로는 이런 사업의 규모를 더 확장하고 제도적 환경도 더 개선할 필요가 있다. 남측 기업만 참여한 개성공단과 달리, 새로 개발되는 경제특구 및 산업단지에는 북측 기업 또는 남북 합작기업 등을 함께 참여시켜 북한 자체 수출산업 육성을 지원하는 방안을 모색할 수 있다. 또한 북한의 경제특구는 특정 국가만이 아니라 여러 국가 기업이 함께 참여할 수 있는 국제적으로 개방된 특구로 확대 발전시키고 개발 과정에서도 다자간 협력을 모색하는 것이 바람직하다.

넷째, 남북 연계 및 국제 연계 교통·통신 인프라 구축을 추진해야 한다. 경제특구 및 산업단지 개발 사업 등과 연계하여 남북을 연결하는 도로, 철도, 통신망을 구축하는 사업을 우선적으로 추진할 수 있다. 또한 장기적으로는 남북중, 남북러를 연결하는 국제 연계 도로, 철도 건설 사업도 추진할 필요가 있다.

북한 개발지원은 다자간 핵협상을 통해 비로소 개시될 것이므로 국제협력을 통해 추진하게 될 가능성이 높다. 정부는 6자회담 참가국을 비롯해 여러 국가 정부의 지지와 협조를 이끌어내야 하며, 세계은행, IMF, UN 등을 비롯한 국제기구와도 긴밀하게 협력해야 한다. 저소득 개도국에 대한 개발지원에서는 이런 여러 공여자들이 함께 참여하는 것이 국제적 관례이기도 하다.

북한 비핵화 프로세스가 순조롭게 진행될 경우, 북한은 IMF, 세계은행 등 국제금융기구 가입과 북·미, 북·일 관계 등 대외관계 정상화를 추진할 수 있게 될 것이며, 이를 통해 개발지원을 받는 데 더욱 유리한 여건을 확보할 수 있을 것이다. 정부는 북한이 국제사회와의 관계를 정상화하는 것을 적극 지지하고 지원해야 한다.

국제협력을 효율적으로 추진하기 위해 정부와 국제사회는 북한 개발지원을 위한 국제협력체를 결성하는 방안을 검토할 수 있다. 과거 제네바 합의의 이행을 위해 한반도에너지개발기구(KEDO)를 운영했던 것이 좋은 선례가 된다. 정부는 북한 지원을 위한 국제협력체에서 주도적 역할을 담당함으로써 북한 개발지원을 남북 경제공동체 형성을 위한 주된 계기로 활용해야 할 것이다.

다. 민간경협 활성화 전략

남북경협의 제도적 환경만 제대로 갖춰진다면 민간기업의 대북사업은 특별한 정부 지원 없이도 크게 활성화될 수 있다. 북한의 저렴하고 우수한 인력과 남한의 앞선 기술과 경영 노하우를 결합할 수 있고, 남북 간 지리적 인접성과 언어·문화적 동질성이라는 이점도 활용할 수 있기 때문이다. 이

점에서 북한에 진출할 수 있는 외부의 기업 중에서 남한기업이 가장 유리한 위치에 있다고 할 수 있다.

하지만 남북경협은 경제공동체의 실현을 통한 통일기반 조성이라는 국가적 목표에 기여할 수 있으므로, 정부는 민간기업의 대북사업이 더욱 활성화될 수 있도록 제도적·재정적 지원을 실시하는 것이 바람직하다. 앞에서 검토한 북한 종합개발지원을 실시할 경우, 북한의 전력, 교통, 통신 여건이 크게 개선되고 경제특구나 산업단지 인프라도 갖춰지게 되는데, 이는 모두 민간기업의 사업을 크게 지원하는 효과를 발휘할 수 있다. 개성공단 사업에서처럼 정부가 경제특구 및 산업단지 개발을 총괄 기획, 조정, 관리하는 역할을 맡을 수도 있다. 또한 정부는 제조업만이 아니라 관광, 지하자원 개발, 유통 등 각종 부문에서 민간기업이 대북사업 기회를 확보할 수 있도록 북측 당국과 협의하여 제도적 환경을 구축하는 데 힘쓸 필요가 있다.

정부는 각종 공공 인프라 개발사업이 민간기업의 경협을 실질적으로 지원할 수 있도록 세심한 주의를 기울여야 한다. 즉 남측 기업이 주로 진출할 경제특구 및 산업단지, 지하자원 개발 대상지역에서 우선적으로 전력, 교통, 통신 인프라를 보장할 수 있도록 개발지원계획을 수립해야 할 것이다. 또, 장기적으로 통일경제를 지향하여 한반도 전체의 국토 균형발전을 도모해야 할 것이다.

라. 남북 간 경제제도의 단계적 통합

장기적으로 남과 북은 평화협력 단계와 남북연합 단계를 거쳐 통일국가에 이르는 3단계의 점진적 평화통일을 추진하는 것이 바람직하다. 이 과정에서 남과 북은 남북경협의 규모를 계속 확대할 뿐 아니라 제도적 측면에서 경제통합을 진전시킬 필요가 있다.

평화통일 3단계 중 제1단계인 평화협력 단계에서는 남북 간 교역 및 투자 자유화를 목표로 삼을 수 있다. 남과 북은 경제협력 관련 3통 환경(경협 관계자의 통행, 교역물자의 통관·수송, 경협 관련 통신망 구축)을 크게 개선하여 교역 자유화의 토대를 구축할 수 있다. 또한 남측 기업의 대북한 투자환경을 계속 개선하여 직접투자의 자유화를 실현해야 한다.

제2단계인 남북연합 단계에서는 남북 간의 3통 환경은 더욱 자유화되어 단일한 상품시장이 형성되고 남측 기업의 대북사업도 완전히 자유화된다. 동시에 북한의 금융시스템 개혁을 지원하여 남북한 금융시장 통합도 추진해야 한다. 노동시장 통합 면에서도 상당한 진전이 기대된다. 즉 남북 당국은 양측 주민의 상호 이주에 대한 통제를 점진적으로 완화하고 이주 허용 규모를 대폭 확대할 수 있을 것이다.

제3단계인 통일국가 완성 단계에서는 자유로운 인구이동을 허용하여 노동시장을 전면 통합하고 화폐도 하나로 통합함으로써 하나의 단일한 통일경제를 이루게 된다. 다만 정치적 통일 시점에서 아직 남북 간 소득 격차가 크다면, 당분간 남북 두 지역의 사회복지제도와 재정을 분리 운영하는 방안도 검토할 수 있다. 물론 북한지역 경제개발을 계속 지원해 남북 간 소득 격차를 해소함으로써 가급적 조속한 시일 내에 사회복지제도 및 재정 통합까지 아우르는 완전한 통일경제를 실현해야 한다.

Ⅳ. 교류협력/인도주의

교류협력을 활성화하고 인도주의 문제를 해결하자

1. 남북관계와 교류협력

북한에서 식량난과 경제난이 심화되면서 한국 정부는 1990년대 후반 이후 인도적 차원에서 식량과 비료, 의약품 등을 제공하였다. 그러나 한국 사회 내부에서 대북지원과 관련, '퍼주기'와 '투명성 결여'에 대한 비판이 분출하였다.

최근들어서는 북한의 공세정책과 한국의 강경정책이 상승작용을 일으키면서 남북갈등이 심화되어 2008년 이후 정부 차원의 대북 식량지원은 중단되었고 기타 정부 및 민간 차원의 대북 지원도 대폭 줄어들었다. 특히 5.24조치 이후에는 사회문화교류가 사실상 단절되고 대북 인도적 지원도 큰 폭으로 감소했다.

1990년대 이래 역대 한국 정부들은 '교류협력이 남북관계 개선에 이바지한다'는 공통 인식을 갖고 있었으나 구체적인 정책과 전략 차원에서는 진보정부와 보수 정부의 입장이 각각 달랐다.

남북 인적교류는 양적인 측면에서 보면 1997년 연 방북인원 1,000명 수준에서 2002년 10,000명 수준을 돌파하고, 2006년에는 100,000명 수준을 넘어섰다.(금강산 및 개성 관광객은 제외.) 그 분야도 다양해졌다. 그러나 교류의 질적인 측면에서 보면 몇 가지 문제점을 안고 있다.

첫째, 남북한이 동상이몽 속에서 교류를 추진하였다. 한국은 교류를 확대해나가면 남북관계 발전이 이루어질 것이라는 기대를 가졌다. 반면 북한은 대남 통일전선전술에 기반을 두고 실용적 이득을 찾으려 하였는데, 통일전선전술 효과, 민족공조 선전효과, 경제적 이익이 있는 분야에 집중하는 입장이었다.

둘째, 민간교류가 남북 간 상호 이해를 증대하고 이질성을 완화하는 기능을 수행할 것이라는 기대가 있었으나, 상호 접촉과 이해의 상당한 진전에도 불구하고 남북관계의 현실은 아직도 커다란 괴리를 보이고 있다.

셋째, 종교와 비정부기구(NGO)를 포함한 한국의 시민사회가 주도하는 사회문화교류와 대북 인도적 지원 역시 남북 간의 정치·군사적 관계로부터의 제약을 벗어나지 못하고 있다.

한편, 북한인권 문제와 관련 북한은 국제사회의 문제 제기에 대하여 강력히 거부하고 반발해왔다. 북한인권 문제 제기와 관련 한국 사회 내에서는 보수와 진보 진영 간의 갈등이 발생하였고, 국회에서도 「북한인권법」제정을 두고 여야가 첨예하게 대립하였다. 그러나 한국의 국제적 위상이 제고되고 국제사회에서 인권문제가 보다 중요 사안으로 부상함에 따라서 유엔회원국 북한의 열악한 인권 상황을 계속 등한시 할 수는 없는 상황이다.

2. 교류협력과 인도주의의 원칙

첫째, 남북 교류와 대북 인도지원은 남북 간 소통과 미래의 통일을 준비하는 기반이다.

둘째, 남북 교류와 대북 인도지원에서 정부는 가이드라인을 제공하고 민간 자율에 맡긴다.

셋째, 대북 인도적 지원은 정치안보적 상황에도 불구하고 지속적으로 추진하여야 한다.

넷째, 대북 인도적 지원은 취약계층의 소요파악, 투명성 증대에 입각하여 추진한다.

다섯째, 대북 인도적 지원은 국민적 컨센서스에 입각하여 추진한다.

여섯째, 북한인권 문제는 인권의 보편적 가치 차원에서 접근한다.

3. 비전과 목표

가. 비전

한반도의 평화와 번영, 궁극적인 통일은 결국 남북한 주민이 모두 인간 존엄의 가치를 실현하는 삶을 구현하는 데 있다. 이러한 비전의 달성을 위해서 남북 간 교류협력과 인도주의 및 북한인권문제는 북한 주민의 삶의 질 향상을 통한 남북 행복공동체를 실현하고자 한다.

나. 목표: 북한 주민의 삶의 질 향상과 개방화

첫째, 남북 간 공존과 지속적인 소통을 실현한다.

둘째, 남북한 주민 중심의 교류·접촉의 꾸준히 확대함으로써 북한의 변화 환경을 조성한다.

셋째, 남북 간 지속 가능한 평화의 정착에 기여한다.

넷째, 통일을 지향하여 남북한 통합의 역량을 강화한다.

다섯째, 보편적 인권에 입각하여 북한인권 상황의 실질적인 개선에 기여한다.

4. 협력과 지원의 전략

첫째, 북한 주민의 외부 정보 접근 확산을 위해 접촉을 통한 접근을 강화한다.

둘째, 교류협력의 제 분야별 접근보다는 각 분야가 상호 영향을 주도록 다면적, 포괄적 접근을 추진한다. 남북 간 교류와 개발협력, 북한에 대한 인도지원과 북한인권 개선을 위한 제반 조치들이 상호 연관성을 갖도록 추진한다.

셋째, 대북 인도적 지원은 남북 간 소통의 유지·확대를 위해 남북 정치·군사적 관계에 덜 민감한 분야에서부터 타 분야로 확산시켜 나간다.

넷째, 교류와 대북 인도적 지원은 '선(先) 북한 변화, 후(後) 교류 지원'이 아니라 교류 및 대북 지원과정을 통해 북한의 변화를 유발하도록 추진한다.

다섯째, 교류과정에서 북한의 통일전선전술 차원의 접근이 점차 차단되도록 교류와 대북 인도적 지원의 가이드라인을 마련하여 이행되도록 한다. 이를 위해서는 국제사회의 인도적 지원과 관련한 기본원칙과 표준화된 절차를 원용할 수 있을 것이다.

여섯째, 교류협력과 인도적 지원은 정경분리, 안보는 정경연계라는 이분법적 접근보다는 교류협력과 인도적 지원, 안보가 서로 상승작용을 일르키도록 하는 정경협력의 개념으로 교류협력과 대북 인도적 지원을 추진한다.

일곱째, 북한인권 상황의 개선은 보편적 인권문제로서 접근하는 원칙위에서 북한 주민의 일상생활과 결부되는 실제적(practical) 해결 방식으로 추진한다. 국제사회의 보편적 인권개선을 위한 '권리에 기반한 접근(right based approach)'을 활용한다.

5. 정책 현안과 대책

가. 남북 교류와 대북 인도적 지원의 재개

남북 간 교류는 지속 가능한 남북관계를 만드는 수단이며 그 자체가 목적은 아니다. 따라서 교류는 남북 간 소통의 채널을 안정적으로 유지시켜 주는 수단으로써 적극적으로 활용될 필요가 있다. 남북 간 소통의 유지·확대는 긴장 발생 시 문제 해결의 창구를 제공하기 때문이다.

대북 인도적 지원은 보편적 인권의 관점에서 북한 주민의 열악한 인권 상황의 개선에 기여할 수 있다. 교류와 대북 인도적 지원은 가급적 단절되지 않고 지속성을 유지하는 것이 필요하며, 따라서 2013년 2월 한국의 새 정부가 출범하면 당국 간 대화를 거쳐 남북교류와 대북 인도적 지원을 재개하도록 한다. 북한의 식량사정에 따라서는 당국 간 대화의 수단으로써 정부 차원의 대북 인도적 지원 재개 문제를 제기할 수 있을 것이다.

남북 당국 간 대화 재개 시, ①대북 인도적 지원, 국군포로·납북자 및 이산가족 상봉문제 등 인도주의 문제, ②금강산관광, 개성관광 등 남북관광의 재개 문제, ③남북 사회문화교류·협력의 재개 등 당면 현안들의 포괄적 해결 방안을 추진한다.

남북 간 사회문화교류·협력은 북한의 일방적인 선택 및 수용 방식에 따르기보다는 남북 간 상호성의 교류가 발전되고 남남갈등 유발이 가급적 예방될 수 있도록 추진한다. 이를 위해 민관협력을 통해 남북 상호교류에 대한 정부의 가이드라인을 마련하며, 교육·역사·문학·예술·체육·과학·기술·언론·방송·출판·대중문화 등 모든 분야에서 남한의 교류·협력 추진 단체들이 이데올로기에 편향되지 않도록 협력·지원한다.

투명성이 확보되면 인도적 지원은 인류 보편애와 인도주의 정신에 입각하여, 식량을 기준으로 적어도 연 10만톤에서 20만톤 규모로 안정적으로 지속될 필요가 있다. 특히 북한 내 취약계층에 대한 체계적인 파악을 통해 필요한 지원을 지속적으로 추진하도록 한다.

나. 인도적 지원과 개발협력 추진

북한주민의 생활수준 향상과 인적자원 보호를 위해 인도적 지원이 필요하다는 점에 대해서는 국민적 공감대가 존재한다고 할 수 있다. 하지만 지원물자가 취약계층을 위해 사용되기보다는 다른 용도로 전용될 가능성도 있으므로 세심한 주의가 필요하다.

향후 대규모 인도적 지원을 재개할 경우 과거보다 더 엄격한 모니터링 조건을 관철시켜 분배의 투명성을 확보하려는 노력이 필요하다. 북측이 엄격한 모니터링 조건을 수용하지 않으려 할 경우 지원물자의 전용 가능성을 낮출 수 있는 기술적 방안들을 검토할 필요가 있다. 국제규범에 따라 더 엄격한 모니터링을 실시하는 국제기구를 통해 간접적으로 지원하는 방안, 영유아 및 아동용 영양식 등 전용가능성이 낮은 식품을 중점 지원하는 방안, 지원식량을 식량생산 부족지역(함경도, 자강도, 양강도 등)으로 직접 수송하는 방안 등이다. 또한 향후 식량지원은 차관이 아닌 무상지원으로 실시하는 것이 바람직하다. 인도적 지원은 무상지원으로 실시하는 것이 국제규범에 맞으며, 차관 형식을 취할 경우 북측이 분배 투명성을 거부할 수 있는 명분을 얻게 되기 때문이다.

나아가서, 기존의 단순 물자 전달 중심의 인도적 지원에서 벗어나 인도적 목적에 부합하는 농업, 환경, 보건의료, 교육 등의 부문에서 본격적 개발협력 사업을 추진할 필요가 있다. 개발협력은 남북 양측 관계자들이 함께 참여하는 공동사업으로서 인적 교류 효과도 크다. 이미 지난 10여 년 동안 국내외 민간단체 및 국제기구 등에서 대북 개발협력을 위해 노력해 왔으나 아직까지는 초보적 사업밖에 진행하지 못했으며, 최근 남북관계 악화로 그마저도 거의 중단된 상태이다. 앞으로 여건이 조성되는 대로, 민간단체 및 국제기구의 개발협력 사업을 지원함과 아울러 정부 차원의 사업도 적극 추진하는 것이 바람직하다.

다. 남북 교류 및 대북 지원 자금의 전용문제

남북 교류와 대북 인도적 지원에서 현금 또는 현금성 지원은 전용의 문제를 발생시킨다. 다양한 분야에 걸친 교류·협력과 대북 지원에서 현금 및 현금성 지원을 중단하고, 현물 지원 또는 재화 및 서비스구매권(바우처) 방식을 활용한다. 민간 차원에서 북한과 교류를 시작할 때 북측이 요구하는 '진입 비용'도 현금은 배제한다.

라. 남북관광 재개문제

금강산관광, 개성관광 등 남북관광 재개문제는 당국 간 대화의 재개와 연동하여 관광을 재개한다. 재개 이후 안정적이며 지속적인 관광이 되도록 적극 노력한다.

마. 대북 지원의 투명성 제고 문제

국제기구 및 국제사회가 대북 인도적 지원 시 요구하고 북한이 수용하는 수준의 투명성 기준을 한국의 대북 지원에서도 적용하도록 한다. 대북 지원에서는 현금 지원은 배제한다.

민간단체의 지원에 대해 정부의 일방적인 지침이 아니라 민관 및 남북협력을 통해 대북 지원 및 북한 내 분배지침을 마련한다.

바. 국군포로 · 이산가족 · 납북자 문제

국군포로·이산가족·납북자 문제는 인도주의 사안 중에서도 시급하게 해결해야 할 과제로서 추진한다.

국군포로와 납북자 문제는 북측과의 송환협상을 추진한다. 국군포로와 납북자의 송환은 북한정부의 체면을 고려하여 비공개리에 추진하도록 한다. 남한정부가 직접 나서기보다는 대리기구를 내세워 북한정부와 교섭하는 것도 한 방법이다. 이 때 서독의 동독정치범 석방 거래방식이었던 프라이카우프(freikauf)를 원용하여 현물을 제공한다.

이와 함께 북한의 정치범들의 석방사업도 동시에 추진하며 그 대가로는 현물을 제공한다. 북한에 제공하는 경제적 대가는 현금을 지불하기보다 북한이 원하는 물품 또는 북한 경제 회복에 이익을 줄 수 있는 차관, 통신·통행료 등 우회적인 방식을 활용한다.

이산가족문제는 이산가족의 상시적 상봉 및 면회, 고향방문 행사, 상호방문 및 왕래를 추진한다. 금강산 이산가족면회소의 상시 가동, 이산가족 고향방문 행사, 이산가족문제 해결을 위한 상설 적십자회담 개최, 이산가족의 방문 및 왕래의 제도화 등을 추진한다. 북측의 호응을 유도하기 위해 각 사안에 상응하는 물적 지원을 제공한다.

사. 북한인권 상황 개선 문제

북한인권 문제는 인류 보편적 가치의 실현과 통일의 미래상 관점에서 접근해야 할 것이다. 물론 한반도의 궁극적인 평화와 통일을 위해서는 북한 인권 상황에 대한 개선의지를 지속적으로 표명하면서 이를 실현하기 위한 기본입장을 정립하는 것이 중요하다.

북한인권문제는 남한에서 남남갈등과 진보-보수 역전 의제의 핵심요체로서 북한인권개선은 남북을 넘어 인류 보편의 과제이기도 하다. 우리는 남북 신뢰구축, 경제협력, 인도적 지원의 3중 접근을 강조하고자한다. 당국간 신뢰 구축을 전제로 인권문제는 이산가족 문제를 포함해 당국 간에도 신중하고 조용하나 꼭 다루어지지 않으면 안된다. 이 때 내정불간섭의 원칙과 인권문제의 과잉정치화 방지를 견지하면서도 남북관계 특수성과 국제 인권가치의 보편성을 결합하려 노력해야한다. 그러나 남북기본조약과 남북공동체 통일방안의 기본정신에 비추어 북한인권문제는 국제보편적 기준의 상호 준수와 적용노력이 더욱 중요하다.

보편주의 관점에서 남한 인권문제를 제기하다 상황주의 관점에서 북한 인권문제에 갑자기 침묵하는 남한진보와, 상황주의 관점에서 남한인권문제는 외면하다가 보편주의 관점에서 북한인권문제는 갑자기 목소리를 높이는 남한보수는 각각 보편주의와 상황주의의 교차 결합을 통해 이 문제에 접근하지 않으면 안된다.

보편적 가치로서 북한인권 상황을 개선하기 위해 개발지원, 기업 활동 등에 인권가치를 포함시킨다. 개발지원에서는 북한 주민의 참여, 북한 내 법치 지원 등을 포함시켜 거시적인 인권개선에 기여한다. 대북 기업 활동 및 통상에 있어서도 투명성 및 민주적 절차 등 인권요소를 반영하도록 한다. 또한 환경, 여성, 아동, 보건의료 등 특정 사안의 개선을 지원하는 과정에서 북한주민의 인권 상황을 개선시킬 수 있다.

사회문화교류, 대북 지원의 과정에서도 인권개선 조치를 적용하도록 한다. 대북 긴급구호 및 취약계층 지원에서 인도주의 원칙을 강화하고, 대북

개발지원에서 북한주민의 참여 확대, 성차별 시정 등 인권 상황 개선을 위한 구체적 조치를 요구한다.

경제협력 과정에서도 인권요소를 고려하여 접근할 수 있다. 즉 경제지원 제공 시 궁극적인 인권개선에 기여할 수 있는 제도개선 조치를 수반한다. 서독의 경우 대 동독 지원 시 인적·통신교류의 확대, 내독 간 국경에서의 수속절차 완화, 환경, 문화협정 회담 재개 등의 조건을 동독에 요구하여 관철시켰다. 경제협력을 추진하는 과정에서 유엔 등 국제사회가 권유하는 인권요소를 반영하도록 한다.

아. 북한이탈주민 대책

북한이탈주민문제는 기본적으로 인권 및 인도주의 차원에서 접근한다. 한국정부는 1996년 「북한이탈주민의 보호 및 정착지원에 관한 법률」과 시행령의 제정 이후, 북한이탈주민 지원을 체계적으로 시행하고 있으나, 하나원을 통한 한국사회 적응 교육과 하나원 출소 이후 정착 지원은 한계가 있다. 3개월 정도의 하나원 교육으로 한국사회에 쉽게 적응하기 어려우며, 정착금 지급 방식의 지원은 향후 재정부담 문제가 발생할 수 있다.

북한이탈주민에 대해 현재수준의 정착금이 계속 지원된다면, 향후 탈북자 급증이 초래할 재정부담은 말할 것도 없고, 이에 대해 한국 사회 내 빈곤계층의 반발을 초래할 수 있다. 일정액수의 정착금 지급 방식 대신 한국의 사회보장 수준에 적합한 실업수당을 지급하는 형태로 전환하고, 직업알선 및 사업자금의 장기 저리 융자 등의 방식을 통해 경제적 적응압력을 높이는 것이 필요하다.

사회동화 및 적응프로그램과 관련, 현 수준에서는 집단수용의 강제교육은 가능하나, 탈북자 수가 급증할 경우 현재의 방식은 한계를 가지게 된다. 따라서 향후 지방자치단체 및 시민단체들의 협조를 바탕으로 다양한 프로그램을 개발하여, 강제성보다 자발성을 유도하는 교육으로 점차 전환시키는 것을 고려해야 한다. 이 경우, 중앙정부는 다양한 교육기관에 대한 인적·물적 지원 및 체계적 관리·감독의 역할만을 수행하고, 프로그램의 실질적 운영은 유관기관에 위임한다.

한편, 북한을 이탈하는 주민이 제3국으로 가기를 원하는 경우, 대한민국 헌법에 보장된 거주·이전의 자유 보장의 관점에서 처리한다.

자. 법적, 제도적 보완조치: 통일부의 교류협력, 대북 인도지원 및 인권 분야 조직 확대

19대 국회에서는 그동안 논의되었던 북한인권 관련 정책을 여야 합의로 채택하도록 한다. 북한주민들의 삶의 질 향상을 위해 자유권 뿐만 아니라 아동권, 여성권, 사회권, 식량권, 교육권 등 다른 권리도 같이 향상되도록 촉구하는 동시에 지원한다. 동시에 북한인권 문제를 두고 우리 사회 내에서 과잉 정치화를 방지한다.

또한 통일부 내에 대북 인도지원 및 인권 분야 조직을 복원·확대 개편하여 인도지원국(또는 인도협력국)을 설치한다. 교류협력이 확대될수록 통일부는 교류 및 인도지원 및 인권 분야 정책의 조정 역할을 담당하는 중추역할을 수행해야 할 것이다.

차. 교류 및 대북 지원과 관련 국내적 합의 기반 조성

그동안 남북 교류 및 대북 지원과 관련한 남남갈등은 대북정책에 부정적 영향을 미쳤다. 향후 한국 정부는 남북 교류 및 대북 지원 문제에 있어서 국민합의체계를 마련하는 데 각별히 유의해야 한다.

무엇보다도 대북 인도적 지원은 남북 간 정치안보적 갈등 상황에도 불구하고 지속적으로 추진되어야 한다. 이것은 통일 미래를 준비하기 위한 것이고, 남북한 교류와 소통채널을 상시적으로 유지하기 위한 목적을 갖고 있다.

한국은 1인당 국민소득 20,000달러 이상이면서 인구 5천만 명이 넘는 세계 7번째의 국가가 되었다. G20 정상회담을 개최했으며 제2차 핵안보정상회의도 개최했다. 한국은 이와 같은 증대된 국격에 부응하는 대북 인도적 지원 및 인도주의를 실천해야 한다. 또 국가정책에서 인권을 주요 가치로 설정하고 대북·통일정책에서도 이를 존중해야 한다. 이는 한국의 대북·통일정책에 대한 국제사회의 신뢰를 획득하는 길이다.

V. 통일

'남북공동체 통일'을 실현하자

1. '평화협력'-'남북연합'-'통일국가'

탈냉전 시대의 세계유일의 분단국가로서 남과 북은 우리 삶의 궁극적 평안을 위해 통일을 향한 과업을 결코 포기할 수 없다. 분단은 적대의 뿌리이며 불안의 근원이기 때문이다. 더욱이 누천년을 지속한 장구한 단일민족국가의 역사에 비한다면 남북분단과 적대 시기는 극히 짧은 기간에 불과할 뿐이다. 오늘의 세계화, 탈냉전의 시기에 유일분단국가로서의 남북 적대상황을 목도하며 우리는 통일을 향한 열정과 고뇌, 지혜와 비전을 다시 한번 새롭게 가다듬고 불러일으켜야할 각오를 다지게 된다.

우리가 추구하는 통일은 적화통일과 흡수통일 모두 대안이 될 수 없다고 본다. 또 6.25전쟁의 비극을 체험한 민족으로서 무력통일 역시 전연 고려의 대상이 아니다. 우리는 점진통일, 민주통일, 평화통일, 국제협력통일이 바람직한 경로라고 본다.

무엇보다도 통일은 목표인 동시에 과정이어야 한다. 목표인 동시에 과정으로서의 통일 개념은, 특정의 통일 상태를 설정하는 단절적 통일 개념과는 달리, 여러 단계와 절차를 통해 점진적으로 통일에 도달할 수 있다는 연속적 누적적 통일 접근을 말한다.

즉 남한의 내부통합과 북한의 국제사회 진입, 경제회복, 체제변화에 근거한 상호 변화가 과정으로서의 통일을 촉진할 것으로 본다. 그리고 통일과정의 누적을 통해 통일목표를 성취할 수 있을 것으로 본다. 말을 바꾸면 통일과정은 여러 단계의 사실상의 통일로 이루어진다고 할 수 있다. 그러나 한반도 문제의 급변사태에 대한 대비 역시 필수적이다.

통일체제는 사실상의 통일이 법적 제도적 통일로 비약하는 것이라고 할 수 있다. 한반도 통일체제는 정의, 인권, 자유, 평등, 복지, 평화의 보편가치가 구현되는 세계의 모범 국가여야 한다. 우리는 초기에는 남북연합을 통해 이에 도달할 수 있다고 본다. 남북연합은 경제, 문화, 언어, 노동, 교육, 보건, 군사, 국제관계, 지방자치, 환경 … 등의 여러 차원에서의 부분체제(partial regime)로서 이러한 부분체제들의 총합이 보편가치에 바탕한 궁극적인 통일체제를 이룰 수 있을 것이다.

궁극적으로 우리가 원하는 통일국가는 남북한의 모든 구성원이 자유롭고 풍요로우며 인간다운 삶을 공유하는 하나의 공동체 국가이다. 통일 방안과 관련, 남한은 「민족공동체 통일방안」을, 북한은「고려민주연방공화국 창립방안」을 각각 제시해왔다.

탈냉전 이후 남북한 각각의 민주주의, 국력, 경제상황, 국제관계의 심대한 변모와 국제환경의 근본적 변화를 감안하여 새로운 통일방안이 제시될 필요가 절실하다. 특히 남북기본조약 추진 정신에 입각하며 기존의 [민족공동체] 통일정신과 방안을 안고 또 뛰어넘는 [남북공동체] 통일원칙과 방략을 제안하고자한다. 그러나 남북공동체 통일방안은 민족공동체 통일방안의 기본정신을 이어받는 동시에, 남북기본합의서의 근본원칙과 병행하고 있다.

나아가 '남북공동체' 구상은 두 세대를 경과하고 있는 분단현실을 인정하면서 '민족공동체' 구상이 갖고 있는 특수주의적 정의적 동포적 접근을 넘어 보편주의적 합리적 객관적 접근을 추구한다. 동시에 남북공동체 통일방안은 기성세대의 통일당위론과 청소년세대의 통일무관심 사이의 미래지향적이며 중용적인 세대타협의 모색이기도 하다. 특별히 후자의 현실을 고려할 때 남북공동체 통일방안은 현 시점에서 가장 적극적인 통일구상이다.

남북공동체 통일방안은 남과 북의 국가성·독립성·주권성에 주목하여 상호 실체를 인정한 전제 위에 출발한다. 통일의 전제는 분단과 상호 실체의 분명한 인정이기 때문이다. 즉 상호 실체의 인정이야말로 통일걸음의 제일보라고 할 수 있다.

북한은 기본적으로 안보·평화의 대상이자 협력·통일의 대상이다. 이러한 이중성이 대북정책의 난점을 유발하는 근본 요인인 동시에 선택의 가능공간이기도 하다. 문제는 이 이중성의 어느 하나만을 양자택일해서는 올바른 통일정책이 가능하지 않다는 점이다. 즉 전쟁을 경험한 상대를 앞에 두고 안보를 소홀히 하는 평화·협력 정책은 불가능하며, 궁극적인 평화·통일을 추구할 대상과 현실적 공존·협력을 배제해서도 결코 안 된다. 남북공동체 통일방안을 둘을 통합한 하나의 대안일 수 있을 것이다.

2. 「남북공동체 통일방안」의 비전과 목표

「남북공동체 통일방안」은 인류의 보편적 가치인 자유, 민주, 복지, 평등, 평화의 통일원칙을 추구한다.

「남북공동체 통일방안」의 궁극적 비전은 모든 구성원들의 인간적 존엄성이 보장되는 공동체의 구현이다. 통일국가는 인간의 존엄성과 자유가 최대한 구현되며 남북한 주민 모두의 삶의 질이 향상되는 복지국가, 행복공동체를 지향한다.

남북공동체 통일방안이 추구하는 목표지향은 아래와 같다.

첫째, 인권과 자유, 평등과 정의가 보장되는 질높은 민주주의를 실현한다.

둘째, 시장경제를 바탕으로 경쟁과 형평이 결합된 복지체제를 구현한다. 남북통일과 사회통합을 동시에 추구하는 것이다.

셋째, 비핵·평화의 한반도 실현으로 동북아와 국제사회의 안정과 평화에 기여한다.

넷째, 인간과 자연이 조화된 녹색성장을 통해 생태친화, 생명친화적인 사회를 구현한다.

다섯째, 창조적이며 개방적인 문화와 소프트파워를 선도한다.

3. 「남북공동체 통일방안」의 기본 방향

남한과 국제사회의 입장에서는 북한체제의 개혁개방과 남북 교류·협력, 신뢰구축·군비통제, 국제협력에 바탕한 점진적 통일이 최선의 방안이다.

「남북공동체통일방안」은 남북관계의 발전과 북한의 점진적 변화·발전의 토대 위에서 아래와 같은 남북관계의 중·장기적 발전 및 통일에 이르는 과정과 경로를 제안하고자한다.

평화협력
(남북기본조약) ⇒ 남북연합
(남북연합헌장) ⇒ 통일국가
(통일헌법)

3대 권력세습, 만성적 경제난, 핵보유국 선언이 중첩된 상황에서도 북한 체제의 연착륙을 바탕으로 남북 평화공존과 공동번영을 추구하는 예측가능하고 안정적인 통일 프로세스를 설정하여 적극적으로 추진해야하기 때문이다.

남북공동체 통일방안은 3단계를 거쳐 추진된다.

제1단계는 평화·협력 단계이다. 이 단계에서는 남북 교류·협력을 활성화하여 남북관계를 발전시키며 동시에 북한의 안정적 변화여건을 조성한다. 그리고 남북 간 신뢰를 조성하면서 평화체제 구축을 추진함으로써 적극적 평화를 구현한다.

제2단계는 남북연합 단계이다. 이 단계에서는 평화체제 구축을 바탕으로 남북연합기구를 구성·가동하고 경제공동체와 사회공동체를 형성·발전시킴으로써 남북공동생활권을 구현한다.

제3 단계는 법적·제도적 통일 과정으로서 완성된 통일국가를 말한다.

이러한 단계적 통일은 북한의 체제변화 및 역량 성숙을 통해 급격한 통일로 인한 혼란과 비용을 최소화하고, 통일국가의 미래 성장 동력 기반을 확충하는데 도움을 줄 것이다.

4. 「남북공동체 통일방안」의 추진 전략

가. 평화 · 협력 단계

평화·협력단계의 목표는 남북 간 평화공존과 공영이다. 평화·협력단계의 이행은 남북관계의 안정적 발전 ⇒ 평화 증진 및 협력의 가속화 ⇒ 평화체제 구축의 단계적 과정을 통해 구현한다.

주요 실천과제로서는 남북관계의 안정적 발전을 위해 남북대화와 교류협력의 다양화·활성화, 초보적 군사적 신뢰구축, 인도문제 해결, 북한의 개혁·개방 추진, 한반도 평화협정 논의, 남북기본조약 체결, 남북 상주대표부 설치 등이다. 또 북핵문제의 해결 방향에 합의하고 기존합의를 준수·이행하는 것이다.

이 과정이 성숙되면 남북 간 평화가 증진되고 협력이 가속화될 수 있을 것이다. 남북 간에는 평화체제의 포괄적 틀에 합의하고, 남북대화 및 협력이 일상화·제도화되며, 남북 간 군사적 신뢰구축이 본격적으로 진행될 수 있을 것이다. 북한은 미국 및 일본과 관계개선을 진전시키며 국제사회의 합리적 일원으로 진입하게 될 것이다. 북핵 문제는 핵폐기가 이행되고 검증이 실시된다.

이후 남북 간에는 평화협정이 체결되고, 국제사회가 이를 지지·보장한다. 남북 간에는 공동시장이 형성되고, 북한은 미국 및 일본과 국교를 정상화한다. 북핵 문제는 완전히 해결되어 한반도 비핵화가 완성되며, 북한은 개혁·개방의 본격화를 통해 체제의 전환과정에 진입하게 된다.

이 단계에서는 남북정상회담 및 고위급 회담을 정례화하여 각종위원회의 진행을 촉진한다. 이를 통해 남북 간 평화협정이 체결되는 단계에 이르면, 남북정상회담을 통해 '남북연합헌장'을 채택한다. '남북연합헌장'은 남북연합을 위한 정치기구 구성, 남북사회·경제 공동체 형성, 군비통제·군축 및 검증에 관한 기본원칙을 확정한다. '남북연합헌장'의 발효와 동시에 한반도는 남북연합 단계로 진입하며, 남북관계의 제도적 발전을 이룩하게 된다. 즉 남북기본조약, 한반도평화협정, 남북연합헌장의 3단계를 거치는 것이다.

나. 남북연합 단계

남북연합 단계의 목표는 남북공동체를 실현함으로써 사실상의 통일 상태를 달성하는 것이다. 남북연합 단계의 이행은 연합체제 형성 ⇒ 경제·사회공동체 실현 ⇒ 제도통일(정치공동체) 준비의 단계로 구현된다.

평화·협력 단계가 남북연합 단계로 발전하기 위해서는 남북한 국내환경, 남북관계, 국제환경의 다양한 차원에서 여건조성이 필수적이다. 3통(통행·통상·통신)협정 및 한반도 평화협정의 체결을 통해 남북관계의 제도적 틀이 마련될 것이다. 특히 남북 차원에서는 「남북기본조약」의 전면적인 이행체제를 실현한다.

남북연합 단계에서의 주요 실천과제로는, 남북연합기구의 구성과 운영, 한반도 평화협정 및 국제보장체제의 가동, 단계적 군축의 추진을 통해 남북연합 체제를 정착시키는 것이다. 또한 남북 간 경제공동체와 사회공동체를 실현함으로써 하나의 생활권과 공동시장을 운영하고, 이를 기반으로 제도 통일을 준비한다.

다. 통일국가 완성 단계

남북연합 단계가 성숙하면 남북 간에 법적·제도적 통일로 이행될 수 있을 것이다. 남북 간 합의로 통일헌법을 만들고, 이에 기반하여 통일정부와 통일국회를 구성한다. 정치, 군사, 경제, 사회, 교육, 문화 등 각 부문별 조직과 제도를 통합하여 통일국가의 체제를 정비한다. 다만, 통일국가의 정부형태는 국민의 선택으로 결정할 수 있을 것이다.

5. 통일외교와 평화중견국가 전략

한반도의 통일문제는 국제협력을 배제하고는 달성될 수 없다. 따라서 긴밀한 국제협력을 향한 통일외교는 핵심적인 통일정책의 요소가 아닐 수 없다. 통일외교는 넓게는 평화외교의 연장이며, 작게는 국제차원의 통일과정과 단계를 의미한다. 즉 한반도문제의 국제접근, 국제적 통일 환경의 조성이 통일외교의 다른 이름인 것이다. 통일외교를 소홀히 하여 통일환경의 조성에 실패해선 안되며, 무엇보다도 결정적인 통일국면에 주체적인 역량을 최대한 발휘하기 위해서라도 역설적으로 정교한 통일외교는 매우 중요하다. 국제협력은 자주통일의 지름길인 것이다.

이러한 통일외교는 이제 중견국가에 도달한 한국의 국력을 고려하여 과거의 약소국가 패러다임을 뛰어넘는 새로운 자기인식과 국제관계 패러다임에서 출발해야할 것이다. 우리의 그동안의 급속한 국가발전은 올바른 국제전략과 국제협력의 산물이었음은 재론을 요하지 않는다. 동시에 현금의 국가전략은 한반도의 궁극적인 통일과 평화정착을 위해서는 여전히 부족하다고 사료된다. 특별히 기존의 이념중심, 적대중심의 전략은 세계경제와 무역규모 10위권의 국가로서는 국격에 걸맞다고 할 수 없다.

우리는 이제 미래 통일국가를 꿈꾸고, 또 지금의 바른 자기 인식을 위해 평화중견국가 국제전략을 제안하고자 한다. 여기에는 중견국가와 약소국가로 차별화된 남북국력의 차이도 중요한 요소가 된다. 동시에 적정안보를 통해 남한 안보를 튼튼히 하고 한반도 안정을 관리하면서도, 미중일러 강대국들의 군비경쟁에 휘말리지 않을 중용의 지혜이기도 하다.

평화중견국가 국제전략은 기본적으로 한미동맹과 한중협력, 즉 연미화중(聯美和中)을 골간으로 삼아야한다고 본다. 한미동맹을 위해 한중협력을 소홀히 해서는 안 되며, 반대로 한중협력 때문에 한미동맹이 손상되어서도 안 된다. 한반도 문제의 궁극적 해결을 위해 두 요소를 우리는 겸장의 지혜로서 통일한국의 도래를 위해 함께 활용해야하는 하는 것이다. 나아가 한중협력과 한일협력 역시 양자택일이 아니라 균형외교를 통해 한반도 문제해결과 지역평화에 동시에 기여할 수 있을 것으로 본다.

여기에 더해 평화중견국가전략은 동북아 다자안보협력, 공동안보구상을 주도하여 오랫동안 동북아의 갈등요충이었던 한반도를 평화발신지로 변모시키려는 의욕을 담는다. 그리하여 한반도는 평화중견국가로 역할하여 전쟁과 갈등의 뿌리로서의 오명을 벗어버리고 세계와 동북아 영구평화를 향한 평화중심지요 출발점으로 도약하는 것이다.

이 전략은 지정학적 요인은 물론 분단국가 및 중견국가 요인을 고려한 남한의 거시적인 국가비전과 통일전략 및 통일 이후 구상에 두루 걸 맞는 것이다.

나아가 평화중견국가전략은 우리의 국가이익을 수호하면서 남북관계의 개선과 평화통일의 기반을 만들어가는 새로운 패러다임일 뿐만 아니라 적극적인 평화협력외교를 통해 평화국가로서의 새로운 국가상을 창출하여 국제무대에서 우리의 국가품격을 높이는 새롭고도 혁신적인 비전이기도 하다.

한반도포럼 리포트 2013 참가자

백영철(건국대 명예교수), 권만학(경희대 교수), 권영경(통일교육원 교수),김병로(서울대학교 통일평화연구원 교수), 김석진(산업연구원 연구위원), 김석향(이화여대 교수), 김영훈(농촌경제연구원 선임연구위원), 김수암(통일연구원 선임연구위원), 김학성(충남대 교수), 고윤희(중앙일보 통일문화연구소장), 문정인(연세대 교수), 박명림(연세대 교수), 박영호(통일연구원 선임연구위원), 안병민(한국교통연구원 연구위원), 안희창 (중앙일보 전문위원), 양문수(북한대학원대학교 교수), 오승렬(한국외대 교수), 유호열(고려대 교수), 윤덕민(국립외교원 교수), 윤영관(서울대 교수), 이금순(통일연구원 선임연구위원), 이우영(북한대학원대학교 교수), 이정철(숭실대 교수), 인요한(연세대 교수), 임혁백(고려대 교수), 장달중(서울대 교수), 전봉근(국립외교원 교수), 조동호(이화여대 교수), 조성렬(국가안보전략연구소 책임연구위원), 최진욱(통일연구원 선임연구위원), 하영선(서울대 교수), 한용섭(국방대 교수), 한인택(제주평화연구원 연구위원)

한반도포럼 리포트 2013 집필위원

백영철 (건국대 명예교수), 권만학 (경희대 교수), 김석진 (산업연구원 연구위원), 문정인 (연세대 교수), 박명림 (연세대 교수), 박영호 (통일연구원 선임연구위원), 안희창 (중앙일보 전문위원), 유호열 (고려대 교수), 이정철 (숭실대 교수), 임혁백 (고려대 교수), 전봉근 (국립외교원 교수), 조동호 (이화여대 교수), 조성렬 (국가안보전략연구소 책임연구위원), 최진욱 (통일연구원 선임연구위원)

2부

한반도 대전환:
어디로 갈 것인가?

한 반 도 평 화 와 통 일

〈제1주제〉 G-2 시대의 국제전략 – 친미와 친중 이분법을 넘어

중국의 부상과 한국의 대응 전략 / 권만학

'G-2'시대 한국의 외교전략 / 김재철

〈제2주제〉 북한은 어디로? – 북한의 미래와 한반도

북한은 어디로? - 북한 경제의 상황 평가와 미래 전망 / 조동호

북한은 어디로? - 세습, 핵, 빈곤, 폐쇄의 4중 악순환을 넘어 / 박명림

〈제3주제〉 한국의 남북관계 비전과 전략 – 보수와 진보의 통합적 대북전략은 무엇인가?

한반도 평화와 통일을 위한 대북정책의 제안 / 백영철

1주제

G-2 시대의 국제전략
- 친미와 친중 이분법을 넘어

◈

중국의 부상과 한국의 대응 전략

권만학 경희대

◈

요약

중국은 명실공히 경제적으로나 군사적으로 세계 2대국이 되었으며 초대국을 향하여 나아가고 있다. 이러한 중국의 대국 부상은 세기적인 현상이며, 일견 세기적 대전환이기도 하다.

이렇게 부상한 중국은 패권주의 대국화가 되기에 객관적 환경과 주관적 여건을 결여하고 있어 그 가능성이 희박하다. 하지만 중국의 대국화로 형성되는 동북아 국제정치는 1세기 전 동북아와 상당히 다르다. 19세기에는 강대국들이 식민지 획득을 위한 제국주의를 목표로 하였으며, 강대국 사이에는 세력균형 정치(balance of power politics)를, 강대국이 약소국에 대해서는 세력정치(power politics)를 수단으로 사용하였다. 21세기 세계는, 그러나, 국제 평화와 자유무역을 통한 번영의 규범이 제도로 확립되었으며, 이러한 규범을 확고히 수호할 용의가 있는 미국, EU, 일본 등의 능력은 설령 중국이 수정주의 정책을 펴더라도 이를 압도할 수 있는 수준이다.

중국은 또한 강대국 부상에 있어 국내적으로 사회주의가 아니라 시장경제 방식으로, 대외적으로 보호무역주의가 아니라 자유무역주의 방식을 통함으로써 강대국화를 계속하려면 이 방식을 유지해야 할 것이다. 국제정치적으로도 중국의 대국화는 패권국에 의해 봉쇄된 것이 아니라 점진적으로 유도됨으로써 중국도 기존 국제질서를 폭력적으로 수정할 동인을 가지고 있지 않다. 주체적으로도 중국은 경제 성장과 함께 자유 민주주의로 이행할 것이다. 그렇게 되면, 민주평화론이 주장하듯이, 평화적 대외정책을 스스로 펼치게 될 것이다. 그러나 중장기적으로 중국이 평화주의로 나아갈 전망에도 불구하고 개도국이며 권위주의 체제인 중국이 중단기적으로는 현실주의 정책과 자유주의 정책이 나선형적으로 진화될 가능성이 크다. 이러한 맥락에서 한국의 대응은 모색되어져야 한다.

21세기 한국이 경제, 정치에 이어 국제정치적 기적을 만들려면 평화의 횃불을 들어야 하는데, 이는 당위적이고 또한 실현가능한 범위 안에 있다. 한국이 4강에 둘러싸인 동북아에서 평화주의를 선도해야 하는 것은 지정학적 운명이다. 중국에 대하여, 한국의 대응은 중국의 평화주의를 촉진하고, 현실주의를 억제하는 방향이 되어야 한다. 중국의 현실주의에 대비하여 한국은 한미동맹이라는 안보 보험을 당분간 유지해야 한다. 한미동맹은 중국과 북한의 불확실성과 위협성이 해소되면서 비례적으로 조절되어야 할 것이다. 주한미군의 타이완 분쟁 투입 여부, 주한미군의 북한 급변사태시 북진 여부 등은 모두 민감한 사안들로서 중국과 사전 협상, 타협되어질 필요가 있다. 기본적으로는 한국 입장에서는 대북정책과 한미 대응이 가지는 대중국 함의에 유의하여, 한미동맹을 유지하면서도, 중국에 불안을 주지 않고, 최대한 공동이익을 증진시켜 나가는 정책을 추진하는 것이 바람직할 것이다.

북중관계는 과거 이념과 안보로 맺어진 혈맹보다 약화된 안보 유대로 연결되어 있다. 여기에 한중관계가 급증진되어 북중관계는 상대적으로 격하되었다. 그럼에도 불구하고, 한국의 대북정책은 필연적으로 중국의 대한반도 정책에 영향을 미친다. 중국은 친중 북한 정권 유지를 원하지만, 북핵이 한국 일본 등의 핵도미노를 가져올 경우 북한 정권 교체를 시도할 가능성이 크다. 이렇게 보면, 북한이 핵포기와 국제 지원을 교환하여 핵문제를 타결할 가능성이 크다. 또한 북한이 개혁개방을 시도할 가능성은 열려 있지만, 남한과의 자유 교류와 협력은 어려울 것이다. 이러한 맥락에서, 한국이 북한 정권을 위협하여 다시 북한이 한국 안보를 위협하고 중국을 적대 방향으로 돌려 세우도록 만들 것이 아니라, 북핵 문제는 국제적 해결에 맡기고, 최소한 북한 실체를 인정하는 바탕 위에서 "평화공존"을 추진하는 것이 당위적으로나 중국 부상을 감안해서나 실효적 정책이 될 것이다.

1. 들어가면서

오늘날 한반도 내외 정세가 지난 수십 년과 다른 세기적 변화를 겪고 있다. 가장 큰 변화는 중국이 대국으로 "굴기"하고 있다는 것이다. 중국은 현대화 출범 31년만인 2010년, GDP 5.8조 달러로, 5.5조 달러를 기록한 일본을 능가하여, 세계 2위 경제 대국이 되었다. 중국은 또한 19세기말에 빼앗겼던 제조업 세계 2위 자리를 110년 만에 탈환했다. 이에 반하여 미국은 여전히 최대 무역적자국, 재정적자국을 벗어나지 못하고 있다. 부시

(George W. Bush) 행정부 이래 급속히 증가하기 시작한 재정 적자는 2010년 말 14조 달러에 육박했으며 무역에서도 엄청난 적자를 기록하는 "불균형"을 안고 있다. 공식적 군사비에 있어서도 중국은, 22년만에 한 자리 증가를 기록했던 2010년과 달리 2011년도에는 다시 12.7%를 증액하여 917억 달러를 책정했는데, 비공식 예산을 포함하면 이보다 훨씬 많을 것이라는 추정이다.

중국의 부상은 한반도에도 직접적인 영향을 미친다. 금강산 관광객이 피살되고, 천안함 폭침에서 46명의 해군이, 그리고 연평도 포격에서 해병대원 2명을 포함하여 총 4명이 피살됨으로써 전쟁 분위기가 감도는 와중에 대국으로 부상한 중국은 "북한 감싸기" 양상을 보였다. 중국이 "무력 도발"을 감싸는 것은 불행한 징조임이 틀림없다. 일부 해외 분석가들은 한반도가 한국 전쟁이래 "가장 위험"하다고 평가하기도 했다.

문제는 중국의 경제적, 군사적 부상은 여전히 가속되고 있다는 것이다. 견실한 시장 경제 성장이 1인당 GDP 2만 달러 이하의 낮은 단계에서 빠르고 높은 단계에서 낮아지는 전고후저 법칙임을 감안할 때, 향후 중국이 연 7-8% 성장하고[1], 미국이 2-3% 성장할 경우, 중국은 2020년대 말경이면 미국을 추월하여 경제 규모 세계 1위가 될 것이다. 중국은 경제 성장을 군사 대국화로 이어가고 있다. 중국은 조만간 항공모함 2척을 실전 배치할 것으로 알려져 있으며, 스텔스기 "젠"(J-20) 시험 비행에 성공했으며, 2011년 하반기에는 실험용 소형 우주 정거장인 "톈궁" 1호를 발사함으로써, 미국, 러시아 전유물이었던 우주 정거장에도 도전한다. 중국은 의심의 여지

---

1) 중국은 2011년부터 시작하는 제12차 경제개발 5개년 계획에서 내수 중심으로 방향을 틀었으며, 원자바오 총리는 경제 성장 목표를 2011년도 8%, 이후 5년 동안은 '바오바'(保八)를 버리고 7%로 하향조정했다고 발표했다.

없이, 경제적으로나 군사적으로 제2 대국이 되었으며 1위를 향하여 나아가고 있다.

미국의 상대적 쇠퇴와 중국의 급격한 부상은 분명 세기적 전환을 의미한다. 별다른 문제가 없는 한, 인구 13억 중국의 대국 지위는 수년이 아니라 세기적 현상이 될 것이다. 과연 이러한 전환은 패권의 이행과 엄청난 국제 질서의 반전을 가져올 것인가? 중국은 "무장하고 위험한"(armed and dangerous) 국가가 되어 황화론이 현실로 닥칠 것인가?

본 논문은 이러한 의문들에 답하기 위해, 중단기 국제정치가 아니라 중장기적으로 전개될 국제정치의 구조적 방향을 분석하고, 이러한 맥락에서 중국과 글로벌 거버넌스의 향방, 그리고 이러한 변화가 한반도에 미치는 영향을 천착하고, 한국의 정책적 대응을 모색하고자 한다.

이 문제를 탐구함에 있어, 필자는 다음 몇 가지에 유념하고자 한다. 첫째, 국제정치의 구조, 이를 구성하는 세력, 규범, 제도들은 시간 흐름에 따라 변화하며 이에 따라 역동적 분석이 필요하다는 것이다. 한 시대의 국제정치 역학이 초역사적이라고 지레 가정하기는 어렵다. 역사가 변하면서 우리는 끊임없이 변화하는 이론적 변인들이 명멸하는 것을 본다. 둘째, 행위자들의 선택으로 이루어지는 과정의 국제정치는 일방적으로 고정된 역학이 아니라 쌍방적 역학에 의하여 움직인다는 것이다. 국가들의 행동은 작용-반작용에 의하여 벡터적 결과로 나타난다. 특히 정책 선택에서 행위자들은 자주 일방적 사고로 과도한 선택을 하여 부작용을 낳는 경우들이 있다. 대외관계에서 "신중성"(prudence)이 요구되는 것은 부작용의 규모가 심각하게 크기 때문이다. 일방적 사고는 "제한된 합리성"(bounded rationality) 때문이기도 하지만, 지나친 이데올로기성으로 종종 발생한다. 셋째, 대외정책을 선택하고 평가함에 있어서, 동기, 결과(효과성), 효율성 등에 유의하고자 한다. 정책은 동기도 중요하지만, 결과가 중요한 영역이기도 하다.

2. 중국 부상의 구조와 의미

중국이 부상하고 있는 오늘날 동북아 국제정세는 일견 19세기말과 비슷해 보인다. 냉전 종식 이후 지속된 미국 단독 패권 20년만에, 미국 중심 질서에 수정주의 국가로 보이는 중국이 부상한 것이다. 미국의 상대적 쇠퇴와 함께, 중국, 일본, 러시아가 다시 한 번 호각지세를 이루고 있고, 중국과 러시아는 모두 일본과 영토 분쟁을 둘러싸고 군사적 긴장을 반복하고 있다. 19세기말 청국 외교관 황쭌셴(黃遵憲)은 '사의조선책략'(私擬朝鮮策略)을 통하여, 러시아를 막기 위하여(防俄), 친중, 결일, 연미를 제시했다. 그의 국제정치 전망은 빗나갔다. 유럽 강대국 러시아는 이내 일본에 추월되었고, 일본은 무서운 속도로 근대화되어 결국은 청국과 러시아를 차례로 패퇴시키고 조선을 강점하였다.

그러면 21세기 동북아 국제정치는 19세기의 반복이 될 것인가, 아니면 다를 것인가? 세력 균형의 맥락에서, 단기간에 "도전국"이 등장하는 모습은 비슷하다. 일본은 메이지유신 후 30년만에 부국강병을 이루었으며, "현실 정치"를 고도로 활용하여, 영일동맹과 태프트-가쓰라 밀약을 맺음으로써 영국과 미국을 한반도에서 멀어지게 하였다. 오늘날 중국의 부상도 1978년 현대화계획이후 30년만이다. 중국은 "치욕의 세기" 동안 반식민지로 전락되어 서구와 일본의 침략과 일부 지배를 받았다. 치욕은 중화인민공화국의 수립으로 상당 부분 극복했지만, 2차대전 종전 후 미국 군사력에 기초되어 수립된 동북아 미국 질서는, "하나의 중국" 원칙 앞에 따로 "사실상의 국가"로 존재하는 타이완의 경우처럼, 중국에 굴욕으로 비치는 것을 포함한다. 이렇게 현상에 불만인 중국이 이제 세계 2위의 경제, 군사 국가로 등장한 것이다. 세력전이 이론에 따르면, 중국은 현상 변경을 원하는 수정주의 국가로서, 패권국 미국에 도전하게 될 것이다. 세계 유일 패권국 미국은 19세기말과 달리 확고한 동북아 국가로 자리하고 있으며, 동북아와의 경제 관계를 사활적 이익(vital interests)으로 간주하고 있다. 과연 양국 관계는 어떻게 될 것인가?

19세기말과 달리 오늘날 국제사회는 전혀 다른 규범을 가지고 있다. 과거 강대국은 세실 로드(Cecil John Rhodes)가 "우리는 제국주의자가 되어야 한다"고 말했듯이, "식민지 확보"를 목표로 하였으며, "전쟁은 다른 수단에 의한 정치"였고, 그 결과 세력균형정치(balance of power politics)가 만연하였다. 그러나 오늘날 세계는 대부분의 국가들이 제국주의나 전쟁을 정치적 목표로 추구할 수 없다는 규범에 동의하고 있다. 냉전 기간 중에도 강대국들은 직접 전쟁을 한 적이 없으며, 냉전 종식 후에는 더욱 그렇다. 부시(George W. Bush)가 선제 전쟁 이론으로 이라크 침공을 감행하면서 미국이 제국주의로 가는 것이 아닌가 하는 논쟁이 촉발되었으나, 논쟁은 결과적으로 미국이 제국주의가 될 수 없음을 반증하였다. 전후 가장 극우적 정권이었던 부시 행정부는 이라크를 평정하는데 실패했을 뿐만 아니라, 오히려 뭇 차하강대국들(sub-powers)과 미국 여론의 비난 속에서 반명제로 등장한 자유주의자 오바마(Barack Obama) 대통령에게 유일 패권국의 지휘봉을 넘겨야 했다.

중국이 설령 중화주의 부활과 같은 목표를 가졌다 하더라도, 이를 억제하려는 국가는 미국만이 아니다. 유럽연합과 일본은 미국과 비폭력에 의한 분쟁 해결의 규범을 공유하고 있으며, 설령 중국이 패권을 추구하고자 하더라도 이를 압도할 수 있는 힘을 보유하고 있다. 미국, EU, 일본은 도합 9.3억 인구와 35.8조 달러 GDP를 보유하고 있으며, 중부 유럽 국가들을 영입하여 일부 개도국적 성장률을 보이고 있는 유럽연합을 포함하면, 가까운 장래에 중국이 이들 국가들의 GDP 합계를 추월할 가능성은 없다. 여기에 지정학적으로 중국 패권을 용납하기 어려운 국가로서, 중국과 비슷한 규모의 인구와 경제 성장 속도로 중국을 뒤쫓을 것으로 예측되는 인도를 감안하면 중국의 군사대국주의는 더욱 실현되기 어려운 것으로 보인다. 요약하자면, 오늘날은 19세기와 달리, 세력과 규범의 균형에서 설령 중국이 큰 폭의 국제질서 수정을 요구한다고 하더라도 이를 달성할 수 있는 여건이 전혀 아니다.

이러한 21세기 규범과 세력 균형은 국제 제도들에 반영되어 있다. 20년 만에 또다시 4천만명의 사망자를 낸 2차대전이 종전될 즈음, 전승국들은 무력을 배제할 수 있는 현실적 제도들을 창설하였다. 첫째 무력을 불법화하고 이를 집행할 수 있는 유엔이 창설되었으며, 둘째 전쟁과 식민지가 아닌 자유 경제 및 무역 체제를 통하여 번영을 구가할 수 있는 브레튼우즈 체제가 구축되었다. 비록 냉전과 1970년대 초반 미국 경제의 상대적 쇠퇴 속에서 두 체제 모두 우여곡절을 겪긴 했지만, 이 국제 레짐들은 회원국들의 불확실성과 불안을 희석시키고 기대를 수렴하면서 20세기 후반 서방 내에서 상대 이득이 아니라 절대 이득의 시대를, 국제 정치군사가 아니라 국제 정치경제 시대를 열었으며, 냉전 종식 이후에는 이를 전세계로 확산시켰다. 유엔이 작은 전쟁들까지 억지하지는 못했지만 적어도 핵억지와 함께 강대국간 전쟁은 억제되었고, 근대 들어 가장 긴 강대국간 평화가 유지되고 있으며, 또한 앞으로도 유지될 것으로 전망되고 있다. 긴 평화는 경제 번영을 위한 상호의존을 급격히 증대시키고, 이를 뒷받침하기 위한 무수한 국제 레짐과 제도화, 법제화(legislation)를 가져 왔으며, 더욱 도덕적인 규범들을 발달시킴으로써 천지차이를 빚었던 국내 정치와 국제 정치의 간극을 부단히 좁혀 왔다. 최근 대 리비아 군사작전을 허용한 유엔안보리 결의 1973호 표결에서 중국과 러시아가 기권했다는 것은, 비록 공습에 사후 항의하였지만, 본연의 "국제 평화" 임무가 아니라, 민주화 과정에서 발생한 국가의 국민 보호 책임(R2P)을 거부하지 못했다는 점에서 또 다른 국제 규범의 진전으로 평가된다.

중국 자신이 대국으로 부상하는 경제적 과정과 미래 예측되는 변화도 중국이 무력으로 패권을 추구하기에 어렵게 만든다. 중국이 급성장한 것은 세계 혁명을 꿈꾸는 사회주의 방식이나 1국적 번영을 위하여 타국을 기꺼이 희생시켰던 민족주의와 보호무역주의가 아니라, 국내외적으로 "자유시장 경제" 방식을 통해서였다. 중국은 국내적으로는 개혁개방으로 표방되는 자본주의 방식과 국제적으로는 자유무역주의를 증진시키는 WTO 가입을 통하여 경제 성장을 달성했으며, 향후로도 "화평발전"을 원칙적으로 포기할 고위의 대외 목표는 보이지 않는다.[2] 중국은 오늘날 강대국이 합의하고 있는, 전간기 폭력적 충돌을 가져왔던 보호무역주의가 아니라 자유무역주의를 적극 수용함으로써, 대공황 이래 최대 공황으로 꼽히는 2008년 경제위기도 각자도생과 전쟁이 아니라, G-20라는 협력 체제를 통하여 순조롭게 극복하는데 일조했다. 이러한 중국의 경제 성장 방식은 부정할 경우, 중국은 성장 동력을 잃고 강대국 지위에서 추락할 것이다.

중국의 부상이 폭력적일 가능성을 줄여주는 또 다른 요인으로 국제정치적 과정을 들 수 있다. 과거 패권국의 부상은 세계대전 승전-자기 이익 극대화 위한 국제 질서 수립-도전국 견제 및 봉쇄-도전국의 폭력적 도전과 승리라는 과정을 겪어 왔다. 하지만, 중국은 기존 강대국들의 지원 아래 국제 경제 체제에 편입되었으며, 패권국 미국 역시 중국을 소외시키기보다[3] 국제 질서를 공동 발전시킬 수 있는 전략적 동반자로 인정하며 협력을 증

2) 여기서 "자본주의"는 편의상 자본주의 생산양식과 시장 경제가 결합된 의미로 사용된다. 다양한 소유권이 인정될 경우 금세기에는 자본주의 양식이 지배적이 되는 경향에 비추어, 중국 경제는 이미 자본주의 경제이며, "사회주의 시장 경제"는 정치적 합리화이다.

3) 중국을 "전략적 경쟁자" 혹은 "잠재적 적대국"으로 상정했던 W. 부시 행정부마저 막상 출범 이후에는 경쟁과 협력을 혼합하였다.

진시켰다. 미국은 중국과 정기적으로 전략 회담을 열기도 하는 등 G-2의 다른 축으로 인정하고 있다. 이러한 과정은 도전국이 봉쇄되었다가 세계대전으로 폭발하는 전통적 세력 전이와는 판이한 현상으로, 중국에게 폭력적 수정주의가 아니라 점진적 수정주의국이 될 수 있는 길이 열려 있음을 의미하는 것이다.

21세기 국제 체제는 힘의 분포(distribution of power)로 보나 규범의 동조화(synchronization of norms)로 보나, 자유주의 체제로 이행하고 있다. 힘의 분포에 있어, 미국 영국 프랑스 독일 일본 등 민주주의 강대국들은 동맹으로 묶여져 거의 단일한 안보 정책을 통하여 평화 유지에 전력하고 있다. 반면 구 사회주의 국가들이며 현재도 개도국적 특성을 보이고 있는 중국 러시아 등의 무력 사용 의지는 냉전 시대에 비하여 약화되어 있으며, 상당 부분 서방 규범을 수용하고 있다. 즉 중국, 러시아 모두 무력이 아니라, 자유시장 경제를 통한 경제 성장을 매우 중요한 국가 목표로 설정하고 있다. "근대화"의 길은, 내부적으로 다양한 자본주의의 길(varieties of capitalism)이 존재하지만, 무어(Barrington Moore, Jr)가 관찰했던 자본주의, 사회주의, 제3세계의 세 길은 이제 하나의 길이 됨으로써 상호 갈등의 소지가 줄었다. 아직 권위주의 국가들과의 경제 거래와 제재 등을 두고 이견을 표출하긴 하지만, 이들 국가들이 무력 배격과 시장경제 방식을 통하여 동태적 성장을 향유함으로써 이러한 규범은 더욱 이들 국가들에게 내재화될 것이다. 오히려 비교 우위로 급성장하는 중국의 경우 앞장서서 자유주의 경제 체제를 신장시킬 유인조차 가지고 있다.

재스민 혁명이 중동 국가들을 휩쓸고 있지만, 중국도 민주화를 피하기는 어려울 것이다. 경험적 정치학 연구들에 의하면 1인당 GDP 5천 달러 이하에서 민주주의가 드물고, 8천 달러 이상에서 비 민주국가가 드물다. 중국은 수년 안에 이 과도기 터널에 진입할 것으로 보이며, "아시아적 가치"라든가, 중국 공산당의 특수성이 중국을 예외로 만들 가능성은 희박해 보인다. 중국 톈안먼 사태가 한국 4.19에 비견된다면, 중국도 한국이 민주화했던 시기로 접어들고 있다. 최근에는 정치 개혁을 둘러싸고 우방궈 전인대 상무위원장과 원자바오 총리 사이에 다른 목소리가 나오기 시작했다. 이제 단일했던 중국 지도부도, 단일한 정답이 없는 다양화 시대에 접어들었다. 특히 개혁개방 이전 0.25 이하이던 지니 계수가 최근 0.47까지 치솟고, 노동자 농민들의 항의가 폭발적으로 증대하는 상황에서, 이제 공산당이 줄 수 있는 단일한 정답은 없다. 중국 역시 다양한 이익이 충돌하고, 다양한 대안들이 토론되어져, 결국은 민주적으로 결정되고 당사자들에게 수용되는 제도가 아니고서는 불안정을 면할 수 없을 것이다.

정치적 민주화는 단순히 중간 계급이 등장하기 때문만은 아니다. 시장 경제적 발전은 의식에 있어 점차 보편주의적 세계관을, 관행에 있어 협상과 타협을 만들어 내게 되며, 시장의 변화 속에서 최적의 해답을 얻기 위하여 결정 형성 과정을 분산화시키며, 결과적으로는 결정의 중추로서 강제나 무력을 제도가 대체해 나간다. 강제는 구성원들의 불만을 살 수밖에 없으며, 이로 인한 불안정은 전 자본주의와 달리, 자유 시장 경제가 요구하는 안정성과 예측성(predictability)을 해친다. 자본주의의 이러한 경향이 전통 사회에서 수직적으로 구성된 생존적 담론을 대체하여 보편주의적이고 개인주의적인 담론을 형성시키는데 기여하며, 결국 무력에 의한 권위주의를 자발적 동의에 의한 민주주의로 대체하게 되는 것이다.

중국이 민주화된다면, 그때부터는 다시 경험적 국제정치 이론인 "민주평화론"이 작동할 가능성이 높아질 것이다. 중국도 평화를 애호하는 국제 사회의 정상적 일원이 될 것이며, 기존 경험적 연구들이 맞다면, 중국 민주화는 중국이 미국을 제치고 최강 경제대국이 되는 시기 이전에 찾아올 것이며, 중국이 혹시라도 미국을 제치고 군사대국이 될 정도의 경제 규모를 가질 때쯤이면 중국 1인당 GDP가 2만 달러를 상회하여 중국 국민들은 평화애호 민주 시민이 되어 있을 것이다.

이러한 분석과 전망은 근대를 형성하고 소용돌이치게 하고 변화시킨 핵심 변인이 자본주의라는 데 기초한다. 자본주의는, 초기 강압에 의한 시장 형성과 원시 축적에도 불구하고, 경쟁을 통하여 "생산력을 혁명적으로 폭발"시키며, "확대 재생산"하는 체제이다. 초기 자본주의 국가들은 내부적으로는 노동 계급을, 외부적으로는 식민지를 최대한 "억압 수탈"하며 급성장하였다. 그러나 자본주의가 요구하는 안정성과 예측성은 전자본주의 체제의 초석으로 작용했던 무력(force)을 제도(rule of law)로 대체하였으며, 저항과 늘어나는 물질적 풍요는 궁극적으로 민주주의를 요구하게 만들고 결국 가능하게 만들었다. 민주주의와 함께, 물질을 인간 추구의 제1의로 하는 물질주의(materialism) 경향은 인권 등 점차 인간적 가치를 중시하는 인간주의(humanism)로 대체되는 현대사가 전개되었다. 과거나 지금이나 효율적인 경제나 정치 단위가 생존하는 법이지만, 오늘날 효율성의 의미에는 점차 인간주의가 가미되고 있다. 오늘날 선진국에서 개도국과 같은 노동환경을 도입하여 이윤을 극대화하려면 도태되어 버리며, 오히려 CSR(corporate social responsibility)을 고양하는 기업들이 번성하는 예가 이를 말해준다. 국제정치적으로 20세기 전반 이전의 초기 자본주의 시대의 국가 목표나 행동을 잘 설명해주는 것이 "(신)현실주의"이다. 지구적 무정부로 인하여 국가의 대외적 제1목표가 생존과 안보이고, 이를 확보하는 방법은 힘과 세력 균형이며, 따라서 그 결과가 전쟁과 세력 재편이라는 내용의 (신)현실주의는 20세기까지 "현실적"이었다. 하지만 21세기 후기 자본주의 들어 이러한 설명은 급속히 "현실성"을 잃어가고 있다. 적어도 지구적 차원에서 현실주의는 상당히 후퇴했고, 오히려 지역적으로나 개도국 사이에서 일부 현실주의적 국제정치가 잔존하고 있는 것이 현실이다.

중국이 강대국 정치에서 당면하고 있는 이러한 현실에도 불구하고, 오늘날 동북아의 특수성과 아직도 개도국 수준에 있는 중국을 고려할 때, 평화주의로 나아갈 것이라는 중장기적 전망과 달리, 중단기적으로 중국의 대외정책은 일부 갈등의 소지를 지니고 있다. 중국은 현 단계에서 명백한 권위주의 정치 체제이며, 경제적으로 1인당 GDP 5천 달러에 미달하는 하위 중진국이다. 이러한 특징들은 중국이 내정불간섭과 민족주의에 크게 가치를 부여하는 현실주의 대외정책을 선호할 가능성을 시사한다. 민족주의 노선은 중화주의와 패권주의 색채를 일부 띨 가능성도 있다. 또한 민주화 과정이 시작되었을 때, 55개 소수 민족이 과연 "중국 국민"으로 남을 것인지 아니면 "분리주의"를 선택할지, 또 후자의 경우 중국 정부의 대응이 어떻게 될지 불확실한 상황이다. 이러한 차이들은 결국 현 단계에서 미국 일본 한국 등 민주 국가들과 중국 사이에, 국가이익, 가치, 국제 규범의 국내적 집행 능력 등에서 차이를 가져 오게 만들어, 갈등을 빚게 만들 수 있다. 현재의 중국이 중장기적 중국으로 진화해 나감에 있어 그 과정은 단선적이라기보다 나선형이 될 것으로 보인다. 특히 중국이 민감하게 반응하고 있는 민주화, 인권, 타이완, 센카쿠(댜오위다오) 열도 및 난샤(스프래틀리)군도 등 영토 문제에 있어서는 군사주의적 모습을 배제하지 못할 것이다. 실제 중국은 덩샤오핑의 도광양회를 벗어나 장쩌민의 "대국굴기"에 이르렀으나 다시 후진타오의 "화평굴기"로 후퇴하였다. 하지만, 현재로서 중국의 화평굴기와 무력불사용은 확립된 규범이 아니라 잠정 원칙(modus vivendi)이며, 향후 나선 궤적은 몇 차례 더 나타날 것이다. 중국의 외교정책에서도 이제는 더 이상 단일한 사고나 정책 메커니즘이 존재하는 것이 아니라, 다양한 선택 속에서 보편주의와 민족주의가 경합하는 현상이 보여진다.

이러한 맥락에서, 패권국 미국은 이제 점점 대국으로 부상하는 중국에게 G-2라는 틀로 예우하고 있다. 아직도 중국과 가치를 공유하는 개도국들이 많은 상황에서, 베이징 컨센서스 등으로 이들을 대표하는 중국과의 관여정책(engagement)은 중요하다. 동시에, 중국에게 계속하여 특별 대우와 규범의 예외를 제공하기는 어려울 것이다. 미국의 선호는 가급적 중국을 다자체제 틀로 끌어들이는 것이다. 다자틀이 가치와 규범을 공유하는 선진국들에 지배되는 상황에서 중국은 양자틀을 선호하겠지만, 궁극적으로는 중국이 예외적으로 대우받기보다 국제 규범을 수용하고 공동 발전시키는 방식으로 자국의 가치와 이익을 고양하지 않으면 안 될 것이다. 이 과정에서 중국은 자국의 독특한 국가 이익을 위해 일부 일방주의적이고 군사주의적 행동을 감행할 가능성도 있다. 하지만 이런 행동은 결국 가치를 공유하는 미국, 한국, 일본 동맹을 더욱 강화시킬 것이며, 나아가 또 다른 인구대국이며 급속히 성장하고 있는 인도의 국가 이익과 충돌할 가능성이 높다. 중국을 뒷받침해줄 상하이협력기구(SCO)는 군사적으로나 경제적으로 그 세력이 제한될 수밖에 없으며, 중국의 경제 성장이 진전될수록 결국 책임대국화의 위상을 강화해 나갈 수밖에 없을 것이다. 다시 말하면, 중국은 보호무역주의적, 중상주의적, 민족주의적 대외 정책을 유지하기 위하여 정치군사적 수단에 의존하는 것이 아니라, 점차 대외 경제 정책 자체가 보편주의화하면서 자유무역주의와 평화주의 방향으로 움직일 것이다.

3. 중국의 부상과 한국의 대응

21세기 한국은 이전과 마찬가지로 미국 중국 일본 러시아에 둘러 싸여 있다. 이들 국가들은 곧 세계 4강이며, 인구 규모나 경제 규모 어느 면에서도 한국보다 훨씬 크며, 가까운 미래에 한국이 이들 중 어느 나라라도 추월한 가능성은 거의 없다. 19세기말, 약소국 한국은 "자주"의 능력을 가지지 못한 채 우군을 찾아 나섰지만, 약소국을 두고 다투며 세력균형 정책을 펴는 강대국 제국주의 정치에 희생될 수밖에 없었다. 한국은 세력균형 정치의 행위자가 아니라 세력정치의 대상이었던 것이다. 이러한 맥락에서 한국의 대외정책은 "체계지배적"(system-dominant)이다. 그러나 21세기 국제정치에서, 중국이 중장기적으로 평화적 책임대국으로 이행하겠지만, 중단기적으로 현실주의 정책을 폄으로써, 나선형 진화 방식을 보이게 될 것이라면, 이러한 구조 속에서 한국의 대응은 무엇이 될 것인가가 한국에게 주어진 정책 과제이다.

중국이 책임대국과 군사대국 사이에서 움직일 것이라면, 한국의 대응은 중국의 평화주의를 촉진하고, 현실주의를 억제하는 방향이 될 것이다. 이러한 선택이 당연한 얘기일지 모르겠지만, 19세기말에는 한국의 선택지에 없었으며 당시에 이런 선택은 이상주의로 치부되었다. 하지만, 21세기 한반도의 지정학적 운명은 "평화주의"이며,[4] 그것은 중장기 동북아 국제정치를 선도하는 방향이다. 경제 발전과 정치적 민주주의라는 두 기적을 만들어낸 한국이 21세기에 만들어낼 마지막 기적은 국제정치의 기적이며, 그것은 대국화가 불가능한 하드파워가 아니라, 평화주의라는 소프트파워를 통하여 만들어질 수 있다. 평화주의는 동북아의 미래이기도 하지만, 중국과의 관계에서 이를 불가능하게 만드는 사활적 분쟁도 없다. 한중 사이에 동북 공정, 이어도, 간도 등의 문제가 잠재해 있긴 하지만 이들 문제들이 결정적 분쟁으로 비화할 가능성은 낮다. 한일 관계에서는 일본이 독도 영유권을 주장하고 있지만 한일은 국제 분쟁을 해결하는 수단으로서 무력 불사용의 규범을 공유하고 있다. 다시 말하면, 구조적으로 한국은 평화주의를

4) "운명"이라 함은 물론, 구조적 요구(structural requirement)를 수사적으로 표현한 것이다.

지향할 수 있는 위치에 있으며, 평화주의는 실효를 거둘 수 있으며, 또한 당위적으로도 지향해야 한다. 하지만, 여전히 중단기적으로 중국이 현실주의적 대응을 할 가능성에 대비하지 않으면 안 되는데, 이는 한반도에서 또는 한반도 주변에서 강대국이 개입하거나 충돌하는 사태가 발생하게 되면, 동북아 정치는 이내 세력정치로 전환되고 그 경우 한반도는 세력 정치의 첫 희생양이 될 것이다. 세력정치에 대비하여 한국은 한미동맹이라는 보험을 계속 유지해야 하겠지만, 이는 한국이 들고자 하는 평화주의의 횃불과 민감한 관계를 형성한다.

수도를 한반도 인근에 둔 중국으로서 한반도는 안보상 사활적 관심을 기울이는 지역이며, 예로부터 한반도를 순망치한, 근대에는 완충국가(buffer state) 시각에서 보고 있다. 이러한 맥락에서 중국의 대 한반도 주요 관심사는 주한미군과 북한 정권의 향방이다.

중국은 한미동맹과 주한미군의 향방에 매우 민감할 수밖에 없다. 중국은 유엔군(미군)이 한국전쟁에 개입했을 때가 아니라, 압록강으로 진격했을 때 개입했다. 비록 경제 발전을 우선순위에 놓고 있긴 하지만, 중국이 안보 이익에서 물러서기는 쉽지 않을 것이다. 지난해 한미 군사 훈련에서 베이징을 포격할 수 있는 화력을 갖춘 미 항공모함이 서해로 진입하는 것을 극력 반대한 것은 좋은 예이다.

한미동맹과 주한미군은 원래 대북, 대소 침략 저지 및 봉쇄가 목적이었지만, 냉전이 종식되고, 9/11에서 보여 지듯이 국제 테러가 미국의 중요한 안보 위협으로 떠오른 21세기 들어 미국의 세계 전략은 국제 테러에 대비하여 해외 주둔 미군을 유연 신속하게 전개할 수 있도록 한다는 해외주둔미군재배치계획(GPR, 2000.11)에 의해 조정되었다. 이에 따라, 한국은 주한미군의 전략적 유연성을 존중하되 미국은 한국민의 의지와 관계없이 한국이 동북아 지역 분쟁에 개입되는 일은 없을 것이라는 한국의 입장을 존중한다는데 합의하였다(2006.1). 한미동맹은 재조정되었으며, 주한미군은 재배치되었다. 하지만, 한미 합의의 영문판이 주한미군이 중국-타이완 분쟁에 투입될 수 있는 여지를 남겨놓고 있다는 논란을 낳으면서, 한미동맹이 가지는 연루(entrapment) 위험을 우려하는 목소리도 나왔다. 어쨌든 이러한 합의는 중국에게 매우 민감한 사안이다.

노무현 정부는 남북관계 개선을 추진하고, 전작권 이행("전환")에 합의함으로써, 주한미군에 대한 중국의 우려를 저감시켰다. 반면에 전작권 이행에 관하여 보수층은 한국이 한미동맹에서 방기(abandonment)될지도 모른다는 우려를 갖게 되었다. 결국 노무현 정부의 반명제로 출범한 이명박 대통령은 한미동맹 강화를 공약하였으며, 취임 이후 전작권 환수 시기 3년 연기, 한미 군사 훈련 강화, 한미 확장억제정책위원회 설치 등으로 동맹을 강화하였다. 이러한 조치들은 남북 관계에서 출발한 것이지만, 결과적으로 남북 관계가 분쟁화되면, 한미동맹이 강화되고, 그렇게 되면 중국의 안보불안 증대와 함께 한중 관계가 냉각된다는 엄연한 인과관계를 보여주는 것이다. 결국 이명박 정부 초대 주중대사는 중국 정부의 아그레망을 3개월이나 못 받고 대기하는 초유의 사태가 벌어졌으며, 북한 군사 도발이 명백한 연평도 포격 이후에도 중국이 "북한 감싸기"에 나섬으로써, 이명박 정부의 대중정책, 대북정책에 대한 회의론이 일기 시작했다. 정부가 대중정책과 대북정책의 복합적 연계 관계를 보지 못하고 미시적 정책 결정을 한 것이 아니냐는 비판이 일기도 했다.

다음으로 북한 급변사태시 한국군과 주한미군이 북한에 진입하는 것을 중국이 수용할 것인가 라는 미래 문제가 있다. 북한이 엄연한 주권 국가라고 믿고 있는 중국이 남북한의 특수성을 인정하여 한국군의 북한 진주를 허용할 것인지도 문제지만, 주한미군이 진입하게 되면 북한 동맹국이며 한국전쟁에서 혈맹관계인 해방군이 동시에 진입할 가능성을 배제할 수 없다.

작계 5029가 실효성을 가지려면, 성공적인 대중 외교가 전제되어야 할 것이다.

이러한 사태 전개는 향후 대국 중국에 대한 외교정책에 많은 시사를 던져 준다. 첫째 대북 안보 군사 정책이 대북정책으로 끝나는 것이 아니라 대중정책의 성격을 동시에 갖고 있다는 것이며, 둘째 한미동맹 강화가 중국의 우려를 증대시킨다는 사실이 고려되어야 한다는 것이다. 실제로 이명박 정부 출범 이래 실시된 여론조사에서 중국 관민은 한국이 중국을 존중하지 않는다고 느끼는 것으로 나타났다. 이러한 맥락에서, 한국의 대중정책은 친미냐, 친중이냐의 제로섬 선택을 넘어, 미국을 "오랜 친구"로 중국을 "새 친구"로 만드는 방향에서 이루어져야 하며, 중국에 추가적 우려를 증대시키지 않고, 공동 이익을 증대시키는 방향으로 나아가야 할 것이다. 부질없이 중국의 우려를 증대시키는 것은 곧 중국의 대한반도 정책이 한국에 불리하게 조정하도록 만드는 것이다.

북한이 대량살상무기를 대량 보유하고 있는 현실에서, 한미동맹은 여전히 북한 침략을 억지하고 있다고 느끼는 것이 한국의 중론이다. 따라서 한미동맹은 북한 위협이 현저하게 감소할 때 역할 축소가 고려되어야 할 것이다. 전작권 이행으로 한미동맹을 변화시킨다고 해서, 북한이 핵과 군사 문제를 남한과 협상하지는 않는다. 즉, 한미동맹의 약화로 대북 협상력을 높이기보다, 평화 구축으로 동맹의 필요성을 낮추고, 평화가 정착하면 한미동맹을 약화시켜도 여론이 수용할 수 있을 것이다.

남북관계는 한중관계에 영향을 미치는 또다른 축이다. 북한은 중국에게 "완충 국가" 역할을 해왔고, 과거에는 정치경제 체제가 같은 사회주의 동맹국이었으며, 현재는 경제 체제는 다르지만 여전히 다같이 공산당이 지배하는 당국가라는 특징을 공유하고 있다. 이러한 맥락에서 북한과 중국은 과거 "혈맹" 관계를 형성했었다.

하지만, 이제 중국과의 관계에서 남북한의 위상은 많이 바뀌었다. 중국은 남한과 수교한지 20여년도 안 되어 미국 일본을 합친 것보다 많은 교역액을 기록함으로써 한국 최대 경제교류협력국이 되었으며, 북한은 중국에 석유와 식량을 의존하면서도 핵문제로 중국의 핵 기득권을 위협하는 나라가 되었다. 또한 공산당의 성격도 많이 변하여, 중국 공산당은 자본주의(명목상으로는 사회주의 시장경제)를 지지하는 "공화당"이 되었지만, 북한 로동당은 사회주의와 프롤레타리아 독재 정당으로 남아 있다. 오늘날 로동당은 경제 피폐로 사회주의보다 독재 정당으로 그 성격이 변화했다. 결국 중국 공산당과 북한 로동당은 과거에 비하여 이념보다 안보적 유대로 축소되고 있으며, 상대적으로 남한이 강력한 경제 파트너로 등장함으로써, 중국에 대한 북한의 가치는 더욱 평가절하되었다.

구조적으로 중국은 북한이 계속하여 완충국가 역할을 해주기 원하지만, 북한의 "지속가능성"이 문제이다. 중국의 관심사는 북핵의 향방과 친중 북한 정권의 지속성이다. 군사적으로, 북한은 A) 핵과 국제 지원을 교환하는 경우, B) 핵문제로 풍파를 겪다가 결국 핵을 포기하는 경우, C) 핵보유를 굳히는 경우의 가능성을 가지고 있다. 정치경제적으로 북한은, 1) 중국 베트남 식의 개혁개방으로 나아가는 경우, 2) 현재와 같이 거의 "조선 시대" 수준의 정치 체제와 경제 수준을 유지하는 경우, 3) 이집트처럼 내부로부터 붕괴하는 경우의 미래를 가지고 있다.

A) 북한이 핵과 국제 지원을 교환하는 경우, 북한은 1) 개혁개방의 길로 나아갈 가능성이 크다. 이는 국제 사회나 남한 입장에서 보면 가장 바람직하며 아직은 열려 있는 문이다. 다만, 민족정통성 경쟁의 반대편에 이제 따라잡기 힘들 정도로 앞서 가는 남한이라는 존재가 있어, 북한이 개혁개방을 하더라도 남한과의 관계는 일부 제약될 수밖에 없다.

북한이 C) 핵을 포기하지 않을 것이라는 반대 의견도 있다. 하지만, 권력 3대세습을 해야 하기 때문에 핵무장이 유일 생존 전략이라는 주장은 설득력이 약하다. 소련 예에서 보듯이 핵무기가 체제의 내폭을 예방해주지 않는다. 최근 리비아 경우처럼, 핵 포기가 서방 군사 개입을 불러오기 때문에 북한이 핵포기를 하지 않을 것이라는 주장은 두 가지 비약을 가지고 있다. 첫째, 북한에서도 자발적인 민주화 운동이 일어나 무장 투쟁을 벌일 것이라는 전망인데, 북한은 조선 시대와 비슷하여 이럴 가능성이 낮다. 둘째, 서방이 국민 보호 책임에 기초하여 군사 개입할 것이라는 가정 역시, 훨씬 크고 강력한 군사력을 가지고 있으며 특히 남한 수도권을 볼모로 잡고 있는 북한을 대상으로 실행하기는 어렵다. 북핵 위기가 고조되어 미국이 외과수술을 고려했던 1994년에도 한국과 일본은 미국의 군사적 해결이 한반도 전쟁으로 이어질 수 있다며 극구 반대하였다. 북핵 보유는 이렇게 보유 동기에서도 별 효력이 없지만, 보유할 수 있는 여건도 성립하기 어렵다. 북핵 문제가 급기야 한일의 핵도미노로 번져 가기 시작하면, 중국이 수용할 여지는 급격히 줄어든다. 마지막 순간에 중국은 북핵 포기를 위하여 현재 가지고 있는 지렛대를 모두 사용할 가능성이 크다. 즉, 현 북한 체제가 핵을 포기하도록 만들거나, 핵 포기를 위하여 북한 정권 교체를 시도할 것이다. 현 북한 정권 유지가 북핵 "개발 시도"보다 나을 수 있지만, 북핵 보유 기정사실화와 한일 핵도미노보다는 북한 정권 교체가 낫기 때문이다.

북한은 2)와 같이 조선 시대로 회귀할 수도 있을 것이다. 1990년대 이후 북한은 개혁개방을 거부하면서 린드블롬(Charles Lindblom)이 말한, "아기 발걸음"(baby-steps)처럼 조금씩 변화하면서(incrementalism) "그럭저럭 버티기(muddling through)"로 나아갈 수도 있다. 북한은 여러 면에서 근대 사회보다 전통 사회와 비슷하다. 일반 인민은 국가에 완전 종속되어, 저항의 온상이 될 수 있는 시민사회가 거의 존재하지 않음으로써, 3) 내폭에 의한 정권 붕괴 가능성은 매우 낮다. 민주화 운동에서 중요한 것은 민주화의 동기

뿐만 아니라 민주화의 능력이다. 또한 북한 인민들은 조선시대 농민 사회와 비슷하게 생존을 위한 수동적 생활에 익숙하여 있어, 신근대화론이 민주화의 문화적 조건으로 내세우는 자기표현적 가치(self-expression values)가 약하다. 자기표현적 능력과 담론은 자본주의가 발달하면서 얻어지는 문화이기도 하다. 1995년 대기근이후 불가피하게 발생한 시장들이 최근 북한 당국의 단속에도 불구하고 공급 부족이 해결되지 않자 잔존함과 동시에, 소문과 USB 등으로 유입되는 외부 정보들이 있지만, 아직은 시민 혁명이 발생할 만한 여건이 미비한 것으로 보인다. 북한 권력 엘리트에게는 아마도 조선 시대와 같은 정치 체제경제 체제가 더 큰 안정을 가져다 줄 수도 있다. 최근 북한 당국은 마르크스-레닌주의 삭제, 김일성 민족, 김일성 당 만들기 등 사회주의 탈색 및 전통주의 복고를 추진하고 있는 것으로 알려져 있다. 이러한 조건에서 만일 인민의 "민란"이 발생한다면, 1800년대 조선 왕정처럼 그리고 리비아 가다피 정권처럼 무력 진압에 주저하지 않을 것이다. 이렇게 당국과 사회 구성으로 볼 때, 북한은 근대 사회주의 국가라기보다 조선시대에 더욱 가깝다고 볼 수 있다.

북한의 GDP는 2백억 달러이며, 남한의 1년 국방비는 220억 달러를 넘는다. 남북한 GDP는 70년대 중반 역전되었으며, 재래식 전력도 이미 70년대말경 역전되었다는 연구들도 있다. 결국 북한은 비대칭 전력으로 탈출구를 찾아 왔으며, 최근 이는 핵무장, 20만명의 특수전력, 그리고 한국의 기간 시설을 공격할 수 있는 전자전력 양성의 양상을 띠고 있다.

북핵은 북한이 외부적 위기 속에서 "대외적 생존"을 위해 추진하는 것으로 보이며, 한미 위협이 있다고 판단하는 한 포기하기 어려울 것이다. 북핵을 강압과 억지력 증대로 해결하려는 시도는 한계에 부닥칠 수밖에 없다. 외부의 강압은 더욱 외부 위협의 징표가 되어, 북한을 더욱 생존을 위한 핵개발에 매달리게 만든다. 문제는 강압 정책으로 북핵 무장 해제를 달성할 수 있는가이다. 수도권을 위협하는 북한 장사정포 340문이 배치되어 있고, 이를 70% 파괴하는데만도 현 한국 전력으로 3일 걸린다면, 기본적으로 북핵을 군사적으로 무력화시키는 길은 열려 있지 않다. 이러한 강압정책(compellence)의 문제는 바로 출구 전략(exit strategy)을 통한 종료 게임(endgame)이 없다는 것이다. W. 부시 행정부의 강압전략(일명 "hawkish engagement")이 선회하게 된 것도 결국은 미완의 벽에 부닥쳤기 때문이다. 이명박 정부의 "비핵" 정책도 마찬가지 한계를 갖는다. 북핵은 기본적으로 외부 위협에 대한 반사적 대응이기 때문에 외부 위협과의 맥락에서 풀리지 않으면 안 될 것이다. 외부 위협에 대한 언급 없이, 또한 한국이 외부 위협의 당사자인 양 가정하고, 1인당 GDP 3000달러로 북핵 문제를 풀려는 정책은, 잘못된 가정과 전제로 구성되어 있어, 전혀 실효성이 없다. 반면, 북핵이 "방어용으로 일리가 있다"고 말한 노무현 전 대통령의 북핵관은 동기에서 진실일 수 있지만, 핵무기는 기본적으로 공격용 무기라는 사실을 간과했다. 이러한 관점의 대북정책은 국내 정치 게임에서부터 패배할 수밖에 없었다.

한국이 대북정책에서 가장 중요한 의제인 북핵과 북한 정권 문제는 동시에 중국의 지대한 관심 사항이기도 하다. 중국은 북한 비핵화를 원하지만 북핵이 높은 수준의 안보 위기로 발전하지 않는 한 북한 내정 간섭을 피하고자 한다. 중국은 한반도 문제가 평화적으로 해결되길 원하지만, 북한 정권을 심하게 압박하지 않는 해결을 원한다. 중국은 물론 북한 정권이 친중 정권으로 안정화되길 원하지만, 그러한 선택이 없다면 현 북한 정권의 핵무장과 이에 따른 한일 핵무장의 경우와, 북한 정권 교체를 통한 북한 비핵화 및 한일 비핵화 유지 중에서 선택해야 할 것이며, 이 경우 국제 안보 문제인 전자보다 북한 국내 문제인 후자를 선택할 가능성이 크다. 물론, 이러한 선택은 극단적 위기 국면에서 강제되는 것이다.

이러한 상황에서 한국 대북정책에서 선택지는 무엇인가? 지난 30년, 한국 정치는 극우적 전두환 정부에서부터, 민주화와 함께 한국 정치는 반동적인 시계추처럼 가장 진보적인 노무현 정부에 이르러 다시 이명박 정부 출범과 함께 보수 방향으로 선회하였다. 다시 말하면, 민주적 한국 정부가 가질 수 있는 상대적으로 극단적인 보수, 진보 정책들이 민주화 20년 동안 개진되고 실행되었으며, 이들 정부들이 극단적이었던만큼 해답은 중간에 있을 가능성이 크다.

김영삼 정부의 대북정책은 출범 1년간 상대적으로 진보적이었으나 이후 "흡수통일" 정책으로 우선회하였다. 김영삼은 북한을 "엔진이 고장난 비행기"에 비유하고, 곧 경착륙할 것으로 예측하였으나. 북한은 아직까지도 버티고 있다. 하지만 흡수통일 정책의 댓가는 값비쌌다. 북한에게 대화 상대로 인정받지 못한 채, 대북 경수로 지원 금액의 70%를 지원해야 했다. 교훈은 미국이 북핵을 문제로 인식하고 해결하고자 하는 한, 북한은 협상 상대를 선택할 수 있다는 것이다. 김대중 대통령은 초반 햇볕정책의 성공으로 노벨 평화상까지 수상하였다. 하지만 부시 행정부의 등장으로 양국이 엇갈린 진보보수 조합(mismatch)으로 전환되면서 곤혹을 치렀다. 미스매치가 지속되는 가운데, 노무현 정부는 북핵 문제와 남북관계의 병행 추진으로 위기를 타개하고자 하였다. 하지만 2006년 북한의 1차 핵실험과 그럼에도 불구하고 2007년 평양 정상회담에서, 당시 정부 추산으로도 17조가 소요되는 대북 경협 프로젝트에 합의함으로써, "퍼주기"라고 비판하던 이명박 대통령 당선에 최대 호재를 제공하였다.

노무현 정부의 대북정책이 북한에 상당히 유리했던 반면 이명박 정부의 대북정책은 대북 강경을 넘어선 형태로 나타났다. 선거 공약으로 등장한 "비핵개방3000"은 북한이 현 단계에서 전혀 수용할 가능성이 없는 비핵개방을 전면에 전제로 내걸었으며, 이 조건을 충족시킨다면 1인당 GDP

3000달러를 만들어주겠다며 북한을 구걸국가로 만들어 버렸다. 통상 선거 공약이 보다 강경하며 이데올로기적이고, 실제 당선되면 정책은 보다 실용적이 되는 관례와 달리, 이명박 정부의 대북정책은 공약보다 더 이데올로기적이 되었다. 이명박 정부는 남북 안보 문제와 대북 인권 문제를 넘어서, 북한 붕괴 정책을 실현하기 시작했다. 이명박 정부는 북한을 유엔에 가입한 주권 국가이며 한국과 휴전 상태에 있는 국가가 아니라, 최대 인권 탄압을 자행하는 호전 세력이며, 인민을 굶기며 호화 불꽃놀이를 감행하는 세력으로 묘사하여 정당성을 추락시키고, 군은 이미 전단 등을 통하여 심리전을 개시하였으며, 대통령은 급변 사태가 임박했음을 알리며 통일세를 거두어 흡수통일에 대비해야 한다고 촉구했다. 문제는 이러한 시각 속에서 비쳐지고 있는 북한 붕괴라는 정책 목표가 과연 달성가능한가이고, 이러한 "심리적 도발" 속에서 북한이 "군사 도발"로 응수하지 않느냐 라는 것이다. 북한은 군사 도발로 응수했고, 남한의 대응은 한계를 가지고 있었다. 과연 정책 목표가 긴장 고조와 군사적 충돌이라면 목표를 달성한 것인데, 이때 문제는 과연 군사적 충돌이라는 목표를 얼마나 많은 국민이 지지할 것이냐이다. 만일 목표가 북한이 "원칙있는 남북관계"를 수용하는 것이었다면, 이러한 대북정책은 결과적으로 "역효과"를 낳은 것이며 이제는 정책 전환을 모색할 수 있는 탈출구마저 잘 보이지 않는다. 노무현 정부의 대북정책이 국내 정치에서 패배했다면, 이명박 정부 대북정책은 자승자박되어 활로가 보이지 않는다. 분명한 것은 이명박 대통령의 말처럼, 그간 북한이 "호전세력"이라는 것을 잊을 수 있는 상황이었는데, 이제 다시 그들을 호전세력으로 만든 상황이 등장했다는 사실이다. 정부 대북정책이 의도하지 않게(?) 부상하는 대국 중국을 돌려 세우는데 일조를 하게 된 것은 냉정한 평가일 것이다.

4. 요약성 결론

중국은 명실공히 경제적으로나 군사적으로 세계 2대국이 되었으며 초대국을 향하여 나아가고 있다. 이러한 중국의 대국 부상은 세기적인 현상이며, 일견 세기적 대전환이기도 하다.

이렇게 부상한 중국은 패권주의 대국화가 되기에 객관적 환경과 주관적 여건을 결여하고 있어 그 가능성이 희박하다. 하지만 중국의 대국화로 형성되는 동북아 국제정치는 1세기 전 동북아와 상당히 다르다. 19세기에는 강대국들이 식민지 획득을 위한 제국주의를 목표로 하였으며, 강대국 사이에는 세력균형 정치(balance of power politics)를, 강대국이 약소국에 대해서는 세력정치(power politics)를 수단으로 사용하였다. 21세기 세계는, 그러나, 국제 평화와 자유무역을 통한 번영의 규범이 제도로 확립되었으며, 이러한 규범을 확고히 수호할 용의가 있는 미국, EU, 일본 등의 능력은 설령 중국이 수정주의 정책을 펴더라도 이를 압도할 수 있는 수준이다.

중국은 또한 강대국 부상에 있어 국내적으로 사회주의가 아니라 시장경제 방식으로, 대외적으로 보호무역주의가 아니라 자유무역주의 방식을 통함으로써 강대국화를 계속하려면 이 방식을 유지해야 할 것이다. 국제정치적으로도 중국의 대국화는 패권국에 의해 봉쇄된 것이 아니라 점진적으로 유도됨으로써 중국도 기존 국제질서를 폭력적으로 수정할 동인을 가지고 있지 않다. 주체적으로도 중국은 경제 성장과 함께 자유 민주주의로 이행할 것이다. 그렇게 되면, 민주평화론이 주장하듯이, 평화적 대외정책을 스스로 펼치게 될 것이다. 그러나 중장기적으로 중국이 평화주의로 나아갈 전망에도 불구하고 개도국이며 권위주의 체제인 중국이 중단기적으로는 현실주의 정책과 자유주의 정책이 나선형적으로 진화될 가능성이 크다. 이러한 맥락에서 한국의 대응은 모색되어져야 한다.

21세기 한국이 경제, 정치에 이어 국제정치적 기적을 만들려면 평화의 횃불을 들어야 하는데, 이는 당위적이고 또한 실현가능한 범위 안에 있다. 한국이 4강에 둘러싸인 동북아에서 평화주의를 선도해야 하는 것은 지정학적 운명이다. 중국에 대하여, 한국의 대응은 중국의 평화주의를 촉진하고, 현실주의를 억제하는 방향이 되어야 한다. 중국의 현실주의에 대비하여 한국은 한미동맹이라는 안보 보험을 당분간 유지해야 한다. 한미동맹은 중국과 북한의 불확실성과 위협성이 해소되면서 비례적으로 조절되어야 할 것이다. 주한미군의 타이완 분쟁 투입 여부, 주한미군의 북한 급변사태 시 북진 여부 등은 모두 민감한 사안들로서 중국과 사전 협상, 타협되어질 필요가 있다. 기본적으로는 한국 입장에서는 대북정책과 한미 대응이 가지는 대중국 함의에 유의하여, 한미동맹을 유지하면서도, 중국에 불안을 주지 않고, 최대한 공동이익을 증진시켜 나가는 정책을 추진하는 것이 바람직할 것이다.

북중관계는 과거 이념과 안보로 맺어진 혈맹보다 약화된 안보 유대로 연결되어 있다. 여기에 한중관계가 급증진되어 북중관계는 상대적으로 격하되었다. 그럼에도 불구하고, 한국의 대북정책은 필연적으로 중국의 대한반도 정책에 영향을 미친다. 중국은 친중 북한 정권 유지를 원하지만, 북핵이 한국 일본 등의 핵도미노를 가져올 경우 북한 정권 교체를 시도할 가능성이 크다. 이렇게 보면, 북한이 핵포기와 국제 지원을 교환하여 핵문제를 타결할 가능성이 크다. 또한 북한이 개혁개방을 시도할 가능성은 열려 있지만, 남한과의 자유 교류와 협력은 어려울 것이다. 이러한 맥락에서, 한국이 북한 정권을 위협하여 다시 북한이 한국 안보를 위협하고 중국을 적대 방향으로 돌려 세우도록 만들 것이 아니라, 북핵 문제는 국제적 해결에 맡기고, 최소한 북한 실체를 인정하는 바탕 위에서 "평화공존"을 추진하는 것이 당위적으로나 중국 부상을 감안해서나 실효적 정책이 될 것이다.

◈

'G-2'시대 한국의 외교전략

김재철 가톨릭대

◈

미국의 주도권 약화와 중국의 부상은 우리에게 익숙한 국제정치의 판을 변화시키고 있다. 금세기 들어 진행된 2차례의 전쟁과 금융위기는 미국의 국제적 지위를 약화시켰다. 그동안 세계질서를 주도해온 미국은 국제적 문제를 해결하는 데 어려움을 겪고 있을 뿐 아니라 자국의 경제회복에도 상당한 시일이 필요한 상황이다. 이처럼 미국이 어려움을 겪는 반면에 중국은 지난 30여 년에 걸친 고도성장을 통해 새로운 강대국으로 부상했다. 세계금융위기를 계기로 그 지위가 급속하게 증대된 중국은 이미 국제무대에서 보다 분명한 목소리를 내기 시작했고, 중국경제의 고도성장이 당분간 지속될 것이라는 전망을 고려하면 국제적 지위와 영향력에 대한 중국의 추구는 앞으로 더욱 강화될 것으로 예상할 수 있다.

이러한 국제정치의 구조적 변화는 우리의 외교전략에 조정의 필요성을 제기한다. 미국이 주도하는 질서에 변화가 불가피하다면 이를 전제로 설정되고 추진되어온 우리의 외교전략 또한 조정이 필요하다. 실제로 변화하는 미-중관계는 이미 한반도에 그 영향을 끼치기 시작했다. 지난 해 천안함 사건과 연평도 포격에 대한 대응과정은 미-중갈등이 한반도에서의 상황전개에 심대한 파급효과를 끼침을 생생하게 보여주었다. 이처럼 한반도가 변화하는 미-중관계의 영향을 직접적으로 받음을 고려하면 우리의 대외전략을 조정하고 새로운 변화를 모색할 필요성은 매우 시급하다 할 것이다.

이 글은 변화하는 국제정치의 환경 속에서 한국이 지향해야 할 외교전략의 방향을 제시하려는 시도이다. 다음에서는 우선 우리의 외교전략 설정에 영향을 끼치는 구조적 요인인 미-중관계의 현황과 전망에 대한 검토가 진행될 것이다. 이어서 미-중관계가 한반도에 끼치는 영향을 살펴본 후, 한국이 지향해야할 외교전략의 방향을 제시하게 될 것이다.

1. 미-중관계의 복합성

미-중관계의 성격과 관련해서는 다양한 견해가 존재한다. 한편에서는 양국관계에 존재하는 협력적 측면을 강조한다. 그 대표적 시각이 G-2구상이다. 세계금융위기가 발생한 시기를 전후하여 제기된 이 구상은 양국이 밀접하게 공조하여 기존질서를 유지하려는 의도를 반영했다. 2차례에 걸친 전쟁과 경제적 침체로 어려움을 경험하기 시작한 미국은 중국을 자국의 영향권으로 끌어 들임으로써(G-2) 자국이 주도하는 패권적 질서를 유지하려 들었다. 이러한 의도가 중국으로 하여금 동 구상에 대해 부담을 전가시키려는 시도라는 의구심을 보이도록 작용했고, 그 결과 애초에 제기되었던 G-2구상은 좌초되었다. (우리 사회에서 통용되는 'G-2'라는 용어는 이러한 의도와는 무관하게, 미국과 중국이 지배하는 양강체제라는 의미로 사용된다.)

다른 한편에서는 양국관계가 경쟁과 충돌로 갈 수밖에 없다는 견해를 보인다. 세력전이론자, 패권안정론자, 그리고 공세적 현실주의자를 포함하는 비관론자들은 양국간 경제성장 속도의 차이나 영향력 경쟁과 같은 다양한 이유를 들어 양국 간 갈등과 충돌이 불가피하다는 입장을 보인다. 이러한 시각은 2010년 미-중간의 갈등이 심화됨에 따라 그 영향력을 강화했다. 그러나 양국이 갈등을 보이면서도 동시에 관계를 유지하려는 노력을 포기하지 않았고 그 결과 금년 1월 양국정상회담을 통해 관계안정을 위한 기반을 마련했다는 점에서 이 시각 또한 양국관계를 전면적으로 설명하기는 어렵다.

양국관계의 성격은 "복합적 관계(complex relationship)"로 가장 잘 설명될 수 있다. 이 용어는 부시(George W. Bush) 전 미국대통령이 제기하면서 우리의 관심을 끌었고 2011년 미-중공동성명에서도 양국관계를 규정하는 용어("미-중관계는 중요하면서도 복합적인 관계")로 등장한 바 있다. 복합적 관계란 양국관계에 1) 갈등과 협력의 측면이 공존하는 가운데 2) 특정 시기에 어느 한 측면이, 교체적으로, 부각되는 관계로 규정될 수 있다. 이러한 복합적 관계는 양국간 전면적 협력의 가능성도 또 본격적 경쟁의 가능성도 배제한다. 갈등이나 협력 가운데 어느 한 측면이 강조될 때도 다른 측면이 완전히 배제되지 않기 때문이다. 이는 미국과 중국 모두 상대에 대해 협력의 측면과 경쟁의 측면을 동시에 포함하는 이중적인 정책을 추구할 필요성에 직면해있고 또 현실적으로 그러한 정책을 추구하기 때문이다. 복합성은 양국관계와 관련한 미국의 주도권이 약화되었음을 제시한다. 수년 전까지 양국관계를 주도해왔던 미국이 양국관계를 주도하는 데 어려움을 경험하게 됨에 따라 양국관계에서 복합성이 강화되었다.

세계금융위기는 이러한 양국관계의 복합성을 더욱 강화시켰다. 세계금융위기는 양국간 협력의 필요성을 제기했다. 금융위기에 직면한 미국은 국내경제의 회복을 위해 중국의 도움을 필요로 하게 되었다. 금융위기 이후 미국이 중국에 대해 국채를 구매해줄 것을 요청하게 된 것이 그 대표적 증거이다. 여기에 더해 미국의 국제적 지위가 약화됨에 따라 국제문제와 관련하여 중국의 도움을 필요로 하는 상황 또한 더욱 분명해졌다. 중국 또한 여전한 미국과의 국력격차와 실업문제나 사회불안과 같은 국내적 과제를 해결할 필요성으로 인해 미국과의 협력을 계속해서 필요로 했다. 이러한 현실적 필요성이 세계금융위기 직후 양국간 협력을 강화시키는 요인으로 작용했다.

이처럼 양국간 협력의 필요성을 강화시키는 동시에 세계금융위기는 양국간 국력격차를 축소시킴으로써 경쟁의 측면을 강화시키기도 했다. 중국의 부상에 따른 미-중간 국력격차의 축소는 미국의 대중 경계와 의구심을 증대시켰다. 중국이 급속하게 따라오고 있다는 초조감은 미국에서 중국의 전략적 의도에 대한 의구심을 제고시켰다. 이러한 의구심은 다시 중국에 대한 경계를 강화시키는 결과를 가져왔다. 반면에 세계금융위기의 여파를 가장 먼저 극복한 중국에서 대외적 자신감이 증대되었고, 이러한 자신감은 미국과의 관계를 다시 설정하려는 욕구를 강화시켰다. 세계금융위기 이후 중국에서는 미국이 주도하는 양국관계를 보다 대등한 관계로 전환시켜야 한다는 목소리가 증강되었다.

실제로 세계금융위기 이후 미국과 중국 모두가 상대에 대해 이중적인 정책을 추구했다. 미국은 자신의 패권을 유지시키는 데 도움을 얻기 위해 중국에 대해 관여정책을 추구하려 들었다. 이러한 시도는 "책임 있는 강대국" 구상에 이어서 제기된 G-2와 "전략적 보장(strategic reassurance)" 등의 구상으로 나타났다. 물론 미국은 이처럼 중국과의 협력을 추구하는 동시에 군사적으로 중국에 대해 우위를 확보함으로써 중국의 전략적 선택을 규제하려 들었다. 중국 또한 한편으로 미국과의 관계를 다시 설정하기 위해 미국과의 갈등을 불사하면서도 동시에 이러한 시도가 양국관계의 파국으로 이어지는 것은 방지하려는(鬪而不破) 정책을 추진했다.

이처럼 양국이 이중적 정책을 추구함에 따라 양국관계의 성격은 협력과 갈등 사이를 순환했다. 세계금융위기 직후 미국이 중국의 도움을 얻기 위해 대중유화정책을 추구함에 따라 양국관계에서는 협력이 부각되었다. 그러나 이처럼 협력이 부각되는 상황에서도 G-2와 전략적 보장 등의 구상이 실현되지 못함으로써 양국간 협력에 존재하는 한계를 분명하게 보여주었다. 2009년 말 오바마 대통령의 방중과 코펜하겐 기후회의의 결과에 실망한 미국은 2010년에 들어 중국과의 현안을 정면으로 다루려 들었고 이에 따라 양국관계는 급속하게 갈등의 국면으로 접어들었다. 대만에 대한 미국의 무기판매, 구글사태, 달라이 라마 면담에 이어 서해와 남지나해 등에서의 사태발전을 둘러싸고 양국은 첨예한 갈등을 노정시켰다. 그러나 이처럼 갈등을 벌이면서도 양국은 조지 워싱턴호의 서해 군사훈련 참여문제나 연평도 포격에 대한 대응으로 실시된 우리의 해상실탄사격훈련에 대한 북한의 대응에 영향을 끼치려는 중국의 노력에서 드러나듯 상대의 우려사항을 고려함으로써 상황을 통제하려는 의도를 보였다. 나아가 양국은 2011년 1월의 미-중정상회담에서 타협을 통해 양국관계의 안정을 유지할 수 있는 역량을 보여주었다.

이러한 양국관계에 존재하는 복합성이 가까운 시일 내에 근본적으로 변화할 가능성은 크지 않다. 이는 미국과 중국 사이에 협력을 요구하는 요인과 불신의 측면이 공존하는 상황에 근본적 변화가 발생할 가능성이 크지 않기 때문이다. 아울러 중국의 경제적 성장이 계속될 것임에도 불구하고 양국간 국력대비에 획기적 변화가 발생할 가능성 또한 높지 않다. 이는 양국 가운데 어느 한 국가가 분명한 주도권을 장악하고 상대와의 관계를 근본적으로 변화시킬 가능성이 크지 않음을 제시한다.

G-2와 같은 양국간 공조체제가 실현될 가능성은 크지 않다. 실제로 지난 1월에 열린 양국정상회담에서는 양국관계를 규정할 거시적이고 전략적인 틀을 마련하려는 노력이 전개되지 않았다. 양국 간에 존재하는 전략적

갈등과 정치적 차이가 양국관계의 한계를 설정하기 때문이다. 반면에 양국관계가 전면적 갈등으로 전개될 가능성 또한 크지 않다. 미국과 중국 모두 국내외적 필요성으로 인해 상대의 도움을 필요로 한다. 여기에 더해 핵전쟁의 위험 또한 양국이 전면적 갈등으로 나아가는 것을 제약한다.

따라서 양국 간에는 협력과 경쟁이 공존하면서 시기적으로 어느 한 측면이 교체적으로 부각되는 복합적 관계가 지속될 가능성이 크다. 이는 양국간 전면적 협력의 가능성도 본격적 경쟁의 가능성도 제약될 것임을 제시한다. 현실적으로 양국관계에서 협력과 갈등 가운데 어느 한 측면이 부각될 때도 다른 측면이 여전히 잠복해 있을 가능성이 크다. 이러한 양국관계의 성격은 한반도에서의 사태전개에 영향을 끼치며, 이 점에서 우리가 외교전략을 설정함에 있어서 중요하게 고려해야할 사항이다. 다시 말해 미-중관계의 복합성은 우리에게 양국간 갈등뿐 아니라 양국간 협력의 가능성에도 동시에 대비할 것을 요구한다.

2. 미-중관계의 변화와 한반도

미-중관계의 복합성 강화는 한반도 정세에 직접적인 영향을 끼쳤다. 중국의 국제적 영향력이 증대됨에 따라 그동안 미국이 한반도에서 주도권을 유지해온 상황에 변화가 발생하기 시작했다. 특히 중국이 독자적 목소리를 내려 듦에 따라 한반도 정세는 미-중관계에 의해 영향을 받게 되었고, 이에 따라 한반도는 양국관계의 변화를 가장 먼저 반영하는 지리적 최일선으로 등장했다. 한반도가 미국과 중국의 각축의 장이 되었다는 사실은 천안함 사건과 연평도 포격에 대한 대응 과정에서 단적으로 확인되었다.

미국은 천안함 사건과 연평도 포격 등 한반도 현안을 접근함에 있어서 북한뿐 아니라 궁극적으로 중국을 염두에 두었다. 가령, 천안함 사건 이후 미국은 한국과 연합군사훈련을 실시하고 또 외교·국방장관(2+2)회의를 개최하는 등 한국과의 동맹관계를 강화하는 데 초점을 두었다. 이러한 미국의 행위는 궁극적으로 중국을 제어하려는 시도로서의 성격을 띤 것이 사실이었다. 가령, 미국은 중국의 반대로 안보리가 결의안 대신에 의장성명을 채택하게 되자 독자적으로 북한에 대해 제재를 가했는데, 이는 북한뿐 아니라 천안함 사태에 대한 북한의 책임을 인정하지 않으려한 중국을 비판함으로써 중국이 아시아에서 영향력을 확대하는 것을 견제하려는 시도의 일환으로 해석될 수 있다. 나아가 미국은 북한에 의해 촉발된 위기를 활용하여 오랫동안 추진해온 한-미-일 군사공조 체제를 실현시키려 들었다. 이러한 시도는 중국에 의해 자국을 포위하려는 미국의 노력으로 인식되었다.

미국의 정책은 중국의 대응을 촉발시켰다. 중국은 6자회담이 시작된 2003년 이후 북한 핵문제와 관련하여 미국의 정책을 수용하는 입장으로, 점진적으로나마, 움직여 왔었다. 그러나 북한의 2차 핵실험에 대한 한국과 미국의 대응을 한반도에서의 중국의 영향력을 배제하는 시도로 의심하게 된 중국은, 세계금융위기를 계기로 급속하게 증대된 자신감을 바탕으로, 한반도에서 지배적 영향력을 유지하려는 미국의 의도를 견제하는 데 정책의 초점을 집중시켰고 그 결과 한반도는 양국간 경쟁의 장으로 등장했다. 특히 중국은 한반도에서 전략적 균형을 유지하려는 중국의 의도는 북한과의 관계를 강화시키는 결과로 이어졌다. 북한에 대한 중국의 인식이 계속해서 악화되었음을 고려할 때, 최근 북한에 대한 중국의 지원은 한반도에서의 세력균형 상실 가능성에 대한 중국의 우려와 대응을 반영한 것이었다.

이처럼 미국과 중국이 한반도 정책과 관련하여 상대의 영향력을 견제하는 데 초점을 집중시킴에 따라 한국은 한-미동맹과 한-중 관계를 조화시키는 데 어려움을 경험했다. 중국의 대한정책은 한-중 간 양자차원에서 고려되기보다 점차 미-중관계에 종속되어 고려되었다. "미국의 궁극적 고려는 중국을 견제하는 데 있다"는 인식이 한국에 대한 중국의 부정적 평가를 촉발시켰다. 즉, 한국이, 중국과의 관계에 대한 배려 없이, 미국과의 동맹을 일방적으로 강화하려한다는 인식이 중국으로 하여금 한국의 우려를 고려하기보다 북한을 지원함으로써 한반도에서의 영향력 균형을 회복하는 데 하도록 작용했다. 이처럼 미-중경쟁은 한반도에서 한국의 이익 실현을 제약하는 요인으로 작용했다. 대표적으로, 천안함 사건에 대한 대응과 관련하여 중국은 미국의 영향력 확대에 초점을 집중시켰고, 그 결과 한국의 우려를 수용하려 들지 않았다. 중국은 북한을 비판할 것을 요구하는 한국의 입장을 수용하기보다 천안함 사건과 연평도 포격을 지속적으로 발생해온 남북간 적대행위의 연장선에 파악했다. 한국이 미-중관계에서 미국으로 편향되었다는 인식이 한반도 사태에 대한 중국의 판단과 대응에 영향을 끼친 것이다.

미국의 대중 주도권 약화로 초래된 양국관계의 복합성은 한국이 미국과의 관계 강화를 통해 이익을 실현하는 것도 어렵게 만들었다. 무엇보다 중국과의 협력을 유지할 필요성이 미국으로 하여금 중국의 이익에 반해 한국의 선호를 실현하고 견지하는 것을 제약했다. 이러한 사실은 항공모함 조지 워싱턴호의 서해 군사훈련 참가와 관련하여 미국이 보인 일련의 행태에서 단적으로 드러났다. 또 후일 미국과 중국은 양국간 정상회담에서 남북대화의 필요성에도 합의했는데, 이 역시 천안함 사건과 연평도 포격에 대한 북한의 사과를 남북대화의 전제로 제시한 한국의 정책선호와 다른 합의였다. 결국, 중국과의 관계를 유지하려는 미국의 의지와 필요성이 한국의 정책선호보다 더 중요하게 작용했다.

이처럼 중국과의 협력을 유지할 필요성이 한반도에서의 미국의 선택에 제약을 가했는데, 이러한 사실은 다시 중국에 의해 포착되고 활용되었다.

중국은 미국의 선택에 영향을 끼치는 방식을 통해 한국의 정책선호를 제약하려는 의도와 자신감을 숨기지 않았다. 필요할 경우 미국과의 직접적인 타협을 통해 한반도에서의 사태전개에 영향을 끼칠 수 있다는 중국의 자신감은 우리가 미국과의 동맹을 통해 중국의 선택에 영향을 끼칠 가능성을 제약하는 요인으로 작용했다. 이는 우리가 외교전략을 선택함에 있어서 미국과 중국이 갈등을 벌일 가능성뿐 아니라 타협할 가능성에도 대비할 필요성을 제시한다.

3. 한국 외교전략의 방향

이상의 논의는 한국의 외교전략의 토대로 작용하고 있는 중요한 전제를 다시 돌아볼 필요성을 제기한다.

> "한-미동맹을 강화하는 것이 중국으로 하여금 한국을 존중하도록 하는 결과를 가져올 것이다".

현 정부 대외전략의 중요한 전제이다. 그러나 이상의 논의는 이러한 전제가 실현되기 어려움을 제시한다. 현실적으로 미국과의 관계 강화가 항상 우리의 국익에 봉사하기만 한 것은 아니다. 한-미동맹의 강화를 통해 중국에 영향을 끼치려는 시도는 한반도에서의 영향력을 유지하려는 중국의 대응을 촉발시킴으로써 한-중관계를 악화시키고 북-중관계를 강화시키는 결과를 초래했다. 이는 우리가 지불하기에 너무 큰 대가였다. 아울러 미국의 대중국 영향력 약화와 중국의 협력을 유도할 필요성은 미국을 통해 중국의 정책에 영향을 끼치는 것을 어렵게 한다. 이상의 논의는 미국이 한국의 이익을 위해 중국과의 관계를 희생할 의지와 능력이 있는가라는 의문을 제기한다. 중국 또한 미국과의 관계를 통해 한국의 전략적 의도를 좌절시키려 들었다. 결국, 미국과의 관계 강화를 통해 한국의 선호를 실현하려는 노력에도 불구하고, 한국의 이익은 미-중관계에 종속되어 고려되며 심지어 양국관계를 유지할 필요성에 의해 희생될 가능성마저도 존재한다. 미국과 중국이 타협할 경우 한국이 배제될 위험성은 상존한다.

한편 한-중관계가 악화됨에 따라 한중관계를 개선하기 위한 시도에서 "한-미동맹의 급격한 조정이 한국에 대한 중국의 인식을 바꿈으로써 한-중관계를 개선시키는 데 기여할 것이다"라는 주장이 제기될 수 있다. 그러나 이러한 정반대의 전제 또한 그 현실적 가능성이 크지 않음이 이미 입증된 바 있다. 미국과 중국 사이에서 균형자 역할을 하겠다는 참여정부의 전략적 균형자론에 대해 중국은 부정적 인식을 보인 바 있는데, 이는 한반도에서의 급격한 전략적 변화나 미-중경쟁을 활용하려는 노력에 대한 부정적 입장을 표현한 것에 다름 아니다.

한-미동맹을 유지하는 것은 동북아의 평화와 안정을 유지하는 데 기여할 뿐 아니라 한국 외교정책의 일관성을 강화함으로써 한국의 외교전략이 정권교체의 주기에 맞춰 급격하게 변화한다는 부정적 인식을 해소하는 데도 기여할 것이다. 또 중국이 북한과의 관계가 동북아의 평화와 안정에 기여한다는 주장을 견지함을 고려할 때, 한-미동맹을 유지하는 것은 동북아의 전략적 균형을 유지하는 데도 기여한다. 과제는 한-미동맹이 동북아의 전략적 균형을 유지한다는 목적을 달성하고 균형을 해치는 부작용을 초래하지 않도록 관리하는 것이다. 이를 위해서는 한-미동맹 강화가 중국을 봉쇄하기 위한 시도로 인식되지 않도록 예방하는 것이 시급하게 필요하다. 이는 단순히 수사를 통해 이루어질 수 있는 사항이기보다 행동을 통해 표출되고 전달되어야 할 것이다. 이와 관련하여 중국의 지위를 사후적인 설득대상에서 사전에 협의를 진행하는 대상으로 재설정하는 것이 시급하다.

이상의 논의는 무엇보다도 미국 및 중국과의 관계와 관련하여 양자택일적 시각을 배제하는 것이 우리의 외교전략의 핵심이 되어야 한다는 평범한 사실을 제시한다. 미-중간 국력격차의 축소와 미-중관계의 복합성 강화로 인해 양국 가운데 어느 한쪽으로 경사되는 양자택일적 정책은 우리에게 더 이상 가능하지도 또 바람직하지도 않다. 보다 현실적인 선택은 미국 및 중국 모두와 우호적인 관계를 유지함으로써 양국이 경쟁할 가능성 뿐 아니라 타협할 가능성에도 대비하는 것이다. 타국의 힘을 빌려 자국의 이익을 실현하려는 구상은, 이상의 논의가 제시하듯, 우리의 국익을 달성하는 데 한계가 있을 수밖에 없다.

다음으로, 미-중관계를 활용하려는 노력보다 미-중갈등에 연루되지 않도록 하는 것이 더 시급하다. 현실적으로 미-중관계는 미국이나 중국조차도 그 방향을 예단하는 것이 쉽지 않을 만큼 불확실성이 강한 것이 현실이다. 이는 우리가 미-중관계의 향방에 영향을 끼치기 쉽지 않음을 제시한다. 나아가 이는 양국관계에 영향을 끼침으로써 양국관계를 활용하려는 전략이 현실적인 선택지가 되기 어려움을 제시한다. 한반도가 미-중의 이익이 부딪히는 지리적 최전선임을 고려할 때 미-중관계를 활용하려는 시도는 우리의 이익에 봉사하기보다 오히려 우리를 미-중갈등에 연루시킬 위험성이 크다. 실제로 최근까지 계속된 한반도에서의 미-중경쟁은 양국간 갈등이 한반도로 확산된 측면뿐 아니라 한국이 미-중갈등을 끌어들인 측면 또한 없지 않다. 이러한 상황을 고려하면 미-중관계를 활용하는 것보다 한반도 문제와 미-중관계의 연계성이나 민감성에 보다 더 큰 주의를 기울임으로써 양국갈등이 한반도로 확산되는 것을 방지하는 것이 보다 현실적인 선택이 될 것이다. 다시 말해 미-중갈등에 연루되지 않는 것이 보다 우선적인 전략적 고려가 되어야 할 것이다.

현실적으로 양국간 국력대비가 분명하지 않은 상황에서 미국 및 중국과의 관계와 관련하여 쉽고 분명한 해결책을 찾기는 쉽지 않다. 이러한 상황을 직시하고 양국과의 관계와 관련하여 균형감각을 유지함으로써 양국관계가 한반도로 확산되지 않도록 관리하는 것이 -- 양국과의 관계를 활용하여 변화를 모색하는 것보다 -- 우리 외교전략의 전체적인 방향이 되어야 할 것이다. 이러한 변화는 우리외교의 유연성을 제고시키고 선택지를 확대하는 데 기여할 것이다.

2주제

북한은 어디로?
- 북한의 미래와 한반도

북한은 어디로?
- 북한 경제의 상황 평가와 미래 전망 -

조동호 이화여대

1. 서언

북한의 미래에 대한 전망은 대북정책의 방향 설정에 있어서 대단히 중요한 지침과도 같다. 예컨대 북한이 조만간 붕괴할 것으로 예상하는 경우와 당분간 체제의 안정성이 유지되는 경우의 대북정책이 다르게 설정되는 것은 당연할 것이다.

그러나 북한의 미래에 대해서는 전망 작업 자체에서 기인하는 부정확성 이외에도 미래 대내외 정세의 불확실성, 정보의 부족, 해석의 차이 등으로 인해 일치된 견해를 구하기가 현실적으로 불가능하다. 더욱이 미래 전망의 기초가 되는 현 상황에 대한 평가도 크게 엇갈리고 있다.

먼저, 보수와 진보 진영 모두 정책 방향을 미리 설정하고 그를 정당화하기 위한 근거로 현 상황을 해석하는 경향이 존재한다. 보수는 현 정부 정책의 성과로 인해 북한경제가 어려워졌고, 따라서 북한 변화 유도를 위해서는 현재의 정책방향을 유지해야 한다는 근거로 북한의 경제난을 해석하고 있다. 이에 반해 진보는 북한경제가 나날이 어려워지고 있는데다가 중국과의 경협 확대는 우리에게 불리하므로 조속히 정책방향을 변경하여 대북 지원과 경협을 실시해야 한다는 근거로 북한의 경제난을 사용하고 있다. 일부 언론은 북한의 경제난 심화 부분을 집중적으로 보도함으로써 '선정성' 경쟁에 나서고 있는 형국이다.

이하에서는 경제적인 측면에 초점을 맞추어 최대한 '중립적'으로 현재 북한의 상황을 평가하고 미래에 대한 전망을 시도하고자 한다. 현재 북한경제가 "어렵다" 혹은 "어렵지 않다"라는 현상 파악 차원에서 벗어나 구조적으로 북한경제를 평가함으로써 보다 효과적인 정책을 수립하는 데에 기여하고자 한다.

2. 북한의 경제상황 평가: 경제의 이중구조화

〈 기존의 논의 〉

북한은 1960년대 중반 이래 공식적인 경제통계를 발표하지 않기 때문에 한국은행이 1991년부터 북한경제 상황을 추정하여 발표하고 있다. 한국은행에 따르면 2009년 북한의 경제성장률은 -0.9%로 추정된다. 2010년의 추정치는 전례로 볼 때 올해 6월경에 발표될 전망이다.

한국은행의 분석에 따르면 2008년을 제외하면 북한경제는 2006년부터 마이너스 성장 국면에서 벗어나지 못하고 있다.

표 1 2000년대 북한의 경제성장률 추이

'00	'01	'02	'03	'04	'05	'06	'07	'08	'09
1.3%	3.7%	1.2%	1.8%	2.2%	3.8%	-1.1%	-2.3%	3.7%	-0.9%

언론 역시 '심각한 경제난'이라는 표현을 일상적으로 사용하고 있다. 최근 대북 인권·지원단체인 「좋은 벗들」은 올해가 '고난의 초강행군'이라며 '심각한 식량난'과 함께 다수의 아사자·동사자가 발생하였다고 언급하였다. 심지어 「자유북한방송」은 2011년 3월 1일 "황해북도 사리원과 남포시 일대에서 식인 인간이 나타나 꽃제비들을 잡아먹는다는 소문"을 보도하기까지 한 바 있다.

이에 반해 정부는 북한의 경제난이 존재하고 있으나 그만큼 심각하지 않다는 입장이다. 2011년 2월 23일 통일부 부대변인은 "북한의 특정 지역에서 식량난으로 인한 집단시위가 있었다는 일부 보도 내용은 구체적으로 확인된 사실이 없다"고 설명했다. 또한 2011년 3월 9일 청와대 고위관계자는 "대북 지원단체들은 북한 식량 사정이 안 좋아졌다고 하는데 그 말은 정확한 것이 아니다"라며 "작년 작황이 전년보다 증가"했고, "북한이 2012년을 앞두고 잔치용 식량을 비축"하려는 것이라고 발언한 것으로 보도되었다. 실제로 2010년 11월 FAO/WFP는 2010년 북한의 식량생산량을 전년 대비 3.1% 증가한 것으로 발표했다.

〈 평가 〉

지난 수년간 북한경제는 전체적으로 볼 때 소폭이나마 상승을 이어가고 있는 것으로 평가된다. 이것은 경제성장률 기준으로 플러스 성장세를 보이고 있다는 것을 의미한다.

소폭이나마 북한경제가 성장하고 있는 가장 큰 이유는 시장부문과 계획·공식부문의 분리라는 경제의 이중구조화 때문이다. 시장의 허용·확산과 이를 통한 주민·기업의 시장에서의 자구적 경제활동 기회의 확대가 경제의 성장을 추동하고 있다.

과거에는 국가가 배급을 못주면 굶어 죽는 수밖에 없었으나, 이제는 시장의 존재와 확산으로 인해 배급 없이도 주민들은 생계를 이어가고 있으며, 다양한 경제활동으로 인해 북한경제는 거시경제적으로 플러스 성장을 유지하고 있다. 예컨대 과거에는 밀가루 100원어치가 공급되면 주민은 이를 그냥 식량으로 사용했지만, 이제는 빵이나 국수를 만들어 120원에 판매할 수 있는 공간이 생긴 것이고, 이는 20원의 부가가치가 창출된 것을 의미한다. 시장에서의 장사뿐만 아니라 짐꾼, 짐 보관, 음식 좌판, 자전거 수리 등 다양한 형태의 경제활동 기회가 크게 증대하였다. 기업 역시 시장에서의 조달 및 판매를 통해 가동률을 제고하고 있으며, 돈 있는 개인과 결탁한 위탁경영도 등장하고 있다.

한국은행의 추정은 2003년부터 크게 활발해진 시장 활동을 제대로 반영하지 못한다는 단점을 지니고 있다. 다시 말해서 북한 주민의 약 90%는 이미 소득의 전부 혹은 일부를 시장에 의존하고 있는 실정이다.

천암함 폭침사건 이후 우리 정부가 취한 '5·24 대북조치'는 북중경협의 증가로 인해 효과가 대부분 상쇄되었다. 2010년 북중무역은 34.7억 달러로 사상 최대치이며 전년 대비 29.3% 증가한 것이다. 대중국 수출은 11.9억 달러로 전년 동기 대비 무려 49.9% 증가했으며, 특히 하반기에 큰 폭으로 증가했다. 중국과의 의류 임가공 역시 하반기에 크게 증가했고 남북 임가공 축소분을 상회하는 것으로 분석되고 있다.

또한 2010년 북한의 대중국 주요 수입품목은 모두 생산재인데다가 전반적으로 수입이 증가하고 있다는 점도 경제성장에 긍정적으로 작용한 것으로 평가할 수 있다. 아래의 대중국 주요 수입품목 현황을 나타내는 표에서 볼 수 있듯이 2008년 대비 광물성연료(원유)의 수입 감소는 단가 하락에 따른 것일 뿐 물량은 큰 변화가 없음을 알 수 있다.

표 북한의 대중국 주요 수입품목 현황

(단위: 백만달러, %)

순위	품목	2007	2008	2009	2010
1	광물성연료(HS27)	402(15.7)	586(45.8)	223(n.a.)	479(-18.3)
2	보일러와 기계류(HS84)	104(25.0)	145(40.1)	99(n.a.)	245(69.0)
3	전기기기, 장비(HS85)	69(-29.0)	101(45.3)	71(n.a.)	191(89.1)
4	차량 및 부속품(HS87)	52(35.4)	89(46.6)	69(n.a.)	160(79.8)
5	플라스틱류(HS39)	54(92.1)	67(25.4)	44(n.a.)	84(25.4)
기타		711	1,045	1,382	1,119
총계		1,392(13.1)	2,033(46.0)	1,888(n.a.)	2,278(20.7)

주: 1) 괄호 안은 전년 동기 대비 품목별 증가율인데 2009년 8~11월은 품목별 통계를 발표하지 않았음 2) 2010년의 경우 2009년의 통계 문제로 인해2008년 대비 증가율을 계산
자료: 이영훈, "중국의 대북 경제적 영향력 분석", 『통일경제』, 2011년 제1호, p.47.

물론 이는 북한경제가 '평균적'으로 플러스 성장을 하고 있다는 것을 나타내지만, 계층간, 지역간 '양극화'는 과거보다 심화되고 있다. 그 결과 어느 쪽을 보느냐에 따라 북한경제 현황에 대한 평가가 달라지는 현상이 발생하는 것이다.

3. 북한당국의 대응: 모순적 태도

북한당국의 입장에서는 이러한 경제상황의 개선에 불안을 느끼고 있다. 경제 상황의 개선이 시장에 근거하고 있는 것이어서 이는 계획·공식부문

의 축소·붕괴를 의미하기 때문이다. 더욱이 시장 활동의 증가는 자본주의와 시장경제가 확산되고 있음을 나타내는 의미가 있다는 측면에서도 북한 당국으로서는 우려스러운 현상이 아닐 수 없다.

그럼에도 불구하고 현재로서는 강성대국의 핵심인 '인민생활의 향상'이 가장 시급한 과제이므로 시장을 묵인할 수밖에 없는 상황이다. 김정일은 강성대국 건설로 자신의 시대를 화려하게 마감할 필요가 있다. 김정은으로서도 주민들의 지지를 받기 위해서는 실제로 체감할 수 있는 변화, 즉 경제수준의 향상이 필요하며 아버지의 마지막 과제 실현에 기여해야만 자신의 위상은 더욱 확고해질 것은 분명하다.

그러나 2012년 건설을 약속한 강성대국은 '아무런' 강성대국이 아니라 '사회주의' 강성대국이라는 측면에서 시장의 확산을 가만히 두고 볼 수만은 없는 실정이다. 이것은 결국 계획·공식부문의 정상화 역시 시급한 문제임을 의미한다.

최근 북중 경협의 증가, 식량지원의 요청 등은 과거 고난의 행군 시절과 같이 절대적 어려움의 해결 차원이 아니라 계획·공식부문을 정상화하기 위한 노력이라고 보는 것이 타당할 것이다. 대외적으로는 각종 유화 제스처와 함께 도발을 시도하는 '모순적' 행동도 이러한 측면에서 이해할 수 있다.

4. 미래 전망: 개방으로의 진전

조만간 북한체제가 붕괴할 가능성보다는 점진적인 개방을 통해 당분간은 체제가 유지될 가능성이 농후하다. 중동의 '재스민 혁명'이 가까운 시일 내에 북한에서도 발생할 것으로 예상하기란 곤란해 보인다.

물론 이것은 단기 전망일 뿐이며, 장기적으로는 북한체제의 근본적 변화가 없이는 체제의 존속이 불가능할 수밖에 없을 것이다.

〈 김정은 체제의 '성장' 슬로건 〉

김정일의 '선군'은 대내외적 환경이 최악이던 시절에 제시된 생존논리에 불과했던 반면, 2012년 강성대국 선포 이후 출범하게 될 김정은 체제는 '새 시대의 새로운 슬로건'을 필요로 하는 것이 당연한 일이다. 강성대국을 건설했다고 선포한 상황에서 생존의 슬로건은 무의미하며, '성장', '발전'의 슬로건이 필요한 것이다. 구체적으로 슬로건이 어떻게 설정되든, 이는 개방을 통해 추진할 수밖에 없는 상황이라 할 것이다. 따라서 개혁은 체제의 보호 차원에서 필요한 최소한의 수준에서만 소극적으로 실시할 것으로 예상된다. 중국 역시 북한의 개방·개혁을 요구하는 정도가 점차 커질 것으로 전망된다.

〈 북한 주민의 요구 〉

이미 북한 주민은 시장을 떠나서는 생계를 유지하기 어려운 상황이다. 현실적으로 북한당국이 계획·공식부문을 정상화하려 노력한다고 해도 가까운 시일 내에 실현하기란 불가능하다고 판단된다.

더욱이 이미 시장의 효율성을 경험한 주민들은 시간이 지날수록 시장의 확대를 요구하게 될 것으로 전망된다. 시장은 그 자체의 동력으로 인해 점차 커지게 되는 속성을 가지고 있다. 이는 과거 동유럽 사회주의 국가에서 일반적으로 발생한 현상이라는 점에서 확인할 수 있다. 실제로 북한당국도 2005년부터 시장을 억제하는 조치를 수시로 취해 왔으며 2010년 초에는 시장을 폐쇄한다는 방침까지 발표하였으나, 결국 2010년 '5 · 26 조치'를 통해 시장에 대한 모든 규제를 해제한 바 있다. 2009년 말 화폐개혁 직후 함북 무산시장에서 상인들이 시장세 납부를 거부하는 집단행동 또한 북한 주민들의 시장 의존도를 보여주는 사례이다.

시장의 존재와 확대 현상은 그 자체로서 계획경제로의 완전 복귀가 현실적으로 불가능한 상황임을 의미한다. 게다가 '성장'을 추진해야 하는 김정은 체제의 입장에서는 개방을 통해 시장의 작동을 '안정적으로 관리'하는 수준에서 타협할 가능성이 높다.

〈 중국의 적극적 지원 〉

향후 10년간은 중국으로서는 정치경제적으로 대단히 민감한 시기가 될 것이다. 중국은 공산당 100주년 되는 2021년을 '소강사회의 전면적 실현', '사회주의 조화사회 구축'을 비전으로 설정하였다. 또한 12차 5개년 계획(2011~2015년)을 통해 중국은 "앞으로 5년간 인민의 생활수준을 전면적으로 개선해 나가겠다"며, '부민공정(富民工程)'을 시작했다.

이것은 중국으로서는 대내적으로는 개방 · 개혁 30년 과정에서 누적된 사회문제 해결이라는 과제와 대외적으로는 저비용의 안정된 외교환경을 유지해야 하는 과제의 동시 추진을 의미한다. 즉 국내 체제안정과 경제성장을 유지하는 동시에 미국의 견제를 극복해야 하는 과제를 해결해야 하는 것이다.

이는 한반도 문제에 대해서 중국은 지속적으로 기존의 '평화와 안정'을 가장 중요한 목표로 설정할 것임을 시사한다. 북한의 불안정 발생을 최대한 억제할 유인이 중국의 국익 차원에서도 존재하는 것이다.

〈 차기 한국 정부의 대북정책 〉

한국은 김대중·노무현 정부의 유화정책, 이명박 정부의 강경정책을 모두 사용해 본 경험을 가지고 있다. 전자는 성과주의, 후자는 원칙주의의 측면이 존재한다. 그러나 두 정책 모두 만족할 만한 결과를 낳는 데에는 실패했다.

우리 국민들 역시 '주기'에는 동의하나 '퍼주기', '막주기'에는 반대하며, 북한의 버릇을 고치기 위한 '회초리'의 필요성에는 공감하나 오직 '회초리'만 있는 것에 불안을 느끼고 있다.

결국 차기 정부는 누가 집권을 하든 두 정책 스펙트럼의 중간에 있을 수밖에 없을 것으로 전망된다. 이는 북한의 개방을 유도하는 데에 긍정적 영향을 미치게 될 것이라고 평가할 수 있다.

북한은 어디로?
-세습, 핵, 빈곤, 폐쇄의 4중 악순환을 넘어

박명림 연세대

1. 4대 중심문제의 존재와 복합관계

21세기 초두 세계의 3대 기조인 세계화, 민주화, 정보화의 흐름에서 현저히 벗어나 있는 북한은 지금 어디로 가고 있는가? 아니 어디로 갈 것인가? 반세계화, 반민주화, 반정보화의 확고한 국가전략을 채택하고 있는 북한의 미래전망은 결코 용이한 일이 아니지만, 세계와 문명의 보편경로가 제공해준바 있는 거시적 지혜에 비추어 몇몇 단서를 찾을 수는 있다고 본다.

오늘날 북한체제를 규정하는 핵심기조는 아래의 네 가지라고 할 수 있다. 먼저 정치적으로는 김정일에서 김정은으로의 세습에 따른 세습독재라고 할 수 있다. 북한은 이제 부자세습을 넘어 3대세습을 감행하여 세계의 문명국가와 사회주의 어느 체제도 시도하지 않았던 가족독재의 제도화 영속화를 추구하고 있다. 그리고 탈식민시대, 냉전시대, 세계화시대 전시기에 걸쳐 가공할 가족독재를 성공하고 있는 나라는 북한이 유일하다고 할 수 있다. 왕조시대를 넘은 이후 인류사에 처음으로 다시 등장한 세계 초유의 실험인 3대세습은 과연 성공할 것인가? 부족이나 종족 단위를 넘어, 근대적 공공성의 표상인 근대국가를 재(再)가족화 역(逆)공공화 재세습화한 사례는 자본주의와 사회주의를 막론하고 북한이 처음이라는 점에서 보편에 역류하는 세계적 실험의 의미를 갖는다고 할 수 있다.

북한체제의 두 번째 요체는 기아와 빈곤이라고 할 수 있다. 사실 빈곤은 김일성 선대체제의 후기부터 김정일 당대체제 전체, 그리고 김정은 후대체제를 20년 넘게 일관되게 관통하는 핵심현상이라고 할 수 있다. 이제 우리는 본질적으로 물어야할 질문 앞에 놓여있다. 북한체제의 성공적인 생존과 체제존속요인의 하나는 바로 인민의 빈곤이 아닌가 하는 점에 대해서이다. 즉 뒤집어 말하면, 독재와 폐쇄와 세습의 직접적인 반면효과인 인민빈곤은 체제의 생존과 지속을 위한 북한체제의 의도한, 의도하지 않은 전략의 산물이 아닌가 하는 점이다. 아랍과 중동의 거센 민주화 물결이 일정한 근대화, 정보화, 개방화의 산물이었음에 비추어볼 때 북한의 20년에 걸친 극단의 기아와 빈곤상황은, 이제 빈곤과의 상관동학의 측면에서 접근할 필요가 있다는 점이다.

셋째는 핵문제이다. 북핵문제는 탈냉전 이후 북한의 기저 국가전략인 군사주의(militarism), 군사제일주의노선(military-first policy)의 산물이자 표상인 동시에 그 자체 군사주의의 요체라고 할 수 있다. 말을 바꾸면 북한의 관점에서 볼 때 핵화, 핵무장 정책없는 군사주의는 무의미하며, 반대로 군사주의의 완성은 핵화정책의 성공에 의해 비로소 확보된다고 할 수 있다. 핵화 정책을 기축으로 한 북한의 생존전략은 지난 20년 동안 체제생존을 담보한 제일 요소이며, 그런 점에서 핵문제는 북한 외교, 북한국가전략, 북한국제관계의 알파요 오메가요, 처음이자 끝이라고 할 수 있다. 핵은 이제 북한에서는 그 자체로 수단인 동시에 목적인 것이다. 이제 금번 일본대지진 및 원자력-방사능위기를 접하면서 북핵문제는 (군수용에서 산생되는 문제인) 평화와 안보위협의 문제인 동시에 (민수용마저 안고 있는) 생명과 인간안전, 문명파괴의 문제가 중첩되고 있음을 알 수 있다.

넷째는 폐쇄의 문제이다. 북한은 현재 세계와 한국민들이 자유롭게 갈수 없는 세계에서 거의 유일한 나라라고 할만큼 폐쇄적이다. 그리고 이러한 폐쇄는 독재 체제의 유지와 강화와 결정적인 도움을 주고 있다. 동구, 소련, 중동, 아랍의 민주화의 경로를 살펴볼 때 국가, 사회, 사람, 물류, 방송, 정보, IT…의 개방은 체제변혁의 중요한 요소의 하나였음을 알 수 있다. 그러나 북한은 이러한 영역의 거의 모든 측면에서 철저하게 폐쇄적이며, 그 폐쇄와 외부차단의 정도만큼 안정과 생존에 긍정적인 효과를 누리고 있다.

이런 상황 하에서 남한은 무엇을 할 수 있고, 해야 할 것인가? 출범 이후 이명박 정부의 대북정책은 목적한 바 '비핵·개방·3000'의 거의 아무 것도 달성하지 못한 채 3년을 경과하고 있다. 왜 이런 역설이 존재하였는가? 현 정부의 3대 근본이념과 기조는 서로 너무도 모순적이고 다른 층위와 존재양태를 갖는 냉전반공주의, 기독교 근본주의, 시장만능주의라고 할 수 있는바 이런 모순된 이념과 원칙이 가장 잘못된 형태로 결합되어, 상황과 국면에 따라 큰 폭의 진폭을 갖고 엇갈리게 돌출하고 있는 것이 바로 남북문제라고 할 수 있다.

2. 역사, 이론, 그리고 전망의 결합 - 보편과 북한

(1) 세습과 가족독재의 문제

먼저 세습과 가족독재의 문제를 살펴보자. 이점에 관한 한, 즉 정치적 층위의 변화에 관한한 북한체제의 변화가능성은 매우 낮다고 할 수 있다. 먼저 세습이 갖는 의미를 정확하게 파악할 필요가 있다. 세습은 한마디로 권력계승과 불변을 의미하며, 그것은 앞선 리더십의 성공과 실패요인을 철저히 승계하겠다는 것을 의미한다. 그것도 혈연적 계승을 통해 생사를 함께하겠다는 함의를 담는다. 절대주의체제이건 근대독재체제이건 세습체제는 반봉건혁명이나 부르주아혁명, 밑으로부터의 민중혁명이 아니면 거의 붕괴된 적이 없다.

그렇다면 위로부터의 개혁의 가능성은 존재하는가? 비교적 관점에서 볼 때 위로부터의 개혁을 성공시킨 근대시기의 독일, 일본, 남한은 말할 필요도 없이, 마오쩌둥에서 덩샤오핑으로의 리더십 전환 없이 중국의 개혁개방을 생각할 수 없었듯, 또 정통공산주의자들로부터 고르바초프로의 전환 없이 소련의 개혁개방을 상념할 수 없었듯 김일성으로부터 김정일로의 승계와 세습은 일단 개혁개방 경로의 완벽한 봉쇄와 차단을 의미했다. 마찬가지로 김정일에서 김정은으로의 세습과 승계 역시, 권력교체 요인 중 가장 보수적 방식인 '혈연적 연속' 반복을 택하였다는 점에서 위로부터의 개혁개방의 가능성은 전무하다고 할 수 있다. 일찍이 베버가 언명처럼 국가를 마치 가산, 가족유산처럼 주고받는 오늘의 북한현실에서 일체의 근대성, 합리성, 민주성은 고려조차 할 수 없다는 점이다.

그나마 김정일은 김일성의 '당대' 유산을 물려받았을 뿐이라 최초 승계자로서의 운신의 공간이라도 존재했지만 김정은은 선대와 당대의 유산이 중첩되어 조부의 유산과 부친의 유산이 결합된 이중유업, 이중유산, 이중유훈, 이중압박을 승계받아 더욱 더 자율의 공간이 존재하지 않는다는 점이다. 문제는 그러한 이중유산, 이중유업, 이중압박, 이중유훈 중 가계를 위해 긍정적인 요인들은 국가와 인민과 체제를 위해서는 모두 부정적이라는 점이다. 결국 국가승계가족과 인민, 지배가족과 국가체제의 이익이 극적으로 충돌하는 북한은 이제 정확하게 한 가족의 운명과 한 국가의 운명을 동일시해야하는 비극적 상황에 놓이고 말았다. 그 이유는 리더십(leadership)과 정권(regime)은 안정적인 통치와 승계를 반복하는 동안 국력(national capability)은 더욱 쇠락하고 국가(state)는 더욱 퇴보하는, 형용모순의 극적인 모순적 공존(contradictory co-existence)과 파국적 균형(catastrophic equilibrium)이 건국 이래의 북한을 지속해왔기 때문이다. 남한과 비교해 북한은 정권은 늘 안정적이었다. 반면 남한은 늘 소란스러웠고 갈등이 심각하였다. 무갈등을 통한 정권안정을 반복하는 동안 북한체제 전체의 쇠락은 불가피하였고, 갈등과 길항을 반복하는 동안 남한체제는 비약적으로 발전하였다. 게오르그 짐멜과 루이스 코저가 말하는 바의 갈등의 생산적 기능을 말한다.

그러나 김정은 체제에 이르러서는 정권과 국가의 이러한 모순적 공존, 파국적 균형마저 이제 해체될 가능성이 크다. 즉 이 둘 사이에 균열이 발생할 가능성이 높다. 이 무슨 뜻인가? 말을 바꾸면 급속한 국력의 쇠락과 국가의 퇴보 흐름 속에 정권과 지배체제를 안정적으로 유지할 가능성이 이젠 크게 축소되고 있다는 것이다. 거기에는 3대가족독재가 산생하는 국가퇴조가 초래하는 피로증을 포함해, 충분히 리더십 훈련과 공고화 과정을 거치지 않은 김정은 체제의 경착륙, 균열, 내부저항의 가능성이 포함된다. 특별히 민주화 이전의 조건과 경로가 민주화 이후의 체제경로를 결정한다는 이론에 비추어, 과도할 정도로 조급하게 3대세습체제를 추구하고자 승계

이전(pre-succession) 시점에 충분히 공고한 조건을 구축해놓지 못한 채 공식적 절차적 제도적 승계를 완료하려 한다면 승계 이후(post-succession)의 전도는 더욱 불투명하다 할 것이다. 그런 점에서 김정일의 건강과 복잡한 형제 및 가족요인을 포함해 승계를 서두를 수밖에 없는 북한의 현재의 조건은 승계 이후를 두려움과 위협으로 몰아가는 미래요인이 아닐 수 없다. 그런 점에서 북한의 3대세습체제는 서두를 수밖에 없으나, 서두를수록 불안해지는 역설에 직면하고 있는 것이다.

그렇다면 위로부터의 개혁의 길이 자발적으로 봉쇄되어있다고 할 때에 아래로부터의 저항과 봉기, 개혁의 경로는 존재하는가? 북한은 현재 세계에서 민주화운동과 저항의 역사와 조건이 가장 허약한 체제의 하나이다. 1948년 건국 이래 민주화운동의 역사는 전무한, 사회주의 국가들 중에서도 매우 독특한 독재체제라고 할 수 있다. 알버트 허시만의 고전적 분석을 따라 충성(loyalty)과 저항(voice)과 이탈(exit)의 세 선택 중 현재로서는 북한 주민들은 저항의 선택경로가 최소이며, 그 다음이 탈출(탈북)이며 그 다음이 묵종과 충성이라고 할 수 있다. 물론 충성에는 적극적 충성 뿐만 아니라 저항과 탈출을 선택하지 못하는 소극적 충성과 굴종도 전부 포함된다. 현재의 억압과 빈곤과 폐쇄의 정도를 고려할 때 당분간 북한에서 민중봉기의 가능성은 높지 않다.

(2) 인민빈곤과 기아의 문제

두 번째는 인민빈곤과 기아의 문제이다. 현재 북한체제는 한마디로 빈국강병, 또는 빈민강군 체제라고 할 수 있다. 그리고 전자, 즉 빈국과 빈민의 요인은 후자, 즉 강병과 강군 때문이라고 할 수 있다. 선군주의와 군사제일주의에 따른 국가 예산과 재화의 왜곡과 일방주의는 현재의 빈곤과 기아의 제일 요인이라고 할 수 있다. 즉 20년에 걸친 기아는 철저하게 정치적이고 정책적인 산물이라는 점이다. 경제문제와 체제변동에 관한 보편적 경로와 이론들을 유념할 때 북한에서 체제변혁의 기운이 존재하지 않는 연유의 하나는 보수적 관점의 일반적 추론과는 달리, 과도할 정도로 빈궁한 경제 상황 때문이라고 할 수 있다. 대부분의 민주화는 그것이 배링턴 무어가 말하는 '부르주아 계기'이건, 헌팅턴이 말하는 '도시돌파'(urban breakthrough)이건, 근대화론자들이 말하는 산업발전의 정치적 효과나 도시의 농촌 포위이건, 또는 루시마이어나 스티븐스가 말하는 노동계급의 참여이건 일정한 경제발전과 중산층 또는 노동계급 형성의 효과라는 점은 부인할 수 없다.

그렇다면 최악의 저발전 상황에다가, 정보의 폐쇄와 독점으로 인해 인민 일반이 외부와의 비교의 준거를 갖고 있지 않은 상황에 더해 대부분의 인민이 최소한의 생존계선에 몰려있는 조건에서는 북한에 저항을 주도할 노동자, 중산층, 시민, 부르주아…의 어느 계층도 형성되지 못하고 있음을 알 수 있다. 물론 저항을 주도할 학생과 지식인 계층 역시 전무하다. 만약 북한이 전근대적 농업사회로 돌아갔다고 하더라도, 일반적으로 빈농이 저항을 주도할 수 없는 상황에서 농민이론들을 따라 빈농-중농연합, 또는 중농 이니셔티브의 공간과 조건이라도 구축되어야할 텐데 이조차도 전무하다고 할 수 있다. 적어도 현재와 같은 극도로 불균형적인 민빈군강의 양극체제 하에서는 민중저항과 봉기는 당분간 어렵다고 보여진다.

게다가 지속적인 탈북으로 인해 아래로부터의 내부저항요소는 계속 하여 밖으로 빠져나가고 있다. 즉 탈출하고 있다. 해방 직후의 지주 및 기독교도, 민족주의자들의 탈북이 북한체제의 통합제고와 동질화, 저항내압의 완화에 크게 결정적인 도움을 주었듯 현재 북한으로부터 남한과 중국으로의 탈출은 내부에서 저항의 조직화를 차단하는 중요한 요인의 하나가 되고 있다. 그렇다면 내부적으로 인민빈곤과 궁핍화가 체제의 군사제일주의 정책으로 인한 의도적인 산물이라고 할 때 비교적으로 보아 결국 문제는 북한의 빈곤이 외부로부터의 요소투입과 원조를 통해 근대화의 변곡점(threshold)을 통과하든지, 아니면 최악의 궁핍화로 치달아 궁극적으로 해결 불가능한 문제(unsolvable problem)로 귀결되는 상황이 도래하기 전에는 민중봉기, 민주화는 어렵다.

그렇다면 민중봉기와 민주화를 초래할 경제발전과 중산층 형성을 위한 외부투입을 선택해야하는 문제가 제기된다. 서독과 대만은 이러한 노선을 선택하여 각각 평화와 통일과 공존과 교류협력에 성공한 바 있다. 그들은 소련 주둔하의 동독, 중국의 위협이 결코 북한의 대남위협에 못지 않은 상황에서 남한과는 비교할 수 없는 수준의 외부투입과 관여를 통해 장기투자-장기효과를 거둔 바 있다. 두 한국과 두 중국의 상세통계를 비교할 때 중국이 핵 강국으로서 하나의 중국 정책을 포기하지 않은 조건에서, 또 대륙과 대만의 현저한 국력격차에도 불구하고, 남한과는 비교할 수 없는 규모로 진행된 대만의 지속적인 대륙진출-교류협력정책이 산생한 결과는 오늘날 어떠한가? 궁극적인 흡수통일로 귀결된 서독을 예로 들지 않더라도, 대만을 볼 때 남한의 보수세력과 정부가 이 둘을 전거하지 않는 것은 매우 이해하기 어렵다. 그것은 내부변혁역령이 존재하지 않는 상황에서, 아래에 언급할 북한변혁을 위한 3대 외부역량의 문제를 고려할 때 더욱 그러하다. 이제 북핵문제와 북한 근대화-민주화를 계속하여 연동할 것인지 분리할 것인지 선택할 시점에 직면하고 있는 것이다.

(3) 북핵문제; 한국문제의 압축

세 번째는 북핵문제라고 할 수 있다. 북핵문제는 지난 20년 동안 한반도 최대의 안보문제인 동시에 동북아 최대의 안보문제라고 할 수 있다. 동시에 북한의 제일 생존요인은 바로 핵문제로부터 발원한다고 할 수 있다. 건국 이래 한반도안보체제는 냉전시대의 정전체제(armistice regime/system)와 탈냉전시대의 정전체제+북핵체제((North Korea)nuclear regime/system)의 둘로 나뉜다. 그러나 탈냉전 시기 동안 한중수교와 한소수교로 인해 냉전체제가 사실상 구조적으로는 붕괴되었음을 고려할 때 한반도 안보체제는 북핵체제로 인해 규정되어왔다고 해도 과언이 아니다. 북한은 핵문제의 제기와 북핵체제구축을 통해 붕괴되고 있던 한반도 냉전체제를 대체하는데 성공하였을 뿐만 아니라 냉전시대보다 훨씬 더 직접적이면서도 강력한 대미, 대중, 대한, 대일 레버리지를 구축할 수 있었다. 북핵이 갖는 구조적 효과는 북한의 입장에서는 한국전쟁에 비견되는 것이다.

그런데 우리가 먼저 인식해야할 점은 정전체제를 사실상 대체하고 있는, 그리하여 한국문제의 본질을 내장하고 있는 이 문제는 본질적으로 남한의 진보와 보수의 이념논쟁의 사안이 아니라는 점이다. 이 무슨 언명인가? 최근의 가장 대표적인 두 사례인 북핵문제 악화와 내부 세습문제를 보면 보수 이명박 정부 아래에서의 북핵문제와 세습문제는 남한과의 연계도 존재하지만, 보다 근본적으로는 하나의 근대국가로서 북한 자신의 생존과 발전을 위한 내부 논리의 산물이라는 점이다. 이 둘을 보면 남북관계와 통일문제에 결정적 영향을 끼친 북한의 핵심적 선택은 기실 남한의 대북정책의 성격 -- 보수냐 진보냐, 강경정책이냐 온건정책이냐 -- 과 직결된 것은 아니라는 점이다. 말을 바꾸면 북핵문제와 세습문제는 남한정부의 대북정책이 보수적이냐 진보적이냐, 강경하냐 온건하냐에 직접 좌우된 것은 전혀 아니다. 즉 진보와 보수를 넘어 북한의 국가전략 자체에 대해 초당적으로 응대할 근거가 존재하는 것이다. 그럼에도 불구하고 내부 이념논쟁을 지속하는 것은 지나치게 소모적인 것이다.

북핵문제는 남한의 보수정부(노태우) 아래에서 시작되어 보수정부(김영삼)-진보정부(김대중)-진보정부(노무현)-보수정부(이명박)를 거치며 독자적인 자기 동학을 갖고 지속적으로 악화되어오고 있기 때문이다. 말을 바꾸면 한국문제의 양대기축인 남북관계와 국제관계를 모두 관통하는 2대체제인 정전체제와 북핵체제의 경우 남북 및 국제 양대 기축으로 균형있게 접근해야한다는 점이다. 따라서 북핵문제 해결을 위해서는 남북(이를테면 교류협력과 정상회담)과 국제(이를테면 6자회담-한중-한미)를 반드시 동시에 가동해야할 필요성은 한국문제의 본질, 그리고 그것의 최대의 중심 요체로서의 북핵문제/북핵체제의 성격으로부터 주어진다. '국제'노선를 거부하거나 '남북-민족'노선을 거부하거나 양자택일로는 결코 풀릴 수 없는 문제인 것이다. 이미 단순한 정책 차원을 넘어 정전체제를 대체하는 하나의 (북핵)체제로 상승하고, 동시에 선군주의의 골간으로서 정권과 체제 생존을 좌우하는 요소로 전변된 핵문제를 한국문제 및 북한문제의 구조 전체를 보지 않고는 풀 수 없는 수준으로 상승되었다는 점이다.

사례를 보자. 먼저 국제우선 주의이다. 이승만은 한미동맹 유일주의 및 반공반북주의로 인한 북한괴뢰부인- 중앙정부로서의 대등서명 거부 정책에 따라 정전협정에 불참하여 한국문제의 국제법적 당사자성을 둘러싸고 외려 부인당하는 논란을 야기하는 일방 북한으로부터 배척당하는 구조를 낳고 말았다. 김영삼 정부 역시 한미동맹유일주의 및 북핵문제의 본질 판독에 실패하여 제네바 북핵합의체제에 불참함으로써 전후 최대의 안보문제에서 한국의 당사자성을 상실한 채 경제적 지원역할에 머물고 말았다. 이승만과 김영삼의 선택은 정전체제와 북핵체제에서 한국을 배제시키고 소극적 위치와 역할에 한정하는 부정적 효과를 초래하고 말았던 것이다.

반면 북한문제에 관한 박정희의 유신체제, 7.4공동성명과 김대중의 6.15공동선언은 남북-민족-국내(남한 또는 북한의) 우선을 강조하는 동안 국제협력 및 체제 제도화를 소홀히 하여 자주와 우리민족끼리가 강조되는 동안 일정한 국제긴장을 감수해야했다. 물론 적대와 화해로 남북 기축의 방향은 반대였다. 노태우와 노무현의 경우 비교적 국제 및 남북-민족 양축을 공진한 것으로 평가가능하다. 전자는 한중-한소 수교 및 각종 남북회담과 합의체제 도출을 통해, 후자는 6자회담체제 및 합의와 정상회담-남북관계증진의 병행을 통해 이를 시도한 바 있다.

북핵문제를 단순히 북-미문제나 비핵화, 국제문제로만 보는 것 역시 틀린 접근이다. 특정 국가의 핵무기 개발은 미국이나 국제요인이 전부가 아니라 특히 인접안보상황이 결정적이다. 그것은 포기 역시 그러하다. (우크라이나), 남아프리카 공화국, 리비아, 파키스탄, 이스라엘, 북한의 경우를 보면 개발과 포기의 요인에서 인접국가 요소의 존재 또는 부재가 결정적임을 알 수 있다. 분단 국가 북한에서 남한요인 -- 국력격차, 재래식 군사력 열세, 흡수통일 위협 --이 결정적이었음은 재론을 요하지 않는다.

그렇다면 이명박 정부는 어느 유형일까? 현재는 이승만-김영삼 유형, 박정희-김대중 유형, 노태우-노무현 유형 어디에도 속하지 않는 것으로 보이나 비교적 이승만-김영삼 유형으로 근접하고 있다. 그러나 남북갈등은 그것대로 지속되면서 탈냉전임에도 불구하고 중국과의 갈등 역시 지속하고 있다는 점에서, 남북 및 국제 양축 모두에서 갈등하는 새로운 유형으로 분류할 수 있을는지 모른다. 말을 바꾸면 이에 비추어 남한 단독으로 북한의 '비핵화, 개혁개방, 근대화'를 동시에 달성하겠다는 '비핵·개방·3000'은 시작부터 구조적으로 작동될 수 없는 구호요 문제틀이었다는 점이다.

(4) 폐쇄의 문제

넷째는 폐쇄의 문제이다. 북한의 폐쇄는, 지난 20년 동안, 필요한 최소한의 부문과 영역을 제외하고는 매우 철저하고도 강도 높게 지속되었다.

그리고 그것은 체제유지의 제일 요인의 하나였다. 거시적인 관점에서 개방은, 근대화처럼, 필연적으로 독재체제의 붕괴를 초래한다. 북한의 폐쇄체제에게 개방의 의지보다 중요한 것은 개방하지 않으면 안될 조건과 구조를 만드는 일일 것이다. 북한문제에서 한중협력이 절대적으로 긴절한 연유는 여기에 있다. 북한으로 하여금 한중 사이에 선택을 하게할 구조를 만들어서는 안되며, 동시에 중국을 통해서라도 북한과의 개혁개방 구조를 만들기 위해 필수적이라는 점이다. 현재와 같은 한중 긴장은 남한으로서는 두가지 모두 할 수 없는 상황인 것이다.

그런 점에서 북한의 폐쇄체제에 균열을 야기하고, 한중 사이에 북한개방 경쟁을 야기하도록 한 금강산 관광과 개성공단은 남한정책의 일정한 개가라 할 수 있었다. 특히 천안한사건과 연평도 포격으로 인한 남북관계의 극도의 악화와 긴장고조, 한국문제의 군사화·국제화, 군사충돌 위기에도 불구하고 육지에서 군사충돌이 저지되며 최소수준으로라도 남북교류가 지속될 수 있었던 것은 역설적으로 개성공단의 존재였다는 점은 시사하는 바 매우 크다. 김대중-노무현 시기의 개성공단 설치가 이명박 시기의 육지에서의 정면충돌을 막는 구조적 요인으로 작용하였다는 점이다.

북한의 자기폐쇄-자폐 및 남북관계와 관련하여 한 가지 점은 매우 주목할 필요가 있다. 특히 권력승계와 관련하여 주목된다. 1948년 건국 이래 북한의 국가 성격은 한마디로 군사국가라고 할 수 있다. 일제 식민시기 김일성, 김책, 최용건, 강건을 포함한 군인들이 건국 핵심으로 참여한 이래 북한은 지금까지 군사 갈등, 이념, 정책, 담론, 인물, 예산배정에 최우선 순위를 두는 군사국가의 본질에서 벗어난 적이 없다.

특히 정권의 탄생과 강화의 계기는 모두 군사주의와 군사정책을 통해서였다. 김일성은 급진군사주의와 국토완정론, 무력강화·한국전쟁을 통해 소련으로부터 정권을 이양받고 구축·강화하였다. 전쟁 이후 그는 모든 경쟁자들을 제거할 수 있었다. 김정일은 군사모험주의와 대남 군사공세 국면(1·21 사태, 푸에블로호 사건, 울진·삼척 침투)에서 등장하고 권력을 공고화하였다. 군사모험주의 국면이 끝났을 때 김정일의 경쟁자들은 차례대로 제거되어있었다. 또한 그는 북핵 위기와 선군주의를 통해 권력 이양 및 강화 과정을 밟았다. 김정은 역시 천안함 사태, 고농축 우라늄 핵프로그램, 연평도 포격이라는 군사문제의 소용돌이 와중에 등장과 권력 이양을 시도하고 있다. 이 세 계기는, 내부 목적을 위해 북한이 남북관계를 어떻게 활용하는지 여실히 보여준다.

그런데 북한에서 군사주의나 대남군사공세가 직접적으로 기승을 부릴 때의 전체 및 내부 국면, 남한의 대응에 대한 정말로 예리한 판독이 필요하다는 점이다. 특히 한국전쟁 60주년, 탈냉전 20년을 경과하는 시점에 감행된 북한의 남한 영토에 대한 직접적인 포격은 정전협정과 유엔헌장은 물론 남북의 각종 합의를 정면 위반함과 동시에 '평시에' '비무장 민간인을' '비교전지역에서' '고의 공격으로' 살상하였다는 점에서 명백히 '인도에 반하는 범죄'에 해당한다. 이에 어떻게 대응할 것인가?

전후 최초의 군사모험주의와 대남 군사공세 국면(1·21 사태, 푸에블로호 사건, 울진·삼척 침투)에 맞서 박정희는 강경 및 온건 대응을 병행하였다. 즉 현명한 북한 관리 방식은 정면대응·보복하지 않고 한 걸음 떼어놓고 견인해 나가는 것이다. 1·21사태, 랑군사태, 대한항공(KAL)기 피격 이후 남한은 분노가 극에 달했으나 즉각 대응·보복하지 않고 외려 8·15평화통일 선언, 남북접촉, 6·23선언과 7·4남북공동선언(박정희), 북한 제안의 수용, 남북교류와 회담, 접촉 증대(전두환), 7·7선언과 북방정책(노태우)으로 북한을 견인·제압해갔다. 특히 박정희는 미국과의 비밀회담에서는 미국과의 긴장을 불사하면서 전시작전권을 환수받아 즉각 보복하려는 강경한 의도를 드러내면서도, 북한에게는 선언과 제안과 비밀접촉을 통해 공동성명을 끌어내는 국가책략을 보여주었다. 전두환의 전격 수용에 북한은 당시 몹시 당황하였다. 노태우의 7·7선언은 대한항공 피격 1년도 안 된 시점이었다. 연속적 폭력행사에도 군사대결이 빗나가자 북한은 패배하였고, 남북관계는 대역전으로 귀결되었다. 게다가 더욱 미묘하게도, 최초 군사모험주의 이후 남북관계 개선 국면에서 남측의 요구를 받아들여 남북충돌의 고위 책임자들을 처벌하면서 북한은 김정일 체제의 구축이라는 망외의 또는 의도된 가장 결정적인 내부 효과를 얻어내었다.

그렇다면 이 교환관계들이 시사하는 바로부터 천안함 사태, 고농축 우라늄 핵프로그램, 연평도 포격의 군사대결 국면의 와중에 추진하고 있는 김정은 승계는, 그리고 북한의 남북정상회담 접촉과 교류추진은 어떤 상관관계가 있는 것인가? 김정일 승계국면에서의 북한의 의도, 박정희의 대응에 비추어 남한은 거꾸로 매우 많은 것을 얻을 수 있을는지 모른다는 점이다. 즉 김정은 3대세습을 도덕적 이념적으로 접근하지 말고 북한 내부 문제로 접근할 때 내부 문제를 인정하면서 남북관계 충돌(포격을 포함해)의 책임자 처벌을 요구하고 관계 개선을 시도할 경우 선례는 남한에게 유리하였음을 보여주고 있다. 게다가 북한의 정권승계와 안정은 북한 국가와 체제를 더욱 쇠락시키고 있음에야 더 말할 필요도 없다.

3. 맺음말에 대신하여

전술했듯 김일성·김정일 '정권'은 항상 안정적이었고 도전세력이 거의 존재하지 않았다. 그러나 '정권'의 장기안정에도 불구하고 '국가'는 계속 쇠락하였다. 반면 이승만·박정희·전두환·노태우·김영삼·김대중·노무현 '정권'은 항상 '운동'과 '선거'를 통해 강력한 도전에 직면하였다. 그로 인해

'모두' 강제로 또는 제도 때문에 반드시 '정권'을 내놓아야 했다.

거기에, 즉 참여와 민주주의에 남북을 가르는 비밀이 숨어 있었다. 쇄국과 개방의 길은 또 하나의 갈림길이었다. 남한이 '정권의 불안'과 '세계로의 개방' '국가의 발전'을 결합하는 동안, 북한은 늘 '정권의 안정'과 '세계와의 단절' '국가의 파탄'을 결합하였다. 또 남한이 '정권 이양 반복'과 '국가발전의 지속'을 결합하는 동안, 북한은 '정권 세습 반복'과 '국가후퇴의 지속'을 결합하였다. 따라서 '세습의 실패'는 말할 것도 없고 '세습의 성공' 역시 북한 국가로서는 결코 득이 될 수 없음에도 북한은 다시 자폐와 정권세습의 자기표준을 추구하고 있다.

'정권'세습의 최대 피해자는 바로 북한의 '국가와 국민'이다. 19세기 말 문명표준이 변화하는 시점에 조선왕조는 봉기나 제도를 통한 '정권' 이양과 '국가' '국민' 구출이 아니라, 거꾸로 왕조정권 지속을 추구하다가 국가와 국민이 소멸하고 말았다. 이제 북한은 가장 결정적인 선택의 기로에 접어들고 있다. 세습의 실패와 성공 모두 국민과 국가에게는 도움이 안되는 국면으로 접어들고 있기 때문이다. 가족독재의 불가피한 귀결로서 독재자, 가족과 국민, 국가와의 분리인 것이다. 국가, 당, 수령, 인민의 일치체제에서 나타나고 있는 가장 비주체사상적인 현실이라고 할 수 있다. 이제 남한은 이 결정적인 국면에서 북한의 근대화와 민주화, 비핵화 사이의 선후에 대해 신중한, 그러나 철저하고 정밀한 검토에 착수하지 않으면 안된다.

직접적인 관계와 관여체계의 구축 못지 않게, 먼저 중국과의 관계에서 그러하다. 중국은 시진핑 시대에도 '경제'에서는 한-중 협력을 지속하되 '안보'에서는 북-중 혈맹이 불변이라는 의사를 표시하고 있다. 게다가 후진타오 현주석은 북한의 차기 지도부를 '공식' 초청하여 3대 세습을 인정하는 동시에 도와주고 있다. 3대 세습에 대한 전세계의 반응과는 정반대다. 이는 미래 중국의 글로벌 전략, 동아시아 전략, 한반도 전략에서 북한 문제가 어디에 놓여 있는지를 분명하게 보여준다. 때문에 한중 경제관계가 제일 교역 상대로 상승한 조건에서 북한의 근대화, 개혁개방, 비핵화에 대한 포괄적인 한중 논의에 착수할 필요가 있다.

이명박 정부 출범 초기 한-미 동맹에 대한 강도 높은 비판을 포함해 북핵 문제, 천안함 사건, 후계 문제, 한국전쟁 언급에 이르는 동안 한반도 군사·통일·평화 북한 문제에 대한 중국의 발언과 관여는 점점 강화되고 있다. 여기에는 한반도 안정 지지, 비핵화, 평화유지라는 공식적인 외교정책과 국익 추구, 남북 동시 활용 전략 사이에 중국의 원칙과 방향이 확고하게 결정됐음을 보여주는 동시에, 세계 양대 강국(G2)으로의 부상에 따른 대미·대한 자신감이 묻어난다. 한미동맹을 공고히 유지하는 가운데 한중협력을 강화하는 것은 북한문제의 관여를 위해서도 필수적이다.

이 문제는 기실 중동과 아랍의 민주화 열풍이 중국과 북한에게 어떤 영향을 줄 것인지의 문제에 구조적으로 연결되어있다. 20세기 민주화의 마지막을 공산사회가 장식하였다면, 21세기 초의 그것은 이슬람 사회가 열고 있다. 이데올로기와 정치, 종교와 정치의 일치를 추구하였다는 점에서 공산주의와 이슬람 사회는 오랫동안 민주주의와 멀어 보였다. 중국과 북한은 바로 후자의 사례에 속하며 북한은 더욱 전형적이랄 수 있다. 이슬람과 공산주의, 두 사회의 민주혁명을 보면서 우리는 어떠한 단일 교의·종교·이념·문화도 자유·평등·인권·민주주의라는 보편가치를 향한 인간의 열망을 막을 수 없다는 진리를 확인한다.

금번 혁명이 갖는 세계사적 의미는 무엇보다 민주화 물결의 확산이라고 할 수 있다. 첫 번째 물결은 영국, 미국, 프랑스, 유럽국가들에서 시작된 바 있다. 두 번째 물결은 2차 세계대전 이후의 독일, 일본, 이탈리아, 인도 및 일부 식민경험 국가들. 세 번째 물결은 1970~80년대의 남유럽, 동아시아와 라틴아메리카. 네 번째 물결은 지난 세기 말 러시아와 동유럽 공산사회, 그리고 이번 아랍과 중동지역의 민주혁명은 제5의 물결이라고 할 수 있을 것이다. 과연 중국과 북한은 인류의 마지막 남은 비민주지대인 이슬람과 아랍마저 휩쓸고 있는 이 제5의 물결을 비켜갈 것인가? 제5의 물결을 보며 우리는 쿠데타나 혁명 이후의 장기독재가 끼친 부정적 유산에 눈을 뜨게 된다. 스탈린 체제, 마오쩌둥, 카다피, 카스트로, 김일성. 아랍, 일부 제3세계 및 아프리카 국가들에서 보여준 장기 일당독재·가족독재·일인독재는 '국가쇠퇴' '민생파탄' '인권폭압'이라는 거의 동일한 귀결을 보여주었다. 북한과 중국은 이 보편적 물결에서 끝까지 벗어나 있을 수 있을 것인가? 폐쇄체제 북한에게 금번 혁명이 직접 영향을 끼칠 요인은 크지 않다.

그러나 중국과의 관련하에 사태를 볼 경우 문제는 다르다. 북한으로의 물결삼투는 거의 전적으로 중국에 달려있다. 왜 그런가? 먼저 아랍·중동 혁명으로 인해 욱일승천으로 내딛던 거함 G2 중국은 이제부터는 내부의 변혁요구에 대응하느라 일정한 조정국면에 직면할 것이다. 글로벌 '민주혁명'이 내부에 끼칠 파급효과를 차단해야하기 때문이다. 이 점에서 자기문제에 대한 집중으로 인해 중국의 북한에 대한 영향력은, 남한의 역할 여하에 따라 과거보다는 크게 줄어들 수 있다. 결국 세계 민주화의 최후국면은 중국에서 종결될지 모른다. 거시적으로 볼 때 금번 사태를 피해간다해도 민주화의 방식은 전적으로 중국 리더십과 인민들에게 달려 있지만, 민주화 자체를 피해가기는 어렵다. 왜냐하면 경제발전이 산생하는 이익과 사회의 분화로 인해 근대화와 단일정당, 단일가족, 단일인물 지배는 양립할 수 없기 때문이다. 중국이 과연 근대화와 장기 일당통치의 병행이라는 인류 초유의 실험을 지속할 수 있을 것인가?

만약 현재 북한의 유일 후원국가인 중국이 민주혁명에 직면하거나 복수정당체제와 의회민주주의 정부를 수립한다면 북한의 민주화는 불가피한 경로가 되고 말 것이다. 냉전시대 자주노선을 통한 소련과의 단절을 통해

소련붕괴의 파고는 피할 수 있었지만, 중국과의 단절은 한미일협조체제에 단독으로 맞선다는 것을 의미하기 때문에 결코 불가능한 조건에서, 결국 북한으로서는 중국체제가 심대한 변동에 직면할 경우 직접적이고도 결정적인 영향을 받을 수 밖에 없게 된다는 점이다. 북한예외주의가 통하더라도, 근대화의 등을 올라탄 중국에게 필연적으로 불어닥칠 거시적인 민주화의 흐름을 북한이 독자적으로 넘어서기는 불가능할 것이다.

그동안 북한의 장기 가족독재, 장기빈곤, 폐쇄체제, 일인독재는 4월혁명, 광주항쟁, 6월항쟁, 중국의 개혁개방, 독일 통일, 동유럽 해체와 소련붕괴, 세계화, 이라크 전쟁, 햇볕정책… 을 모두 피해가는 데 성공했다. 그러나 다시 강조하지만 지금 북한에 가장 중요한 외부 변수는 중국의 민주화 여부이다. 유일 후원국가 중국의 민주화는 곧 북한 민주화를 위한 피할 수 없는 외부 조건의 등장을 의미하기 때문이다. 내부적 발전요인을 갖고 있지 못한 상황에서 북한의 세습독재 리더십에겐 지금 외부적으로 선택지가 점점 줄어들고 있다.

거꾸로 그만큼 남한의 전략적 선택지는 넓다고 할 수 있다. 물론 정전체제처럼 북핵문제/북핵체제를 국제-민족 양축으로 지혜롭게 접근하는 것을 전제로 한다. 이를 국제나 남북 단독으로 접근하여 해결할 수 있다는 의욕은, 실제로는 아무것도 안하겠다는 가장 무책임한 도덕주의에 다름 아니기 때문이다.

그동안 북한이 군사공세나 군사주의로 나올 때의 대응에 대해 이승만, 박정희, 전두환, 노태우, 김영삼, 김대중, 노무현에 대한 비교학습은 물론, 강자와의 구조적 대면 상황에서 구조를 전변시켜나갔던 서독과 대만의 사례를 반드시 학습해야할 것이다. 그럴 때, 다시 강조하지만, 서로 다른 층위를 갖는 북한의 근대화, 민주화, 개방, 비핵화와 평화 사이에서 남한은 이제 선후효과, 우선순위, 자원집중, 병행 여부, 결합 방식에 대해 매우 진지하게 고민해야할 상황에 놓여있는 것이다.

지금 이 시점에서 상황에서 국면을, 국면에서 구조를, 구조에서 본질을 읽어내는 남한 정부 내의 누군가가 존재하기를 소망해본다. 최소한의 국가 책략과 집합적 지혜라도 존재하기를 바라는 마음이다. 지금의 군사대결이 박정희, 전두환, 노태우 시기의 당시 사건들보타도 더 크고 위협적인가? 남북국력이 당시처럼 열세이거나 대등한가? 김영삼 시기의 김일성 사망과 조문파동이 앗아간 잃어버린 시간들을 생각할 때 남북관계개선, 남한 이니셔티브, 향후 소득을 고려하여 지금 무겁게 사려해야할 시점이 아닐 수 없는 것이다.

3주제

한국의 남북관계 비전과 전략

- 보수와 진보의 통합적 대북전략은 무엇인가?

◈

한반도 평화와 통일을 위한 대북정책의 제안

백영철 건국대

◈

1. 문제 제기

중국의 급격한 부상, 미국 영향력의 상대적 쇠퇴를 특징으로 하는 G-2 시대의 도래와 북·중관계의 강화 등 한반도 주변 정세의 급변은 한반도의 평화와 통일에 중대한 도전과 과제를 제시하고 있다.

이러한 상황에서 남북관계는 단절과 군사적 긴장이 지속되고 있다. 북한은 핵무장의 강화, 권력세습, 경제적 난관 등 정치·경제적 불안정성 및 불확실성 심화되고 있다. 남한은 정권교체에 따른 정책노선의 급변, 당면 현안에 대해 여야 간, 보수·진보 간 미시적 접근으로 분열과 갈등을 겪고 있다. 이것은 결과적으로 대북정책을 둘러싼 정치비용의 증대를 초래하고 있다.

현재는 새로운 국제환경의 변화에 능동적으로 대처하는 거시적, 통합적이며 장기적인 대북·통일전략이 절실히 필요한 시점임은 부인할 수 없을 것이다. 이러한 상황에서 기존 정부의 대북정책을 점검하고 새로운 현실적, 미래지향적, 전략적 정책 방안[1]을 제시하고자 한다.

2. 한반도 정세

중국 국력의 급격한 신장으로 인한 G-2시대 가시화로 중국이 한반도 문제에 핵심변수의 하나로 등장함으로써 한반도 문제해결 과정이 복잡해지고 있다. 중국이 장춘, 지린, 투먼 중심의 '동북진흥계획'을 추진하면서 해상교통로와 광물자원기지로서 북한의 경제가치가 부각되고 있다. 2009년 북한의 대중 무역의존도 53%로, 중국 상품이 북한시장을 장악해나가는 등 최근 북·중 간 상호의존관계는 심화되고 있다.

북한은 김정일 건강의 악화, 경제 피폐화(화폐개혁의 실패 등), 3대 권력승계 등 매우 불안정한 상황에서 리영호, 김영춘, 김영철 등이 군부 실세로 등장하는 등 군부 강경세력의 입지가 강화되고 있다. 동시에 대남 군사도발 등 과도한 "공세적 맞대응 전략"을 추진함으로써(2009.4.5 장거리 로켓 발사, 2009.5.25 2차 핵실험, 5.26 5기의 단거리 미사일 발사) 한반도의 긴장 수위는 날로 높아지고 있다.

특히 김정일의 건강이 악화된 상황에서 김정은으로의 권력승계 추진은 북한의 불안정성과 가변성을 증폭시켰다.[2] "post-김정일 체제"로 넘어가는 과정에서 북한에서의 정치·사회적 격변의 가능성이 높다. 특히 북한의

---

1) '현실적': 한반도 주변상황과 남북한 현실을 직시. '미래지향적': 평화비전과 미래 목표를 추구. '전략적': 체계적, 단계적인 복합 전략의 추진.

2) 스칼라피노 교수에 의하면 북한과 같은 세습국가에서는 후계자의 세습 훈련기간과 그 후계자의 향후 정치적 생명기간이 정비례한다고 함.

핵무장과 북·중관계 강화는 분단구조의 고착 장기화 가능성을 제기하고 있다.

북한은 1, 2차 핵실험을 거치면서 핵무장을 핵심적인 생존전략으로 간주하는 경향이 있다. 앞으로도 권력세습과 '강성대국' 건설을 위하여 핵무장 강화와 핵 위기를 조장할 가능성이 높다.

북한은 미국에 대해서는 '사실상의 핵보유국' 지위 인정과 핵군축회담을 요구하고 있다. 미국 정부는 한·미공조와 '전략적 인내' 원칙에 따라 북한의 요구를 일축하여 왔으나, 향후 우라늄농축 프로그램(UEP)의 심각성을 감안하여 미·북대화, 6자회담 개최 등 적극적 대응방안을 모색할 가능성이 있다는 점에 주목해야 할 것이다.

3. 한국의 대북정책 평가: 양극단(DJ-노무현 vs. MB)의 대북정책

1) DJ-노무현 정부: 안이한 대북인식과 과도한 포용정책의 공과

'햇볕정책'은 6·15 공동선언, 10·4 합의 등 남북 화해 및 교류·협력의 물꼬를 트고 표면적 군사적 긴장완화에 도움을 주었던 것이 사실이다. 하지만, 화해협력정책에 과도히 집중함으로써 북한의 비핵화를 통한 한반도 평화체제 구축 과제가 누락되었다는 치명적 오류를 범했다는 점 역시 지적하지 않을 수 없다. 화해협력정책은 북한과의 화해와 협력에 지나치게 집중함으로써 북한의 안보위협에 대해 지나치게 방만한 자세를 견지하였고 결국 북한의 핵무장 가속화 및 공고화로 귀결되었다. 현재 북한은 핵물질 및 핵탄두를 증산하고 있는 실정이다. 당시 대북정책 담당자들의 북한이 핵을 보유하는 것을 용인할 수 있다는 뉘앙스로 발언했던 바가 있었음은 대단히 아쉬울 수밖에 없는 문제이다. 미국의 CIA에 의하면 현재 북한 핵탄두는 2개에서 10여 개로 추산된다.

2) 현 정부 대북 원칙론 정책 평가

현 정부의 대북정책('비핵 · 개방 · 3000'/'상생공영' 정책)은 '햇볕정책'에 대한 반작용으로 북한의 비핵화을 우선적으로 추진하는 것에 초점이 맞추어져 있다. 현 정부는 긴밀한 한 · 미공조를 통한 '전략적 인내'와 봉쇄압박으로 북한이 비핵화 협상에 나서게 한다는 점을 기본적인 전략적 방향으로 삼고 있다. 그러나 이러한 대북정책은 북한의 외교 · 경제적 고립을 초래하였고, 남북관계의 단절과 북핵 상황 악화, 군사적 긴장을 고조시키고 있다. '철저한 원칙주의'에 기반한 대북정책의 추진은 일면 북한 엘리트의 자세 변화를 유도한 측면도 있으나, 북한 강경파 군부의 입지를 강화시키고 대중국 의존도를 높이는 결과를 초래하였으며, 대북지원 중단에 따라 북한의 대남 대화파(아태 및 통전부)의 입지를 축소시켰다. 동시에 북한의 대남 강경 맞대응 전략은 강화된 군부의 입지와 북한 내부 불안정 요인 희석화를 위한 외부위협 강조 전략과 맞물려 추가적 도발 및 한반도의 "분쟁지역화" 추구 가능성마저 대두되고 있다.

또한 국제적 대북 봉쇄구도 속에서 대외적 고립을 탈피하기 위한 북한의 대중국관계의 긴밀화 도모에 따라 북한의 대중국 예속도가 증가되고 있는 것으로 판단되며, 이는 향후 한반도 통일 비전에도 매우 부정적인 결과를 가져올 수 있다. 중국은 북한에 매장된 것으로 추정되는 지하자원(400억 달러 이상 추산)의 개발권과 북한 나진-선봉항의 사용권(1호부두 장기 사용권)을 확보한 실정이다.

4. 한반도 평화와 통일을 위한 정책 제안

1) 대북정책의 원칙: 양극단의 균형점 도출

현 정부는 향후 김대중 정부와 노무현 정부 시기의 과도한 대북포용정책과 이명박 정부의 대북압박정책을 탈피, 그 두 정책 사이의 '균형점'을 찾을 필요가 있다.

우선 6.15선언과 10.4선언에 대해 전면 수용과 전면 부정이라는 정파적, 이념적 이분법을 넘어서는 통합적, 균형적 접근이 필요하다. 양대 선언은 7.4공동성명, 남북기본합의서와 함께 남북 간의 공식적인 합의 문건이므로 외교의전상 그 기본정신을 존중하면서 세부 실천사항은 개별적으로 검토하여 선별적으로 수용 추진해야 할 것이다.

남북문제는 보수-진보의 이분법적 접근이 아닌 실용적이고 장기적인 국익 도모 차원에서 접근해야 한다. 정권교체 과정에서 잘된 점은 계승하고 잘못된 점은 비판적 검토를 통해 극복해내야 할 것이다. 정책의 지속성과 일관성이 남북 신뢰구축에 있어 가장 긴요하다. 특히 당면한 최대과제는 남북 간, 미·북 간 신뢰구축임을 잊어서는 안 될 것이다.

2) 대북정책의 업그레이드 필요

정책구호를 보다 세련되고 원숙하게 다듬어야 한다. '비핵·개방·3000'은 이명박 후보의 선거용 구호로는 적합했으나 북한의 수용 가능성을 고려치 않은 것으로 대북정책방안으로는 부적절하다.[3] '상생 · 공영 정책', '그랜드 바겐' 등의 용어는 대북정책의 일관성과 설득력을 결여하고 있다는 점을 고려할 때 그 대안으로 '비핵 · 평화협력 정책'을 제시한다.

<'비핵·평화협력 정책'>

'비핵 · 평화협력 정책'은 북한이 동참하고, 진정한 변화를 유도할 수 있으며 국제사회의 지지를 받을 수 있는 대북정책을 추구한다.

'비핵 · 평화협력 정책'은 일방적 지원('햇볕정책')이나 일방적 봉쇄가 아닌 남북 간 상호 호혜적 발전을 도모한다.

'비핵 · 평화협력 정책'은 북한의 비핵화의 진전 수준과 연계하여 대북 지원과 협력의 프로그램을 확대해나가는 것이다. '비핵 · 평화 · 협력 정책'의 프로세스는 일단 물꼬가 트이면 현 정부의 '상생공영정책'과도 맥을 같이할 수 있다.

1단계는 한반도의 평화유지 정책의 강화(peace-keeping)이다. 즉 북한의 군사적 도발에 대한 단호한 조치 및 억지력을 강화하는 한편 고위급 대화 등 유연한 전략을 통해 평화구도를 모색하는 것을 중점 내용으로 한다.

2단계는 한반도 평화구축(peace-making) 단계이다. 북한의 비핵화 수준과 단계에 따라 남북 간 교류와 협력을 동시에 강화시키는 방안을 적극적으로 추진한다. 동시에 호혜적, 단계적, 균형적, 포괄적 대북 지원을 확대

3) 북한은 '개방'은 1989년 동구 사회주의 몰락에 비추어 체제 붕괴 직전의 상태로 파악하며, 남한이 북한에 3,000달러 소득 수준을 만들어주겠다는 제안은 '반주체적'으로 받아들이고 있다.

한다. 포괄적이고 균형된 접근을 통해 중장기적으로 한 분야의 발전이 다른 분야의 발전에 기여하도록 한다(백영철 편, 「한반도 평화프로세스」 참조). 이 단계는 한반도의 비핵·평화체제 구축과 교류·협력의 활성화를 통해 장기적으로 통일의 기반을 구축하는 것을 목표로 한다.[4)]

3) 전략적 유연성 확보의 필요성

한국 정부의 조건에 대한 북한의 수용을 기다리는 소극적, 경직된 자세보다는 보다 적극적이고 능동적인 전략을 추진할 필요가 있다. 대북정책은 강공정책과 더불어 유화정책의 탄력적인 운영이 동시에 이루어져야 할 것이다.

4) 고위급 대화 채널의 가동

현재는 남북적십자회담, 군사실무회담 등 비교적 하위급의 실무적이며 기능적 접촉이 간헐적으로 진행되나 성과가 부진한 형편이다.

향후 장관급 이상의 특사파견, 남북정상회담 등 고위급 대화를 통해 남북이 당면한 현안을 포괄적으로 협의 타결할 필요가 있다. 금강산 관광객 피살사건, 천안함 폭침, 연평도 포격 등에 대한 북한의 적절한 사과와 조치, 재발방지 약속 등 필요한 조치를 받아내는 한편, 이산가족 문제, 국군포로 송환 등 북한의 전향적 조치 등에 상응하여 북한에 대한 경제지원 패키지를 제시하여야 할 것이다.

---

4) ①평화기반 조성단계, ②평화협력 심화단계, ③평화정착 단계의 3단계로 나누어짐. 백영철 편, 「한반도 평화프로세스」, p. 212 참조.

5) 포괄적 대북정책 추진 기구 설립
– 통일정책 추진체제 재정비: 조직 및 인사

대북정책의 컨트롤타워(control tower) 구축을 통한 정책 통합과 역할 분담이 이루어져야 한다. 또한 부처 간 정책협력의 단절 및 혼선 현상을 극복하고 공개/비공개 원칙을 준수해나갈 필요가 있다. 이를 간략히 정리하면 아래와 같다.

- 청와대: 대북정책 관련 종합 조정·협의기구 설치 운영
- 통일부: 남북 간 교류·협력과 평화통일정책의 추진
- 외교부: 6자회담 등 국제협력 방안 수립 및 실천
- 국방부: 대북 억제력 강화 및 북한 급변사태 대비 한·미 간 긴밀한 공조를 통한 군사작전계획 수립 (비공개 추진)
- 국정원: 북한의 급변사태에 대비한 북한 내부의 동요, 대규모 난민 문제 등에 대한 세부 계획 강구 (비공개 추진)
- 대북정책 및 전략 전문가 보강 및 전진 배치

6) 민간단체의 역할 활용

대북정책의 공식 라인과 함께 비공식 민·관 채널을 동시에 가동함으로써 남북관계의 원활한 운영을 도모할 필요가 있다. 특히 남북 간 신뢰가 구축되어 있는 민간 채널을 활용하여 당국 간 의제의 사전 조율 및 가교 역할을 하도록 해야 할 것이다.

7) 남북 희망의 창을 열자

남북고위급회담을 통한 평화유지 상태가 본격화되면 대북 인도적 지원(식량 및 비료 각 10만톤 이상)을 유엔기구 등을 통한 분배로 투명성을 확보하면서 연례화해야 할 것이다. 북한에 대한 남한의 희망의 창을 열어놓는 것이 북한의 대중국 의존도를 줄이고 통일시대에 대비한 남북통합에 도움이 될 것이다. 예를 들어 민간 수준에서 영양실조에 시달리는 영유아와 의약품 등 긴급구호지원은 허용·확대하는 것이 바람직하다.

[참고자료]

표 한반도 평화 프로세스: 3단계 타결 방안

	비핵화·군사 분야	경협·인도주의 분야	평화체제·국제 분야
1단계 평화기반 조성 단계	• 정치·군사 신뢰 구축 - 북핵 폐기선언: 동결 및 감시 - 남북 당국 회담 상설화 - 남북위기관리센터 - 군당국 간 Hotline 설치 - 미사일 발사시험 유보 및 수출 중단	• 교류·협력 증진 - 대북 에너지 지원 - 인도적 지원 확대·농업 구조 개선 협의 - 이산가족 상봉 상설화 - 납북자·국군포로 송환 추진	• 북측의 국제질서 편입 - 다자(6자)회담의 진행 - 제네바 합의 대체 및 신핵 합의 타결 - 미국의 대북 불가침 선언 - 미·북 관계 개선 대화 재개 - 북·일 정상화 협상
2단계 평화-협력 심화 단계	• 정상회담 정례화/군비통제 - 북 핵시설 폐기 (플루토늄 및 HEU) - 남북정상회담 정례화 - 운용적 군비통제 - 대량살상무기 개발·생산 - 수출 중단	•교류·협력 제도화 - 북한종합개발지원계획 추진 - 공단 개발, 에너지, 사회간접자본 등 대형 경협 프로젝트 추진 - 남북경협 합의서 이행기구 설치 - '남북교류특구'설치 운영 - 사회문화 교류 협력 심화	• 대북 국제 지원 제도화 - 미, 대북 테러지원국 명단 제외 및 경제 제재 해제 - 북·일, 북·미 관계 정상화 단계 진입 - 북한의 IMF, IBRD 가입 - 동북아개발은행 추진 - 동북아평화협력체 추진
3단계 평화 정착 단계	• 평화체제 정착 - 한반도 비핵화 완성 - 남북평화협정 체결 - 구조적 군비통제	• 남북공동시장 형성 - 북한종합개발 본격 지원 - 재화·자본 자유 이동 - 통행·통신·통상 실시	• 평화체제 국제적 보장 - 남북평화협정 국제적 보상 - 북·일, 북·미 국교 정상화 - 동북아평화협력체 가동
	민족평화공동체 구현	민족경제공동체 구현	동북아평화체제 구현

*자료: 백영철 외 · 평화통일포럼 편, 『한반도 평화프로세스』 (건국대학교출판부, 2005), 212쪽.

3부

북한은 어디로 가고 있는가?

한 반 도 평 화 와 통 일

〈1주제〉 북한 내부: 실상과 진단-정치, 세습, 선군

북한의 현실과 전망-분석적 차원의 진단 / 박명림
북한 후계 문제와 선군정치 / 기광서
실상과 진단-정치, 선군, 세습 / 김수암
북한 사회 내부의 변화 / 이우영
남북관계 파행의 배경과 '선택' / 진희관

〈2주제〉 북한 경제: 시장과 계획의 실상

북한경제의 이중구조화 / 조동호
시장과 계획의 실상 / 김석진
북한의 농업 / 김영훈
북한경제 현황 분석 및 평가, 향후 추진 방향 / 안병민
북한경제 현황 평가 및 남북경협 추진 방향 / 오승렬
북한 경제 평가와 남북 협력의 방향 / 이정철

〈3주제〉 북한 외교: 6자회담 등 대외관계의 미래

북한의 대외정책 평가 / 윤덕민
북한 외교 / 권만학
6자회담 등 대외관계는 어떻게 풀까? / 김학성
한반도 주변 정세와 북핵문제 / 박영호
창조적 관여를 위하여 / 우승지
북한대외관계: 북중관계의 새로운 변화 / 이희옥
6자회담과 대외관계는 어떻게 풀까? / 최진욱
북핵문제 어떻게 풀 것인가? / 한용섭

〈종합토론〉 우리의 대책은 무엇인가?

신 한반도평화프로세스 구상 / 백영철

1주제

북한 내부: 실상과 진단 - 정치, 세습, 선군

북한의 현실과 전망
- 분석적 차원의 진단

박명림 연세대

1. 현재 북한의 현실과 미래를 판단하는 준거와 출발점

1) 북한 자신의 역량과 의지
2) 북한의 조건과 지반
3) 국제사회의 정책, 의지, 역량
4) 남한의 정책, 의지, 역량

북한문제와 관련하여 현단계에서 가장 영향력이 적은 요소는 역설적으로 4)번인 남한의 정책, 의지, 역량 요소이다. 탈냉전과 민주화 이후 대북 영향력이 현재처럼 적었던 남한정부는 이명박 정부가 역사상 최초이다. 객관적으로 민주화 이후 최악의 남북관계라고 할 것이다. 북방정책을 추구하였던 노태우 정부와 화해협력정책을 추구하였던 김대중·노무현 정부는 물론 정상회담합의·제네바합의체제 및 4자회담을 통한 최소한의 대화통로 및 북한관리 틀거리를 갖고 있었던 김영삼 정부보다도 대북영향력은 너무

허약하고 남북관계는 현저히 악화되어 있다. 즉 이 점은 보수정부-진보정부의 차이점이 아니라 명백히 MB정부의 이념·철학과 능력 및 전략의 문제이다.

2. 이명박 정부의 3대 국정이념 및 철학

이명박 정부의 국정이념과 철학을 수사를 넘어 실제 정책과 언설을 분석하여 보면 다음 세 가지의 근본주의에 기초하고 있다.

1) 반공성전주의
2) 기독교근본주의
3) 시장만능주의

가장 심각한 문제는 국가전략의 분야, 차원, 사안, 비중에 따라 서로 만날 수 없는 이 세 근본주의가 시간, 분야, 고하를 막론하고 섞여 있다가 아무 때나 무원칙하게 불러내서 뽑아 쓰고 있다는 점이다. 분석적으로 말하면 '근본주의의 편의적 사용'이라는, 철학적 행태적으로 심각한 자기모순적 정신분열적 조합이다. 3자가 한꺼번에 어우러진 남북관계는 최악의 조합을 노정하고 있다. 이대로 계속 갈 경우 귀결은 아마도 대한민국 역사에서 "잊고 싶은 5년"이 될지도 모른다. 누가 어떻게 수습할 것인가?

3. 북한의 리더십, '사건', '국면'(상황), '구조' 중에서 무엇이 우선하는가?

브로델을 원용하여 사건(주의), 국면(주의), 구조(주의)를 나누어 접근해 보자.

1) 북한 리더십은 어떤 능력과 자원을 갖고 있는가? 그것들을 행사할 조건과 지반(template)에 놓여있는가? 북한 리더십은 제한된 자원과 능력, 최악의 조건과 지반에도 불구하고, 사활적 요소에의 자원의 집중이라는 전략, 국제조건의 균형적 대치, 그리고 보복수단의 보유로 인한 최소 요구(체제 생존)를 충족하는 선에 머물러 있다. 체제 발전이라는 일반적이고 보편적인 목표를 평가의 지표로 삼는다면 북한은 후퇴와 저락, 구조의 악화상황을 지속하고 있다. 물론 의지와 역량은 별개의 문제로서 북한 리더십은 체제유지의 역량은 있으나 개혁개방의 의지는 없는 것이 분명하다.

2) 특정한 사건이 북한 전체의 상황과 구조를 뒤흔들 가능성은 없는가? 있다. 북한의 구조적 조건은, 최근 들어 국제관계를 제외하고는 지속적으로 악화되어왔다. 따라서 김정일의 급작스런 사망이라는 개인요소에 의해서도 북한체제는 결정적으로 좌우될 수 있다. 구조적 조건은 그만큼 취약한 상황이다. 현금의 시점에서 김정일의 조기사망은, 김일성 사망의 시점과는 비교할 수 없이 다를 것이다. 왜냐하면 전자의 시기 동안에는 이미 안정적인 후계체제가 구축된 이후였고, 국정의 주요부분이 이양된 상태였기 때문이다. 그러나 현재는 전혀 그렇지 않다.

3) 국면적으로는 현재 악화와 회복을 반복하고 있으나 이명박 정부 들어 역설적으로 남북대치를 통해 내부 및 국제관계는 안정 국면으로 접어들고 대외 억지력은 강화되는 상황을 보여주고 있다. 적대와 대치가 제공하는

역설이다. 만약 서독과 대만처럼, 진보정부 이후 집권한 보수정부가 전임 진보정부의 정책을 실용적, 기술적으로 부분 수정하는 정도에서 지속적으로 관여-포용-공존-화해-협력 정책을 펼쳤다면 적어도 남북관계에서는 북한에게는 대남화해-접근-공존 이외에는 선택지가 거의 없었을 것이다. 개성공단, 금강산관광, 인도적 지원, 10.4선언 점진이행, 서해평화협력지대 및 NLL 문제 타결, 북한에서의 한류 확산, 민간교류 증대… 이러한 상황이 지속되었을 경우 이명박 정부 출범 시점과 종료 시점의 남북관계는, 서독의 콜과 대만의 마잉주 시기를 연상하게 할 것이다.

4) 구조적 차원에서 북한의 내부는 더욱 악화일로로 가고 있다는 점은 분명하다. 세습, 독재, 인권, 폐쇄, 기아, 군사주의… 모두 부분적 해법으로 극복할 수 없는 체제 전체의 문제로 상승되어 있다. 이 말은 북한의 모든 현실은 연결되어있으며, 정책적 상황적 악화를 넘어 구조적 지반의 침하가 지속적으로 진행되고 있음을 의미한다. 김정은으로의 세습의 성공, 또는 김정은 정권의 성공이 결코 북한체제의 성공으로 연결되지는 않을 것이라는 점은 분명하다. 김일성 정권, 김정일 정권의 성공에도 불구하고 구조적으로 북한 체제가 지속적으로 실패하고 구조적으로 허약해져온 역사경로는 이를 여실히 보여준다. 북한은 정권과 구조가 성공과 실패의 역관계에 놓여있는 체제이다. 그것을 담보하는 최종적 현상이 북한 국가의 실패국가로의 이행이다. 성공국가(stellar state), 이행국가(transitional state), 실패국가(failed state)의 국가유형에서 북한은 현재의 '실패국가' 현실을 어떻게 다시 이행국가를 거쳐 성공국가로 만들 수 있을 것인가? 국가의 구조적 지반이 너무나도 해체되어 현재로서는 매우 지난할 것임에 분명하다.

4. 예상과는 달리 세습은 왜 신속하게 진행되고 있지 않는가?

아직 북한은 2010년 9월, 10월의 권력세습 개시 이후 주춤하고 있다. ① 제도적으로 세습을 신속히 추진하고 있지도 않고, ② 대중적으로 후계자를 집중적으로 선전, 홍보하지도 않고 ③ 핵심 엘리트 내부적으로 체계적으로 우상화교육을 하지도 않고 ④ 대외적으로 국가나 정부를 부분적으로 대표하는 행보를 보이지도 않는 기묘한 상황이다.

왜 그런가? 후계체제, 세습체제가 동시에 직면하게 될 '기회요인'과 '위험요인' 사이의 상쇄효과, 상보효과를 추구하고 있기 때문이다. 전자가 크면 후자도 크고, 전자가 작으면 후자도 작은, 이른바 '파국적 균형 조합'에 직면해 있기 때문이다. 북한은 전광석화·전격전 방식과 점진적 절차적 방식의 중간결합을 채택하였다. 이것은 기회를 확장하면서 위험을 줄이는 방식으로 후계 공식화와 제도화의 초기 단계에 있다고 평가할 수 있다. 후계의 성공여부는 김정일의 생존기간과 그 기간 중의 김정은의 권력공고화의 정도에 달려있을 것이다. 이것은 김정은 체제의 장래가 김정일의 건강에 달려있는 역설에 직면해 있다는 것을 말한다. 요컨대 후계체제를 신속히 진행하기도, 천천히 진행하기도 어려운 상황에 처해 있는 것이다. 국제사회의 일치된 비판과 중국의 소극성도 한 요소로서 김정일의 중국방문 성과는 이를 여실히 보여주고 있다.

5. 선군주의는 왜 서서히 약화되고 있는 것처럼 보이는가?

선군주의는 북한체제에서 결코 약화되고 있지 않다. 북핵문제에서 보듯이 전혀 약화되고 있지 않다. 표면적으로 그렇게 보이는 것은 당-정 및 국가 전체의 전면적인 군사화가 이미 진행되었기 때문에 특별히 선군정책을 강조할 필요가 없기 때문이다. 북한은 이미 철저한 군사국가라고 할 수 있다. 따라서 군사주의는 당분간 여전히 북한의 체제보위, 국가방략, 대외전략, 자원배분의 최고 가치요 요소일 것임이 분명하다.

6. 북핵문제는 과연 소강상태에 접어들었는가?

그렇지 않다. 내연(內燃)과 악화가 적절한 표현일 것이다. 북한의 핵화의지의 지속, 중국의 등거리 정책을 통한 한반도 관리와 현상유지 노선, 미국의 미필적 고의와 남한의 근본주의로 인한 방기에 따른 악화이다.

7. 궁핍화, 경제파탄, 물적 토대 파괴와 세습체제 구축의 상관관계

김정일은 권력자원(sources of power)의 집중과 편향을 통해 체제를 유지하고 있다. 즉 인민궁핍과 엘리트보상, 경제피폐와 총창강화 체계의 결합을 통해 체제안정을 유지하는 것이다. 김정은 역시 같은 방식을 채택할 것인가? 후계체제를 위한 인민지지 획득을 위해 엘리트 보상과 인민지지 확보의 결합, 선군과 경제발전의 병행 전략을 펼 경우 그러한 물적 자원을 확보할 수 있을 것인가? 또 후자, 즉 인민지지 확보와 경제회복 없이도 후계체제는 안정적으로 승계가능할 것인가? 후자에의 자원 분산 과정에서 엘리트의 이완과 선군의 약화가능성은 없는가? 만약 내부 자원이 없을 경우 외부로부터의 지원확보는 가능할 것인가? 문제는 이 네 문제의 돌파가 모두 결코 쉽지 않은 난제 중의 난제라는 점이다. 매우 중요한 문제로서 이른바 "권력세습(승계)의 경제문제", "세습의 정치경제"에 직면할 수도 있을 것이다.

북한 후계 문제와 선군정치

기광서 조선대

1. 북한의 현 상황

북한의 위기란 크게 경제와 안보 위기를 들 수 있는데, 경제는 완만한 내부 성장세와 중국의 지원 등으로 버틸 여력이 생겼다고 보이며, 안보 위기는 핵무기 개발에 의해 북한 스스로 벗어났다고 평가된다.

1990년대 이후 북한의 경제사회는 극심한 하강기에 접어들었다. 최악의 상황은 2000년대 들어와 다소 완화되었지만 과거의 성장을 회복하지 못하고 있다. 그러나 이후 북한 경제가 완만한 성장세에 접어드는 것은 분명해 보인다. 다만 고도성장을 구가한 60-70년대 수준에는 크게 못 미치고 있다.

북한 내부의 정치적 이상 징후는 발견되지 않는다. 김정일 위원장의 건강문제가 가장 큰 변동 요인이 되겠으나 최근 장기간의 중국 여행과 왕성한 현지지도 활동을 볼 때 그러한 징후는 보이지 않고 있다. 또한 후계 문제와 관련한 권력 내부의 정리도 어느 정도 완결되지 않았나 생각된다.

2012년 '강성대국의 대문을 여는 해'라는 목표와 관련하여 아직 농업의 자급이 실현되지 못하고 전력 역시 부족하지만 철강, 석탄, 기계 등의 부문과 경공업의 성장이 눈에 띄고 있다.

대외적으로 중국, 이집트 자본의 유입 및 황금평, 위화도 특구와 나선특구의 북중 공동 개발은 북한의 경제성장 과정에 향후 큰 의미를 부여할 수 있을 것이다. 북한의 대외정책과 투자환경 조성 등 일련의 움직임은 대외개방의 초기적 형태를 보이고 있는 것이 뚜렷하게 느껴진다. 다만 중국식 개방과는 아직 차이가 있고, 사회주의 경제의 근간을 지속하기 위한 보완적 의미를 부여하는 것으로 보인다.

2. 후계자 문제

김정은의 후계 구축은 현재 진행형이다. 북한에서 후계문제는 체제안정과 직결된 사안이기에 최우선적인 정책 순위에 포함된다. 2010년 9월 28일 조선로동당 제3차 당대표자회 및 2010년 9월 전원회의에서 김정은은 당 중앙군사위원회 부위원장 및 당중앙위원 직위를 획득함으로써 그의 권력 승계가 개시되었다. 하지만 국방위원회 부위원장 취임설 등 그간 여러 예측에도 불구하고 현재까지 그의 직위는 변동이 없다.

김정은은 김정일 위원장의 현지지도 동행 이외에는 공개적으로 독자적인 행보를 한 흔적은 보이지 않는다. 이것은 그가 아직은 김정일의 그늘 아래에서 후계자 수업중에 있다는 점을 시사한다. 언론 매체에 비치는 그의 모습을 제외하고는 그의 음성연설이나 교시 등은 공표된 바가 없다.

후계자로서 김정은의 입지는 권력 엘리트층 내부에서는 이미 확고한 동의를 얻은 것으로 보인다. 그가 북한의 중요 정책 결정 과정에 얼마만큼 개입하고 있는지는 전혀 알려진 바 없지만, 후계수업을 받는 처지에서 한국과 서방의 일부 언론에 알려진 것처럼 정치적 '전횡'을 휘두르는 것 같지는 않다.

북한 내 당원 교육에서 후계문제를 다루고 있다고 여겨지지만 전인민을 대상으로 한 후계자 선전과 교육을 아직 전면화하지 않고 있다. 이것은 북한 내부에 문제가 있어서라기보다는 점진적인 후계수업을 통해 인민들이 '익숙해지는 시간'을 벌기 위한 것으로 보인다.

그의 정치적 운명은 후계 수업기간과 밀접한 연관이 있을 것으로 생각된다. 시기를 규정하기는 어렵지만 그가 공식 후계자로 지명되고 리더십을 발휘할 충분한 기간을 가진다면 권력 이양에 별다른 어려움이 없을 수 있겠으나 김정일의 유고가 이른 시일에 닥친다면 그의 운명은 예측하기 어려울 것이다.

김정일의 유고가 이른 시기에 닥치는 경우 여러 시나리오를 생각해볼 수 있는데, 당과 군 최고위층으로 이루어진 비상체제를 가동하거나 또는 현실사회주의국가들이 취한 집단지도체제를 도입하는 것일 수 있다. 어느 경우에나 김정은이 여기에 참여하는 것은 분명해 보이지만 그 미래에 대해서는 예측이 어렵다.

3. 선군정치와 전망

선군정치의 국가 지도기관인 국방위원회는 제2차대전 발발 직후 소련의 최고 권력기관으로서 국방위원회의 발족과 한국전쟁 개시 후 북한의 최고 권력기관으로서 군사위원회 조직 등과 무관하지 않다고 여겨진다.

스탈린 이후 소비에트 정치는 집단지도 체제가 주를 이루었다. 이는 당정치국으로 대표되는 최고권력기관이 집단적으로 의사를 결정하는 체제이다.

북한의 당과 정치 구조는 소련식 형태를 그대로 유지하고 있으나 1960년 후반 이후 수령의 역할이 당을 넘어서면서 사실상 '1인 의사결정 구조'로 전환되었다.

김정일 시대의 정치방식인 선군정치는 그의 집권 이후 북한의 위기적 국면을 보여주는 것으로 김정일 시대의 끝까지 이어질 것으로 예상된다. 그러나 작년 당대표자 대회 이후 당의 역할과 기능이 정상화되면서 선군의 강조점은 언론 보도에 나타난 바와 같이 점차 약화되고 있는 상태이다.

앞으로도 인민생활 향상과 경제발전에 주안점이 더 주어질 것으로 볼 때 '선군' 표현은 축소될 것으로 전망된다. 김정일 이후 어느 시점에 선군정치는 마감할 것이며, 그에 따른 헌법 개정과 국가기관의 개편이 이루어질 것이다.

북한은 남북관계를 비롯한 대외관계 진전과는 별개로 일정 기간 현 '우리식 사회주의' 체제 구조에서 벗어나지 않을 것으로 생각된다. 이 기간은 김정은이 후계자로서 수업을 받고 권위를 축적해 나가는 시간이 될 것이다.

반복컨대, 김정일의 급작스러운 유고시 어린 김정은이 전권을 장악하기 어렵다는 것은 그가 아직 후계자로 '공표'되지 않을 점 등을 고려할 때 명백하다고 생각된다. 이 경우 상당 기간 당과 군의 집단지도 체제로의 권력 유지가 불가피할 것이다.

각 분야에 대한 북한의 개혁은 대외개방의 진전과 이에 따른 인민의 의식 변화에 의해 좌우된다고 할 수 있다. 따라서 현재 북한의 대외투자 유인정책을 잘 활용하여 한국과 서방국들이 적극 대응할 필요가 있다. 대북 투자의 활성화를 통해 실질적인 북한의 경제 수준이 높아진다면 밑으로부터의 개혁 요구는 당연히 발생할 것이다.

김정은의 권력 승계를 포함한 북한 정치의 향배는 경제성장 여부에 크게 의존할 것으로 보인다. 그러나 인민 생활수준의 향상이 정치 및 후계의 안정과 비례할 것이라는 발상은 잘못된 것일 수도 있다. 당장 경제성장은 통치의 안정에 기여하겠지만 장기적으론 경제 이외 분야에서의 대중적 요구로 인해 북한 사회의 통합성이 이완될 가능성이 크다고 볼 수 있다.

◈

실상과 진단
- 정치, 선군, 세습

김수암 통일연구원

◈

북한의 경우 대내외적으로 3대 세습을 공식적으로 공표한 상황에서 수령제와 일인지배체제를 고수할 것이므로 당분간 중국과 같은 집단지도체제나 당적 민주화가 진전되기를 기대하기는 어려울 것으로 전망된다.

체제보위세력으로서의 군의 역할과 기능을 고려할 때 김정은으로의 세습체계 구축과정에서 선경정치로 이행하거나 선군정치가 이완되는 것을 기대하기는 어려울 것으로 전망된다. 핵을 통한 생존전략의 포기는 기대하기 어려우며, 자원의 불균등 배분 및 의미 있는 수준의 개혁·개방을 추진할 것으로 보이지 않는다.

세습체계 구축과정에서 북한 내부 변화의 문제는 당과 군, 보안기관 등 체제보위세력의 충성을 유도할 수 있는 재원을 충당할 수 있을 것인가의 문제이다. 우선 김정은으로의 권력이 이동하는 과정에서 한정된 자원의 재배분 시스템을 구축하면서 내부 갈등이 발생할 가능성이 있다. 그럼에도 불구하고 권력을 활용한 기득권의 유지가 가능한 상황에서 운명공동체로 인식하는 엘리트 의식 변화 가능성은 낮을 것으로 판단된다. 또한 배급체계의 왜곡 속에서 시장의 확산과 단속 사이의 긴장, 부패와 기생의 확산 등에 따른 국가와 주민 관계가 변화할 가능성이 있다. 국가가 충분한 보상을 제공하기 어려운 상황에서 통제 엘리트의 부패에 대해서는 일정 정도 용인하면서도 정권에 부담이 될 경우 공개처형 등을 통해 간부들의 부패를 척결해나갈 것으로 보인다.

아래로부터의 북한의 변화 가능성은 일정 기간 지속적으로 낮을 수밖에 없을 것으로 전망된다. 북한주민의 권리 인식과 정치 인식은 여전히 낮은 상황이다. 외부정보의 철저한 통제를 통한 비교 인식의 확산이 억제되고 있으며, 정치범수용소(연좌제) 등 통제기제를 활용한 보다 철저한 통제가 강화되고 있다. 이와 관련하여 현재 외부정보 접근 수준과 주민들의 인식 변화와의 관계에 대한 엄밀한 평가가 필요하다. '한류'가 실상을 표현하는 적절한 용어인가, 남한 드라마 등 외부정보에 대한 접근이 북한체제, 남한 등 외부 세계에 대한 근본적인 인식의 전환으로 연결되는가, 지역별 정보 유입의 격차, 정보에 접하는 계층과 이들의 태도, 특히 특권도시인 평양시민의 인식은 어떠한가 등에 대해 재평가할 필요가 있다.

북한 사회 내부의 변화

이우영 북한대학원대학

1. 2010년 북한 사회의 전반적 경향

북한은 2010년 공동 사설을 통하여 "혁명적대고조의 불길 드높이 인민생활향상에서 결정적인 전환을 가져오기 위한 일대 공세를 벌리는 것"을 총적 목표로 정하는 등 인민생활 향상을 강조한 것과는 달리 당면한 식량부족문제, 물가 문제, 시장문제 등에 효과적으로 대처하지 못하고 있다.

주민들의 삶은 여전히 생존문제에 직면해 있으며, 이를 해결할 만한 국가능력은 턱없이 부족하다고 볼 수 있다. 화폐개혁조치, 식량부족, 의약품부족, 수해피해 등은 북한주민들의 삶의 질 개선에 악영향을 미치고 있으며, 평양시내에서도 정전이 반복되는 경향을 보이고 있다.

국가의 경제능력이 약화됨에도 불구하고, 사회장악력은 일정 부분 유지되고 있다고 볼 수 있다. 예를 들어 남쪽 인원이 개성공단에서 물건을 잃어버린 경우 북쪽에 고지하면 수일 내에 반드시 찾아주고 있다고 한다. 또한 천안함·연평도 사건 이후 체제내부 단속은 강화되는 경향이다. 체제에 대한 불만과 이에 대한 표출, 간부 불신 문제 등이 발생하지만 여전히 주민들은 권력에 대한 순응하는 태도, 개인이기주의 등으로 인해 체제에 대한 반항은 표면화되지 않고 있다.

그러나 연평도 사건 이후 북한내에서 일반주민들 간에 불안감도 생겨나고 있는 등 사회적 동요도 없지 않아 보인다. 외국에 나가 있는 가족 구성원에게 북한의 가족은 신경쓰지 말고 탈북을 하라는 권유를 하는 경우도 있는 것으로 알려지고 있다. 북한식당 등 외국에 체류 중인 다수의 북한주민들은 특히 내부소식과 단절되어 불안감이 고조되고 있으며, 일부는 친분이 있는 남한사람에게 북한 소식을 묻기도 한다.

외부문화의 유입은 지속되고 있는 바, 최근에는 USB뿐만 아니라 외장하드도 동원되는 등 다양한 통로가 만들어지고 있다. 불시 단속이 단전(斷電)을 이용하는 방법에 대비하여 단전 이후에도 일정시간 작동을 유지하여 cd 등의 자료를 추출하는 기계가 중국에서 만들어져 인기리에 밀반입될 정도이다.

북한주민들은 3대세습을 진심으로 수용하는 경향은 그다지 강하지 않지만, 이것을 공개적으로 표명하거나 조직화되지는 않고 있다. 특히 먹고 사는 문제에 몰입하여 정치적 무관심과 냉소적 태도가 확산되고 있다. 도시, 젊은 세대들은 실용주의적인 경향이 강하여 세습 문제 등에 대하여 비판적이지만, 기존세대나 농촌지역 그리고 군사지역 등에서는 여전히 지도자에 대한 충성도가 높다고 할 수 있다.

2. 남북대치와 북한사회

북한의 선전선동이 북한주민의 의식을 완전히 규정하지 못한다고 할지라도 천안함과 관련된 반복적인 보도 및 군중대회 등의 정치행사의 결과 북한주민들이 북한의 설명과 논리를 수용할 가능성이 높다고 할 수 있다. 북한은 천안함에 대해서는 비교적 상세한 보도를 반복적으로 진행하고 있고, 연평도 관련 남한 보도물에 대해서는 엄격한 단속이 이루어지고 있다. 연평도에 대해서도 북한이 포격하였음을 아는 주민에 10%에 불과하다는 주장이 있다. 더욱이 천안함과 연평도를 북한 당국이 체제 단속의 기회로 활용하는 경향이 있으며, 남의 정보가 유통되는 탈북자 가족에 대한 통제가 강화되고 있다.

천안함과 연평도 사건과 관련된 주민들 대다수가 관심이 크지 않으나, 직접적으로 사건을 경험한 서해안 인근 지역 거주민들을 대상으로는 별도의 정치교육을 실시하고, 정보 차단을 실시하였다고 한다.

일반 주민들을 천안함이나 연평도 사건에 대해서 크게 관심이 없는 반면 관심 있는 사람들은 남한의 보도 등을 접하면서 북한의 설명이 올바르지 않다는 것을 인식하고 있는 경우도 있다고 한다. 북한은 통제를 강화하는 동시에 전쟁분위기를 강조하는 선전을 강화하고 있으나, 일부 주민들은 상황 자체에 대한 불만을 가지는 경우도 있다고 한다.

그동안 남북관계가 악화되는 가운데 남북관계의 전면적인 유보를 특징으로 하는 5·24조치는 북한 주민들에게 남한 정부의 강경한 대북정책을 상징하는 것으로 받아들이는 계기가 되었다고 할 수 있다. 그러나 지난 수년 동안의 남북관계 악화로 5·24 조치가 북한의 도발에 의한 특별한 일이라는 정당성을 북한주민들이 인정할 것으로 보기는 어렵다. 북한주민들은 5.24조치를 이명박 정부의 대북정책의 연관선상에서 받아들이는 경향이 있다.

천안함 사건 이후 다양한 사회통제 조치가 이루어졌지만, 동시에 남한의 대중 문화 유입 등이 대세가 되면서 보도와 오락물의 분리 처리 등 선별적인 통제체제가 정착되는 경향이다. 상징적인 의미를 갖는 특별단속 등이 시행되지만 일과성 행사로 그치는 경우가 많다. 최근 방영되어 크게 인기를 끌었던 현빈의 트레이닝복이 평양에서 유행할 정도로 남한문화의 북한 유입은 거의 실시간으로 진행중이다. 그러나 드라마 등과 달리 보도물에 대해서는 엄격하게 처리되고 있다.

5·24조치가 직접적으로 영향을 미친 것은 시장이라고 할 수 있는 바, 남한과의 교육이 단절되면서 그동안 일반 북한주민들이 접하기 어려웠던 문물이 시장에 등장하고 인기를 끌었다. 송이버섯이 대표적인 상품으로 남한교육 상품의 시장 진입은 내수시장의 확대와 결합된 현상이라고 할 수 있다.

대북지원의 감소는 만성적인 식량부족과 신의주 지역의 홍수로 심각한 피해를 입은 북한의 경제위기를 일정한 부분 심화시켰다고 할 수 있다. 신의주 지역 긴급구호 물자 제공시 접촉한 인도적 지원단체 인원들에게 북한측 실무자들은 가능한 식량지원을 강하게 부탁한 바 있다.

북한이 지난해부터 주민들로부터 군량미 및 군용 식량 조달을 줄였기 때문에 대북교역 및 지원의 단절로 인한 주민들이 느끼는 결핍감은 상대적으로 크지 않다고 할 수 있다.

반면 그 동안 남한의 지원과 관련되어 운용되던 병원, 아동시설, 식량관련 공장, 농장 등은 5·24조치로 직접적인 피해를 입고 있다고 할 수 있다. 남한 지원 시설들은 자립적 운영 능력이 전무한 상태이다. 관련 종사자들은 당장 남한에 대한 비난은 삼가고 있으나 장기적으로 남북한 당국 모두를 비판하는 양비론적 입장을 가질 가능성이 있다.

전반적으로 최근 남북관계가 악화되고, 대북지원이 축소됨에 따라 남한에 대한 주민들의 인식은 다소 부정적으로 바뀌는 경향이다. 그동안 지원물품이 도착하면 시장의 물가가 내리는 등 부수적 효과를 보아 왔다. 지원

물품을 직접 수령하지 못하는 집단도 시장 내에서 남한 문물이 많아짐으로써 생필품 구매 등에 혜택을 입었던 것 역시 사실이다.

남북한 간 긴장이 고조되는 경우, 이를 북한 당국이 남한의 탓으로 선전할 가능성이 크다. 동시에 대북지원이 전면적으로 중단되는 상황이 지속된다면 일반 주민들 사이에서도 남한에 대한 부정적인 인식이 확산될 가능성 역시 높다고 할 것이다.

남북관계 파행의 배경과 '선택'

진희관 인제대

1. 배경

이명박 정부 출범 이후 남북관계는 악화되어 왔다. 이것은 무엇보다 북한의 비타협적인 자세와 행동에 기인하는 것이나, 우리 정부 역시 이에 대한 합리적이며 실용적인 대응을 전개하지 못했다. 최근 남북 '비공개접촉'이 북측 국방위원회를 통해 '폭로'된 바 있듯이, 남북관계는 신뢰가 깨어지고 있고 최악의 상황으로 치닫고 있는 형국이다. 이명박 정부 남은 임기 동안 한반도 문제를 주도적으로 풀어나갈 것인지, 차기 정부의 몫으로 돌려야 할지의 기로에 놓여 있다.

2. 남북관계 파행의 원인

우선, 이명박 정부의 10.4선언 이행 의지에 대한 불명확성에 기인하고 있다. 이명박 정부 출범 이후 '10.4선언'에 대한 언급은 '부정도 인정도 하지 않는' 매우 모호한 상태에 있다. 만일 막대한 비용이 소요되는 심각한 문제가 있다면, 8개 합의항(40여개의 사업) 중 ▷가능한 영역 ▷불가능한 영역 ▷재협의가 필요한 영역으로 나누어 새롭게 접근하는 최소한의 노력이라도 기울여야 할 것이다. 지금의 상태는 대화와 협상의 상대에 대한 최소한의 신의를 저버리는 것으로, 결국 차기, 차차기 정부의 대북정책에도 결코 긍정적이라 할 수 없을 것이다.

둘째, 금강산 관광의 중단은 북한 측 행위에 기인하지만 막대한 투자가 이루어진 이 지역을 포기할 경우, 사상 초유의 '퍼주기'가 될 수 있다는 책임을 피하기 어려울 것이다. 따라서 정부는 북한의 사과 또는 책임의 요구수위에 대한 명확한 입장을 밝히고, 북의 이행시 금강산관광을 재개하는 변화를 보여야 할 것이다.

셋째, 민간의 접촉을 중단한 것은 바람직하지 못하며, 남북의 모든 채널을 중단시킨다는 점에서 전략적으로도 긍정적이지 못한 결과를 낳게 될 것이다.

3. 전략적 선택의 문제

한반도 문제의 당사자로서 한국정부가 주도권을 가져나가기 위해서는 남북관계를 풀어나가면서 현재 북한이 필요로 하는 바를 백분 활용할 필요가 있다.

북한은 2012년의 '성과'를 인민대중에게 보여주기 위해, 주변국의 지원이 더욱 절실하며, 이러한 때에 지원과 협력이 이루어진다면 보다 많은 북측의 '양보' 또는 효과를 거둘 수 있는 시점이라 할 수 있을 것이다.

최대한 늦추면 올 추석을 전후한 시기를 '데드라인'으로 상정할 수 있을 것이다.

2주제

북한 경제:
시장과 계획의 실상

북한경제의 이중구조화

조동호 이화여대

북한경제의 현황에 대한 평가는 대체적으로 부정적이지만, 긍정적 견해도 존재하여 혼란스런 실정이다. 우선 한국은행은 북한이 마이너스 성장률을 보이고 있다고 발표하였다. 여기에는 국제사회의 제재 및 지원 중단, 일기 불순, 남북경협의 감소 등의 요인이 작용하였다고 볼 수 있을 것이다. 또한 북한의 거시경제 대리지표(proxy)라고 할 수 있는 시장에서의 환율이나 쌀 가격 상승 추세이다. 「좋은 벗들」은 '고난의 초강행군'이라고 표현하기까지 하였다. 그러나 반면에 휴대폰 사용인구의 급격한 증가, 옷차림, 안색 등의 변화, 전력사정의 호전 등과 같은 긍정적 관찰도 존재하고 있다.

지난 수년간 북한경제는 전체적으로 볼 때 소폭이나마 상승을 이어가고 있는 것으로 판단된다. 이것은 북한경제가 경제성장률 기준으로 플러스 성장세를 보이고 있다는 것을 의미한다.

플러스 성장으로 평가하는 가장 큰 이유는 시장부문과 계획·공식부문의 분리라는 경제의 이중구조화 때문이다. 시장의 허용·확산과 이를 통한 주민, 기업의 시장에서의 자구적 경제활동 기회의 확대가 경제의 성장을 추동하고 있다.

게다가 '5·24 대북조치'는 북중경협의 증가로 인해 효과가 대부분 상쇄되었다. 2010년 북한의 대중국 주요 수입 품목 모두 생산재이며, 수입이 전반적으로 증가하고 있다는 점도 북한경제의 성장에 긍정적으로 작용한 것으로 평가된다.

물론 이러한 평가는 북한경제가 '평균적'으로 플러스 성장을 하고 있다는 점에 주의할 필요가 있다. 북한경제가 전체적으로는 플러스 성장을 보이고 있지만, 계층간·지역간 '양극화'는 과거보다 훨씬 심화되고 있다. 그 결과 어느 쪽을 보느냐에 따라 북한경제 현황에 대한 평가가 달라지는 현상이 발생하는 것이다.

시장과 계획의 실상

김석진 산업연구원

1. 북한경제의 이중구조 이해를 위한 개념적 틀

최근의 많은 연구에서는 북한경제가 '계획'과 '시장'으로 이중화되어 있음을 강조하고 있는데, 이는 '자원배분 메커니즘'을 기준으로 한 구분이다. 그 대신에, '공식경제'와 '비공식경제'라는 구분도 가능한데, 이는 국가관료기구의 통제 여부에 따른 구분으로 정확히 이분화된다기보다는 통제의 강도에 따라 일종의 스펙트럼을 구성한다고 볼 수 있다. 두 가지 구분법은 상호보완적이지만, '공식 대 비공식'의 구분이 더 중요하다.

2. 비공식경제의 경제적 효과

시장활동 또는 비공식경제 활동은 소득창출의 기회를 확대하여 일반주민의 생존에 크게 기여한다. 그러나 재산권 및 계약 이행이 법률적으로 보호되지 않기 때문에, 단지 생계형 경제활동에 머물 뿐, 진정한 기업가적 활동으로 발전하지 못하며, 따라서 장기지속적인 경제성장의 토대가 되지 못하고 있다. 즉 북한의 시장경제는 단지 '비공식 시장'에 불과하며, 아직 체제로서의 시장경제에는 도달하지 못하고 있다.

3. 비공식경제의 정치적 효과

비공식경제의 팽창이 북한의 통치체제를 정치적으로 침식하고 있는가? 이 질문에는 장기적·간접적으로는 그런 효과가 어느 정도 발생한다고 할 수 있으나 단기적·직접적으로는 그렇다고 보기 어렵다고 답할 수 있다.

4. 공식/비공식 경제의 상대적 비중

여러 연구를 종합해 보면, 지난 10여 년간 공식/비공식경제의 상대적 비중은 큰 변화 없이 안정적 수준을 유지하고 있는 것으로 추정이 가능하다.

북한의 농업

김영훈 한국농촌경제연구원

1. 사회주의경제권 해체와 북한 농업의 침체

1980년대 들어 동구 사회주의경제권이 해체되기 시작했다. 이와 동시에 북한 사회주의 경제도 장기침체의 늪에 빠졌다. 농업도 예외는 아니다. 농업생산이 대폭 감소함에 따라 90년대 중반부터 북한주민은 식량난에 시달리게 되었다. 이 위기 상황에서 국제사회는 인도적지원과 농업지원 등 많은 도움을 주었다. 그러나 그 성과는 전반적인 농업생산 증대로 나타나지 않았다.

2. 북한 사회주의 농업관리체제 약화

그 와중에 북한 경제체제는 급격히 약화되었다. '농자재의 정부조달', '농산물의 정부수매', '중앙은행을 통한 정산', '농장 내 분배' 등 사회주의 농업관리의 중심기능들이 작동하지 않기 시작했다. 중앙의 수매조달체계가 제 기능을 못하면서 새로운 현상이 나타났다. 우선 제도적 틀과 관계없이 협동농장이 자력갱생 체제로 전환되었다. 이에 따라 농장과 인근의 농업관련사업소 간에 직거래가 생겨나기 시작했다. 또 협동농장 내 관리조직과 생산조직의 기능과 권한에 변화가 왔다. 생산수단을 보유하고 있는 현장 생산조직(작업반)의 권능이 강화되고 관리조직의 기능은 약해지게 되었다. 이는 다시 중앙의 계획과 지도기능을 약화시키는 악순환을 초래했다.

3. 농촌 사경제의 확대

새롭게 나타난 현상 중 주목해야 할 것은 농촌의 사경제 확대 현상이다. 농민들은 협동농장에서 자가소비용 식량뿐 아니라 농장의 교환용 농산물도 스스로 확보하는 체제를 구축해 왔다. 그 방편 중 가장 중요한 것은 협동농장 내 소토지농사 확대이다. 그것은 공식, 비공식의 개인 부업지와 집체적 부업지에 토대를 두고 있다. 농가의 다른 부업활동도 농업부문의 사경제 확대를 부추기고 있다. 농가에서는 가금, 염소, 토끼, 돼지 등을 사육해 시장 판매용 고기를 생산하고 있으며, 소토지에서 생산한 농산물로 두부, 된장, 식용유, 술, 담배 등 식료품과 기호품을 제조하여 판매하기도 한다. 여기서 얻은 소득으로 부족한 생필품과 비료, 농기구 등을 구입하고 있다.

4. 선도적 협력사업으로 개혁부진과 자본부족의 함정을 탈출

북한 당국은 그들의 권능을 무력화시키는 사경제를 억제하고 계획경제로 회귀시키려는 노력을 기울였다. 자유시장에 대해 강력한 규제를 수시로 시행했으며 2009년에는 화폐개혁까지 단행했으나 실패했다. 한마디로 진단하자면 '개혁 부진과 자본 부족의 함정에 빠진 북한경제와 농업'이라 말할 수 있다. 이 상황을 타개하려면 외부세계의 대규모 지원과 북한 내부의 강력한 개혁 드라이브가 필요하다. 그러나 현재 한반도를 둘러싼 정치외교적 상황은 그것을 허용하지 않고 있다. 따라서 단계적으로 접근할 필요가 있다. 북한은 시범적인 개혁·개방 조치를 취하고 국제사회는 선도적인 지원과 경협사업을 추진할 필요가 있다. 시행착오를 통해 경험을 축적하고 성공경로를 미리 탐색해야 하기 때문이다.

북한경제 현황 분석 및 평가, 향후 추진 방향

안병민 한국교통연구원

1. 북한경제 현황 분석 및 평가

북한 경제는 파국상태가 아닌 완만한 성장 기조에 진입한 것으로 추정된다. 중국과의 무역 확대로 만성적인 아킬레스건이었던 식량과 에너지 문제가 조금은 해결되었다. 또한 시장 기능 활성화로 인한 경제규모가 확대되고 있으며 지하자원 중심의 새로운 고부가 상품의 집중 수출로 외화 획득의 길을 열고 있다.

북한은 북중 경제협력을 통한 북한 경제개혁 모델을 실험하고 있다고 평가할 수 있다. 또한 북중 경제협력은 질적, 양적으로 최고수준의 협력관계라고 평가할 수 있을 것이다. 첫째, 북한과 중국은 개성공단모델의 새로운 변형으로서 나선경제무역구, 황금평·위화도 경제구의 공동개발과 공동관리를 추진하고 있다, 둘째, 북중 양국은 「정부 지도」, 「기업위주」, 「시장운용」, 「상호호혜」의 개발협력 원칙에 합의하였다. 셋째, 북중은 15개 국경세관의 현대화할 것과 주요 도로세관을 1급세관으로 승격하였다(사타자, 고

성리, 산허, 난핑). 넷째, 교통, 물류 인프라 정비를 통해 접근성과 경제성 향상을 위해 노력하고 있다.

북한은 「자력갱생 원칙」의 일부분을 수정하고 무역활동 및 대외시장 확대를 추진하고 있다. 김정일은 "인민들이 이용하는 경공업제품을 국내에서 전부 생산하지 말고 다른 나라에서 사올 수 있는 것은 수입하여 해결할 것"을 지시한 바 있다. 이것은 대외무역활동을 통하여 인민들의 일부 소비품을 보장하는 것이 경제건설과 인민생활 향상에 있어서의 실리를 보장한다는 입장에 기초하고 있는 것이다. 또한 북한은 독점지표를 갖는 품종의 수출 확대(지하자원: 마그네사이트, 철광, 희토류), 수출품의 질적 향상 문제(디자인, 포장, 상표 등), 생산비와 류통비 절감 문제에 관심을 갖고 이러한 부문에 대한 개선을 위해 노력하고 있다.

나선경제무역구, 황금평 · 위화도 경제구의 공동개발 등 북중간 경제협력 사업은 새로운 역내 시장 변화의 변수로 등장할 것으로 전망된다. 답보상태에 있던 북러 간 협력사업(나진-핫산간 철도협력사업, 나진항 3호부두 개발사업 등)이 재가동하게 될 가능성, 북러 정상회담의 추진(외채 해결을 매개로 한 북러경협 활성화 가능성), 소규모 자본이 아닌 대규모 중국자본(온주, 절강)의 이동 움직임 등에 주목할 필요가 있다.

2. 향후 추진 방향

원칙은 고수하되, 우회 전략을 모색할 필요가 있다. 북 · 중 간, 북 · 러 간의 경제협력은 동북아 역내시장에서 한국의 위상 저하와 밀접한 연계를 가진다. 북한과 중국, 러시아의 양자 간 협력모델을 다자간으로 확대할 수 있는 전략 수립이 필요하다. 한 · 미 · 일 동맹체제에서 북한 경제의 미래에 대한 대안 제시는 한국의 몫이다. 일본은 동일본 대재해 복구 및 민주당 당내 갈등, 미국은 아프간. 대선으로 주도적인 역할에 한계가 있다고 할 것이다.

새로운 북방외교의 추진, 남북경협의 다자간 모델로 활로를 모색할 필요가 있다. 한·러, 한·중 외교의 강화, 중국과 러시아 접경지역에 대한 다양한 협력사업을 활성화하며, 북한 내 개발사업에 대한 다자간 협력모델을 통한 접근이 필요하다.

◈

북한경제 현황 평가 및 남북경협 추진 방향

오승렬 한국외대

◈

1. 북한경제의 '유사시장(類似市場) 기제'를 보는 시각

북한의 유사시장 기제를 보는 시각은 크게 세 가지로 정리될 수 있다. 첫째, 시장지향적 개혁의 논리적 연계성을 결여하고 있으며 확대 재생산 기제가 부재한다. 둘째, 사회주의 계획경제의 부분적 '상품경제', '지하경제', '필요악'과 유사하다. 셋째, 유사시장 기제의 결정적 결함은 생산 및 공급 영역의 시장화가 이루어지지 않고 있다.

2. 최근의 북·중 경제관계

북한은 '대 중국 개방'을 통해 체제유지와 경제회복을 동시에 도모하고 있다. 창-지-투 개방선도구 사업과 나선특구를 연계하고 있으며, 황금평 지역에는 개성공단모델을 적용하여 임가공 수출 단지 건설을 추진하고 있다. 중국의 지방정부(특히 길림성)와의 협력을 강화함으로써 중국 중앙정부의 부담을 완화하는 동시에 체제 유지를 기하고자 한다. 또한 북한은 중국 리더십의 보수화를 틈타 '黨 대 黨' 경제외교를 강화하고 있다. 그러나 정치적 전략적 배경으로 인한 북·중 경제관계의 취약성은 여전히 존재한다.

3. 남북경협

이명박 정부와의 경제협력에 대한 북한의 기대수준은 저하되고 있다. 특히 북한은 이명박 정부의 대북정책을 '보수, 강경, 친미'로 이미지화함으로써 핵문제 악화가 수반할 위험에 대처하면서, '남북관계 긴장 고조'를 카드화하고 중국과의 전략적 유대관계를 강화하고 있다. 현재 권력 승계의 과도기를 지나고 있는 북한의 입장에서 북한 내부의 친남 노선 및 세력의 정치적 위험부담은 크게 상승하고 있다고 평가할 수 있다.

4. 북한정세 전망 및 고려사항

향후 북한은 경제난으로 인한 붕괴나 주민 소요 가능성은 낮다고 보여진다. 따라서 유사시장 기제와 북한 개혁 가능성을 연계시키는 등의 성급한 판단은 위험하다. 북한은 한국정부의 경제적 압박 기조와 적당한 군사적 긴장을 체제유지, 대중, 대미 전략에 활용할 것으로 보인다.

이와 관련하여 우리의 고려사항은 아래와 같이 정리해볼 수 있다.

- 고려사항 1:

① 민간거래는 시장원리, 인도적 지원은 적정규모 시행(모니터링 요구), ② 정부차원의 지원은 조건부(경제개혁조치, 남북경협 특구 건설, 핵문제 해결 단계, 대남 위협 전통적 군비감축, 이산가족 상봉 및 납북자 국군포로 송환, 인권 개선 조치 등에 대한 보상 원칙 설정, 공개)

- 고려사항 2:

한국의 외교 전략 시각 조정: ① 북한과의 1:1 수준의 소모적 신경전이 타당하며 필요한가? (눈높이 조정) ② 북한문제와 관련하여 중국이나 미국과 한국의 세계사적 위상에 상응하는 파트너십을 구축하고 있는가? ③ 그렇지 못하다면 이유는?

북한 경제 평가와 남북 협력의 방향

이정철 숭실대

1. 북한 경제

가) 우리 안의 붕괴론

시장과 국가의 관계를 제로섬의 대립적 관계로 인식하는 경향이 있다. 이러한 경향은 시장의 확산을 국가의 붕괴 지표로 등치시키는 경향을 낳는다. 또한 이러한 관점은 조정 양식의 차이(시장 조정과 관료적 조정)가 여전히 존속되고 있는가에 대한 판단의 문제를 야기한다. 즉, 화폐개혁, 식량부족 등에 대한 평가에 있어서 차이가 발생하는 이유이다. 북한 GDP 평가방식, 환율과 물가 동향 등의 문제를 재검토할 필요가 있다.

중국의 대북 압박론에서 북한의 대중 종속론으로의 스윙적 인식이 필요하다. 북중경협은 남북경협(재정 및 임금 효과 위주)의 '대체재 + @'로서 의미가 있다. 따라서 중국이 가격결정자이고 출혈적 수출이 지속되고 있는가를 검토해야 한다.

나) 북한의 보수 회귀론 재론

2000년대 북한의 경제 정책 변화를 보는 3가지 시각이 있다. ① 이중경제 구조의 지속론, ② 2006년 이후 보수화론, ③ 2006년 보수화 이후 2010년 '주체경제 확립과 대외개방'의 병행론.

제재에 따른 시장 위축의 결과인지 시장 통제인지에 대해 판단할 필요가 있다. 다시 말해서 '박봉주 vs. 박남기' 구도와 같이 바라보던 기존 인식의 적절성을 재검토해야 할 것이다.

2. 남북 협력

다) 5.24식 제재론(3억달러 효과론)의 효용성 검토

우리 정부의 5.24제재에 대해 다음 세 가지의 문제를 검토할 필요가 있다. 먼저 대북 레버리지를 상실하고 있는 것은 아닌가의 문제이다. 둘째, 자해적 제재의 문제로 제재의 결과 민간에 피해가 발생하는 접근이 적절한가를 검토해야 한다. 셋째, 통일 비용(cost) 상승의 문제이다.

라) 북중협력을 남북경협과 대립적으로 볼 필요는 없으나 방기해서도 안 될 상황

2010년 북한의 대중 무역은 32.1%, 수출은 46.9% 증가했다. 2011년 1-3월중 대중국 수출은 전년 동기 대비 218.5% 증대하였다(광물성 연료〈주로 무연탄〉, 의류, 수산물이 주력 수출품). 반면에 2010년 남북교역은 19.1억 달러로 전년대비 13.9% 성장했으나(개성공단때문), 개성공단을 제외한 남북교역은 4.7억 달러로 36.4% 감소했다.

표 북한의 대중무역 추이

(백만달러)

	2008	2009	2010	2011.1~3
수 출	754(29.6)	793(5.2)	1,188(46.9)	401(218.5)
수 입	2,033(46.0)	1,888(7.1)	2,278(25.4)	571(59.3)
수출입계	2,787(41.2)	2,681(3.8)	3,466(32.1)	972(100.8)
무역수지	-1,279	-1,095	-1,090	-170

주: ( )는 전년동기대비 증가율
출처: 한국무역협회

북중 관계를 전략적, 정치적 측면만 강조하기보다는 임금 격차 심화에 따른 자생성에도 주목할 필요가 있다. 나진, 황금평 등을 긴 호흡에서 보고 이윤이 확산되는 파급효과(spill over)에 주목해야 한다. 특히 남북관계보다 북중관계는 불가역성이 높다는 점을 간과해서는 안 될 것이다.

마) 동북아의 통합(integration) 추세와 한반도 통일(unification) 지향성간의 간극 심화

이와 관련하여 두 가지의 문제를 지적할 수 있을 것이다. 첫째, 그동안 글로벌 전략에 천착한 나머지 역내 지역 협력 전략에 소홀하였다. 둘째, '인도적 지원'의 전략성과 정치성에 대한 이해가 극히 부족하였다.

바) 선택의 시점이 다가오고 있는지도 모름

선택을 하더라도 기본은 해야 한다면, 기본의 재정의가 필요하다. 우선 동북아 통합(integration)과정에서 한국이 소외되는 상황이 무엇인가에 대해 면밀하게 검토해야 할 것이다. 그리고 신기능주의에 기초한 정경분리 접근법을 취한다 하더라도 남북한의 엘리트간의 화해를 전제로 해야 할 것이다.

북한은 3대세습, 연평도 도발, 핵실험 등의 사례에서 보듯이 근대의 시각에서 바라봐서는 도저히 풀 수 없는 실체이다. 따라서 북한문제를 탈근대의 시각에서 접근하는 것이 가능하기 위해서는 '우리' 안의 소프트 파워가 더 변해야 할 필요가 있다.

3주제

북한 외교:
6자회담 등 대외관계의 미래

◈

북한의 대외정책 평가

윤덕민 외교안보연구원

◈

> 대내적으로 권력세습 환경의 정비를 추진하면서, 2006년 상황과 유사하게 대남관계 경색과 함께 중국의 중재노력을 거부하고 핵·미사일 실험 등 초강경 노선을 통해 대미 직접 대화 돌파구를 모색할 가능성. '연미(중)봉남' 노선 추진 가능성

1. 3대 세습환경 조성 최우선적 고려

북한은 권력세습을 위한 환경조성을 최우선적으로 추진하고 있다. 대남관계, 대미·대중 정책, 6자회담 등도 3대 권력세습 안착을 우선적으로 고려하는 가운데 활용하고자 할 것이다.

그동안 북한이 화폐개혁 실패, 천안함 사건 등 대내적 어려움에 직면할 때, 대외적으로 위기긴장 국면을 조성하여 돌파하려는 경향이 있다고 본다

면, 3대 세습이 대내적으로 원활하지 못한 상황에서 군사도발이나 대남 긴장 국면을 조성할 가능성이 있다.

최근 북한의 대남 초강경 자세도 김정은 권력세습과 관련한 대내적 움직임과 관련하여 분석할 필요가 있다. 2012년 강성대국 완성 목표가 차질을 빚을 것이 확실시되는 가운데, 대외 긴장조성을 통해 한미의 훼방으로 목표 달성이 불가능했다는 구실을 모색할 우려가 있다.

2. '통미(중)봉남'과 핵미사일 실험 단행

북한은 현재 2006년과 유사한 행동 패턴을 보이고 있음에 유의할 필요가 있다.

- 2006. 1 김정일의 방중과 '남순강화' 코스 방문. 중북관계 강화
- 2006. 4 미중정상회담이후 중국의 중재 역할 부각(대북 특사파견)

북한은 중국의 만류 및 중재 노력에도 불구하고 2006년 7월에 미사일 실험과 06.10 핵실험을 단행하였다. 이후 핵실험 모멘텀을 활용하여 김계관-힐 사이의 대미 직접협상을 통해 2007년에 2.3합의를 도출해내고, 미국의 대북정책 초점이 비핵화로부터 확산방지로 전환시키는 데 성공한 바 있다.

북한은 2011년 5월의 북중정상회담 직후 남북 비밀접촉 폭로를 통해 남북관계를 극도로 경색시킴으로써 남북관계 개선에 관한 중국의 중재노력을 차단했다. 북한은 향후 미사일 실험과 3차 핵실험을 통해 긴장상황을 조성할 것이며, 대미 직접 협상만이 문제를 타개할 수 있다는 시그널을 미국측에 지속적으로 전달할 것이다. 천안함·연평도 사건의 출구로서 남북

관계 개선을 요구하는 한, 북한은 핵상황은 지속적으로 악화될 수밖에 없다는 강력한 인상을 미국 및 국제사회에 주기 위해 3차 핵실험, 미사일 실험 등 모험적 군사행동을 취할 가능성이 있다. 또한 군사기술적 차원에서, 즉 2009년 5월의 2차 핵실험을 통해 얻는 데이터를 바탕으로 플루토늄탄의 정교화를 위해서 2011년말-2012년초까지 3차 핵실험을 감행할 필요성이 있을 것이다. 더욱 우려되는 것은 대외적 효과를 극대화하기 위해 우라늄탄의 실험 가능성도 있다는 점이다. 북한은 현재 핵무장과 대미 전략관계 수립으로 한국과 중국 사이에서 3대 세습을 성공시키고 생존할 수 있는 환경을 구축하는 전략적 목표를 추진하고 있다고 판단된다.

북중정상회담 직후, 북한이 남북관계를 경색시키는 조치를 취한 점을 볼 때, 중국의 중재역할 내지는 영향력을 일정부분 견제하려는 의도가 있다고 판단된다. 그러나 중국의 경제지원이 긴요한 상황에서, 대중관계를 악화시키는 조치는 자제할 것이다. 북한정권은 지나친 대중 정치경제 의존은 체제안보상 바람직하지 않다고 판단하고 있다.

북한은 당분간 핵미사일 실험과 군사도발 등 극한전략을 재가동하여 대미 직접협상의 길을 모색할 것이며, 한국과 중국의 간섭을 최소화하려 할 것이다. 정치군사 부분은 미국과, 경제부분은 중국과의 협력 강화를 통해 한국의 역할을 봉쇄하는 소위 '연미중 봉남'의 정책노선을 취할 것으로 보인다.

북한 외교

권만학 경희대

1. 개관

2012년 서울 핵정상회의를 앞두고 국제사회가 6자회담을 통한 북핵 해결에 우선 순위를 부여함으로써, 북한 역시 대외정책에서 핵 문제 해결에 최우선 순위를 부여할 것이다. 이에 따라, 대외관계에서는 북미관계를 최상위에, 그리고 남북관계는, 적어도 이명박 정부 임기말까지, 하위에 놓을 것이다. 지난 20년간 진행되어 온, 북한의 많은 모순들이 기아, 영양실조 등에서 보여지듯이 최저점을 향하여 치닫고 있으며, 이를 해결하고자 하는 노력 역시 핵문제로 집중, 응축됨으로써, 의외로 내년 이전에 한반도 문제가 획기적으로 변화할 가능성을 가지고 있다.

2. 핵과 6자회담 전망

북핵 문제에서 가장 중요한 의문은 북한이 핵무기를 고수할 것인가, 아니면 협상을 통해 다른 것과 교환할 것인가로서, 북한의 핵 보유 "의사" 및 "능력"을 통해 분석할 필요가 있다.

북한이 핵을 고수하고자 하는 의사는 50%가 안 될 것으로 보인다. 리비아에 대한 강대국의 R2P 개입이 보여주는 "리비아 교훈"은 핵보유 필요성을 시사하지만, 핵보유가 북한이 안고 있는 다른 심각하고 중요한 문제들을 해결해주지는 못하기 때문이다. 먹고 사는 문제를 해결하지 못한 소련은 엄청난 핵보유에도 불구하고 내부로부터 붕괴했다. 보유 "의사"보다 더 중요한 것은 핵보유를 국제적으로 인정받을 수 있는 "능력"이다.

국제적으로 북한 핵보유를 가능케 할 수 있는 거의 유일한 나라는 중국이다. 당장은 중국이 전면 봉쇄로 고립되어 있는 북한을 떠받치고 있지만, 지난 1년간 김정일 위원장의 세 차례 방중에서 보여진 중국의 대북정책은, 북한의 대외적 체면은 세워 주면서도, "북한 핵포기와 개방개혁" 촉구였다. 북한 핵보유는 한국, 일본, 타이완 등의 핵보유를 초래하는 도미노 효과를 가지고 있고, 중국 자체에 대한 군사적 위협을 구성할 뿐만 아니라, 소강 사회 건설과 경제 발전을 위하여 국제 협력을 증대시켜야 하는 중국에 더욱 큰 국제적 부담으로 작용하고 있다.

북한이 핵보유를 기정사실화할 능력은 거의 없는 것으로 보인다. 김정일 위원장의 5월 방중에서 보여진 북중 불협화를 6자회담 재개 3단계 안의 첫 단계인 남북 비핵화 회담에 대한 반발로 해석할 수도 있지만, 뾰족한 대안이 없는 북한은 결국 동맹이자 6자회담 비핵화그룹 의장국인 중국과 내밀한 조율을 통해 핵문제 일괄타결을 시도할 수밖에 없다.

형식은 6자회담이 되겠지만, 실질적으로는 북미 협상이 핵심이 될 것이다. 북한과 6자회담 참가국이 교환할 목표들은 이미 9.19합의, 2.13초기조치, 10.3합의 등에 다 포함되어 있기 때문에, 이제 필요한 것은 신뢰할 만한 당사국의 공약과 실천이다. 북한이 중국을 통하여 미국에 공약하고, 미국도 다른 참가국들에 공약한다면, 성과를 보일 가능성이 크다. 다만, 북한은 미국 W. 부시 행정부가 제네바기본합의를 어기고 대북 붕괴 정책을 추진했던 경험 속에서 큰 불신감을 가지고 있으며, 미국은 북한이 먼저 약속을 어겼다는 오랜 시각을 가지고 있어, 이를 극복하기 위하여 중국은 능동적이고 깊숙하게 해결 과정에 참여할 것으로 보인다.

이러한 구도를 위해, 북한은 러시아 접근 정책을 전개하여 유리한 구도를 형성하려 할 것이다. 미중이 6자회담을 통하여 북핵문제 해결을 본격화하고 있고, 남북 대결을 북핵 해결보다 하위에 놓은 구조 속에서, 천안함 연평도 사건으로 북한과 대립하고 있는 한국 정부의 입지는 갈수록 더욱 좁아질 것으로 보인다.

3. 남북관계 전망

화해협력 정책을 추진했던 노무현 정부가 북한에게 핵 개발을 추진하면서도 남한으로부터 경제 지원을 받을 수 있다는 환상을 키워 주었다면, 이명박 정부는 핵문제 해결 없이 대규모 대북 지원은 없을 것임을 분명히 보여줌으로써 견고한 국내 지지층을 형성하였다. 이명박 정부는 나아가 핵문제뿐만 아니라, 북한이 남한과 전쟁 중인 국가이며, 흡수통일 (수복) 대상이며, 따라서 "적대적 내정 간섭"을 할 수 있는 대상임을, 즉 북한이 정상적인 주권 국가가 아니라는 인식을, 분명히 보여 주었다.

하지만 북한에게 핵문제는 단순히 핵문제가 아니라, 북한 국가와 김정일

정권의 안보 문제이자 재건의 중차대한 린치핀으로서, 북한 생사에 가장 큰 결정권을 지닌 미국과 해결해야 할 사활적 국가 이익이지, 한국에 양보하여 넘길 문제가 아니다. 이러한 "양면게임(two-level game)"에서, 이명박 정부가 북한과 국내 지지층을 동시에 만족시킬 수 있는 "교집합"은 처음부터 없었다. 즉, 이명박 정부는 전적으로 핵 해결을 대규모 경제 지원의 전제로 했고, 북한은 남한과 핵 해결을 협상할 의사가 전혀 없는 한, 타협은 불가능했던 것이다.

또한 이명박 정부는 출범 초부터 공약을, 실용적이 아니라, 과도하게 이데올로기적으로 공언하여, 정책을 수정할 유연성을 가지고 있지 않았으며, 이제 임기후반이 되어 수정할 시간도 가지고 있지 못한 상태이다. 지난 몇 년간 비밀리에 추진된 정상회담 합의 실패는 이러한 사실을 재확인했을 뿐이며, 공약 실천을 공언한 이명박 정부로서는 기존 입장을 수정할 수 있는 여유 공간(leeway)도 가지고 있지 못했다.

앞으로 북한은 2012년 북한에 상대적으로 우호적인 정부의 탄생을 위해 군사적 긴장과 선전전을 조절할 것이다. 내년에 등장하는 신정부의 대북정책은 노무현 정부와 이명박 정부의 중간에 존재하는 "평화협력" 정책을 탐색, 추진할 것이다.

6자회담 등 대외관계는 어떻게 풀까?

김학성 충남대

현재 우리정부는 한반도 문제를 둘러싼 국제정치적 접근과 관련하여 남북대화 → 북미대화 → 6자회담으로 이어지는 3단계 방안을 고수하고 있으며, 남북대화가 재개되기 위한 전제로서 천안함·연평도 사건과 비핵화 문제에 대한 북한의 진정성 확인을 내세우고 있다. 3단계 접근은 별다른 저항이 없으나, 그 전제조건에 대해 북한은 강력하게 반발하고 있으며, 중국도 동의하고 있지 않은 실정이다. 현재 한반도 내외의 상황에서 우리정부의 입장이 변하지 않는다면, 3단계 방안의 실현을 기대하기 어려울 듯하다.

올해 6자회담 재개를 둘러싸고 각국의 물밑접촉이 있었으나, 남북한 정부의 기선잡기 노력이 치열해지면서 회담재개의 어려움이 가중되고 있다. 지난 북한의 비밀접촉 공개는 한편으로 기선잡기의 일환으로 이해될 수 있다. 이에 대해 우리정부는 다시금 3단계 방안을 강조하며 주변국들의 동의를 구하는 노력을 기울이고 있다. 우리의 입장은 외형적으로 미국의 지지를 받고 있지만, 언제까지 현 상태가 지속될 수 있을지는 의문이다. 당장 미국은 대북 인도적 지원에 대해 열린 자세를 보이고 있으며, 다만 남북관계를 고려해서 적극성을 보이지 않을 따름이다. 미국은 북한과의 대화를 통해 자국의 이익을 추구할 준비가 되어 있는 듯하다. 따라서 현 상태가 지속될수록 미국은 우리정부의 태도를 점점 부담스러워하게 될 것이다.

이러한 상황에서 이명박 정부는 1년 반정도 남은 임기를 고려하여 남북관계에 대한 어떠한 결단을 내려야 할 것이다. 만약 북한의 기세에 눌리기 싫다면, 임기내 전제조건을 건 3단계 방식을 고집하면서 미국을 설득하는데 주력해야 할 것이다. 그렇지 않고 역사의 평가를 의식한다면, 정책적 전기를 마련하고 국내의 보수세력을 설득하는 것이 필요하다.

정책적 전기는 천안함, 연평도 문제를 벗어나 일단 금강산 문제와 개성공단 사업의 확대문제에서 그 실마리를 찾는 것이 필요하다. 이를 발판으로 남북대화를 재개한 이후 천안함, 연평도 문제를 내세워 군사적 실무회담을 시작하고, 이를 북미대화 및 6자회담의 틀로 연계시키는 것이다. 물론 이러한 노력이 현 정부의 임기내에 결실을 맺을 수 있을 것으로 기대할 수는 없다. 어쨌든 이러한 접근의 성사여부는 우리의 국내정치에 크게 달려있으며, 우리정부의 결단에 한반도를 둘러싼 국제정치적 동결상태가 변화될 여지는 매우 크다고 판단된다.

한반도 주변 정세와 북핵문제

박영호 통일연구원

1. 동북아 국제정세

중국의 부상과 미국의 상대적 쇠퇴에 따라 미·중의 G2시대가 등장하는가? 미·중 간에 경제적 상호의존관계가 심화(Chiamerica)되고 연례적으로 미·중 간에 전략경제대화(SED)가 열리는 등 중국의 부상은 G2로 대변되듯 세계질서에 변화를 예고하고 있다. 미국과 중국 간 정치·안보적 갈등에도 불구, 상대의 중요성에 대한 이해관계는 공유하는 동시에 상대방의 '패권적' 주도력은 견제하고 있다. 중국은 공세적 굴기(崛起)외교를 강력하게 추진하고 있으나 전략적 관용(strategic tolerance)을 보여주지 못함으로써 미국을 대체하는 '신뢰 있는 초강대국'으로 등장할 가능성은 여전히 낮은 것으로 전망된다.

냉전시대에 형성되었던 미·일 對 중·러 구도가 완전히 사라졌다고 볼 수 없으나, 동시에 새로운 형태의 대립구도가 고착된 것도 아니다. 중·러의 전략적 협력 강화(합동군사훈련 실시, SCO 등), 미·일 안보동맹 근간 유지, 미·러 간 새로운 군축협상 등 정치·안보, 경제·통상, 에너지 등 각 영역의 이해에 따라 협력/견제 관계가 형성되어 있다.

역내 국가 간의 갈등과 협력이 공존하는 상태이나 심각한 갈등은 회피하고 있다. 과거사, 영토(특히 에너지 관련) 문제 등을 둘러싼 '민족주의' 성향이 분출되고 있으며 이를 둘러싼 갈등도 격화되는 양상이다. 그러나 공통의 이해는 자국의 경제·안보와 전략적 이익 유지·확보에 지역질서의 불안정 요인이 영향을 주지 말아야 한다는 것에 대한 인식은 공유되고 이다.

장기 침체 상황의 일본은 미·일 동맹을 바탕으로 정치·군사적, 국제적 역할 확대를 모색해왔으나 성과를 거두지 못하고 3.11 대지진의 여파로 더 위축되어 있다. 반면에 중국은 굴기외교를 본격화하면서 최근에는 '패권추구' 성향을 노정하고 있다. 중·일 간의 역내 영향력 우위관계 변화는 역내 질서의 중요한 새로운 영향 요인이 되고 있다. 센가쿠열도(댜오위다오, 釣魚島) 등 동중국해 해역에서 해상권 장악을 위한 중·일 경쟁에서 미국은 동맹국 일본의 입장에 동조하고 있다(남중국해 갈등의 경우에는 ASEAN 국가 지원).

북핵문제를 포함한 북한문제에 대한 각국의 입장 차이가 주요한 갈등 요인이다. 이명박 정부 출범 이후 한·미 동맹관계의 회복 및 강화, 일본과의 관계 발전이 이루어지고 있다. 중국은 천안함 사건 이후 중국의 대한국 및 대미국 관계에서 나타난 일련의 행태를 통해 한·미 관계 강화에 대해 우려와 견제의 입장을 보이고 있으며, 북·중동맹의 토대 위에서 북한체제의 안정적 지속을 위한 '후원'을 자국의 국가이익을 위한 '전략적 선택'으로 간주하고 있다.

한반도 주변국들은 북한에 의한 불안정 요인 방지를 위해 북한체제의 안정적 관리를 선호하고 있다. 즉, 북핵문제 해결을 위해 설득·압박하면서도 북한에 대한 지원도 지속하는 것을 원한다. 대북 압박과 '지원'의 정책 선택은 한편으로 한국·미국·일본이, 다른 한편으로 중국·러시아가 연대적 입장을 보이는 양상을 노정하고 있다.

북한은 대미관계 개선을 통한 체제유지 전략을 추진하면서도 핵무기 개발전략을 매개로 미국과 대립하는 정책을 견지하고 있다. 또한 북한의 핵무기 개발전략은 핵보유국으로서 행동하는 전략으로 진화중이다.

2. 남북관계와 미·북 관계

이명박 정부 출범 이후 북한의 대내외 환경은 북한에 유리하지 않은 상황으로 전개되고 있다. '새로운' 남북관계를 추구하는 이명박 정부 등장과 미국의 '원칙 있는 대북정책' 추진과 한·미관계의 복원·강화 현상이 그것이다. 북한은 2008년 8월 김정일의 건강악화로 '예상치 않은' 후계체제 정립 문제에 직면하였으며, 금융·경제위기 등 세계경제 침체 국면에 따라 국제사회의 대북지원은 감소하고 있다. 더욱이 북한의 화폐개혁(계획경제 복원, 시장통제 조치) 실패는 내부 안정에 부정적 영향으로 작용하고 있다.

북한은 2010년 초 국방위원회, 조국평화통일위원회, 북한군 총참모부, 인민보안부·국가안전보위부 등을 내세운 '보복성전' 및 '전면적인 강력조치' 등 위협적인 대남공세를 펼쳤던 반면, 2011년 초에는 정부·정당·단체, 조국평화통일위원회 등을 내세운 유화적 제스처를 취하기도 했다. 이렇듯 북한은 공세적 기조를 유지하면서 때때로 유화전술을 병행하는 강·온 양면 전술을 사용하고 있다.

이명박 정부의 대북정책은 남북관계를 쌍방적 관계로 변화시키려는 데 초점을 맞추고 있는 것으로 보이며, 이에 대해 북한은 매우 부정적이고 강경하게 대응하고 있다. 북한은 외부 자원 확보를 위해서는 대외관계의 개선이 요구되나, 핵 포기 거부 입장을 견지하고 안보문제를 미국과의 해결 사안으로 주장하는 등 근원적 정책변화에는 부정적이다.

북한은 환경 변화에 능동적으로 적응하기보다는 기존 체제를 고수·유지하려는 내부 지향적 정책을 더욱 강화하는 방식으로 대응하고 있으며, 이는 한국 정부의 '원칙적 대북정책'과 충돌하고 있다. 북한은 대남 대화·관계 개선 제의를 통한 '온건' 전술의 이면에서 군사적 위기 수준을 높이는 '강경' 전술 추진하고 있다고 분석된다.

북한은 핵실험, UEP 실험 성공 발표와 대미 공개, '先 평화체제 수립, 미·북 평화협정 체결 주장을 통해 핵보유국 기정사실화를 추구하는 등 미국의 오바마 정부 출범 전부터 공세정책을 전개하면서도 오바마 대통령의 '대화추진' 전략을 기대하고 있다. 또한 6자회담에 대한 거부 선언을 하면서도 동시에 대북제재 해제를 조건으로 6자회담 재개 가능성을 비추는 등 6자회담 자체를 협상용으로 활용하고 있다. 그러나 북한은 여전히 피포위 의식, 자기 책임 회피와 타자 비판의 이분법적 세계관에서 벗어나지 못하고 있으며, 오바마의 '공세적 외교' 전략과 충돌을 빚고 있다.

3. 북핵문제

1) 북한

북한은 2010년 11월 UEP 시설을 공개한 이후 국제회의 연설 등을 통해 핵보유국임을 자처하고 나서기 시작했다. 2011년 3월 10일의 제네바 군축회의 북한대표의 연설은 북한이 핵보유국임을 전제로 하는 것이었다. 이날 발표를 통해 북한은 핵에너지의 평화적 이용은 주권국가의 합법적 권리이며, 책임있는 핵보유국으로서 국제사회에서 자기의 의무를 성실히 이행해 나갈 것임을 주장하였다.

북한은 2011년 3월 15일의 외무성 대변인 기자회견을 통해서는 전제조건 없이 6자회담에 나갈 수 있으며 6자회담에서 UEP문제를 논의하는 것에 반대하지 않는다고 주장했다. 더욱이 6자회담 재개 시 핵실험 및 미사일 발사 임시 중지 등의 문제도 논의할 수 있다는 입장을 표명하기까지 하였다.

북한은 2011년 3월 25일부터 26일 그리고 3월 28일부터 29일까지 독일에서 개최된 미·북 간 비공개 토론회에서 미·북 평화조약 체결 우선 입장을 재강조하는 한편 이 베를린토론회를 미·북 공식 대화를 향한 회의로 평가하였다(조선신보, 2011.4.6).

2011.3.22 외무성 대변인 기자회견, 리비아의 핵포기는 "안전 담보와 관계 개선이란 사탕발림으로 상대를 얼려 넘겨 무장해제 시킨 다음 군사적으로 덮치는 침략방식"이라고 평가하고, 핵보유 정당성을 강조한 바 있다.

북한은 최근 전제조건 없는 6자회담 복귀가 가능하다는 입장을 표명하였으나, 6자회담 재개 이전 비핵화 의지를 행동으로 보여야 한다는 한국과 미국의 입장에는 미치지 못하고 있다고 평가된다.

2) 한국, 미국

한국 정부는 6자회담 틀 내에서 양자·다자 접촉을 통해 비핵화에 대한 북한의 진정성을 확인하고 회담 재개 여건을 조성하겠다는 입장을 기초로 하고 있다. 한국 정부의 기본입장은 1단계 북한의 '진정성 있는' 남북대화, 2단계 미·북 대화, 3단계 6자회담 개최라는 3단계론이다.

한국 정부는 북한의 UEP는 9.19공동성명, 유엔안보리 결의 1718호,

1874호의 위반으로 안보리 차원의 조치를 포함한 국제사회의 단합된 대응이 필요하다고 보고 있다. 특히 일본 후쿠시마 원전사태 이후 북핵 시설의 안전성 문제에 관해 필요시 관련국들과 협의할 예정이라는 입장에 서있다. 지난 3월 29일 한·중 외교장관회담에서 북핵 시설의 안전성 문제를 제기한 것이 그 한 예가 될 것이다.

한국 정부는 2011년 6월 24일의 한·미 외교장관회담(워싱턴)에서 북한의 진정성 있는 행동 변화와 남북관계 개선이 우선 필요하다는 입장을 재확인하였다. 그러나 미국은 북한의 UEP 개발 중단은 비확산 전략의 중요 사안으로 보고 있지 않다.

4. 한국의 고려사항

북핵문제 등 북한문제에 대한 대처 및 향후 동북아지역의 전략적 균형문제에서 중국의 역할 및 미·중 전략적 협력관계 발전에 대한 미국의 의중을 정확하게 파악해야 할 필요성이 어느 때보다 중요하다.

중국은 6자회담을 통해 북한 비핵화나 북한체제 변화 유도가 매우 어렵다는 점을 알고 있으나, 6자회담을 유지하는 것이 전략적 이익 확대에 유리하다고 보고 있다. 중국은 Δ안정된 지역안보환경 유지, Δ북한의 생존 보장, Δ중국 동북지방(동북3성) 경제발전 지원, Δ핵무기 없는 한반도, Δ장기적으로 북한 항구를 통한 서태평양 진출 등의 문제를 대북한 전략의 기본 이해로 하고 있다. 또한 중국은 대한반도 영향력 확대 차원에서 한·미 동맹 및 한국의 대북정책에 대해 북한 변수를 활용하는 균형화(balancing) 전략을 추진하고 있다. 따라서 중국이 그들의 이해를 중심으로 6자회담 재개를 추진하는 경우, 한국의 입장(비핵화 진정성 확인) 및 한·미·일 공조에 입각한 6자회담 재개추진과 충돌할 가능성이 있다. 따라서 한국은 중국의 한반도 정책에 대한 종합 평가 및 이에 토대를 둔 한·중 상호 이익 확대를 위한 협력전략을 강구·추진해야 할 것이다.

북한의 핵개발 진전을 중단·관리하기 위한 차원의 6자회담 재개를 추진할 경우 핵협상은 과거의 패턴을 되풀이할 가능성이 높아질 것이다. 따라서 남북관계의 실질적 진전과 6자회담의 진전을 상호 연동할 필요가 있다.

북한은 한국의 '비핵화 진정성 확인' 조건을 형식적 수준에서 충족시키면서, 남북대화를 절차상의 징검다리로 활용하려는 전술을 구사할 것으로 예상된다. 이 과정에서 NLL 이슈화, 서해평화지대 설치 제안 등으로 물타기를 시도할 가능성 역시 농후하다. 이를 통해 북한은 남북대화 결렬 책임을 한국 측에 전가하는 근거를 마련하려 할 것이다. 한국 정부는 한·미공조가 시험대에 오를 가능성에 대비하는 한편, 북한이 위기고조전술을 사용할 가능성에 대해서도 사전 대비가 필요할 것이다.

창조적 관여를 위하여

우승지 경희대

김정일 위원장의 중국 방문을 계기로 동북아시아의 정세가 급물살을 타고 있다. 북중 경제협력이 탄력을 받고 있고, 미국은 식량 원조를 매개로 북한과 접촉면을 찾으려고 하고 있다. 베이징 비밀회담의 폭로로 남북관계는 다시 암초를 만났다. 2011년 중반 한반도 정세는 2000년 또는 2002년을 전후한 한반도 정세의 추억을 불러일으키고 있다.

김일성 사후 3년의 침묵을 지키던 북한은 대포동 발사와 함께 기지개를 폈고, 2000년 들어서면서 적극적인 대외 행보를 펴기 시작했다. 6.15선언과 함께 화려한 대미, 대일외교가 펼쳐졌고, 2002년에는 신의주 특구 개발과 경제관리 개선조치가 나왔다. 10여 년이 지난 지금 북한의 행보는 외형상 화려함의 면에서 당시에 가히 필적할 만하다. 2년 사이 김 위원장은 3번의 중국 나들이를 했고, 나진항 개발과 황금평 개발로 '개혁 없는 개방'에 대한 기대감 또한 높아지고 있다.

2000년대 초 북한의 새로운 접근에 한국은 흥분하고 있었고, 중국은 냉정했으며, 미국은 내심 못마땅해 했다. 지금은 중국이 적극적이며, 미국은 조심스럽게 발걸음을 떼려하고 있으나, 한국이 뒤에서 발을 거는 형국이다. 과거 한국〉중국〉미국의 순으로 적극성을 보였다면, 지금은 중국〉미국〉한국의 순으로 적극성의 면에서 3국이 모두 자리를 바꾼 셈이 되었다.

지난 10여 년간 한국 사회는 대북정책에 대한 공감대를 형성하지 못한 채 상이한 진단과 처방을 갖고 있는 집단끼리 갈등과 다툼으로 그야말로 소모전을 벌이고 있다. 표류하고 있는 대북정책, 통일정책에 이제 마침표를 찍어야 할 시간이 다가오고 있다. 온갖 모순과 문제점을 안고 있는 북한 체제에 급변사태가 일어날 가능성에 대해 항시 만반의 준비를 갖추고 있어야 할 테지만, 북한의 조기붕괴를 전제로 한 대북정책 시행은 많은 문제가 있다고 생각된다.

급변사태 대비와 아울러 우리는 북한과 공존하며 북한 체제를 변화시키기 위한 전략을 갖추고 있어야 한다. 그러한 전략은 북한 포용 일변도나, 북한 봉쇄 일변도에 벗어난 창조적인 관여로부터 나올 수 있을 것이다. 창조적 접근은 북한을 대하는 태도에 있어서 유연함과 당면과제를 풀려는 진지함에서 나온다. 중국의 대북 관여의 등에 올라타는 공동관여(co-engagement)의 자세가 필요하다. 북한과 주변국가의 연계 · 의존을 심화시켜 북한을 동아시아의 대륙과 해양을 연결시키는 교량국가로 탈바꿈시켜야 한다. 북한이 자신의 전략적 위치를 활용하여 지대추구 행위를 통하여 먹고사는 문제를 해결하는 것 자체가 장기적인 북한 체제 변화의 제1보가 될 것이다.

현재 구도에서 북핵문제 해결 또한 장기간의 시간을 필요로 할 가능성이 커지고 있다. 따라서 북핵문제 해결을 전제로 한 대북정책의 시행보다는 핵문제와 경협을 분리하여 2트랙으로 접근하면서, 체제변화(regime change)나 체제붕괴(regime collapse)보다 장기적으로 체제의 진화(regime evolution)를 도모하는 방향으로 나아가야 할 것이다.

북한대외관계:
북중관계의 새로운 변화

이희옥 성균관대

1. 북핵의 지정학에 대한 중국의 새로운 이해

중국의 북핵에 대한 인식이 조정중이다. 과거에는 협상력의 극대화(Bargaining chip)를 위한 전술적 선택 속에서 북한이 기회주의적 상황편승전략(opportunistic tactics)을 추구하고 있다고 보는 견해가 있었으나, 평화체제를 정전체제로 변환하는 문제의 맥락에서 보는 시각이 있다. 북한이 미사일발사와 핵실험 이후 국제사회의 제재에 대해 "6자회담의 복귀는 없다"고 밝힌 맥락을 적극적으로 읽고 있다. 전반적으로 중국은 핵의 지정학(Geopolitics is what a country makes of its geography)을 점차적으로 인식하고 있고 여기에 기반하여 북핵정책을 수행하는 것으로 볼 수 있다. 반면 미국 오바마 행정부도 비핵산 또는 보상(핵무기가 제재와 보상이 교환될 수 있는 것)에 대한 집착이 강한 상태였고, 한국은 북한체제가 존재하는 한 비핵화와 지정학적 문제를 해결할 수 없고, 북한을 힘으로 압도하는 것이라는 믿음이 강했다. 중국도 이러한 주변환경에 대한 '의도적 오해'와 북한에 대한

'이웃증후군'을 벗어나 점차 핵의 지정학을 인식하고 정책을 조정하는 것이라고 볼 수 있다.

2. 천안함, 연평도 사건 이후의 북중관계

북중관계는 양국의 불가피한 이해차이에도 불구하고 전반적으로 공고화의 국면으로 접어들었다. 2009년 7월 이후 북중관계는 갈등국면에서 대화국면으로 전환되었다고 보고 있다. 2009년 7월 15일 당중앙 외사영도소조(조장 후진타오)가 개최되었고, 2009년 7월 17일-20일 베이징에서 개최된 재외공관장 회의기간 중에는 당중앙 상무위원, 전현직 북한대사, 외교부장 등이 이례적으로 참석한 가운데 "중국의 대북정책 관련 내부회의"가 개최되었다. 이후, 8월 우다웨이 부부장 방북, 9월 따이빙궈 국무위원 방북, 10월 원자바오 총리 방북이 있었다. 이후 북중간 정상회담 러쉬가 이루어지고 있다. 따라서 북중관계 발전은 수교 60주년, 상호우호조약체결 50년이라는 상황적 요인이 아니라 후계문제를 둘러싼 갈등이 해소되면서 북중간 전략적 이해의 일치에서 접근할 필요가 있다. 최근 창지투 국경유역, 황금평에서의 북중경협이 본격적으로 추진되는 것도 이러한 맥락이다. 최근 북중경협은 2001년 신의주 경제특구에 대한 중국 지방정부의 반발과 갈등과는 질적으로 다른 양상으로 전개되고 있고 레칫효과도 낳고 있다. 향후 중국은 북한에 대한 학습(영향력의 딜레마 등)의 결과 북한의 나쁜 행동에도 불구하고 현재 기조(미중간 판의 충돌과 중첩의 확대)를 유지할 가능성이 있다.

3. 함 의

한국정부의 북한과 중국의 분리, 한미동맹을 통한 중국의 유인, 대북한 정책에서의 전략적 인내전략은 임계점에 도달했다. 이러한 상태가 지속될 경우 한중관계의 정체, 한미동맹에 대한 문제제기, 북중접근의 심화 등으로 나타나면서 한반도문제에서의 주도권 상실은 물론 '방치의 위험'에 따른 '북방의 상실'이 구조화될 가능성이 크다. 과감한 상상력을 발휘하여 6자회담의 모멘텀을 살리는 문제(후진타오의 diplomatic performance)에서 출발할 필요가 있다. 6자회담 3단계방안의 병행추진도 고려할 필요가 있으며, 전제조건에 보다 큰 틀에서의 과감한 전환도 필요하다. 2011년 광복절은 이런 의미에서 관건적인 의미를 지닌다.

6자회담과 대외관계는 어떻게 풀까?

최진욱 통일연구원

3단계 핵회담이 성사될 경우

1. 북한의 '핵참화' 발언 추궁

최근 북한은 "전쟁이 터지면 초래될 것은 핵참화뿐"이라는 협박성 발언을 통해 공격적으로 핵을 사용할 가능성이 있음을 시사하였다. 핵공격 가능성을 강조하는 것은 실제 선제적으로 사용하겠다는 의미라기보다는 국지적인 도발을 하더라도 남한이 맞대응하지 못하도록 하는 의도가 다분히 깔려 있다.

북한은 2002년까지 미국의 대북 적대시 정책으로 한반도에 핵참화의 위협이 있다는 논리였고, 2003년 자위적인 차원에서 핵 억제력을 처음으로 언급한 바 있다.

북한의 대남 핵사용 협박에 대하여 강력히 문제제기를 할 필요가 있다. 북한의 핵참화 발언은 "북핵은 남한도 보호하기 위한 것"이라는 입장과는 분명히 차별되는 것이다.

2. 우리가 북핵문제의 당사자임을 확인함

그동안 북핵 문제는 남북문제이기보다는 미·북 간의 문제로 북핵 문제와 남북문제를 분리해서 다룰 수 있다고 주장되어 왔다.

3. 홍보 과잉 경계

북핵 문제에 대한 획기적 돌파구를 마련한다는 것이 현실적으로 쉽지 않은 상태에서 남북 핵회담에 대한 지나친 기대가 자칫 실망스러운 결말로 끝나지 않도록 현실적인 홍보를 할 필요성이 있다.

4. 6자회담 및 미 · 북 회담과 조화

북한의 비핵화를 위해 독자적으로 핵심적인 역할을 수행하려 하기보다는 남북회담 이후 개최될 미·북회담이나 6자회담과 조화를 이루어 국제공조 하에 비핵화 노력을 지속하여야 한다.

미·중 정상회담에서 양국 정상이 우라늄농축에 대한 우려를 표명하고 "건설적이고 진정성 있는" 남북대화를 촉구한 바 있다.

5. 북한의 '선 평화체제 후 비핵화' 의도 차단

6자회담을 평화체제로 변질시키려는 북한의 기도를 사전에 파악하고 이를 차단하여야 할 것이다.

6. 미국의 비확산 우선 정책 견제

미국이 적극적인 비핵화보다는 비확산에 정책 목표를 둘 가능성을 억제해야 한다.

북핵문제 어떻게 풀 것인가?

한용섭 국방대

1. 북핵 실태와 문제점

2009년 5월 제2차 핵실험 이후 북한의 핵능력이 더 강화되고 있는 실정이며 비핵화는 점점 더 어려워지고 있으나, 6자회담의 장기간 중단으로 인해 북핵에 대한 대화채널이 부재한 상태이다.

북한이 농축우라늄계획을 미국 전문가에게 보여준 것은 북미 직접협상 의지를 내보인 것이나, 지미 카터 방북시 북한의 냉대로 소통에는 실패하였다.

2009년 10월 원자바오 총리 방북 이후 조중관계가 개선되고 대북 경제지원 지속으로 UNSC 결의안 1875호에 의한 대북제재의 효과는 감소하였다. 천안함/연평도 사태시 북한은 중국을 북한 편이냐 한미 편이냐를 선택하도록 강요하여, 중국을 북한 편으로 끌어들임으로써, 중국이 북한 비핵화에 영향력을 미칠 수 있는 힘을 감소시켰다. 또한 북한은 천안함/연평도 정국을 벗어나기 위해 6자회담 재개 카드를 들고나와 중국, 미국, 한국을 전방위적으로 압박하였다.

2011년 1월 미중정상회담에서 북한의 우라늄농출프로그램(UEP) 문제와 한반도 긴장해소 문제 해결에 노력 합의 후, 남북회담, 북미회담, 6자회담 순으로 회담 순서가 정리되었다. 그러나 남북대화 시도가 결렬된 이후 북한은 대남 압박 수위를 높이고 있다.

대화 없는 기간이 지속될 경우, 북한이 외부의 관심 유도를 위해 장거리 미사일 혹은 제3차 핵실험을 감행할 가능성이 증대되고 있다.

2. 한반도 비핵화를 위한 한중협력, 한미협력, 다자협력

6자회담의 효과에 대해 대체로 비관적이나, 6자회담을 대체할 만한 뚜렷한 방안이 없는 상태이다. 미국과 중국에서는 6자회담이 북한의 핵과 북한의 위기조성을 방지하고 관리하는 차원에서 필요하다는 견해가 있다. 그러나 한국이 선 남북회담을 철회하지 않는 한, 미국이 북미회담을 먼저 시작할 가능성은 없으며, 중국도 관망하는 자세를 유지하고 있다.

6자회담을 재개하기 전에 6자회담이 성과를 낼 수 있는 대안을 마련하고, 미국 및 중국과 공감대를 이룰 필요가 있다. 중국은 획기적으로 달라진 대북정책을 구사할 필요가 있다. 또한 6자회담을 정례화하고, 6자회담의 대표의 격을 높여야 할 것이다. 6자회담 재개시, 그랜드바겐 방식의 일괄협상(package deal)을 시도할 필요가 있다.

제2차 핵안보정상회의에 북한을 초청하는 카드는 유효하다. 우선 그 이전에 북한이 비핵화를 위해 작은 성의라도 보이도록 중국과 미국을 통해 압박할 필요가 있다.

한·중·일 정상회의, 외무장관회의를 활용하여 북한의 핵안전문제를 포함한 지역의 핵안전문제를 제2차 핵안보정상회의의 의제로 제안토록 노력할 필요가 있다.

〈종합토론〉

"우리의 대책은 무엇인가?"

신 한반도평화프로세스 구상

백영철 건국대

1. 2011년 한반도와 주변 정세 평가

가. 정세 평가

현재 한반도 정세가 매우 유동적인 가운데 중국의 부상 및 공세적 외교, 북중 관계 긴밀화 지속, 미중 갈등 구도 속에서 정확한 정세판단과 전략이 필요한 시점이다. 면밀하게 검토할 주요 변수로는 '북한의 핵무장과 6자회담 거부', '남북간의 군사적 충돌', '미국의 북한 관심 저하 및 미중 갈등/협력 구도' 등이 핵심적이다.

북한의 핵무장과 6자회담 거부로 인한 환경의 변화에 대한 적절한 대응전략을 마련할 필요가 있다. 2008년 말 신고·검증(시료채취) 문제로 6자회담이 결렬된 이후 북한은 6자회담 전면 거부를 선언하였다. 또한 2차 핵실험(2009.5) 등 북한은 핵무장 강화를 공언하는 가운데 남북관계는 단절되고 군사적 긴장은 고조되었다. 특히 북한의 군사적 모험주의(새로운 도발, 3차 핵실험)가 재개될 가능성이 현저히 높아지고 있다.

경제난, 3대 권력세습 진행, 시장경제 등 현재 북한은 체제변동의 초기가 진행 중에 있다. 이에 따라 북한은 체제의 불안정 속에서 권력통제체제 유지를 통해 현상을 유지하는 상황이 장기화될 전망이다.

남북관계는 북한의 남북 비밀접촉 공개와 김정일 표지판 사용 문제 등으로 인해 심각하게 악화되고 있다. 더욱이 국지적 군사적 충돌이 재연될 가능성이 존재할 정도로 우려스러운 상태이다.

주변국과 국제정세에 대한 전망 역시 우리에게 우호적이지 않다. 미중 갈등과 북중 긴밀화 추세가 지속될 경우 이것은 한반도의 분단 해소보다는 분단 고착화를 강화하는 영향력으로 작용할 가능성이 높다. 또한 리비아 사태는 북한으로 하여금 핵보유에 대한 집착을 더욱 심화하는 효과로 나타나고 있다.

나. 대북(핵)정책 평가

북한의 핵개발 지속과 비핵화 외교 정체를 타파하기 위한 정부의 다양한 구상 제안에도 불구하고 현 정부의 대북정책은 단·중기적으로 성과를 기대하기 어려운 상황이다. 현재 우리 정부는 '원칙적 입장 견지', '시간은 우리 편' 등 원칙과 기준만을 견지하고 있다고 해도 무리는 아니다.

김대중, 노무현 정부는 북한의 핵개발 의지를 과소평가했던 반면에 북한의 변화 가능성을 과대평가한 경향이 있다. 이와는 달리 이명박 정부는 북한의 내구성과 북중관계를 과소평가하고 있다.

이와 같이 정부 교체 시마다 대북정책은 급변하여 대북전략의 일관성과 신뢰성을 상실하고 있다.

이명박 행정부 대북정책의 성과와 한계는 다음과 같이 지적할 수 있다. 우선 북한의 일방주의적 협상태도를 교정하고 협상 기대치를 낮춤과 동시에 대북 원칙을 견지한다는 점에서는 현 정부의 성과라고 할 만하다. 그러나 대북정책에 있어 종합전략이 부재한 가운데 단발성 구상만 제시하였다는 점, 5.24조치, 금강산관광 중지 등으로 남북대화 단절과 군사적 긴장이 고조되었으며, 전략적 인내, 북한 길들이기 등 원칙만을 고집함으로써 대북정책이 성과를 거두지 못하고 있다는 한계가 있다.

향후 대북정책 추진 시 다음의 사항들을 고려해야 할 것이다.

1) 한반도 평화와 안정 유지: 지속적 성장과 발전의 필수조건
2) 대북정책은 통일을 위한 민족공동체 복원과 확대 노력 경주
(최소한 인도적 지원(투명성 확보)으로 남북의 '희망의 창'을 열어 놓아야)
3) 대북정책은 국제협력과 조화롭게 추진: 과도한 중국 영향력 확대 경계

그 밖에도 실효성 있는 대북정책을 수행할 수 있는 전문성의 확보와 확충이 매우 긴요하다. 최근에 남북 비밀접촉 사태를 바라보면서 당국자의 전문성 확보의 시급성을 절감한 바 있다.

2. 신 한반도평화프로세스 구상 제안

가. 배경

2009년 북한의 6자회담 거부 이후 두 차례의 핵실험, 핵무장 공언 등으로 2.13합의와 10.3합의가 사실상 사문화된 상태이다. 따라서 새로운 환경변화 속에서 6자회담이 재개될 경우 새로운 후속합의의 필요성이 제기되고 있다.

나. 원칙과 추진방안

신 한반도평화프로세스 구상은 포괄적, 다면적, 단계적, 연동적 접근을 원칙으로 한다. 특히 비핵화, 남북 경제협력, 남북관계, 북한 안전보장(평화체제, 북미수교) 문제와 같이 다면적인 쟁점들을 서로 분리하여 접근하지 않고 각 문제들을 상호연동하여 단계적으로 그리고 진전 수준에 부합되도록 하여 궁극적으로 평화체제 구축에 이르도록 하는 유기적 구상이라 할 것이다.

신 한반도평화프로세스는 합의(프로세스)의 지속가능성을 위해 국민적 합의, 북한 참여와 주변국 지지를 확보하는 방안을 적극적으로 모색한다. 특히 국내적 정책 합의 기반 확대 및 지속성 유지를 위해서는 국회 남북관계발전특위가 활성화될 필요가 있으며, 남북관계발전에 관한 법률과 남북관계 발전 기본계획 등의 법제도를 활용한다.

신 한반도평화프로세스는 6자회담 합의, 남북기본합의서, 6.15/10.4정상선언, 비핵개방3000, 그랜드바겐, 신평화구상 등 기존의 대북정책 구상을 존중하며 이를 선별적으로 활용한다.

신 한반도평화프로세는 상황의 변화를 고려하여 기존 6자합의의 틀을 수정·보완한다. 먼저, 9.19 공동성명(2005)의 포괄적 내용(비핵화, 평화포럼, 지역다자협력, 경제협력지원, 북미/북일 수교 등)을 활용하는 것을 기본 입장으로 한다. 그러나 9.19 공동성명이 목표만 제시한 채 중간단계를 생략했다는 문제점이 있고, 현재 2.13, 10.3 합의가 사실상 사문화된 상황변화를 반영한 새로운 후속합의가 필요한 상태이다.

신 한반도평화프로세는 남북 간 총체적 국력을 감안하여 기존의 피동적 자세에서 탈피 선제적(proactive)으로 평화프로세스를 추진한다.

신 한반도프로세스는 대북정책 기구의 순기능적(functional) 통합(콘트롤타워)과 역할 분담을 통해 추진한다. 청와대는 통일외교안보정책의 통합조정 및 전략수립, 통일부는 평화통일과 교류협력 이행, 외교부는 6자회담과 국제협력, 국방부는 국방업무, 국정원은 정보수집과 급변사태 대비 등 본질적 업무에 집중한다. 또한 대북정책(공개)과 대북전략(비공개)를 구분하여 그 성격에 맞게 운용한다.

다. 신 한반도평화프로세스의 구조

(1) 비전

신 한반도평화프로세는 한반도의 비핵평화-경제공동체-민족공동체 실현을 비전으로 한다.

(2) 전략목표: 한반도 평화프로세스 가동

신 한반도평화프로세스는 다음 네 가지 전략적 목표와 단계를 기초로 각 국면에 적합한 전략을 가동한다.

1) 북한 비핵화 프로세스
2) 한반도 평화체제 구축
3) 한반도 경제공동체 실현
4) 동북아 평화와 안정 구조 정착

(3) 2003년 한반도 평화프로세스

2003년은 북한과 미국 간의 갈등이 상당히 심각한 상태로 진행된 해였다. 2002년 10월에 캘리 동아태 차관보의 방북 시 농축우라늄 의혹 대두된 이후 2003년에 이르러 미국의 선 비핵화 후 안전보장 입장과 북한의 선 안전보장 후 비핵화 입장 간 충돌이 발생하는 등 북미 간에 첨예한 갈등 상황이 전개되었다.

한국통일포럼은 2003년 3월 평양에서 북핵문제를 해결하고 한반도와 동북아 평화체제를 구축하기 위하여 「한반도 평화프로세스: 3단계 타결방안」을 제시하였다. 이때 한국통일포럼이 제시한 방안은 그 이후 6자회담 기본틀과 합의내용의 밑거름이 된 바 있다. 「한반도 평화프로세스」는 비핵화와 평화체제 구축에 그치지 않고, 대량살상무기 폐기, 남북관계 개선, 북한종합개발계획, 동북아평화체제 구축, 통일 프로세스 등 6자회담의 합의 내용보다 총체적이고 포괄적이며 세부계획이 명시되어 있다.

(4) 신 한반도평화프로세스

신 한반도평화프로세스는 6자 합의의 미비점(시료채취, UEP, 미사일 등)을 보완할 필요성을 제기한다(2003년의 한반도평화프로세스는 미사일, UEP 문제 등을 이미 명시한 바 있다). 북한은 중동과 리비아 사태를 보고 핵 보유의 유혹과 집착이 더욱 강해진 상태라고 할 것이다. 그러나 우리의 입장에서 북한의 비핵화는 포기할 수 없는 목표임에는 의심의 여지가 없다. 지난 3~4년간 남북간·북미간 불신의 벽은 더욱 높아지고 두꺼워진 어려운 상황에서 북한의 참여를 유도하고 국제적 지지를 확보할 수 있는 보다 설득력 있는 청사진이 제시되어야 할 필요가 그 어느 때보다 절실하다 할 것이다(신 한반도평화프로세스의 자세한 용은 아래의 표에 정리하여 두었다).

라. 기대효과

신 한반도평화프로세스는 향후 6자회담 재개시 새로운 보완책으로서 가이드라인을 제시하고 한반도 평화정착과 경제공동체 구현으로 통일의 기반을 마련하며, 동북아 관련국가들이 참여하는 동북아평화체제 구현에 기여하기를 기대한다.

표 한반도 신평화프로세스: 3단계 타결 방안

	정치·군사 분야	경제·사회 분야	국제 환경 분야
1단계 평화 기반 조성단계	• 정치·군사 신뢰구축 - 천암함, 연평도 사건에 대한 적정 사과 조치 - 북핵 활동 동결 및 감시, 시료채취 - 평화협정 논의 - 남북 당국 회담 상설화 - 남북위기관리센터 - 군당국간 Hotline 설치 - 군사공동위원회 구성 - 미사일 발사시험 유보 및 수출중단	• 교류·협력 증진 - 인도적 지원 확대/농업 구조개선 협의 - 대북에너지 지원 - 북한광물자원 공동탐사 - 남북경협 제도 구축 - 이산가족 상봉 상설화 - 납북자·국군포로 송환 추진 - 북한종합개발지원 협의 (비핵개방3000)	• 북측 국제질서 편입 - 6자회담 재개와 6자합의 재확인 - 대북제재 일부 완화 - 미국, 대북불가침 선언 - 북·미 관계개선 대화 재개 - 북·일 정상화 협상
2단계 평화-협력 심화단계	• 정상회담정례화 및 군비통제 - 북핵시설(농축, 재처리) 검증 및 폐기 시작 - 남북정상회담 정례화 - 군사회담 정례화 - 운용적 군비통제 - 대량살상무기 개발, 생산, 수출중단	• 교류·협력 제도화 - 북한종합개발지원계획 추진: 공단개발, 에너지, 사회간접자본 등 대형 경협 추진 - 남북경협 합의서 이행 기구 설치 - 「남북교류특구」 설치운영 - 사회문화교류협력 심화	• 대북 국제지원 제도화 - 대북제재 해제 - 북·일, 북·미 관계 정상화 단계 진입 - 북한의 IMF, World Bank 가입 - 동북아개발은행 추진 - 동북아안보협의체 구성
3단계 평화-협력 정착단계	• 평화체제 정착 - 북핵 완전 폐기 - (한반도 비핵화 완성) - 남북 평화협정 체결 - 구조적 군비통제	• 남북 공동시장 형성 - 북한종합개발 본격 지원 - 재화·자본 자유 이동 - 자유 통행·통신·통상 실시	• 평화체제 국제적 보장 - 남북 평화협정 체결과 국제적 보장 - 북일-북미 국교 정상화 - 동북아안보협력체 가동
	비핵평화공동체 구현	경제공동체 구현	동북아 평화체제 구현

[첨부: 대북정책 환경변화 비교]

	2003년	2011년
주변국 정세	ㅇ미국 부시행정부 - 제네바합의 파기 - 6자회담 추진(2003.8~) ㅇ이라크전쟁(2003)	ㅇ미국 오바마 행정부 - 국내 경제위기, 대테러전 주력 - 소극적, 남북우선 대북정책 ㅇ중국의 부상과 적극적 대외정책 - 중미 갈등구도: 대미 협력-견제 병행 - 리비아사태 발생
북한	ㅇ내부정세 - 경제난 악화 - 개혁개방 실험: 경제관리개선조치(2002.7.1) ㅇ핵문제 - 비밀 UEP프로그램 개시 - 북한의 선보장 후해제, 미국의 CVID, 선해재 후보장 정책 간 충돌 ㅇ대미관계 - 부시행정부 등장 이후 '악의 축'발언 등 관계악화	ㅇ내부정세 - 김정일 뇌졸중 발병(2008.8) 후 회복 - 경제식량난 지속 - 2012년 강성대국 건설목표 - 3대 권력세습 추진 - 체제불안정성 속 통제체제 유지 ㅇ핵문제 - 2차례 핵실험(2006, 2009) - 6자회담 거부(2009~), 핵무장 공언 - 북핵시설 안전문제 대두(후쿠시마 이후) ㅇ북중관계 - 김정일 방중 빈번, 북중관계 긴밀화 - 대중 경제의존도 증가, 상호의존형 경협프로젝트 확대
한국	ㅇ노무현 정부 대북정책 - 햇볕정책 승계, 평화번영정책 - 평화체제 구축 집중	ㅇ이명박 정부 대북정책 - 햇볕정책, 6.15/10.4선언 거부(재평가) - 비핵개방3000, 그랜드바겐, 원칙적적 접근 - 통일정책 집중, 경협 축소/중단 - 2012 핵안보정상회의 김정일 초청
남북 관계	ㅇ남북대화와 화해협력정책 지속	ㅇ군사적 긴장 고조, 대화 단절 - 천안함, 연평도사건

4부

김정일 이후 시대의 한반도

한 반 도 평 화 와 통 일

여는 글

백영철

인사글

임혁백

기조발표

김정일 이후 국제정세 / 한승주

〈제1주제〉 김정일 이후 시대의 북한

김정은의 세습전망과 권력구조 변화 전망 / 유호열

북한 경제: 개혁 개방의 전망과 과제 / 이정철

김정일 사망과 북한사회의 변화 / 이우영

〈제2주제〉 김정일 이후 시대의 한반도 평화

6자회담의 전망과 과제: 북한 비핵화 전략 신구상 / 전봉근

김정일 시대 이후의 북·미관계 전망과 과제 / 박영호

김정일 이후 북중 관계 전망-한중관계에 대한 함의와 더불어 / 김흥규

〈제3주제〉 김정일 이후 시대의 남북관계와 대북정책

김정일 이후의 남북관계: 거시와 미시, 구조와 정책의 한 융합 접근 / 박명림

대북 경제협력 전망과 과제 / 양문수

김정일 이후 시대의 남북관계와 대북정책-대북 인도주의 정책 / 방현섭

여는 글

북한 김정일 국방위원장의 급작스러운 사망은 한반도와 남북 관계의 불안정성을 증대시키면서 동시에 새로운 변화의 가능성을 열어놓았습니다. 소위 조문정국을 통해서 나타난 김정은의 등장을 살펴보면, 일단 세습구도는 안정적 궤도에 진입한 것으로 보입니다. 그러나 김정은 체제의 본격적 구축과 효율적 가동 여부, 그리고 정책 방향은 앞으로 우리가 지켜 보아야 할 것입니다.

김정일 위원장의 사후 중국과 미국, 그리고 일본 등 주변강국들은 나름대로 국익을 추구하면서 새로운 환경에 기민하게 대처하고 있습니다. 그들은 각기 한반도의 평화와 안정을 위하여 적극적 조문과 지원, 인도적 지원을 매개로 한 비핵화의 추구와 더불어 직간접적 접촉의 확대를 모색하고 있습니다.

그러나 한국은 불안정성이 증대되는 새로운 환경 속에서 평화와 안정을 위한 주도권 확보에 아직은 확실한 입지를 구축하지 못하고 있는 실정입니다. 남북관계의 진전과 상호간의 정책방향은 서로 맞물려 돌아갈 것이기 때문에 남한의 대북정책 입장의 방향 설정이 매우 중요하다고 생각합니다.

최근 이명박 정부는 강경 위주의 원칙에서 탈피하여 유연성을 확대하면서 당국 간 접촉 활성화를 추구하고 있으나, 아직은 가시적 성과가 도출되지 않고 있습니다. 강경원칙 고수와 유연성 확대라는 두 가지의 입장 사이에서 일진일퇴하는 가운데 현재의 남북 간 경색국면을 넘어설 수 있는 뚜렷한 전망이나 정책적 비전이 보이지 않고 있습니다.

정책의 유연성 확대를 위해서는 이에 걸 맞는 인적 인프라의 구축, 즉 정책라인의 쇄신 보강 및 민간채널의 활용 등이 요청되는 상황입니다. 금년에는 현재의 남북관계의 경색국면이 대화로 풀리기를 기대해 봅니다. 정부당국은 한반도 평화정착을 위하여 보다 능동적이며 주도적인 역할을 수행해야 할 것입니다. 우선 민간교류가 점차 활성화되기를 기대합니다.

한반도의 새로운 시대적 환경에 직면하여 한반도포럼은 제3차 학술회의를 고려대 평화 및 민주주의연구소(소장: 임혁백 교수)와 공동 개최하게 되었습니다.

오늘 회의는 『김정일 이후 시대』의 한반도라는 대주제 하에 세 가지 소주제를 다루게 될 것입니다.

오늘 참석하신 최고전문가들의 논문 발표와 토론 속에서 표출될 다양한 지혜와 식견, 그리고 해법이 한반도의 안정과 평화정착에 기여하기를 기대해봅니다.

임진년 새해에는 남북한 당국이 상호협력하여 단절과 대결의 시기를 넘어서 대화와 평화의 시대를 여는 새로운 전기를 마련하기를 촉구합니다.

2012년 2월 2일 한반도 포럼

회 장 백영철

인사글

한반도 포럼, 고려대학교 평화와 민주주의연구소/BK21 한국정 치학의 세계화 교육 연구단은 “김정일 이후 시대의 한반도”를 주제로 학술대회를 개최합니다.

2011년 말 김정일 국방위원장의 급서 이후 전 세계의 이목은 한반도로 집중되었습니다. 많은 이들은 북한에서 김정은으로의 권력세습은 어떻게 될 것인가, 김정일이 추진해온 경제개혁의 내용과 속도는 변화할 것인가, 한국과 주변강대국의 대북 정책은 변화할 것인가 등에 대하여 지대한 관심을 보이고 있습니다. 그러나 정보부족으로 인하여 장님 코끼리 코 만지듯 북한의 변화와 연속성, 한반도와 동북아 질서의 재조정에 관해 자기중심적 해석과 처방을 내놓고 있습니다.

현재 신 가산제적 사회주의 독재체제인 북한에서 김정은으로의 권력세습은 비교적 원활히 진행되고 있는 것으로 보입니다. 이는 2012년 신년공동사설이 김정일 위원장의 국정운영노선이 지속될 것임을 밝히면서 김정은 체제의 신속한 안착을 선언한데서 확인됩니다. 그러나 여전히 김정은 시대의 북한과 그 주변질서는 엄청난 불확실성에 둘러싸여 있습니다. 이러한 ‘불확실성’ 속에 있는 김정은 시대의 북한과 그 주변질서에서 찾을 수 있는 ‘확실성’은 무엇인가를 알기 위하여 저명한 북한문제 전문가, 학자와 언론인을 모시고 새로운 시대의 북한, 한반도 평화, 남북관계와 대북정책에 관한 발표와 토론의 자리를 마련했습니다.

겐셔(Hans-Dietrich Genscher) 전(前) 서독 외무장관은 "동독은 현존하고 있다. 존재한다면 교섭해야 하고, 그것이 바로 외교이다"라고 하였습니다. 한반도 통일을 위한 토양을 조성하기 위해 현 시점에서 우리에게 절실히 요구되는 과제는 북한의 지속적인 개혁개방을 유도함으로써 북한 주민들의 삶의 양식과 의식의 변화를 이끌어낼 수 있는 대북정책의 근간을 초당적이고 장기적인 시각에 입각하여 다시 짜는 작업입니다. 이를 위하여 북한문제를 다루는 전문가들은 북한의 정치, 경제, 사회, 문화의 변화와 연속성에 관하여 이데올로기를 넘어서 총체적으로 이해하고 분석해야 합니다. 이번 회의는 이를 위한 첫 걸음입니다. 귀중한 지식과 정보, 통찰력을 나눌 수 있는 기회를 주시면 감사하겠습니다.

2012년 2월 2일

고려대학교 정치외교학과 교수

평화와 민주주의연구소장

BK21 한국정치학의 세계화 교육 연구단장

임 혁 백

기조발표

김정일 이후 국제정세

한승주 前 외교부 장관

1. 서론

김정일 사망 전 북한은 내부적인 경제난과 식량난에도 불구하고 2012년의 대외관계에 대하여 상당히 낙관할 수 있는 입장에 서게 되었다. 김정일의 두 번에 걸친 방문결 과 중국이 김정은의 후계 체제를 승인하고 2010년의 천안함 및 연평도에 대한 무력도발에도 불구하고 북한을 비호하고 지지하는 입장을 취하도록 유도하였다. 미국은 2012년에 있을 대통령 선거와 경제문제, 이란의 핵문제에 몰두하는 나머지 핵무기와 관련하여 북한에 압력을 가할 여력을 갖지 못하였다. 한국에서는 원칙을 강조하며 북한에 금강산 관광객 피살사건, 천안함 폭침, 연평도 포격에 대한 사과를 북한에 요구하던 이명 박 정부의 지지율이 하락하고 북한의 도발에도 불구하고 북한과의 대화와 교류를 시작하라는 내부적 압력이 서서히 부상하고 있었다. 미국도 중국의 주선으로 6자 회담을 재개한다는 명분하에 식량지원을 재개하려는 단계에 이르렀다.

이러한 일련의 상황은 김정일로 하여금 군부를 설득하여 북한의 핵무기

사업가운데 농축 우라늄 프로그램 (UEP)을 부분적으로 동결시키는 조치까지 고려하도록 만들었다. 뿐만 아니라 2012년에는 6자 회담 참가국 모두에서 선거 등으로 지도부가 바뀌게 되어 있다 (일본에서는 이미 2011년에 정부가 교체되었고 2012년에 다시 총리가 바뀔 가능성도 배제할 수 없음). 이는 외국 정부 교체시기에 자국의 이익을 극대화할 수 있는 기회를 제공하는 한 해가 될 수 있다는 것임을 의미하겠다.

2. 본론

그러나 김정일의 사망은 이러한 모든 외교적 움직임을 다시 원점 (spuare one)으로 되돌려 놓고 북한을 포함한 모든 관련국으로 하여금 새로운 계산을 하도록 만드는 계기가 되었다. 김정일의 사망과 관련된 각국의, 특히 중국과 미국의, 이해타산은 어떨 것으로 보아야 하는가?

먼저 중국은 한반도 및 북한과 관련해 다음의 네 가지 중요한 이해관계를 갖고 있다. 첫째, 현상의 안정적 유지이다. 즉 북한이 계속 존속하여 한반도에서의 혼란과 불안이 발생하지 않고 미국의 동맹국인 한국에 대한 균형 요인으로 남아 있도록 하는 것이다. 북한 정권의 몰락은 수많은 난민의 탈북 사태를 가져올 수도 있다. 둘째, 한반도에서 무력충돌과 긴장고조의 방지이다. 한반도에서의 전쟁은 중국경제의 안정적 발전을 저해하고 중국의 개입을 불가피하게 만들 수 있다. 한반도의 긴장은 한 미, 미 일 동맹을 더욱 강화시키고 동북아시아에서의 미국의 군사력 증강을 초래할 것이다. 미 중 대결을 불가피하게 만들 것이다. 셋째, 북한을 포함한 한반도에서의 핵확산을 방지하는 것이다. 중국이 비록 북한의 핵무기 개발과 보유를 막지는 못하더라도 그것을 최소한으로 제한하지도 못할 경우에는 북한의 핵무기가 중국 자체에 대한 위협이 될 뿐만 아니라 궁극적으로 동북아와 기타 지역에서 핵 확산의 가능성을 증대시킬 것이다. 넷째, 중국은 북한으로부터 경제적, 외교적, 안보적 이익을 추구하고 북한에 대한 영향력을 확대하는 것이다. 중국은 특히 북한의 광산, 항만, 도로망 등 자원과 사회간접자원의 개발과 이용에 관심이 많을 뿐만 아니라 북한에 중국이 원하지 않는 군사적 충돌을 방지하기 위하여 북한에 영향력을 행사하겠다는 목표를 확고히 하고 있다.

중국은 김정일 사망이 발표된 후 김정은 승계를 승인하는 제스처를 제일 먼저 취하고 북한에 대한 정치적, 물질적 지원을 약속하였다. 중국으로서는 북한에서의 정권의 존속 자체가 중요할 뿐만 아니라 북한이 보유하고 있는 핵, 미사일 등 대량 살상무기와 기타 군사력에 대한 효과적 통제가 필요하다는 판단을 하고 있을 것이다. 또 이러한 이유는 중국이 김정일 후속 정권을 인정하고 지지하는 명분이 될 것이다. 북한의 대량살상무기 통제 능력을 존속시켜야 한다는 명제는 중국뿐만 아니라 미국, 한국, 일본, 러시아 등 모든 관련국에게도 중요성을 갖는다. 무기의 위협뿐 아니라 그들의 이전과 확산 가능성도 각국 안보에 직접적 위협이 되기 때문이다.

미국은 북한의 “급변사태(contingency)”라는 유피미즘 (euphemism)으로 김정일의 사거를 상정하여 그에 대한 대응 방법과 정책을 연구하여 왔다. 그러나 그러한 사태가 정권의 붕괴까지를 포함한다면 이번의 사태는 지난 1994년 김일성의 사망 시와 마찬가지로 “급변사태”에 까지는 이르지 않았다고 하겠다. 2008년 미국대통령으로 당선된 버락 오바마는 부시대통령이 “악의 축”이라고 불렀던 북한에 대해 대화와 협상의 손을 내밀었으나 핵무장을 국가적 목표로 정한 김정일은 그 손을 뿌리치고 장거리 미사일 발사, 6자회담 중단 등을 감행하여 국제적 제재의 대상이 되었다. 북한이 2005년 9월 6자회담의 합의에 의해 금지된 UEP를 방북한 미국인에게 과시하고 한국에 도발행위를 자행함에 따라 6자회담이 재개되지 못하고 있는 가운데 미국에서는 6자회담이 북핵 문제 해결을 위한 회담이니만큼 일단 회담은 개최할 필요가 있다는 견해가 대두되기 시작하였다. 이러한 미국과 북한이 드디어 접촉을 재개하고 모종의 합의를 끌어내는 시점에 김정일이 사망한 것이다.

북한은 김정일 사망을 발표한 12월 19일의 며칠 전까지도 미국과 6자회담 재개를 위한 협상을 진행시켰던 것으로 알려졌다. 실제로 12월 15-16일간 북경에서 열렸던 북미 회담에서 북한은 미국이 24만톤의 영양 식품을 제공하는 것에 상응하는 조치로 영변의 UEP시설을 동결하고, 이의 확인을 위한 IAEA 사찰단의 북한 입국을 허용키로 하는 등 미국의 6자회담 재개 전제 조건을 수락 했던 것으로 알려졌다. 이러한 거래가 김정일 위원장의 사망으로 실현되지는 못했으나 그 가능성이 완전히 없어진 것은 아니다.

지금까지의 상황전개로 보아 북한의 대외 관계는 김정일 위원장 사후 예상할 수 있었던 것 보다는 훨씬 연속성이 있는 편이다. 중국은 김정은의 승계를 인정하고 지원하는 입장을 나타냈고, 미국, 일본, 러시아, 한국 등 주요 관련국들도 북한의 안정적 승계와 전환을 지지하는 입장을 취했다. 북한 역시 김정일 사후 대외적 정책과 관계가 큰 단절이 없음을 보여주는 노력을 하고 있다.

북한은 한국과 미국이 역설하는 전략적 선택을 하여 핵을 포기하고 경제적 부흥의 기회를 여는 획기적인 결단을 내릴 수 있을까? 상식적인 차원에서 볼 때 김정일과 같은 무소불위의 권력자가 없는 북한이 그러한 결정을 내릴 수는 없을 것이라고 예상된다. 그러나 북한에 절대 권력자가 없는 상태에서도 중장기적으로 한국과 미국에 대한 적대적 자세를 지양하고 핵문제에 대해서도 유연성 있는 태도를 취할만한 여지가 전혀 없는 것은 아니다.

그렇다면 북한으로 하여금 융통성을 발휘하도록 만들 수 있는 여건은 무엇인가? 첫째 김정일 없는 북한은 중국의 정치적, 경제적, 외교적 지원을 전보다 더욱 필요로 하게 되었다. 중국은 북한이 6자회담에 복귀할 것, 한반도에서의 군사적 긴장을 조성하는 도발행위를 하지 말 것, 경제 개혁, 개방을 추진할 것, 미국과의 관계를 개선할 것 등을 종용하고 있는 입장이다. 북한은 이러한 중국의 입장을 무시하기가 어려울 것이다. 둘째, 김정은으로 대표되는 김정일의 승계 정권은 극도로 악화되어 파탄에 이른 북한의 경제 상황을 되도록 빠른 시일 내에 회생시켜야 할 정치적 명제를 안고 있다. 북한이 경제를 회복하기 위해서는 북한이 미국, 일본, 한국 등과의 관계를 개선해야 할 것이며 이를 위해서는 핵문제에 있어서도 좀 더 융통성을 보여 주어야 할 것이다.

그러나 북한이 고립상태에서 벗어나 한국, 미국 등과 원만한 관계를 수립하는 데에 지장을 주는 부정적인 요인이 있는 것도 사실이다. 김정은과 그의 지지자들은 후계정권의 공고화에 급급하고 있어 고립에서 벗어날 수 있는 전략적인 결단을 내릴 수 있는 여유가 없다고 하겠다. 더구나 권부 내에서는 강경노선을 고집하는 군부 실력자들의 영향력이 더욱 강화된 것으로 보인다. 이는 설혹 김정은이나 그를 지탱해 주는 민간 쪽의 지지 세력이 온건한 대외 정책을 선호하더라도 그러한 정책을 강행하기는 어려울 것을 의미한다. 이에 더하여 북한의 권력층은 김정일 사후 체제유지를 위한 핵무기의 전략적 가치를 더욱 강렬하게 실감하고 있을 것이다. 김정일은 체제유지를 위해 핵무장이 반드시 필요하다고 믿고 있었다. 김정일은 미국이 이라크를 침공한 이유는 이라크가 핵을 가져서가 아니고 갖지 않았기 때문이고, NATO가 리비아에 무력 개입한 것은 리비아가 핵을 포기했기 때문이라고 확신했다. 김정일의 후계자들은 김정일의 사후 미국을 포함한 외부 세력의 정권 종식 기도와 무력 개입에 더 민감해져 있을 것이다. 북한이 핵무기라는 억지력을 포기하는 경우 체제전환을 위한 외부 세력의 무력개입에 취약하다고 판단할 것이며, 따라서 핵무기 포기가 더욱 어려워졌을 것이다.

다만 김정일이 사망하기 직전까지 미국과의 양자 협상에서 어느 정도의 융통성을 발휘할 의지를 보였고 이는 김정일 자신의 판단을 반영했던 것으로 간주할 수 있으므로 그의 후계자들이 정책적 전환의 의지만 있다면 이러한 김정일의 마지막 "유훈(遺訓)", 또는 "유지(遺志)"라고 활용할 수 있을 것이다. 중국의 지지와 후원은 그들에게 정권적 안도감을 주어 핵문제에 있어서도 유연성을 발휘하게 만들 수 있을 것이다. 북한 당국의 이와 같은 결정은 6자 회담의 나머지 모든 나라가 환영할 것이다. 그들은 김정일 승계 정권과 건설적인 관계를 조성하고 북한을 평화, 개혁, 개방의 길로 나오도록 인도하고 협조하는데 이해관계를 공유하고 있다. 그렇게 되면 한국과 미국 등은 핵 개발과 천안함, 연평도 도발 등의 당사자로 지목되어 관계 개선의 장애요인으로 간주되어 온 김정일의 사거로 북한 정권과의 협상이 훨씬 수월해질 것으로 볼 수 있다.

미국에서는 북미회담을 재개하고 김정은 정권과의 대화를 시도해야 한다는 주장이 탄력을 받고 있다. 에반스 리비어(Evans Revere)가 최근 발표된 Brookings Policy Paper, "Re-Engaging North Korea After Kim Jong-il's Death: Last, Best Hope or Dialogue to Nowhere"에서 강조하듯이, 미국이 북한의 의도와 권력 구조를 파악하기 위해서, 또 북한의 핵무기 생산과 배치를 제한하고 중단시키려면 최고위층의 위임을 받은 고위 대표들 간의 본격적인 협상이 필요하다는 것이다.

한국으로서는 이명박 정부가 임기 말에 이르고 양대 선거가 다가오는 이때, 북한에 대한 강경 정책을 지양하고 대화와 교류협력의 국면으로 진입해야 한다는 여론으로부터 정치적 압력을 느끼지 않을 수 없다. 더욱이 중국이 북한의 승계 정권을 포용, 지원하고, 미국 및 일본도 북한과 대화를 재개하게 되면, 한국은 그러한 과정으로부터 열외가 되는 상황만은 피해야 할 국면에 처하게 될 것이다.

3. 결론

한국으로서 최대의 관심사는 북한이 김정일 사거 이후 어떠한 방향으로 나갈 것이며 어떻게 발전할 것인가의 문제이다. 북한은 김정일 사후 김일성, 김정일, 김정은 3대의 영웅화, 우상화, 신격화를 통해 소수의 지도체제를 구성하고 정권을 지탱하고 기존의 핵 정책을 유지하면서 중국의 지원을 얻고, 미국, 러시아 등과의 관계 개선을 추구할 것으로 보인다. 궁극적으로 일본과 한국과도 관계 개선을 통해 피폐한 경제를 재건함으로써 현재의 어려움에서 벗어나도록 노력하지 않을 수 없을 것이다.

그 과정에서 북한은 북한의 파탄과 불안정을 원치 않는 중국과 미국의 도움을 받게 될 것이며 한국과 일본 등도 북한에 핵무기 포기를 종용하는 가운데 현상의 안정적 전환에 기여할 수 있는 방법을 모색할 것으로 보인다. 결국 김일성과 김정일의 사거(死去)후 기대할 수 있을 것 같았던 한반도 통일은 다시 한 번 알 수 없는 미래로 연기될 수밖에 없을 것이다. 이렇듯 한국의 외교환경은 불안정한 남북한 관계와 자국들의 이해관계를 추구하는 강대국 관계로 구성되어 있으며 내부적으로는 이념적 갈등이라는 만성적인 증후군마저 앓고 있다.

이렇듯 북한을 빼 놓은 6자 회담의 모든 나라들이 김정일 승계 정권과 건설적인 관계를 조장하고 북한을 평화, 개혁, 개방의 길로 나오도록 인도하고 협조하는데 이해관계를 공유하고 있다. 북한이 이러한 결단을 할 수 있을 것인지는 알 수 없으나, 최소한 김정일이 살아 있을 때와 같은 "벼랑 끝 전술"이나 "중·러간 줄타기 외교"를 구사하거나 중국의 설득에도 불구하고 남한에 대한 도발행위를 계속하기 어려울 것이다. 이와 같은 상황에서 한국은 동북아의 전체적인 구도를 특히, 남북한과 중국, 남북한과 미국을 포함하는 두 개의 3각 관계를 이해하고 관리할 필요가 있다.

중국은 북한 정권과 체제의 존속을 위해 지원과 협조를 제공하는 한편 남한과의 밀접한 경제적 관계를 지속하기 위해 FTA를 추진하고 한·미·일의 중국 포위 (encirclement)에 대응하기 위해 한·중·일 협력체제도 추구할 것이다. 서울에 설치된 한·중·일 3국 협력 사무국도 이러한 전략적 움직임의 일환으로 이해될 수 있다. 미국은 아시아 중시 정책의 일환으로 한국과의 동맹관계를 강화하면서도 북한과의 대화를 재개하며 한반도의 완전한 비핵화를 뒤로 미루더라도 6자회담 등을 폰하여 북한의 현행 핵 활동과 시설을 동결하고 북한 핵을 관리할 수 있는 방법을 모색할 것이다.

이상의 분석은 북한 정권의 전환이 비교적 안정적으로 전개되는 것을 전제로 하는 것이다. 그러나 시간이 갈수록 내부에서 갈등과 권력 투쟁의 가능성이 커질 수 있다. 내부 갈등은 선군 정책을 둘러싸고 일어날 수도 있고 친중파와 그 반대파간의 경쟁이 될 수도 있다. 권력 투쟁은 김정은과 그를 견제하려는 세력 간에, 군부 세력과 민간 세력 간에, 신군부와 구군부 간에, 또는 군의 일부와 민간의 일부가 연합하는 세력 간에 야기될 수 있다. 국내적으로 경제적 고난을 이기지 못한 민중의 봉기 가능성도 있다. 이러한 내부 갈등과 소요는 중국을 포함한 외부 세력의 개입을 초래할 수도 있으며 그러할 경우 중국, 미국, 한국 등 이해 당사국 간의 밀접한 협의와 조정이 요구될 것이다. 한국의 일차적 목표는 북한의 대량살상무기의 안정적 관리와 북한의 내부적 안정이 되겠다. 북한 내부의 100만 대군의 향방도 큰 문제가 될 것이다. 또한 한국이 북한의 내부 갈등이나 변란을 통일의 기회로 만들 수 있기 위해서는 주변국들과의 긴밀한 협의와 협조를 필요로 한다. 미국에게는 한국의 대 북한 개입이 더 큰 분쟁의 요인이 되지 않을 것이라는 점을 확신시키고, 중국에게는 한국 주도의 한반도 통일이 중국의 이익에 부합함을 설득시키는 작업이 그것이다. 또한 유엔 등을 통한 국제적인 조정과 협조도 필요할 것이다.

1990년 동독이 붕괴되어 서독에 합류할 때, 고르바초프의 소련은 서독 정부로부터의 경제 보상을 조건으로 소련군을 동독에서 철수하기로 합의하고 동독을 소련의 지배에서 풀어 주었다. 오늘날 한반도 통일의 관건은 중국이 가지고 있다고 해도 과언이 아니다. 그러나 중국은 경제 보상을 필요로 할 만큼 재정적인 어려움에 처해있지도 않으며 북한을 탐탁해 하지는 않지만 감당하지 못할 만큼 큰 부담으로 여기지도 않으며 고르바쵸프와 같은 선각자가 있는 것도 아니다. 더욱이 중국은 북한에 대하여 강한 유대감을 갖고 있을 뿐만 아니라 북한 정권을 보호, 유지하는 것이 전략적으로 필요하고 유리하다고 판단하고 있다. 독일의 경우 미국이 통일을 지지하고 나서자 프랑스와 영국도 마지못해 독일 통일에 대한 반대를 접고 지지 반열에 들어 왔다. 한반도의 경우 미국이 통일을 반대하는 입장은 아니나 독일의 경우 같이 앞장 설 일도 아니라고 생각하는 경향이 있다. 일본과 러시아가 한반도 통일에 적극적일 이유도 없다. 우리나라의 통일 외교에는 그만큼 더 큰 어려움과 도전이 도사리고 있다고 하겠다.

1주제

김정일 이후 시대의 북한

김정은 세습 정권과 권력구조 변화 전망[1)]

유호열 고려대

1. 머리말

김정일의 사망이후 북한은 빠르게 김정은 중심의 후계구도가 정착되고 있는 모습을 보여주고 있다. 김정일 사망을 공식 발표한 조선중앙통신의 '전체 당원들과 인민군장병들과 인민들에게 고함'이라는 발표문에서 김정은을 계승자이자 영도자로 지목함으로써 권력 공백을 최소화하였다.[2)] 장례식 직후 군 총사령관에 추대된 김정은은 김정일의 우상화를 강화하면서 그 후광으로 선군정치식 유훈통치를 이어가고 있다. 그러나 김정은 체제가 안착되었다고 판단하기에는 아직 시기상조인 것도 또한 사실이다. 갈등 징후

1) 논 발표문은 외교 100호(2012.1)에 게재한 "북한 정세 변화와 향후 남북관계 추진 방향," 논문 중 일부를 발췌 보완하여 작성하였음.

2) 조선중앙통신의 보도 주체가 당 중앙위원회, 당중앙군사위원회, 국방위원회, 최고인민회의 상임위원회, 내각 등 5대 기관이었음은 이들이 김정은을 영도자로 결정했음을 선포한 것임.

가 드러나지는 않고 있으나 체제와 정책의 속성상 심각한 조율과 조정을 거쳐야하는 과도기의 특성을 감안할 때 현재의 북한 내부 정세는 유동적이라 보아야 할 것이다.

본 발표문에서는 김정일 사망이후 전개되는 김정은 체제의 구축과정과 유훈통치기간 권력구조의 개편 방향에 대해 검토해 보고자 한다. 김정일 시대 선군정치 17년간 조성된 정치 질서와 구조 및 정책 간 모순적 구조를 통해 김정은 체제에서 발생할 수 있는 권력 집단 간 균열 가능성을 살펴보고 향후 노선투쟁으로 확산될 가능성 여부를 전망해 보고자 한다. 남한을 비롯한 주변국은 북한 김정은 체제의 조속한 안정을 바라고 한반도 주변정세의 현상 유지를 선호하나 북한체제의 예측 불가성에 대한 의구심과 향후 전개될 수 있는 급변사태 가능성에 대해서도 각자 대비하거나 조율할 필요성을 갖고 있다. 따라서 향후 북한 정세 변화 여부에 따른 우리 주도의 한반도 평화와 안정을 효율적으로 관리할 수 있는 방안과 평화적 통일의 기반을 구축하기 위한 정책적 대안을 마련하는데 토대를 제공하고자 한다.

2. 김정은 세습체제 구축 방향

북한은 2011년 12월 17일 지도자 김정일 국방위원장의 갑작스런 사망으로 새로운 시대를 맞게 되었다. 실제로 김정일 장례식이 끝난 직후 당 정치국의 결정 사항으로 김정은을 최고사령관에 추대함으로써 김정은 후계구도를 구축하기 위한 당-군-정의 권력기반조성 작업이 본격화되기 시작하였다. 아울러 노동신문을 비롯한 북한의 공식 매체들은 김정은을 영도자로 호칭하고 당중앙위원회 수반으로 격상 보도함으로써 실질적으로 당 총비서로서의 위상을 갖추어가고 있다.

김정은의 권력기반은 2010년 9월 3차 당대표자회를 통해 구성된 당 중앙위원회, 당 중앙군사위원회가 주축이며 김정일 영결식장 시신운구차를 호위했던 7인이 핵심인물로 표면화되었다. 고모부인 장성택 당 행정부장을 중심으로 김기남 비서, 최태복 비서가 측근으로 보좌하고, 군 실세인 이영호 총참모장을 필두로 김영춘 인민무력부장, 김정각 군 총정치국 제1부국장, 우동측 국가안전보위부 제1부부장 등이 뒷받침하고 있다. 여기에 고모인 김경희와 최고인민회의 김영남 상임위원장, 최영림 내각총리 등이 가세하여 김정일의 유훈에 따라 유훈통치를 실시하게 될 것이다. 더구나 김정일 시대 권력의 핵심 기반인 군부에서 당 중앙군사위원회 뿐만 아니라 당 비서국 군사부, 군총정치국, 총참모부 보위사령부, 호위사령부 등 정권과 체제의 안전에 직결되는 기관의 책임 인사들을 김정은 중심으로 사전에 조직한 것으로 알려지고 있어 내부의 조직적 반발이나 쿠데타 가능성은 현 단계에서 높지 않은 것으로 판단된다.[3] 따라서 김 위원장의 사망에도 불구하고 내부적으로 북한의 권력승계 작업은 순조롭게 진행되고 있는 것 같다.

이처럼 김정은의 공식적인 권력 이양이 사전에 준비된 계획대로 순조롭게 진행되는 한편, 2012년 상반기 북한은 김정일의 업적을 계승함으로써 체제 안정에 최우선 역점을 두면서 김정은 시대를 준비하게 될 것이다. 북한 당국은 김정일 영결식 날 발표된 노동신문정론을 통해 김정일의 3대 혁명유산을 '핵과 위성', '새 세기 산업혁명', 그리고 '민족의 정신력'으로 규정하였다.[4] 이는 김정일이 '인공지구위성'의 제작 및 발사국의 위상과 핵보유국의 존엄을 세웠으며 현대화와 지식경제시대를 연 새 세기 산업혁명을 이

---

3) 백승주, "김정일 사망 이후 북한군부 관련 관심 사항," 세종연구소 주최 긴급 전문가회의(Post 김정일 북한체제 전망과 우리의 대응) 토론문(2011.12.26).

4) 탈북자 면접(2010.8.18)

룩하였고, 강성국가로의 대진군을 이끌었던 민족의 정신력을 고양시킨 업적을 유산으로 남겼으며 결국 김정은은 이 같은 유훈을 통치의 기본 정책으로 설정하겠다는 의미로 해석된다. 따라서 김정은은 김정일의 선군정치를 계승하면서 북한식의 경제 발전과 내부 결속을 도모하면서 당분간 6자회담의 재개 여부와 관계없이 핵무기를 포기할 의사가 없음을 분명히 한 것으로 보인다.

아울러 북한은 2012년 신년공동사설을 통해 '함남의 불길'을 집중적으로 강조하면서 김정일이 제시한 정책을 한 치도 변함없이 한 걸음도 양보 없이 무조건 끝까지 관철하고 절대로 변함이 없다는 것이 확고한 방침이라면서 김정일 유훈에 따른 기존 정책 노선을 유지할 뿐 본격적인 개혁개방은 수용할 준비가 되어 있지 않음을 명백히 하였다.[5] 나아가 남북관계에 있어서도 6.15 공동선언과 10.4 선언의 이행을 강조할 뿐 이명박 정부에 대한 비난의 강도를 낮추지 않음으로써 당분간 경색된 남북관계를 해소할 의향이 없음을 내비치기도 하였다. 대외정책에 있어서도 수년 만에 처음으로 한반도 평화를 위해 주한미군의 철수를 주장한 반면 김정일의 중러 순방을 계기로 강화된 북중, 북러관계를 지속적으로 유지할 것임을 확인하였다. 이처럼 북한은 김정은 세습 정권의 조기 정착과 주민 결속이 중요한 만큼 당분간 내부 단속에 집중하되 이명박 정부와의 관계 개선보다는 남한에서의 총선과 대선 정국에 개입함으로써 차기 정부하에서 자신들에게 최대한 유리한 환경을 조성하는데 역량을 결집하는 등 공세적으로 나올 것으로 보인다.[6]

---

5) 통일부 "북한의 2012년 신년공동사설 관련 참고자료," (2012.1.1).

6) 정성장, "2012년 북한 신년공동사설과 정책 기조의 변화: 인민생활향상보다 김정은체제 공고화에 초점," 〈세종논평〉 No.241(2012.1.2).

3. 김정은 체제의 구조적 모순

김정일 사망 후 북한의 대내외적 상황 변화를 살펴볼 때 김정은 체제는 대부분의 북한 전문가들의 견해처럼 단기적으로는 안정을 유지할 수 있을 것으로 판단된다.[7] 김정은은 2011년 말 군 총사령관으로 추대되었지만 이미 3차 당대표자회에서 신설된 당중앙군사위원회 부위원장 직책을 맡았기 때문에 김정일 사후 당중앙군사위원회를 통해 북한 군이나 당을 통솔할 수 있는 기반을 갖추고 있다. 더욱이 당중앙군사위원회에 있는 17명의 위원들이 김정은 시대를 이끌어갈 핵심 측근들이기 때문에 체제가 안정적으로 유지될 수 있는 구조적, 인적 기반을 갖추고 있다.

북한체제의 안정성을 뒷받침할 수 있는 또 다른 근거는 북한의 견고한 족벌체제에서 찾을 수 있다. 전근대적 3대세습에 의한 권력 이양은 후견그룹을 포함하여 핵심 간부들이 친인척관계에 의해 얽혀있고 이러한 특권계층이 대를 이어 유지 강화되어왔기에 그 정당성과 안정성이 보장되는 것이다. 김일성의 경우 항일빨치산 동료를 중심으로 핵심 간부층을 구성하고, 혁명이란 미명하에 혁명유자녀층을 여타 집단에 비해 절대적인 충성과 효성으로 무장시켜 포섭해 종파투쟁 등을 거치면서 유일지배체제를 확립하였다. 김정일의 경우 김일성에 이은 1.5세대, 2세대를 내세워 혈족과 족벌체제를 강화하면서 선군정치에 따른 군부 엘리트들을 체제의 핵심 세력으로 확대 보강하였다. 수도인 평양에 거주하는 세대와 일반 주민을 차별화하고 이를 통해 절대 권력의 수비대를 형성하였다. 수차례에 걸친 성분조

---

7) "긴급좌담: 김정일 사망, 북한은 어디로?" Korea Policy Vol.9(2011.12); "전문가 좌담: 포스트 김정일시대, 북한의 운명은?" NKVision, 통권31호(2012.1); "김정은 시대 정치와 경제 토론회" 경향신문 (2012.1.4).

사를 통해 간부들에 대한 특혜와 일반 주민들과의 차별성을 부각시켜 대를 이은 충성도를 확보하였다. 따라서 김정은은 김일성, 김정일 시대에 구축된 혈연과 직위에 따른 성분사회를 유산으로 물려받으면서 권력층의 자녀들을 각계각층의 요직에 포진시키는 등 소위 차세대, 혁명 4세대를 적극 등용함으로써 이 같은 계급적 토대를 정권 안정과 정당성의 근간으로 활용하려고 할 것이다.[8]

그러나 김정은이 후계자로 등장한 2012년 북한 사회는 1945년이나, 1955년, 또는 1994년과 같이 북한의 폐쇄적 사회가 완전하게 보호될 수 있는 시기는 아니다. 수천, 수만의 핵심 간부들과 그 가족들이 북한의 수령절대권력체제를 통해 그들의 특권과 정체성을 유지하고자하나 이미 사회 저변에 확산되기 시작한 변화의 물결을 거스를 수는 없을 것이다. 국내 통신만 가능한 휴대폰 사용자가 100만을 넘을 경우 이들이 모두 '대가족'의 일원으로 운명공동체를 받아들일 것으로 기대하기는 점차 어려워지고 있다. 시장을 통해 형성된 유통망과 중국과의 접경지역을 중심으로 이루어지는 외부와의 소통이 평양 중심의 폐쇄사회를 온전히 보장하지 않을 것이다. 현재 평양을 중심으로 외부에 전해지는 세습체제의 안정성은 유훈통치기간에 전임 통치자인 김일성과 김정일의 권위에 의지한 과도기적 상황을 반영한 잠정적인 안정이다, 1월 12일 당 중앙위 결정으로 김정일 생일을 광명성절로 격상하고 동상을 설치할 것 등 사후 우상화를 서두르는 것도 이와 무관치 않다. 실제로 본격적인 김정은 체제가 출범하게 되면 구세력의 도태나 반발세력에 대한 숙청이 이루어지고 그 안에서 정책과 관련한 노선 갈등도 예상이 된다. 영도자로 추대된 김정은이 그같은 권력 갈등을 적절

8) 연합뉴스 2012.1.13.

히 조율하지 못했을 때 권력 상층부내 구조적 균열이 발생할 수 있다. 따라서 구체적 정책의 추진 결과에 따라서 나타날 수 있는 문제점과 위기 상황 등을 감안할 때 중장기적으로 김정은 체제의 안정이 지속될 수 있을지는 여전히 불투명하다.

김정은 체제에서는 상층부 권력투쟁 가능성 이외에 주민과 엘리트 간의 격차, 시장세력과 반시장세력, 중앙과 지방, 있는 자와 없는 자 사이의 간극 폭이 점점 커질 가능성이 있다.[9] 김정일 시대의 선군체제를 둘러싼 당군 관계, 김일성시대부터 거슬러 올라가 주체와 개방 등을 놓고 권력엘리트 내부 및 주민과 엘리트 간 갈등이 증폭될 시점이 올 것이고 이로 인한 구조적 균열 현상은 이미 부분적으로 드러나고 있다. 김정일은 당과 군 간의 갈등을 절대적 카리스마로 해결하였다. 오히려 혼자 모든 부문을 관장하면서 권력기구 및 그 집행자들 간 상호 견제, 경쟁을 통해 도전을 용납하지 않고 정점에서 균형을 이루어왔다.

그러나 일정 시점이 경과한 후 김정은이 "폭압과 회유"를 통해서도 그 같은 역할을 하지 못할 경우, 기관, 부서들 간에 갈등이 폭발할 수밖에 없다. 반면, 김정일 사망 이후 권력엘리트들이 합의된 목표와 이해관계 속에서 과도기를 안정적으로 극복하려는 것 이상의 권력갈등과 이합집산이 이미 시작되었을 수도 있다. 김정일 상중에 발표된 유훈 업적을 기정사실화해서 유훈통치의 기본전제로 설정하려하는 의도가 자체가 작위적이다.[10] 김정일이 과연 10.8 유훈을 남겼는지 여부와 관계없이 과거 공산권 국가들의 경우처럼 현재 북한의 권력엘리트들이 유훈을 창작 또는 개작해 자신들

9) 박형중, "북한 권력구조와 정책방향 전망," 통일연구원 주최 국제학술회의 김정일 사후 북한정세 전망과 국제협력(2012.1.18).

10) 연합뉴스, 2011.12.28.

의 입지를 강화하는데 활용할 가능성이 크다. 김정일은 생전에 핵무기를 개발하면서도 한반도 비핵화가 자기 아버지 김일성의 유훈이라고 변명했었는데, 핵보유국의 존엄이 김정일의 최대 업적으로 규정한 것은 단순히 핵보유 의지만의 문제가 아닌 정책기조를 선점하려는 전략과 함께 이를 둘러싼 권력투쟁의 전초전적 성격이 짙다. 김정은의 입장에선 아버지 김정일의 업적을 보존 숭상할 것인지 조부인 김일성의 유훈을 받들어야 하는지를 놓고 갈등이 생길 수밖에 없을 것이다. 김정일 식으로 가야한다는 것이 김정일 시대의 권력엘리트들의 생각이라면 김일성 식으로 복귀해야한다는 측은 김일성을 미래의 모델로 삼아서 기존의 선군정치식의 권력구도를 변경시키려는 김정은 시대의 새로운 권력엘리트층일 가능성이 있다. 따라서 권력세습기의 과도기적 안정은 그리 오래가지 못할 것이며 김정일이 시행했던 것처럼 만 3년의 유훈통치는 불가능할 것으로 보인다. 주변국의 리더십이 교체되는 2012년 김정은도 나름의 정책 기조와 통치 방향을 설정해야 할 것이고 그 과정에서 상층부 내부는 물론 상층부와 하층부 간의 갈등이 표면화되면서 장기적으로 볼 때 정세가 불안정하게 전개될 수도 있을 것으로 전망된다.[11)]

4. 향후 노선 갈등에 따른 변화 가능성

김정은 체제는 대외관계, 특히 중국과의 관계와 밀접히 연관되어 운용될 수밖에 없다. 그러나 중국과의 교류협력이 심화되면서 채택될 가능성이 높

11) 빅터 차, "중국의 북한걱정," 중앙일보 (2012.1.25).

은 북한식 경제발전모델을 추진하는 과정에서 북한사회의 모순이 극대화될 수 있다. 김정일 영결식때 시신을 운구하던 김정은의 7인 측근들 중에 당을 대표해 장성택, 김기남, 최태복 3인이 급부상하였는데, 장성택과 최태복은 중국쪽 라인으로 분류할 수 있다. 국제담당비서인 최태복은 최고인민회의 의장도 겸하면서 김정일 생전에 중국을 방문하여 북한 실정을 설명한 바 있는데 향후 김정은 시대에 본격적인 경제 지원을 받기 위해 최태복이 그 중심 역할을 할 가능성이 크다. 김정일의 깊은 신임 속에 오랜 기간동안 외교부에서 대미핵외교를 주도했던 강석주 부총리는 당중앙위원회 정치국 위원인데 김정은 시대에는 외교부 라인이 최태복이나 장성택쪽으로 이전된다면 대중외교를 둘러싸고 당과 내각간의 주도권 다툼도 예상된다. 단순히 외교권 뿐만 아니라 대중교역과 투자 주체를 놓고 이권관계 등 경제적 문제가 제기될 것이다. 현재 북한의 대중 의존도가 심화되고 있는 상황에서 내부 자원을 몽땅 중국에 수출하여 외화벌이에 나설 경우 북한 경제의 왜곡과 주체경제의 파탄은 불가피하다. 그동안 강성대국 건설을 선전하기위해 평양시 건설 등에 자금과 물자를 집중 투자했는데 막상 금년 4.15를 지나면 재정적 위기에 봉착할 수도 있다. 계절적 요인과 겹쳐 석탄 수출을 제한하고, 시장에서 외환사용을 중단시키는 등 정책 변화가 성과를 거두지 못할 경우 또 다른 혼란이 초래될 수 있다. 외환사용금지조치를 놓고 제2의 화폐개혁논의가 나오는 상황에서 북한돈 가치는 걷잡을 수 없이 하락할 수도 있다. 2009년 11월 화폐개혁 실패 후 2년 만에 또다시 위기가 올 경우 중국과의 교역, 유통, 투자를 통해서 형성된 이익집단들 간에 불만과 갈등이 조기에 발생할 가능성이 높다.

북한에서 큰 규모의 외화벌이는 주로 군부의 권한 하에 운영되고 있다. 광물 채굴권 등 각종 외화벌이용 이권사업 중 대략 8할 정도가 군부 관할이고 나머지는 당에서 관리한다는 추정을 토대로 만약 시장의 전면적 개편이 이루어질 경우 단순한 이권다툼에서 이념투쟁으로까지 문제가 비화될 수 있다. 오극렬 국방위원회 부위원장 중심으로 형성된 군부의 외화벌이사업단이 김정은 체제에서 새롭게 형성되는 군부내 권력구조의 균열과 상승작용을 할 경우 이권다툼을 넘어 북한 경제 자체를 마비시킬 수도 있다. 이 과정에서 국방위원회 중심의 선군정치체제가 당 중앙군사위중심으로 당국가체제가 재구축될 경우 기반 자체가 변화할 수도 있다. 아울러 김정은이 CNC, 새 세기 산업혁명을 업적으로 내세우며 주도하고 있지만 성패는 불분명하다. 김정은의 시도는 절대 권력자 김정일이 강력하게 뒷받침해줄 때 가능한 일이었다는 점에서 이 역시 불확실하다. 막대한 외화를 사용해서 성과를 포장 선전할 수는 있겠지만 그 자체가 생산성을 높이고 북한경제를 발전시킬 수 있는 핵심 동력이 되기에는 너무도 미흡하다. 따라서 김정은 시대에도 경제운용을 외국으로부터의 원조나 지원을 받는 방식을 탈피하지 못할 경우 북한 경제는 심각한 침체기에 들어갈 수밖에 없을 것이다.

정책의 성패는 결국 정책의 방향과 내용 못지 않게 정책 추진시 드러나게 되는 엘리트 내부의 균열과 이익 상충에 따른 갈등이 표면화되는 구조적 요인을 수반하게 된다. 체제와 정책간의 기본 모순, 당국가체제와 시장세력간의 갈등 등 종합적으로 연관된 위기속에서 김정은 체제 출범 1주년이 되는 2012년말경 상징적인 존재만이 아니라면 지도자 김정은의 조정역량이 본격적인 시험대에 놓이게 될 것이다.

김정은 체제가 안착될 때까지는 내부결속이 중요하기 때문에 남한을 비롯한 대외관계에 있어 근본적인 정책변화를 시도하기보다는 기존의 김정일 시대의 정책방향을 유지할 것이다. 유훈통치라는 입장에서 김정일 체제에 대해 적대적이었던 남한의 이명박 정부와는 대립적 관계를 유지할 가능성이 농후하며, 남한의 총선, 대선 등 가파른 선거정국을 관망하면서 차기 정부와의 관계설정에 더 많은 비중을 둘 것이다. 따라서 2012년 김정은 체제의 출범에 따라 남북관계가 획기적으로 진전될 것을 기대하기는 어렵다. 이명박 대통령의 국정연설과 통일부의 업무보고를 비난하며 이명박 정부는 더 이상의 기회가 없다고 단언한 것도 같은 맥락에서이다.

결국 김정은 체제의 안착 여부는 선군정치로 대변되는 김정일 1인독재체제와 수령 유일체제로 대변되는 김일성식 집단주의의 상충되는 모순을 어떻게 극복할 것인지에 달려있다. 양 체제의 장점만을 채택할 수 있을 것인지, 단점만 드러날 것인지가 관건이다. 대내외 환경과 인식이 급변하는 시대에, 시대의 흐름을 역행하고 과거로 회귀함으로써 체제 안정이 성공할 수 없다는 점에서 부정적일 가능성이 높다.

과도기 북한에 대해 주변국가, 특히 중국 등 주변국 모두가 한반도 안정과 평화를 촉구하고 있기 때문에 당분간은 군사적 도발보다는 6자회담 재개와 남북관계 개선을 위한 평화공세를 펼치면서 경제적 실익을 추구할 가능성을 배제할 수는 없다.[12] 그러나 6자회담과 남북관계를 연계해 볼 때 6자회담 재개가 불투명하고 남북관계 역시 현재와 같은 경색국면이 지속되거나 아니면 한반도에 새로운 긴장이 조성된다면 김정은 체제의 미래는 밝지 못하다. 반면, 김정은 입장에서 6자회담이 결렬되고 남북관계가 긴장 상태로 복귀하는 것이 체제 결속에 유리하다고 판단할 경우에도 결국 중장기적으로 상황은 김정은에게 불리하게 전개될 것이다. 설혹 6자회담이 재개되더라도 김정일의 최대 업적인 핵보유국가가 인정되지 않는 한 북한의 국제사회로의 복귀는 지체될 것이며 리더십 교체기에 있는 미국 등 주요 국가들의 선택은 제한될 수 밖에 없을 것이다. 이같은 예상 시나리오를 감안할 때 김정일이 모든 것을 결정하던 시대와는 달리 상충하는 이해관계와 모순

12) 김연수, "남북관계 전망과 우리의 대북정책 방향," 통일연구원 주최 국제학술회의 (2012.1.18) 발표 논문.

된 권력 구조가 최고 지도자 김정은의 리더십에 의해 효율적으로 조율, 정비되지 않는 한 김정은 체제의 불안정성은 증폭될 것이며 이에 대한 철저한 분석과 대비가 더욱 절실한 시점이다.

◈

북한 경제: 개혁 개방의 전망과 과제

이정철 숭실대

◈

2008년 김정일 위원장의 뇌졸중 보도 이후 북한의 움직임을 보면 연차별로 일종의 변화들을 감지할 수 있다. 일련의 후계체제 구축 과정으로 보이는데, 2008년 8월에서 2009년 6월 사이 가장 특징적인 것은 먼저 군사적 시위이다. 2009년 4월 미사일 발사와 5월의 2차 핵실험이 그것이다. 최근 보도에 따르면 이 시기 발사 시험에 이러저러한 형태로 김정은이 개입한 것은 사실이었던 것으로 보인다. 다음 단계가 2008년 12월 24일 강선제강에서 시작 된 12월 호소가 2009년 4월 20일을 기화로 150일 전투와 100일 전투로 이어지는 경제 건설 과정이었다. 그것은 2009년 11월의 화폐 개혁으로 이어지면서 소국면을 마무리 하였다. 군사와 경제 부문에서의 후계를 위한 대고조였던 셈이다.

다음은 정치 체제의 개편이었다. 2010년 2월의 국방위원회 발표, 6월의 최고인민회의 재소집에 이은 9월의 당대표자회는 조선노동당의 역할을 자리매김하는 매우 중요한 프로세스였다. 그리고 2009년 원자바오의 방북이후 2011년까지 3차례 이루어진 김정일의 방중과 1회에 걸친 방러는 북중관계와 외교에서 후계 구도 구축에 중요한 과정이었을 것이다. 이렇게 본다면 대체로 군사, 경제 그리고 정치에 이어 외교 관계에서 후계의 역할을 자리매김하는 방식으로 김정일은 김정은에게 자신의 리더십을 이월시키고 있었던 것으로 보인다.

북한의 경제 개혁 전망을 다루고자 하는 본고가 이런 논의로부터 시작하는 것은 북한의 경제를 경제 논리 자체로만 파악하는 것은 여러 가지 측면에서 그 본질에 접근하는데 한계가 있기 때문이다. 예를 들어 모두가 실패라고 바라보는 북한의 화폐 개혁이라는 것도 여러 가지 연관 고리 속에서 그 의도를 파악하지 않기 때문에 북한 당국이 의미부여하고 있는 성과를 이해하기 어렵다. 이 점에서 여전히 북한 경제를 분석하는 데서는 그들의 의도로부터 논의를 시작해야 한다는 것이 필자의 주장이다. 이 점에서 본고는 북한 경제를 보는 데서 당국의 의도를 먼저 살펴보고, 그에 기반해 그 의도의 실현이 가능한가라는 '능력'에 대한 평가로 나아가고자 한다. 끝으로 가능하다면 전망을 할 수 있을 것이다.

1. 북한의 의도

올해 북한의 신년공동사설에서 북한은 경제건설의 과제를 세 가지로 제시하고 있다. '함남의 불길', '새 세기 산업혁명의 기치', '평양시의 면모 일신' 이 세 가지 과제는 북한 당국이 지난 해에 이어 올해에도 주된 과제로 제시한 강성부흥전략의 총돌격전의 세 가지 내용이다.

먼저 함남의 불길과 관련해, 함경남도의 산업이 주로 2.8 비날론연합기업소와 흥남비료연합기업소 등 국내산 자원에 의거하는 주체섬유, 주체비료 공법과 연관되어 있고 주체 공법은 동시에 매우 높은 전력 소비도를 특징으로 하는 방식이라는 점은 주목할 대목이다. 이는 성장에서 국내 자원을 중심으로하는 자력갱생형 방식을 고수하는 것임과 동시에 고전력과 관련된 발전용 원자력을 둘러싼 평화적 핵 이용권 논란을 예고하는 것이기 때문이다. 2000년대 이래 함경남도 도당 책임비서의 면면을 보면 김정일 전국방위원장이 함경남도에 공을 들인 것이 단순한 레토릭만은 아님을 알 수 있다. 총리 출신인 홍성남이 함경남도를 맡은 후 사망하고 그 다음 후임자인 태종수(2009.8~2010.6)는 당 총무부 부장이 된 후 2010년 9월 당 중앙위 비서, 당 정치국 후보위원이되었다. 그리고 현재 후임자는 곽범기인데 그 역시 내각부총리를 역임한 비중있는 인물이다. 함경남도에 대한 김정일의 집중 지도는 2011년에 특히 꽃을 피웠는데 이는 김정일 위원장이 함경남도의 금속, 화학 공업의 활성화를 통해 국내 산업 연관 고리를 회복하는데 주안점을 두고 있었기 때문이다. 함경남도에 대한 강조를 핵 전략을 위한 단순한 수사로만 보아서는 안 되는 이유이다. 화학은 곧 경공업이라는 북한 체제의 모토를 생각해보면 함남의 불길을 경공업과 연결 지어 강조하는 것 역시 이해 못할 바 아니다.

다음으로 '새세기 산업혁명의 기치'를 보자. 올해의 공동사설은 "새 세기 산업혁명은 최첨단 돌파전으로 우리 식의 지식경제강국을 일떠세우기 위한 성스러운 투쟁이며 우리 당이 내세운 사회주의건설의 웅대한 전략적 로선이다."라고 하여 CNC화 등을 예로 제시하였다. 기술집약형 발전, 정보기술, 나노기술, 생물공학 그리고 기술공학 등을 강조하고 있음은 물론이다. 북한이 지식경제강국 등의 구호를 내건 것은 매우 생경한 것이지만 그동안 강조해왔던 CNC화 등을 상기해보면 이해하기 어려운 것은 아니다. CNC를 젊은 지도자 김정은의 이미지와 연결지어온 북한의 선전 방침의 연장선에서 이같은 방침을 이해할 수 있을 것이다.

'새 세기 산업혁명'은 주로 '국방 공업의 전략적 중심지' 자강도의 현지지도와 최첨 단 돌파의 모델로 공작기계, 정밀기계 등 기계공업과 이에 따른 설비의 자동화, 현대화를 강조하는 것으로 해석될 수 있다.(유영구, 통일뉴스 1월 10일자) 자강도 도당위원장 출신인 박도춘이 당경제담당비서로 김정은을 수행하고 있는 장면들 역시 새겨 볼 지점이다.

한편 평양 건설의 과제에 대해서는 전형적인 '토건'사업으로 1989년 청년학생축전식 건설 사업이라며 비판의 칼을 들이대는 논자들이 많다.(이석, 민화협 1월호) 그러나 따지고 보면 북한 체제가 도시 개선 사업을 벌이는 것은 20년간 지체된 도시민 주거 환경 개선 사업으로 시작된 평양 10만호 건설 사업의 연장선에서 보아야지 이를 굳이 과시형 사업으로만 받아들일 필요가 있을까 의문이다. 이번 신년공동사설에서 "도, 시, 군들에서는 자기 지방의 특성이 살아나게 도시형성과 건설을 진행하며 거리와 마을을 결정적으로 개명시켜나가야 한다."고 강조한 것은 평양뿐만 아니라 전 지역에 걸친 대상 건설 사업을 촉구하는 것으로 이해해야 한다.

그리고 건설 사업은 산업연관 효과와 고용창출 효과가 커 저개발 국가의 경우 경제 성장 메카니즘을 선순환시킬 가능성이 있다. 정확하게 북한 경제의 산업 연관도를 알 수 없는 상황에서 89년의 경험만을 가지고 이를 부정적으로 평가하기에는 이른 시점이라는 뜻이다.

북한은 신년공동사설의 방침대로 위의 3가지 기조대로 경제를 운용해갈 것이다. 그러나 이것만으로는 북한이 어떤 개혁 개방 정책을 구상하고 있는지, 김정일의 경제 유훈이 정확히 무엇인지에 대해서는 추정하기 어렵다. 실제로 북한 경제가 직면하고 있는 고민 즉, 중국 의존형 발전과 자력갱생 사이에서 북한 당국이 어떤 선택을 하고 있는가에 대해서는 명확하게 설명하기 어렵다.

2010년 9월 당대표자회 직전에 발표된 노동신문 정론은 다음과 같은 글을 싣고 있다.

9월 18일자 정론, <주체화는 우리 경제의 부흥과 비약의 기치이다>

지금 국제시장에서는 중요한 전략물자들의 가격이 하루가 다르게 급격히 오르내리고 있다. 수입 원료와 연료, 수입자재와 설비에 전적으로 의존하는 나라들에서는 경제전반이 항시적인 불안정과 극심한 파동을 면치 못하고 있다……우리에게는 세계적인 가격변동에 가슴조이면서 경제의 전도를 가늠하는 것과 같은 일이 오늘도 앞으로도 없을 것이다……우리는 주체화를 경제건설의 전략적 로선으로 일관하게 틀어쥐고 왔기에 오늘의 국력경쟁시대, 자원고갈시기에도 끄떡없이 자립의 길로 나갈 수 있다……남에게 빌어먹는 절름발이경제를 다음세대에 넘겨주는 것처럼 큰 죄악은 없다……외세의존에서 살 길을 찾는 것은 후대들이야 어찌 되건 자기 세대만 잘 살아보자는 리기적인 관점의 발현이다. 미래를 귀중히 여기고 후대들을 사랑하는 사람이라면 마땅히 자립, 자강의 길로 나가야 한다.

'인민경제의 주체화'라는 북한의 오래된 노선이 바로 인민경제발전 전략이라는 빛바랜 주장을 반복하고 있는 이 정론은 그러나 '자원고갈의 시대에 대한 대비이자 후대를 위한 전략'이라는 전통적 해법에서 자신들의 경제 노선을 재정의하고 있었다. 과연 2012년의 새세기 산업혁명은 이로부터 이탈한 것인가? 당시 2010년 10월 2일자 조선신보는 다음과 같이 답했었다.

적대국들이 기대하는 ≪변화≫는 없다. 당대표자회는 최고지도기관의 선거에서 당건설의 원칙을 구현함으로써 수령의 유훈을 끝까지 관철해나가려는 절대불변의 의지를 과시한 일대 정치사변이였다.

중국식 개혁 개방 노선을 북한이 채택할 것인가에 대해서 북은 2010년까지는 no라고 답하고 있는 인상이다. 2012년 이에 대한 입장의 변화가 있는 것인가? 만약 변화가 있다면 그것은 새세기 산업혁명과 지식산업에 대한 강조 그리고 “자기 땅에 발을 붙이고 눈은 세계를 보라!”고 한 중앙위원회 구호 등에서 단초를 찾을 수 있을 것이다.

2. 평가

가. 북한의 GNI 통계와 마이너스 성장론의 허실

앞서 본 평양건설 사업에 대해 한국의 경제 전문가들이 내리는 부정적 판단은 북한 체제가 식량난에 마이너스 경제 성장을 반복하고 있으면서 이 같은 보여주기식 사업에 매달리는 것이 정상적이지 않다는 판단에 근거하고 있는 것이다. 그렇다면 한국은행이 발표한 -0.5% 성장 그리고 연속된 마이너스 성장이라는 수치는 적절한 것인가?

한국은행이 발표한 북한 GNI 통계의 문제점은 여러 학자들이 지적한 바 있다. 북한 경제 수치에 대한 정보의 정확성 여부는 차치하고라도 북한 최종 생산물을 동일물의 남한 (최저)가격으로 계산한다는 점에서 오류가 발생하고 그렇게 계산한다면 일관성 있게 한미 간의 구매력 지수 환율로 계산해야 할 것을 한국의 대미 시장 환율로 계산하는 과정에서 일관성을 상실한다는 점 등 여러 가지 문제가 제기되어 있다. 그럼에도 불구하고 추세를 분석하는 데서 한국은행 통계가 갖는 장점이 있고 그리고 다른 대안이 없다는 점에서 동 자료는 거의 유일하게 북한 성장률을 분석하는 자료로 사용되고 있다.

그러나 2011년 다시 한번 이 통계가 도마에 올랐다. 즉 매년 6월에 발표되던 한국은행 통계가 지난해에는 5개월이 지체된 11월에 발표되어 석연치 않은 사정이 있지 않나하는 의구심이 제기된 것이다. 이를 반영이라도 하듯 북한의 조선중앙통신은 11월 10일 '무엇을 노린 경제 쇠퇴설인가'라는 제목의 논평에서 남한의 중앙은행인 한국은행이 지난 3일 '북한 경제가 2년 연속 뒷걸음질쳤다'며 내놓은 북한 관련 통계를 "잡소리" 또는 "낭설"이라며 비난했다.

한국은행은 "장마로 인한 냉해와 태풍 등 기상조건의 악화로 농업과 어업 생산이 전년대비 2.1% 감소한데다, 식료품과 담배 등 경공업분야에서 생산이 감소한 것이 원인"이라고 분석했지만, 최근 평양을 다녀온 많은 사람들의 체감 지수는 이와 달라 그에 대한 문제제기가 지속되고 있는 것이다.

표 1 2000년대 북한의 주요 경제지표

	단위	1990	2000	2001	2002	2003	2004	2005	2006	2007	2008	2009	2010
명목 GNI	억 달러	231	168	157	170	184	208	242	256	267	248	224	260
1인당 GNI	달러	1,142	757	706	762	818	914	1,056	1,108	1,152	1,065	932	1,074
실질 성장률	%	−3.7	1.3	3.7	1.2	1.8	2.2	3.8	−1.1 −1.0	−2.3 −1.2	3.7 3.1	−0.9	−0.5
대외무역규모	억 달러	41.7 (41.8)	19.7 (24.0)	22.7 (26.7)	22.6 (29.0)	23.9 (31.1)	28.6 (35.6)	30.0 (40.6)	30.0 (43.5)	29.4 (47.4)	38.2 (56.4)	34.1 (53.2)	41.7 (60.8)

자료 : 한국은행, 통일부
주1) 대외무역규모에서 괄호안은 남북교역을 포함한 수치.
짙은 면으로 표시한 부분은 2005년 기준 가격으로 계산된 수치(통계청 자료 참조)

위의 자료를 자세히 보면 한 가지 특이한 점이 있다. 한국은행은 2009년 발표시까지 즉 2008년자료까지는 북한 성장률의 근거가 되는 기준년도 가격을 2000년도로 설정하고 있었다. 그러나 2010년 발표 즉 2009년 자료부터는 기준년도를 2005년으로 수정하여 연간 성장률을 비교하기 시작했다. 이렇게 되다 보니 2010, 2011년 통계청이 한국은행 자료를 그대로 받아 공개한 자료에는 북한의 2006년부터 2010년까지의 실질 성장률 수치가 2005년 가격 기준으로 작성되어 나타나고 있다. 그 결과 2006년, 2007년 그리고 2008년은 2000년 기준 가격으로 기존에 발표한 수치와 2005년 기준 가격으로 발표한 수치가 다르게 나타나고 있는 것이다.

한국은행은 자신의 공신력 때문에 2006-2008년 실질성장률 수치를 기존에 발표한 2000년 가격 기준으로 웹 사이트에 공개하고 있지만, 작년부터 통계청에 제시한 자료에는 2005년 기준 가격에 의한 성장률이 계산되어 나타나고 있다.

이에 따르면 2006년의 경우 2005년 기준 가격으로 수정할 경우 2000년 기준가격으로 계산할 때 -1.1%를 기록했던 북한 경제 성장률이 -1.0%로 소폭 상승한 결과로 나타난다. 2007년의 경우는 -2.3%였던 것이 -1.2%로 그 상승 규모가 제법 큼을 알 수 있다. 반면 북한이 3.7%의 + 경제성장을 이룬 것으로 나타난 2008년 시기는 그 상승폭이 줄어들어 3.1%를 기록하고 있다.(쿠바의 경우에도 기준년도 변화에 따라 다양한 성장률 변화가 나타나고 있다. 그리고 서비스 부문의 계상 방식에 따라 2% 이상의 성장률 상승 효과도 나타나고 있어서 이를 정확히 측정하기 위한 공개적인 논의가 필요하다. 한국은행의 경우 불투명성 때문에 더욱 의혹을 부채질하고 있다.)

2009년, 2010년의 경우 2000년 기준 가격이 없기 때문에 2005년 가격 기준으로만 제기되고 있다. 만일 2009년, 2010년을 2000년 기준 가격으로 계산해 본다면 어떨까? 2007년의 경우 기준 가격의 차이만으로도 1.1%p의 오차가 발생하였고 2008년의 경우 0.6%p의 오차가 발생하고 있으니 2010년이 마이너스 성장이라는 한국은행의 주장에 대해서 북한 측이 문제를 삼을 경우 무시하고만 있을 수 없게 된 셈이다.

그렇다면 2005년 기준 가격으로 한 마이너스 성장이라는 수치 자체는 신뢰할 만한가? 왜 체감 지수가 그렇게 다른 것일까? 반론은 있을 수 있다. 북한의 경우 수도 평양과 다른 지역은 확연히 구분되고 북한을 방문했다는 사람들의 대부분은 평양이라는 모델 도시의 분위기만 체감했기 때문이라는 주장이다. 나아가 한국은행은 2010년의 경우 농업과 어업 생산이 전년대비 2.1% 감소한 것을 아슬아슬한(?) 마이너스 성장의 결정적인 이유로 삼았다.

그러나 이에 대해서는 두 가지 반론이 있을 수 있다. 북한에서 늘어나고 있는 시장 활동을 계상한다면 그리고 그것이 평양에만 있는 현상일 수 없다면 평양만 성장하고 기타 지역은 그만큼 더 경제가 위축되고 있다는 논리는 아무래도 받아들이기 어려운 측면이 있다. 동시에 농업 생산의 경우에도 2009년에 비해 2010년에 FAO와 WFP는 북한 농작물 생산량이 3.1% 정도 늘어난 것으로 보고 있다.(통일연구원, 2010년 북한 경제 종합평가 및 2011년 전망) 그렇다면 2010년의 농수산업의 마이너스 성장을 과도하게 강조하는 것이 타당할까에 대한 의문이 제기되는 것을 피할 수 없다.

설령 국내 농업 전문가들의 주장을 받아들여 2010년 북한 농업 생산량의 감소와 그것이 미치는 높은 승수 효과를 받아들인다면, 2011년에는 북한이 오히려 높은 성장률을 보일 가능성이 높다는 점을 인정해야 할 듯하다. 데일리NK가 최근 입수한 '2011년 평안북도 알곡 수확고 종합' 자료에 따르면 북한은 지난해 계획량은 104.4만 톤이었는 데 수확량은 이보다 1.8만 톤(1.8%) 초과한 106.2만 톤을 생산했다고 밝혔다. 이는 전년대비 42.2% 증가한 수치이다. 평안북도 농촌경영위원회가 작성한 이번 자료는 리(里) 단위 협동농장에서부터 취합해 시 군 단위를 거쳐 도 위원회가 최종 집계한 것으로 내각 농업성에 보고된 것이라고 한다. 이를 확대한다면 2010년에 비해 2011년 북한 전역의 농업 생산성이 매우 높을 것이고 이에 따른다면 북한 경제는 높은 수준의 플러스 성장을 하게 될 것이라고 예측하지 않을 수 없다.

요컨대 북한 경제가 지속적으로 마이너스 성장을 했다는 한국은행의 주장은 여러 가지로 추가 설명이 필요하고, 이를 인정하더라도 2011년에는 북한경제가 상당한 수준의 높은 플러스 성장을 했음을 인정해야 한다는 공감대가 형성되고 있음을 알아야 한다.

이는 뒤집어보면 5.24 제재 조치가 더 이상 유의미하지 않음을 의미한다. 우리 정부가 강조하고 있는 5.24 제재 조치를 통한 북한 경공업 생산의 감소론 역시 임가공이 중국 기업으로 선을 모두 돌린 상태로 확인되고 있는 바, 북한 경공업 생산의 감소를 주장할 근거로 되기는 어려운 현실이다. 그렇다면 북한 경제는 우리가 생각하는 것과는 달리 회복세에 놓여 있고 그만큼 정권의 재량이 높아지고 있다고 볼 수 있을 것이다.

나. 북한의 거시경제 불안정성 여부와 재분배의 효과

북한에서 최근 거시경제 지표의 불안정성에 대한 우려가 높다. 환율과 인플레이션이 고공 행진을 지속하고 있다는 뜻이다. 그러나 이 또한 짚어볼 부분이 있다.

북한의 환율과 쌀값을 별개의 지표로 보고 북한의 거시경제 불안정성을 논의하던 때가 있었다. 그러나 최근에 와서 이같은 거시경제 지표에 대해서는 일정한 시각 교정이 이루어지고 있다. 즉 북한의 쌀값과 환율을 하나의 지표로 보아 그것이 얼마나 안정적인가를 보는 방식이다. 북한의 경우 외화가 쌀값을 결정하는지 쌀값이 외화가격 즉 환율을 결정하는지는 판단이 어렵지만(일반적으로 실물이 결정하는 것이지만 북한 당국이 시장 개입을 통해 외화 가격을 결정할 만큼 필요 외화를 지니고 있는가에 따라 결정될 문제이다. 장형수의 경우 북한에 외화 가득량이 우리가 상상하는 것보도 충분하다는 주장을 전개하고 있다. KDI 북한경제리뷰 2009), 북한의 쌀값을 환율로 나누어 달러 표시 쌀값으로 표시했을 때 그것이 국제 시세와 얼마나 차이가 있는가하는 것이 북한에서 인플레이션을 평가하는 지표로 되고 있다는 것이다.

이렇게 볼 때 북한의 쌀 값은 최근 kg당 0.9달러 수준에 이르고 있다. 2002년 직후 0.3달러 수준이던 것이 2006년을 기점으로 0.6달러대로 진입하고 지난 해 11월 현재 0.9달러대의 고공행진을 하고 있는 것이다.

표 2 2011년 평양 식량과 달러 가격 변동

(단위 : 북한 원)

	9월	10월	11월
1 달러	2,870	3,450	4,000
쌀 1 kg	2,500	3,200	3,800
옥수수 1 kg	1,400	1,700	2,300

자료 : 좋은 벗들

그러나 북한의 인플레이션과 거시경제 불안정성을 인정하는 데는 두 가지 유보 조건이 있다. 하나는 국제 쌀값의 상승이라는 변수를 봐야 한다는 점이다. FAO에 따르면 달러가치의 하락으로 국제곡물지수는 2004년을 100으로 보았을 때, 2011년 11월 현재 210대를 기록하고 있다. 쌀값은 조금 더 인플레가 되었다고 본다면 북한의 0.9달러라는 쌀값은 국제 시세에 비해 크게 높은 수준은 아닌 것으로 보인다. 소위 살인적인 인플레는 아니라는 뜻이다.

다른 하나는 쌀값을 바라보는 데서 북한의 유통 부문에 대한 고려가 있어야 한다는 점이다. 즉 북한 주민들이 쌀을 구하는 방식은 두 가지이다. 하나는 배급을 통해서이고 다른 하나는 시장을 통해서이다. 최근 연합통신에 따르면(1월 27일) 북한 당국은 배급량을 10월에 355g으로 늘린 뒤 12월까지 매달 10g씩 증가시켰다고 한다. 1월 배급량은 전달보다 20g이나 많은 것으로, 북한 당국이 작년 말 WFP에 전달한 자료에서 올해 계획이라고 밝힌 380g보다 15g이나 많다. 이같은 배급량 증대의 이유는 작년 가을 곡물 수확량이 전년에 비해 30만~40만t 가량 증가했기 때문이기도 하지만, 다른 한편으로는 유통 과정에서 쌀 수매의 강도를 높였기 때문으로도 풀이된다. 이것이 시장으로의 유통량을 줄여 시장 공급 부족에 따른, 보기 드문 추수기 쌀값 상승의 한 원인이었던 것으로 보인다.

따라서 최근 북한의 시장 쌀값 상승을 인플레와 거시경제 불안정성의 지표로 보기보다는 오히려 국가의 유통통제력 회복에 원인을 두어야 하지 않을까 하는 것이 필자의 판단이다. 2012년 강성대국 구호를 향한 북한 당국의 조치가 헛구호만은 아니라는 뜻이다.

물론 북한 경제에 인플레이션이 항상적으로 존재하고 있고 그것이 여러가지로 거시경제를 불안정하게 만들고 있는 것은 사실이다. 이 과정에서 북한 당국이 유통망을 장악하고 배급제를 강화하는 등의 조치를 취하면서도 동시에 시장을 존속시킴에 따라 실물과 외화 소지자들의 이익이 시장에서 더욱 강화되고 있다.

북한은 이중경제 구조로 이루어진 체제이다. 그것은 외화에도 적용되는 것이어서, 한편으로 공식환율(official)과 비공식환율이지만 합법적인(unofficial but legal) 두가지 환율이 국가에 의해 주도되고 있는 이중화폐경제임을 의미한다. 이는 마치 쿠바에서 쿠바페소(CUP)와 전환페소(CUC)가 동시에 사용되고 있는 상황과 흡사하다. 쿠바의 경우 공식환율과 비공식환율과의 차이는 1대 26에서 1대 28 수준에서 머무르고 있다. 물론 달러대 전환페소간의 공식 환율은 1:1이다. 이 이중경제 구조를 적절히 활용해 쿠바 당국은 부의 재분배를 국가가 효율적으로 관리하면서 교육과 의료 부문 등 특정 국가 부문에 대한 특혜를 이어가는 데 유용한 조치를 취하고 있다.

북한 역시 이같은 이중화폐경제를 통해 재분배 조치를 취하고 있다. 북한의 고려호텔 등에 공시된 공식환율은 1:98-102 수준에 머무르고 있고, 대형마트 광복지구 상업중심에 공개된 비공식 합법 환율은 3,800원대로 공지되고 있다.(환구시보(環球時報) 인터넷판 환구망(環球網) 1월 11일)

화폐 개혁 이전까지 1:26-30 수준이던 것이 화폐 개혁 이후 1:38이라는 수치로 벌어지고 있음은 한편으로는 북한 당국의 외화 통제 능력이 떨어지고 있음을 의미하는 것일 수도 있다. 최근에 북한 당국이 외화 사용을 금지시킨 것은 이같은 것과 동일한 상황 하에서 나온 조치로 보인다. 쿠바에서도 일정 기간 달러라이제이션을 허용한 이후 전환페소를 도입하여 쿠바 화폐 주권을 잃지 않는 조치를 취하였듯이 북한 역시 달러라이제이션 이후 쿠바식의 달러화 대체를 시도하는 것으로 보인다. 최근 북한 당국이 나래카드를 통용시켜 외국인들이 현금 대신에 사용하게 하고 있는바, 그것이 곧 전자화폐로서의 전환페소와 동일한 역할을 할 가능성이 높다. 이런 상황에서라면 외화에 접근권을 가진 세력들이 시장에서 더 많은 부를 축적할 수 있는 지대 소유 계층으로 되고 있다고 보아야 할 것이다.

결과적으로 국가가 일정하게 유통망을 장악하고 있고 이중화폐경제를 운용하고 있는 한, 이들 양대 세력 즉 실물과 외화부문 소지자들은 국가 친화적인 세력들 중에 나올 가능성이 높다. 이 점에서 북한의 시장 세력이 국가에 대해서 적대적일 것이라고 보고 북한의 시장 증대를 국가 붕괴의 지표로 삼는 항간의 기대는 그리 실현 가능성이 높지 않을 듯 하다. 중국을 포함해 동아시아 발전국가 일반에서 드러난 시장의 국가유착 현상이 북한에서도 피할 수 없는 운명이라는 의미이다. 그렇다면 북한 당국에게 인플레라는 현상 그 자체는 어떤 점에서는 시장을 길들이고 시장과의 공존을 추구하는 하나의 새로운 경제 모델의 조건으로 작동하는 듯하다.

다. 화폐개혁과 반시장주의?

북한의 화폐 개혁은 주민의 부를 강탈한 사기극으로 알려져 있다. 그러나 과연 그러한가? 한국의 북한 전문가들은 대체로 북한의 화폐 개혁이 시장을 반대하는 조치이고 국가의 생존을 위해 주민들의 부를 약탈하기 위한 것으로 보았다. 물론 북한 당국이 2006년부터 2009년 시기 사이에 반시장적인 조치를 강화한 것은 사실이다. 그러나 그것을 북한 당국의 시장에 대한 두려움과 거부감 탓으로 해석하는 것은 어불성설이다.(한기범 박사논문, 2009)

앞서 보았듯이 북한 당국의 입장에서 볼 때 북한의 시장이 국가에 적대적이지 않고 또한 당국이 이를 통제할 수 있는 충분한 능력을 지닌 상태에서 국가가 시장을 무력으로 폐쇄하는 등의 강제적 조치를 동원할 필요가 없다. (다만 북한 체제는 사회주의 경제 구조를 골간으로 유지하고 있다는 점에서 단순히 금리 조정과 같은 시장 조정 기제로만 작동하는 시스템은 아니다. 그러다보니 우리가 보기에는 이해하기 어려운 관료적 조정 양태들이 시장 조정과 공존하고 있는 것이다.)

여하간 2005년에서 2009년기 북한당국의 시장에 대한 통제 조치는 시장에 대한 탄압이라기보다는 외부의 경제 제재에 대한 북한 나름의 대응 양태로 보아야 한다는 것이 필자의 주장이다. 2005년 BDA제재 조치가 시작되고 2006년 핵실험에 따른 유엔 제재 등 다양한 대외 관계의 악재 요인들이 발생하면서 북한 당국으로서는 이에 대한 선제적 조치를 취하지 않을 수 없었던 것으로 보인다. 2009년의 경우 재미있게도 쿠바도 유사한 조치를 취한다. 즉 2008년말 쿠바는 외화 등 예금동결 조치를 취하고 지불 유예를 선언한다. 2002년의 경우에도 북한과 쿠바는 동일하게 달러화 결제를 금지시키고 유로화 결제를 선언한 바 있어 양국의 외환정책이 갖는 동일한 철학적 기반에 대한 관심이 제기된 바 있다. 쿠바는 사실상 미국의 금융 위기에 대응하는 조치로 2008년 조치를 실시했었고 이후 2010년 들어 제한적으로 예금 동결을 풀어주고 있다. 북한의 화폐개혁 역시 달러화 가치 하락에 대한 선제적 대응의 의미가 들어있을까?

김병연(2010, 북한 화폐 개혁의 경제학적 평가, KPI)은 북한의 "화폐 개혁이 재정적 토대 확립"을 목표로 하고 있다는 조선신보의 보도를 "재정 수입이 아니라 지출 측면에서 여유를 갖기 위한 것"으로 해석하고 있다. 즉 화폐량을 강제로 줄여 물가가 화폐 교환 이전 수준으로까지 올라가기까지 당분간 화폐 증발을 할 수 있다는 뜻으로 풀이하였다. 이는 화폐량이 준 만큼 물가 수준이 떨어지는데, 그만큼의 화폐 증발을 통해 인플레이션이 다시 진행되는 것을 의도하고 있다고 본 것이다. 필자 역시 이에 동의하고 있다. 북한이 화폐 개혁과 동시에 노동자들의 임금을 기존 수준으로 주는 (사실상 100배 인상시키는) 조치를 취한 것은 화폐 증발로 이어지고 이는 또 다시 인플레이션으로 이어져 짧은 기간에 기존 수준의 가격 수준으로 회귀할 것으로 본 것은 너무나도 정확한 예측과 진단이다. 다만 김병연은 이를 '대국민 사기극'이라고 보았지만, 필자가 보기에는 북한 당국이 폭력적-관료적 조정이 아니라 시장적-관료적 조정 형태로 경제에 개입한 것이고 이런 형식의 화폐 증발과 경제 개입 정책은 민주주의 본국인 미국에서 양적 완화라는 모호한 표현으로 달러를 풀거나, 국가의 교묘한 개입으로 고환율을 유지하여 재벌 이익을 보전하는 한국 경제에서도 일상적으로 나타나는 현상이다. 그것이 관료적 조정이 아니고 고도화된 시장적 개입이라는 점에서 대국민 사기극이라고 부르는 것은 일리가 있지만, 어쨌든 행정적 관료적 개입이 아닌 것만은 사실이라는 점에서 평가할 지점이 있다고 볼 수 있다.

인플레가 진행되고 북한 원화의 가치가 떨어지면서 동시에 달러의 가치가 떨어지는 상황에서 북한 당국이 달러 대비 북한 원화의 가치를 높여 공식 환율을 내리는 조치를 취한 것 역시 쉽게 넘어가서는 안 되는 부분이다. (1:145에서 1:98로)

물론 시장 환율의 경우 전 세계적인 달러 수요 강화 현상에 따라 여전히 상승하고 있어 북한 당국이 의도한 1:30 수준을 넘어 1:38 수준에까지 이르고 있지만, 그 과정에서 북한 당국은 시장 물주에 대한 타격을 통해 적절한 부의 재분배를 이룰 수 있었고 국영 기업과 관료들이 지니고 있던 외화 자금을 국가가 회수할 수 있었다는 점에서 당국은 이 게임의 패자라기 보다는 승자라 할 수 있다.

따라서 이를 반시장적 조치로 보는 것은 화폐개혁의 전후 사정과 결과에 대한 일면적 해석으로 이어질 가능성이 높다. 화폐개혁 직후 북한 당국이 일정한 시간을 갖고 시장을 허용한 것은 북중동맹 강화와 대북 제재의 약화라는 상황적 요인과 맞물린 것으로 해석해야지 화폐 개혁의 실패에 따른 지그재그식 후퇴로만 보는 것은 또한 일면적 해석이다.

필자는 북한의 시장에 대한 시각은 적대적이지 않다는 입장을 지니고 있다. 그리고 화폐 개혁마저도 시장에서의 재분배에 대한 국가의 시장적 관료적 개입 방식이라는 점에서 기존의 폭력적 관료적 행정 조정에 비해 긍정적인 평가를 주고 있는 것이다.

요컨대 북한은 2002년 이래 시장과 국가의 동거를 디자인해 놓고 다만 시장을 국가 부문이 관리할 수 있는 틀 내에서 움직일 수 있게 하는 새로운 '도전'을 하고 있는 듯하다. 다만 대외 환경이 악화되고 제재국면이 강화될 경우 이에 대응하는 선제적 조치를 취하기도 하는 바, 그것이 외부인에게는 시장의 탄압으로 비쳐질지라도 그 본질은 제재에 대한 대응이지 시장에 대한 탄압은 아닌 것이다. 그리고 제재가 약화되고 대외 관계가 강화되면 다시 유화적 조치를 통해 국가와 시장의 공존을 추구하는 것이다. 화폐 개혁 역시 이러한 노선에서 크게 벗어나지 않았다고 본다는 점에서 필자는 북한 체제와 당국을 반시장적 주체로 묘사하는 시도에 대해서 비판적인 것이다. 이 점에서 북한당국의 개혁 개방에 대한 '본질적' 거부감 따위를 강조하는 것은 적절치 않은 논법이다.

3. 전망과 대응

1994년 고난의 행군을 거치면서 북한 주민들이 국가와 개인의 관계를 재정립하여 국가에 대한 과도한 기대를 포기하고 개인의 자율성을 강조하는 것으로 나아간 것은 사실이다. 이 점에서 북한의 사회가 탈국가주의를 모색하고 있음을 부정할 수 없다.

그러나 동시에 북한 체제의 신진 엘리트들이 자신들을 제2의 건국 세대로 보고 있다는 점 또한 주목해야할 점이다. 즉 동맹국 중국이 자신들을 '배신'한 가운데 핵무장을 통해 미국과 직접 담판을 해나가면서 자력갱생을 유지해온 90년대라는 자부심이 신진 엘리트들에게 공동의 가치 체계로 자리하고 있는 것이다. 이 점에서 1998년 김정일 위원장이 고난의 행군을 끝내며 강조한 '강계정신' 은 북한 체제가 사회주의의 마지막 보루라는 자존심과 맥을 같이하고 있다.

김정은 세대를 바라보는 주변국들은 이 양가적 가치 모두에 주목해야 한다. 일부에서는 김정은 부위원장이 스위스 유학파 출신이고 동시에 북중관계가 매우 안정적이라는 점에서 대대적인 개혁 개방을 기대하고 있기도 하지만, 앞서 지적한 측면은 역으로 북한 체제의 신진 엘리트들이 갖고 있는 선군사회주의 체제에 대한 자부심과 동시에 미 제국주의와 중국 패권에 대한 강한 경계심을 읽을 수 있는 요소이다. 북한의 젊은 세대가 개혁과 개방을 선호할 것이라는 관념이 북한에서는 사실이 아닐 수도 있음을 의미하는 단면이다. 북한의 개혁 개방에 대한 기대치를 일면적으로 높일 수만은 없는 이유인 것이다.

다만 김정일 위원장 생전에 합의된 북중협력 즉 황금평, 나선특구 등에 대한 부분적 개방 조치들은 매우 적극적으로 진행될 것이지만 그것은 북한 측 변수에 따른다기보다는 중국 측 변수에 따르는 것으로 보는 것이 적절하다. 북한 신지도부의 입장에서 보면 그것은 김정일 위원장의 유훈일 따름이고 이 점에서 상수일 뿐이기 때문이다. 무리한 정책 변화가 원로들 간의 갈등을 유발할 수 있음을 잘 알고 있는 북한 지도부의 경험론이 '유훈통치'라는 리스크 최소주의 정책을 표명하는 것은 매우 합리적인 결정이다.

수잔 셔크(Susan Shirk)는 덩샤오핑의 개혁이 성공할 수 있었던 요소 중의 하나는 그가 군부의 지지 외에도 연안 개방파들과의 연합에 성공했다는 점이라고 했다. 즉 중국의 미래 동력과 성장 자원인 해외 자본과 연안 개방파들이 덩샤오핑을 지지했기 때문에 중국의 개혁이 성공했다는 의미이다.

그것은 곧 승인(recognition)이 갖는 정치적 효과와 맥을 같이 하고 있다. 외부로부터의 승인은 곧 내부의 정치 지형을 외부 세력의 기대치에 부합하게 만드는 경향이 있다. 반면 외부 세력과 적대관계를 형성할 경우 지도부는 대외 저항을 위해 국내자원을 최대한 추출하는 경향을 띠게 된다. 국내적 정당성이 약한 정치 지도자가 의도적으로 대외 긴장 관계를 조성하는 것도 동전의 양면이라 할 수 있다.

한때 러시아의 삼위일체 불가능성(impossible trinity)에 대해 논의된 적이 있다. 그것은 이행기 체제가 국가 생존(안보)과 민주주의 그리고 시장경제(경제성장) 3가지를 동시에 갖추기가 불가능하다는 뜻이다. 이를 북한의 경우에 비추어 보면 안보문제에 대한 해법이 마련되지 않을 경우 북한 체제가 주변 시장 국가들에 유연한 대응을 하거나 인권 문제 등 내부 민주주의를 해결하기가 어렵다는 뜻으로 독해될 수 있다. 주변국들이 북한 체제의 연성화를 원한다면, 그리고 그것이 북한의 인권 개선 및 민주주의 진전, 그리고 시장화를 의미하는 것이라면, 우리로서는 북한 체제의 안보를 보장해 주는 대안을 제시할 수밖에 없다. 그 점에서 한국의 이명박 정부가 보이고 있는 대북 강경책은 북한으로 하여금 개혁보다는 안보를 중시하게 하는 악순환의 고리를 강화하는 것이라고 할 수 있을 것이다.

북한 경제는 여전히 어려운 상태이지만 일정한 회복세에 놓여 있고 당국은 경제에 대해서 일정한 통제력과 관리능력을 지니고 있다. 앞서 보았듯이 북한은 사회주의를 강조하면서도 시장에 대해서 적대적이지만은 않다. 안보 문제에 대한 여건이 풀린다면 보다 전향적인 개혁 개방을 기대할 수 있는 조건이 갖추어져 있는 것이라는 게 필자의 판단이다. 이제 우리가 진정으로 북한의 개혁 개방을 원하고 그들에게 그런 정책을 펼 수 있는 기회를 주고 있었는지를 진지하게 되돌아 볼 때이다.

◈

김정일 사망과 북한사회의 변화

이우영 북한대학원대학

◈

1. 들어가는 말

김정일의 급격한 사망으로 북한에 대한 관심이 다시 높아지고 있다. 일차적으로 권력구조의 안정성에 대한 관심이 중심이 되고 있지만, 김일성 사망 때와는 달리 경제사회적인 차원의 변화여부에 대한 관심도 적지 않다고 할 수 있다. 북한에 대한 관심이 다층화된 것은 기본적으로 그동안 북한에 대한 인식 자체가 발전하였고, 북한체제에서 가장 두드러진 변화가 이루어지고 있는 것이 경제적이고 사회적 차원이기 때문이라고 할 수 있다.[1) 그러나 다른 한편으로 본다면 '3대세습'의 북한에도 중동과 같은 '혁명적 변화'가 일어나지 않을까 하는 '기대'에서 비롯된 경향도 없지 않다고 할 수 있다. 이러한 맥락에서 김정일 사후 북한사회체제 변화여부에 대한 관

1) 1990년대 이후 경제, 사회문화 등 다양한 분야와 관점에서 북한을 바라보기 시작하였고, 시장화의 진전 그리고 외부문화의 유입확대 등이 최근에 심화되고 있다는 점이다.

심은 기존의 “북한은 변화하였는가”라는 질문과 같은 맥락에 있다고 할 수 있다.

사실 인류가 사회생활을 시작한 이래 어떤 사회 체제도 변화하지 않은 경우는 없었다. 북한의 경우도 예외는 아니다. 그럼에도 불구하고 남한에서는 북한의 변화여부에만 관심이 있었다. 이것은 북한체제는 ‘공산독재체제’이며 따라서 붕괴할 수밖에 없으리라는 선입견이 작용하였기 때문이라고 할 수 있다. 다시 말한다면 ‘북한이 변화하였는가’라는 질문은 곧 ‘북한 공산독재는 망하기 시작하였는가’의 다른 표현이었다고 볼 수 있다는 것이다. 마찬가지로 김정일 사후 북한 사회는 어떻게 될 것인가라는 질문은 실제로 북한에서 민중봉기가 일어날 것인가 하는 질문과 같은 경우가 대부분이다.

북한체제(좁은 의미에서)의 붕괴여부도 중요한 학문적 관심사가 될 수 있고, 사회주의의 체제전환도 논의의 대상이 될 수 있다. 그러나 그 바탕은 북한체제에 대한 객관적 분석과 올바른 이해에 두어져야 한다. 이를 위해서는 이념적 당위론이나 목적론적인 접근을 배제하여야 할 것이고, 동시에 정치체제를 곧 북한의 모든 것으로 보는 태도도 극복하여야 한다. 이 말은 북한의 사회체제는 유일지배체제라는 정치체제와 무관하지 않지만 지도자의 교체로 사회체제가 갑자기 변화하는 것은 아니라는 것을 의미한다. 따라서 북한 사회가 변화하여 온 과정을 이해하고 이를 토대로 절대권력자의 교체가 어떤 영향을 미칠 것인가를 살펴보는 올바른 접근 방식이라고 할 수 있다는 것이다.

2. 북한 사회체제가 변화해 온 모습

현재의 북한체제는 기본적으로 지난 50년 동안 사회변화의 결과라고 할 수 있다. 문제는 전후 복구과정과 근대 공업국가 형성에 효과적이었던 사회주의 산업화가 점차 그 효율성을 잃게 되었다는 점이다. 특히 김일성 중심의 유일지배체제가 장기간 계속되면서 체제의 경색화가 더욱 심해졌다고 볼 수 있다. 이 과정에서 정책결정은 탄력성을 잃게 되었고, 변화하는 대내외적 환경에 적응하지 못하였다고 할 수 있다. 체제 효율성의 저하에 더해진 1980년대 후반 이후 동구 및 소련의 국가사회주의 몰락이라는 대외환경의 급격한 변화와 큰물(대홍수)로 상징되는 뜻하지 않았던 자연재해와 더불어 북한의 체제 위기를 급속하게 심화시켰다고 볼 수 있다. 결과적으로 북한은 1990년대 중반이후 체제위기가 지속되고 있다고 할 수 있다. 이러한 맥락에서 사회 변화에 영향을 미치는 요소들을 정리하면 다음과 같다.

첫째, 1990년대 이후 북한체제위기의 현상적 핵심은 식량난으로 대변되는 경제위기이다. 식량은 사회체제 유지의 핵심적인 요소로서 식량부족은 사회해체의 출발점이 될 수 있다. 특히 극심한 식량부족은 가족을 해체함으로서 기본적인 사회관계를 붕괴시킬 수 있다. 붕괴되는 사회관계에는 가족관계 뿐만 아니라 북한체제를 유지하였던 수령·당 인민의 정치적 사회관계까지 포함될 수 있다.

둘째, 북한에서 식량은 단순히 주민들의 생존에 필요한 요소일 뿐만 아니라 배급제도의 축이라는 점에서 사회통제 기제의 핵심이기도 하였다. 식량이 부족하다는 것은 배급제도가 원활하게 작동하지 않는 것을 의미하며, 곧 중요한 사회통제 기제가 기능하지 못하고 있음을 말하는 것이다. 이것은 북한체제유지의 또 다른 축인 '조직활동'도 문제가 생길 수밖에 없다는 것을 의미한다. 배급제도와 조직체제의 문제는 곧 사회통합의 근본을 위협하는 요소가 된다고 볼 수 있다.

셋째, 배급제도의 붕괴와 기업 활동의 마비는 사회이동을 증가시키고 있다는 점이다. 북한의 사회통제의 핵심 가운데 하나는 주민들의 자유로운 이동을 금지하고 있다는 것이다. 그러나 식량조달을 위한 이동이 불가피해진 현실에서 과거와 같은 이동통제는 불가능하다. 사회적 유동성의 증가는 표면적으로 북한사회통제체제 문제를 일으킬 수 있지만 보다 중요한 것은 인적 이동을 통하여 정보가 확산되는 수준도 높아진다는 것이다.

넷째, 제한적인 개방이라고 할지라도 외부문화의 유입은 완전히 막을 수 없다는 점이다. 아무리 '모기장'을 철저하게 치더라도 모기가 들어오는 것을 막을 수가 없는 것과 마찬가지 이치이다. 정책적으로 교류를 제한한다든지 인터넷을 포함한 미디어를 통제한다고 하더라도 사람들을 통한 문화전달은 막기 어렵다. 개방이 진행됨에 따라 외부인사와의 접촉이 불가피하게 늘어난다는 점에서 인적교류를 통한 문화전파는 불가피해진다.

외부문화의 유입은 크던 작던 기존 문화와의 갈등을 야기할 수 있다. 특히 외부문화의 유입은 장기간 폐쇄적이고 배타적인 정책을 지속하였던 북한의 경우에 그 충격이 더욱 클 가능성이 있다. 그리고 중요한 것은 노래와 같이 대중문화 요소건 음주관습과 같이 일상문화 요소건 간에 가치관과 같이 문화의 본질과 관련되어 있다는 점이다. 예를 들어 새로운 노래의 유입은 단순히 북한 군중가요와 갈등하는 것이라 비록 일정한 시간은 걸리겠지만 결과적으로 북한의 가치관과 문제를 일으킬 수 있다는 것이다.

3. 북한 사회체제는 어디로 가고 있는가?

가. 새로운 문화의 형성과 '새세대'의 등장

최근의 북한 사회 변화의 가장 특징 가운데 하나는 사회주의 문화의 핵심이라고 할 수 있는 이념 우선과 집단주의적 가치의 약화이다. 북한의 경우는 주체사상이 지배이념으로 자리 잡고 '사회정치적 생명'을 강조하는 데서도 알 수 있듯이, 사회통합을 위해서 이념과 문화를 대단히 중요시하여 왔다. 이러한 경향은 1980년대 후반 다른 사회주의 국가들의 체제전환을 목격하면서 더욱 두드러졌다고 할 수 있다. 그럼에도 불구하고 극심한 식량난으로 대표되는 1990년대 후반 '고난의 행군' 시기를 지나면서 생활고에 시달리게 된 주민들은 이념보다는 물질을, 집단보다는 개인을 중시하는 성향을 띠게 되었다.[2] 그리고 북한문화에서 두드러지는 또 다른 특징은 물질과 풍요에 대한 열망이라고 할 수 있다.[3]

---

2) 처녀를 위해서라도 대형차를 지나치게 아끼지 말구 부쩍 채라구. 웬간한 건 겊어두구… 생활이란 참빗처럼 깐깐하게 훑어선 한걸음도 전진하지 못해. 어쩌면 웅뎅이건 돌이건 모래건 덤불이건 가리지 않고 마구 밀어가는 물의 흐름과 같은 거야. 라희남, "세월이 지난 뒤,"「조선 문학」(2006.12). 기업관리, 그것은 곧 원가이며 리윤이였다. 국가에 리익을 주게 될 것인가 손해를 끼치제 될 것인가, 공장, 기업소 일군들은 무슨 일을 하나 해도 언제나 이것부터 생각해야 했다... 외화를 벌어야합니다. 외화만 가지면 전국을 비롯하여 생산을 정상화하는 데 필요한 소소한 물자들을 사올 수 있습니다.김문창,「열망」(평양: 문학예술종합출판사. 1999).

3) 당신두 참, 우리도 집을 좀 번듯하게 꾸리고 삽시다. 옥이도 제대되여오겠는데… 오면 시집도 보내야지요. 다른 집에들 좀 가보라요. 장선홍, "그들의 행복,"「조선문학」(2006.7). 윤덕준은 늙은이다운 호기심으로 처녀를 살펴보았다. 얼굴도 몸매도 돋보일 만큼 아름다웠는데 그보다 더 사람들의 눈을 끄는 것은 그의 옷차림이였다. 봄날에 맞는 밝은 색깔의 꼭맞는 의복이며 굽 높은 반짝거리는 신발이며 외국영화에서나 보았던듯 한 중절모 비슷한 모자며 손에 든 황금빛 사슬이 달린 가방이며…한마디로 말하여 어느 외국영화에서 튀여나오듯 한 화려한 옷차림이였다… 그러나 지나가던 처녀들이 그 처녀의 옷에서 부러워하는 시선을 떼지 못하는 것을 보고 그 질이나 맵시가 대단한 것임을 어렵지 않게 짐작할 수 있었다. 최영학,「우리의 집」(평양: 문학예술출판사, 2005).

탈이념화 경향도 새로운 사회문화적 특성 가운데 하나라고 할 수 있다. 교사출신의 탈북자의 증언에 따르면 주체사상을 포함한 이념관련 교육에는 학생들이 그다지 큰 관심이 없다고 하고 있다.[4)]

이러한 성향은 심지어 젊은 세대의 교사들에게도 마찬가지라고 하고 있다. 반면 이러한 실용주의를 중시하고 전통적인 이념에 대한 무관심한 현상에 대해서 장년층 이상의 기성세대의 교사들과는 갈등이 있다고 말하고 있다.

사회적 차원에서는 새로운 세대의 등장이 중요한 요소가 된다. 새로운 세대들은 식량난을 경험하면서, 당의 공식적인 교양내용과는 다른 의식구조를 갖게 된다. 실리를 중요시하는 것이 대표적인 경향이며, 개인부업을 중시하고 수입이 좋은 직장을 선호하는 것이 이러한 변화를 잘 드러내 준다.[5)] 새세대는 기존 세대와 의식차이는 보이면서 공식문화와도 유리되는 경향을 보이고 있다고 할 수 있다. 식량난이 심화되면서 미신을 포함한 무속이 활성화되는 것도 공식문화 약화의 중요한 역할을 하고 있다고 할 수 있다.

나. 재구조화 되는 사회계층

사회문화적 상황변화와 더불어 북한의 사회 내부의 계층구조의 변화에 주목할 필요가 있는데 이것은 앞으로의 사회변화의 성격과 변화의 주체를 전망할 수 있는 기초가 되기 때문이다. 북한은 식민지 청산과정과 사회주의국가 건설과정에서 구 지배세력이 몰락하고 노동자-농민 중심의 계층구조 건설되었지만, 이후 사회주의 체제건설에서 당중심의 지배세력이 출현

4) 탈북자 면접(2010.8.18).

5) 임순희, 『북한 새세대의 가치관 변화와 전망』(서울: 통일연구원, 2006) 참조.

하고 한국전쟁과 남북갈등의 심화에서 군부의 비중도 확대되었다. 또한 급속한 산업화 과정의 불균형 발전전략으로 도농격차 확대, 새로운 세대의 출연으로 세대간 간격도 확대되고 있다고 할 수 있다. 또한 사회주의 혁명화와 전쟁 과정에서 정치적 차별을 장기간 진행함으로써 신분제적 특성이 사회적으로 유지되었다. 그리고 김일성 김정일로 이어지는 유일지배체와 항일유격대중심의 지배집단의 지속으로 지배층의 폐쇄성이 구조화되어 사회이동이 어려웠다고 할 수 있다.

최근 북한 당국은 체제위기 과정에서 계층과 관련된 정책도 부분적으로 변화하고 있다. 선군정치와 관련 군부집단에 대한 위계를 높이고 있으며, '광폭정치'를 강조하면서 과거 비판의 대상이거나 사회적 하위층으로 인식하였던 집단들도 포용하려는 노력을 하고 있다.

그러나 북한 당국의 의지나 과거 사회주의적 전통과 달리 새로운 계층화가 진전되고 있는데 대표적인 것이 시장의 활성화 과정에서 등장한 '돈주' 등 새로운 신흥 자본가 집단이다. 시장의 발달은 사회주의적 자본가만 만들어 내는 것이 아니라 동시에 계층의 세분화를 초래하고 있는데 상업자본가, 산업자본가 등의 자본가 집단의 분화, 임노동자의 출현. 관리층의 형성 등이 이러한 추세를 대변하고 있다. 또한 제한적 배급체계 작동으로 기존의 집단별 차이는 확대되고 있고, 안전원, 보위부원 등 전통적인 권력 집단은 위상이 하락하면서 시장에서 성장하는 신흥집단과의 결탁함으로써 지배집단으로서의 영향력은 하락하고 있다고 볼 수 있다. 이와 같이 일부 사회계층간에는 결합이 일어나고 있지만 시장에 적응 못한 집단의 사회적 배제는 심화되어 양극화도 현상도 나타나고 있다고 할 수 있다.

계층구조의 변화에서 주목할 부분은 외화 획득 중시하는 가운데 해외 경험 집단의 구조화 되면서 장기적으로 변화의 중심이 될 수 있다는 점이며, 과거 비교적 동질적인 성격을 갖고 있었던 사회집단내에서도 이념적 격차가 확대되고 있다는 점이다. 이념 및 교육의 담당자였던 교사의 경우 세대를 기준으로 사고의 차이가 점차 확대되고 있는 것이 대표적인 사례가 된다. 또한 지역의 격차가 대단위에서 소단위로 격차의 세분화되면서 지역집단의 사회적 성격도 차별적으로 나타날 가능성이 커지고 있다고 할 수 있다. 또한 전통적인 신분적 위계관계가 여전히 남아있지는 하지만 점자 귀속적 지위에서 성취적 지위가 중시되고 있는데 과거 복잡계층의 상징이었던 월남자 가족이 이산가족 상봉 등을 통하여 부를 축적하고 하면서 사회적 위상이 달라지는 경우도 있다는 것이다.

전반적으로 사회계층화의 경우도 정치적 이념적 명분에서 경제적 실리로 전환되고 있다고 할 수 있는데, 시장화 과정에서 여성의 실질적 영향력 확대와 전통적 가부장 문화가 붕괴되고 있으며, 자본주의 문화(특히 남한)에 익숙한 집단이 출현하고, 외부정보 및 문화의 차별적 향유로 사회적 동질감 축소되고 있는 것이 최근의 경향성이라고 할 수 있다.

북한의 계층 변화 양상의 특성을 정리하면 다음과 같다. 첫째, 계층위계

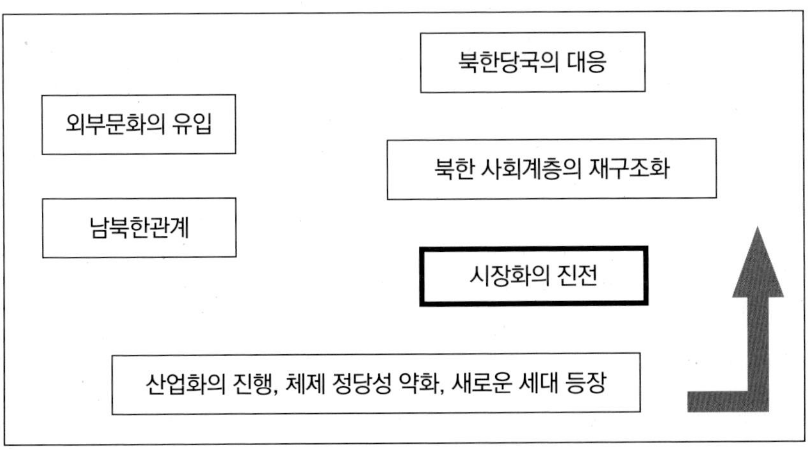

〈북한 계층의 변화요인〉

가 변화하고 있다. 중간지배집단의 위상이 하락하고 있고, 신분적 위계구조의 하위 집단의 위상도 변화하고 있다. 둘째, 계층화의 기준도 변화하고 있다. 귀속적 지위의 중요도는 하락(성분 등)하고 있는 반면 성취적 지위의 중요성이 확대되고 있다. 주택 등 자산의 중요성은 확대되는 경향이다. 셋째, 새로운 계층이 등장하고 있다. 사회주의에서 존재할 수 없었던 자본가, 쁘띠부르주아, 임노동자 등 계급이 형성되고 있다고 할 수 있다. 넷째, 경제적 층화와 더불어 생활환경, 문화 등 라이프 스타일의 분화도 진행되고 있다. 다섯째, 수직적 계층분화와 더불어 지역 등 수평적 계층분화도 진행되고 있다고 할 수 있다. 북한 사회계층의 재구조화에 영향을 미치는 요인은 다음 그림과 같이 정리할 수 있다.

4. 북한 사회체제 변화를 어떻게 보아야 할까?

그 동안 '천인공노'할 '만행', 한국전쟁 이후 계속되고 있는 '도발' 등등 북한은 한결같다는 말들만 난무하다가 지난해부터 갑자기 '북한변화론'이 대세가 되고 있다. 첨단 무기로 철통같이 지키고 있다던 우리의 영토와 국민들을 포격한번으로 쑥대밭을 만들 수 있었던 북한이 곧 망할 것이라고 하는 말과 마찬가지로 앞뒤가 안 맞는 말이라고 할 수 있다. 북한의 사회변화는 분명한 사실이라고 할 수 있다. 이전에는 일부 특수층만이 외부정보를 접할 수 있었지만 최근에는 보통 사람들도 남한의 드라마를 즐기고 있다. 좋아하는 배우도 있고, 인기를 끄는 드라마도 생겨나고 있다. 남한에서 방남한의 문물이 북으로 들어가는 경로가 다양해지면서 분위기는 바뀌었다고 볼 수 있다.

북한 사회와 주민의 변화의 원인을 꼼꼼히 따져보는 것도 중요하지만,

방영되었던 작품이 북한에 전달되는 시차도 점차 줄어들고 있다.[6]

대중문화뿐만 아니라 상품의 유통도 광범위하게 이루어지고 있다. 식량이나 의약품과 같은 필수품에서 비누나 치약 등 생활용품에 이르기까지 북한 사람들이 접하는 남한 물품의 종류도 다양하다. 단순히 남한 것을 찾는 수준이 아니라 특정 회사의 특정 물품을 골라서 구매할 정도이다. 김정일의 현지지도 화면에서 남한 상표가 뚜렷한 TV가 나와서 화제가 되었지만 평양이던 신의주이던 기아나 현대 마크가 뚜렷한 자동차들이 길을 누비고 있다. 남한의 문물은 당연히 북한 주민들의 생각을 바꾸고 있다. 남한이 잘 살고 있다는 것도 알게 되고 상대적으로 북한체제가 문제가 많다는 것도 알게 되었다는 것이다.

북한의 사회적 변화가 두드러지는 것이 확실하지만 문제는 이것이 어떻게 파생되었고, 어떤 결과를 초래할 것인가하는 점이다. 북한 사회변화의 근본적인 원인은 북한체제의 구조적 모순이라고 할 수 있다. 유일지배체제라는 체제의 경직성과 사회주의 계획경제의 한계가 문제의 본질이며, 이를 극복하기 위해 불가피하게 선택한 부분적 개방이 변화를 촉진하였다고 할 수 있다. 그리고 배급제의 붕괴로 강요된 시장이 변화의 핵심이라고 할 수 있다. 그렇지만 시장에서 남한문물이 넘쳐나는 것은 그 동안의 남북한 화해협력의 소산이기도 하다는 점도 명확하게 할 필요가 있다. 10년전만 하더라도 남에서 지원한 물건의 상표를 다 지웠었다. 인도적 지원사업의 일환으로 북으로 보낸 자동차에서도 마크를 다 제거했어야 했고, 남한 대중문화를 접하는 행위는 중죄에 해당하였다. 그러나 남북간에 신뢰가 쌓이고

---

6) 탈북자들을 대상으로 한 조사에서 85%정도가 남한 드라마를 시청하였다고 하고 있다. 최현옥, “북한주민의 남한드라마 시청에 관한 연구,” 북한대학원 대학교 석사학위 논문 (2011), 22쪽.

현재의 변화가 어떠한 의미를 갖고 있고 어떻게 될 것인가 하는 점이다. 북한은 여전히 강력한 정치적 리더십을 유지하고 있고, 물리적 국가 기구들(군대나 경찰 등)이 기존 지배구조를 지지하고 있는 한 정치제제의 급격한 변화는 기대하기 어렵다. 그러나 체제 전환을 지향하는 사회체제의 변화는 이미 시작되고 있다. 그리고 이러한 변화추세는 뒤로 돌리기 어렵다는 성격을 가지고 있다. 일상생활이나 일상문화 그리고 주민들의 의식변화가 바로 체제 전환으로 이어지지는 않는다고 하더라도 체제전환을 요구하는 구조적 압력의 정도를 조금씩 높이는 결과를 가져올 수 있다. 압력이 더욱 높아지면 체제 전환을 요구하는 구조적 요인은 단순히 변화의 조건에 머무르는 것이 아니라 사회집단과 결부되어 구체적인 사회갈등으로 이어질 수 있다. 세대간 가치간의 충돌 등이 하나의 예가 될 수 있다. 사회갈등이 적절히 처리되면 점진적인 변화로 귀결될 수 있지만 그렇지 못할 경우 정치적 갈등으로 확대되어 급격한 체제전환으로 연결될 수 있다.

현재까지의 북한사회체제의 변화과정에 영향을 미친 요인들이 다양했던 것처럼, 앞으로의 북한사회체제 변화의 성격을 규정지울 수 있는 요인들도 대단히 많을 것이다. 그러나 중요한 것은 사회체제는 항상 변화하고 있다는 것이고, 북한도 예외일 수가 없다는 것 그리고 현재 북한사회체제의 변화는 체제전환의 방향이라는 점이다. 그러나 반세기 동안에 현재 북한사회주의 체제가 구축된 것처럼 체제의 전환에도 적지 않은 시간이 소요될 것이라는 점이다. 왜냐하면 체제전환은 단순히 정치제도의 변화, 경제제도의 변화만을 의미하는 것이 아니기 때문이다. 사회구성원의 의식 그리고 문화까지 포함하는 체제전환을 생각한다면 사건적인 차원의 제도적 통일과 상관없이 필요한 시간이 적지 않다는 점을 잊지 말아야 한다.

5. 김정일의 사망의 사회적 영향

북한사회의 변화가 복합적인 요인에 의해서 진행되어 왔듯이 최고 지도자의 교체가 곧바로 사회체제의 변화를 유인하기는 쉽지 않다. 그럼에도 불구하고 강력하게 권력이 집중되어 왔던 북한체제에서 김정일의 사망과 김정은의 등장은 사회변화에 미칠 수 있는 영향력이 상대적으로 크다고 할 수 있다. 사회변화라는 개념이 복합적인 성격을 갖는다는 점에서 사회통합의 유지여부와 사회변혁운동의 가능성을 포괄하는 차원에서 사회체제의 안정성을 검토해 보는 것이 적절할 수 있다. 이러한 차원에서 북한 사회체제의 안정성을 지탱해주는 요인과 이를 위협하는 요인들을 구별하면 다음과 같다.

<체제유지를 추동하는 요인>

- 반세기 동안 유지되어온 강력한 유일지배체제와 기득권 세력의 존재
- 당적 지배를 통한 물리적 통제기구의 작동
- 남한을 비롯한 주변 국가들의 북한 현 체제 유지 희망
- 변혁을 추동할 시민사회의 미성숙
- 사회적 변화 양상에 나름 대응하는 북한 당국의 정책 변화 능력: 선군정치와 관련 군부집단에 대한 위계를 높이고 있으며, '광폭정치'를 강조하면서 과거 비판의 대상이거나 사회적 하위층으로 인식하였던 집단들도 포용하려는 노력. 외부문화 유입에 대한 문화적 대응 능력.

<체제불안을 유인하는 요인>

- 시장화의 진전과 배급체제의 붕괴로 사회적 통제 능력 저하
- 외부문화의 유입으로 이념적 사상적 통일성의 균열
- 시장화 및 외부문화 유입으로 사회계층의 재구조화 진행
- 국가능력의 전반적 하락으로 물리적 통제기구의 능력 저하
- 탈이념적인 새로운 세대의 성장

북한 사회체제의 안정과 통합을 유지하는데 기여하는 요인들과 저해하는 요인들이 동시에 존재하고 있지만, 현 단계에서는 북한 사회체제의 유지에 기여하는 요인들의 힘이 더욱 강하다고 할 수 있다. 이와 아울러 체제의 불안정을 초래할 수 있는 요인들이 사회적 변화로 이어지는 것은 아니라는 점도 주목할 필요가 있다. 예를 들어 외부 문화의 유입이 활성화되면서 이념 사상적 통일성이 균열되고 있다고는 하지만 그것이 바로 체제변혁의 방향으로 향하는 것이 아닐 수 있다는 것이다. 다시 말하자면 과거와 달리 외부세계에 대한 정보를 많이 알게 되고, 심지어 남한사회가 잘 살고 있다는 것을 안다고 해서 현 체제를 부정하고나 변혁하고자 하는 지향성을 갖게 되는 것은 아니라는 점이다. 많은 북한주민들이 김일성이나 김정일 시대만큼 체제에 헌신하거나 동의하지 않는다고 하더라도 이들에게 중요한 것은 매일 매일의 생계문제가 되는 것이며, 드라마에서 보여지는 남한의 현실을 동경한다고 해서 체제전복을 기도하지는 않는다고 할 수 있다.

또한 불안을 초래할 수 있는 요인들은 그 자체로서 양면적인 성격을 갖고 있다고 할 수 있다. 시장화의 진전이라는 사회적 환경 변화는 기존의 배급체제 유지에는 부정적일 수 있지만, 현실에서는 군부나 권력기관에 소속된 기득권층이 시장화에서 새로운 이득을 창출하면서 기존 체제를 강화하

는 결과를 가져올 수 있다는 것이다. 시장에서 새롭게 등장하는 사회주의 자본가나 돈주도 체제 변혁을 추구하기보다는 기존 지배집단과 결탁하거나 지배집단에 편입되면서 사회체제의 안정도를 높일 수 있다.

반면에 새로운 지도자의 등장은 북한주민들에게 불안감이나 부정적인 의식을 확산하는 것이 아니라 심리적 안정감을 가져다 줄 수 있다. 김정일의 사망은 분명히 일반 주민들에게 상실감을 불러일으키고 위기감을 고취시키는 면이 있으나 동시에 불확실성의 제거라는 의미도 있다. 여기에 더하여 병약한 지도자가 아니라 젊고 의욕적인 지도자 자체가 갖는 장점도 있다. 김정일 사후 북한이 김정은에 대한 선전사업에서 스킨십과 활달함을 강조하는 것도 이러한 맥락에서라고 볼 수 있다. 북한이 나름 장점을 갖고 있는 선전선동 사업이 여전히 유효하고 효과적이고 집중적으로 추진된다면 일반 주민들에게 일정 수준 설득력이 있다고 할 수 있다.[7] 더욱이 최고지도자의 사망을 적절하게 위기의식을 고취시키는 방향으로 활용한다면 선전선동의 효과는 배가될 수 있다.

그러나 가장 중요한 것은 체제안정과 사회통합에 관련된 요인들은 가변적인 성격을 갖는다는 사실이다. 시장체제에 익숙한 주민들에게 적절한 배급이 보완되지 않는 가운데 시장을 억압하는 조치가 지속적으로 이루어진다면 체제불만이 확산될 수 있으며, 시장세력과 기득권세력과의 결탁은 이해를 기반으로 하였기 때문에 이해상충이 될 여지가 많다고 할 수 있다. 또한 새로운 세대를 적절하게 포섭하지 못하는 경우 조직화가 진전되면서 변혁적인 사회집단의 탄생으로 이어질 수 있다고 할 수 있다. 또한 국가부분의 점진적인 약화와 비공식적이고 사적인 영역의 확대는 불가역적이라는

7) 영결식에서 선전선동을 담당하는 김기남이 핵심적 위치를 차지하였다는 점을 주목할 필요가 있다.

점도 유의할 필요가 있다.

문제는 북한지배층이 변화하는 환경과 조건에 어떻게 대응하는가하는 것이라고 할 수 있다. 앞에서 이야기하였듯이 젊고 새로운 지도자로서 김정은의 리더십을 적절히 구축하고 이를 사회적으로 지원할 수 있는 새로운 집단을 조성하려는 노력이 시도될 것이지만,[8] 장기적인 관점에서 본다면 생활 조건의 개선과 같은 물적 토대의 구축이 중요하다고 할 수 있다. 이러한 노력이 실패한다면 점차 사회적 불안정이나 사회통합의 균열이 심화될 수 있겠지만 체제를 위협할 수준에 이르기까지는 많은 시간이 필요하다고 할 수 있다.

---

8) 김정일의 3대혁명소조와 같은 조직을 의미한다.

2주제

김정일 이후 시대의 한반도 평화

◈

6자회담의 전망과 과제: 북한 비핵화 전략 신구상

전봉근 국립외교원

◈

1. 북핵 동향과 신구상 모색 배경

가. 북한의 핵무장력 확대와 6자회담의 위기

과거 북한은 핵프로그램을 미 북 관계 개선을 위한 협상카드로도 활용하는 이중전략을 가졌으나, 김정일 건강이상과 사망, 1 2차 핵실험을 거치면서 핵무장을 탈냉전기의 핵심 생존전략으로 간주하고 있다. 특히 김정일 사망과 김정은 체제 등장, 경제위기와 식량난, 체제위기 등 다양한 난제를 앞두고, 김정은 체제 안착과 '강성대국' 건설을 위해 핵무장을 지속하며 핵위기를 조장할 가능성이 상존한다. 북한은 국방위 대변인 성명(2010.7.24)에서 "우리의 핵억제력은 자위의 궤도를 따라 비상한 속도로 강화될 것"이라고 주장하였고, 김정일 사망 이후에도 그의 업적으로 핵개발을 내세워 핵무장의 지속 의지를 과시하였다.

3차 핵실험 가능성과 관련하여 플루토늄 재고량의 한계(최대 45kg 중 2차례 핵실험으로 10~15kg 사용 추정)로 북한이 추가 핵실험을 쉽게 할 수 있는 상황은 아니나, 플루토늄 핵무기 성능 개선, 김정은 체제 과시, 한반도 군사적 긴장고조 등을 위해 3차 핵실험을 감행할 가능성이 있다. 그러나 HEU 핵실험 가능성은 아직 낮은 것으로 평가된다. 영변 핵단지의 플루토늄 생산시설을 방치하던 북한은 2010년 11월 영변 핵시설을 방문한 전 로스알라모스 국립핵연구소장 헤커 박사에게 핵농축시설을 전격 공개하여, 핵농축 능력을 과시함과 동시에 미북대화를 압박한 바 있다. 북한은 현재 인도 사례와 같이 '사실상 핵국'의 지위를 인정해 달라고 요구하고, 같은 핵국으로서 대미 '핵군축회담'을 요구하고 있다.

6자회담은 2008년 12월 초 6자회담 수석대표회의에서 북핵 검증방안에 대한 합의 불발 이후 교착상태에 빠졌다. 이후 북한은 장거리 로켓 발사(2009.4.5)와 2차 핵실험(2009.5.25.) 등을 도발하였으며,이에 대한 유엔의 의장성명과 안보리결의 1874(2009.6.12) 등 제재조치에 반발하여 6자회담을 '전면거부'한 상태이다. 사실상 6자회담 프로세스는 2007년 북한의 영변 핵시설 동결과 폐쇄에 이어 영변 흑연감속로 냉각탑 폭파(2008.6.27)와 미국의 대북 테러지원국 지정 해제조치(2008.6.26;10.11 발효)로 정점에 도달한 후 붕괴일로에 있다고 할 수 있다

나. 북한의 김정은 체제 안정화를 위한 내부지향적 대외정책 추진

북한은 2011년 12월 김정일의 돌연사로 갑작스럽게 발족한 김정은 체제의 안정화를 최우선 목적으로 한 내부지향적인 대외정책을 추진할 것으로 전망된다. 북한은 북중관계 강화에 집중하고 북미대화를 지속적으로 추진하되, 대남관계는 공격적이거나 소극적인 자세를 보일 것으로 보인다. 2008년 8월 김정일의 뇌졸중 발병 당시에도 대외관계를 사실상 중단하고 공세성을 강화하고, 이를 내부 안정화에 활용하는 경향이 있었다.

김정일의 3남인 김정은 당 중앙군사위원회 부위원장은 장례정치와 유훈

정치를 통해 단시간 내 북한 최고 지도자로 등장하였다. 10일 간 장례식 기간 내내 김정은이 전면에 나서 존재감을 과시하고, 29일 김일성 광장에서 열린 김정일 중앙추도대회를 사실상 즉위식으로 활용하였다. 김정은은 체제 안착과 권력정비를 최우선적으로 추진하며, 그 기반 구축차원에서 군부대를 빈번히 방문하고 선군정치를 계승하고 있다.

다. 6자회담 재개를 둘러싼 외교전과 한미의 '사전조치' 요구

미국은 2009년 말 보스워스 대북정책 특별대표의 방북을 계기로 6자회담 재개를 타진하기도 하였으나 대체적으로 한미공조 차원에서 6자회담 재개 이전에 '사전조치'를 요구하는 등 신중한 입장을 견지하는 한편, 2011년 하반기 들어 미북대화 가능성을 다시 모색 중이나 김정일 사망 이후 다시 소강상태이다. '사전조치'는 '전제조건'에 비해 다소 유연성이 있고, 또한 6자회담 개최 이후 실질적인 성과 거양을 위해 쟁점 사항을 미리 해소하자는 취지의 제안이다. 이 '사전조치'에는 북한의 비핵화와 9.19 공동성명 이행의지 확인, 핵활동 동결, 핵실험과 미사일 발사시험 모라토리움, IAEA 사찰단 복귀, UEP 활동 중단 등이 포함되어 있다.

북한은 2010년 초 6자회담 복귀조건으로 안보리 제재 해제, 북미평화협정 협상 개시 등을 제기하다가, 2011년 중반기 들어 "조건 없는" 6자회담 재개를 강력히 주장하는 '평화공세'를 개시한 바 있다. 북한이 6자회담을 '전면거부'하다가 갑자기 '조건 없는' 6자회담 재개 입장으로 급선회한 이유에 대해 논란이 있으나, 이에 대해서는 ① 2차 핵실험 이후 핵무장 기정사실화 및 대미 협상력 우위 판단, ② 유엔제재가 권력세습과 경제회복 등 강성대국 건설 계획을 훼손하므로, 유엔제재 해제를 목표로 6자회담 재개 주장, ③ 특히 중국의 경제지원, 남한의 대량식량지원 및 경협확대, 러시아 가스관 연결 등을 위해 제재해제 필요 등의 정치경제적 설명이 유력하다.

중국은 2010년 초 남북회담-미북회담-6자회담 개최 등 3단계 6자회담 재개 방안을 제기하다가, 2011년 7월 남북회담과 미북회담이 개최된 이후 북한과 공조하여 6자회담 조기 개최를 강력히 요구하고 있다.

라. 북중관계 강화로 인한 남북, 북미관계 수요 감소

중국은 종래 한반도문제에 소극적인 자세를 유지하였으나, 최근 세계 2대 경제강국으로 등장하고 및 미국의 경제위기 발생에 즈음하여 동아시아 전반에 걸쳐 공세외교를 추진하고 있다. 특히 중국은 최근 북한과 이례적으로 빈번히 정상회담을 개최하고 경협을 통해 지원하는 등 북한에 대한 영향력을 확대하려는 경향을 보이고 있다. 2011년 12월 30일 북한 노동당 정치국회의가 김정은을 인민군 최고사령관으로 추대하자, 중국은 발 빠르게 후진타오(胡錦濤) 국가주석 명의로 축전을 보내 김정은 체제를 기정사실화하는데 기여한 바 있다.

중국이 동북아 무대에서 북한의 취약성을 이용하여 영향력을 확대할 경우, 북한문제가 점차 미중 간 협상테이블로 옮겨갈 가능성도 있다.

중국의 부상 이후, 중국이 자신의 경제력과 외교력을 북한에 투사하고 북중 간 경제-외교안보 관계가 강화될 경우, 남북관계와 미북관계의 동력은 현저히 저하될 것으로 우려된다. 특히 북한에 대한 유일한 유인책인 우리의 대북 경제지원 능력, 미국의 대북 안전 보장 능력 등에 대해 중국이 대체재로 등장함에 따라, 북한의 남북관계와 북미관계 개선의 필요성이 저하될 가능성이 있다.

2. 과거 북한 비핵화 전략의 평가와 교훈

가. 북한 핵의지와 체제 내구성 과소평가 및 시간벌기 전략의 오류

북한 비핵화를 위한 남북 간 한반도비핵화공동선언(1991), 미북 간 제네바 기본합의문(1994), 9.19 6자공동성명(2005) 등 합의에도 불구하고, 마침내 2차례 핵실험(2006, 2009)을 통한 북한의 핵무장이 현실화 되었는 바, 그 과정에서 한미정부가 공히 북한의 핵개발 의지와 정권-체제 내구성을 과소평가한 오류가 있다. 특히 미국 정부는 1994년 제네바합의 체결 당시 북한의 붕괴를 전제로 '시간 끌기' 차원에서 합의 체결과 이행에 소홀히 대처하였다.

미 정부는 북한의 농축핵 의혹(2002.10)에 대해 제네바합의 무효로 대응하였으나, 오히려 이로 인해 핵도발과 핵실험이 반복되는 등 북핵사태가 더욱 악화되었으며, 북한은 핵무장을 기정사실화하였다.

대북정책에 있어 통상적으로 "시간은 우리 편"이라는 전제가 통용되고, 전략적 인내(strategic patience), 온건무시(benign neglect) 등이 주요 대북(핵) 전략으로 채택되어왔다. 그러나 이는 오히려 북한의 핵개발의 동기를 강화시켰고, 핵무장을 위한 시간벌기에 이용되었다.

나. 대북(핵)정책의 혼선과 대북정책 남발

국내적으로 정권교체에 따라 대북정책이 포용정책, 봉쇄정책, 정권교체 등 폭넓게 급변함에 따라 중장기적인 대북정책의 성과를 모색하지 못하는 한계를 지니고 있다. 또한 대북정책의 잦은 변동으로 인해, 북한도 한국의 대북정책을 신뢰하지 못하고 만일을 위한 최악의 상황에 대비하는 대남정책을 추진함에 따라, 남북 간 신뢰회복과 합의이행이 불가능한 지경에 이르게 되었다.

또한 한미 간 대북정책도 '공조원칙'에도 불구하고, 실제 정권 성향의 교차로 인해 일관적이며 효과적인 대북정책을 추진하기 어렵고, 또한 대북정책의 신뢰성을 훼손하는 결과를 초래하였다. 6자회담 과정에서도 대북정책의 합의 부재 문제는 심각했다.

북한 비핵화, 북한 변화, 통일정책, 북한정세 등을 모두 고려한 대북정책의 종합전략이 부재할 경우, 각종 대북정책과 제안은 단발성 구상으로 끝나거나 오히려 남북관계 불신을 조장할 우려가 있다.

다. '한반도형' 비핵화 해법의 부재

한반도와 북한의 특수한 상황을 고려한 비핵화 전략과 해법을 수립해야 하지만, 대부분 다른 나라의 비핵화 전략을 모방하는 단계에 그쳐, 결국 비핵화정책이 실패하는 결과를 초래하였다.

특히 1991년 한반도에 적용된 아르헨티나-브라질 상호사찰 방식, 1994년 한반도에 적용된 우크라이나식 비핵화 해법, 2003년 리비아식 비핵화해법 등이 시도되었다. 그러나 이러한 해법들은 모두 탈냉전기 외부위협의 해소, 문민정권의 등장 등 '자발적' 비핵화전략을 수립한 국가를 대상으로 했던 것으로, 북한에 적용하기 어려운 약점을 지니고 있다. 다른 비핵화 성공사례의 국가들은 탈냉전기 들어 핵개발 필요성이 사라졌으나, 북한의 경우 탈냉전기 들어 핵개발 필요성이 증가한 특이 사례이며, 이를 감안한 비핵화전략을 개발해야 할 것이다.

라. 북한의 핵무장 동기 해소에 실패

다른 비핵화 성공국가는 모두 탈냉전기 들어 정치경제개혁과 핵무장 포기를 동시에 추진하였다, 그러나 북한은 탈냉전기 시대 들어 오히려 구사회주의체제와 김정일 정권을 고수함에 따라, 세계추세와 격차가 더욱 벌어지고 체제위기가 더욱 증폭되었다.

따라서 북한이 설사 핵포기를 약속하더라도 이는 당시 상황을 모면하기 위한 위장 전술에 불과할 가능성이 높고, 내부적으로 핵무기 개발 필요성이 더욱 증대하여, 결국 북한이 핵합의를 폐기하는 과정을 반복하였다.

3. 북한 비핵화 전략 신구상

가. 북핵협상의 '악순환' 차단을 위한 전략적 유연성 확보

상기와 같은 이유로 인해 북핵협상은 북한의 핵도발과 핵위기-핵협상 타결-핵합의 붕괴를 계속적으로 반복되어왔다. 새로운 북핵협상은 '악순환'을 사전에 차단하기 위해 충분한 준비를 해야 될 것이다. 북한은 상황이 불리할 경우, 최고 국가이익 보호 명분으로 언제라도 합의를 포기할 가능성이 있어, 형식적인 합의 체결보다는 합의 이행 가능성과 압박과 동기부여를 동시에 활용하여 합의가 이행될 수 있도록 하는 분위기 조성에 역점을 두어야 할 것이다.

미북, 남북 간 목표의 극단적인 차이로 인해 합의이행 과정은 단계적으로 이루어질 수밖에 없지만, 9.19 6자 공동성명과 같은 모합의는 새로운 변수의 발생과 상황의 변화에서도 폐기하지 않고 변용할 수 있는 포괄성과 전략적 유연성을 가져야 할 것이다.

6자회담이 성과를 거두기 위해서는 한국과 미국 정부가 일관된 대북정책과 북핵정책을 유지해야 한다. 특히, 북한 붕괴론, 방치론, 포용론 등 상충하는 정책 노선이 혼재하여 종종 정책의 방향성과 일관성을 해치는 경향이 있다. 한국과 미국에서는 정권교체에 따른 대북정책의 변동이 불가피하므로 정책의 일관성 유지를 위해 정부와 정책공동체가 함께 노력할 필요가 있다.

북한 비핵화를 위해 적극적인 제재와 협상을 함께 구사하는 병행전략을 제기한다. 과거 일방적인 대북 압박 시 북한이 재처리, 핵실험 등으로 반발하는 경향을 보였고, 일방적인 포용은 북한의 '도덕적 해이'와 '시간벌기'를 조장하여 핵합의를 불이행하는 결과를 초래했다. 북한 방치론과 정권교체론은 북한의 체제 내구성을 과소평가하였고, 포용론자는 핵무장 의지를 과소평가하는 오류를 보였다. 그러나 '제제와 협상 병행론'은 북한의 핵무장 의지와 체제 내구성을 전제로 한 적극적이고 현실적인 비핵화 협상전략이라 할 것이다.

나. '한반도평화프로세스'와 연계한 복합적 비핵화 전략

북한 비핵화는 한반도평화프로세스의 핵심을 구성하므로, 평화프로세스를 위한 포괄적, 다층적, 단계적 접근방안에 따라 비핵화 전략을 추진하여야 한다. 여기에는 북한을 변화시키는 전략도 포함되어야 할 것이다.

핵합의의 붕괴를 예방하고 합의 준수성을 강화하기 위해서는 비핵화와 필수적으로 연관된 대북경제지원과 한반도평화체제 구축이 포괄적으로 합의되고, 구체적인 세부사항을 다층적으로, 단계적으로 상호연계 이행해야 할 것이다. 비핵화 부분은 북핵활동의 동결과 폐쇄, IAEA 사찰단 복귀, 북핵 신고와 검증, 폐기 등 단계를 거치도록 한다. 경제지원 부분은 에너지지원, 인도적 지원 및 경협 확대, 남북경제특구 확장 등을 단계적으로 추진한다. 특히 북한의 강력한 요구와 미래 한반도의 에너지수요를 감안하여 '경수로' 제공에 대해서 전략적으로 검토할 필요가 있다. 한반도평화체제 구축은 북미수교의 단계적 접근, 서해경제평화협력지대 구축, 남북정상회담 정례화, 남북평화협정 체결 등을 단계적으로 추진한다. 한반도 평화체제를 보강하기 위해 동북아안보협력체제도 병행하여 추진한다.

복합적 비핵화 전략은 이명박 정부가 제기한 '그랜드바겐 구상'과 맥을 같이 하며, 민족공동체, 경제공동체, 평화공동체 등 3개 공동체통일구상을 포섭하고 있다.

다. 통일 지향적 비핵화 전략

한국이 북한 비핵화를 위한 평화, 경제, 국제 분야의 프로세스를 주도함으로써 향후 통일과정에도 자연스럽게 주도적인 지위를 인정받게 될 것이다. 비핵화에 성공하기 위해서는 대미외교와 대중외교를 조정하고, 북한의 반대를 극복해야 하는바, 이것이 바로 통일외교를 위한 역량이다.

비핵화를 촉진하기 위한 각종 경제적·인도적 지원이 북한에 대한 양보가 아니고 통일을 위한 사전투자라는 인식으로 접근하여야 할 것이다.

김정일 시대 이후의 북·미관계 전망과 과제

박영호 통일연구원

1. 서론

김정일의 갑작스러운 사망은 아직 20대의 청년인 김정은을 역시 갑작스럽게 '최고 통치자'의 위치로 올려놓았다. 이러한 상황은 북한을 다시 한 번 국내외의 주요 관심 지역으로 부상시켰으며 북한의 미래에 대한 많은 논의를 촉발시키고 있다.

북한과 관련한 많은 주제 중에서 대외부문에서는 미국과의 관계가 핵심 관심의 대상으로서 전문가, 정책담당자는 물론 언론 등에서 다양한 의견이 제시되고 있으나 타 분야에서와 마찬가지로 본질적으로 불확실성이 내재되어 있다.

이 글도 그와 같은 한계를 벗어날 수 없으나, 북미관계는 한반도 평화와 향후 통일의 과정에서 가장 중요한 외적 요인으로 작용할 것이므로 김정일 시대의 북·미관계를 검토한 바탕 위에서 향후 북·미관계를 전망하고 쟁점 과제를 제시하고자 한다.

김정일은 1980년 10월 10일 노동당 6차 대회에서 후계자로 공식 등장한 이후 사실상 김일성과 공동 통치를 한 것으로 평가되기도 하나, 이 글에서 김정일 시대란 1994년 7월 8일 김일성이 사망한 이후 2011년 12월 17일 김정일이 사망한 시기까지의 기간을 말한다.

2. 북한의 정책노선: 지속 또는 변화?

김정일 시대에 미국에서는 민주당의 클린턴(William J. Clinton) 정부 7년, 공화당의 부시(George W. Bush) 정부 8년을 거쳐 다시 민주당의 오바마(Barack Obama) 정부 3년의 기간이 포함된다. 미국은 민주당에서 공화당 그리고 다시 민주당으로의 정권이 교체되었을 뿐만 아니라 대북정책의 기조도 바뀌어왔다.

이 기간 동안 '북한의 정책 노선은 과연 얼마나 변했을까'를 점검해보는 하나의 준거로 김일성 사후 첫 신년 공동사설(1995.1.1)과 김정일 사후 첫 신년 공동사설(2012.1.1)의 내용 중 일부를 발췌하여 비교해보면 다음과 같다. 신년 공동사설은 매해 북한지도부의 정책 노선을 밝히는 기본 문건이다.

<1995.1.1 신년 공동사설>

"우리는 지난해에… 위대한 수령 김일성 동지와 영결하였다. 이것은 5천년의 우리민 족사에서 일찍이 없었던 최대의 불행이었고 그 무엇으로써도 만회할 수 없는 우리 당과 인민의 가장 큰 손실이였다."

"위대한 영도자 김정일 동지는 곧 경애하는 수령님이시(다)."

"어버이 수령님의 유훈을 높이 받들고 사회주의 완전승리를 이룩하기 위한 투쟁에서 결정적 전환을 이룩하며 인민대중 중심의 우리식 사회주의를 끝없이 빛내여 가는 것은 오늘 우리 당과 인민 앞에 나서고 있는 가장 영예로운 혁명임무이다."

"인민생활을 획기적으로 높이는 것은… 사회주의경제건설에서 틀어쥐고 나가야 할 가장 중요한 과업이다. 우리는 농업과 경공업, 대외무역을 발전시키는데 계속 첫째가는 힘을 넣어야 한다."

"위대한 수령 김일성 동지의 통일유훈을 높이 받들고 경애하는 최고사령관 김정일 동지의 영도따라 나아가는 우리 인민은… 90년대에 기어이 조국을 통일함으로써…"

"조미기본합의문은 조선반도핵문제해결과 조미관계발전을 위한 하나의 이정표이며 두 나라 국가수반들이 보증한 무게있는 문건이다. …미국이 우리에 대한 적대시정책을 버리고 합의문을 성실히 이행할 때 조미사이의 비정상적인 적대관계는 해소되고 신뢰가 조성될 것이며 그것은 조선반도의 핵문제를 근원적으로 해결하고 이 지대의 비핵화를 실현하는데로 이어지게 될 것이다."

"우리는… 제국주의자들의 침략과 간섭, 교란 책동을 저지파탄시키고 군축 특히 핵군축을 실현하여 핵무기없는 세계에서 살려는 인류의 염원을 실현하며…"

"모두다 우리 당과 인민의 위대한 영도자이시며 혁명무력의 최고사령관이신 경애하는 김정일 동지를 중심으로 하는 당중앙위원회의 두리에 굳게 뭉쳐 사회주의건설에 서 새로운 승리를 이룩하(자)."

- 1995.1.1 당보(로동신문) 군보(조선인민군) 청년보(로동청년) 공동사설에서 발췌

<2012.1.1 신년 공동사설>

"지난해에 우리가 천만뜻밖에도 위대한 천만뜻밖에도 위대한 김정일 동지와 영결하게 된 것은 5천년 민족사에서 최대의 손실이였고 우리 당과 인민의 가장 큰 슬픔이였다."

"위대한 수령님 따라 시작하고 장군님 따라 백승떨쳐온 우리 혁명을 김정은 동지의 영도따라 영원한 승리로 이어나가려는 우리 군대와 인민의 의지는 확고부동하다."

"우리 앞에는 위대한 장군님의 유훈을 받들고 2012년까지의 역사적 단계의 목표를 기어이 달성하여야 할 중대한 과업이 나서고 있다. …위대한 김정일 동지의 혁명업적과 유훈은 우리가 영원히 틀어쥐고나가야 할 생명선이며 혁명의 만년재보이다."

"어버이 수령님께서 개척하시고 위대한 장군님께서 이끌어 오신 사회주의길이 가장 정당한 길이라는 관점, 누가 뭐라고 하든 인민대중 중심의 우리 식 사회주의를 끝까지 지키려는 원칙적 입장을 확고히 견지하여야 한다."

"경애하는 김정은 동지는 곧 위대한 김정일 동지이시다."

"강성국가건설의 주공전선인 경공업부문과 농업부문에서 함남의 대혁신의 불길이 더욱 세차게 타오르게 하여야 한다."

"경애하는 김정은 동지를 수반으로 하는 당중앙위원회를 목숨으로 사수하자!"

"위대한 수령 김일성 동지와 경애하는 김정일 동지의 조국통일유훈을 철저히 철 하여야 한다. …조국통일위업의 진두에는 또 한분의 절세의 애국자이신 경애하는 김정은 동지께서 서계신다."

"온 민족은 반전평화의 구호를 높이 들고 우리 공화국을 반대하는 무모한 군사적 도발과 무력증강, 전쟁연습책동을 걸음마다 짓부셔버려야 한다.

내외호전세력의 군 사적 결탁의 위험성에 각성을 높이며 조선반도평화보장의 기본장애물인 미제침략군을 남조선에서 철수시켜야 한다."

"모두다 우리 당과 국가, 군대의 최고영도자이신 김정은 동지의 영도따라 김일성조선 의 새로운 100년대를 강성번영의 년대, 자랑찬 승리의 년대로 끝없이 빛내여 나가자."

- 2012.1.1 당보(로동신문) 군보(조선인민군) 청년보(청년전위) 공동사설에서 발췌

두 신년 공동사설은 17년의 시간 차이가 나지만 발췌부분을 비교해보면 사실상 거의 같은 내용이라고 볼 수 있다.

- '5천년 민족사의 최대 불행'과 '5천년 민족사의 최대 손실'
- '김정일은 곧 김일성'과 '김정은은 곧 김정일'
- '수령님의 유훈'과 '장군님의 유훈', '김일성의 통일유훈'과 '김정일의 통일유훈'
- '인민대중 중심의 우리 식 사회주의'
- 경제에서 경공업과 농업 부문을 특히 강조
- '김정일 동지를 중심으로 하는 당중앙위원회'와 '김정은을 수반으로 하는 당중앙위원회' 등

차이가 있다면 1995년 1월 1일의 신년 공동사설에서는 제네바합의의 이행을 통해 한반도핵문제 해결과 북미관계 발전에 대한 기대를 담은 반면, 2012년 1월 1일의 신년 공동사설에서는 한반도 평화보장과 관련 북한의 오랜 주장인 주한미군 철수를 강조하고 있다는 점이다. 그러나 1995년 신

년 공동사설의 북미관계 발전에 대한 기대와 관련하여 미국의 '적대시정책' 철폐 주장은 곧 주한미군 철수와 맥을 같이하는 것이다. 그리고 1995년 신년 공동사설에서는 '강성대국' 건설이나 '선군정치'가 김정일 시대의 공식 통치슬로건으로 등장하지 않았으나, 북한은 1995.1.1 김정일의 다박솔중대 '현지지도'를 선군정치의 출발점으로 설명하고 있다.

3. 클린턴 정부 시기 북미관계: 핵을 매개로 한 채널 형성

1980년대 후반 사회주의진영의 급격한 변화가 진행되는 상황에서 미국의 레이건(Ronald Reagan) 정부는 '온건책'(modest initiative)을 통한 제한적 대북접근을 추진하기 시작했다. 1988년 10월 31일 미국은 외교관 행동지침을 발표하고 대북한 완화조치를 취했으며, 이에 따라 동년 12월 6일에 북·미 참사관급 접촉이 북경에서 시작되어 1993년 9월까지 34차례 진행되었다.

냉전체제 종식 이후 등장한 민주당의 클린턴 정부는 자유시장과 민주주의 '확대'(enlargement)와 '개입'(engagement) 전략을 추진하였다. 동시에 대량살상무기(WMD)의 확산 방지를 전략적 우선순위에 두었다.

미국은 탈냉전 상황에서 북한의 대량살상무기 및 미사일 프로그램 등이 한반도의 평화와 안정을 위협하고 세계적 차원의 비확산(non-proliferation) 체제 유지에 위협이 되고 있다고 보았다.

북핵문제가 대두되고, 북·미 협상을 통해 1994년 10월 21일 제네바합의가 이루어졌다. 이후 미국은 Δ제네바합의의 이행, Δ남북대화를 통한 긴장완화 유도, Δ북·미 접촉을 통한 한반도 안보 및 안정 증진이라는 세 차원에서 대북정책을 추진하였다.

클린턴 정부는 북한 연착륙 정책을 강조하고, 대북 경제제재 조치의 완화, 미군 유해 송환, 북한의 미사일 수출문제 등을 통한 대북접근, 국제사회의 대북식량지원 주도 등의 조치를 취하였다. 미국은 핵을 포함한 WMD와 미사일 확산 방지를 우선순위로 추진하면서, 대북 '개입'정책이 북한의 변화를 유발할 수 있다고 믿었다.

북한은 사회주의체제 몰락이 자본주의진영의 '평화이행전략'때문이라고 주장하면서도 체제생존과 정권지속을 위한 대응책으로써 '우리식 사회주의' 논리 개발과 함께, 사회주의시장의 붕괴에 따라 자본주의국가와 경제관계를 확대하는 수동적인 적응 전략을 부분적으로 취하기 시작했다.

북한은 핵개발을 추진하면서 대미 접근정책을 강화했는데, 김일성은 1992년 4월에 미국과 강화(講和)할 준비가 되어 있음을 언급하면서 대미관계 개선 의사를 피력하고, 호의적 반응을 유도하기 위해 6.25전쟁 미군 유해 추가 인도 의사를 표명하였다.

요컨대 북한은 사회주의진영 몰락을 미국의 봉쇄정책에 따른 군사위협과 경제제재가 원인이라고 비난하고 대미 적대의식을 유지하면서도, 대미관계 개선을 통해 북한의 안보보장, 경제실익 획득, 외교적 고립 탈피, 체제정통성 확보 등을 도모할 수 있다는 전략적 선택을 하게 되었다..

북핵문제는 북·미 간 채널 형성의 핵심 고리가 되었으며, 제네바합의를 계기로 양자 관계는 정치 군사적 측면에서 뿐 아니라 비정치적 측면에서도 변화를 보이기 시작했다.

북한은 대미접근에서 군사적 측면을 우선시, 핵협상 진행 중 1994년 4월 '새로운 평화보장 체계' 수립을 주장하고, 1996년 2월에는 평화협정체결 이전에라도 한반도에서 군사적 충돌 방지를 명분으로 북·미 잠정협정 체결을 제의하였다.

북한의 평화협정 체결 주장은 1962년 10월에 주한미군 철수를 전제로 한 남북 평화협정 제의 이래 그 형식에서 △남북 평화협정 △북·미 평화협정 △남·북·미 3자회담 △평화보장체계 수립 등으로 변화해왔다. 1974년 8월 이후부터는 북한은 '북·미 평화협정 체결을 통한 한반도문제에 대한 북·미 간 직접 해결'을 일관되게 요구하고 있다.

미국은 미군 유해 발굴 송환, 미사일 회담, 인도적 지원 등을 통한 대북 접촉을 추진하면서도 남북 간 평화협정 체결이라는 한국의 입장을 존중, 평화체제 구축문제와 관련 한국과 공동으로 1996년 4월에 북한에 4자회담 개최를 제안했다.

북미관계는 2000년 10월 국방위원회 제1부위원장 조명록이 김정일의 특사로 워싱턴을 방문 코뮈니케를 발표하고, 이어 올브라이트(Madeleine Albright) 미 국무장관이 평양을 방문, 김정일과 면담하는 것으로서 절정에 달했다. 그러나 양국 간 신뢰구축에는 한계가 있었으며, 북한은 장거리미사일을 시험 발사 하고 비밀리에 핵개발을 계속 진행했다.

4. 부시 정부 시기 북미관계: '불신 관계' 속의 접근

'힘에 기반한 외교'를 정책기조로 내세워 출범한 부시 정부 아래서 발생한 9.11 테러는 미국의 국가안보전략에 패러다임의 변화를 가져왔다. 기존의 정책기조가 강화되면서 WMD와 테러 등 비대칭 위협(asymmetric threats)으로부터의 본토 방위가 최우선 안보 목표가 되었고, 테러와의 전쟁이 최대 현안이 되었다. 이에 따라 테러 지원 및 WMD 개발을 추진하는 '불량국가'(rogue state) 및 적대국의 위협에 대한 강력한 대처가 더욱 중요한 문제로 부각되어 WMD 및 미사일의 확산 방지가 더욱 확고한 정책우선순위가 되었다. 미국이 북한을 '악의 축' 국가에 포함시킨 것은 이러한 정책을 반영한 것이다.

부시 정부의 대북 인식은 북한이 군사적 위협을 가하고 있는 상황에서 이에 대해 돈이나 다른 지원책으로 대응하는 기존의 북한 다루기 방식은 잘못된 것이라는 데 있다. 부시 정부는 북한 정권을 '악의 축'(axis of evil), '무법 정권'(outlaw regime), '가장 위험한 정권'(the most dangerous regime), '폭정의 전초기지'(outpost of tyranny), '야만정권'(brutal regime) 등으로 지칭하고, 제네바합의는 북한 핵문제를 해결하는데 실패하였으며 북한의 WMD 및 미사일 개발은 미국 본토 및 세계안보의 위협 요인으로 규정하였다. 부시 정부는 대북정책 검토 후 2002년 6월 북한과의 대화 재개를 선언하기도 하였으나, 북한이 WMD와 미사일 개발을 지속하고 미사일을 수출을 멈추지 않고 있다는 의구심을 떨치지 못했다. 이것은 북한에 대한 뿌리깊은 불신에 기인한다고 할 수 있다.

부시 정부 2기('05.1~'09.1)에서도 북한의 전면적인 핵 폐기와 WMD 확산 방지가 대북정책의 핵심 사안이었다. 또한 북한의 재래식전력, 인권문제 등을 중요 의제로 삼았으며, 북한체제의 변동에 대해 관심을 두었다.

그러나 2006년 11월 중간선거에서 민주당이 의회권력을 의회권력을 장악하게 됨에 따라 부시 행정부의 정책 추진에 민주당 의회가 도전하는 양상이 전개되었다. 여기에 2006년 10월 북한의 핵실험은 대북정책에 대한 민주당 주도 의회의 비판을 더욱 강하게 만드는 계기로 작용했다.

힘의 우위에 토대를 둔 대외정책을 주도했던 Neo-con이 후퇴하고 전통적 현실주의자 라이스(Condoleezza Rice) 국무장관의 정책영향력이 부상하면서 부시 대통령-라이스 국무장관-힐(Christopher R. Hill) 국무차관보로 연결되는 실용주의적 대북정책을 추진할 수 있는 상황이 되었다. 실용주의적 대북정책 노선은 압박과 협상의 두 수단에서 외교적 협상을 과거보다 중시하게 되었다는 것을 의미한다.

북한은 부시 정부 출범 이후 미국이 대북 '압살정책'을 강화하고 있다고 반발하면서, 남북관계를 정체시키고 남북관계 악화의 원인을 미국의 대북 강경정책 때문이라고 주장하였다. 미국의 대화재개 선언('01.6.6)에 대해서도 북한은 미국이 제시한 협상의제(제네바합의 이행 개선, 미사일의 검증 가능한 규제 및 금수, 재래식 군비태세 등)는 전제조건을 강요하는 것이라고 규정하면서 미국은 실질적 관계 개선 의도가 없다고 비난하였다. "미국이 우리 제도를 인정하려 하지 않으면서 침공의 구실만을 찾기 위해 제창하고 있는 그런 대화는 필요 없다"고 반응한 북한의 외무성대변인 담화('02.2.22)는 북한의 입장을 잘 보여주고 있다.

북한은 미국에 대해 공세적 대응을 하면서도 한편으로는 미국과의 대화채널을 유지하려는 입장을 취하고 있었다. 북한은 부시 정부 1기와 2기에 걸쳐 대동소이하게 대응하면서 핵개발 및 미사일 개발은 지속적으로 추진하였다. 동시에 북한은 '민족공조 대 국제공조'라는 대립적 구도를 조성, 남북관계의 단속적인 진전 모습을 보임으로써 북미관계 경색의 탈출구로 활용하였다.

이러한 양측의 기본입장에 따라서 부시 정부 시기의 북미관계는 2002년 10월 농축우라늄 핵 프로그램(HEU) 문제가 대두된 이후 미국의 '강경정책'과 북한의 '강경정책'이 맞대응하면서 교착국면에 빠지게 된다. HEU 문제로 인해 제2차 북핵 위기가 발생하고 북미관계는 악화되었으며, KEDO의 대북 중유공급 중단('02.12), 북한의 핵동결 해제('02.12), NPT 탈('03.1) 및 5MW 원자로 재가동('03.2) 등의 합의파기 행위들이 이어지면서 북핵문제는 다시 위기로 맞게 된다.

북·미 양측의 대화는 전반적 관계개선 차원이 아니라 북핵문제를 매개로 단속적으로 전개되었으며, 2003년 8월 출범한 6자회담이 주된 협상의 틀이 되었다. 북한은 6자회담을 수용했으나, 핵카드를 최대한 활용하려는 전술을 지속했다. 세 차례의 6자회담(1차: '03.8, 2차: '04.2, 3차: '04.6)에서 미국의 '북한의 선(先)핵폐기, 선(先)보상 불가' 입장과 북한의 '미국의 선(先)대북 적대정책 포기, 핵동결에 대한 보상' 입장이 대립했다.

북한은 부시 2기 정부 출범 직후 '6자회담 불참 및 핵무기 보유' 선언('05.2.10), 6자회담의 '군축회담'화 주장('05.3.31), 8,000개 폐연료봉 추출 완료 보도('05.5.11) 등 일련의 강경 공세를 전개하였다.

2005년 7월 26일에에 재개된 6자회담(제4차)의 2단계 회담('05.9.13~19)에서 6자회담 참가국들은 Δ검증 가능한 비핵화, Δ북·미 및 북·일 관계 개선, Δ대북 경제협력 증진 및 에너지 지원, Δ별도의 포럼에서 한반도 평화체제 협상 추진, Δ동북아 다자안보협력 증진 등으로 구성된 '9.19공동성명'을 발표하였다. 그러나 북한은 '9.19공동성명' 발표 다음날 외무성 대변인담화를 통해 경수로를 먼저 제공하지 않는 한 핵 폐기를 할 수 없다는 입장을 발표하였다. 이후 개최된 제5차 회담('05.11)에서는 차기 일정 합의조차 없이 6자회담은 폐회되었다.

이후 북한은 2006년 7월 5일 단·중·장거리 미사일 7기를 시험 발사하여 국제사회의 이목을 끌었으나 광범위한 대북 강경여론을 확대시키는 역효과를 초래했다. 이후 미국과 일본은 유엔 안보리의 대북결의문 채택을 추진하고 여기에 중국과 러시아가 동참하였다. 또한 미국은 PSI 강화, 북한비확산법안 가결 등 대북 압박 수위를 더욱 높였다.

이러한 상황에서 북한은 외무성 성명('06.10.3)을 통해 핵실험 계획을 발표하고, 2006.10.9 제1차 핵실험을 단행함으로써 강경하게 대응하였으며, 이후 유엔 안보리는 대북제재 결의 1718호를 만장일치 채택하였다. ('06.10.15)

이후 중국의 중재외교를 통해 2006.11 베이징에서 북·미 6자회담 수석대표가 회동하였으며, 이때 미국은 북한에 조기성과(Early Harvest)를 제안하였다. 2006년 12월 제5차 6자회담 2단계 회의가 개최되고 2007년 1월 베를린 북·미 회담에서 방코델타아시아(BDA)에 동결된 북한자금 문제가 해결됨에 따라 2007년 2월 제5차 6자회담 3단계 회의가 열려 '9.19공동성명 이행을 위한 초기 조치' 즉 '2.13합의'가 도출되었다.

한편, 2006년 하반기부터 부시 정부는 북핵문제의 해결을 위해서는 평화체제 문제, 체제변화 문제 등도 다루는 포괄적 접근을 추진하기 시작했다. 대북정책의 전환은 아태지역 주둔 미군 재배치 구상의 가시화, 한·미 동맹 구도의 변화 등 한반도전략의 변화에서도 영향을 받았다. 2006년 6월의 미 중 정상회담('06.6)에서 부시 대통령은 후진타오 국가주석에게 대북 평화협정을 제안하는 문제를 타진하였으며, 2006년 11월의 하노이 APEC 정상회담에서는 부시 대통령은 '종전선언'(an official end to the Korean War)을 검토하고 있다는 의사를 표명하기도 하였다.

이후 2007년 3월 뉴욕에서 첫 북·미 관계정상화 실무그룹회의가 개최되었으며, 2007년 6월 21일에서 22일에는 힐 국무부 차관보가 방북하여 '2.13합의' 초기 조치, 핵시설 폐쇄 검증문제 등을 협의하였다. 미국은 2007년 연말까지 북핵 불능화와 모든 프로그램 신고를 종료하고 2008년 내 비핵화의 나머지 과정을 수행하는 것을 목표를 설정했다. 북한은 '2.13합의'에 따른 핵 불능화 조치의 성실한 이행 등을 공언하고 이를 통해 테러지원국 명단 삭제와 대적성국교역법 적용 종료 등의 상응조치 실현을 추진하였다.

6차 6자회담 2단계회의가 2007년 9월 27일에서 30일까지 베이징에서 개최되어 '9.19공동성명이행을 위한 제2단계조치' 합의문('10.3합의')이 발표되었다. 북한은 2007년 12월 31일까지 실험용 원자로, 재처리시설 및 핵연료봉 제조시설 3곳의 불능화를 완료하고, 2007년 12월 31일까지 완전하고 정확한 핵 프로그램 신고, 핵물질 기술 노하우를 이전하지 않는다는 공약을 재확인했다. 또한 북·미 양국은 관계를 개선하고 전면적 외교관계로 나아간다는 공약을 유지하며, 미국은 북한의 조치들에 병행하여 테러지원국 지정 해제 및 적성국 교역법 적용 종료를 위한 과정을 진전시켜 나가기로 하였다.

그러나 10.3합의를 통해 북한은 테러지원국 지정 해제를 얻어낸 반면, 검증 관련 문제로 지연 전술을 사용하여 핵 불능화의 이행이 중단되는 결과를 초래하였다.

5. 오바마 정부 시기 북미관계: '기대' 속의 교착관계 지속

오바마 대통령은 미국의 지도력 회복과 반테러, 반확산 및 민주주의 자유의 확산을 외교안보정책의 기조로 내세우고, 다자주의 및 국제협력에 의한 국제안보 현안 해결을 강조하였다.

오바마 정부는 이러한 전략기조 아래 아시아의 전략적 가치를 중시하고 한국, 일본 등 전통적 동맹국의 역할 강화와 동맹관계에 대한 공약을 재확인하였다. 특히 중국을 G2 국가로 대접하면서 책임 부담을 강조해오고 있다. 동시에 미국은 중국의 전략적 부상에 따라서 특히 아시아지역을 미국 국방전략의 핵심축(pivot)으로 중시하면서 중국에 대한 견제도 추진하고 있다.

오바마 대통령은 '적대국과의 대화'도 강조하고 있으나 북한에 대해서 원칙적이고 단호한 정책적 입장을 보여주고 있다. 미국은 대화와 압력 병행 전략 (유엔 안보리 제재 결의 이행, 양자 차원 제재), 공세적 '개입'(aggressive engagement) 정책을 추진하는 동시에 '비핵화 없는 북미관계 정상화는 불가능'하다는 입장을 강조함으로써 북한을 압박하고 있다. 오바마 정부는 이러한 대북정책을 '전략적 인내'(strategic patience)로 설명하였다.

오바마 정부는 대북정책의 수단으로는 실용주의의 입장에서, 국제협력과 국제제도의 강화, 외교적·경제적 수단을 중시하면서도 외교적 수단 소진 후 군사적 수단 활용의 가능성을 배제하지 않고 있다..

오바마 정부 출범 이후에도 6자회담이 재개되지 않고 있으나 6자회담을 통한 북핵 문제 해결이라는 원칙적 입장은 계속 유지하고 있다. 양자 대화는 6자회담 재개 유인의 수단이며, 핵 포기를 유인하기 위해 북한이 원하는 관계정상화, 정전협정의 평화협정 대체 등 현안을 논의할 수 있다는 가능성을 제시하고 있다. 오바마 정부는 페리보고서와 유사한 포괄적 패기지(comprehensive package) 접근법을 강구·추구하고 있다고 할 수 있다.

특히 오바마 정부는 대북정책과 관련 한·미 공조를 강조하고 있다. 이러한 입장은 한·미동맹 중시, 천안함 침몰 사건 이후 처리과정에서의 전폭적인 한국 정부의 입장 지지 등으로 나타났다.

북한은 오바마 정부가 출범 직전인 2009년 1월 13일 외무성 대변인 담화를 통해 미국의 대북 '적대시정책' 포기와 핵위협 청산을 핵무기 포기의 선결 조건으로 제시하였다. 이후 2009년 4월 14일에는 외무성 성명을 통해 플루토늄 추가 확보 등 핵시설 불능화 원상 복구 및 우라늄 농축 검토를 공식적으로 선언함으로써 비핵화 합의를 파기하기에 이르렀다. 또한 동 성명에서 6자회담 '참가 거부' 및 6자회담 '합의 파기'를 선언하였다.

북한의 공세는 2009년 5월 25일의 제2차 핵실험의 단행으로 이어졌으며 2009년 6월 13일 북한은 외무성 성명을 통해 핵을 포기할 수 없다는 입장을 천명하였다. 북한은 이어 우라늄 농축실험 성공 발표(9.3), 폐연료봉 재처리 완료 발표(11.3) 등 핵능력 지속 강화를 공세적으로 천명하기에 이르렀다. 또한 북한은 유엔총회연설(9.28), 유엔총회 제1위원회 연설(10.12) 등을 통해 '핵보유국' 지위를 기정사실화하는 것을 추구하였다. 2009년 9월

4일에는 유엔주재 북 상임대표는 안보리 의장에게 편지를 보내 '폐연료봉의 재처리 마감단계 마무리', '플루토늄의 무기화', '우라늄 농축시험 성공적으로 진행, 결속 단계에 진입' 등을 주장하기도 하였다.

동시에 북한은 중국의 중재노력에 호응하는 듯한 모습을 보여 왔다. 김정일은 중국의 다이빙궈 국무위원 면담 시(9.18) '양자 또는 다자 대화에 의한 핵문제 해결'을 언급하였으며, 원자바오 총리와의 회담(10.5)에서는 '북·미회담 결과를 보고 다자회담을 진행할 용의'가 있다는 입장을 표명한 바 있다. 스티븐 보즈워스 미 대북정책 특별대표는 방북('09.12.8~10) 기간 중에 북측의 강석주, 김계관 등과 대화를 갖고 서로의 입장을 확인한 후, "6자회담의 필요성과 9.19공동성명 이행의 중요성에 어느 정도 공통의 이해에 도달"했다고 기자회견(12.10)에서 언급하였다. 북한측도 "6자회담재개의 필요성과 9.19공동성명 이행의 중요성과 관련하여 공동인식"에 도달하였음을 확인했다.(12.11 외무성 대변인 조선중앙통신 기자회견)

그러나 북한은 보즈워스 특별대표의 방북 이후에도 '조선반도 비핵화'를 위해서는 북·미 간 평화협정 체결 등 적대관계가 먼저 종식되어야 한다는 입장을 계속해서 주장하였다. 북한은 조선신보를 통해 '북·미 교전관계가 평화적 관계로 반드시 전환된다는 확신 없이 그 어떤 다자회담에도 나가지 않을 것"이라고 발표한 것이다.(09.12.11)

한편, 중국은 원자바오 총리 방북('09.10), 왕자루이 당 대외연락부장 방북('10.2.6~9), 김계관 외무성부상 방중(2.9~13), 김영일 노동당 국제부장 방중('10.2.23) 등 2009년 10월 이후 북한과 고위급 인사 교류를 확대하면서 6자회담 재개를 위한 나름대로의 노력을 기울였다. 왕자루이는 김정일을 면담하고 후진타오 국가주석의 구두친서를 전달하였으며, 중국 신화통신은 김정일이 '조선반도 비핵화' 실현 의지를 표명하고 6자회담 재개 관련 당사국들의 진정성이 중요하다고 언급한 것으로 보도했다. 북·중 간 협의

시 북한은 유엔안보리 제재 해제와 평화협정을 우선 논의해야 한다는 주장을 반복하면서 북·미 추가 접촉에 관심을 표명했다. 중국의 이러한 노력은 2010년 하반기 이후에는 천안함 폭침 사건과 6자회담 재개를 분리하여 접근하고 있는 것에서도 찾아볼 수 있다.

6자회담 재개가 장기간 지체되는 가운데 북한은 2010년 1월 11일 외무성 성명을 통해 정전협정 당사국들에게 평화협정 체결 회담을 공식 제의하였다. 성명에서 북한은 '선 평화체제 수립, 후 비핵화' 입장을 천명하고, 6자회담 재개의 조건으로 대북제재의 해제를 요구하였다. 이후 북한은 노동신문, 조선신보 등을 통해 지속적으로 평화협정의 우선 체결을 주장하고 있다.

이에 대해 미국은 북한의 6자회담 복귀를 강조하면서 유엔 안보리 결의 1874호에 따른 대북제재 입장을 견지하고 있다.

- 오바마 대통령은 북한이 핵무기를 추구하고 있기 때문에 "고립이 증대되고, 강력한 제재에 직면"하고 있다(2010.1.28., 신년국정연설)
- 스타인버그 국무부 부장관, "북한이 6자회담에 복귀해 비가역적인 비핵화 의무를 이행할 때까지 대북제재는 계속될 것이며, 협상 복귀에 대한 보상도 없을 것"(1.30, 우드로윌슨센터 연설)
- 캠벨 국무부 동아·태 차관보, "북한이 6자회담에 복귀하고, 2005년과 2007년의 공약을 준수하는 것이 매우 중요"하며, 6자회담이 재개되지 않은 상태에서 "제재해제를 얘기하는 것은 시기상조"(2.2, 방한 기자회견)

한편, 이명박 대통령은 2009년 9월 21일 미국외교협회, 코리아소사이어티, 아시아소사이어티 공동주최 오찬 및 유엔총회 연설(9.23)에서 '그랜드 바긴(Grand Bargain)'을 제안하였다.

이에 대해 북한은 외무성 부상 박길연의 유엔총회 연설(9.29), 노동신문(10.14) 등을 통해 북·미 평화협정의 체결 및 양자회담 개최를 강조하면서 대응하였다. 2010년 1월 11일에는 북한 외무성 대변인 성명을 통해 평화협정 체결을 위한 회담과 함께 대북제재가 해제되면 6자회담이 열릴 수 있다고 주장하였는데, 이후 북한은 이러한 입장을 견지하고 있다.

오바마 정부는 2010년 4월 6일의 핵태세검토보고서(Nuclear Posture Review Report)에서 기존의 '소극적 안전보장'(Negative Security Assurance, NSA)을 개정하고 "미국은 NPT에 가입해서 핵비확산 의무를 준수하는 비핵국가에 대해 핵무기를 사용하거나 사용위협을 하지 않을 것" 등을 명기함으로써 강화된 NSA 정책을 천명하였다. 그러나 북한과 이란은 이탈국가(outlier)로 규정, 강화된 NSA의 적용에서 제외하였다. 이에 대해 북한은 외무성대변인('10.4.9)을 통해 새 NPR이 '핵 불사용 공약'을 뒤집어엎었다고 비판하면서, 각종 핵무기를 필요한 만큼 더 늘이고 현대화할 것 이라고 반발하였다.

천안함 폭침사건(2010.3.26) 이후, 미국은 국제합동조사단의 조사 결과 발표(5.20) 이후 한국과의 공고한 협력 아래 북한에 대한 강압조치를 시행하였다.

북·중은 2010년 5월 3일부터 7일까지 김정일의 방중 기간 중에 개최된 정상회담을 통해 전략적 소통 강화, 고위층 교류 지속, 경제무역협력 심화 등 5개항에 합의하였다. 김정일은 방중 기간 중에 비핵화의 의지를 표명하고 6자회담 재개를 위한 유리한 조건이 조성되기를 희망한다고 발언함으로써 6자회담 참가에 긍정적 신호를 보냈다.

이후 중국은 한·미 등의 천안함 관련 유엔안보리 결의 추진을 의장성명 채택(7.9)으로 완화시키면서 천안함 국면 전환 및 출구전략으로서 6자회담의 재개를 위해 북한과 협력을 강화하였다. 북·중은 우다웨이의 방북

(8.16~18), 김계관 방중(10.12~16) 등 양자 교류를 통해 6자회담의 지속 추진과 6자회담 조기 개최에 협력하기로 합의하였다

2010년 5월 3일부터 28일까지 뉴욕에서 열린 제8차 NPT 평가회의에서 채택된 '최종문서(Final Document)'는 북한 핵개발을 강력히 비난하고 핵 포기를 촉구하는 분명한 입장을 표명하였다. 이 문서는 북한 핵개발이 동북아와 전체 국제사회의 평화와 안전에 대한 위협이며 지구적 비확산체제에 대한 심각한 도전이라고 규정하는 동시에 북한의 두 차례 핵실험 비난 및 북한이 핵보유국 지위를 가질 수 없음을 확인하였다. 또한 9.19공동성명에 따라 모든 핵무기와 핵 프로그램의 완전하고 검증가능한 포기 등 6자회담의 약속을 준수할 것을 촉구하였으며, 빠른 시일 내에 NPT 복귀 및 IAEA 보장조치를 수용할 것을 요구하였다.

북한은 2010년 11월 우라늄 농축시설을 공개하고 이를 평화적 핵 활동이라고 주장하고 있으며, 국제회의 연설 등을 통해 핵보유국임을 자처해오고 있다. 2011년 3월 10일 제네바 군축회의에서 북한대포는 연설을 통해 핵에너지의 평화적 이용은 주권국가의 합법적 권리이며, 북한은 책임 있는 핵보유국으로서 국제사회 앞에 지닌 자기의 의무를 성실히 이행해 나갈 것이라고 밝힘으로써 핵보유국으로서의 책임과 의무를 강조하였다.

2011년 11월 19일 워싱턴에서 개최된 미·중 정상회담에서 미·중 정상은 북핵문제 등 북한의 동북아 안정과 평화에 대한 도전에 대해 한반도 긴장완화 필요성에 인식을 공유하였다. 특히 중국은 북한의 UEP에 대한 미국 측의 우려를 일정한 정도 수용하였으며, 미국은 긴장완화를 위한 6자회담 재개의 필요성을 어느 정도 받아들였다. 또한 북한의 연이은 군사도발과 그에 대한 한미연합훈련 등을 둘러싼 양국 간 갈등을 봉합하기로 하였다. 또한 미·중 양국은 '9.19공동성명' 및 관련 유엔안보리 결의 이행과 남북관계 개선의 중요성을 강조함으로써 6자회담 재개를 위한 국제환경 조

성과 남북대화를 통해 남북관계를 개선할 것을 종용하기로 합의하였다.

그러나 6자회담 조기 재개를 위한 필요 조치의 구체 내용에서는 양국의 입장 차이가 존재했다. 중국 외교부장 양제츠는 정상회담 성과 평가(1.22)에서 '북핵문제'라는 용어 대신 다른 중요 국제문제들과 '조선반도정세' 논의를 언급하였으며, 미국은 오바마 대통령의 신년 연설(1.26)에서 북한이 핵무기 포기 약속이행을 재강조하였다.

북한 외무성 대변인는 2011년 3월 15일 기자회견을 통해 6자회담에서 UEP 문제를 논의하는 것에 반대하지 않는다고 발표하였다. 북한은 전제조건 없이 6자회담에 나갈 수 있으며, 6자회담 재개 시 핵실험 및 미사일 발사 임시 중지 등의 문제도 논의할 수 있다는 입장을 표명하였다. 그러나 2011년 3월 22일에는 외무성 대변인 기자회견의 형식을 통해, 리비아의 핵포기는 "안전 담보와 관계 개선이란 사탕발림으로 상대를 얼려 넘겨 무장해제를 성사시킨 다음 군사적으로 덮치는 침략방식"이라고 평가함으로써 핵보유의 정당성을 다시 강조하였다.

북한은 2011년 3월 25일에서 26일 독일 베를린과 동년 3월 28일에서 29일가지 독일 서남부 리쓰티쎈-에잉겐 소재 에잉겐 성(Schloß Ehingen)에서 개최된 북·미 간 비공개 토론회에서 북·미 평화 조약의 체결이 우선되어야 함을 다시 강조하였다. 북한은 이 베를린토론회를 미·북 간 공식 대화를 향한 회의라고 보도하였다.(조선신보, 2011.4.6)

미·중 정상회담 이후 북한은 적극적인 남북대화 공세를 전개하였으며, 한·미·중 등 6자회담 당사국들은 정상회담, 외교장관회담, 6자회담 수석대표회담 등 양자, 다자 접촉을 통해서 6자회담 재개를 위한 대안을 모색하기 시작했다. 2011년 5월 16일에서 18일까지 있었던 미국의 대북정책 특별대표 보즈워스 대사 방한에 이르기까지 한·미는 남북대화 → 북미대화 → 6자회담 재개의 3단계 수순으로 북핵 문제에 대해 접근할 것과 북한의 UEP 문제는 유엔의 틀에서 접근하면서 6자회담에서도 다룰 것에 합의하였다.

미국은 6자회담 재개를 추진하면서도 대화를 위한 대화는 열지 않겠다는 입장 아래 북한에 대해 비핵화의 진정성을 보여주는 사전조치(ΔUEP 중단, Δ핵실험 및 미사일 발사 모라토리엄 선언, ΔIAEA 사찰관 복귀)의 이행과 남북관계 진전의 중요성을 강조해오고 있다. 북한은 한국과 미국의 요구사항을 전제조건으로 주장하면서 시간을 지체시키고 있는 상황이다.

3단계 접근에 따라 2011년 7월 22일 발리에서 남북 핵회담이 개최되었으며, 이어 제1차 북·미 대화가 7월 28일부터 29일까지 뉴욕에서 개최되었다. 북한 외무성은 8월 1일 "북미관계 개선과 한반도 정세 안정, 6자회담 재개 문제와 관련해 북·미 고위급회담이 진진하고 건설적 분위기에서 열렸다"고 발표하였다. 북한은 주요 의제가 북·미관계 개선, 평화적인 한반도 비핵화, 전제조건 없는 6자회담 재개, 동시 행동 원칙에 따른 '9.19공동성명' 이행이었다고 강조하였다. 미국도 "생산적 회담이었다"고 평가했으나, 북한 측이 회담 성격을 '고위급회담'으로 규정한 데 반해 미국 측은 '미·북 직접 대화'로 규정하였다.

제1차 북·미대화에서 북·미 양측은 사전조치의 이행과 북한에 대한 식량지원(영양 공급) 문제에 대한 협의를 진행한 것으로 추정되었다. 북한은 2012년 1월 11일 외무성 대변인을 통해 UEP 중단과 식량지원을 고리로 한 '북·미협상'이 미국 측에 의해 시작되었다고 주장했다.

제2차 북·미대화는 2011년 10월 24일부터 25일까지 제네바에서 개최되었으나, 미국은 '6자회담 재개 전 사전조치 이행' 입장을 견지하고 북한은 '전제 없는 6자회담 개최'를 주장함으로써 팽팽하게 대치하였다. 2차 북·미대화와 관련하여 북측 대표인 김계관은 "일련의 커다란 진전", "북·미관계 개선을 위한 신뢰 구축 조치 문제를 집중 논의" 등을 언급했던 반면에 미측 대표인 보즈워스 특별대표는 "시간과 논의가 더 필요하다"고 신중한 입장을 표명하였다.

한편, 2011년 11월 17일에서 20일까지 미국 조지아대학교에서 개최된 남·북·미 민간 3자회의에 참석한 북측 대표들은 오바마 정부에서도 북·미관계 교착상태가 지속되고 있는 것은 미국의 '적대시정책' 때문이며 6자회담 재개와 관련 미국 측이 사전조치를 이행할 것을 요구하고 있다고 비판하였다. 또한 북·미관계 개선을 위해서는 Δ북·미 평화협정 체결, Δ고위급 또는 '최고수뇌급'에서 양국 관계의 정상화 수립을 선언하고 양자회담을 통한 실제 조치를 시행할 것을 주장하였다.

6. 김정일 사후 북한의 정책 입장과 미국의 반응

2010년 9월 제3차 당대표자회에서 당중앙군사위 부위원장 직위로 공식적인 후계자로 등장한 김정은은 2011년 12월 17일 김정일의 사망으로 최고지도자의 지위를 예상치 않게 빠르게 이어받았다. 북한은 김정은 체제의 안정적인 구축에 전력을 기울이고 있는 상황으로, 이른바 '김정은의 유일적 영도체계' 구축에 역점을 두고 있다. 2012년 1월 9일의 노동신문은 사설을 통해 '일심단결의 위력으로 백두의 행군길을 끝까지 이어나가 자'에서 김일성의 사상과 위업, 김정일의 유훈을 받들어나가는 "우리당, 우리국가에는 그 어떤 변화도 있을 수 없다는 것이 김정은 동지의 철의 의지"라고 강조하였다. 또한 2012년 1월 9일 북한군은 김정일 유훈 관철 및 김정은에 대한 충성결의 대회를 개최하는 등 김정은에 대한 충성맹세를 진행하였다. 북한은 2012년 1월 5일에는 최고인민회의 상임위원회 정령으로 김일성 출생 100돌, 김정일 출생 70돌을 맞이하여 2월 1일부로 대사면을 실시할 것을 결정하였다.

북한의 김정은 체제의 안정적 구축을 위한 일련의 움직임을 정리하면 아래와 같다.

- 2011년 12월 28일 노동신문 정론: '김정일 동지의 혁명 유산'에서 Δ핵과 위성, Δ새 세기 산업혁명, Δ민족의 정신력을 3대 업적이라면서 '핵보유국으로서의 존엄'을 강조
- 2011년 12월 30일 당중앙위원회 정치국회의: 김정일의 '10.8유훈'에 따라 김정은을 북한군 최고사령관으로 추대하고 정치국 결정서를 채택하면서 '핵보유국, 위성발사국'의 성과를 '불멸의 업적'이라고 강조
- 2011년 12월 30일 국방위원회 성명: 한국 정부와의 '관계 단절'을 선언하고, 국제사회에 대해 "우리에게서 그 어떤 변화도 바라지 말라"고 선포
- 2012년 1월 1일 신년 공동사설: 김정일 유훈통치를 선언하면서 선군정치, 강성국가 건설을 강조하고 한반도 평화보장과 관련 북한의 오랜 주장인 주한미군 철수를 주장.
- 2012년 1월 5일 조평통 서기국 보도: "핵보유국 지위의 강화"를 강조
- 2012년 1월 12일 노동신문: "주한미군 철수가 한반도 평화보장을 위한 선결조건"이라고 주장

2012년 1월 11일 북한외무성 대변인은 조선중앙통신 기자와의 문답형식으로 2011년 7월에 있었던 북·미 대화의 내용에 대해 밝혔다. 북한은 북·미 '고위급회담'에서 미국 측이 북한 측에 대해 "UEP 임시중지 등 신뢰구축 조치를 이행할 경우, 대북제재 임시 중지 등 신뢰조성 조치를 논의하고 식량지원조치도 취하겠다"고 제안했다고 주장하였다. 또 북한은 미국이 애

초에 논의되던 30만t 이상의 식량지원과는 달리 양과 품목을 대폭 변경시켰기 때문에 미국의 신뢰조성의지를 의문시하고 있으며, 2011년 5월 북·미 협의 당시 상황으로 돌아갈 것을 요구하고 있다고 주장하면서 이에 대한 미국 측의 대응을 '신뢰조성의지'의 준거로 삼겠다고 언급하였다.

이와 관련 조선신보는 1월 12일 오바마 정부에 대해 "세계를 향해 '우리에게서 그 어떤 변화도 바라지 말라'(국방위원회 성명, 2011.12.30)고 선포한 북한이 "미국에 신뢰조성의지가 있는지 지켜볼 것"이라고 말한 의도를 오판하지 말아야 할 것이라고 주장하였다. 즉 북한은 미국의 대북 '적대시' 정책 때문에 북한이 핵무기를 개발하고 '핵무기 보유국'이 되었다는 점을 기정사실화하면서, 북핵 해결을 가장 우선시하는 미국의 입장을 활용하여 북미 양자관계의 개선 차원으로 대미 접근을 추진하고 있는 것이다.

2012년 1월 20일 북한 외무성 군축 및 평화연구소는 연구보고서를 통해 한국이 6자회담 재개를 방해하고 있다고 비난하면서 한반도 핵문제는 북·미 간의 '적대관계 속에서 논의되고 있는 문제'로서 당사자(북·미) 간 협상과 합의에 따라 이행되어야 한다고 되어야 한다고 주장하였다.

이에 반해 한국은 물론 미국, 중국 등 한반도문제 이해 관련국들은 김정일 사망이 북한체제의 안정을 우선시해야 하는 정책적 상황을 초래하였다고 판단하고 있으며, 이러한 점에서 미국의 대북정책도 북한의 상황 파악이 우선이라는 점에 인식을 같이하고 있다.

미국은 북핵문제 해결을 위한 6자회담 재개를 추진하면서도 우선은 김정일 사후 김정은 후계체제의 정착 여부 등 북한 내부의 상황 전개를 파악하고 그에 입각하여 다음 수순으로 진행하고자 하는 입장을 취하고 있다. 커트 캠벨 국무차관보는 "북한 내에서 전개되는 상황을 파악하는 것에 초점을 맞추고" 있으며, 북한에 대해 "핵문제 등 여러 문제를 다루기 위한 '새로운 장'을 시작할 준비가 되어 있음을 공식, 비공식 채널을 통해 밝혔다"

고 언급하였다.('12.1.19)

미국은 북한이 '신뢰조성의지'의 관건으로 주장하는 식량지원문제와 관련, 군용으로 전용 가능한 쌀 등 곡식을 지원할 수 없다는 입장을 견지하고 있으며, 북한의 비핵화 사전조치 이행 및 남북관계 개선 중시 입장을 강조하고 있다.

미국은 2012년 1월 17일 워싱턴에서 한·미·일의 차관보급이 참여하는 3자 북핵 협의를 개최하고 "(북한에 대해) 회담 재개를 위한 길이 열려 있다는 데 의견을 공유"하여 대화를 통한 관계 개선 가능성의 입장을 정리하였다. 미 국무부는 이날 협의를 통해 9.19공동성명 약속 이행 의지 재확인, 남북관계 개선, 일본인 납치문제 해결의 중요성에 한미일 당국자들은 의견을 모았음을 발표하였다.

7. 북미관계 전망과 과제

가. 전망

당분간 북미관계는 북한의 김정은 체제의 안정적 정착 중시, 미국의 북한 정세 전개 판단, 미국 내 대선과정의 본격 전개 및 오바마 대통령의 경제회복 우선정책 등에 따라서 소강국면으로 전개될 것으로 예상된다. 김정일 사후 북한이 취한 일련의 조치들은 북한은 한동안 기존 정책노선을 그대로 견지할 것임을 보여주고 있다. 또한 김정일 시대에 전개된 북·미관계는 북한의 정책 노선이 비교적 일관되게 유지되었음을 증명하는 것으로 북한은 핵무기 개발전략을 유지하면서 동시에 대미관계 개선을 위한 협상 수단으로도 활용할 것으로 판단된다.

북한의 표출된 정책노선을 준거로 보면 김정은 체제가 과감한 정책 전환을 시도할 가능성은 낮다. 따라서 북·미관계 또한 기존의 지루한 관계를 반복할 가능성이 상대적으로 높다.

북한이 6자회담 복귀를 시사하고는 있지만 사전조치의 전면 이행에 대해서는 부정적인 입장이다. 북한은 주한미군 철수, 식량지원(영양지원)과 관련해서 쌀 등 곡식의 지원을 요구하면서 공세를 전개하고, 북·미 평화협정 논의를 공세적 수단으로 계속 활용할 것으로 판단된다. 특히, 북한의 북·미 평화협정 체결 주장은 △비핵화 문제의 관심을 분산시켜 비핵화의 실질적 논의 지연, △핵군축회담을 주장함으로써 6자회담 구도 변경, △5자 공조 이완 등의 의도를 가지고 있는 것으로 평가할 수 있다.

미국은 북한의 대북 '적대시 정책' 폐기와 先 평화협정 체결 주장에 대해 6자회담 재개를 통한 '9.19공동선언' 체제로 복귀해야 한다는 입장을 견지하면서, 한·미·일 공조 및 중국과의 협력을 통해 북한에 대한 외교적 유인을 지속할 것이다.

아래의 제반 요인을 고려할 때, 북한이 대미 압박의 수단으로써 3차 핵실험 및 장거리 미사일 발사 등의 도발을 감행할 가능성은 상대적으로 낮을 것으로 판단된다.

- 김정일의 업적으로 '핵보유국 및 위성발사국' 성과 강조
- 김정일 사후 상황에서 김일성 출생 100돌, 김정일 출생 70돌 행사를 축제의 장으로 추진
- 한국의 선거 정국에 대한 적극 개입 시도
- 중국과의 경제협력 강화
- 중국의 차기 지도부와의 관계 구축 필요성
- 러시아의 대선
- 한국 현 정부와의 대화 중단 상황에서 대미 접근 필요성

김정은 체제가 안정적으로 구축된다는 것을 전제로 할 때, 북한은 안보·경제·대남 및 기타 대외관계 등의 필요성에서 미국에 대해 적극적인 관계정상화 시도를 전개할 가능성이 있으나 핵무기 폐기를 전제로 하지는 않을 것이다. 그러나 제네바합의 이후의 경험에서 보듯이 미국과의 평화협정 체결 주장이 받아들여지지 않거나, 국내정치적 필요 등에 따라서 북한이 대미관계를 안정화하면서도 관계정상화는 서두르지 않을 가능성도 있다. 김정은 체제의 안정적 정착 여부는 향후 1~2년 이상의 기간이 흐른 후 판단할 수 있을 것이며, 이 기간동안 불안정 요인이 현재화(顯在化)될 가능성이 있다면, 미국의 정책 역점은 안정화에 두어질 것이다.

북한은 향후 6자회담과 북 미 관계정상화, 한반도 평화체제 관련 실무그룹회의가 열릴 경우, 한미 연합군사훈련의 중지문제, 주한미군 철수문제 등을 계속 제기할 가능성이 있다. 1990년대 후반 4자회담 진행과정에서 북한은 주한미군 철수문제를 근본문제로 제기하여 실질적인 협상 추진을 어렵게 만든 사례가 있다.

미국의 우선 관심사는 핵을 비롯한 WMD와 미사일문제, 재래식 군사력 문제 등 안보 사안들이다. 따라서 향후 미국이 적극적인 대북 대화정책을 추진하더라도 북한 핵 폐기의 구체적 로드맵이 결정되지 않으면 미국은 북한과의 관계정상화 과정을 서두르지는 않을 것이다. 오바마 대통령은 남은 임기 중 북한체제의 안정적 관리 및 북핵의 확산 차단에 역점을 둘 것으로 예상되며, 2012년 11월 대선에서 재선될 경우 정책을 재점검할 것이다. 대선에서 공화당의 롬니(Mitt Romney)나 깅그리치(Newt Gingrich) 후보가 당선될 경우, 미국의 대북정책은 오바마의 정책보다 더 강해질 가능성이 있다.

미국의 베트남, 리비아와의 관계개선 과정은 베트남과 리비아의 정책변화로부터 본격적으로 진행될 수 있었다. 베트남은 개혁·개방정책을 채택하여 경제회복과 대미관계 개선 전략을 선택했으며, 리비아는 '先 핵 포기,

後 관계 개선'의 방식을 선택하였다. 그러나 북한이 기존의 정책을 유지하고 지속하는 한, 또 핵문제와 관련 전향적인 정책을 선택하지 않는 한 미국이 양보하면서 북한과의 관계정상화를 추진할 가능성은 거의 없다.

나. 쟁점 과제

1) 6자회담 재개

○ 북한의 '전제조건 없는 6자회담 재개' 주장과 '미국의 사전조치 이행과 남북관계 개선 중시' 입장 간에 타협의 여지는 없는가?

○ 북한의 공세적인 맞대응과 미국의 원칙적이고 단호한 정책 간에 타협의 가능성은 있는가?

2) 북핵 해결

○ 6자회담이 재개되는 경우 한국의 '일괄타결(그랜드 바긴)' 방안과 미국의 '패키지 딜' (포괄적 접근)에 대해 과연 북한 측이 검토-논의의 대상으로 수용할 것인가?

○ 북한이 핵 프로그램을 결국 완전 포기할 가능성이 있는가? '9.19공동성명'의 이행은 가능한가?

○ 북한의 핵정책은 약소국의 체제안보 보장용인가, 정권 또는 독재자의 개인권력 수호용인가? 협상을 통한 단계적 핵 포기는 가능한가?

3) 평화협정/평화체제 구축

○ 북한의 평화협정 체결 주장, 최근의 평화협정 체결 회담 제안 등은 진정성을 가지고 있는 것인가? 6자회담 구도 변경을 의도하는 것인가? 협상수단용인가? 합의 이행 지연수단인가? 대미접근용인가?

○ 미국은 북핵문제와 평화협정, 전반적 관계 개선을 포괄적으로 타결할 진정한 의도가 있는가?

4) 북미관계

○ 북핵문제 해결 없는 북미관계 진전은 가능한가?

○ 인권문제, 생화학무기, 재래식 전력 등 그 밖의 문제는?

김정일 이후 북중 관계 전망
- 한중관계에 대한 함의와 더불어 -

김흥규 성신여대

1. 후진타오 시기 중국의 대북정책

가. 북 중관계에 대한 기본적 이해

김정은 사망정국에서 북중 간의 특수 결합은 더 강화되고 있는 것처럼 나타나고 있다. 북·중간 이해의 접합점은 혁명과 전쟁을 함께 수행한 과거의 경험, 중국 측의 채무의식, 이를 담지하고 있는 소수의 관련 생존자들의 존재, 미국에 대한 불신과 불안감 공유 및 대미견제의 필요성에 있다. 제도적으로는 북중 상호우호원조 조약(1961)으로 결합되어 있다.

그러나 북 중관계를 동맹관계로 이해하여 정적(static)으로 해석하기보다는 각기의 전략적 이해에 따라 동거를 하고 있는 관계로 이해하는 것이 실체에 접근하는 것이다. 북·중 간 차이점은 국제 지위(불량국가 vs. G-2), 국가의 규모(약소국 vs. 강대국), 정치체제(개인 독재국가 vs. 집단지도체제), 국가정책의 주안점(정권의 생존 vs. 경제발전), 이데올로기(선군순혈주의 vs. 사회주의 표방한 실용주의), 경제 규모(최빈국 vs. 세계 2위), 경제발달 수준(저개발국 vs.

발전 도상국), 경제운용방식(유사계획경제 vs. 시장경제) 등 각 영역에서 크게 나타난다.

미·중 간 전략적 갈등은 북한의 지정학적 가치를 제고시키는 측면이 강하다. 반면에 미·중 간 전략적 협력의 강화는 북·중관계를 유지하는 이익의 감소 및 비용의 증가를 의미한다. 한·중관계의 진전 역시 북·중관계 유지비용을 크게 증가시키는 것이다.

현재 북·중관계를 유지하는 것은 미·중 간 불신, 한·중 간 신뢰의 부족, 북·중 간 여전히 존재하는 공통의 전략적 이해, 대만과 등가는 아닐지라도 대만 문제와 관련한 북한카드의 효용성 등이다. 그리고 북한의 핵개발과 북한 내 불안정 가능성으로 인해, 중국에 예상되는 비용의 측면이 커짐으로써 북한이 오히려 중시되는 기이한 현상이 발생하고 있다.

나. 특수혈맹에서 정상국가관계로 조정중

후진타오가 집권한 2002년 이후 대외정책을 조정하는 과정에서, 중국은 북중관계의 방향을 특수혈맹관계에서 정상적인 국가관계로 전환해 나가기로 결정했다. 후진타오는 2003년 북한 조명록의 방중시 특수혈맹관계를 강조하자 이를 현장에서 전통적 우호친선관계라 정정하기도 하였다. 정상적인 국가관계란 국가이익에 기초하여 관계를 맺어나가는 것을 의미한다.

중국이 현재 북중관계를 공식적으로 지칭하는 개념은 혈맹관계가 아니라 "전통적 우호친선관계"이며, 이러한 명칭은 중국이 전통적인 사회주의 우방인 알바니아와도 2009년 체결한 관계이다. 따라서 북중관계를 동맹관계로 치부하는 것은 과도한 해석이며, 이는 중국 역시 극구 부인하고 있다.

북한은 전략적으로 중요한 지역이라는 것이 중국의 인식이다. 이것은 핵심이익 지역과는 구분할 필요가 있다. 중국은 북한을 핵심이익지역이라고 선언한 적은 없으며, 중국이 실제 규정한 핵심이익의 내용에는 직접적으로 적용되지는 않는다.

다. 대북 경협 원칙의 설정

중국의 대북 경제협력 정책은 북핵위기가 보다 고조되면서 북한에 대한 관여정책의 일환으로 구체화되었다. 중국은 2004년 말에 "정부인도, 민간참여, 시장원칙"에 입각해 진행한다는 입장을 정리한 바 있다. 이는 2010년 8월 북중 정상회담시 "정부인도, 기업위주, 시장원칙, 상호이익"으로 재천명되었다.

중앙정부 차원의 전략적 고려에 의한 대북 경제협력사업의 가능성을 열어 놓으면서도 실제 운용에 있어서는 "시장경제의 원칙"을 위주로 운용하겠다는 것이며, 일방적인 지원은 자제하겠다는 의미로 해석된다.

라. 대북정책의 우선순위 조정

중국은 북한이 2006년 이미 제1차 핵실험을 한 이후 대북 정책과 관련하여 한반도의 안정 우선, 한반도 안정에 필수적인 북한 정권의 안정 유지, 비핵화 달성이라는 정책 우선순위를 정립한 바 있다. 2009년 제2차 핵실험 이후에는 현실적으로는 물리적 방식으로 북한 핵 포기가 어렵다는 전제 아래, 외사영도소조 회의에서 북한문제와 북핵문제를 분리하여 대응하기로 결정하였다. 또한 한반도의 안정을 최우선시 하는 원칙을 재확인하고, 북핵문제는 장기적인 해결 사안으로 6자회담을 통해 해결을 추진한다는 입장으로 정리하였다.

중국의 입장에서 볼 때, MB 정부의 친미일변도 외교 및 대북 강경외교에 대한 적개감이 강하고, 천안함 사태과정에서 미국의 항모를 중국이 전략적으로 민감해하는 영역에 불러들인 한국의 문제처리 방식에 대한 불만으로 한국에 대한 신뢰도가 크게 저하된 상태이다.

연평도 사태에서 북한의 대담한 도발과 한국의 지속적인 무력시위 및 보복천명 등은 중국의 한반도 안정에 대한 전략적 이해를 더욱 강화시키는 계기가 되었다. 연평도 사태 이후 중국의 한반도 안정에 대한 불안감이 반영되면서, No War, No Chaos, No Nuclear로 대 한반도 정책이 정리되었다.

북한은 중국의 이러한 불안감을 활용하였다. 최근 김정일의 방중과정에서 북한은 한반도에서 문제를 야기시키지 않고 상황을 안정시키기로 약속하는 대신, 중국으로부터 대규모의 경제원조를 받아내기로 하였다는 일본측 전언이 있었다. 이 합의에서 북중 간에 비핵화에 대한 언급은 없었다고 전해진다. 즉, 당시 중국의 최대관심은 비핵화보다는 한반도의 안정에 방점이 놓여 있었던 것이다. 이는 북한의 도발로 인해 미중 간의 갈등, 한중 간의 갈등, 미국의 영향력 확대, 중국에 경제적 불안요인 증가로 귀결되어 중국이 가장 실제적인 피해자라는 의식도 작용하는 것으로 보인다.

마. 대북 이중전략 추진

중국은 최근 2010년 원자바오 총리의 방북을 계기로 북한에 대한 경제적 관여정책 및 인적 교류 강화를 통해 북한과 신뢰를 강화하고, 유사시 북한에 대한 영향력을 제고하려는 정책을 적극 추진하고 있다. 이를 통해 북한이 중국 외교에 변수가 되지 않도록 관리하려 하려는 것이다. 장기적으로는 관여정책을 통해 북한 내부의 환경을 변화시키고, 대외적으로는 안정적인 안보환경을 조성하여, 북한이 핵을 포기하도록 설득시킨다는 정책이다.

그러나 다른 한편으로는 공식적으로는 부인하면서도 북한 내의 급변 상황에 대한 대비책을 준비하고 있다. 미국 측과도 북한 위기관리 문제를 놓고 수차례 대화를 시도한 정황이 있고, 또 현재도 그러한 대화가 지속되고 있는 것으로 알고 있다.

바. 한국과 우호적 관계 유지 노력

최근 일련의 불미스런 상황속에서도 한국과의 관계는 우호적으로 관리한다는 것이 중국의 방침이다. 이는 한반도의 안정에 있어 한국의 역할의 중요성과 미중 경쟁구도 속에서 한국의 전략적 중요성을 잘 인식하고 있으며, 경제분야에서 한국은 중국의 가장 중요한 파트너 중 하나이기 때문이다.

중국은 한국과는 경제협력을 바탕으로 정치 외교 군사부문으로 협력을 확대하는 동시에 한반도에서 점차 미국의 영향력을 줄여나가려 하고 있다. 다만, 현재의 상황에서 안보적/전략적 고려를 놓고 볼 때, 중국에게는 북중관계가 한중관계보다는 더 중시되고 있다.

미국과의 갈등이 강화되고 있는 상황에서, 중국의 타개책은 주변국 외교의 강화일 것이다. 향후 중국은 한국과의 관계 역시 중시할 것으로 예측된다.

2. 김정일 위원장의 사망과 중국의 대응

가. 김 위원장의 사망과 중국의 대응

2011년 12월 17일 정오에 김정일 위원장이 지난 17일 오전 8시 30분경 과로로 사망했다고 발표되었다. 북한의 주중대사관은 이러한 사실을 보도 전까지는 사전에 인지하지 못하고 있었다는 것이 거의 확실하다.

중국은 당일 신속히 양제츠 외교부장을 통해 주중 북한 대리대사 박명호에게 중국공산당 중앙위원회, 전국인대 상무위원회, 국무원, 중앙 군사위원회 명의로 북한의 노동당 중앙위원회, 노동당 중앙군사위원회, 국방위원회, 최고인민회의 상임위원회, 내각에 대해 조문을 전달하였다. 그리고 이후 이틀에 걸쳐 중국 정치국 상무위원회 위원 9명 전원이 북한의 주중대사관에서 조문하였다.

조문의 내용은 우선, 김정은에 대한 지지를 분명히 표명하였다. 둘째, 북중 간의 전통적인 우호와 협력을 강조하고 미래에도 양당과 양국 및 인민 간 영원히 우의를 유지할 것임을 천명하였다. 마지막으로 북한 사회주의 강성대국의 건설노력을 지지하고, 한반도 평화를 실현시키는 데 노력하기를 요청하였다.

단, 조문에서 비핵화 문제를 언급하지 않은 것에 주목할 필요가 있다. 북한을 최대한 자극하지 않으려는 중국 측의 배려로 보이나, 추후 북핵 협상과정에서 북한 핵의 사실상(de facto) 보유를 인정할 가능성에 대해서도 세심한 점검이 필요한 부분이다.

중국은 김정일의 사망으로 인해 북한의 불안정이 초래될 가능성을 차단하려 노력했다. 우선 중국은 마치 중국의 주요 지도자 사망시처럼 신문과 방송을 통해 대대적으로 김정일 위원장의 죽음을 보도하고, 북중 간의 유대를 과시하였다. 그리고 중국은 동년 12월 19일 장즈쥔 외교부 부부장은 주중 미국, 한국, 일본, 러시아 대사를 불러들여, 북한의 안정을 해치는 어떠한 조치도 취하지 말아 줄 것을 요구하였다.

중국은 또한 북한 내부의 소요 발생 가능성에 대해서도 대비하는 태도를 취했다. 군사적으로는 북한의 불안정 상황이 중국에 미치는 영향을 차단하기 위해 국경 경비군을 강화하는 등 국경 경비에 만전을 기하고 있다고 보도되었다. 특수부대가 대기하고 있다는 확인되지 않는 설이 유포되기도 했다.

나. 중국 측 사전준비 상황

중국은 전례 없이 신속하고 단호하게 대북 대응책을 제시하고, 타국의 정책적 선책의 여지를 줄이는 조치를 취하였다. 이는 북한 급변사태에 대한 사전준비가 되어 있었고, 김정일 위원장의 건강악화에 대한 사전인지가 있었고, 이미 평양의 중국대사관에서 김정일 사망과 관련하여 보고하였을 개연성이 크다. 중국 측은 김정일 방중시 김 위원장이 현 상황에 엄청난 안보적 불안과 스트레스를 받고 있었음을 감지했다. 중국은 미국 측과 중국 주변국에 대한 위기관리 대화를 다시 시작하였고, 2011년 주요 당, 정, 학계의 연구단위에서 주요 연구주제로 삼았다. 한국 측과도 일단 민간(Track Two) 부문에서 북한 위기관리에 관련한 대화를 갖기를 원했다.

중국은 주변국 급변문제에 대한 중국의 대응 원칙을 사전에 정리하였다. 지난 7월 신화사 통신을 통해 제시한 중국의 향후 10년간 주변정세에 대한 분석 중 셋째 부분이 주변국 돌발 사태의 가능성에 관한 것이었으며, 북한 문제가 가장 중요하게 다루어졌다.[1] 중국은 조속히 위기관리전략을 수립해야 할 필요성 강조하였다. 남북한에 대해 위기관리 체제를 수립하도록 하고, 어느 일방이 오판을 하거나, 과도한 반응을 하지 않도록 중국이 역할을 (적극적)으로 하며, 북한 핵문제는 6자회담을 통해 평화적인 방식으로 해결토록 해야 한다. 그리고 '문제국가', 즉 북한에서 정국혼란이 일어날 경우에는 그 혼란이 중국의 지정학적인 이익에 영향을 미치지 않도록 한다는 것을 주요 내용으로 하고 있다.

중국측의 위기관리 연구의 핵심 내용은 가능한 빨리 중국의 마지노선을 정하고, 이를 공표함으로써 상대방의 정책의 선택 폭에 제약을 가해 오판 가능성을 줄이고, 갈등과 분쟁이 대규모 충돌로 전환되지 않게 한다는 것이다. 이번 김정일 위원장의 사망에 대한 중국의 대응 사례는 중국의 위기관리 원칙을 잘 적용시켜 성공한 사례로 평가할 수 있을 것이다.

---

1) 新華通迅, "中國周邊外交新戰略," 2011.7.22.

다. 평가

현상적으로는 김정일 위원장의 사망을 계기로 북중 간의 결속 및 특수관계는 크게 강화된 것으로 나타났다.

그러나 보다 조심스럽게 내면을 분석하면, 후진타오 주석 이래 추진한 대북정책의 지속성이 유지되고 있으며 북중관계를 정상적 국가관계로 전환하려는 노력을 견지하고 있음을 알 수 있다. 이는 우선, 북한이 선호하는 당 대 당의 관계로 북한을 대하기보다는 공식적인 국가의 대외정책 채널인 외교부 채널을 통해 조문을 전달한 것에서 엿볼 수 있다. 김일성 주석의 사망시 중국은 최고지도자들의 개인적 명의로 조문을 하였다. 하지만 이번에는 공식적인 권력기관들의 명의로 조문을 하고 있음을 볼 수 있다. Global Times의 사설(December 21)은 중국이 국가이익에 준해서 문제를 풀어가고 있다는 것을 밝힘으로써 중국이 국가 대 국가의 입장에서 문제를 풀어가고 있음을 표현하였다. 또한 동 사설은 중국이 북한의 모든 행동을 지지하는 것은 아님을 강조하고 있다.

3. 중국 제5세대 지도부의 등장과 북중관계에 대한 영향

가. 개요

2012년 가을 중국의 제5세대 지도부가 중국 공산당 제18차 당대회를 통해 성공적으로 형성될 전망이다. 이는 비민주적인 국가들의 위기는 종종 계승문제와 더불어 발생한다는 일반 이론이 중국에서는 적용되지 않음을 볼 수 있는 사례이다. 중국은 서구 민주주의 국가와 같이 투명한 제도적 정치는 부재하지만, 계승문제가 정치적 위기로 비화하지 않도록 조정하는 내부기제(민주집중제의 적용)가 여전히 작동하고 있다.

권력승계와 연관한 인사제도의 제도화 수준을 놓고 평가할 때, 제18차 당대회는 중앙위원회, 정치국, 정치국 상무위원회에 대대적인 세대교체가 진행될 것으로 보인다. 특히 정치국 상무위에는 기존의 9인 중 제5세대 지도자로 시진핑(习近平), 리커창(李克强)만이 잔류할 것으로 예상된다.

제5세대 집권 (2012~2017년) 1기 시기에는 중국 집단지도체제의 특성, 정책결정의 복합화, 사회의 영향력 강화, 그리고 당 원로들의 정치적 영향력이 유지되는 상황에서 어느 누가 5세대의 최고지도자가 된다고 할지라도 그 권력은 과거보다 더 제약을 받을 가능성이 크다. 또한 제1기의 정책은 대체로 보수적일 것으로 예측된다. Ex) 9-7-5-3-1의 법칙

제5세대 집권 (2017~2022년) 2기 시기에는 중국의 급속한 경제발전 전략이 어려움을 겪으면서, 그간 과도성장의 부정적 여파가 노정될 개연성이 크다. 중국 지도부는 사회의 압력에 더 노출될 것이며, 최고지도부내의 균열 가능성도 커지고, 보다 근본적인 정치개혁을 위한 실험이 행해질 가능성이 역시 크다. 정치개혁을 거부할 경우 더 큰 정치적 위기를 불러 올 수 있을 것이다.

나. 제5세대 지도부의 대외정책 추세 전망

1) 기존의 정책근간 유지

중국의 제5세대의 대외정책은 2012년 제18차 당대회 이후 구성되는 세력관계에 따라 일정 정도 영향을 받을 수 있으나 중국 외교정책결정 과정에서 나타난 다원화, 제도화, 전문화의 영향으로 본질적으로 큰 변화를 기대하기는 어렵다. 5세대 지도부 내 집단지도체제의 특성은 상호 합의를 추구해 나가는 것이다. 12·5 규획의 제정과정에서 이미 4세대 지도부가 5세대 지도부의 동의 하에 향후 5년의 정책방향을 이미 설정하였다. 또한 4세대 지도부와 5세대 지도부가 서로 얽혀 복잡한 견제와 균형의 그물망이 형

성될 것이다. 중국은 미국의 군사 및 외교적 영향력의 우위를 잘 인지하고 있다. 따라서 전면적인 대미 대립정책을 펼 수는 없을 것으로 판단된다.

중국은 미국에 전면적으로 대응할 만한 군사력을 단기간에 온전하게 갖추기가 쉽지 않으며, 국가역량의 상당 부분은 대외문제보다는 여전히 국내문제 해결에 집중해야 할 것으로 보인다.

중국의 대외정책은 당분간 현재의 "평화발전론"적인 기조를 근간으로 할 것이다.

2) 군 현대화 지속 추진 및 보다 적극적인 외교적 대응

중국의 GDP 대비 국방비는 2% 내외로 미국의 4.5%에 비해 아직 증가 여력이 크다. 또한 중국의 정부지출 증가율에 비해 국방비 증가율은 높은 수준이 아니며, 사회주의 권력 재편기에 군부의 지지 여부는 개인지도자의 부침에 대단히 중요한 변수가 될 수 있다.

이는 제4세대 지도부의 뒤를 이어 제5세대 지도부 역시 중국의 군사강국화를 지속적으로 추진할 것임을 의미한다. 중국의 반접근(Anti-Access) 능력의 강화는 동아시아 지역내 미국의 일방적 행동을 크게 제약할 것이다.

중국은 소련의 경험에서 배웠듯이 미국과 전면적인 군비경쟁을 추구하지는 않을 것이다. 그러나 군사적으로 미국에게 절대적 레버리지를 허용할 수 있는 우주, 사이버, 잠수함 발사 탄도미사일, GPS 영역에서는 지속적인 경쟁을 추진할 것이다.

최근 중국 내에서는 중국의 부상에 따라 그에 합당한 국제적 지위와 대외정책을 지향해야 한다는 목소리가 강해지고 있다. 중국은 사안에 따라서는 과거의 반응적이고 수동적인 대응에서 이제는 보다 적극적이고 능동적인 대응으로 전환할 것을 요구받고 있는 것이다. 이번 김정일 위원장 사망과 관련한 대응은 그 성공적인 사례로 평가할 수 있다. 중국은 향후 주권,

영토 영해 분쟁 등과 같이 핵심적 국가이익과 관련된 사안에 있어서는 보다 공세적으로 나올 가능성이 크다.

중국은 미국의 강화되는 압박과 불안한 경제동향, 불안정한 국내사회 문제라는 다중 압력에 직면해 있다.

3) 새로운 외교전략 구상

최근 중국에서 평화발전론을 넘어 "공통분모론", "공통이익론"이 대두하고 있다. 이러한 움직임은 미국의 견제가 강화되고, 경제적 불안정 요인이 증가되고 있는 상황에서 이를 타개할 보다 능동적인 외교전략이 필요하다는 인식을 반영하고 있다.

미중관계는 최대한 안정적으로 관리하는 동시에 보다 적극적인 주변국관계 개선 및 강화전략을 추진하는 것을 중국 대외정책의 새로운 핵심 전략의 기조가 될 것으로 보인다. 동시에 Soft Power 외교에 대한 관심도가 크게 제고될 것이다.

중국의 군사력이 강화되고, 민주화(자유화)의 과정에서 대중주의 및 민족주의 성향 역시 강화되는 특성을 보였다. 이러한 경향은 포퓰리스트(populist)의 등장을 가능하게 함으로써 타국과의 긴장을 초래할 개연성을 증대시키고 있다. 특히 5세대 집권 후기는 이러한 위험에 더 노출될 것으로 보인다. 제5세대 지도부가 공격적이고 폐쇄적인 민족주의가 아니라 보다 포용적이고 보편적인 규범과 질서를 창출할 능력이 존재하는지 여부는 여전히 불확실한 상태이다.

4) 대북정책에 대한 함의

북한의 지정학적 전략적 중요성에 대한 중국의 인식은 당분간 변화가 없을 것이다. 이는 북한 정권의 안정성 유지 및 공고화, 북한 급변사태의 방지, 한반도 현상유지 정책을 계속 지지할 것이라는 의미이다. 미국의 대중 억제정책의 강화, 한국 정부의 친미일변도 외교, 통일시 반중정권의 수립 가능성, 통일 이후 만주 등 영토문제 제기 가능성, 한반도 통일이 중국통일에 장애로 전환될 개연성 등의 요인이 북한의 전략적 가치를 유지하게 하고 있다.

아직 그 가능성은 크다고 할 수는 없지만 한국과의 관계 악화 및 미국과의 갈등 고조시, 중국의 전통적 지정학파들과 일부 강대국론자들이 북한의 안보문제 해소를 통해 한반도 안정을 기한다는 명목하에 북한에 대한 군사지원을 주장하고 나올 개연성도 존재하고 있다. 따라서 중국의 북한군 현대화 지원여부는 향후 한중관계의 Bottom Line으로 설정해야 하고, 이를 중국 측에 지속적으로 주지시켜야 할 것이다.

북한의 핵보유 노력 및 확산가능성, 핵실험, 지속적인 국지적 도발 가능성, 그리고 이로 인한 미국과의 갈등 악화 가능성은 중국 외교의 중요한 딜레마로 계속 남을 전망이다.

위의 요인들은 중국이 주변부의 안정을 추진하는 데 중요한 장해요인일 것이다. 중국은 주변국들이 강대국 관계(미중관계)의 변수가 되는 것을 방지하려는 정책을 강화할 것으로 보이며, 이는 북한의 과도한 행동을 억제하고, 한국과의 관계를 더 긍정적으로 가져가려는 동인으로 작용할 수 있다.

한국과의 신뢰의 회복 여부에 따라 중국은 비공식적인 맥락에서 조심스럽게 한국과 대북 위기관리 대화를 추진할 개연성이 충분히 존재한다.

4. 한중관계와 정책 제언

가. 한중관계

한중관계는 행위자적인 측면을 강조한 단기적 전망을 평가할 때는 비관적이며, 구조적인 측면에서 중장기적으로 평가할 때는 낙관적 요소가 강화되는 추세에 있다. 다만 행위자적인 측면에서 '한국이 어떻게 하느냐'도 중장기적인 한중관계의 형성에 중요한 변수이다.

2012년 이명박 정부 시기 대중 정책의 초점은 "현재의 불신과 갈등이 향후 한중관계 협력의 공간을 창출하는 데 장애가 되지 않도록 잘 관리하고, 추후 발전의 기초를 잘 닦을 수 있느냐"이다.

북중관계에서 우리의 Bottom Line은 중국이 북한 군사무기의 기존 운영체계에 대한 유지 및 보수 차원을 넘어서 군현대화를 지원하느냐 여부이다. 김정은 체제가 선군에서 선경체제, 즉, '군사력 강화를 통한 통일추진 전략'에서 '북한 경제의 발전과 번영추구'를 추구하는 전략적 선택을 하지 않은 상황에서, 혹은 그 전략적 선택이 모호한 상황에서 중국이 북한의 군현대화를 지원한다면 한반도 안정을 크게 저해할 개연성이 크다, 동시에 이러한 중국의 움직임은 한국에 대해 대단히 적대적인 정책을 채택한 것으로 판단할 수 있을 것이다.

나. 정책제언

1) 중장기적 대중전략 수립 및 접근 필요

북중 정상국가관계의 추구 즉, 국가이익에 준해 북중관계를 다루겠다는 의지를 보이고 있는 것은 중장기적으로는 북중관계보다 한중관계를 중시하는 조건이 더욱 강화되는 것이다.

한중은 상호 특수주의를 벗어날 필요가 있다. 중국에 대한 과도한 기대치나 감성적 판단을 배제하고, 중국의 대외정책과 북중관계에 대한 냉정한 상황판단이 필요하다. 향후 북한 문제는 중국에게도 커다란 도전 요인일 것이다. 한국정부는 중국 측과 북한에 대한 공통의 이해영역을 확인하고, 그 영역을 넓혀나가는 외교를 전개할 필요가 있다. 북한이 핵무기 보유를 고집하는 한 중국의 고민은 깊어 갈 것이고, 한국과 협력의 공간도 넓어져 갈 것이다. 당장의 성과보다는 미래에 투자하는 신중한 외교가 필요한 시점이다.

한국이 만약 통일을 희망한다면, 이는 주변 강대국 거의 모두가 현상유지를 희망하는 가운데 강대국이 아닌 국가가 홀로 현상타파를 추진하는 사례라 할 수 있다. 이 과정이 얼마나 어렵고 많은 비용을 초래할 수 있는지를 잘 이해할 필요가 있다. 그만큼 전략적이고 명민하게 복합적 국면의 게임을 전개할 수 있는 능력을 구비 해야 한다. 현상타파에 가장 주요한 변수인 중국과 대립적인 정책을 통해 이를 달성하기는 어려운 일이다.

차기 우리의 대북정책에 대한 긍정적 이미지 및 레버리지를 확보할 필요가 있다. 그간 우리의 대북외교는 외양적으로는 공세성을 띠고 있으나, 실제 내용은 대단히 소극적이고 수세적이다. 이를 긍정적인 이미지로 전환하는 것이 필요하다. 이를 위해서는 미·중과 협의와 협력을 바탕으로 6자회담 복귀방안을 긍정적으로 고려할 필요가 있다. 6자회담에서 우리가 원하는 Agenda를 피력하고 관철시키도록 노력해야 할 것이다. 한국이 미중사이에서 직접적인 균형자가 되기는 현실적으로 어렵다. 북한에 대한 영향력 확대를 통해 미중에 대한 가교역할 및 레버리지를 확대할 수 있을 것이다.

2) "연미화중(聯美和中)" 정책 추진

전 세계적 차원에서 미중간의 경쟁과 협력이 혼재된 상황이며, 동아시아에서의 불안정성과 불확실성 강화되는 추세에 있다. 하지만 어느 일방이 타방을 강요할 수 없는 미중 "전략적 콘도미니엄(Condominium)체제"가 형성될 개연성이 가장 클 것으로 보인다. 동북아에서는 이러한 현상이 이미 현실화되고 있다.

이러한 변화에 대응하기 위해서는 미국과의 동맹을 튼튼히 유지하는 것은 필수적일 것이다. 그러나 중국과도 주요 사안에 있어 대립보다는 공통의 이익관계 영역을 확인하고, 그 교집합을 넓혀 나가 쌍방 이익의 조화를 추구하는 전략방향이 필요하다. 이 전략 속에는 중국에 대한 협력과 헤징의 요소가 다 존재하지만, 헤징보다는 협력을 전면에 내세운 관계이어야 한다. 이것은 상호 소통의 수준을 넘어서 높은 신뢰를 형성하면서 통일외교의 기초를 튼튼히 하고, 화합의 단계에 도달하려는 외교를 추진하는 것이다.

중국 측과 전략대화의 활성화와 세심한 조율이 필요하다. 한중 양국관계를 관리하기 위해서는 소통이 중요할 것이다. 신뢰가 부족해도 양국은 지속적으로 서로에 대해, 각기의 전략적 의도와 정책에 대해 상호 이해할 수 있도록 하는 전략대화가 중요하다. 모두가 수용할 수 있는 공존의 해법을 찾는 작업은 필수적이다. 상대를 존중하면서 합의할 수 있는 공동의 비전과 목표를 확인해내고, 이에 기초하여 구체적인 정책들에 합의하고, 더 나아가서는 그 합의의 영역을 확대해 나가야 한다.

대북 위기관리에 대한 한중 비공개 대화를 지속적으로 모색하여야 한다. 김정은 정권으로의 권력승계는 현재 무난하며 단기적으로는 안정될 것으로 추정된다. 그러나 중장기적으로는 변수가 많고, 북한 내 돌발사태 가능성도 대비해야 할 것이다. 당장은 어렵겠지만 차기 정부들어 중국과 북한 관련 위기관리 대화를 1.5 트랙 차원에서 모색할 필요가 있다. 북한 급변사태에 대한 대비 문제는 중국도 주요 관심사이기 때문에 북한 내부 정세에 대한 정보 교류 및 객관적 상황에 대한 인식을 공유해야 할 것이다.

중국과 지전략적 인식을 공유하도록 노력해야 한다. 이것이 의미하는 바는 양국이 합의할 수 있는 영역은 비단 한반도에만 국한되는 것이 아니라는 점이다. 지리적으로는 한반도를 넘어선 공간에서 협력의 경험을 확대해야 한다. 지정학적인 고려에 머물지 말고, 지경학적 이해, 세계의 보편적 기준에 합치하려는 지인식론적 공간을 결합하는 지전략적 비전을 한중 양국이 공유하여야 할 것이다.

다. 한국의 국력에 부응하는 강중견국 외교의 추진

자국의 역량에 대한 객관적인 실체 및 대중의 이해수준에 부합하는 외교를 추진하는 것은 국내적 정치비용을 감소시켜 대외정책의 비용을 크게 감소시키는 결과를 가져온다.

전략적 안목을 지니면서, 일변도 외교를 지양하고, 안보와 경제간 균형을 적절히 유지하고 실리를 가져올 수 있는 외교를 추진해야 한다. 현재로서는 대미중관계에 있어서는 연미화중 전략의 채택이 그 해답이다.

이러한 정책 기조를 유지함과 동시에 우리는 동아시아 중견국(Middle Power) 외교 협력체의 형성을 적극 고려해야 할 것이다. 한국의 외교는 이제 강대국 간 외교의 산물 혹은 강대국 대 약소국 관계라는 외교의 공간에서 탈피하여 우리의 독자적인 공간을 창출하려는 노력을 배가해야 한다. 이는 바로 중견국들 간의 전략적 협력 강화이며, 이들 그룹을 우리의 외교적 자산으로 확보하는 노력을 기울여야 할 것이다. 그리고 우리의 전략공간을 동북아에 한정하는 것이 아니라 동남아 지역 역시 포괄하여 동시에 사유해야 할 필요가 있다.

4) 대외정책에 대한 안목과 전략적 사고를 지닌 정치적 리더십의 출현을 대망함

향후 5년간 한국의 외교정책의 방향을 어떻게 설정하고, 주변국들과의 관계를 어떻게 형성해 나가느냐는 한국의 명운에 중장기적으로 결정적인 영향을 미칠 개연성이 대단히 크다.

약소국 리더십 형에서 탈피하여 강(强)중견국형의 리더십이 나와야 한다. 프랑스의 리셜리외, 오스트리아의 메테르니히, 독일의 비스마르크, 슈테레제만, 아데나워, 콜, 일본의 이토 히로부미, 베트남의 호지민과 같은 명민한(prudent) 지도자의 출현을 대망한다.

3주제

김정일 이후 시대의
남북관계와 대북정책

◈

김정일 이후의 남북관계
- 거시와 미시, 구조와 정책의 한 융합접근 -

박명림 연세대

◈

1. 문제의 제기

탈냉전 시대의 북한체제와 남북관계, 한반도문제의 한 기축 요소였던 김정일 북한 국방위원장 시대가 종언을 고하였다. 북한문제에 관한한 거의 전권을 장악하였고, 또 존재 자체로 그 자신이 북한문제 전체를 표상해왔기에 김정일의 사망은 한 시대의 종언으로 불려 부족함이 없을 것이다. 그러나 그러한 구시대의 종말이 곧 새 시대의 시작을 의미하는 것은 아니다. 왜냐하면 그가 남긴, 긍정 부정 양 측면 모두에서의, 구조적 정책적 유산이 너무도 깊고 길고 넓고 크기 때문이다.

그렇다면 북한체제, 남북관계, 한반도 문제의 세 층위를 압축하여 표상하고 대표해 온 중심 요소의 하나였던 김정일 위원장의 급서는 미시적 거시적으로 어떤 파장을 불러올 것인가? 과연 '김정일 이후'의 북한체제, 남북관계, 한반도문제는 어디로 갈 것인가? "김정일 시대"와 "김정일 이후 시대"는 어떤 차이가 있을 것인가? "김정일 이후 체제"는 과연 "김정은 체제"로 연결될 것인가? 승계는 과연 수성(守成)으로 이어질 것인가? 본 발표는 김정일 이후의 남북관계에 초점을 두고 거시와 미시, 구조와 정책의 결합을 통해 몇몇 중심 문제를 가능한 한 균형적이고 융합적으로 고찰하려 한다.

2. "정전체제"(armistice regime=53년체제)와 "북핵체제"(nuclear regime=94년체제)

남한과 북한의 관계, 즉 남북관계를 거시-미시, 구조-주체의 동시 고려 속에 이해하기 위해서는 분단 이래 남북관계가 작동해온 두 개의 기저지반을 함께 이해할 필요가 있다. 그것은 곧 "정전체제"(armistice regime=53년체제)와 "북핵체제"(〈North Korea's〉 nuclear regime=94년체제)를 말한다. 후자는 말할 필요도 없이 전자의 지반 위에 놓인 체제였으나, 북핵문제의 심각화, 첨예화와 함께 부분적으로 전자의 무실화와 병행하여 자주 전자를 대체하는 중요성을 띠기도 하였다. 이른바 산아의 모태 극복을 말한다. 정전체제가 "냉전시대" 남북관계의 기저구조요 요인이었다면, 북핵체제는 "탈냉전 시대" 남북관계의 기저구조요 요인이었다. 그런데 남북관계의 근간을 정초한 두 체제인 정전체제가 한국전쟁의 산물이요, 북핵체제가 북핵문제의 산물이라는 점을 고려하면, 남북관계가 놓인 구조의 근본성격은 군사(체제)라는 점이 분명해진다. 동시에 한국전쟁과 핵무장을 모두 북한이 초래하였다는 점에서 두 군사(화)체제의 이니셔티브역시 북한이 선도하였음을 알 수 있다.

두 기저체제의 정초과정에서 남한 보수정부들이 택한 선택은 자기족쇄적이었다. 이승만은 한미동맹 유일주의 및 반공반북주의로 인한 북한괴뢰

부인- 중앙정부로서의 대등서명 거부 정책에 따라 정전협정에 불참하여 한국문제-정전체제의 국제법적 당사자 성을 둘러싸고 외려 부인당하는 논란을 야기하는 일방 북한으로부터 배척당하는 구조를 놓고 말았다. 김영삼 정부 역시 한미동맹유일주의 및 북핵문제의 본질 판독에 실패하여 제네바 북핵(합의)체제에 불참함으로써 전후 및 탈냉전 시대 최대의 안보문제에서 한국의 당사자성이 외면된 채 경제적 지원역할에 머물고 말았다. 이승만과 김영삼의 선택은 정전체제와 북핵체제에서 한국을 배제시키고 소극적 위치와 역할에 한정하는 부정적 효과를 초래하고 말았던 것이다.

그러나 우리는 여기에서 남북관계에 대한 제도적 이해를 넘어 또다른 중요한 거시적 지평을 하나 발견하게 된다. 그것은 정전체제에 대한 국제법적 불참에도 불구하고 남한이 의도하지 않은 산물로서 그 체제 아래에서 북한에 비해 더욱 발전하였듯, 북핵체제의 북한주도에도 불구하고 이 체제 아래에서도 남한이 더욱 발전하고 있다는 점이다. 북한의 군사주의가 야기한 한국문제와 남한발전-북한쇠퇴, 남한승리와 북한패배의 조합를 말한다.

북한의 관점에서 볼 때 정전체제는 김일성정권의, 그리고 북핵체제는 김정일 정권의 기본지반을 뜻한다. 공교롭게도 김일성정권은 정전체제에 조응하였고(즉 북핵체제의 시작시점에 종식되었고), 김정일정권은 북핵체제와 함께 시작되었다. 남한의 관점에서 볼 때 특별히 중요한 점은 전술했듯 두 기본체제 모두에서 이승만 정권과 김영삼 정권의 불참으로 인한 남한배제 상태에서 출발하였다는 점이다. 남한배제로 인해 두 체제 모두 미국과 북한(중국)을 기본대립구도로 설정되었던 것이다. 정전체제와 북핵체제 논의의 제도적 공통 지반과 구도에서의 남한부재가 초래한 문제는 이후 오래도록 매우 심각한 후유증을 초래하고 말았다.

3. 정권의 남북 조합과 정책 선택

또 하나의 중요한 접합요인은 남북관계 조합의 불일치 문제이다. 요컨대 김일성 사망과 김영삼 정권, 김정일 사망과 이명박 정권의 만남을 말한다. 이것은 일종의 포르투나(fortuna) 내지는 "역사의 간지"를 상념케 하는 조합이 아닐 수 없다. 무엇보다도 안타까운 것은, 정통성을 다투는 두 한국에서, 반북이념이 압도할 때는, 북한에서 아무리 좋은 상황이 발생하더라도 활용하기 어렵다는 점을 증거하기 때문이다. 북한의 경우 김일성-김정일 집권 기간 동안 거의 모든 시기를 이념주의로 일관했기 때문에 남한에게 완패하였다는 점에서 더욱 더 그러하다.

이 문제는 남북관계의 실용성이 왜 한국의 민간보수정권에서는 실종되었는지를 확인하는 한 준거가 아닐 수 없다. 두 개의 준거, 즉 군부정권들의 대북 온건정책과 비교하거나, 남한에서 대북온건정책을 펴는 진보개혁정부 집권 시에 김일성과 김정일일 사망 했을 상황을 가정하면 이 불일치가 초래한 부정적 효과는 너무도 심각하게 다가오기 때문이다. 6.15정상회담 이후 김일성이 사망하였거나, 노무현 정부 아래에서, 또는 9.19 북핵문제합의 이후 김정일이 사망하였을 때를 상정하면, 구조와 주체의 조우나 접합문제는, 단순한 이론적 분석 차원을 넘어, 한국의 통일문제와 남한의 대북정책에는 너무도 중요한 현실문제가 아닐 수 없다.

김영삼 정부와 이명박 정부가 놓쳐버린 김일성 사망과 김정일 사망과 같은, (대북화해나 관계개선, 또는 정책전환이나 통일준비를 위한) 결정적인 호재는 말할 필요도 없고, 북한의 군사주의나 대남군사공세 역시 남한의 대응과 관련하여 "정책(의 누적)"이 어떻게 "구조"를 바꾸는가를 고려할 때 매우 예리한 판독이 필요하다. 강조할 필요도 없이 이명박 정부 하 금강산 관광객 피살사건, 천안함 폭침, 연평도 포격 등은 남북관계에서 실로 매우 중대한 문제가 아닐 수 없었다. 이에 어떻게 대응할 것인가? 무엇이 실용이고 무엇이 이념인가?

냉전시대로부터 남북관계를 돌아볼 때 현명한 북한 관리 방식은 정면대응 보복하지 않고 한발 떼어놓고 견인해 나가는 것이다. 그리고 그러한 남한의 선택의 누적으로 북한은 나가떨어졌고 패배하였다. 이 점에서 이념주의, 도덕주의에 집중한 이승만과 현실주의, 실용주의로 남북문제의 중심이동을 단행한 박정희 및 그 이후의 차이는 매우 컸다. 1·21사태, 랑군사태, 대한항공(KAL)기 피격 이후 남한은 분노가 극에 달했으나 즉각 대응 보복하지 않고 외려 8·15평화통일선언, 남북접촉, 6·23선언과 7·4남북공동선언(박정희 시기), 북한 제안의 수용, 남북교류와 회담, 접촉 증대(전두환 시기), 7·7선언과 북방정책(노태우 시기)으로 북한을 견인 제압해갔다. 특히 박정희는 미국과의 비밀회담에서는 미국과의 긴장을 불사하면서 전시작전권을 환수받아 즉각 보복하려는 강경한 의도를 드러내면서도, 북한에게는 선언과 제안과 비밀접촉을 통해 공동성명을 끌어내는 이중 국가책략을 보여주었다. 수해물자 제안에 대한 전두환의 예상 밖의 전격 수용에 북한은 당시 몹시 당황하였다. 노태우의 7·7선언은 대한항공 피격 1년도 안된 시점이었다.

연속적인 대결기도에도 불구하고 남한의 온건대응으로 군사대결이 빗나가자 북한은 패배하였고, 남북관계는 대역전으로 귀결되었다. 그렇다면 과연 이명박 정부 하의 위의 사태들이 위에서 예거한 박정희-전두환-노태우 시기의 시간들보다도 크고 막중했던가? 더구나 오늘날은 국력이나 국제조건에서 남한이 북한을 압도하는 상황이 아닌가? 이명박 정부의 이념주의 대북정책은 냉전시대 군사정부들의 대북정책보다도 하지하책이라는 점이 증명되는 것이다.

'비핵·개방·3000' 정책의 실패를 보면서 우리는 남한과 북한 사이의 정치적 · 역사적 불일치를 확인하게 된다. 만약 노무현과 김정일의 10 · 4 정상 합의가 국민적 합의를 통해, 보수정부 등장을 계기로 부분적 수정을 거쳐 남북 사이에 원칙적으로 준수되는 가운데 현금의 사태를 맞았다면 남북 관계는 어떠했을 것인가? 또 남한은 무엇을 할 수 있었을 것인가? 지금처럼 손을 놓고 있었을 것인가? 동방정책의 원칙적 승계와 부분적 수정을 통해 냉전 해체의 순간이 도래했을 때 통일을 달성한 독일 '보수'세력의 지혜에 비춰 이명박의 실패는 더욱 자기모순적 반실용적이다. 즉 다시 말하여 '서해평화협력특별지대 설치' '공동어로구역과 평화수역 설정' '경제특구 건설과 해주항 활용' '민간 선박의 해주직항로 통과' '한강하구 공동 이용' '개성공업지구 1단계 완공 및 2단계 개발 착수' '문산~봉동 간 철도화물 수송 시작' '개성~신의주 철도와 개성~평양 고속도로 공동 이용' '안변과 남포에 조선협력단지 건설'…. 10 · 4 남북 정상 합의에 나와 있는 이들 지역에 남북 주민들이 '함께' 활동하며 거주하는 상황에서 오늘을 맞았다면 북한은 누구의 도움 속에 어떤 미래를 구상할 것인가? 민족의 미래를 생각할 때 안타까운 현실이 아닐 수 없다.

우리는 여기에서 한 가지 중요한 점을 깨닫게 된다. 과연 한국의 보수세력이 남북관계를 실용적 실익적 관점에서 접근할 수 있느냐의 문제는 정말로 중요하다. 김영삼 정부와 이명박 정부의 이념우선 정책이 초래한 결과를 볼 때, 김일성 사망과 김정일 사망이라는 최고 호재의 돌출에도 불구하고 남북관계 이니셔티브의 선취나 북한인민 마음의 장악, 또는 통일의 조건을 놓지 못한 것을 볼 때 냉전-미국-군부라는 세 핵심요소가 사라진 상태에서 북한문제를 제대로 다룰 능력이 없다는 점이 거의 증명되지 않았나 싶은 것이다. 안타까운 부조화의 역설이 아닐 수 없다. 이유는 이념의 포로가 되어 여전히 현실을 객관적으로 보지 못하였기 때문이다. 서독과 대만의 보수세력과 비교하여도 이점은 남한 보수세력의 허약성이 아닐 수 없다.

4. 세습과 승계의 문제: 주체의 구조 형성

이제 세 번째의 거시-미시, 구조-주체 접합요인을 분석해야한다. 그것은 북한내부의 문제, 특히 승계의 문제를 어떻게 볼 것이냐와 관계된다. 결론부터 말해 정치우위(the primacy of politics)의 원칙은 사회주의에서도 동일하다는 점이다. 마오쩌둥에서 덩샤오핑으로의 리더십 전환 없이 중국의 개혁개방을 생각할 수 없었듯, 또 정통스탈린주의자들로부터 고르바초프로의 리더십교체없이 소련의 개혁개방을 상념할 수 없었듯 김일성으로부터 김정일로의 승계와 세습은 개혁개방 경로의 완벽한 봉쇄와 차단을 의미했다. 마찬가지로 김정일에서 김정은으로의 승계 역시, 권력교체 요인 중 가장 보수적 방식인 '반복세습'을 택하였다는 점에서 위로부터의 개혁개방의 가능성은 전무하다고 할 수 있다. 중국과 소련의 개혁개방은 선대부정, 방부살해가 가능하였기 때문인 것이다.

그러나 북한에서는 세습으로 인해 바로 그 방부살해, 방부부정이 불가능하다는 점이다. 북한의 김정은 체제는 부친살해=부친부정을 넘어 조부살해-조부부정의 이중살해와 이중부정을 감행해야지만 김일성-김정일 시대로부터의 탈출이 가능한데 세습은 그것을 완벽하게 차단한다는 점이다. 그것은 북한국가의 3대성격, 즉 왕조국가(=가산국가=가족국가), 군사국가, 극장국가의 측면을 모두 고려할 때 더욱더 그러하다. 이때의 가산국가와 극장국가의 개념은 일반적으로 말하듯 베버(Max Weber)와 기어츠 (Clifford Geertz))의 정의를 따른다.

그나마 김정일은 김일성의 '당대' 유산을 물려받았을 뿐이라 최초 승계자로서의 운신의 공간이라도 존재했지만 김정은은 조부의 유산과 부친의 유산이 결합된 이중유업, 이중유산, 이중유훈, 이중압박을 승계받아 더욱 더 자율의 공간이 존재하지 않는다는 점이다. 문제는 그러한 이중유산, 이중유업, 이중압박, 이중유훈 중 지도자 자신과 가계를 위해 긍정적인 요인들은 국가와 인민과 체제를 위해서는 모두 부정적이라는 점이다. 결국 지도자와 인민, 지배가족과 국가체제의 이익이 점점 멀어지며, 이제는 극적으로 충돌하기까지 하는 북한은 오늘날 정확하게 한 가족의 운명과 한 국가의 운명을 동일시해야하는 비극적 상황에 놓이고 말았다,

더욱 더 심각한 문제는 김정은 권력승계과정과 김정일 승계과정은 아래의 비교표에서 보듯 달라도 너무나 다르다. 그것은 오히려 김일성의 권력장악 초기과정에 더 가깝다고 할 수 있다. 김정일은 순수한 승계였던 반면 김정은은 반창반승(半創半承)으로 창업과 수성을 결합한 것에 가깝다. 즉 거의 준비가 안된 후계자로서 이제 막 위로부터의 일방적 지명상태를 지난 단계에 불과한, 창업의 초기 상황에 불과한 것이다. 이제부터 본격창업과 구축단계를 거쳐 과연 수성에 성공할 것인가?

아래에서 보다시피 여러 내부, 외부 조건은 김일성, 김정일 때보다도 훨씬 더 나빠서 비교할 수 없을 정도이다.

표 1 김일성, 김정일, 김정은 집권과정의 비교

	김일성	김정일	김정은
외부영향력	절대적 (소련)	미미(중국, 소련)	강력 (중국)
준비기간	단기	장기	초단기
등극시점연령	33세	52세	28세
권력창출성격	창업, 수성	승계, 수성	창업, 승계, 수성
권력창출방식	위로부터의 지명과 권력투쟁(자기창출)과 아래로부터의 지지의 결합(半征服과 半革命)	지명(승계)과 지지의 결합	현재는 지명만 존재 (향후 권력투쟁과 지지창출 과제 상존)
대남국력	강력	허약	최악
경제상황	양호(* 토지개혁)	침체	최악

인민지지	강력	중위	허약
권력핵심의 단결강도	강력	강력	강력
도전세력	강력(민족주의/공산주의)	전무	중위
가족단결여부	강력	강력	분열
자원동원 및 정책선택의 폭과 자율성	상대적으로 넓음	상당한 위축	절대적 제약

여기에서 잠시 살펴볼 문제의 하나는, 여러 분석에서 제기되고 있지 않은 요인으로서 극장국가 및 왕조국가에서 가내 정통성 경쟁문제이다. 여기에는 이른바 폐족의 문제도 포함된다. 조부대의 김영주(家), 부친대의 김평일(家), 당대의 김정남-김정철의 존재는, 직계가 아닌 장성택과 김경희만이 왕족 중 적극 지지층으로 존재하는 상황에서, 김씨왕가 승계가 김정은으로서는 혈연적 경력적 능력적으로 매우 큰 부담이 아닐 수 없다는 점이다. 김일성, 김정일은 가족, 권력엘리트, 국가, 인민 어느 영역에서건 절 대권력을 장악하고 휘둘렀으나 김정은은 가족내부에서조차 절대권력의 장악이 불가능한 상황이다. 결국 북한은 이제 정권안정과 국가안정이 연동되는 첫 국면으로 돌입한 것이다.

그 이유는 김일성에서 김정일로 승계를 반복하며 "정권세습"과 "정권안정"을 지속하는 동안 "국력쇠락"과 "국가퇴보"가 병행하였다는 점이다. 굉장히 중요한 점으로서, 남한과 비교해 북한은 정권은 늘 안정적이었지만 궁극적으로 국가체제는 패배하였다는 점이다. 그런데 김정일 이후에는 이러한 정권과 국가의 모순적 공존, 파국적 균형마저 이제 해체될 가능성이 크다는 점이다. 즉 이 둘 사이에 균열이 발생할 가능성이 크다는 점이다.

표 2 김일성, 김정일, 김정은 정권과 국가의 관계

	김일성	김정일	김정은
정권(regime)	안정	안정	불안정
국가(state)	안정(발전-정체-후퇴)	불안정(쇠락)	불안정(퇴락)

거기에는 3대가족왕조정권이 산생하는 국가퇴조의 일관된 누적을, 충분한 리더십 훈련과 공고화 과정을 거치지 않은 김정은 체제의 경착륙, 균열, 내부저항을 가능성을 포함해서 그렇다는 점이다. 특히 승계이전(pre-succession) 시점에 충분히 공고한 조건을 구축해놓지 못한채 공식적 제도적 승계를 완료한 상황에서는 승계 이후(post-succession)의 전도는 불투명하다 할 것이다.

20년에 걸친 부친의 권력승계 구축 과정과는 달리 2년에 불과한 그것으로는 안정성을 담보할 수 있을지조차 불확실하다. 권력이론에 비춰 지나치게 급속한 권력집중과 우상화는, 역설적으로 '권력담론'과 '권력현실'의 괴리로 인한 불안정성을 방증하는 '이상현상'일 수 있다. 20년이 걸린 김정일 승계시점의 허황한 '붕괴론'과 비교할 때 2년에 불과한 김정은 승계체제의 과도한 '안정론'은 또 다른 편향인 것이다. 김정일 승계때는 없었던 중국의 신속하고 반복적인 지지 표명 역시 사실상의 '승인'을 통한 영향력의 과시 표시인 동시에 외부는 물론 북한내부의 도전세력에 대한 엄중경고의 의미를 갖는다. 북한체제 불안정화의 사전차단 의지임이 분명하나, 그러한 안정화는 대중 예속의 강화를 의미할 뿐이다. 특별히 오늘날 '한반도 안정화'의 의미는, 곧 북한의 안정을 말하기 때문이다.

5. 현재의 남북관계: 현실과 전망

김정일의 급작스런 사망과 김정은의 세습으로 남북문제는 더욱 중대한 상황으로 접어들고 있다. 그럼에도 불구하고 단기적으로 볼 때 내부 불안과 대남열세가 결합된 조건에서 김정은 시기 초기에 대남관계의 적극적 개선에 나설 가능성은 거의 없다고 보여진다. 즉 남북관계는 북한의 승계작업 완성과 내부 다지기 우선 정책으로 인해 현재로서는 현상유지에 방점이 놓인다는 점이다.

첫째로 북한 내부 요인이 존재한다. 김정은으로서는 내부 공고화에 집중해야하는 측면과 함께, 무엇보다도 이명박 정부와의 관계 개선은 선왕시기의 기본정책과도 맞지 않기 때문이다. 또한 김정일의 최대 업적으로 선전되는 선군주의와 핵국가 건설을 당장 포기할리도 만무하다. 그것은 선왕 김정일 시대에 대한 정면 부정이기 때문이다.

둘째로 문제는 이명박 정부 쪽에서도 동일하다. 즉 이명박 정부 시기 동안 남북관계는 극적인 개선이 불가능하다. 첫째는 북한의 거부의사와 적대의식이 강력하고 확고하다는 점이고, 둘째는 지지기반을 배신할 수 없는 정권적 이해의 요소이며, 셋째는 집권 이래 지금까지 이념주의자들을 제외하고는 대북전문가가 한번도 대북정책 결정의 중심에 서지 않아왔다는 점이다. MB정부 역시 적극적 개선의 의지는 없는 것으로 보인다. 그러나 후술하듯 최소한의 남북관계 복원은 절대적으로 필요하다. 그것은 다음 정부가 극단적으로 나아가지 않도록 하기 위해서도 그러하다.

대북정책에 관한한 이명박 정부의 3대 국정이념 및 철학은, 수사를 넘어 실제 정책과 언설을 분석할 때, 반공성전주의, 기독교근본주의, 시장만능주의라고 할 수 있다. 그런데 정작 가장 심각한 문제는 국가전략의 분야,

차원, 사안, 비중에 따라 서로 만날 수 없는 반공-기독교-시장이라는 이 세 근본주의가 시간, 분야, 비중을 막론하고 마구 섞여 있다가 아무 때나 무원칙하게 불러내져 뽑아 쓰여 왔다는 점이다. 분석적으로 말해 '서로 다른 근본주의의 편의적 사용'이라는, 철학적 행태적으로 심각한 자기 모순적 정신분열적 조합인 것이다. 이른바 수행할수록 자기 내부에서 서로 멀어져 모순에 빠지는, 오토 아펠과 하버마스가 말하는, 수행모순(performative contradiction)을 말한다. 결국 3자가 한꺼번에 어우러진 남북관계는 북한에 대해 반공도, 기독교 선교도, 시장확대도 모두 실패하는 조합을 노정하고 말았던 것이다. 민주화 이후 이명박 정부하의 남북관계가 최악의 상황에 빠져들었던 것은 이런 근본철학의 문제가 존재하고 있는 것이다.

셋째 남북관계 개선을 추동할 국제요인 역시 현재로서는 부재하다. 북한은 북중관계를 통해 정권안정과 식량지원을 포함한 필수 요소를 제공받고 있다. 북중관계 긴밀접근이, 이명박 정부 아래에서 남북관계 악화와 맞물려 절호 시기의 남북관계를 차단하고 있는 것이다.

넷째는 미국 요인이다. 오바마 정부는 다음 대통령 선거국면에 돌입하여 남북관계 개선을 압박할 필요성을 느끼지 못하고 있다. 여기에는 오바마 정부와 좋은 관계를 유지하려는 이명박 정부의 강력한 대북 적대의지가 결정적으로 중요한 요인으로 작용하고 있다.

그러나, 중기적 관점에서 볼 때 이명박 정부 이후에는, 보수정부 3회, 진보정부 2회를 겪은 연후라서 진정으로 중용적이며 실용적인 대북정책을 실시할 수 있을 것이다. 김대중-노무현 정부의 성취와 한계, 김영삼-이명박 정부의 성취와 한계를 모두 경험한, 그럼으로써 동시에 극복도 가능한 지평에서 시작할 수 있기 때문이다. 그런 점에서 다음 정부의 선택은 정말로 중요하다고 할 수 있다. 서독에서 보수정부에 의한 온건 동독정책과 통일달성, 그리고 대만에서 보수정부에 의한 온건 양안정책과 대중접근을 고려할 때, 남한 이명박 보수정부의 극단적인 대북정책은 이해하기 어려운 것이었다.

6. 결론과 제안: "필수" "중대" "차요" "부차"적 이익/원칙의 구별과 남북관계 공준(公準)의 창출

남북문제에 대해 발표자가 오랫동안 구체성, 실익성, 실용성을 최고 준거로 삼자고 강조해온 소이는 이념성이나 진영성이 갖고 있는 문제와 폐해가 갈수록 심각하게 드러나기 때문이다. 즉 현실문제를 객관적으로 직시하지 못하게 만들기 때문이라는 점이다. "북한을 좋아하느냐 싫어하느냐", "북한이 옳으냐 그르냐" "김정일을 증오하느냐 아니냐"에 대한 도덕적, 이념적 또는 선험적 판단은, 최소한으로 말해 "정책판단"의, 그리고 최대한으로 말해 "가치판단"과 "개인이념"의 전제요인 또는 내면가치는 될 수 있어도 냉혹한 국가책략(statecraft)과 정책 선택 자체를 직접적으로 규정하는 제일(第一) 원인 또는 제일 요인이요 제일 실질은 결코 될 수 없는 것이다. 국가책략과 국가정책선택에서 이념이 현실을, 관념이 실질을 직접 규정해선 안된다. 또 이념이 현실을 이긴 적도 결코 없다. 북한의 세습독재, 반핵, 인권, 민주주의, 공존, 평화 ...등에 대해 "접근방법"은 약간 다를 수 있지만 그것을 향한 남한 보수와 진보의 "근본시각"이 이렇게 정반대로 다를 수는 없는 것이다.

김대중 노무현 정부의 대북정책이 한계가 있었다고 해서 이명박 정부는 두 정부의 모든 대북 정책을 실패와 오류로 규정하고 정반대 이념차원에서 극단적인 대안을 찾은 것이 결국은 실용적인 해법을 찾지 못하게 했다는 점이다. 이명박 정부는 너무 좋은 계기를 놓쳤던 것으로서 실용적 차원에서 두 진보정부의 화해협력정책을 원칙적으로 수용하면서도, 정책집행 및 국민동의 과정에서의 한계를 수정하여 남북교류 증진과 북한인권 개선을 함께 추구하고, 남북관계 개선과 국제협력을 병진할 수 있었다는 점이다. 서독과 대만이 성공하였고, 노태우 정부와 노무현 정부가 상당 정도로 달성하였던 정책을 현금의 시점에서 부정하고 실패한다는 것은 역사의 오만과 국력의 낭비가 아닐 수 없다.

이 때 가장 중요한 것이 내부에서의 공존과 수렴을 통한 공준(公準)의 확보라고 할 수 있다. 특히 정책적 양극화를 넘기 위해서는 이념적 담론적 양극화를 넘는 것이 선제적이고 필수적이다. 한국사회는 전자 못지않게 후자가 더 심각한 경우가 너무도 많기 때문이다. 인류의 극단의 시대에 많은 지성들이 심각히 경고하였듯이 언론과 지식이 주도하는 담론의 양극화야말로 사실은 정책의 양극화를 풀지 못하게 하는 중요한 장애요인인 동시에 그것의 원인이기도 하다. 때문에 특정 이념을 대변하던 일부 지식인과 언론인들이 정부 고위직에 임명되면 과거의 이념성과 진영성을 반영하여 정치인과 관료들 보다 더 이념적이고 더 관념적이며 더 파당적인 행태를 보이게 되는 것이다. 이명박 정부들어 이 점은 매우 심각한 폐해를 나타난 것으로 판단된다. 최근들어 한나라당이 보여주고 있는 실용적 좌클릭은, (초기 이명박 정부의 대북정책을 주도한) 지식인들의 관념성보다는 선출된 정치인들의 현실성이 훨씬 더 실용적이라는 점을 보여준다.

이 때 말하는 공준은 단순히 중용이나 통합을 말하고 있는 것이 아니라, 그 이전에 최소 필수 요건으로서의 현실성과 실용성을 말하고 있는 것이다. (남북간) 이념성과 (내부) 진영성의 압도로 인해 객관적 문제를 있는 그대로 보는 것이 아니라, 보수(정부)는 진보와, 진보(정부)는 보수와 뭔가 완전히 다른 반대 정책을 펴야 된다는 국내 진영 논리의 연장으로서 남북문제를 보기 때문인 것이다. 즉 파당적 이념성의 연장으로 국가책략을 접근하고 있는 것이다. 국가공동체의 이익증진의 관점에서 볼 때 이러한 이념적 진영적 접근은 일종의 재앙이랄 수 있다.

정말로 대한민국과 한반도 문제를 보편적 가치의 측면에서 접근하면 지금과 같은 극단적인 이념적 낙인찍기와 내부적인 상호적대는 있을 수 없을 것이다. 남남갈등이 남북갈등 못지않게 심각하고, 내부적 상호 증오로 인해 서로 간에 빙탄불상용(氷炭不相容) 불구대천(不俱戴天)지간처럼 인식하고 있는 상황은 결코 정상사회가 아니다. 우리는 해외에서 종종 한반도에 세 개의 한국이 있다고 듣곤 한다. 북한이 있고 진보 남한, 보수 남한이 있다는 것이다. 두 개의 남한(Two South Koreas)이라는 표현을 할 정도인 것이다. 이제 두 번의 보수-진보 정부를 경과한 현금에는 반드시 극복할 때가 되었다. 내부 통합 없는 균형적 통합적 대북정책은 불가능하기 때문이다.

공준의 합의, 창출, 추구, 실현을 위해 가장 중요한 것은 남한 사회가 대북문제에 관한 1) "사활적 필수적" 이익과 원칙 2) "중대한" 이익과 원칙, 3) "차요의" 이익과 원칙 4) "부차적" 이익과 원칙을 구분한 뒤 진보-보수 간에 명확한 대차대조표를 만들어 합의 가능한 공준을 창출, 확대해 가는 것이다. 하나의 공화국이자 분단국가로서 남한이 대북정책 및 남북관계에서 "필수" "중대" "차요" "부차"적 이익과 원칙을 구별한 뒤 민주적으로 합의를 도출해낸다면 현재와 같은 거대한 내부 쟁론과 갈등, 증오, 대북실패는 결코 반복되지 않을 것이라는 점이다. 이것이 이 발표의 궁극적 결론이자 제안이라고 할 수 있다. 또한 이것이야말로 이명박 정부의 실패를 목도하며, 또 김정일의 사망을 맞아, 다음 정부의 지혜를 기대하며, 역사의 낭비를 막을 최고의 집합적 지혜로 논의되어야할 요체가 아닐까 싶은 것이다.

그런 연후에는 남북관계의 공식화, 제도화가 필요하다. 이는 중요한 점이다. 북한 당국 및 민간과의 접촉과 대화에서 위의 차등적 이익들과 원칙들의 위계를 정하여 “공식적” 의제로 제도화하고 정면으로 다루어야한다는 점이다. 진보는 핵심문제의 공식적 제기와 돌파를 외면하고, 보수는 증오 때문에 북한 인정과 접촉 자체를 거부한다. 또한 단일요인(이를테면 비핵화) 때문에 다른 모든 부문에서의 국익을 거부하거나 파탄낸다. 인정하고 접촉하면서도 핵심의제를 공식적으로 제기하여 상호 조정하고 해소해나가며, 사안별 의제별 위계와 비중과 순서에 따라 국익을 증진하는 인내와 지혜가 필수적이다.

그럴 때 남북관계의 기저 공준으로서 최소한 평화공존, 화해협력, 반핵, 세습비판, 인도적 지원에는 합의해야한다. 그리고 나서 그러한 공준에 바탕해 특정 “이념”과 “정부”를 넘는 “국가”와 “공화국” 차원의 일관성이 핵심이다. 진보정부-보수정부를 넘는 근본원칙의 확립과 일관성의 추구가 절실하다는 점이다. 셋째는 앞서 말한 필수 중대 차요 부차 이익에 대해 중요도가 높을수록 합의하고, 떨어질수록 갈등을 회피할 수 있는 지혜가 필요하다. 사활적 국가이익에서는 차이를 가져서는 안되며. 좌우 양극단을 제외하면, 사실상 대북정책에서 현재처럼 극단적으로 충돌할 요소는 그리 많지 않은 것이다. 그럴 경우 다음 정부들어 한국사회는 큰 성취를 기록할 수 있을 것이다.

대북 경제협력 전망과 과제

양문수 북한대학원대학

1. 문제제기

김정일 위원장의 사망은 남북경협의 입장에서 보더라도 새로운 시대의 개막을 예고한다. 남북경협의 여건 가운데 핵심요소인 북한 및 한반도 정세의 지각변동은 불가피하다. 물론 이 변화는 당분간은 가시화되기 어렵다. 김정일 위원장 사망 직후도 그러했거니와 김 위원장의 사망 후 한 달여가 경과한 현 시점에서도 북한 체제가 단기적으로도 불안정하다고 주장하는 사람은 별로 없다.

문제는 중장기적 관점이다. 긴 호흡에서 보았을 때 김정은 체제가 안정될 것인지에 대해서는 자신 있게 이야기하는 사람은 별로 많지 않다. 김정은 체제가 중장기적으로도 안정될 것인지 여부에 대해서는 '불확실하다', '지켜보아야 한다'는 관측이 우세하다.

그런데 현 시점에서 남북경협 자체의 상황은 썩 좋지 않다. 최악이라는 평가도 나온다. 23년의 역사를 보유하고 있는 남북경협은 현재 극도로 위축된 상태이다. 개성공단을 제외하고는 모든 경협사업이 중단된 상황이다. 일반물자교역, 위탁가공교역은 지난 2010년 5·24 조치로 중단되었고, 금강산 관광사업은 지난 2008년 7월 관광객 피격사건 이후 3년 반 넘게 장기간 중단된 상태이다. 남북경협은 그러한 시점에서 김정일 위원장의 사망이라는 상황에 맞닥뜨리게 되었다.

이 글은 이러한 문제의식에서 출발한다. 포스트 김정일 시대 대북 경제협력에 대한 전망과 함께 우리의 과제를 도출하기 위한 토론의 기초 자료를 제공하는 것이 이 글의 목적이다.

2. 이명박 정부 시대의 남북경협 현황

가. 경협 전반

이명박 정부 출범 이후 남북관계의 악화는 남북교역 실적에 그대로 반영되었다. 전체 남북교역액은 큰 흐름으로 보아 뒷걸음질쳤다(표 1 참조). 남북교역 총액은 노무현 정부의 사실상의 마지막 해인 2007년에 17억 9,790만 달러로 전년 대비 33.2%의 높은 증가세를 보였다. 그런데 이명박 정부 첫 해인 2008년에는 18억 2,037만 달러로 전년 대비 1.2% 증가에 그치고, 이듬해인 2009년에는 16억 7,908만 달러로 전년대비 7.8% 감소를 기록했다.

2010년에는 19억 1,225만 달러로 전년대비 13.9% 증가를 나타냈으나 2011년에는 다시 감소세로 돌아서 1~11월중 15억 7,192만 달러로 전년 같은 기간에 비해 11.8% 감소했다. 〈표 1〉에 나타나 있듯이 현재 남북경협은 개성공단을 제외하고는 사실상 궤멸된 상태이다. 인도적 지원을 제외한 순수 남북경협 가운데 가장 가파른 하강곡선을 긋고 있는 부문은 일반

물자교역이다. 일반물자교역은 2007년에 51.7% 증가했던 것이 2008년부터 감소세로 돌아서 이 해 13.4%, 2009년에 35.9%, 2010년에 54.0%, 2011년 1~11월에 99.8% 등 매년 큰 폭으로 줄어들고 있다.

위탁가공교역의 경우, 2007년에 전년대비 30.4%의 증가를 보였고, 2008년에도 전 년대비 23.8% 증가의 양호한 실적을 보였다. 하지만 2009년에는 전년 수준을 유지하는 데 그쳤으며, 2010년에는 22.5% 감소했고, 2011년 1~11월에는 98.8% 감소를 기록했다.

특히 2010년부터는 5·24 조치의 영향으로 일반물자교역, 위탁가공교역이 크게 위축 되었다. 다만 정부가 5·24 조치를 발표하면서 기업에 대해 일종의 유예조치로 한시적으로 물자 반출입을 허용했다. 그런데 지난해 2월에 유예조치가 사실상 종료됨에 따라 지난해 3월부터는 일반물자교역과 위탁가공교역의 실적이 아예 없다고 해도 과언이 아니다. 한편 5·24 조치의 대상에서 제외된 것이나 다름없는 개성공단은 지난 2010년 반출입액이 오히려 크게 증가했고, 지난 2011년에도 증가세는 지속되었다(표 1 참조).

표 1 거래형태별 남북교역액 추이

(단위: 천 달러, %)

구분	2007	2008	2009	2010	2011.1~11
일반교역	461,411 (51.7)	399,427 (-13.4)	256,141 (-35.9)	117,862 (-54.0)	209 (-99.8)
위탁가공	329,912 (30.4)	408,310 (23.8)	409,714 (0.3)	317,558 (-22.5)	3,704 (-98.8)
개성공단	440,677 (47.5)	808,445 (54.5)	940,552 (16.3)	1,442,856 (53.4)	1,556,294 (17.7)
기 타	565,896 (14.6)	204,185 (-63.9)	72,674 (-64.4)	33,975 (-53.2)	11,664 (-65.3)
계	1,797,896 (33.2)	1,820,367 (1.2)	1,679,081 (-7.7)	1,912,250 (13.9)	1,571,927 (-11.8)

주: 기타는 인도적 자원, 금강산 관광 관련 반출입 등.
( )는 전년동기 대비 증감율.
자료:통일부, 한국무역협회

나. 금강산 관광 사업

금강산 관광사업은 2008년 7월 이후 3년 6개월 넘게 중단된 상태이다. 1998년 사업을 시작한 이후, 사업이 중단된 것은 이번이 세 번째이다. 1999년 6월에 관광객 민영미씨 억류 사건, 2003년 4월에 북측에 SARS 전염 우려로 각각 중단되었다. 그런데 중단 기간은 40일과 60일에 그쳤다. 이번처럼 3년 6개월이라는 장기간은 처음이다.

그동안 북측의 책임 인정과 재발방지 약속 등을 둘러싼 남북 간 대치가 계속되었다. 2009년 8월 현정은 현대그룹 회장이 방북해 김정일 국방위원장을 만나 금강산·개성 관광 재개에 합의했지만 정부는 당국 차원이 아니라며 외면했다. 지난 2010년 2월 남북은 개성에서 관광재개 실무회담을 열었지만 접점을 찾지 못했고, 북측은 4월 금강산 특구 내 남측의 정부 자산을 동결시키고 관리인원을 추방했다. 게다가 천안함 사건 후 정부가 개성공단 이외 남북교역 교류를 전면 중단한 '5·24 조치'를 내놓은 뒤 금강산 관광 재개 가능성은 더욱 희박해졌다.

표 2 금강산/개성/평양관광객 현황

(단위: 명)

구분		98	99	00	01	02	03	04	05	06	07	08	계
금강산 관광	해로	10,554	148,074	213,009	57,879	84,727	38,306	449	–	–	–	–	552,998
	육로	–	–	–	–	–	36,028	267,971	298,247	234,446	345,006	199,966	1,381,664
	합계	10,554	148,074	213,009	57,879	84,727	74,334	268,420	298,247	234,446	345,006	199,966	1,934,662
개성 관광		–	–	–	–	–	–	–	1,484	–	7,427	103,122	112,033
평양 관광		–	–	–	–	–	1,019	–	1,280	–	–	–	2,299

※ 금강산(08.7.12) 및 개성(08.11.29)

자료: 통일부

북한은 기존 사업구도의 무효화 및 새로운 판짜기를 시도하고 있다. 지난해 금강산국제관광특구법 제정이라는 새로운 입법조치를 단행해 2002년에 제정한 금강산관광지구법의 사실상의 무효화, 현대아산의 독점권 취소를 실시했다.

북한은 1998년 현대와 금강산 관광 합의서 체결시 "금강산에서의 관광사업권은 현대측에게만 주는 것으로 한다"고 명기해, 이른바 독점적 사업 권리를 부여했는데 이것을 이제는 취소하겠다는 것이다. "북측 지역을 통한 금강산 관광은 우리가 맡아 하되 해외사업자에게 위임할 수 있고, 남측 지역을 통한 관광은 현대가 계속 맡아 한다"고 밝혔다.

나아가 북한은 지난해 8월, 금강산 지구 내 우리측 자산에 대한 법적 처분을 단행한다고 발표하고 우리측 인원을 모두 추방했다. 이에 따라 금강산 지구에는 남측 인력이 한 명도 남지 않게 되었다.

북한은 금강산관광사업의 북한 주도화, 제3의 사업자를 통한 해외관광 사업화 추진 등을 추진하고 있다. 지난해 8월 29일부터 9월 2일까지 외국 언론사 및 관광회사 관계자들을 대상으로 나선-금강산 크루즈 시범관광 실시한 바 있다.

이에 대해 한국정부는 "북한의 일방적 주장은 사업자 간 계약과 당국 간 합의, 국제 규범에 어긋나는 불법적이고 부당한 처사"라고 밝혔다. 한국정부는 법적인 대응도 검토중이다.

사실 금강산관광 합의는 현대아산과 북한 아태평화위가 체결한 사업계약서를 바탕으로 한다. 이에 대한 정부 차원의 제도적 지원은 이른바 4대 합의서에 규정돼 있다. 특히 남과 북은 경제교류 협력 과정에서 발생할 수 있는 분쟁을 해결하기 위해 '남북 상사중재위원회'를 설치키로 합의했지만 아직 이행되지 않고 있다. 이 때문에 국제법원으로 가져가는 방법이 거론되고 있다. 북한이 지난 2010년 4월 금강산 계약 무효를 선언했을 때 이를 국제사법재판소(ICJ)에 가져가는 방안이 거론됐지만 ICJ에는 양국의 합의가 있어야 상정이 가능해 북한이 응하지 않는 상황에서는 불가능하다.

한편 현대와 북측은 1998년 금강산 관광 합의서 체결 당시, 분쟁해결에 대해 쌍방은 금강산관광사업에서 분쟁이 발생하는 경우 민족내부문제로서 철저히 협상을 통해 해결하고, 제3자가 관련될 경우 분쟁발생후 30일이내 상호간 협상으로 해결되지 않을 경우, 국제상사법 원칙을 적용해 베이징에 소재한 국제경제무역중재위원회의 중재를 통해 최종 해결한다고 합의한 바 있다. 그런데 이 경우도 오랜 시간이 걸리는데다 실효성 있는 결과를 내기가 쉽지 않다.

결국 이 문제는 사업자 간 분쟁 조정이 아닌 당국 간 정치적 결단을 통해 풀어야 한다는 의견이 지배적이다. 국제재판소를 통한 해결은 기대하기 어렵기 때문에 정부가 정치적 의지를 갖고 로드맵을 짜야 할 사안이다.

다. 5·24 조치와 남북경협 기업[1)]

한국정부는 지난 2010년 천안함 사건 조사결과를 발표하면서 경제 제재조치 차원에서 북한에 대해 개성공단을 제외한 교역과 교류를 사실상 전면 중단시킨 5·24 조치를 발표했다. 이에 따라 우리 국민의 방북 및 제3국 등지에서의 북한 주민 접촉은 엄격히 제한되고 있다. 북한에 대한 일반물자 교역과 위탁가공교역은 중단되었고, 북한 선박의 우리 해역 운항은 불허되고 있다. 개성공단의 가동은 허용되었지만 체류인원 축소, 기업의 신규 진출과 투자 확대는 불허, 개성공단 밖의 임가공(외주사업)은 금지되었다. 대북 지원도 수해피해나 영유아 등 취약계층에 대한 민간의 순수한 인도적 지원 등 극히 제한적인 경우에만 허용되었다.

그런데 갑작스럽게 실시한 5·24 조치로 우리 기업의 큰 피해가 발생했

1) 5·24 조치 이후의 남북경협 기업의 상황에 대해 보다 자세한 것은 양문수, "5·24 조치 1년과 남북경협," 『KDI 북한경제리뷰』, 2011.5을 참조.

고, 정부는 대책 마련에 나섰다. 우선 기업들에 대해 일종의 유예 및 구제 조치를 실시해 반입, 반출을 한시적으로 허용했다. 또한 자금난을 겪게 된 기업들 일부에 대해 '특별경제교류협력자금'이라는 이름의 금융 지원을 제공했다.

한편 남북경협피해조사단의 조사결과[2]에 따르면 손실 관련 조사에 제대로 응답한 기업 104개사가 5·24 조치로 인해 입은 손실액은 총 4,030억 원, 1개 업체 당 평균 38억 7,500만 원 수준인 것으로 나타났다[3]. 또한 조사에 응한 금강산지역 투자 진출기업 30개사가 관광 중단 이후 발생한 매출손실액은 1,178억 원에 달했다. 정부가 취한 5·24 조치가 자사의 대북경협 사업에 미친 영향에 대해서는 66.9%에 달하는 기업이 "아주 크다", 12.3%의 기업이 "큰 편이다"라고 응답해 전체의 79.2%가 큰 영향을 받고 있는 것으로 나타났다.

정부는 5·24 조치 이전에 반출되었거나 계약, 발주된 원부자재의 반출입을 허용하여 일시적으로 업체들의 숨통을 틔워 주기는 했지만 장기적으로 업체들의 불안정성은 더욱 커진 상황이다. 정부의 유예조치는 지난해 2월로 종료되었다. 업체 입장에서 가장 큰 것은 대안을 찾을 수 있느냐, 아니냐는 것이다. 업체들은 구조조정, 축소경영 등을 통해 나름대로 생존을

2) 남북경협피해조사단의 실태조사는 2011년 1월 24일부터 3월 25일까지 실시되었다. 당초 실태조사 대상으로 선정된 업체는 모두 1,017개사였으나, 연락처의 부정확, 업체의 폐업, 업체의 조사 거부 등으로 154개사가 설문조사에 응했고, 이 가운데 13개사에 대해서는 방문 조사가 실시되었다. 김영윤, "실태조사로 본 남북경협상황과 관련 기업의 현실," 국회 외교통상통일위원회 위원장 남경필 남북 경협사업자협의회 금강산지구기업협의회 개성공업지구기업대표자회의 주최 세미나, 『5 · 24 남북경협 단절조치 1년, 어떻게 풀 것인가』, 2011.5.24 참조.

3) 물론 이 수치를 어느 정도 신뢰할 수 있는지는 의문이다. 기업이 일방적으로 제시하는 손실 규모를 그대로 수용할 수밖에 없었다고 남북경협피해조사단측은 밝히고 있다.

모색하고 있으나 뚜렷한 출구가 보이지 않는 상황이다.

남북경협이 20여 년의 역사를 가지게 되면서 기업 입장에서는 대북사업이 생계수단으로 정착하게 되었는데 졸지에 기존 생계수단을 잃어버리고 새로운 생계수단을 찾아야 하는 절박한 상황에 봉착했다. 다른 한편으로는 상당한 비용과 시간의 투자가 필요함에도 불구하고 기존 거래선과의 관계 유지 등을 위해 열악한 환경의 제3국 위탁가공생산지를 지속적으로 물색할 수밖에 없다는 점이 고민이다. 하지만 대안지 마련이 결코 용이하지 않은 상황이다.

3. 개성공단 사업의 현황과 평가

가. 남북관계의 악화와 개성공단의 위기

이명박 정부 출범 이후 남북관계 악화는 개성공단의 운영에 결정적인 영향을 미쳤다. 북측은 총론적으로는 남북관계 전반에 대한 남측의 정책 기조에 반발했지만, 각론적으로는 개성공단 사업에 대한 남측 정부의 의지가 약화된 것이 아니냐는 의구심과 불만을 가지게 되었다.

북한은 2008년 겨울부터 개성공단 사업에 대해 일련의 압박조치를 취하면서 개성공단 사업의 위기적 상황을 초래했다. 북한은 남한 정부에게 압력을 가하기 위해 개성공단 입주기업들을 인질화하고, 나아가 공단 폐쇄를 무기화한 것이다.

북한은 우선 지난 2008년 12월 1일부터 육로통행 횟수와 출입가능 인원수, 남측의 상주인력에 대한 대폭적인 감축 조치를 실시했다. 이어 2009년 3월, 키 리졸브 훈련기간 동안에는 세 차례에 걸쳐 개성공단 통행에 대한 제한 및 차단 조치를 실시했다. 아울러 3월 31일에는 현대아산 직원 억류

사태 발생했다. 북한은 이어 4월부터 6월까지 임금, 토지임대료 등 기존의 계약조건에 대해 재검토 선언 → 기존 법규 및 계약의 무효 선언 → 새로운 계약조건 제시로 그 수위를 점차 높였다.

그러던 중 북측이 8월부터 남한에 대해 미소를 보내기 시작하면서 개성공단의 경영 여건은 다소 회복되었다. 억류 현대아산 직원은 석방되었고, 9월 1일자로, 2008년의 12·1 조치가 해제되면서 통행이 정상화되었다. 2009년의 임금 인상은 예년과 마찬가지로 5% 인상에 합의하면서 새로운 계약조건 문제는 일단 수면 아래로 내려갔다.

지난 2010년 천안함 사건 이후 개성공단은 또 한 차례 위기에 직면했다. 한국정부는 북한에 대한 경제 제재조치인 5·24 조치를 발표하면서 개성공단은 이 조치의 대상에서 사실상 제외했다. 다만 신규진출과 투자 확대를 불허하며, 체류인원은 축소했다. 이에 북한은 남한의 5·24 조치에 크게 반발하면서 남한이 대북심리전을 재개하면 '조준 격파사격'은 물론, 개성공단 폐쇄로 맞대응하겠다고 밝혔다. 하지만 남한 정부가 대북 심리전 잠정 유보 방침을 밝힌 이후 북측은 개성공단을 유지하겠다는 의사를 피력했고, 한국 정부도 개성공단 유지 방침을 재확인했다.

이후 개성공단은 서서히 안정되어 갔으나 11월 연평도 사건 발생으로 다시 한번 크게 출렁이게 되었다. 한국정부는 1000명 수준이던 남측 체류 인원을 절반 수준인 550명 정도로 다시 감축했다. 남북간의 긴장이 극에 달하면서 다시 한번 개성공단의 폐쇄 가능성이 거론되기도 했다. 하지만 이후 시간이 지남에 따라 다시 점차적으로 안정되어갔고, 특히 지난해는 별다른 악재가 없이 안정적으로 운영되었다.

나. 기업경영의 악화 및 안정화의 반복

남북관계 악화, 북한의 압박조치, 천안함 연평도 사건 등은 개성공단 입주기업의 경영에 직접적인 타격을 주었다. 가장 큰 것은 바이어들의 이탈 및 주문 감소 등으로 인한 가동률 하락, 생산 위축이다. 개성 상주인력(주재원)의 감축에 따른 경영상의 애로도 무시못할 요인이다.

개성공단 입주기업의 생산액은 연간 기준으로 보면 2008년까지 매년 빠른 속도로 증가하다 2009년에 증가세가 현저히 둔화되었다(표 3 참조). 가동기업수는 2008년 말 93개사에서 2009년 말 117개사로 25.8% 증가했으나 총생산액은 2008년 25,124만 달러에서 2009년 25,647만 달러로 2.1% 증가에 그쳤다. 따라서 기업당 평균 생산액은 270.2만 달러에서 219.2만 달러로 무려 18.9%나 감소했다.

하지만 북한이 개성공단에 대한 직접적인 압박 조치를 철회한 2009년 9월부터는 상황이 다소 안정되기 시작해 연간 기준으로는 2010년부터 실적이 다소 회복되었다. 가동기업수는 2009년 말 117개사에서 2010년 말 121개사로 3.4% 증가에 그쳤으나 총생산액은 2009년 25,647만 달러에서 2010년 32,332만 달러로 26.1%나 증가했다. 이에 따라 기업당 평균 생산액은 2009년 219.2만 달러에서 2010년에 267.2만 달러로 21.9% 증가했다. 기업당 평균생산액으로 보면 2008년 수준을 거의 다 회복한 것이다.

그리고 2011년의 경우, 1월부터 11월까지의 생산액은 36,985만 달러로 전년 동기의 29,421만 달러에 비해 25.7%나 증가했다. 특히 2010년의 5·24 조치 이후에도 생산액이 크게 증가한 것은 주목할 만한 사실이다. 아울러 월생산액 기준으로 사상 최고치를 잇따라 갱신[4)]했다.

다만 월별 생산액 기준으로 보면 장기적으로는 증가하는 추세이지만 단기적으로는 변동성이 커지면서 전월대비 증감율이 큰 폭으로 나타나고 있

---

4) 3,472만 달러('11.3), 3,487만 달러('11.5), 3,529만 달러('11.6), 3,531만 달러('11.8), 3,682만 달러('11.9)

다(그림 1 참조). 예컨대 연평도 포격 사건이 발생, 한반도 정세가 매우 불안해진 2010년 11월에는 생산이 전월보다 14.7% 감소하고 사태가 다소 진정된 12월에는 전월보다 16.0% 증가했다. 남북관계 동향에 민감하게 반응하면서 월별 생산액은 다소 불안정한 움직임을 보이고 있다.

표 3 개성공단 가동기업 수 및 생산액 현황

(단위: 개, 만 달러)

구분	2005	2006	2007	2008	2009	2010	2011.1~11	계
가동기업수	11	30	65	93	117	121	123	123
생산액(연간)	1,491	7,373	18,478	25,142	25,647	32,332	36,985	147,448

자료: 통일부

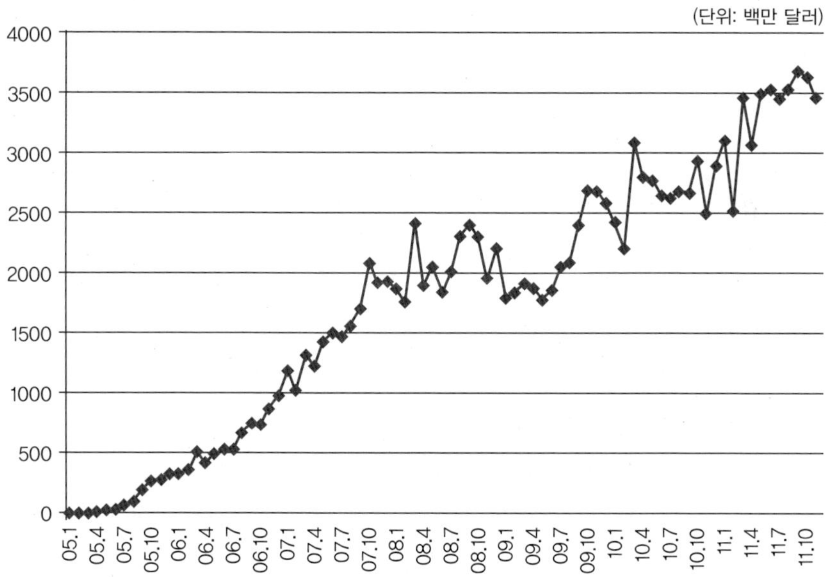

〈그림 1〉 개성공단 기업의 월별 생산액 추이

자료: 통일부

한편 개성공단의 최대 현안의 하나가 북측 근로자 공급부족 사태이다5).

〈표 4〉와 〈그림 2〉에서 보듯이 북한 근로자 수는 빠른 속도로 늘어나다 지난 2008년 말부터 통일부 관계자는 기업들의 요구만 놓고 보면 아직도 2만여 명의 노동력이 추가로 필요한 상태라 고 밝혔다. 증가세가 둔화되고 있다. 가동기업수의 증가세를 북측 근로자수가 쫓아가지 못하는 상황이다. 2008년 말과 2011년 11월말을 단순 비교해 보면 가동기업수는 93개사에서 123개사로 32.3% 늘어났으나 북측근로자수는 같은 기간 38,931명에서 48,708명으로 25.1% 증가에 그쳤다.

표 4 개성공단 남북한 근로자 현황

(단위: 명)

구분	2005년 말	2006년 말	2007년 말	2008년 말	2009년 말	2010년 말	2011년 11월말
북측 근로자	7,621	11,189	22,538	38,931	42,561	46,284	48,708
남측 근로자	490	791	785	1,055	935	804	771
합계	8,111	11,951	23,323	39,986	43,496	49,479	

자료: 통일부

다만 2007년 경부터 현안으로 떠오른 북측 근로자 숙소 건설 문제가 이명박 정부 출범 이후 남북당국간 대화 단절로 미해결 상태로 남아 있었고, 더욱이 남북관계가 악화되면서 북한은 개성공단의 폐쇄 카드를 내보이며 남한을 압박해 왔던 상황에서도 북한이 근로자들을 추가 공급하고 있는 것은 주목할 만한 사실이다. 예컨대 5·24 조치 직후인 2010년 5월말에는 북측 근로자 수가 43,448명이었던 것이 2011년 11월말에는 48,708명으로 1년 반 동안에 12.1% 증가했다. 개성공단에 대한 북한의 속내를 엿볼 수 있는 대목이다.

다. 개성공단 사업에 대한 평가: 국민경제적 관점

개성공단 사업이 남한 경제의 입장에서 가장 큰 것은 한계상황에 놓여

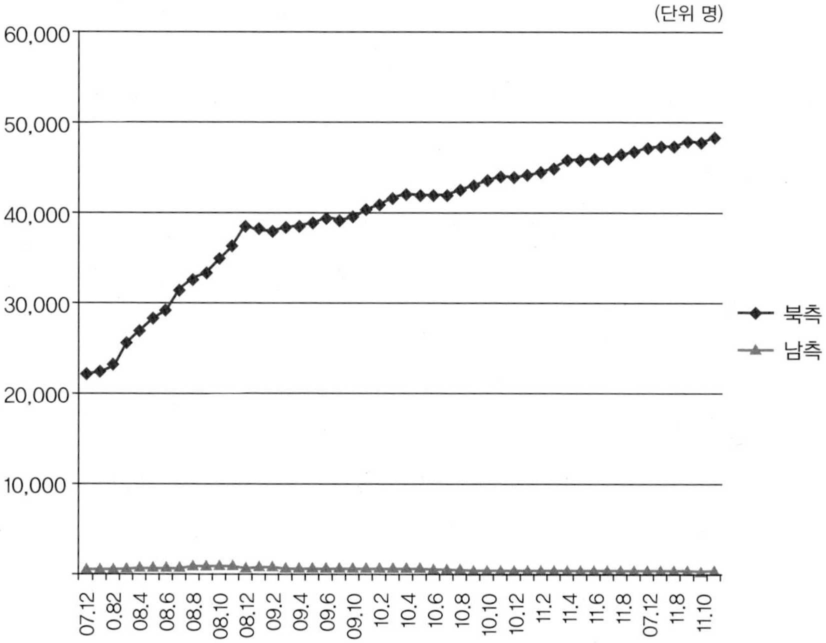

〈그림 2〉 개성공단 남북한 근로자 현황

자료: 통일부

있는 국내 중소기업에게 새로운 활로를 제공한다는 것이다. 고임금, 고지가 등 고비용 문제에 직면해 경쟁력을 급격히 상실하고 있는 국내의 중소기업과, 중국 등 해외 진출도 어려운 한계 중소기업들에게 회생의 기회를 제공하는 것이다. 이른바 한계업종의 기업들을 개성공단으로 이전시킴으로써 경쟁력을 회복하는 한편 남한 사양 산업의 구조조정 및 남한 산업구조의 고도화를 촉진하고 새로운 성장동력을 창출할 수 있다. 특히 그동안 개성공단은 우리 중소기업이 중국, 베트남 등지에 진출했으나 이들 지역에서의 경영여건 악화 및 경쟁력 상실로 인해 국내로 유턴을 희망하는 기업의 대안지로서 각광을 받았다[5].

개성공단은 또한 국내경제와 높은 산업연관효과를 가지게 되었다. 개성공단 입주기업들은 생산활동에 필요한 원부자재 등의 조달을 위해 업체당 평균 34.4개의 협력업체와 거래관계를 맺고 있으며, 연간 평균 거래 규모는 47.9억원에 달한다. 2005년부터 2010년 9월까지 개성공단으로 인한 생산유발효과는 47.4억 달러, 부가가치 유발효과는 13.8억 달러, 고용유발효과는 19,721명으로 분석되고 있다[6].

북한 경제의 입장에서는 무엇보다도 경제회생에 필요한 각종 자원을 제공받을 수 있다는 점이다. 직접적으로는 근로자들의 임금뿐 아니라 공단개발과 관련된 각종 부대수입으로 외화수입의 증대가 가능하다. 또한 개성공단을 통해 북한은 일자리 창출도 가능하고 북한으로서는 선진기술을 습득할 수 있는 기회도 제공된다.

라. 개성공단의 경쟁력

개성공단의 경쟁력으로서는 우선 양호한 입지조건을 꼽을 수 있다. 남한, 특히 남한의 수도권과의 근접성이 중요하다. 이는 수도권의 거대시장 충분히 활용 가능하고 인천공항, 인천항과도 근접해 있어 물류면에서도 유리하며, 특히 남북간의 물자 및 인원 이동이 도로로 가능하며, 남한으로부터의 직접적인 전력, 통신 공급도 가능하다.

아울러 저렴하고 우수한 노동력도 지적될 수 있다. 월 60.8달러의 최저

---

5) 자세한 것은 중소기업진흥공단 편, 『개성공단! 중국진출 Return 중소기업의 대안』, 2008을 참조.

6) 조혜영 외, 『개성공단 기업의 국내산업 파급효과 및 남북산업간 시너지 확충방안』, 2010, 지식경제부 한국산업단지공단, pp.68-123; 이해정, "개성공단, 중국 베트남보다 경쟁력 우월," 현안과 과제(현대경제연구원), 2011.7.5 에서 재인용.

임금으로 중국, 베트남보다 낮은 수준이다. 기업들은 북측 노동력에 대해 대체로 긍정적으로 평가하고 있으며 특히 노동생산성도 중국, 베트남보다 높다. 중국 청도공단이 한국의 60% 수준, 베트남 딴투언 공단이 한국의 40%, 개성공단은 한국의 71% 수준이라는 조사 결과가 존재한다[7].

표 4 개성공단과 주요 해외 경쟁공단의 근로자 1인당 인건비 비교

구분	개성공단(A)	중국 청도공단(B)	베트남 딴투언 공단(C)	A/B	A/C
월 최저임금	60.8 달러	112~135 달러 (760~920 위안)	63~71 달러	0.45~0.54	0.86~0.97
근로자 수령 임금	80 달러	250~300 달러	120 달러	0.26~0.32	0.67
근로자 1인에 대한 기업의 총지출 액	129 달러	368~460 달러	151~164 달러	0.28~0.35	0.79~0.85

주: (1) 2010년 8월 기준\
(2) 근로자 1인에 대한 기업의 총지출액 = 임금 + 사회보험료 + 복리후생 등 부대경비
자료: 조명철 외, 개성공단과 주요 해외공단과의 경쟁력 비교 연구, 2010, 지식경제부 한국무역협회; 홍익표, "개성공단의 경쟁력 분석 및 활성화 방안," KDI 북한경제리뷰, 2011년 5월호에서 재인용.

마. 정치사회적 성과

개성공단의 정치사회적 성과로서는 우선 남북관계 개선, 발전에 대한 기여를 꼽을 수 있다. 공단 건설 및 운영과정에서 대규모의 인적 왕래, 접촉이 이루어지면서 한반도 긴장이 실질적으로 완화되는 효과가 있다. 전반적인 남북관계가 냉각국면에 접어들었을 때도 남북관계를 일정 수준 이하로 악화되지 않도록 하는 제어판의 역할을 수행한다.

특히 북한정부가 언제든지 개성공단을 폐쇄할 수도 있다면서 남한정부

7) 조명철 외, 『개성공단과 주요 해외공단과의 경쟁력 비교 연구』, 2010, 지식경제부 한국무역협회; 이해정, "개성공단, 중국 베트남보다 경쟁력 우월," 『현안과 과제(현대경제연구원)』, 2011.7.5 에 서 재인용.

에 대해 으름장을 놓아 왔음에도 불구하고 아직까지 공단 폐쇄 결정을 내리지 못한 것이나, 남한정부가 5·24 조치를 취하면서도 개성공단을 사실상 제외한 것은 개성공단이 남북관계에서 가지는 의미가 무엇인지 단적으로 보여주는 대목이다.

북한의 개혁·개방 촉진 효과도 있다. 북한은 개성공단 사업의 추진과정에서 시장경제 메커니즘을 학습하고, 대외개방의 노하우를 습득하고 있다. 특히 북한당국자들은 입주기업들로부터 징수하는 각종 수입의 극대화를 위해 세금, 보험, 회계 등의 시장경제 제도의 학습에 매우 적극적인 태도를 보이고 있다.

남북한 군사적 긴장 완화 효과도 있다. 개성공단은 군사 요충지를 남북경제협력지역으로 변화시킴으로써 군사적 긴장을 크게 완화시키는데 기여하고 있다. 공단조성을 위해 개성지역에 있던 주요 군사시설들을 후방으로 이동배치한 것은 MDL을 10km 북쪽으로 이동한 효과이다.

북한 주민들의 대남 인식 개선 효과도 있다. 직간접적으로 개성지역 주민들의 생활 여건 및 복지후생 증대에 크게 기여함에 따라 주민들의 대남의식에도 영향을 주고 있다. 특히 개성 지역 주민들은 남한 경제의 실상, 남한의 경제력에 대해 직간접적으로 관찰, 체험함으로써 남한에 대한 동경심을 가지게 되었다.

바. 한계·문제점

물론 개성공단 사업의 문제점도 존재한다. 기업 경영 여건이 개선되고 있으나 아직 충분한 수준은 아니다. 우선 통행, 통신, 통관 등 이른바 3통 문제이다. 사업이 진행되면서 점진적으로 개선되고 있으나 현재 기업들이 겪는 대표적인 애로사항의 하나이다. 또한 출입시간 및 절차상의 경직성과 불편도 존재한다. 전화, 팩스는 사용 가능하나 인터넷과 이동통신은 불허된 상태이다.

이와 관련, 개방 수준에 아쉬움이 남는다. 개성공단은 기존의 남북경협보다 남한자본에 대해 개방의 수준을 확대한 것은 분명하나 아쉬움이 남는 것도 부정하기 어렵다[8].

전략물자 반출 문제도 존재한다. 이로 인해 남한 기업의 대북 반출설비 물자에 상당한 제한이 가해지고 있다. 전략물자란 전시 금수품목에 기원을 둔 개념으로 적성국 또는 준 적성국에게 이전될 경우 군수용 물자 등으로 전용되어 자국에 위해를 가할 수 있기 때문에 자유로운 무역거래가 제한되는 품목을 말한다. 이는 바세나르 체제 등 다자간 전략물자 수출통제체제와 미국의 수출관리규정(EAR)에 기초한 것이다. 자신들의 제품생산에 필요한 자재와 설비 중에서 일부 혹은 상당 부분을 구비하지 못한 상태에서 생산활동이 이루어져야 한다는 것은 기업으로서는 적지 않은 부담이다.

원산지 규정 문제도 존재한다. 개성공단에서 생산된 제품의 판로가 매우 제약받는다는 것이다. 개성공단 입주기업들이 생산하는 제품은 대부분 북한산으로 판정된다. 그런데 북한산 제품의 대미국 수출은 법적으로는 가능하나 실제로는 거의 불가능하다. 미국이 대북 경제제재 조치 차원에서 북한산 제품에 대해 수입금지적 고율 관세를 부과하고 있기 때문이다. 일본

8) 최근 조중 공동지도위원회가 작성한 것으로 알려진, '조중 라선경제무역지대와 황금평경제지대 공동개발 총계획요강'은 개성공단 관련 법규보다 진일보한 면이 있다. 예컨대 외국인 투자가가 단독은행, 합영은행과 다른 금융기구를 설립하고 경영활동에 종사하는 것을 허용한 점이 눈에 띈다. 또 기업과 노동자들이 자율적으로 노동계약을 할 수 있도록 했다. 기업경영과정에서 인력의 채용과 해고, 제품 판매가격, 파산, 청산 등의 기업행위를 시장원칙에 따라 자주적으로 결정한다. 결국 북한이 중국 투자 유치를 위해 라선·황금평에 대해 개성공단보다 훨씬 개방적인 조치를 취하고, 개성공단보다 더 폭넓게 시장경제원리를 적용한다는 것을 밝히고 있다는 것에 주목할 필요가 있다.

시장도 사정은 비슷하다[9]. 따라서 개성공단에서 제품을 생산해도 수출에 커다란 제약이 발생한다. 실제로 2006년 26.8%, 2007년 21.4%, 2008년 14.3%, 2009년 11.2%, 2010년 11.3%, 2011년 1~3월 8.9% 등 개성공단 생산 제품의 수출 비율은 갈수록 하락하고 있다.

한편 노동력 공급문제에 대한 북측의 해결능력 부족도 지적되어야 한다. 근본적으로 노동력과 숙소는 북측이 해결해야 할 사항이나, 북측의 해결능력 부족을 고려할 필요가 있다. 근로자 숙소 건설 문제는 남한 정부의 재정부담과 사회적 합의가 관건이다.

기업에 대한 관리정책의 문제도 존재한다. 적극적 지원과 적정수준 관리통제간의 딜레마이다. 기업에 대한 지원에 있어서 사전에 명확한 원칙을 세운 상태에서 추진할 필요가 있다. 불가피한 측면이 있으나 시범단지 및 본단지 1차 기업에 대한 금융지원과 본단지 2차에 대한 금융지원의 차이는 불만의 소지가 있다.

개성공단 사업의 태생적 한계도 존재한다. 이는 중국 등 여타 지역의 경제특구와 구별되는 점으로서 재정적 부담은 남측에 전적으로 의존하고 있다[10].

개성공업지구리관위원회의 공단 관리 운영관련 예산의 독립기능이 부족

---

9) 2005년부터 2011년 3월까지 누계 기준으로 생산제품의 수출 비율은 14.2%이다. 주요 수출국은 호주(24.8%), EU(18.9%), 중국(18.4%), 러시아(15.5%), 중동(12.6%), 일본(1.6%) 순이다.

10) 개성공단은 남한의 사업자가 공단 개발은 물론, 용수, 전력, 통신 등 일체의 기반시설을 건설하고, 남한이 임명한 개성공업지구관리위원장이 실질적으로 공단을 관리운영하는 방식을 취하고 있다. 개성공단은 법적으로 북한법에 의해 운영되고 북한기관(중앙특구개발지도총국)의 지도를 받게 되어 있으나, 사실상 공단의 개발과 관리운영은 남한에 위임되어 있다는 점이 여타 특구와 구별 된다. 통일부 개성공단사업지원단, 『개성공단 5년』, 2008, pp.17-18 참조.

한 것이다. 자체 수입원의 확보가 곤란하다.

사업의 성격상 엄밀히 따져 경제특구보다는 거대한 임가공단지에 가깝다는 점도 있다. 북한에서의 원부자재 조달 곤란, 생산제품의 북한내 판매 곤란 등 개성공단과 북한 내부 경제와의 연관성이 거의 없다.

마지막으로 남북관계 및 한반도 정세 등 사업의 외부적 여건 변화에 취약한 구조를 지적해야 한다. 북한의 미사일 발사, 핵실험 등으로 한반도의 긴장이 고조되고 국제사회의 대북경제 제재가 강화되어 개성공단의 투자 환경이 악화되었다. 북한의 대남 군사적 도발 및 이에 따른 남한의 대북 경제 제재조치 등으로 사업 여건이 악화되었다. 이러한 여건 악화는 바이어의 이탈, 생산 감소 등 개성공단 사업에 직접적으로 악영향을 미친다.

4. 이명박 정부의 대북경협정책에 대한 평가

가. 긍정적 측면

이명박 정부의 대북경협정책에 대해 성과를 강조하는 사람들의 주장은 대체로 다음과 같은 것이다. 우리 정부가 국민들의 요구를 반영하여 제대로 된 남북관계를 정립하고자 "원칙 있는 대북정책을 일관성 있게 추진"했다는 점이 가장 큰 성과이다. 북한이 대남 강경정책을 폈지만 이에 흔들리지 않고 의연하게 대처했으며, 특히 상생과 공영의 남북관계 발전을 위해 일관된 대북원칙을 견지했다는 점을 높이 평가해야 한다는 것이다.

우선 북한의 비핵화를 유도 촉진하기 위해 '비핵·개방·3000'을 제시했고, 이를 바탕으로 한반도 신평화구상, Grand Bargain 등을 제안했다. 개성공단사업의 경우, 북측이 임금, 토지임대료 등에 대해 기존 합의를 파기하며 무리한 요구를 할 때 우리 정부는 국제규범 확립, 경제원리 추구, 미래지향적 발전 등 '개성공단 발전 3원칙'에 따라 북측의 요구를 수용할 수 없다는 입장을 견지했다. 금강산관광사업도 관광재개에 대한 안팎의 압력에도 불구하고, 관광객 피격사건에 대한 진상규명, 재발방지, 신변안전보장 등 3대 선결요건이 충족되지 않으면 관광사업을 재개할 수 없다는 원칙을 끝까지 지켜 내었다.

이에 따라 남한은 북한에 더 이상 끌려다니지 않게 되었으며, 북한에 대해 할 말은 다 하는 당당함을 보여주고 있으며, 북한이 남한에 대해 협박을 하고 생떼를 쓰는 종전의 방식은 더 이상 통하지 않는다는 인식을 심어주게 되었다[11]. 지난 10년간의 정책적 오류로 인해 남북관계가 잘못되어 있던 것을 이제야 바로잡게 되었으며, 이에 따라 남북관계도 정상화되는 과정에 들어서게 되었다. 이에 따라 '제대로 된' 남북경협을 추진할 수 있는 여건이 마련되게 되었다.

따라서 북한은 앞으로 남한을 대할 때 종전처럼 함부로 대하기는 어렵게 되었다. 이는 차기 정부가 대북정책을 수립, 집행함에 있어서 운신의 폭을 넓혀준 것이다.

나. 부정적 측면

반면 이명박 정부의 대북경협정책에 대해 문제점을 강조하는 사람들은 남북관계의 후퇴, 남북경협의 위기를 가장 먼저 내세운다. 지난 10년간 대화와 화해협력정책을 통해 남과 북이 힘들게 신뢰를 쌓아놓았건만 이명박 정부 출범 이후 남북간의 대치, 대립으로 공든 탑이 와르르 무너졌다는 것이다. 그 결과 남북관계는 냉전 시대로 회귀했다는 점에 대해 개탄해마지

11) 다만 이명박 정부의 대북경협정책이 북한의 인식 변화를 이끌어 냈는지, 나아가 차기 정부 시대에 북한의 행동 변화가 나타날 것인지에 대해서는 논란의 여지가 있을 수 있다.

않는다.

이들은 남북경협의 위기적 상황을 지적한다. 앞에서 보았듯이 남북교역액은 큰 흐름으로 보아 뒷걸음질쳤다. 특히 이른바 3대 경협 사업의 타격이다. 과거 김대중·노무현 정부 10년간 남북경협의 핵심 사업으로 진행되었던 3대 경협 사업, 즉 남북한 철도·도로 연결, 금강산관광사업, 개성공단사업이 이명박 정부 출범 이후 모두 큰 타격을 받았다. 특히 금강산관광사업은 사업중단에서 한 걸음 더 나아가 파국을 향해 치닫고 있다.

남북경협은 23년의 역사 속에서 현재 최대의 위기를 맞고 있다. 일반물자교역, 위탁가공교역, 금강산관광사업, 개성공단사업 등 거의 모든 남북경협사업이 이명박 정부 출범 이후 남북관계 악화라는 태풍의 영향권에서 벗어나기 힘들었다. 이에 따라 침체의 늪에 빠져들고 있던 남북경협사업에 5·24 조치라는 대북 경제제재조치는 결정적 타격을 가했다. 남북경협은 이제 개성공단 하나만 남아 있을 뿐, 나머지 모든 사업은 궤멸된 상태이다.

남북경협의 현장에서 뛰는 당사자들, 즉 민간 기업들은 직격탄을 맞았다. 현대아산은 관광사업 중단이 장기화되면서 5천 억 원이 넘는 매출손실을 기록했고, 수차례의 구조조정으로 직원수도 관광 중단 전(1천여 명)에 비해 무려 70%나 줄었다. 현대아산의 협력업체들도 상당수가 사실상 파산상태에 놓여 있는 것으로 전해지고 있다. 금강산 관광의 남쪽 관문이었던 강원도 고성지역 역시 큰 타격을 입었는데 지난해 5월말 현재 986억 원의 경제적 손실이 발생한 것으로 추산되고 있다[12].

아울러 앞에서 살펴보았듯이 경협기업들은 갑작스런 5·24 조치로 큰 피해를 입었다. 도산한 기업도 있는가 하면 매출 격감, 적자 누적으로 신음하게 된 기업도 부지기수이다. 물론 우리 정부는 기업에 대한 유예 및 구제

---

12) 연합뉴스, 2011.7.11.

조치, 특별자금 융자 등의 대책을 내놓았으나, 기업에 대한 피해 보상에 대해서는 난색을 표명하고 있다. 이에 따라 앞으로 정부와 기업의 갈등이 심화될 것이라는 것은 불을 보듯 뻔하다.

더욱 더 우려되는 것은 이른바 부정적 학습효과이다. 대북사업이 그 속성상 남북관계, 남북한당국의 정책으로부터 결코 자유로울 수는 없지만 최근의 경험은 기업들 입장에서 보면 이른바 부정적 학습효과가 크다. 남북관계가 악화되었을 때 남북한 당국이 어떤 행동까지 서슴지 않는지 두 눈으로 똑똑히 보았고, 결국 피해를 보는 것은 사업당사자인 기업임을 절감했을 것이다. 그러면 앞으로 여건이 획기적으로 좋아지지 않는 한, 대북사업, 특히 대북 투자에 대해서는 시쳇말로 '아주 몸을 사리게 될 것'으로 보인다.

한편 남북관계가 얼어붙으면서 남북경협이 침체의 늪에 빠진 반면 북한과 중국은 더욱 밀착, 북중경협은 확대일로를 걷고 있다. 북중교역은 2010년에 이어 2011년에도 폭발적 증가세를 보였다. 2011년 1월부터 10월까지의 북중교역 규모는 46억 6,540만 달러를 기록, 전년동기 대비 73.6%라는 놀라운 증가세를 나타냈다. 북중교역의 가파른 증가는 북한의 대중수출이 견인하고 있다. 2011년 1~10월 북한의 대중수출은 20억 4,396만 달러로 전년 동기 대비 125.3% 증가했고, 같은 기간 북한의 대중수입은 26억 2,144만 달러로 전년 동기 대비 47.2 % 증가했다. 이처럼 북한의 대중 수출증가율이 수입증가율을 크게 웃돎에 따라 북한의 대중 무역적자도 크게 감소해, 전년 동기 대비 33.9% 감소한 5억 7,700만 달러를 기록했다.

이에 따라 2011년에도 북한의 대중무역 의존도는 더욱 높아진 것으로 추정된다. 북중 무역의 급격한 증가세와 남북교역의 감소추세 등을 감안할 때 2011년 북한의 전체 무역(남북교역 포함)에서 중국이 차지하는 비중은

2010년의 57%에서 2011년에는 거의 70% 수준으로 급격히 높아진 것[13]으로 보인다.

또한 황금평 위화도 경제지대와 나선 경제무역지대의 착공식이 지난해 6월에 개최되었다. 나선 착공식에서는 북중 양국이 적극 협력해 전력문제를 시급히 해결하고 나진항 현대화와 나진항-원정리 구간 도로보수 공사를 연말까지 끝내겠다는 계획이 발표되었다. 중국 중앙정부가 직접 개입하면서 이제 북중경협은 종전과는 차원이 달라졌다는 평가도 나오고 있다.

물론 북중경협 확대를 꼭 부정적으로만 볼 필요는 없다. 단기적으로는 북한의 대외개방을 촉진하는 긍정적 효과가 존재한다. 하지만 장기적인 관점에서 볼 때 북한과 중국의 경제적 밀착은 한국입장에서 보면 한반도 통일에 있어서 매우 부담스러운 요소라고 보아야 한다. 게다가 5·24 조치 이후의 경험이 보여주는 것은 북중경협이 남북경협과 어느 정도 대체될 수 있다는 점이다. 특히 남북위탁가공교역에서 압도적 비중을 차지하는 의류위탁가공사업은 거의 완벽하게 북중위탁가공교역으로 대체되었고, 남북간 갈등으로 오히려 중국기업이 득을 보고 있는 것으로 전해지고 있다[14].

---

13) 김상기, "북중무역동향," 『KDI 북한경제리뷰』, 2011년 12월호, pp.59-60.

14) 그동안 남북위탁가공교역은 20년의 역사 속에서 일정한 노하우를 축적하고 나름대로의 성과를 거두었다. 평양을 중심으로 이루어지고 있는 남북 위탁가공생산은 20년간의 경험을 토대로 일정한 경쟁력을 구축한 상태이다. 대형화된 생산공장, 저렴한 비용, 철저한 생산관리체계의 구축과 함께 평양이라는 지역적 이점으로 인력수급도 용이하다. 그런데 이러한 성과가 5·24 조치 이후 일순간에 물거품이 될 처지에 놓여 있다. 특히 남북위탁가공교역이 북중위탁가공교역으로 대체됨에 따라, 한국기업이 지난 20년 동안 북한의 기술수준을 향상시키고 숙련도를 제고한 그 과실을 이제는 중국기업에게 무상으로 넘겨줄 가능성이 크다.

5. 포스트 김정일 시대 남북경협의 전망과 과제

가. 남북경협 전망

포스트 김정일 시대의 남북경협은 단기적인 관점에서 보면 '큰 변화 없음'으로 요약할 수 있다. 남북경협을 규정하는 핵심적 요인인 남북관계, 남한의 대북정책, 북한의 대남정책이 당장 큰 변화를 보일 것 같지 않기 때문이다.

이명박 정부 임기 말까지 남북관계에 큰 전기가 마련될 것으로 예상하는 사람들은 별로 많지 않다. 그 근거로서 어떤 이들은 천안함 연평도 사건, 그리고 이명박 정부의 대북정책 기조를 내세우기도 하고, 또다른 이들은 2012년이 남북한, 나아가 미, 중, 러 등 주변국의 권력교체 시기 등 정치일정이 과도기라는 점을 내세우기도 한다. 또 북한의 김정은 체제로서도 당분간은 내부결속을 통한 안정이 최우선과제인 만큼 대외관계에 큰 변화가 발생하기 어렵다는 점을 강조한다.

그렇다고 해서 남북관계, 특히 남북경협이 지금보다 더 나빠질 가능성 또한 별로 크지 않다. 남북경협에서 남은 것은 개성공단 뿐이다. 북한정부로서도 개성공단이 가지는 의미를 충분히 인식하고 있기 때문에 개성공단의 상황을 악화시킬 조치를 취할 가능성은 거의 없다.

다만 중장기적인 관점에서 보면 상황은 다소 달라질 수 있다. 내년 2월 이후 남한의 신정부 출범을 계기로 남북한당국이 남북한의 새로운 판짜기를 시도할 가능성은 충분히 생각해 볼 수 있다.

나. 남북경협의 중단기적 과제 1: 경협의 의미와 방식

1) 남북경협의 필요성과 의미의 재정립 1

남북경협이 왜 필요한지, 그 의미가 무엇인지에 대한 재검토, 재정립이 필요하다. 남북경협의 복원에 반대하는 입장도 적지 않기 때문이다. 남북경협의 복원을 위해서는, 혹은 복원의 수준을 높이기 위해서는 이러한 과정을 통한 국민적 합의수준 제고 노력이 불가피하다.

남북경협의 필요성과 의미에 크게 공감하는 사람들은 남북경협의 효과에 대해 적극적, 긍정적으로 평가한다. 남북경협을 통해 남한에 대한 북한의 경제적 의존도가 높아지면 당연히 남북관계에도 긍정적 영향을 미친다. 남북경협은 남북관계를 안정적으로 유지하고 관리하는 중요한 수단이다. 남북경협은 남한경제에도 적지 않은 도움을 준다. 특히 개성공단의 경우처럼 중소기업에게 경쟁력 회복 및 회생의 기회를 제공한다. 남북경협은 또 북한주민들의 대남인식에도 상당한 변화를 초래한다.

남북경협의 필요성과 의미에 대해 다소 회의적인 사람들은 남북경협의 효과에 대해 소극적, 부정적으로 평가한다. 경제협력 자체가 절대적 선은 아니라는 입장이다. 남북관계의 관리 차원에서 남북경협이 가지는 의의와 필요성에 대해서도 소극적 해석을 펴고 있다. 극단적으로는 이른바 '퍼주기'론, 경협 무용론, 경협위해론, 즉 퍼주기의 대가가 핵과 미사일이라는 주장이다.

2) 남북경협의 필요성과 의미의 재정립 2

김정일 위원장의 사망은 남북경협의 의미에 대한 재조명을 요구한다. 무엇보다도 김정은 체제의 안정화는 한반도 평화와 안정이라는 관점에서 미, 중, 러, 일 등 주변국들의 일치된 입장이다. 김정일 사망 직후 주변국들이 보여준 발 빠른 대응은 이들이 북한의 붕괴를 원치 않으며, 한반도의 안정을 희망하고 있음을 잘 보여주고 있다.

하지만 한국정부는 이에 대한 명확한 입장을 정리하지 않고 있다. 물론 통일부는 지난 1월, 올해 대통령 업무보고에서 대북정책의 3대 목표의 하나로서 '한반도 평화와 안정 관리'를 내세웠다. 통일부는 이 목표 달성을 위한 방안의 하나로서 △ 개성공단, 금강산관광 등 남북경협, △ 6.15 및 10.4 선언 등 남북간 기존합의 이행 문제 등을 통한 남북관계 발전방안 협의를 설정했다. 하지만 천안함 연평도 문제도 남아 있고, 현 정부가 출범 이후 표방한 대북정책 기조에서 얼마나 자유스러울지 아직은 미지수다. 정부는 대북정책의 유연성을 표방하면서도 원칙을 훼손하지 않는 범위 내라는 단서를 달고 있다.

설령 우리 정부가 북한 체제의 안정화를 목표로 내세운다고 해도 이를 실현할 수 있는 뚜렷한 수단을 보유하고 있지 않다는 것이 고민거리이다. 개성공단을 제외하고는 남과 북을 이어주는 끈들은 모두 다 끊어진 상태이다. 결국 북한 체제의 안정화를 도모한다고 하면 남북관계를 복원해야 하며 특히 남과 북을 이어주는 끈들을 살려야 한다. 이는 북한에 대한 인도적 지원을 포함해 남북간 교류협력 이외에는 대안이 없다.

물론 이전에도 남북경협은 남북관계 및 한반도 정세를 안정적으로 유지하고 관리하는 수단으로서의 의미를 부여받았다. 하지만 그러한 의미에 대한 회의적인 시각도 적지 않았고, 특히 이명박 정부 들어서는 그러한 목소리가 힘을 얻는 분위기가 조성되기도 했다.

그런데 포스트 김정일 시대 북한 체제의 중장기적 불확실성에 대한 공감대가 형성되면서 남북경협의 의의에 대한 재조명이 불가피해졌다. 특히 한반도 정세를 안정적으로 유지하고 관리하는 수단으로서의 남북경협의 의미가 새로운 차원에서 부각되고 있다.

한편 일각에서는 이미 북한의 입장이 정해져 있기 때문에, 혹은 이명박 정부에 대한 기대감을 접었기 때문에 우리의 선택이 큰 의미가 없다고 주장한다. 현 국면에서 남북관계의 주도권은 북한이 가지고 있다고 한다. 하지만 이러한 주장은 논란의 여지가 있다.

이와 관련, 포스트 김정일 시대의 북중관계, 북중경협에 대해서는 전문가들 사이에 대체로 의견이 일치하고 있다. 북중관계 밀착, 북중경협 확대라는 방향성에 대해서는 이견이 없는 상태이다.

하지만 북중경협의 한계성도 고려하지 않을 수 없다. 북한 지도부 입장에서는 어쩔 수 없는 상황이기 때문에 북중경협 확대를 용인하고 있다. 중국에 과도하게 의존하는 것은 북한지도부로서도 달갑지 않으며, 정치적으로도 부담스러운 상황이다. 북한으로서도 남북관계, 남북경협에 대한 유인이 존재함은 부인하기 어렵다.

따라서 남북관계, 남북경협의 미래는 여전히 열려 있다고 보아야 한다. 우리의 정책적 의지와 노력에 따라 달라질 수 있는 여지는 분명 존재한다. 이와 관련, 남한의 차기 정부의 부담을 덜어주기 위해, 운신의 폭을 넓혀주기 위해 이명박 정부가 단절된 남북관계, 남북교류협력을 어느 정도 회복시켜 놓아야 한다는 주장들이 많다.

3) 남북경협의 필요성과 의미의 재정립 3

포스트 김정일 시대의 개막은 통일이라는 관점에서도 남북경협의 의미를 재정립할 필요성을 새삼 요구한다.

남한으로의 흡수통일이든, 중국의 속국화든 제3의 길이든, 북한의 미래는 북한이 결정한다는 사실을 간과해서는 곤란하다. 극단적으로 북한이 내전 내지 무정부 상태에 돌입한다 해도, 정권이 껍데기에 불과한 존재로 전락한다 해도, 조선민주주의공화국이라는 국가가 존속하는 한 국제사회가 북한의 미래를 결정할 권한은 없다는 것이다. PKO와 같은 조직이 북한에 주둔할 수는 있어도 이는 과도기적 상황에 불과하다.

결국 북한 주민의 선거에 의해 북한 스스로의 정권을 수립하고, 이 정권이 주권 국가 북한의 장래를 결정하는 것이다. 결국 북한 정부가, 누구에게 의탁할 것인지, 홀로서기를 할 것인지를 스스로 결정해야 한다.

남한이 북한과의 통일을 지향한다면 남한은 그 때를 준비해야 한다. 결국 북한 주민이든, 북한 지도부이든 그들의 마음을 사는 것이 남한으로서는 가장 중요한 과제로 제기된다. 남한과 북한의 신뢰가 중요한 것도 바로 그 때문이다.

그리고 남한이 국제사회에 대해 남북통일의 당위성을 주장하기 위해서는 남한 스스로의 의지와 자세를 인정받아야 한다. 단순히 같은 민족이라는 사실 하나만으로는 국제사회가 수긍하기 어렵다. 과거에 동일한 민족이었지만 지금은 남남으로 살고 있는 국가가 이 지구상에 어디 한둘인가.

요컨대 한반도에서 북한에 대한 남한의 특수한 지위를 국제사회에 주장할 수 있기 위해서는 '남북관계'라는 게 반드시 존재해야 한다. 한반도의 운명이 주변 열강에 의해 타율적으로 결정되지 않고 남과 북이 일정 정도 자율성을 가지고 결정하는 것이 매우 중요하다. 이를 위해서는 '남북관계'의 유지, 발전이 필수적인 조건으로 된다. 그리고 남북관계에서는 당분간은 남북교류협력이 핵심적 역할을 수행할 수밖에 없다.

4) 남북경협 추진방식의 재정립 4

남북경협의 추진방식과 관련, 새로운 틀을 짜야 한다는 지적들이 많다. 하지만 아직 까지는 추상적, 원론적 수준의 논의에 머무르고 있다. 우선 이와 관련된 몇 가지 핵심 이슈, 즉 △ 상호주의, △ 정부와 민간의 역할 분담 등에 대한 재검토, 재정립이 필요하다.

상호주의 문제에서 가장 핵심적인 것은 북핵문제와 남북경협의 연계 혹은 병행 문제이다. 물론 북핵문제와 남북경협을 연계시킨다고 해도 다양한 수준과 방법이 가능하다. 아울러 북핵문제와 남북경협을 병행한다고 해도 이 역시 다양한 수준과 방법이 가능하다. 상호주의 문제에는 남북경협의 레버리지화(지렛대화) 문제도 존재한다. 대북경제 제재조치인 5·24 조치도 이러한 맥락에서 파악 가능하다. 상호주의 문제에 대해 한국 내에서 오랜 기간 토론이 이루어졌으나 뚜렷한 결론을 내지 못한 상태이다. 하지만 향후 또 한차례의 격론이 불가피할 전망이다.

정부와 민간의 역할 분담 문제도 중요한 이슈이다. 물론 이 또한 고전적인 논쟁의 대상으로서 정부 개입의 근거, 범위와 수준에 관한 문제이다. 정부는 제도적 환경 구축에 그쳐야 하는지, 필요시 정부재정을 투입해야 하는지 여부와도 관련 있다. 아울러 정부재정을 투입하는 경우에 대한 원칙, 조건의 설정 문제가 중요하다. 남북경협에 참여하는 중소기업에 대해서는 중소기업 (지원) 정책 차원에서도 접근하는 것이 필요하다는 주장도 존재한다.

한편 남북관계 및 한반도 정세의 관리라는 의미에서의 남북경협, 통일준비라는 차원에서의 남북경협을 수용한다면 이는 남북경협에서의 정부의 보다 적극적인 역할 필요성으로 이어진다.

다. 남북경협의 중단기적 과제 2: 기존 경협 사업

1) 5·24 조치 해제

5·24 조치의 실효성에 대한 의문은 끊임없이 제기되어 왔다. 북한의 대중 경협 확대로 제재 효과가 상쇄된 것이다. 반면 우리 기업, 특히 중소기업의 피해는 막대하다. 5·24 조치의 지속 기간이 길어질수록 우리 기업의 피해는 더 늘어날 것은 자명한 사실이다. 이는 향후 남북경협의 복원시 엄

청난 부담으로 작용할 전망이다.

따라서 정경분리 원칙에 입각해 5·24 조치의 해제를 단행해야 한다. 천안함·연평도 사건에 대한 북한의 사과를 요구하는 것과는 별개로 한국정부의 5·24 조치로 중단된 남북 교류협력을 재개하는 것이다. 우리 기업의 피해 최소화를 명분으로 제시하는 것이다. 직접적으로는 일반물자교역과 위탁가공교역을 재개하는 것이다. 야당은 물론 여당 일각에서도 이러한 주장이 제기되고 있다.

2) 금강산 관광 사업

금강산 관광의 경우, 중단된 관광을 재개하는 것이 최대의 단기적 과제이다. 그런데 이 문제는 사업자 차원의 문제가 아니라 남북한 당국 간의 문제로 비화한 지 오래다. 따라서 남북당국 간 정치적 결단을 통해 풀어야 한다.

물론 용이한 일은 아니다. 금강산관광문제는 현재 꼬일대로 꼬여 있는 형국이다. 우리 정부는 그동안 △관광객 피격 사망사건 진상 규명 △재발 방지책 마련 △관광객 신변안전을 위한 제도적 장치 마련 등 3가지 전제조건을 요구해 왔다. 3가지 조건은 다소 협상의 여지가 있다고 해도 관광객의 신변안전보장에 대한 북한당국의 약속이 있어야 한다는 것이 한국측의 입장이다. 게다가 북한이 천안함 및 연평도 건에 대해 진정성 있는 태도 변화를 보여야 한다는 게 우리 정부의 입장이다. 또한 금강산 내 한국측 재산권의 원상회복이 이루어져야 한다는 입장이다.

다만 금강산 관광 문제는 시간이 지나면 지날수록 되돌리기가 어려워진다는 점을 상기할 필요가 있다. 지금도 늦었지만 시간이 지나면 더욱더 늦어지고, 복원은 더욱 힘들어지고, 복원에 필요한 비용과 노력이 더욱 커질 것으로 보인다.

3) 개성공단 사업

개성공단의 경우, 단기적 과제 중 대표적인 것이 통행, 통신, 통관 등 3통 문제이다. 기존에 남북간에 논의되고 합의된 내용을 구체화하고 수정보완해 실천할 필요가 있다. 아울러 노동력 부족 문제에 대한 해결방안 모색이 시급하다. 당분간은 근로자 숙소 문제가 최대 현안인데 이것과 관련된 핵심 쟁점의 하나가 소요재원을 각 주체별로, 즉 한국정부, 한국기업, 북한정부간에 어떻게 분담할 것인가 하는 문제이다. 한편 근로자 숙소 문제가 최대 현안이기는 하지만 이는 근원적인 해결방안이 될 수 없다. 철도, 도로 등 교통망 확충을 통해 근로자 출퇴근 여건 개선을 통한 근로자 공급 확대 방안도 검토할 필요가 있다. 보다 근원적으로는 노동력의 수요 조절에 대한 고민도 필요하다.

아울러 원산지 문제, 전략물자 문제 해결도 중요한 과제이다. 국제사회와의 협력을 통한 문제 해결에 남한 정부가 보다 적극적으로 나설 필요가 있다. 이와 함께 개성공단 사업의 안정성 제고 노력도 필요하다. 2008년 이후 경험한 사업 추진상의 불안정성이 재연되지 않도록 노력해야 한다. 남북관계 등 주변 여건 변화 영향력을 최소화하기 위해 남북한 당국 간의 새로운 제도적 틀 구축 노력이 필요하다.

마지막으로 개성공단의 미래에 대한 논의를 준비해야 한다. 지금으로서는 언제가 될지 예측하기 어렵지만 5·24 조치 해제 이후를 미리 생각해 두어야 한다. 즉 2단계 사업 추진 여부를 포함해 향후 개성공단 사업 추진방향에 대해 폭넓고 심도 있는 토론을 준비해 둘 필요가 있다.

라. 남북경협의 중단기적 과제 3: 청사진 및 신규 사업

1) 북한의 경제개발 계획

중단기적으로 남북경협의 큰 그림을 다시 그려야 한다. 다만 어떠한 청사진이 되었든 북한측에 대해 경제회복 전략, 그리고 남북경협의 기여 방안을 제시하는 것이 필요하다.

지금까지의 연구에서는 대외지향적 경제개발 전략이 북한의 경제회복 전략의 핵심요소로 지적되어 왔다. 북한의 경제개발 초기에는 외화를 벌어들일 수 있는 산업, 즉 수출산업의 육성이 결정적으로 중요하다. 자본도 기술도 없는 북한으로서는 노동력을 활용한 수출주력산업을 육성하는 대외지향형 공업화가 초기에는 경제발전 전략의 핵심이 될 수밖에 없다.

대외지향형 공업화 전략의 일차적인 목표는 특정 산업의 수출산업화를 통한 생산 확대와 외부로부터의 자본재 도입을 위한 외화의 획득이다. 북한의 현 상황이 외부로부터 대규모의 자원을 유입하고 이를 이용해서 노후화된 산업설비를 전면 개보수(현대화) 혹은 신규설비로 대체할 수 있는 상황이 아니기 때문이다.

이와 관련, 전략산업의 육성에 초점을 맞출 필요가 있다. 한정된 재원을 통하여 단기간에 확대 재생산 메커니즘을 회복시키기 위해서는 제한된 산업에 자원을 투입하여, 육성함으로써 전반적인 생산 확대의 토대를 구축할 필요가 있다. 즉 섬유, 전기 전자산업을 전략산업으로 한 수출주도형 공업화의 추진이다(그림 3 참조).

2) 북한의 경제개발과 남한의 역할

한편 북한의 수출산업 육성은 북한 단독으로 이룰 수 있는 성격의 사안이 아니다. 외부의 지원, 외부와의 협력이 필수적이다.

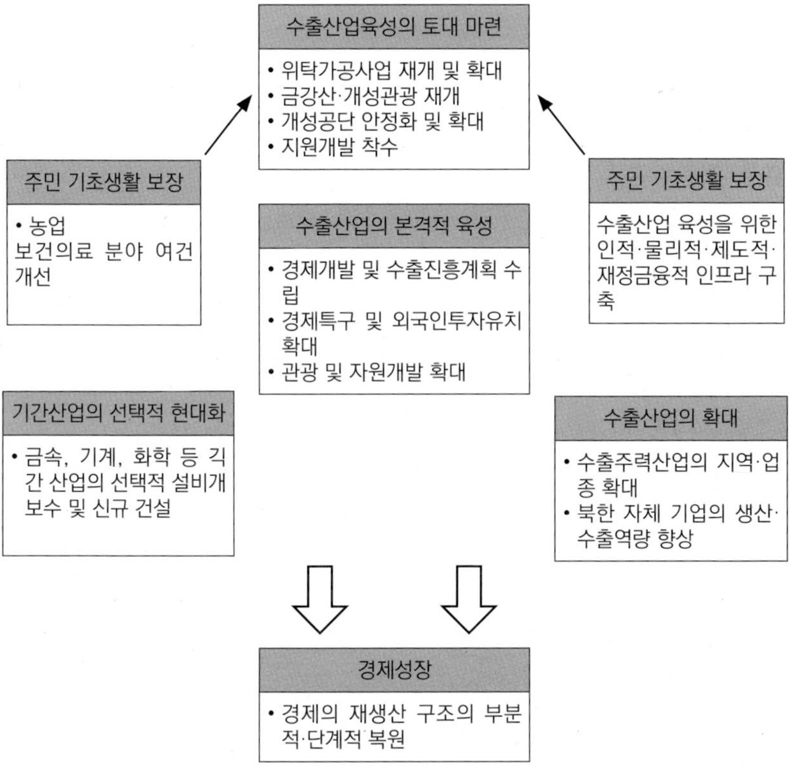

〈그림 3〉 북한 경제개발계획의 기본

따라서 전략산업의 육성을 중심으로 남북한 산업협력을 추진해야 한다. 일차적으로 섬유산업을 중심으로, 이어 전기전자 산업을 육성해야 한다. 남북한 산업협력을 통하여 전략산업에서의 남북한 분업구조를 우선적으로 형성해야 한다.

산업협력에서는 대북 투자가 핵심을 이룰 수 있으나 위탁가공(특히 설비제공형 위탁가공)도 주요 요소이다. 산업발전을 통하여 북한 산업의 생산 능력, 기술 수준 등이 향상됨에 따라 점차 수직분업에서 수평분업 구조로 이행해야 한다. 중장기적으로는 남한에서 연구개발, 마케팅 등을 담당하고,

북한에서 생산을 담당하는 것이다.

3) 남북경협 거점의 선택, 집중, 확산 전략

남북경협은 협력거점을 중심으로 한 전략이 불가피하다. 북한은 개혁개방의 점진성에 비추어 볼 때 경제특구 중심의 대외협력을 선호하는 경향이 있다. 남한을 비롯한 해외자본의 입장에서도 특구를 중심으로 한 거점 개발 방식을 선호하고 있다.

남북경협의 발전을 위해서는 선택, 집중, 확산 전략이 필요하다. 선택은 협력 유망 산업 및 협력 가능 지역을 선정하는 것이다. 집중은 선정된 유망 산업 지역에 대해 정부 차원의 자원 배분을 집중시켜 거점으로서 정착시키는 것이다. 확산은 경협 거점 지역을 순차적으로 확산하는 것이다.

남한의 입장에서는 향후 개성, 금강산이라는 제한된 거점을 보다 확대할 필요가 있다. 그러한 측면에서 10·4 공동선언의 의미를 새삼스럽게 인식하게 된다. 한편으로는 개성, 해주, 남포, 안변, 백두산 등 점의 확대이고, 다른 한편으로는 서해와 개성, 해주, 인천의 연계 등 점이 선, 면으로 확대되는 것이다.

4) 국제협력에 대한 인식의 재정립

포스트 김정일 시대는 북한을 둘러싼 국제적인 경제 협력을 어떻게 볼 것이냐는 문제가 새삼 제기될 수 있다. 한반도 문제에 있어서 중국의 중요성은 갈수록 커지고 있으며 이러한 경향은 포스트 김정일 시대에 더욱 강화될 것이라는 전망에 이견을 제시하는 사람은 없다. 따라서 한국은 북한을 둘러싼 국제적인 경제 협력을 순수하게 경제적인 관점에서만 접근할 것이냐, 아니면 경제적 관점을 넘어서 국가 전략 관점에서 접근할 것이냐 하는 문제를 고민해야 한다.

한국으로서는 주변 국가들과의 실질적인 협력을 통한 대북 경협에 보다 많은 관심을 기울일 필요성이 있다. 남북관계 개선, 나아가 남북통합의 과실에 대해서도 주변국과 공유하려는 태도를 보여주어야 한다. 주변국들에게 어떠한 방식으로 경제적 유인을 제공할 수 있는지 적극적으로 제시해야 한다.

동시에 남한은 북한을 두고 주변국과 실질적으로 협력하는 경험의 축적이 필요하다. 특히 다자간 협력은 현실적 어려움이 많기에 더욱 그러하다.

이와 관련, 향후 북한에 진출하고자 하는 중국 등 동북아지역의 정부 및 민간 자본에 대해 남한 정부 및 민간 자본이 수수방관할 것이 아니라 오히려 적극적으로 대응, 이들과 유기적인 결합 방안을 모색해야 한다는 지적이 적지 않다. 그러한 맥락에서 최근 북중간 협력이 급진전되고 있는 라선지역과 황금평 지역에 대한 우리의 대응방안을 새롭게 모색할 필요가 있다.

김정일 이후 시대의 남북관계와 대북정책
- 대북 인도주의 정책 -

방현섭 함께나누는세상

1. 한반도의 인도주의

인도주의란 '인간의 존엄성을 최고의 가치로 여기고 인종, 민족, 국가, 종교 따위의 차이를 초월하여 인류의 안녕과 복지를 꾀하는 것을 이상으로 하는 사상이나 태도(네이버 국어사전)'로 정의하고 있다. 인도주의란 정치, 이념, 사회적인 목적이 아니라 인간의 존엄성을 최종목표로 하고 있다는 말이다. 그럼에도 불구하고 한반도에서는 순수한 의미의 인도주의가 실현되지 못하고 있는 안타까운 현실에 직면해 있다. 인도주의가 정치적, 이념적인 한계에 다라 규정되고 있으며 인도적 지원이 규제되고 제한되고 있다는 말이다. 한반도의 인도주의 정책은 한 마디로 정치상황에 의해 통제되는 반쪽짜리인 셈이다.

2. 북한의 식량부족 상황

한반도의 북쪽은 심각한 경제난 및 식량난에 직면해 있다. 그에 대한 원인분석은 여러 가지가 제기될 수 있지만 인도주의적 관점에서 볼 때 이유여하를 막론하고 지원을 필요로 하는 상황이라는 것은 분명하다.

2011년에 발표된 국제식량기구(WFP) 등의 조사보고서에 따르면 최소 610만 명의 취약계층이 지원을 받아야 할 것으로 밝히고 있다. 북한의 인구가 2,500만으로 추산할 때 약 25%가 식량공급에 취약하다는 보고이다. 이런 상황은 소위 강성대국의 문을 여는 2012년에도 개선될 조짐이 보이지 않는 것으로 파악하고 있다. 김정일 사후 김정은 시대가 시작되었기에 일정 정도의 혼선이 있으면 있었지 상황이 나아지지는 않을 것이다.

또한 한국 정부가 해마다 북한의 농업 생산량을 발표하는데 최근 2년 동안은 북한의 농업생산량 추정치가 누락되었다. 예측에 의하면 생산량은 더욱 악화되었을 것이라고 한다.

3. 정부 차원의 대북지원 현황

북한의 상황이 이렇지만 정부의 대북지원 현황은 전무하다고 판단된다. 2011년 8월의 자료에 의하면 교류협력기금 등 대북지원에 133억 원이 지출된 것으로 나타나고 있으나 실제로는 2009년도 사업의 미지급금이라고 한다. 즉 이월액으로 책정되어야 할 금액이 잡혀있을 뿐이고 실제로는 0원이 집행되었다. 또 작년 수해 지원 등을 위해 정부가 적십자사를 통해 지원하고자 했던 어린이 영양식 등의 물품은 실제 반출로 이뤄지지 못하고 공매 처리된 것으로 알려졌다. 결국 정부차원에서 대북한 지원은 제로 상태나 다름 아니다.

4. 2011년 민간단체 대북지원 현황(2011. 1. 1-11.30)

정부차원의 대북지원이 전혀 이뤄지지 않은 상황에서 대부분의 지원은 민간단체를 통해 집행되었다. 민간단체는 2011년 약 80회에 걸쳐 113억 물량 지원을 지원했다. 지원물품은 의약품, 구충제, 콩우유가루, 빵, 두유, 아동복, 말라리아 방역용품, 분유, 이유식, 공책, 초음파진단기, 밀가루, 영양죽, 의료용 소모품 등이다.

현재 정부는 대북인도지원을 영유아 지원으로 한정한 상태이고 간간이 취약계층 지원과 수해 지원이라는 명목으로 허가하는 정도이다. 여기에 북한의 요청은 어려운 식량 사정을 고려하여 2011년 7월말부터 일반 구호품의 수령은 반려하고 밀가루 중심의 대체식량 지원을 요청하고 있다. 이에 따라 2011년 지원액 113톤 중 33억여 원은 약 40회에 걸쳐 밀가루 5,700여 톤을 지원한 액수이다.

영유아 지원이라는 제한적 상황에서 대체식량으로서의 밀가루와 분유 등의 물품만 반출승인 해주는 것에 대하여 북한은 밀가루가 식량의 역할을 충분히 하지 못하며 영유아에게 지원되기에는 적절하지 않다는 이유를 들어 반발하며 쌀 등의 보다 실제적인 식량이 지원되어야 함을 역설하고 있다. 그러나 여전히 한국 정부의 방침은 변함이 없다.

5. 민간단체 지원물자 모니터링 방북현황

통일부는 북한에 보내는 밀가루에 한해 분배 현황에 대한 모니터링을 민간단체에 요구하고 있다. 밀가루는 전용이 가능한 물품이기 때문에 반출조건에 분배기관 세 곳 이상 모니터링할 수 있도록 조처한다는 확약을 받을 것이 포함돼 있다. 이는 북한이 외국에 소재를 둔 민간단체의 요청을 수용한 수준이다. 그러나 북한은 외국계 민간단체와 한국의 민간단체의 요청에 차별적으로 대응하고 있어 어려움이 있다.

통일부는 분배지역으로 평양과 이미 많은 물량이 지원된 5개 지역(개성, 신의주, 남포, 사리원 등)을 배제할 것을 요구하고 있으나 북한은 보안 등의 문제로 난색을 표하고 있으며 모니터링이라는 목적으로 방문하는 것에 대해 강한 거부감을 나타내고 있지만 남측 민간단체의 요청에 응하고 있다. 이는 민간단체의 지원은 정부의 정치적 사업이 아니라 인도적 사업으로 진행되어야 한다는 메시지를 담고 있는 것으로 추측된다.

지난 2011년에는 어린이의약품지원본부, 남북나눔, 남북평화재단, 우리겨레하나되기운동본보, 굿네이버스 등의 민간단체가 5월 23일부터 11월 30까지 연 120여 명이 평안남북도, 황해남북도에 방문하여 분배상황을 모니터링 했다. 그러나 대부분의 민간단체는 현재 통일부가 요구하는 모니터링 방식의 문제점을 지적하고 있다. 통일부의 선행적인 모니터링 요구가 오히려 북한을 자극하여 실질적인 모니터링 협의에 걸림돌이 되고 있다는 주장이다. 보다 큰 인도주의의 틀에서 대북 지원을 접근해야 한다는 말이다.

6. 대북 인도지원의 의의와 방향

북한은 남한의 민간단체가 행하는 인도지원을 한국 정부의 대북정책을 파악하는 중요한 단서로 인식하고 있다. 실제로 한국 정부의 대북인식에 따라 민간단체의 교류가 확대되거나 축소되고 있기 때문이다. 그러나 북측의 원칙은 정치적인 채널과 대북 지원단체를 중심으로 한 민간교류 채널을 별도로 운용하고 있다. 이런 관점에 볼 때 정치적인 채널이 답보 상태에 있다 하더라도 민간단체의 활동을 보장하는 것이 남북 간 의사소통을 위한 전제조건이 될 수 있을 것이다.

2012년 북한 신년공동사설 분석에 따르면 올해 북한은 지도자 교체에 따른 정권안정에 주력할 것으로 판단되며 이명박 정권에 대한 악감정을 드러내고 있는 최근의 논평을 보더라도 근간에 큰 진전이 있을 것으로 기대하기는 어려울 것이다. 실제로 북한은 김정일 사후 남측 민간단체의 연락에 일체 응답하고 있지 않으며 2월 16일(김정일 생일) 이후 혹은 4월 남한의 총선 이후에나 소통이 가능하지 않을까 조심스럽게 예측하기도 한다.

급작스러운 지도자의 교체로 혼선이 불가피한 북한의 현실은 낙관적이지만은 않다. 또 북한지역의 농토 면적과 생산량을 대비하였을 때 풍작이라 하더라도 식량난을 전격적으로 해소하기에는 역부족이라고 한다. 식량사정은 나아질 것 같지 않으며 국민들의 생활도 마찬가지이다. 중국의 개입과 지원이 늘기는 하지만 무조건적인 지원은 아니기 때문에 북한의 부담도 그만큼 커졌을 것이다. 미국을 중심으로 한 대북제재와 금수조처도 아직은 영향력이 약화되지 않았다. 이런 상황에서 남한 민간단체의 인도적 지원은 거의 유일한 북한과의 의사소통 통로이며 지속적으로 어려운 식량사정에 노출된 북한 동포를 위한 최소한의 인도주의 실천이다.

이미 천안함, 연평도 사태를 통해 경험한 바대로 한반도에서 가장 중요한 것은 남북 간의 정치적 안정상태를 구현하고 유지하는 것이다. 남북관계에서 발생하는 긴장은 북한만이 아니라 남한에도 치명적일 수 있다. 국제금융의 영향을 많이 받는 한국의 경우 북한과의 긴장관계는 경제 전반에 매우 큰 타격을 피할 수 없게 한다. 이런 관점에서 한국 민간단체의 인도적 대북지원은 순수한 인도주의 차원에서뿐만 아니라 한반도의 평화유지를 위해서도 매우 중요하다.

정부는 과하지도 않지만 부족하지도 않은 적절한 선에서 민간단체의 대북 인도주의 사업을 지원해야 한다. 북한의 투 채널(two-channel) 방식에 맞게 한국도 대응해야 할 필요도 있다. 또한 그동안 중단되었던 정부차원의 인도적 지원을 비정치적으로 접근하고 재개해야 할 필요가 있다. 정부가 주도하는 대북정책이라 하더라도 인도주의라는 단어를 사용하고자 한다면 형식적으로라도 전향적인 접근이 반드시 필요하다. 그리고 남한의 입장과 요구를 중심으로 할 것이 아니라 수혜자를 우선으로 하는 접근이 되어야 한다. 물자를 지원하는 것보다는 스스로 문제를 해결할 수 있는 방식을 전달하는 개발지원 방식도 고려되어야 한다. 더 나아가 한반도에서 진행되는 대북 인도주의 사업에 국민들 전반이 참여할 수 있는 여건과 분위기를 조성하는 것이 필요하다.

5부

북핵문제와 남북관계 그리고 국제관계

한 반 도 평 화 와 통 일

1. 2013년 5월 한반도포럼 세미나

박근혜 정부의 대북정책: 한반도 신뢰프로세스와 그 과제 / 박영호
북핵정책의 위기와 대응전략 / 전봉근

2. 2013년 6월 한반도포럼 세미나

북중관계의 지속과 변화와 그 함의 / 이희옥
북·미관계의 현황과 전망 / 박영호

3. 2013년 8월 한반도포럼 세미나

남북관계 어떻게 풀 것인가? / 권만학
남북관계 어떻게 풀 것인가? / 유호열

4. 2013년 10월 한반도포럼 세미나

북핵문제와 6자회담 / 문정인
북핵문제와 6자회담, 그리고 박근혜 정부의 대응 방향 / 유호열

5. 2013년 12월 한반도포럼 세미나

여는 글: 격변하는 북한의 정치와 경제 / 백영철
장성택 숙청 이후 북한정세와 대북정책 방향 / 최진욱
장성택 숙청 이후 김정은 체제의 미래 / 고유환
북한 경제실적 재평가: 주요 쟁점과 가설 / 김석진
북한의 경제정책: 평가와 전망 / 김병연

6. 2014년 12월 한반도포럼 세미나

북한 개발협력 추진방향 관련 주요 쟁점 / 김석진

1

2013년 5월

한반도포럼 세미나

박근혜 정부의 대북정책: 한반도 신뢰프로세스와 그 과제[1)]

박영호 통일연구원

Ⅰ. 북한의 3차 핵실험과 한반도 안보패러다임의 변화

2012년 12월 12일 북한의 장거리로켓(미사일) 발사 이후 한반도의 안보 상황은 매우 엄중하게 전개되었다. 북한의 장거리로켓 발사에 대한 유엔 안보리의 대북결의 2087호, 북한의 3차 핵실험 강행과 강화된 대북제재를 담은 유엔 안보리의 대북결의 2094호, 그리고 북한의 강력한 반발과 군사적 위협 공세 등 위기의 상승 회오리가 펼쳐졌다. '핵보유국'을 자처하는 북한의 군사적 위협공세는 과거 서울 '불바다' 공세와는 그 수준과 강도가 달랐다. 핵무기와 장거리미사일 개발의 목적이 미국을 겨냥한 것이며, 또한 한국과 일본도 그 대상임을 더 이상 숨기지 않는다.

북한은 미국과 한국에 대해 정전협정 백지화, 전면전, 완전 파괴 등 위

---

1) 이 발제문은 "박근혜 정부의 대북정책 실천 방향과 과제" 제목으로 월간 「통일」 379호(2013.4)에 게재한 글을 기반으로 대폭적으로 수정 · 보완한 것임.

협공세의 수준을 높이더니 마침내 "기다리고 기다리던 판가리 결전의 최후 시각은 왔다"며 "이 시각부터 북남관계는 전시상황에 들어간다"고 선언했다. 또 '핵 선제공격'을 노골적으로 거론한 북한은 자신들의 "첫 타격에 미국 본토와 하와이, 괌도가 녹아나고 남조선 주둔 미군기지는 물론 청와대와 괴뢰군기지도 동시에 초토화될 것"이라고 위협했다.[2] 그리고 이를 김정은의 "중대결심은 미국과 괴뢰패당에 대한 최후경고이며 정의의 최종결단"이라고 강조했다.[3]

북한의 군사위협 공세가 젊은 지도자의 허세부리기인지, 과대 성장한 강경 군부 주도의 '맞받아나가는 공격 전략'인지, 북한 내부 결속용인지, 아니면 정말로 전시상황을 원하는 것이었는지 정확히 판단하기는 어렵다. 그러나 분명한 것은 북한지도부가 '핵보유국'으로서 핵능력을 공세적 수단으로 사용하기 시작했다는 점이다.

북한은 2013년 3월 31일 당 중앙위원회 2013년 3월 전원회의를 '경제건설과 핵무력건설 병진노선'을 채택하고 "핵보유를 법적으로 고착시키고 세계의 비핵화가 실현될 때까지 핵무력을 질량적으로 확대강화할 것"을 선언했다. 군에 대해서는 핵무력을 전쟁억제력과 전쟁수행전략에 반영한 전법과 작전을 발전시킬 것을 지시했다. 특히 핵무기가 협상의 대상이 아니며 핵위협이 존재하는 한 절대 포기하지 않을 것임을 선언했다.[4] 이어 4월 1일 최고인민회의 제12기 7차 회의에서 법령 '자위적 핵보유국의 지위를 더욱

---

2) 이러한 북한의 전략을 이론상으로 해석해보면, '소수의 핵보유국이 대규모 핵보유국의 특정 소수의 표적을 집중 공격하겠다고 위협함으로써 상대방을 억제'하는 최소억제(minimal deterrence) 전략으로 볼 수도 있고, 한국을 인질로 하여 미국을 억제하려는 인질전략으로 볼 수도 있다.

3) "정부 · 정당 · 단체 특별성명," 「조선중앙통신」, 2013.3.30.

4) "당 중앙위원회 2013년 3월 전원회의에 관한 보도" 「조선중앙통신」, 2013.3.31.

공고히 할 데 대하여'를 채택하여 헌법 전문에 규정한 '핵보유국' 지위를 법령으로 구체화하였다. 그리고 한반도 비핵화와 관련, '세계의 비핵화, 미국의 비핵화가 선결조건'임을 주장하고 있다.[5)]

북한의 3차 핵실험과 핵무기 보유 및 개발 전략의 공식화, '핵 선제공격'의 수단화 등은 한반도의 안보패러다임의 근본적 변화를 가져왔다. 한국의 대북정책은 이제 이러한 안보패러다임의 변화를 반영해야 한다. 새로운 접근을 요구하고 있으며, 북핵 문제의 해결을 위한 방식도 바뀌어야 한다.

Ⅱ. 한반도 신뢰프로세스의 기본 구상

박근혜 정부의 대북정책 구상은 한반도 신뢰프로세스이다. 2013년 2월 25일 취임사에서 박근혜 대통령은 북한에 대해 대한민국 국민의 생명과 대한민국의 안전을 위협하는 어떠한 행위도 용납하지 않을 것이라는 의지를 천명하면서 핵과 미사일을 내려놓고 평화와 공동 발전의 길로 나올 것을 촉구했다. 그리고 안보 상황이 엄중하지만, 미래의 행복한 통일시대를 위한 기반을 만들 것이며 이를 위해 한반도 신뢰프로세스를 추진하겠다고 공약했다. 한반도 신뢰프로세스는 확실한 억지력을 바탕으로 하며 남과 북이 대화하고 약속을 이행해 점차적으로 신뢰를 쌓음으로써 진전되고, 전체 한민족이 풍요롭고 자유롭게 생활하는 '행복한 통일시대의 기반 구축'이 대북·통일정책 분야의 국정목표로 제시되었다.

대통령 후보의 정책공약으로서 한반도 신뢰프로세스의 문제인식은 지난

5) "세계의 비핵화, 미국의 비핵화가 선결조건이다" 「노동신문」, 2013.5.3.

60년의 남북관계의 변화에 토대하여 이제는 "안정적인 남북관계와 지속가능한 평화, 즉 새로운 한반도 시대를 열어(야)"한다는 것이었다. 대북정책과 관련 유화적 정책과 원칙에 입각한 정책 모두 북한의 의미 있는 변화를 유도하지 못했고, 오늘날의 남북관계는 신뢰가 없기 때문에 모든 문제가 발생한다는 것이다.[6] 따라서 남북한이 신뢰를 쌓아야 하는데, 여기에서의 신뢰의 개념은 "일반적 의미의 신뢰가 아니라 서로의 약속을 따를 수밖에 없게 만드는 신뢰(enforcing trust)"로서 "신뢰를 쌓기 위해서는 남북한 어느 일방에만 변화를 강요해서는 안 (되며)" "동시에 강한 억지력을 지닐 때 신뢰 쌓기는 더욱 효과적으로 추진될 것"이라고 보았다.[7] "한반도 신뢰프로세스는 기본적으로 강력한 억지에 기초한 대북정책이지 단순한 유화정책이 아니다."[8]

한반도 프로세스는 구체적으로 ① 7.4남북성명, 남북기본합의서, 6.15선언, 그리고 10.4선언에 담긴 평화와 상호존중의 정신을 존중하며, 세부사항은 현실에 맞게 조정·실천, ② 정상회담을 포함, 다양한 대화채널 활용, ③ 인도적 문제는 정치적 상황과 구분하여 추진, ④ 이산가족문제의 실질적 성과 도출과 국군포로·납북자문제 해결, ⑤ 남북한 간 호혜적 경제협력 및 사회문화교류 업그레이드, 보건·의료협력과 농업·조림·기후변화 등 녹색경제협력 체계화, 개성공단의 국제화와 지하자원 공동개발 추진, ⑥ 학술·종교 등 다방면의 사회문화교류 내실화, ⑦ 경제협력 및 사회문화교류의 지속적 발전과 제도화를 위해 서울과 평양에 "남북교류협력사무소"

---

6) 최대석, "박근혜 후보의 대북 · 통일정책 구상," 도산통일연구소 주최 "2013년 한반도 평화 전망과 새 정부 통일정책 진단" 대선후보 진영 초청 통일포럼 발제문, 2012.11.23.

7) 위의 글.

8) 제18대 대통령직인수위원회, 「제18대 대통령직인수위원회 제안 박근혜정부 국정과제」(2013.2), p. 191.

설치 등을 통해 추진할 것임을 제시하였다. 그리고 남북한 간 신뢰가 쌓이고 북한의 비핵화가 진전되면 한반도경제공동체 건설을 위한 '비전 코리아 프로젝트'를 가동할 것을 제안하였다. 또 이를 발전시켜 러시아의 동진정책에 부응하는 '유라시아 경제협력'의 추진 구상을 제안하였다.[9)]

한편 통일과 관련해서는 '작은 통일에서 큰 통일로'라는 기치 아래 "평화통일의 기반을 닦고 통일역량을 배양"할 것을 제안하고, 정책 방향으로 ① '민족공동체통일방안'의 계승·발전, ② 통일외교 강화, ③ 재외동포와 함께하는 통일, ④ 한반도 구성원 모두와 함께하는 통일 등을 제시하였다.[10)]

이러한 정책공약은 대통령 당선 후 제18대대통령직인수위원회가 정리한 박근혜정부의 140대 국정과제 속에 반영되었다.[11)] 통일 분야의 3개 과제는 '한반도 신뢰프로세스를 통한 남북관계 정상화', '작은 통일에서 시작하여 큰 통일을 지향', 그리고 '통일 대비 역량 강화를 통한 실질적 통일 준비'이다.

첫째, '한반도 신뢰프로세스를 통한 남북관계 정상화' 과제는 "남북간 신뢰형성을 통한 남북관계의 안정적 관리, 발전"을 추진하는 것으로 "단기적으로 억지와 안보를 강화하되, 중장기적으로 남북관계 정상화 및 지속가능한 한반도 평화를 실현"하겠다는 것이다. 주요 추진계획으로는 다음의 것들이 제시되었다.[12)]

---

9) 최대석, 앞의 글.

10) 위의 글.

11) 제18대 대통령직인수위원회, 「제18대 대통령직인수위원회 제안 박근혜정부 국정과제」(2013.2).

12) 제18대 대통령직인수위원회, 「제18대 대통령직인수위원회 제안 박근혜정부 국정과제」, p. 191.

- ① (인도적 문제 해결 추진) 영유아·임산부 등 취약계층 대상 순수 인도적 지원(UN제재 非대상)은 정치·안보 상황과 구분하여 국제기구와 협의 하에 시기 및 방식 검토, 이산가족 및 국군포로·납북자 문제 해결에도 노력
- ② (대화채널 개설 및 기존 합의정신 실천) 튼튼한 안보를 바탕으로 국제정세, 북한의 태도 등을 고려하면서 남북 당국 간 대화 재개, 핵문제 등 현안 문제 해결 추진: 남북 간 합의는 철저히 이행되어야 한다는 원칙 견지, 추가 합의는 합의이행 상황을 점검하면서 추진
- ③ (호혜적 교류협력 활성화) 북핵 상황 진전 등을 고려하면서, 개성공단 국제화, 경제·사회문화 교류 내실화 모색: 서울·평양 남북교류협력사무소 설치 문제는 여건을 감안 검토, 남북 간 신뢰와 북핵문제 진전에 따라 '비전 코리아 프로젝트' 추진
- ④ (정치·군사적 신뢰구축 및 교류협력의 상호 보완적 발전) 도발 중지 등 기본적 조치부터 시작, 정치·군사적 신뢰구축과 교류협력 진전을 상호 보완적으로 균형 있게 추진

둘째, '작은 통일에서 시작하여 큰 통일을 지향' 과제는 "통일비전을 재정립하고, 경제·환경 공동체 등을 추진함으로써 행복한 통일의 기반을 조성"하겠다는 것이다. 주요 추진계획으로는 다음의 것들이 제시되었다.[13)]

- ① (「그린 데탕트」를 통한 환경공동체 건설) 북핵 상황 진전을 감안하면서 남북 환경공동체 건설 추진: 녹색 경제협력, 접경지역·DMZ·백두산 화

13) 제18대 대통령직인수위원회, 「제18대 대통령직인수위원회 제안 박근혜정부 국정과제」, p. 192.

산 등 분야별 공동 연구, 개성공단 내 신재생에너지 단지 조성 등 모색

- ② (북한 인권 개선 등을 통한 '행복한 통일' 여건 조성) 북한인권법 제정 등 북한 인권 개선을 위한 대내외 환경 조성: 민간단체·국제사회와의 협조를 통하여 북한주민의 인권 개선 및 인도주의적 협력 모색
- ③ (비전 코리아 프로젝트 추진) 남북간 신뢰와 비핵화 진전에 따라 '비전 코리아 프로젝트' 등을 통한 경제공동체 건설 추진: 중장기적으로 철도·도로, 전력, 통신 등 산업인프라 단계적 연결을 포함해서 검토
- ④ (민족공동체통일방안 계승·발전) 민족공동체통일방안 계승 및 발전방향 공론화: 학술연구, 공청회 등을 통해 국민적 합의를 바탕으로 발전방안 검토

셋째, '통일 대비 역량 강화를 통한 실질적 통일 준비' 과제는 국내외적으로 통일 공감대를 확산하고 통일준비 역량을 강화하는 것으로 "통일·대북 정책에 대한 국론 통합 및 국제적 지지 확보"와 "인적·물적·제도적 역량의 확충, 통일준비 내실화"를 내용으로 한다. 주요 추진계획으로는 다음의 것들이 제시되었다.[14)]

- ① (탈북민 맞춤형 정착지원 발전) 탈북민에 대한 생애주기별 맞춤형 교육·의료 지원 강화: 탈북민 재교육 확대, 젊은 세대 대상 집중적 교육지원으로 자립기반을 확충하고 통일 미래의 역군으로 육성, 「탈북민 문화센터」건립, 탈북민간 소통의 허브로 활용
- ② (실질적 통일 준비 역량 강화) 유관기관 간 통일대비 협조체계 강화:

14) 제18대 대통령직인수위원회, 「제18대 대통령직인수위원회 제안 박근혜정부 국정과제」, p. 193.

통일재원 마련 법제화 적극 검토, 국내외 통일·북한 관련 연구기관 간 협조체계를 구축하고, 균형있는 교육 컨텐츠 개발

- ③ (통일외교를 통한 국제적 통일공감대 확산) 주변국을 대상으로 정부·민간이 협력하는 '1.5 트랙 협의체'를 구축·운영: 재외동포 대상으로 「한민족 통일 네트워크 구축사업」추진

Ⅲ. 한반도 신뢰프로세스의 추진계획

한반도 신뢰프로세스의 기본구상을 실행해나가기 위한 추진계획이 통일부의 2013년 업무보고에서 구체화되어 발표되었다. 2013년 3월 27일 통일부는 국정목표 '행복한 통일시대의 기반 구축'을 달성하기 위한 첫 해의 국정과제 추진계획을 밝혔다.[15] 선거공약에서 제시되고 대통령직인수위원회가 정리·종합한 국정과제에 토대를 두어 '한반도 신뢰프로세스를 통한 남북관계 정상화'와 '작은 통일에서 시작하여 큰 통일을 지향하는 실질적 통일준비'의 두 국정과제를 추진하기 위한 전략과 중점 추진과제, 그리고 추진 계획을 제시하였다.

통일부의 계획을 살펴보면, 먼저 국정기조로서 '한반도 평화정착과 통일기반 구축'을 제시하였다. 이러한 국정기조의 달성을 위해 튼튼한 안보, 국민적 합의 및 국제협력을 바탕으로 '한반도 신뢰프로세스'와 '실질적 통일준비'라는 두 개의 국정 과제를 추진해 나갈 것을 제시하였다. 튼튼한 안보가 남북 대치의 현실과 북한의 지속되는 군사적 위협에 대한 확실한 억지

15) 통일부, "한반도 평화정착과 통일기반 구축을 위한 2013년 통일부 업무보고,"(ppt 자료) 2013.3.27. 이하 동 자료를 인용·활용한 설명·분석에서 구체적인 페이지는 생략함.

력의 구비를 통해 대북·통일정책 추진의 밑바탕을 제공하는 것이라면, 국민적 합의와 국제협력은 대북·통일정책의 추진에 동력을 제공하는 핵심이라고 볼 수 있다.

통일부는 이러한 토대 위에서 '한반도 신뢰프로세스를 통한 남북관계 정상화'와 '작은 통일에서 시작하여 큰 통일을 지향하는 실질적 통일준비'를 핵심 국정과제로 제시하였다. 첫 번째의 과제인 한반도 신뢰프로세스를 통한 남북관계 정상화를 달성하기 위한 추진방향으로는, ① 안보와 협력의 균형 있는 추진, ② 단계적 이행 프로세스, ③ 북한의 '올바른 선택' 견인이 제시되었다.

추진구도로는, 억지와 압박, 대화와 교류·협력을 통해 한반도 신뢰프로세스를 추진하겠다는 구상을 밝혔다. 대북정책 추진과정에서 상호 갈등과 대립을 유발할 수 있는 제반 요소들을 전략의 추진과 상황을 신축적으로 반영할 수 있도록 균형 있게 조율해 나감으로써 정책적 효과를 거양하려는 것이다. 이러한 전략의 제시는, 그동안의 대북정책 추진과정에서 나타난 공과를 평가하여 보다 진화하고 실효성이 있는 정책을 강구·추진하겠다는 것으로 평가된다.

두 번째의 과제인 작은 통일에서 시작하여 큰 통일을 지향하는 실질적 통일준비를 달성하기 위한 추진방향으로는, ① '통일미래'라는 장기적 안목에서 준비, ② 쉬운 것부터 점진적·실질적으로 추진, ③ '지구촌 행복시대' 건설에 기여하는 큰 틀에서 접근이 제시되었다. 그리고 추진구도로는 환경·경제공동체 등 기반조성, 대내적 통일역량 강화, 우호적 국제환경 조성 등을 통해 실질적 통일준비를 추진하겠다는 구상을 밝혔다. 대북정책에서 단기적인 성과보다는 실천 가능하고 실현 가능한 사안부터 추진하며, 점진적으로 성과를 쌓아나감으로써 통일을 향한 기반을 닦아나가겠다는 것이다.

두 개의 국정과제를 실현해나가기 위해 2013년의 중점 추진과제로는

9개가 제시되었다. 먼저 한반도 신뢰프로세스를 통한 남북관계 정상화의 중점 추진과제로,

- ① 인도적 문제의 실질적 해결: 인도적 지원 투명성 있게 지속 추진, 이산가족 및 국군포로·납북자 문제해결 노력, 북한인권 개선을 위한 대내외 여건조성, '행복한 통일' 기반 마련)
- ② 당국 간 대화 추진 및 합의 이행 제도화: 한반도 정세 및 북한 태도를 고려한 책임있는 당국 간 대화 추진, 남북합의 이행 평가체제 구축·운영
- ③ 호혜적 교류협력의 질서 있는 추진: 순수 사회문화 교류는 일관되게 추진, 남북관계 진전에 따라 호혜적 교류·협력 시행, 신뢰를 쌓아가는 '질서 있는 교류·협력'의 정착
- ④ 개성공단의 국제화: 개성공단 해외시장 확대를 통해 '창조경제'에 기여, 입주기업 애로사항 해소 및 새로운 수익창출 기회 확대, 개성공단 주재원 신변안전 강화
- ⑤ 남북관계 진전을 통한 북핵문제 해결 기여: '북핵 불용'의 확고한 원칙 일관되게 견지, 강력한 억지를 바탕으로 설득과 압박을 병행, 북핵문제 해결을 위한 남북간 실질적 협의 추진 등이 제시되었다.

두 번째의 국정과제인 작은 통일에서 시작하여 큰 통일을 지향하는 실질적 통일준비와 관련해서는,

- ① 북한이탈주민의 맞춤형 정착지원: 탈북 청소년 교육지원 내실화, 탈북민의 자립기반 확충, 정착지원 제도 개선을 통해 탈북민의 애로사항 해소

- ② 국민통합에 기여하는 통일교육: 미래세대 통일의식 제고, 통일교육을 통한 국민통합 기반 마련
- ③ 통일정책에 대한 국민적 합의 강화: 한반도 신뢰프로세스에 대한 국민적 공감대 확산, 민족공동체 통일방안 계승·발전, 통일준비의 실질적 기반 강화
- ④ 통일외교를 통한 국제적 통일공감대 확산: 한반도 신뢰프로세스에 대한 국제사회의 이해와 지지 확보, 동북아협력과 남북협력의 상호보완적 추구를 통한 시너지 효과 창출 등이 제시되었다.

Ⅳ. 과제

한반도 신뢰프로세스가 성공하기 위해서는 구상의 기본 문제인식과 접근의 토대이자 핵심과제인 남과 북 사이의 약속이 준수되어야 한다. 적대적 상대방 간의 관계 개선은 상대방에 대한 불신이 지속하는 상황에서도 합의한 작은 약속의 이행으로부터 출발한다. 사회적 관계에서 신뢰(trust)는 정상적인 상황의 지속적인 재생산을 통해 만들어질 수 있으며, 그러한 행위의 반복과 재확인을 통해 '우리'라는 인식이 쌓여나가야 한다.[16] 이러한 논리는 폭력적 갈등으로 대치하고 있는 국가 간 관계에도 적용할 수 있을 것이다.

남북관계에 여전히 근본적인 불신이 내재하고 있고 거래 행위에서도 불신을 버리지 못하고 있는 상황에서 거래 행위, 즉 약속이나 합의의 이행이

16) Jan Philipp Reemtsma, *Trust and Violence* (Princeton: Princeton University Press, 2012), p. 27.

반복적으로 나타나고 그러한 행위가 정상적인 것으로 인식이 되고 확인·재확인되는 과정이 신뢰를 쌓는 과정이다. 약속의 이행을 통해 신뢰를 만들어 가면 작은 신뢰가 누적되어 큰 신뢰를 할 수 있는 여건이 만들어질 수 있다. 이러한 과정이 되풀이되면 결국 신뢰의 제도화 또는 제도 간의 신뢰를 이룰 수 있다. 남과 북이 말로써만의 '동포'나 '같은 민족'이 아니라 상대방에 대한 불신의 완화를 통해 상대방과의 행위가 정상적인 것이며 따라서 서로에게 도움을 주는 '우리'라는 인식을 만들어가야 하는 것이다. 7.4남북성명, 남북기본합의서, 6.15공동선언, 10.4선언 등 그동안 남북 간에 이루어졌던 합의들의 기본 정신이 존중되고, 남북 당국 간 대화를 재개하여 실질적인 대화를 추진하여 세부 사항들을 상황 변화에 맞게 조정·실천해나면 남북관계의 정상화를 향한 길을 찾아갈 수 있을 것이다.

그런데 신뢰를 쌓아나가기 위한 계기와 명분이 필요하다. 즉 북한의 긍정적인 호응을 어떻게 유발하여 그 프로세스를 시작할 수 있는가의 문제다. 적대적 상대방 간에 어느 일방의 제안이나 정책이 상대방에게 '정상적인 조치(상황)'로 인식되거나 최소한 자신의 이익을 침해하는 '비정상적인 조치(상황)'라는 인식이 적다고 인식이 될 때, 의구심을 가지면서도 반응을 하게 될 것이다. 이러한 점에서 정치적 상황과 구분하여 인도적 문제를 추진해나가겠다는 계획은 의미가 있다. 특히 영유아 등 취약계층을 위한 지원의 지속적인 추진은 인도주의 정신에 입각해야 한다. 적극적인 실천행위가 필요한 부분이다. 나아가 북한 주민의 열악한 삶을 개선해주기 위한 대북 인도적 지원을 투명성 있게 지속적으로 추진해나가는 것은 관계 개선을 위한 진정성을 보여주는 하나의 방법이 될 수 있다.

남북관계의 정상화는 특정 정권이나 시기에 얽매이지 않고 지속가능한 남북관계가 구축되어야 가능하다. 따라서 남북관계는 어느 일방만이 아니라 쌍방에게 이로움을 가져오는 쌍방 지향적이며 호혜적인 관계로 발전되어야 한다. 남북 간 교류·협력은 이러한 관계를 만들어가기 위한 좋은 수단이다. 남북 교류·협력이 어느 일방에 의해 주도될 때 남북관계는 불안정하다는 것을 우리는 경험으로 배웠다. 남북한이 쌍방 지향적 관계를 하나하나 만들어나갈 때 상대방에 대한 돌이키기 어려운 신뢰를 쌓을 수 있다.

그러나 대화가 중요하지만 대화 자체에 목적이 있는 것이 아니듯이 교류·협력 또한 중요하지만 그 자체에만 목적이 있는 것이 아니다. 남북 간 대화와 교류·협력이 상호성의 관계를 발전시키고 그러한 방식의 관계 발전이 신뢰를 누적하여 관계의 강도와 심도가 강화되는 선순환의 관계 발전으로 전환될 때야 비로소 남북관계는 정상화의 단계로 진입할 수 있다.

이러한 관계의 형성과 발전은 한반도에 지속가능한 평화가 동시에 추진·구축될 때 탄력을 받을 수 있다. 교류·협력의 진전이 정치·군사적 신뢰구축과 상호 영향을 주면서 추진될 때 신뢰의 토대가 단단해질 수 있는 것이다. 또 북한의 핵문제도 한반도비핵화공동선언, 9.19공동선언, 2.13합의 등 기존 합의들의 정신을 존중하고 이행의 동력을 다시 확보해나가야 한다. '북핵 불용'과 비핵화의 목표는 한반도에 공고한 평화상태를 구축하기 위해 꾸준하고도 지속적으로 추진되어야 한다. 국제적인 핵협상의 경험사례나 지나온 북핵문제의 전개과정을 볼 때, 궁극적인 비핵화의 목표 달성을 위해서 비핵화의 프로세스는 당연히 대북정책의 주요 과제로 포함되는 것이다. 특히 지난 20년 이상 북핵문제가 남북관계의 발전을 저해하는 핵심 걸림돌이 되어왔으므로 역으로 남북관계의 발전을 통해 북핵문제 해결의 동력을 찾아보는 것도 유효한 대안을 찾는 방안이다.

한반도 신뢰프로세스는 남북한 간 차원만이 아니라 국내적 차원과 국제적 차원을 포함하여 추진되어야 하며, 또 관련 사안들과 상호 영향을 주고받으면서 추진되어야 실효성을 가질 수 있을 것이다. 그렇다면 한반도 신뢰프로세스의 '신뢰'는, 기본 구상인 남북 간의 신뢰를 쌓아가는 것과 더불어, 국내적 차원에서 '남남갈등'을 완화하고 정책에서의 공감대를 넓혀는 '국내 신뢰프로세스'와 국제사회에서 한국의 정책에 대해 신뢰를 얻는 '국제 신뢰프로세스'의 영역을 포함하는 것으로 확대될 수 있을 것이다.

사실 국민적 합의는 탈냉전 시대 역대 정부의 대북·통일정책 추진과정에서 항상 강조되었다. 그러나 정치·이념·지역 등을 매개로 한 '남남갈등'의 발생은 때때로 대북정책을 둘러싼 첨예한 갈등을 유발함으로써 정책 자체의 동력을 상실하게 만들었다. 자유민주주의 체제 아래서 선택된 정책에 정통성과 추진 동력을 확실하게 부여하는 것은 다양한 의견을 수렴하여 반영하는 국민적 합의이다. 바로 한반도 신뢰프로세스의 '국내적 신뢰프로세스'를 말한다.

그리고 박근혜정부의 대북정책 구상에서도 강조하고 있는 국제협력은 한반도문제의 국제화가 심화된 상태에서 과거 어느 때보다 중요 요소가 되었다. 한반도문제의 1차적 당사자는 남한과 북한이다. 그러나 한반도의 정세변화와 현상변경 문제에 첨예한 이해관계를 갖는 한반도 주변국과 국제사회와의 협력의 유무와 그 정도는 우리의 대북·통일정책의 성과에 매우 큰 영향을 미친다. 통일외교의 경우, 우리의 정책에 대한 이해와 지지 확보 이외에도 한반도 안보 및 북핵문제와 같은 핵심 현안의 해결 등을 위해 미국, 중국을 비롯하여 국제사회와의 긴밀한 협력이 필수적이다. 특히 한반도문제의 국제화가 심화된 상황에서 동북아지역 평화와 협력의 틀 속에서 한반도문제를 풀어나가는 것이 우리의 국가이익과 주변국의 국가이익을 상호 보완적으로 추구할 수 있는 방법이 될 것이다. 즉 한반도 신뢰프로세스의 '국제적 신뢰프로세스'를 말한다.

한반도 신뢰프로세스의 추진은, ① 남북관계 발전 프로세스(당국 간 대화와 합의이행 제도화, 호혜적 교류·협력, 인도적 지원 등), ② 비핵화 프로세스, ③ 한반도 평화 프로세스, 그리고 ④ 동북아 평화협력 프로세스 등 하위프로세스가 상호 조화와 균형을 이루어 선순환의 과정으로 진입하도록 하는 것이 성공적 결과를 산출하는 관건이 될 것이다. 이 과정의 접근은 각 하위 프로세스가 포괄적이며 다면적이고 상호 유연한 관련을 갖도록 연동하는 방식을 채택할 필요가 있다.

남북관계의 현실은 냉정하게 말하면 신뢰의 첫 단추를 끼는 일 그 자체가 매우 어려운 과제다. 첫 단추를 꿰어 신뢰를 만들어가는 과정을 시작하려면 상대방을 강제하는 능력인 물리적 힘(power)은 일시적이라는 점을 명확히 인식해야 한다.[17] 이는 핵무력 증강전략으로 한국을 인질화하고 미국에 대응하면서 접근하며 체제를 고수하고자 하는 북한 정권에게 더욱 더 해당한다. 국가 안위와 국민의 생명과 재산을 보호하는 국가의 기본임무를 수행하는 안보 능력의 구비는 당연한 일이지만, 국가 간 관계 발전은 결국 대화와 협상, 그리고 교류와 협력 등의 상호 작용을 통해 이루어진다는 점을 잊지 말아야 한다.

17) Jan Philipp Reemtsma, *Trust and Violence*, p. 80.

북핵정책의 위기와 대응전략

전봉근 국립외교원

1. 북핵협상의 악순환과 '북핵정책의 위기'

북한이 3차 핵실험을 실시(2013.2.12)한 이후 이에 대한 정부와 국민의 경각심이 매우 높다. 과거 핵실험은 초보적인 '핵폭발장치'의 작동여부를 시험했지만, 이번은 미사일 탑재용 핵탄두 개발을 위한 실험 또는 새로운 우라늄탄의 실험일 가능성이 높기 때문이다. 최근 북한이 위성발사용 로켓으로 위장한 장거리 탄도미사일 발사실험에 성공한 것도 이런 우려를 뒷받침한다. 이런 평가가 맞는다면 북한은 3차 핵실험을 통해 핵무기의 전력화(戰力化) 문턱을 넘어설 가능성이 높다.

새로이 북한 비핵화외교의 전열을 가다듬어야 할 때이다. 북핵사태의 심각성을 감안할 때, 더 이상 비핵화 외교의 시행착오는 허용되지 않는다.그런데 북한 비핵화에 성공하기 위해서는 과거의 비핵화외교가 왜 실패했는지에 대한 냉정한 성찰이 필요하다.

지난 4반세기 동안 북핵협상은 '4단계' 악순환 패턴을 보였다. 북핵 협상의 전형적인 패턴은 일반적으로 ▲북한의 핵도발, ▲핵위기 발생과 협상 개시, ▲일괄타결식 핵합의, ▲합의 붕괴 등 4단계로 구성된다.

표 1 북핵 협상 4단계 악순환 패턴

도발	위기	일괄타결	합의 붕괴
북: 영변핵시설 건설 미·북: 북경 비공식 접촉	북: IAEA 안전조치협정 체결의무 불이행(88.12) 남북고위급회담 중단 (1991)	북: 비핵화 공동선언 합의, IAEA 안전조치 협정 체결 미: 북 고위인사 초청, TS 한·미군사훈련 중단	북: IAEA사찰 비협조, 남북 상호사찰 불이행 IAEA: 사찰 후 불일치 발견
북: 미신고시설 사찰 거부 IAEA·미: 특별사찰 요구	북: 준전시 선포, NPT 탈퇴(93.3) 한·미: T/S훈련 재개 발표(92.10)	미·북 공동성명(93.6): 미국은 대북안전보장, 북한은 사찰수용 합의	IAEA 사찰 중단
북: 사찰거부 IAEA: 안보리 회부	북: 폐연료봉 축출(94.5), IAEA 탈퇴, 5MW 재가동 위협 미: 영변 폭격설 IAEA: 대북 기술지원 중지 (94.6)	미·북 기본합의문 (94.10): 북은 핵 동결 및 폐기, 미국은 수교 및 중유·경수로 지원	경수로공사 지연 북: 사찰 비협조
북: HEU 의혹 (02.10) 미: 중유 중단, "악의 축" 발언	북: 핵활동 재개, NPT 탈퇴(03.1) 미: 선제공격설, 경수로 중단	9.19 6자공동성명(05)	북: "선경수로, 후 핵폐기" 미: BDA 금융제재
북: 6자회담 거부 미: 양자회담 거부	북: 대포동 2호 미사일 발사(06.7), 1차 핵실험(06.10) 안보리: 1718 제재결의	2.13, 10.3 6자합의 (2007)	신고, 검증방안을 둘러싼 갈등
북: 검증의정서와 6자회담 거부 미: 오바마 정부의 대북 정책 검토, 북핵 후순위	북: 은하2호 로켓 발사 (09.4), 2차 핵실험 (09.5), 천안함 폭침(10.3) 연평도 포격(10.11) 미: 안보리의장성명(09.4), UNSC 1874(09.6) ※ 김정일 뇌졸중(08.8) 및 사망(11.12)	미·북, 남북 핵 대화 미·북, 2.29 핵 합의 (12)	북: 은하3호 로켓 시험발사 (12.4) 북: 은하3호 발사 성공 (12.12)
미: 안보리결의 2087호	북: 3차 핵실험(13.2.12), 핵선제타격 위협, 정전협정 폐기선언(13.3), 개성공단 북근로자 철수(13.4) 한-미: 안보리결의 2094호, 한미 군사훈련, 개성공단 남근로자 철수 (13.5)	???	

2. 비핵화외교 실패의 교훈

사반세기에 걸친 북한 비핵화 노력에도 불구하고 비핵화에 실패했다는 사실에서 우리의 정세판단과 협상전략에 심각한 오류가 있다는 점을 인정하지 않을 수 없다. 과거의 실패를 반복하지 않기 위해서 새로운 비핵화전략은 보다 현실에 바탕으로 두고 실현가능한 목표를 내세워야 한다. 또한 성과를 거두기 위해서는 행정부의 변화에서 불구하고 지속가능한 대북정책을 추진해야 한다.

첫째, 한·미 정부 모두 북한의 핵개발 의지, 그리고 정권과 체제 내구성을 과소평가한 오류가 있다. 특히 미 정부는 1994년 제네바합의 체결 당시 북한의 붕괴가 임박했다는 판단 하에 '시간 끌기' 차원에서 합의 체결과 이행에 소홀히 대처하였다. 결국 미국의 경수로 건설 및 원유제공 지연과 북한의 농축핵의혹이 충돌하여 결국 제네바합의체제가 무너지고 북한의 핵활동이 통제되지 않는 상황이 되었다.

대북정책에 있어 통상적으로 "시간은 우리 편"이라는 전제가 통용되고, 전략적 인내, 방치 등이 주요 대응전략으로 채택되었다. 그런데 이는 오히려 북한의 핵개발 동기 강화와 핵무장 시간벌기에 이용되었다.

둘째, 북한은 특별히 높은 핵무장 동기를 갖고 있어 일반적인 비핵화 해법이 작동하지 않는다. 우크라이나, 남아공, 아르헨티나, 브라질 등 다른 성공적인 비핵화 국가는 모두 탈냉전기 들어 정치개방과 경제개혁, 그리고 핵무장 포기를 동시에 추진한 사례이다.

반면, 북한은 탈냉전기 시대 들어 오히려 구 사회주의체제와 세습정권을 고수함에 따라, 세계추세와 격차가 더욱 벌어지고 체제위기가 더욱 증폭된 사례이다. 따라서 북한이 설사 핵포기를 약속하더라도 이는 당시 상황을 모면하기 위한 위장전술에 불과할 가능성이 높고, 내부적으로 핵무기 개발 필요성이 더욱 증대한다는 점에 주목해야 한다. 북한은 종종 외교적 필요에 의해 핵합의를 수용하지만, 결국 내부적인 핵무장의 필요에 따라 핵합의를 파기하는 과정을 반복하였다.

셋째, 미·북 간 극단적인 불신, 근본적인 이해관계의 충돌, 적대감 등이 파행적인 협상의 근저에 있다. 특히 북한과 미국은 각각 상대에 대한 신뢰수준에 비해 너무 높은 협상목표를 추구한다. 미국은 북핵 시설과 능력의 '완전하고 검증가능하며 불가역적인 해체(CVID)'를 북핵 외교의 목표로 추구한다. 한편 북한은 미국의 대북 적대시 정책 중단, 평화협정 체결, 경제제재 해제, 경제지원, 수교 등을 요구하고, 또한 미국 측의 선 이행을 요구한다. 양측의 뿌리 깊은 불신을 감안할 때, 점진적인 상호 신뢰구축 없이는 달성하기 어려운 요구이다.

북한은 미국의 궁극적인 대북정책 목표가 체제전환과 정권교체라는 의구심을 항상 갖고 있다. 한국의 대북정책 목표도 결국 체제변화와 흡수통일이라고 믿고 있다. 미국도 북한이 핵을 쉽게 포기할 것으로 생각하지 않는다. 따라서 양측은 합의에도 불구하고, 상대를 불신하여 서로 상대의 선조치를 요구하며 다시 충돌하는 경향을 보인다.

넷째, 협상구조의 문제점도 있다. 북핵 해결을 위한 미국 측의 외교적 노력은 선제적이고 전략적인 구상에 따른 것이 아니라 북한의 외교공세에 대한 반응으로 나타나는 경향이 있다. 북핵 문제의 완전하고 신속한 해결을 위한 로드맵과 전략을 갖고 체계적으로 접근하지 못하고, 북한의 벼랑끝 전술과 위기조장 전술에 말려들어 뒤늦게 위기해소 차원에서 최소한의 반응을 보이는 양상이다. 그 결과 마지못해 타결한 핵합의는 결국 그 내재적 결함으로 인해 합의의 해체와 새로운 핵사태의 반복을 초래한다.

다섯째, 포용론에서 북한정권 붕괴론까지 폭넓은 대북정책노선의 잦은 변동으로 정책성과를 거두지 못하고 오히려 남북 간 불신을 심화시켰다.

사실 남북관계에서 최악의 정책은 오락가락 정책이다. 포용정책, 압박정책도 지속하면 성과가 날 것이다. 그런데 국민적 합의가 없는 정책은 특정 정부의 임기동안만 유효하고, 다른 정부에서 용도폐기되는 문제점이 있다. 종종 발생하는 한미 간 공조 부재도 대북정책의 효과성을 반감시키거나 마비시키는 결과를 초래하였다

결론적으로 북한의 핵무장 의지와 체제 내구성, 미국식 협상체제의 한계, 지속가능 대북정책, 미북간 불신구조, 비핵화 해법의 적절성 등에 대한 재평가를 바탕으로 하여 목표와 가용자원 등에서 보다 현실적인 비핵화전략을 수립해야 한다. 그렇지 않을 경우 북핵문제는 또 다시 북핵협상 악순환 주기의 수렁에 빠질 것이다.

3. 새로운 북한 비핵화 전략

(1) '한반도형' 비핵화 해법 개발: 한반도 평화협력 프로세스

6자회담 참여자가 모두 북한 비핵화를 추구하지만 그 전략과 방법론에 대한 5자 간 또는 6자 간 합의가 없어 설사 형식적 합의가 만들어지더라도 이행되지 못하고 있다. 6자회담 이전에 만들어진 남북 핵합의와 미·북 핵합의가 같은 전철을 밟았지만 개선되지 못하고 있다. 따라서 이를 극복하기 위해 '한반도형' 비핵화 모델을 적극 개발해야 한다. 효과적인 북한 비핵화 모델이 없다면, 미·북 핵대화와 6자회담은 시간낭비가 될 것이다.

지난 20년간 다양한 비핵화 해법과 모델을 북한에 적용하려고 했으나 모두 실패하고 말았다. 모두 다른 나라에 적용된 비핵화 모델을 단순 모방하는 단계에 그쳤기 때문이다.

새로운 '한반도' 비핵화모델은 안보-경제 교환의 우크라이나식, 중재와

정치적 빅딜의 리비아 모델, 안보환경의 변화와 정권변화가 전제된 남아공 모델 등의 복합 모델이 될 가능성이 높다. 한국이 역사적 비핵화 사례를 참고하되, 창의적인 '한반도형' 비핵화 해법을 개발해야 한다.

새로운 비핵화 해법은 한반도평화체제 구축 및 동북아 안보협력 프로세스, 그리고 대북경제지원과 연계한 복합적 비핵화 전략이 되어야 한다. 이는 바로 9.19 6자 공동성명의 기본이 되는 구상이기도 하다. 북한 비핵화는 한반도 평화프로세스의 핵심을 구성하므로, 평화프로세스를 위한 포괄적, 다층적, 단계적 접근방안에 따라 비핵화 전략을 추진한다.

이를 위해 첫째, 비핵화 부분은 북핵활동의 동결과 폐쇄, IAEA 사찰단 복귀, 북핵 신고와 검증, 폐기 등 단계를 거친다. 둘째, 경제지원 부분은 에너지 지원, 인도적 지원 및 경협 확대, 남북경제특구 확장 등을 단계적으로 추진하며, 특히 북한의 강력한 요구와 미래 한반도의 에너지수요를 감안한 '경수로' 제공에 대한 전략적 검토가 필요하다. 셋째, 한반도평화체제 구축을 위해 미·북 수교의 단계적 접근, 서해경제평화협력지대 구축, 남북정상회담 정례화, 남북평화협정 체결 등을 단계적으로 추진한다. 넷째, 한반도 평화체제를 보강하기 위해 동북아 평화안보협력체제도 병행 추진한다.

복합적 비핵화 전략에는 북한 변화전략도 포함된다. 북한이 핵무장 동기를 갖고 있는 한 비핵화가 사실상 불가능하며, 설사 합의가 있다고 하더라고 성실한 이행을 기대하기 어렵다. 따라서 북한의 핵무장 동기를 해소하기 위한 북한 변화전략도 반드시 필요한 실정이다.

북한이 정권과 체제유지를 위해 국제규범을 훼손하고 주민복지를 희생시키는 현 체제와 전략을 유지하는 한 북한 비핵화의 실질적 진전을 기대하기 어렵기 때문이다. 북한의 개혁·개방 변화는 외부의 압력과 주민의 압력에 좀 더 반응적인 체제를 만들 것이므로, 북한의 개혁·개방을 위한 노력이 병행되어야 한다.

마지막으로, 복합전략에서 중국의 역할도 중요하다. 중국은 북한의 체제 안정을 중시하지만, 동북아 지역의 핵확산을 크게 우려하고 있으므로 북한 비핵화와 개혁개방을 지지할 것이다. 또한, 중국은 6자회담을 중시하고 북한의 핵실험과 로켓 시험발사에 비판적이므로, 북한 비핵화와 6자회담 재가동뿐만 아니라 북한의 개혁·개방을 위한 중국의 '새롭고 강화된 역할'을 요구해야 한다.

(2) 적극적 제재와 대화 병행의 협상전략 추진

북한 비핵화를 위한 적극적인 제재와 협상의 병행 전략을 제기한다. 종래 북한에 대한 제재 일변도 정책, 대화 일변도 정책은 모두 비핵화에 실패했을 뿐 아니라, 북핵사태를 더욱 악화시키는 부작용을 초래했다. 북한 방치론과 정권교체론은 북한의 체제 내구성을 과소평가하고, 포용론자는 핵무장 의지를 과소평가하는 오류를 보였다. 적극적인 '제재와 협상 병행론'은 북한의 핵무장 의지와 체제 내구성을 전제로 한 적극적이고 현실적인 비핵화 협상전략이다.

대북정책에 있어 통상적으로 "시간은 우리 편"이라는 전제가 통용되고, 전략적 인내(strategic patience), 온건무시(benign neglect) 등이 주요 대북(핵) 전략으로 채택되었다. 우리는 종종 북한 핵무장 의지와 체제 내구성을 과소평가하여 시간벌기 전략을 채택했지만, 오히려 북한은 이를 핵개발에 이용하였다.

특히 미 정부는 1994년 제네바합의 체결 당시 북한의 붕괴를 전제로 '시간 끌기' 차원에서 합의 체결과 이행을 소홀히 하였다. 미 정부는 북한의 농축핵의혹(2002.10)에 대해 제네바합의 무효로 대응하였으나, 오히려 핵도발과 핵실험이 반복되는 등 북핵사태가 더욱 악화되고 결국 핵무장을 기정사실화하는 결과를 초래하였다.

그렇다고 북한에 대한 무조건적 관용도 결코 해결책이 아니다. 원칙 없는 선의적인 접근은 오히려 북한의 '도덕적 해이'와 '시간벌기'를 조장하고, 합의 불이행을 초래한다. 따라서 북한과 대화를 추진하되 상당기간 안보리 결의 2094호 제재체제를 유지하여 북한의 합의 불이행을 차단해야 한다.

(3) 대북정책의 지속성과 전략적 유연성 확보

위에서 설명한 북핵 협상의 '악순환' 패턴이 반복되는 것을 차단하기 위해서 대북정책의 전략적 유연성과 대북정책의 지속성을 확보해야 한다. 앞에서 설명하였듯이 북핵협상은 북한의 핵도발-핵위기와 핵협상 개시-핵협상 타결-핵합의 붕괴 등 악순환을 반복하는바, 새로운 북핵협상은 '악순환'을 사전에 차단하기 위한 사전준비를 철저히 해야 한다.

북한은 상황이 불리할 경우, 최고 국가이익 보호 명분으로 언제라도 합의를 포기할 가능성이 있어, 형식적인 합의 체결보다는 합의 이행 가능성과 압박과 동기부여를 동시에 활용하여 이행촉진 분위기를 조성해야 한다. 미·북, 남북 간 목표의 극단적인 차이로 인해 단계적인 합의이행이 불가피하지만, 9.19 6자 공동성명과 같은 모합의는 새로운 변수의 발생과 상황의 변화에서도 폐기하지 않고 변용할 수 있는 포괄성과 전략적 유연성을 가져야 한다.

또한 6자회담이 성과를 거두기 위해서는 한국과 미국 정부가 대북정책과 북핵정책의 지속성을 확보해야 한다. 국내적으로 정권교체에 따라 대북정책이 포용정책, 봉쇄정책, 정권교체 등 폭넓게 급변함에 따라 중장기적인 대북정책의 성과를 모색하지 못하는 한계를 보였다.

대북정책의 잦은 변동으로 인해, 북한도 한국과 미국의 대북정책을 신뢰하지 못하고 만일을 위한 최악의 상황에 대비하는 이중적인 성향을 보였다. 따라서 남북 간, 미국 간 신뢰가 축적되지 못하고, 합의 불이행도 더욱 빈번히 발생했다. 더욱이 한·미 간 대북정책도 '공조원칙'에도 불구하고, 종종 한미 정부 각각 정치 성향이 엇갈려 일관성 있고 효과적인 대북정책을 추진하기 어려웠다. 이런 경향도 우리 대북정책의 신뢰성을 훼손하는 결과를 초래했다.

북한 비핵화, 북한 변화, 통일정책, 북한정세 등을 모두 고려한 대북정책의 종합전략이 부재할 경우, 각종 대북정책과 제안은 정권교체 또는 돌발사건에 따라 단발성 구상으로 끝나거나 변덕스런 정책전환을 초래할 가능성이 높다. 특히, 북한 붕괴론, 방치론, 포용론 등 상충하는 정책 노선이 혼재하여 종종 정책의 방향성과 일관성을 해치는 경향이 있고, 한미에서는 정권교체에 따른 대북정책의 변동이 불가피하다. 이럼에도 불구하고 정책의 일관성 유지를 위해서는 정부와 정책공동체의 공동노력이 필요하다.

(4) 북핵문제의 '불편한 진실'

북한 핵무장이 거의 기정사실화되고 또한 북한 비핵화에 많은 시간이 소요될 것이라는 전제하에 우리는 북핵문제의 관리를 위해 아래와 같은 '불편한 진실'을 직면하지 않으면 안될 것이다. 이 문제들은 자칫 북한의 핵무장을 기정사실화하고 묵인한다는 인상을 북한과 국제사회에 줄 우려가 있기 때문에 이를 억지로 외면한 것도 사실이다. 그럼에도 불구하고 사태의 심각성으로 인해 '불편한 진실'에 대한 대응책을 강구해야 할 시점이 되었다.

첫째, 북한 핵시설의 안전문제이다. 북한은 동결(폐쇄)된 흑연감속로에 더해, 경수로 건설을 재촉 중이며 최근 완성단계에 이르렀다는 보도도 있었다. 그런데 특히 북한의 기술수준과 경수로의 복잡성을 감안할 때 경수로가 가동된다면 안전사고가 발생할 가능성이 높다. 비록 북한 핵시설이 폐기대상이지만, 상당기간 유지될 핵시설(특히 경수로)의 안전을 위해 국제원자력기구가 나서서 안전성을 평가하고 기술자문을 제공할 필요성도 있다.

둘째, 북한의 핵물질·기술·장비가 해외로 유출되는 것을 방지하기 위한 '핵안보'가 필요하다. 이를 위해 북한에게 '핵안보'의 강화를 요구하거나 핵안보 지원을 제공하는 방안도 있다. 북한당국이 자신의 핵능력의 일부를 해외 국가 또는 비국가단체에게 판매할 가능성을 배제할 수 없기 때문이다. 심지어 도난과 불법유출 가능성도 없지 않다. 이때 미정부가 90년대 초부터 구소련국의 핵무기 폐기를 위해 자금과 기술을 제공한 '협력적 위협감축(Cooperative Threat Reduction)'과 유사한 프로그램을 북한에 제공하는 방안에 대한 검토가 필요하다.

셋째, 북한의 핵무기 사용독트린과 지휘통제권에 대한 문제가 있다. 북한은 사실상 핵무기를 획득하였지만 이에 대한 사용독트린과 지휘통제권은 자의적이며, 최소한의 책임성과 체계성마저 결여되어 있을 가능성이 높다. 따라서 북한 핵무기의 사용과 사고 가능성을 방지하기 위해 핵국이 나서서 북한에게 핵무기의 통제에 대한 지식을 전수할 필요가 있을지 모른다. 이 조치도 북한의 핵무장을 기정사실화하는 효과가 있어 문제점이 있지만, 그럼에도 불구하고 북한식 핵무기 사용독트린과 지휘통제권를 그냥 방치하기에는 매우 위험하다.

2013년 4월 초 제정된 "자위적 핵보유국의 지위를 더욱 공고히 할데 대하여" 법령에 따르면, 김정은 최고사령관이 핵무기 사용의 최종결정권을 갖고, 또한 적대적 핵국(미국)과 야합한 비핵국가(한국)에게 핵무기를 사용할 수 있도록 규정하였다. 모든 핵국과 사실상 핵국은 국민에게 책임지는 선출직의 통수권자가 핵무기 사용의 최종결정권을 갖는다. 그런데 북한은 김정은의 개인적 충동과 오판에 의한 핵무기사용에 대한 통제가 부재한 것으로 보인다. 앞으로 이 문제에 대한 추가 검토와 대책이 필요하다.

4. 후속 조치와 고려사항

3차 북핵실험과 그 여파로 한반도는 초긴장 상태에 놓여있다. 그런데 지난 20년간 북핵과 남북관계 패턴을 본다면, 이런 위기국면이 마냥 지속될 가능성은 높지 않다. 따라서 우리는 현 도발과 위기국면에 대한 엄중히 대응하는 한편, 대화와 협상을 통해 위기를 완화하고 북핵문제에 대해 근본적인 해결방안을 모색해야 한다. 이를 위한 방안을 아래와 같이 제안한다.

첫째, 금년 상반기 중으로 '한반도 신뢰 프로세스' 로드맵을 작성해야 한다. 과거의 우리 대북정책은 명확한 목표의식과 전략을 갖고 체계적으로 추진되지 못했다. 특히 북한의 '판 흔들기'식 도발에 대해 단순히 반응적으로 대응하는데 그치지 않고, 나아가 한국식 '판 만들기'를 위한 비핵화 로드맵을 제시하여 국제사회의 지지를 받도록 한다.

둘째, 북핵에 대한 탐지 및 대응역량, 그리고 핵문제 전반에 대한 핵정책역량을 획기적으로 강화해야 한다. 북한의 핵전력화가 가속화되는 가운데 국내에서는 북한의 핵능력과 핵실험을 평가하고 대응전략을 수립하는데 필요한 핵정책 역량이 충분치 않고, 아직 해외 전문가에 의존하는 경향이 있다. 북핵문제에 대한 탐지와 기술적 분석역량을 증진하기 위해 한국원자력통제기술원에 북핵대응센터를 설치할 것을 제기한다.

셋째, 북핵에 대한 대응을 둘러싸고 등장한 핵무장론을 경계하고, 이에 대한 정부의 입장을 정립하며 이를 알리기 위한 교육홍보를 체계적으로 추진토록 한다. 3차 북핵실험 이후 우리 사회에서 핵무장 주장이 거세게 일고 있다. 국민 3명 중 2명이 핵무장을 지지하고, 정치인도 이를 주장한다. 그런데 한국의 핵무장은 국제법상 불법이며, 현실적으로 불가능하고, 현 한미동맹체제에서 불필요하다. 핵무장론은 실현되기 어려운 혜택을 과장하는 반면, 이에 따른 비용과 희생은 외면하거나 과소평가하여 국민을 호도하는 경향이 있다.

넷째, 남북대화 재개를 통해 북핵문제 해결의 물꼬를 트고 군사적 긴장의 완화를 모색한다. 현 북핵 국면은 남북대화를 추진하기에 유리한 환경은 아니지만, 무한정 기다리는 정책도 문제해결을 위한 방책이 아니므로 적정 시기에 현상타개와 군사적 긴장완화를 위한 남북대화가 필요하다.

김정은 체제는 3대 세습을 안정적으로 관리하고 또한 실제 정책주도권을 발휘하고 있어 더 이상 김정은을 대화상대로 부정할 필요는 없다. 그럼에도 불구하고 천안함과 연평도 도발, 그리고 핵도발을 시도한 김정은 체제와 당분간 정상회담은 추진하기 어려울 것이므로, 하반기 들어 총리급회담 또는 특사교환을 추진토록 한다.

[첨부: "자위적핵보유국의 지위를 더욱 공고히 할데 대하여"
(2013.4, 최고인민회의 법령)]

(전문 생략)

1. 조선민주주의인민공화국의 핵무기는 우리 공화국에 대한 미국의 지속적으로 가중되는 적대시정책과 핵위협에 대처하여 부득이하게 갖추게 된 정당한 방위수단이다.
2. 조선민주주의인민공화국의 핵무력은 세계의 비핵화가 실현될 때까지 우리 공화국에 대한 침략과 공격을 억제, 격퇴하고 침략의 본거지들에 대한 섬멸적인 보복타격을 가하는데 복무한다.
3. 조선민주주의인민공화국은 가중되는 적대세력의 침략과 공격위험의 엄중성에 대비하여 핵억제력과 핵보복타격력을 질량적으로 강화하기 위한 실제적인 대책을 세운다.
4. 조선민주주의인민공화국의 핵무기는 적대적인 다른 핵보유국이 우리

공화국을 침략하거나 공격하는 경우 그를 격퇴하고 보복타격을 가하기 위하여 조선인민군 최고사령관의 최종명령에 의하여서만 사용할 수 있다.

5. 조선민주주의인민공화국은 적대적인 핵보유국과 야합하여 우리 공화국을 반대하는 침략이나 공격행위에 가담하지 않는 한 비핵국가들에 대하여 핵무기를 사용하거나 핵무기로 위협하지 않는다.
6. 조선민주주의인민공화국은 핵무기의 안전한 보관관리, 핵시험의 안전성보장과 관련한 규정들을 엄격히 준수한다.
7. 조선민주주의인민공화국은 핵무기나 그 기술,무기급핵물질이 비법적으로 루출되지 않도록 철저히 담보하기 위한 보관관리체계와 질서를 세운다.
8. 조선민주주의인민공화국은 적대적인 핵보유국들과의 적대관계가 해소되는데 따라 호상존중과 평등의 원칙에서 핵전파방지와 핵물질의 안전한 관리를 위한 국제적인 노력에 협조한다.
9. 조선민주주의인민공화국은 핵전쟁위험을 해소하고 궁극적으로 핵무기가 없는 세계를 건설하기 위하여 투쟁하며 핵군비경쟁을 반대하고 핵군축을 위한 국제적인 노력을 적극 지지한다.
10. 해당 기관들은 이 법령을 집행하기 위한 실무적대책을 철저히 세울 것이다.

2

2013년 6월

한반도포럼 세미나

◈

북중관계의 지속과 변화와 그 함의

이희옥 성균관대

◈

1. 미중정상회담과 한반도문제

6월 7-8일 미중정상회담에서 중국은 신형대국관계(new type relations between great powers)를 적극적으로 설명하고 미국의 동의를 구하고자 했다. 그 함의는 ① 향후 강대국관계는 더 이상 냉전시기와 같은 적대와 대결이 아니라 협력과 소통에 기초해야 한다, ② 중국의 부상을 있는 그대로 수용하고 새로운 세계질서를 만들어야 한다, ③ 양국의 핵심이익을 서로 존중해야 한다는 의미를 담고 있다. 이에 대해 미국은 과거와 같은 날카로운 중국비판 보다는 '평화적'이라는 점을 강조하면서 중국의 부상을 환영한다고 했다. 그러나 신형대국관계에 대해서 새로운 협력모델(new model for cooperation)로 표현하면서도 이를 전적으로 수용하지만 않았다. 미중관계는 양국이 협력을 지향하면서도 서로 다른 시선으로 서로를 접근하고 있다는 점에서 향후에도 협력과 갈등을 반복하면서 출렁일 것으로 보인다.

이번 회담은 미중관계의 준칙과 위상정립을 시도한 회담이었다. 물론 양국이 관심을 가진 모든 이슈들을 제기했지만, 각론에서는 뚜렷한 해법은 제시되지 않았다. 미중정상회담이 북한문제의 분수령이 될 것이라는 시각과는 달리 이 문제를 차분하게 접근했으며 이러한 결과는 이미 예고된 것이었다. 한반도 비핵화(또는 북한비핵화)에 대해서도 미중 양국은 매우 자제된 표현을 사용했다. 비핵화 요구, 북한의 핵 보유국 인정반대, 6자회담 선조치에 대해서도 미국의 입장을 설명하기는 했으나 특별히 새로운 것은 없었다. 이런 점에서 시진핑은 중국의 대북한 인식이 경직되지 않다는 것을 설명했겠지만, 구체적인 해법을 제시하고 합의를 이끌지는 못했다. 이 점은 향후 미중 간 북한문제, 북핵문제에 대한 방법론의 차이를 드러낼 수 있는 부분이다. 여기에 시진핑 주석이 미국을 방문하기 직전 최용해가 중국을 방문하여 북한의 정책변화의 가능성을 설명한 것도 일정한 영향을 주었을 가능성도 있다. 북한은 현실적으로 남북관계, 북미관계의 교착국면에서 적어도 중국을 묶어두면서 대화공세를 전개하고 있는 것으로 보인다.

북한의 남북 간 북미 간 대화제의, 북중 간 전략대화의 개최, 6자회담에 대한 북한의 태도 변화 등은 중국의 대북압박만으로는 설명하기 어렵다. 이렇게 보면 북한의 대화공세는 제3차 핵실험 이후 상호관계를 조정하는 과정에서 모종의 대화의 결과일 수도 있다. 특히 중국과 북한 사이의 외교부라인의 전략대화를 위해 김계관이 중국을 방문한 것도 한중정상회담 국면에서는 매우 중요한 의미를 지닌다.

중국은 미중정상회담에서 비핵화 의지를 명확히 밝혔고 시진핑 주석 개인도 북한체제의 위험만큼이나 김정은 위원장의 '야심의 위험'을 동시에 느끼고 있다. 즉 김정일 체제와는 달리 김정은 체제의 잦은 '경계이탈'로 인해 북한의 의도를 파악하기 어렵고 북한의 강한 핵보유 의지만큼 중국의 강한 비핵화의지를 표출하고 있는 것으로 보인다. 그러나 중국은 북한의 추가행동을 막고 다자간 대화를 통해 문제해결의 실마리를 찾겠다는 의지를 거두어들인 것은 아니다. 한미양국은 일단 국내 여론을 고려해 '북한의 선조치'를 주문하고 있고, 북한도 '전제조건을 내세운 대화와 접촉을 말하지 않아야 한다'고 주장했다. 중국의 입장은 그 중간에서 다시 성실한 중재자(honest broker)의 역할을 부여받게 되었다. 한중정상회담은 이를 판단하는 최초의 리트머스 테스트가 될 것이다. 이 과정에서 중국은 한미 양국이 다시 '문턱'을 낮추고 '성의'를 표시할 것을 요구할 가능성이 있고, 특히 미국이 새로운 조치를 통해 한반도문제를 복잡하게 만들고 있다고 인식하는 경향도 있으며, 한국이 미국을 설득해주기를 바라는 분위기도 있다.

2. 북한의 3차 핵실험과 북중관계의 복기(復棋)

2012년 북한이 로켓을 발사하자 중국은 과거의 로켓발사와는 달리 안보리 의장성명이 아닌 제재결의안(2087호)에 찬성했다. 이에 북한은 즉각 '6자회담과 9.19 공동성명 사멸, 한반도 비핵화종말'을 강도 높게 언급하면서 사실상 중국을 겨냥해 '견제해야 할 원칙을 포기한 국가'로 간주했다. 뒤이어 준비한 매뉴얼대로 제3차 핵실험을 감행했고 중국도 핵실험 이후 5시간만에 준비된 외교부 성명을 통해 핵실험을 '단호히 반대하고' 한반도 비핵화, 핵확산방지, 동북아의 평화와 안정이 중국의 기본입장이며, 관련 국가들 모두 냉정하게 대처하고 대화와 협상을 통해 6자회담의 틀 내에서 한반도 비핵화의 문제를 풀어가자는 입장을 표명했다. 이어 중국은 보다 구속력이 강화된 제재결의안에 참여했다.

중국이 국제공조에 참여하게 된 요인에는 몇 가지 배경이 있다. 첫째, 시진핑 체제가 '새로운(新型)대국관계'를 선보인 이후 미중관계를 재조정해야 하는 현실적 필요 때문이다. 특히 오바마 정부의 아시아 재균형

(rebalancing toward Asia)정책이 정치적 수사가 아니라 구체적 실체를 띠기 시작했다는 점에서, 미중관계를 '강 대 강'으로 끌고 가기 보다는 미국의 의도를 약화시키는 것이 인센티브가 크다고 판단했다. 둘째, 뜨거운 현안인 중일 간 영토분쟁에서 일본을 편들었던 미국의 태도변화에 대한 기대도 대북공조에 영향을 주었을 가능성도 있다. 셋째, 제3차 핵실험 이후 새롭게 출범한 시진핑 정부가 느낀 북한에 대한 피로감과 불쾌감이 정책판단에 영향을 주었을 가능성이 있다. 북한의 행동변화에 따라 정책결정과정 자문그룹의 전통적 대북인식에 대한 변화도 일정하게 정책결정과정에 반영된 것으로 보인다. 넷째, 상황적으로 시진핑 체제가 등장한 이후 "한반도 비핵화와 대량살상무기 확산 반대를 명시적으로 밝힌 상태(박근혜정부의 대중특사단과의 베이징 접견시)"에서 북한이 설날을 틈타 행한 북핵실험을 예외로 둘 수 없었다. 다섯째, 중국의 핵실험은 시진핑 체제의 일종의 가이드라인을 넘어선 것으로 간주했고 김정은의 행동은 김정일 시기의 전략적 자세와는 다르다고 인식했다. 여섯째, 북한의 제3차 핵실험은 과거와는 성격이 변화하고 있다고 인식했다. 즉 북한이 핵의 공포를 이룬 상황에서 한반도 저강도(low level)분쟁이 발생할 가능성이 있고 이것은 중국의 대한반도 정책목표에 차질을 줄 수 있다는 점이다. 일곱째, 중국의 한반도정책의 전반적인 조정(한반도 전체를 전략적 자산으로 보는 등거리외교)을 앞두고 일종의 '선긋기'를 시도한 측면이 있다.

3. 중국의 대북정책 조정의 한계

중국은 북한의 행동에 대해 불만을 제기하고 대북공조에 적극적으로 참여하면서도 명확한 대북정책에 대한 방향전환을 시도하지는 하지는 않았다.

첫째, 핵실험으로 인해 핵능력을 시연한 북한에 대해 비핵화를 강제할 수단이 여전히 크지 않다. 대중국 의존도가 높은 원유공급을 중단하고 식량지원을 줄이면서 북한을 압박할 경우 발생할 북한체제의 불안정, 압박에 대한 북한의 대응으로 인한 한반도 위기상황을 중국이 원치 않고 있다.

둘째, 중국이 영향력을 사용하면 영향력이 사라진다는 이른바 '영향력의 딜레마'를 학습했다는 점이다. 이런 점에서 중국은 미국이 움직이지 않는 한, 중국이 먼저 움직이지는 않을 것이다.(※ 2006년 제1차 핵실험 당시 중국은 '제멋대로(悍然)'라는 거친 표현을 쓰고 역사상 처음으로 안보리의 대북제재 결의안에 참여했지만, 그 결과는 중국이 배제(China passing)된 베를린 합의로 나타났다. 이에 따라 중국은 2009년 제2차 핵실험 이후 유엔의 제재결의안에 찬성했음에도 불구하고 북핵문제와 북한문제를 분리하거나 핵과 변화를 분리해 접근했다)

셋째, 중국은 북핵실험을 비판적으로 접근하고 있으나, 이를 계기로 미국의 동아시아 진출이 본격화되는 것을 동시에 우려하고 있다. 이런 점에서 중국은 북핵문제의 기저에는 정전상태의 적대관계가 있다는 인식이 남아있고 평화문제에 대한 포괄적인 접근이 필요하다는 점에서 근본문제의 동시해결이 필요하다는 인식을 가지고 있다.(※중국은 북한이 미국을 불신하는 한편 미국에 대한 공포를 지니고 있기 때문에 북미관계의 정상화를 통한 평화체제가 북한의 생존과 직결되어 있다는 점을 일정하게 수용하고 있다) 그리고 시진핑체제 들어 한미동맹, 미일동맹, 지역미사일 방어체제에 대한 경계심을 보이고 있는 점을 주목할 필요가 있다. 미중정상회담에서 "태평양은 미중을 포괄하기에 충분하다"는 말도 미국의 아시아정책에 대한 불만을 드러낸 것으로 볼 수 있다.

넷째, 최근 북한이 모든 카드를 소진한 상태에서 전개될 수밖에 없는 대화국면을 예상하고 이때 주도권을 잃지 않고자 하는 의도를 가지고 있다.

이런 점에서 최근 언론에서 보도된 학습시보 부편심(副編審) 덩위원(鄧聿

文)이 *Financial Times*에 기고한 "중국은 북한을 버려야 한다"[1]는 글을 필두로 중국내 반북여론이 재생산 되고 있다.(뤄위앤 장군, 추수룽 교수, 선딩리 등등) 이러한 흐름이 2011년 중국내 대부정책에 대한 새로운 변화(북한을 과도하게 감싸고 돌아 미중관계와 한중관계의 부담을 초래하지 말아야 한다)라는 흐름을 반영하고 있지만, 전반적으로는 과대대표되고 있다고 볼 수 있다.

이를 2009년 7월 이전의 중국학계의 대북문제에 대한 백화제방(百花齊放)의 국면과 비교해 보면 유사한 점이 발견된다.(2009년 7월 직전 북핵문제냐 북한문제냐에 대한 뜨거운 토론이 이루어진 시점을 상기해보자) 지금도 북핵실험과 도발행위로 나타난 상황에서 중국의 대북불신이 강하고 여기에 시진핑 체제 외사영도소조(주석-총리-부주석-국방부장-외교담당 국무위원-외교부장)가 열릴 수 있는 시점이라는 점에서 다양한 견해가 표출되는 경향이 있다. 요컨대 이러한 흐름이 중국정부의 입장을 일정하게 대변하기 보다는 과대대표된 측면이 있다.(환구시보의 출렁이는 보도태도도 함께 보자) 말하자면 새로운 미중관계의 변화와 한반도에서의 양국간 중첩(intersection)의 확대 등 지정학적 트랩에 의해 움직이는 중국의 대북정책이 근본적(질적)으로 변화하는 중이라고 보기는 어렵다.

다만 중국이 "한반도의 평화와 안정"이라는 원칙을 보여주었다면 점차 양자관계나 북핵 자체에 얽매이지 않는 좀 더 '자유로운 태도(輕鬆感)'를 보이고 있다. 시진핑 주석이 최용해의 면담에서 "어떤 상황에서도 비핵화 목표를 달성해 한반도의 평화와 안정을 이뤄야 한다"고 밝힌 것은 비핵화 자체가 중국의 국가이익 그 자체에 중요하다는 것을 강조한 것으로 볼 수 있다. 중국 언론이나 외교부 대변인들의 발언에서 기존의 한반도 3원칙(한반도의 평화와 안정, 한반도 비핵화, 대화와 협상을 통한 해결)의 우선순위를 바꾼

---

1) Deng Yuwen, "China Should abandon North Korea" *Financial Times* (Feb. 27, 2013)

것(한반도 비핵화, 한반도의 평화와 안정, 대화와 협상을 통한 해결)도 새로운 세계질서 속에서 북핵문제에 접근하기 시작했고 이런 점에서 북핵의 성격이 변한 상태에서 비핵화의 중요성을 강조한 것으로 보인다.

좀 더 적극적으로 해석하면 향후 한반도의 지정학적 가치에 대한 기대치를 낮추고 새로운 한반도 균형정책을 모색하는 과정으로 볼 수 있다. 이런 점에서 중국의 대북정책은 일종의 '진화과정'에 있다고 볼 수 있다. 중국은 향후 북중관계의 위상설정, 대북지원의 방식과 규모, 국경에서의 경제협력 등 가용한 모든 카드를 올려놓고 검토할 것이다. 다만 중국의 대북한 설득과 압박은 양국관계의 특수성과 지정학적 이해를 고려한다면 공개적 겁주기 방식보다는 비공식적, 비공개적 방식으로 이루어질 가능성이 크다. (※왕자루이와 한국국회대표단과의 내용에서 밝힌 북중관계가 '일반적인 관계'라는 말은 중국의 전통적인 유대가 약화되는 것을 의미하지만 특별히 새로운 내용은 아니다. 일반관계라는 용법은 때로는 중국의 대북한 영향력 사용의 한계를 드러낼 때 사용하기도 한다)

4. 대화국면의 해석

북한의 행동변화는 일정하게 중국과의 관계(압박이든 교감이든)속에서 작동하고 있다. 최근의 국면도 중국의 입장(※한반도 비핵화 원칙견지, 김정은 체제의 궤도이탈에 대한 비판이라는 측면과 북중 간 전략대화와 비공식적 지원, 중조우의의 강조, 시진핑 주석 생일축전, 중국을 고려한 북미대화 제의 등)과 북한의 입장(※김정은 체제의 공고화, 북핵실험을 통한 핵무기능력 시현, 한미중의 비핵화 의지 확인, 한중관계의 전략적 소통기제 확대 등) 사이에서 나타난 국면으로 볼 수 있는데, 이러한 북한의 대화공세에는 일정하게 중국역할론이 주효했다고 볼 수 있다.

우선 북한은 한미중이 비핵화에 대한 인식에 도달한 상태에서 이를 현실로 수용하고 외교적 인센티브를 찾고자 했다. 다만 방법론에 대한 차이는 있다. 북한이 9.19 공동선언의 수준으로 돌아올 가능성은 있지만, 한미일이 요구하는 '+α'에 대해서는 유보적인 태도를 보일 것이다. 중국은 이 문제를 해결하기 위해 6자회담 이외의 다른 유효한 대안이 있는가를 묻고 있다. 중국은 6자회담 내의 다양한 양자, 다자의 대화틀을 운용하면서 한반도의 비핵화에 이를 수 있다고 본다. 6자회담의 의제도 북일, 북미관계정상화와 같은 포괄적 협상의 여지가 있다고 본다. 이것은 양자대화의 다층화를 통해 중국주도의 북핵해결 해결방식에 제동을 걸고자 하는 미국의 입장과는 차이가 있다.

중국은 북한의 잇단 도발에 대한 불쾌감, 한중정상회담과 미중정상회담 등의 국면에서 북한과의 '거리두기'를 시도했지만, 한반도 비핵화(북한 비핵화가 아닌)를 대화를 통해 해결하고자 하는 의지를 강조했다. 다만 중국은 김정은 체제가 핵보유국을 헌법에 명시하고 핵과 경제발전의 병진노선을 일거에 폐기하기 어려운 상태에서(※북핵문제가 20년의 성공과 실패를 반영하고 있다는 점에서 일거에 해결할 수 없고, 평화체제구축=평화보장이 아니라는 점) 시간이 필요하다고 보고 있다. 따라서 중국이 선택할 수 있는 최대치는 국제공조에 참여해 북한에 대한 대북압박 강도를 높이고 그 비용을 감내하는 것이고, 최저치는 현상을 유지하면서 상황을 이럭저럭 관리(muddling through)하는 한편 미국의 대북인식(mind set)을 변경해야 한다고 주장하는 것이다. 이런 점에서 한중정상회담 이후의 북중정상회담은 지금부터 항상 살아있는 카드라고 볼 수 있다.

5. 한국에 대한 함의

2008년과 2010년의 두 차례 미국의 금융위기가 가져다준 동아시아 질서는 기존의 구조-행위자관계의 성격을 변경시켰다. 미중 간 협력과 갈등이 반복되면서 한반도문제에 대한 미중 간 이익의 중첩도가 높아졌고, 이 과정에서 한반도문제, 북한/북핵문제가 새롭게 포착되었다. 복기해보면 이런 점에서 한미관계의 강화와 한중협력을 강화시켜 북한을 변화시키겠다는 이명박 정부의 외교정책이 많은 한계를 드러낸 것은 이러한 질서변화의 성격을 나이브하게 읽었기 때문이었다. 따라서 미중정상회담 이후 미중관계의 변화에 따른 새로운 하위국제질서의 성격을 다시 읽어볼 필요가 있고 그 핵심은 한국역할론을 강화하여 중국역할론을 유인하는 선순환구조에 진입하는 것이다.

최근 중국의 변화의 하나는 한국 자체의 전략적 가치를 존중하는 것이다. 이것은 한중정상회담을 통해서도 나타날 것이다. 전략적 소통의 다양화와 심화, 한반도 신뢰프로세스의 지지 등 이익의 공유점을 넓혀가고자 할 것이다. 다만 중국은 한중관계 발전이 북한문제를 해결하는 부속적 결과가 아니라, 지연정치학의 독립적인 변수로 만들기 위해서는 한중관계를 한미관계와 대등하게 고려할 것을 요구할 수 있다. 이런 점에서 중국의 부상이 가져온 힘의 변화를 읽고 지역협력을 위해서는 대담한 구상이 필요하다. 동북아 평화협력 구상만으로는 전략적 지혜를 발휘하기 어렵다.

한국도 모든 카드를 책상에 올려놓고 대북정책을 점검할 필요는 있다. 그러나 재래식무기체제의 강화는 핵공포를 극복할 수 없고, 한국의 핵무장도 국제사회에서 수용될 가능성이 없으며, 체제전환과 같은 강경한 대북정책도 그 국제정치적 파장을 고려한다면 현실의 정책으로 선택하기는 어렵다. 확장억지전략의 일환으로 전술핵 도입, 동북아 미사일방어체제 편입

등도 국제정치적 조건, 경제적 부담으로 감내하기 힘들다. 따라서 새로운 협상을 통해 북한의 도발을 억제하고 한반도 비핵화에 이르는 것은 오답 제거의 결과이다.

한중 양국 새 지도부가 특사단을 상호 교환하여 신뢰를 쌓고, 중국이 북핵실험 정보와 최용해 방중을 한국정부에 사전에 알렸으며, 남북 간 당국회담의 개시와 무산의 경과를 중국에 알리면서 한중협력의 가능성을 연 것은 좋은 신호이다. 그러나 한-미-중 공조가 아니라 한미공조와 한중협력을 동시에 추진하되, 북핵과 북한문제에 대한 중국의 정치적 공간을 확보해 주는 방식을 선택할 필요도 있다. 우리 스스로 국제질서의 판을 돌리는 것이 어렵다면, 우리의 핵심이익을 존중받고 한국역할론을 통해 외교적 공간을 확보해야 한다. 협력과 갈등이 동시에 출현하는 한반도정치의 패러독스는 일거에 극복되기 어렵다면, 효과적으로 관리하여 위험도를 낮추는 동태적인 과정으로 접근할 필요가 있다. 이런 점에서 천하가 돌아가는 곳은 같되 길이 다르며, 이르는 것은 하나지만 백 가지 생각이 있다(天下同歸而殊途, 一致而百慮)'는 공자의 말을 새길 필요가 있다.

북·미관계의 현황과 전망

박영호 통일연구원

I. 박근혜-오바마 정상회담 결과와 한반도 주변 동향

1. 박근혜 – 오바마 정상회담 결과

박근혜 대통령-오바마 대통령 간 한·미 정상회담(2013.5.7)에서 북핵문제 등 한반도 정세와 양국관계 현안을 논의하고 '한·미동맹 60주년 기념 공동선언'을 채택하였다. 주요 내용을 정리하면 아래와 같다.

- 한·미동맹은 아·태지역 평화와 안정의 핵심 축(linchpin)으로 기능
- 확장 억지와 재래식·핵전력 등 모든 범주 군사적 능력 사용을 포함, 미국의 확고한 대한(對韓) 방위 공약 재확인
- 비핵화, 민주주의와 자유시장경제 원칙에 입각한 평화 통일에 노력
- 한반도 신뢰프로세스 등을 통해 북한이 국제사회의 의무를 준수토록 하고, 한반도 평화와 번영 증진에 지속 노력

- 북한 비핵화 달성을 위한 확고한 의지 표명, 북한이 국제적 의무와 약속을 이행하도록 노력, 북한이 책임 있는 국제사회 일원으로 참여하도록 유도
- 북한의 미사일 위협에 대한 공동 대응 노력, 정보·감시·정찰 체계 연동을 포함한 포괄적이고 상호운용 가능한 연합방위력 지속 강화
- 북한 당국에 주민들의 생활여건 향상을 위한 투자와 개선 노력과 기본적 인권 존중 촉구
- 한·미동맹이 포괄적 전략동맹에서 동북아와 범세계적 문제까지 함께 협력하는 '글로벌 파트너십'으로 발전

박근혜 대통령은 상하원 합동회의 연설(2013.5.8)을 통해 ▲한반도 평화와 통일기반 구축, ▲동북아 지역 평화협력체제 구축, ▲지구촌 평화와 번영에 기여 등 한·미동맹 3대 비전을 제시하고, 그 실천전략들을 다음과 같이 밝혔다.

- 한반도 평화정착과 평화통일 기반 구축을 위해 한반도 신뢰프로세스 견지
- 북한 비핵화와 주민 삶의 증진 촉구
- 비무장지대(DMZ)에 세계평화공원 조성 희망
- 미국을 포함 동북아 국가들이 환경, 재난구조, 원자력안전, 테러 대응 등 연성 이슈부터 대화와 협력을 통해 신뢰를 쌓고, 점차 다른 분야까지 협력의 범위를 넓혀가는 동북아 다자간 대화 프로세스 시작
- 자유, 인권, 법치 등 인류의 보편적 가치 확산, 빈곤 퇴치, 기후변화, 환경 등 글로벌 이슈에 공동대처

정상회담 후 공동기자 회견에서의 오바마 대통령과 박근혜 대통령의 모두 발언의 주요 내용은 각각 아래와 같다.

<오바마 대통령>

- FTA의 계속 이행, 원자력협정 협의 연장, 안보동맹의 현대화 추진, 방어역량 강화와 기술 개발, 미사일 방어(MD) 등에 투자
- 2015년 (한국으로의) 전시 작전통제권 전환 작업 순조롭게 진행
- 한·미 공조는 튼튼하고 북한의 한·미 이간책은 실패
- 한·미는 북한과의 외교적 대화와 신뢰 구축을 추진할 준비가 돼 있음
- (현 상황의) 책임은 북한에 있으며, 북한은 약속과 의무를 준수하고, 비핵화를 위해 의미 있는 조치를 취해야 함
- 북한은 미얀마에서 벌어진 일을 주목할 필요가 있음
- 미국의 대한 방위공약은 절대 흔들리지 않을 것

<박근혜 대통령>

- 한·미동맹이 한반도와 동북아시아 평화 안정의 핵심축
- 한·미 포괄적 전략동맹의 발전, 글로벌 파트너십 강화
- 북한의 도발 위협 결코 용납하지 않고, 북한의 고립만 초래할 것
- 북한의 핵과 재래식 무기 위협에 대한 억지력 지속 강화, 전시작전통제권 전환은 한·미 연합방위력을 강화하는 방향으로 준비·이행
- 북한의 '9·19공동성명' 및 유엔안보리 결의 등 국제의무 충실 준수 촉구
- 북한의 핵무기와 경제건설 병행은 결코 성공할 수 없을 것. 북한이 국제사회의 책임 있는 일원으로 변화한다면 국제사회와 함께 지원할 용의

- 한반도 신뢰 프로세스 이행을 비롯한 다각적 노력을 통해 북한이 올바른 선택을 하도록 한·미 양국이 공동 노력
- 한·미 원자력협정이 선진적·호혜적인 방향으로 개정돼야 한다는 것에 공감

2. 한 · 미 정상회담 이후 한반도 주변 동향

1) 일본 아베(安倍晋三) 정권의 이지마 이사오(飯島勳) 북한 파견

일본의 이지마 이사오 특명담당 내각관방 참여(총리자문역)가 2013년 5월 14일에서 17일까지 4일간 방북하여 북한 측과 일본인 납치자 귀국 문제, 북·일 수교 협상 재개 문제, 식민지 배상문제 등에 대해 협의하였다. 아베 정권은 방북 목적이 일본인 납치자 문제 해결이라고 주장하나, 이지마는 사실상 총리의 '특사'로 김영남 최고인민회의 상임위원장, 김영일 노동당 국제비서와 면담하였다. 아베 신조 총리와 스가 요시히데(菅義偉) 관방장관 등은 북·일 수교 교섭 재개 가능성에 관해 언급한 바 있다. 또한 이지마는 경매 상태에 있는 조총련 중앙본부 건물을 조총련이 계속 사용하도록 배려함으로써 일본인 납치자 문제 해결의 교섭 조건으로 활용하고 있다.

아베 정권은 국내정치적 목적을 위하여 아지마를 북한에 파견한 반면, 출범 후 헌법 개정 추진 등 '극우'화 성향을 보이면서 한·중과 영토, 과거사문제 등으로 갈등을 일으키고 대북한 국제공조의 틀에서 벗어나 독자적인 행보를 노정하고 있다. 북핵문제 해결을 위해서는 미·중, 한·중, 한·미·중, 한·미·일 등 양자 및 3자 등 다자협력의 강화가 필요하나 일본의 독자적 행동은 새로운 갈등 요인으로 작용할 것이다.

한·미 정책공조 강화 및 한·미와 중국의 협력 증대로 외교적 압력을 받는 북한은 일본과의 관계 진전을 통해 대북 국제 압박연대에 문제를 유발

하면서 외부 경제자원 동원의 수단으로 활용하려 하고 있다.

2) 김정은 특사, 최룡해의 방중 및 북·중 전략대화 개최

북한의 당정치국 상무위원 겸 군총정치국장 최룡해 일행이 국방위원회 제1 위원장 김정은의 특사 자격으로 2013년 5월 22일부터 24일까지 방중하여 왕자루이(王家瑞) 대외연락부장, 리우윈산(劉云山) 정치국 상무위원 겸 서기처 서기, 판창룽(范長龍) 당중앙군사위 부주석 등과 면담하였다. 24일에는 인민대회당에서 시진핑(習近平) 국가주석 겸 당총서기를 면담하고 김정은의 친서를 전달하였다. 최룡해는 리우윈산과의 면담에서 중국의 '건의'를 '수용'하는 방식으로 대화에 복귀할 의사를 피력하였다. 시진핑과의 면담 시 최룡해는 '6자회담을 포함 각종 형식의 대화'를 원한다고 표명했다. 시진핑 국가주석은 ▲비핵화목표 불변, ▲한반도 평화와 안정, ▲대화를 통한 문제 해결 원칙을 강조하면서 북한에 대해 적극적 행동을 할 것을 촉구하였다. 그러나 북한의 대화 의사 표명은 북한 '비핵화' 논의를 위한 대화를 의미하는 것이 아니었으며, 최룡해 일행이 귀환한 직후 북한은 '핵무력건설과 경제건설 병진노선'을 다시 강조하였다.

북한은 '핵무력건설과 경제건설 병진노선'을 추진하기 위해서는 내부 자원의 전면적 동원뿐 아니라 외부 자원(자본, 기술 등)의 동원이 필요하며, 이를 위한 외적 환경의 조성을 위해 최룡해를 특사로 파견한 것이다. 2012년 12월 장거리로켓 발사 이후 전개해왔던 군사적 공세가 한·미의 강력하고 단호한 대응, 중국의 대북 국제제재 연대 동참 등으로 북한의 의도대로 상황이 전개되지 않자 국제적 압력을 회피할 계기가 필요했던 것으로 보인다. 이것은 동시에 중국 시진핑 정부의 대북정책이 과거의 '혈맹관계'로부터 '정상적 국가관계'로 서서히 변하고 있는 상황에서 중국과의 관계개선을 통해 탈출구를 마련하고자 하는 의도였다. 또한 중국의 입장에서도 미·중

정상회담을 앞두고 시진핑 주석의 '신형대국관계(新型大國關係)' 구상을 미국에 요청하는 상황에서 북핵문제에 책임 있는 대국으로서의 역할을 수행할 필요가 있었다.

2013년 6월 19일에는 북한 김계관 외무성 제1부상과 중국 장예쑤이(張業遂) 외교부 상무부부장 간 첫 전략 대회가 개최되었다. 김계관은 "조선반도 비핵화가 김일성과 김정일의 유훈이라면서 6자회담을 포함해서 어떤 형태의 회담이라도 참가, 관련국과 대화하기를 원한다"고 말했다고 중국 외교부가 홈페이지에 공시하였다.

이러한 북한의 대중국 접촉은 한·미 및 미·중 정상회담 등으로 북핵문제에 대한 한·미·중 3자 협력이 형성·증대되는 상황에서 대화로의 국면 전환을 위해 대화전술을 전개한 것이라고 평가할 수 있다.

3) 오바마 대통령-시진핑 국가주석 간 미·중 정상회담

2013년 6월 7일에서 8일까지 미국 캘리포니아 란초 미라지에서 열린 미·중 정상회담에서 북핵문제가 중요 의제로 논의되었다. 이 정상회담을 통해 ① 북한의 핵무기 보유 불인정, ② 북한 비핵화 목표 재확인, ③ 유엔 안보리의 대북제재 이행 등 비핵화 목표 달성을 위한 양자 공조 강화가 합의되었다. 특히 중국은 북한 비핵화와 관련하여 양제츠(楊潔篪) 중국 외교 담당 국무위원은 북핵문제와 관련하여 미·중 정상 간 같은 입장과 목표를 갖고 있음을 확인함으로써 미국의 목표와 입장은 중국과 동일하다는 점을 강조하였다. 동시에 중국은 6자회담 등 대화의 재개를 강조하였다. 이것은 그동안 북핵문제와 관련 다소 미온적 태도를 보였던 중국이 북한 비핵화를 위해 보다 강한 억지력 및 외교력을 발휘하겠다는 의미로 해석할 수 있다. 그러나 중국의 이러한 입장을 대북정책의 전략적 변화로 보기는 어려우며, 다만 대국으로서 책임 있는 역할을 수행한다는 것을 보여주면서 미국도 북

한과 대화에 나설 것을 주문하는 의미라고 보아야 할 것이다.

미·중 정상회담에서 중국은 북한의 경제구원자이자 에너지제공자로서 북한의 김정은을 굴복시킬 지렛대를 어떻게 사용할 것인가를 이례적으로 구체적으로 말했다고 뉴욕타임스가 보도하였다.(2013.6.9) 또한 중국 측이 북한의 행동 변화 전에 김정은과 직접 관계를 맺는 일은 없을 것임을 명확히 했다고 보도하였다.

6월 27일 한·중 정상회담을 앞두고 중국은 북핵문제에 대한 기본원칙의 견지와 북한의 대화 복귀 촉구 등을 통해 한반도 안정과 평화를 위해 '대국'으로서 책임 있는 역할을 수행했다는 것을 보여주었으며, 이는 한국과 미국에 대해 북한과의 대화에 복귀하라는 외교적 압력을 의미한다.

4) 북한의 대남, 대미 대화 공세와 한·미·중 한·미·일 정책 협력

중국과의 약속에 따라 북한은 남북 당국회담과 북·미회담을 제의하였다. 2013년 6월 6일 조국평화통일위원회 대변인 특별담화문을 통해 북한은 남북 당국 간 회담을 제의하였으며, 2013년 6월 19일에는 국방위원회 대변인 중대담화를 통해 북미 당국 간 고위회담을 제의하였다.

북한의 대남 및 대미 대화 제의는 ① 북한의 발전 노선('핵보유국' 달성 후 그에 기반하여 '핵·경제건설 병진노선' 추진) 시행, ② '핵 위기고조 후 국면 전환'의 전통적 전술 답습, ③ 한·미의 엄격한 대응 및 한·미·중 정책협력 등으로 인한 외교적 난관 탈출, ④ 중국 측의 외교적 '압력'에 호응, ⑤ 한국과 미국의 대화거부 시 대화 무산의 책임 전가 등 다목적 의도를 지닌 것으로 평가된다. 그러나 대남 및 대미 대화 제의에서 북한은 한국과 미국의 입장에서 받아들이기 어려운 의제를 제안하고 있다. 대남 의제와 관련하여서는 개성공단 정상화 및 금강산관광 재개 문제, 이산가족문제 이외에 한국 민간단체의 왕래와 접촉, 협력사업 문제와 6.15선언 및 7.4공동성명 공

동 기념문제를 제기하였다. 대미 의제와 관련하여서는 군사적 긴장상태 완화문제, 정전체제의 평화체제 전환 문제, '핵 없는 세계건설' 문제를 포함 쌍방이 원하는 여러 가지 문제를 의제로 할 것을 제안하였다.

한·미, 미·중 정상회담, 북중 전략대화 이후 한·미·중·일의 6자회담 수석대표 간 양자, 다자 간 실무정책 협의 진행 중이다.

Ⅱ. 오바마 행정부의 동북아 전략[1)]

오바마 대통령은 1기 정부에서 미국의 쇠퇴한 국제적 지도력 회복을 기치로 반테러, 반/비확산, 자유의 확대를 제시하였으며, 이러한 정책기조는 2기 정부에서도 유지되고 있다. 이 가운데 반테러 정책기조는 이라크, 아프가니스탄 전쟁의 수행으로 어느 정도는 해결 국면으로 들어섰다고 인식하고 있다.

오바마 대통령은 취임 초부터 아시아의 전략적 가치를 중시하였으며, 이러한 입장은 '아시아 중시(Pivot to Asia)' 정책/'전략적 재균형(Rebalancing)' 정책으로 더욱 강화되었다. 한·중·일의 동북아는 미국의 안보전략에서 유럽, 중동과 함께 3대 핵심축이다. 현재 중동지역에 대한 투자로부터 아·태지역에 대한 투자로 축의 무게가 이동하고 있다. 또한 미국의 '아시아 중시' 정책은 향후 10년간 미국의 리더십과 이익, 가치를 신장시키는 국가경영의 전략적 투자처로 아·태지역을 중시한다는 의미를 가지고 있다.

1) 이하 Ⅱ~Ⅳ절은 〈북한의 3차 핵실험 이후 대북정책 추진 방향〉 주제의 통일연구원 개원 22주년 기념 학술회의 '한반도 정세 대토론회'(2013.4.8)에서 "미국 오바마 2기 행정부의 대북정책 방향" 제목으로 발제한 내용을 수정·보완한 것임.

특히 중국의 부상으로 미국은 중국을 견제하기 위해서도 한국과 일본의 역할을 중시하지 않을 수 없는 구조이다. 미국은 한국, 일본 등 전통적 양자 동맹에 입각, 동맹국의 역할 강화와 동맹관계에 대한 공약을 재확인하고 있다. 한·미동맹은 '21세기 전략동맹'으로 강화·발전되었으며, 박-오바마 정상회담('13.5.7)에서 이의 진화를 평가하고 '글로벌 파트너십'으로 발전하는 것에 합의하였다. 미·일동맹은 일본의 민주당 정부에서 갈등이 있었으나, 중·일 영토 갈등 문제가 부상한 이후 일본에서 미·일동맹 강화 필요성이 대두되고 있다. 미국은 센카쿠(댜오위다오)를 놓고 중·일 간 마찰 시 영토분쟁에는 '중립'을 표방하면서도 센카쿠는 "미·일안보조약상의 방위대상"이라고 언급한 바 있다.

미국은 동맹국, 파트너십, 지역다자제도 등의 수단을 동원함으로써 동아시아의 새로운 국제질서 구축을 추진하고 있다. 이것은 중국의 부상을 인정하면서도 미국 주도의 신질서 속에 선제적으로 수용함으로써 중국을 견제하려는 의도라고 평가된다. 또한 미국은 중국을 '책임 있는 이해당사자(responsible stake-holder)'로 인정하면서 책임 부담을 강조하고 있다. 미국의 전략은 중국에 대해 책임대국으로서 상응하는 국제질서의 책임을 부담시키는 일종의 'out-sourcing' 전략이다.

중국은 투사능력(projection power), 국제정치경제 질서의 중요 결정에 미치는 영향력, 책임을 맡을 의지와 능력 등에서 여전히 미국에 비해 상당히 부족하지만, 미국 주도의 세계질서에 도전할 수 있는 강대국으로 부상하고 있다. 중국은 최근 막강해진 경제력을 배경으로 대국굴기(大國崛起) 전략을 구사하기 시작하였다. 중국은 미국의 아시아 중시(전략적 재균형) 정책을 중국을 포위·봉쇄하는 냉전적 구상이라 비판하는 동시에, 중국의 급부상을 우려하는 "일부 아시아 국가들의 '헤징' 전략에 호응"하는 입장을 취하고 있다.[2] 특히 중국은 미국에 대하여 '신형대국관계(新型大國關係)' 구상으로 대응, '책임 있는 대국'의 역할 수행과 선의의 경쟁을 강조하고 있다. 시진핑(習近平)은 '중화민족부흥(中華民族復興)'을 기치로 '패권지향'적 성향을 보여주고 있다. 정리하면, 현재 중국은 '소강(小康)'사회 달성을 위해 미국과의 협력을 필요로 하지만, 미국에 상응하는 '강대국' 달성을 추구하며, 때때로 대외관계에서 패권적 행태를 노정하고 있다.

오바마 2기 정부는 "중국은 적수(adversary)이자 잠재적 파트너(potential partner)"로서 대중 견제는 지속하는 동시에 관여정책 역시 더욱 강화했다. 특히 일련의 미중 간의 정상회담은 양국이 상대국을 국제질서의 지도적 파트너로서 인정하고 있음을 잘 보여주었다. 2011년 1월 19일의 오바마-후진타오 정상회담 코뮤니케는 미국이 중국을 세계문제의 협의 파트너로 인정하고, 중국은 아시아에서의 미국의 전통적 이익을 인정하였다. 또한 2013년 6월 7일의 오바마-시진핑 정상회담은 중국의 G2 위상과 중국이 주장하는 신형대국관계를 글로벌 리더로서의 양국 간 협력 강화의 한 방안임을 확인하였다.

요컨대 미국의 동북아 전략의 핵심은 미·중관계의 장기적 발전이며, 한국·일본 등 동맹국 관계 강화를 통해 이를 뒷받침하는 것이다. 미국은 한국, 일본과의 동맹은 아시아전략의 주춧돌로 평가하며, 한국과 일본이 지역 동맹국으로서 역할을 확대할 것을 원하고 있다. 따라서 대북정책에서 있어서의 한국의 입장과 역할이 중요한 위치를 갖게 된다. 그러나 미국의 대북정책은 미·중관계 차원에서 북한을 '전략적 자산'으로 간주하는 중국의 입장으로부터 영향을 받을 수밖에 없다. 참고로 중국의 대한반도 '3불(不) 1무(無)' 정책기조(전쟁 방지, 혼란 방지, 북한 정권 붕괴 방지, 비핵화)는 유

---

2) 중국 사회과학원, 『아시아태평양지역청서』(2012); 『국민일보』, 2012.1.5 재인용.

지될 것이나, 중국의 대북정책은 중국의 국익에 미치는 북한의 행동에 따라서 변화할 가능성이 있다.

Ⅲ. 오바마 1기 정부의 대북정책

오바마 대통령은 반테러, 반/비확산 및 민주주의·자유의 확산이라는 외교안보정책 기조 아래, 한·미동맹을 중시하고 '적국과도 대화'한다는 의지를 표명하고, 대화와 압력 병행 추진전략을 구사하는 대북 '관여'(aggressive engagement) 정책을 제시하였다. '핵태세검토보고서'(2009.4)에서 NPT 준수 비핵국가에 대해 핵공격 또는 핵공격위협 불사용을 공약하면서도 북한과 이란을 안보 보장의 대상이 아닌 국가(outlier)로 규정한 바 있다. 북한은 오바마 1기 정부 출범 직후 장거리미사일 발사(2009.4)와 2차 핵실험(2009.5)으로 미국의 정책 추진을 제약하였다. 미국은 '비핵화 없는 미·북관계 정상화 불가능' 입장을 강조하면서 북한을 압박하고 동시에 대화도 모색하는 '전략적 인내'(strategic patience) 정책을 추진하고 있다. 그러나 '전략적 인내' 정책은 북한 문제를 등한시하는 무(無)정책이라는 비판이 등장하고 있다. 또한 미국은 한반도문제에서 '한국 주도, 미국 지원' 입장을 기초로 한국의 대북정책에서의 주도적 역할을 존중하는 입장을 취하고 있다.

미국의 한반도 안보관련 최대 현안은 북한 핵과 장거리미사일 문제로, 미국은 북한의 비핵화를 원칙으로 한다는 입장을 단호하게 견지하고 있다. 북핵문제를 대량살상무기 확산방지 차원에서 인식하고 있으며, 검증 가능하고 되돌릴 수 없는 북핵 폐기를 목표로, 합의된 약속의 철저한 이행을 강조한다. 미국이 NPT체제 유지를 위해 북한의 핵확산 방지를 중시하나, 이미 북한은 사실상 NPT체제 바깥에서 활동하고 있다는 문제가 있다. 미국은 북한의 농축우라늄 핵프로그램 등장 이후 이를 차단하는데 주력하고 있다.

오바마 정부는 북한의 약속 위반 행위에 대해서는 보상하지 않는다는 원칙적이고 단호한 입장을 견지하고 있다. 동시에 대화와 압력 병행 전략 (유엔안보리 제재 결의 이행, 양자 차원 제재)을 유지하고 있다. 다시 말해서 대화의 문을 열어 놓고 북한의 공세적 대응과 군사도발에 따라 억지와 압박을 병행하여 추진하는 전략이다. 또한 미국은 외교적·경제적 수단을 중시하나 군사적 압박 수단의 활용 가능성도 열어두고 있다.

오바마 1기 행정부는 포괄적 패키지를 구상한 것으로 알려졌으나 남북관계 악화, 북한의 군사적 공세 등으로 협상의 기회가 없었다. 따라서 협상의 의제화에도 성공하지 못했다. 포괄적 패키지는 '주고받기식 상호주의' 방식으로, 북한이 검증 가능한 핵무기 프로그램의 폐기를 준비하고, 미사일 문제 해결 노력에 상응하여 양국관계 정상화, 평화협정 체결, 에너지 및 경제지원 등을 협의·합의·이행하는 방식이다. 이것은 북한의 '살라미 전술'을 차단하려는 협상 방식으로 구상된 것이기도 하다.

오바마 정부는 북핵문제를 비확산 차원에서 관리하면서 단·중기적으로 김정은 체제의 안정성 여부를 주시하면서 북한체제의 급격한 변화 가능성에 대하여도 대비하였다. 또한 북핵문제 해결을 위한 협상틀로 6자회담을 계속 활용한다는 입장을 견지했다. 미·북 대화는 6자회담 재개 유인의 수단이며, 핵 포기를 유인하기 위해 북한이 원하는 관계정상화, 정전협정의 평화협정 대체 등 현안을 논의할 수 있다는 가능성을 제시하였다.

Ⅳ. 오바마 2기 정부의 대북정책

오바마 대통령은 재선 후 첫 아시아순방 시 방문한 미얀마에서 북한이 핵개발을 포기하고 개혁·개방에 나서면 기꺼이 도울 것이라고 '미얀마 방식'을 제안('12.11.19)하였으며, 한·미 정상회담 공동기자회견('13.5.7)에서도 북한에 대해 미얀마모델을 다시 강조하였다. '미얀마 방식'은 오바마 대통령의 기본 인식인 적과도 대화하겠다는 적극적 관여(aggressive engagement)정책을 재천명한 것으로, 오바마 정부는 "국제규범 준수 시 정치·경제적 이익을 얻을 것이고, 그렇지 않을 경우 고립의 심화 등 결과에 대한 책임을 떠안아야 한다"는 선택지를 제시한 것이다.(국가안보전략보고서, 2010)

오바마 대통령은 2013년 연두교서(2.12)를 통해 "핵실험 같은 도발행위는 고립을 더 심화시킬 것이고, 국제사회의 의무를 이행할 경우 안보와 번영을 가져올 것"이라고 함으로써 이러한 입장을 재확인하였다. 기본적으로 관여정책 지지자인 존 케리 국무장관도 대화를 중시하지만 북한의 공세적 도발행위에 대해서는 단호한 대응 및 압박을 강조하는 입장이며, 척 헤이글(Charles Timothy Hagel) 국방장관, 톰 도닐런(Thomas Donilon) 국가안보보좌관, 존 브레넌(John Owen Brennan) CIA국장 등 대북정책 관련 최고위급 정책결정자들 역시 북한의 핵무기 및 장거리미사일 개발과 관련하여서는 단호한 대응이 필요하다는 것에 입장을 같이하고 있다.

톰 도닐런 국가안보보좌관의 대북정책 4원칙[3]은 미국의 기존 입장을 재확인하고 있으며, 그는 오바마 대통령의 미얀마(버마) 방식을 강조하였다.

---

3) Tom Donilon, "The United States and the Asia-Pacific in 2013" An address at the Asia Society, New York, March 11, 2013.

- 첫째, 한·미·일의 긴밀하고 확장된 협력은 한반도 안정화와 비핵화에 필수
- 둘째, 북한의 나쁜 행동에 대한 보상 거부
- 셋째, 미국 본토와 동맹국 방어에 대한 공약을 분명하게 재확인
- 넷째, 미국은 북한이 더 좋은 길을 선택하도록 계속 독려

글린 데이비스(Glyn Davies) 북한정책특별대표도 북한의 도발 행위에 대한 제재 강화를 강조하면서, "대화를 위한 대화를 하지 않을 것이며, 북한의 핵프로그램을 해결하기 위한 진정한 협상을 원한다"고 강조[4]하고 미국의 입장을 다음과 같이 표명했다.

- 첫째, 비핵화 달성을 위한 약속과 의무를 준수할 준비가 되어있는가 보여야
- 둘째, 북한을 핵보유국으로 받아들이지 않을 것
- 셋째, 북한이 나쁜 행동을 하지 않는 것에 대해 보상하지 않을 것
- 넷째, 북한의 단순 대화 복귀에 보상하지 않을 것
- 다섯째, 남북관계와 인권의 지속적 개선 없이는 미·북관계는 근본적으로 개선되지 않을 것
- 여섯째, 북한의 이웃국가들에 대한 도발을 관용하지 않을 것

상·하원의 청문회(2013.3.5 및 3.7) 등 여러 계기를 통해 현재 미국에서는 협상론, 압박 강화론, 특사 파견론, 6자회담 복원론 등이 제안되고 있는

4) Glyn Davies, "U.S. Policy Toward North Korea" Testimony before Senate Foreign Relations Committee, March 7, 2013.

상황이다. 이를 간략하게 정리하면 아래와 같다.

- 협상론: 디트라니(Joseph R. DeTrani)는 남북한 및 미·중 4자회담 제안, 보스워스(Steven Bosworth)는 6자회담을 통한 대북 포괄적 관여 주장
- 압박 강화론: 애셔(David L. Asher), 조셉(Robert G. Joseph), 리(Sung-Yoon Lee)는 핵무장한 북한정권은 더 큰 위험 제기 등 이유로 억지력 강화 및 외교·경제 압박 수단의 추가 강구 등 압박 강화를 주장
- 리비어(Evans J.R. Revere)는 오바마 대통령을 대변하는 특사의 평양 파견을 통해 북한의 진의 파악을 주장
- 6자회담 복원론: 쇼렌스틴 아·태연구소(Shorenstein Asian-Pacific Research Center, Stanford University) 보고서는 6자회담 복원 및 6자회담 틀 안에서 남북한 및 미·중의 4자 소위원회 구성을 제안

오바마 2기 정부는 국내경제 회복, 재정적자 완화, 무역적자 완화를 위한 중국과의 통상 갈등 문제 등 경제문제의 해결에 우선 역점을 둘 것이고, 북한의 군사위협 공세가 지속되는 상황에서는 압박 수단을 사용하되 대화의 문은 열려 있다는 입장을 견지하고 있다. 북한의 장거리로켓 발사(2012.12) 및 3차 핵실험(2013.2) 이후 전개된 군사적 위협공세에 B-52, B-2, F-22 같은 전략폭격기 및 전투기와 핵 잠수함 등 첨단 무기 배치 공개 및 MD 강화 등 증대된 억지력으로 북한을 압박하였다. 미국의 대북 억지력 강화는 북한의 3차 핵실험 이후 대두되고 있는 한국 사회 내 '독자 핵개발론', '전술핵 재배치론', '전시작전통제권 전환 재연기론' 등 '독자 행동' 관련 요구 증대를 자제시키려는 대한국 확장억지력의 신뢰도(credibility) 제고를 동시에 겨냥하는 것이다.

북한은 사회주의헌법에 '핵보유'를 명시하고, 장거리로켓 발사, 3차 핵실

험, '핵무력건설+경제건설 병진' 정책 채택(2013.3.31), 영변핵시설의 재가동 선언(4.2) 등 핵보유국으로서의 전략을 본격 추진하고 있다. 이에 따라 미국의 대응도 억지를 강화하면서 관여정책을 추진하는 방향으로 전개될 것으로 예상된다.

오바마 행정부는 비핵화가 미국의 목표임을 재차 확인하고 있으며, 단기적으로는 단호한(tough) 대북입장을 유지하면서 위기의 악순환으로 군사적 충돌이 발생하는 것을 방지하는 사태 관리를 중시할 것으로 전망된다. 미국은 북한의 '핵보유국 지위' 주장은 절대로 수용할 수 없다는 입장에 서있다. 최근 미·중 정상회담(2013.6.7) 관련 브리핑에서 도닐런 국가안보보좌관은 "북한과 대화 또는 협상을 하려면 북한의 진정성 있는 비핵화 조치가 선행되야 한다"고 기존 입장을 재강조하였다.

북한이 9.19공동선언, 2.13합의 등을 파기하고 비핵화로부터 핵군축으로 전략을 전환한 상황에서 북핵문제 해결 논의를 위한 6자회담 틀에 근본적인 문제가 발생하였으며, 이에 대한 정책 재검토가 필요한 상황이다. 북한 비핵화를 위한 대화·협상의 틀인 6자회담은 계속 견지할 것이지만, 북한이 핵무기를 증강하는 전략을 공식화함에 따른 정세 평가 등 새로운 해법 모색을 위한 한·미 협력 등 관련국과의 정책협의가 우선되어야 할 것이다. 또한 '6자회담을 포함하여 각종 형식의 대화'와 관련하여 북한의 비핵화 입장이 명백해져야 6자회담이나 북·미 대화의 재개가 가능할 것이다.

전반적인 미국의 대북정책은 북한의 핵전략, 특히 비핵화에 대한 입장 확인과 최근 군지도부의 수시 교체 등 김정은 정권의 안정성에 관한 정세 판단과 국내경제회복 우선정책 등에 따라서 상황을 관리하면서 대안을 모색하는 '전략적 인내' 정책이 당분간 지속될 것으로 예상된다. 이와 관련하여 척 헤이글 국방장관은 "북한이 핵능력과 미사일 운반 능력을 보유"하고 "최근 북한의 일련의 행동은 한국과 일본 등 동맹국의 이익에 실질적이고 분명한 위협"임을 확인한 바 있다.(4.3, 국방대학교) 북한의 위협에 대한 정책은 한·미 정책조율을 통해 한국이 정책 이니셔티브를 취하게 될 것으로 기대된다.

오바마 대통령은 2013년 6월 21일 의회에 보낸 통지문을 통해 북한이 미국에 '비상하고 특별한 위협(unusual and extraordinary threat)'이 되고 있다고 지적하고 '국제비상경제권법'에 따라 북한을 향후 1년간 더 '국가비상(national emergency)' 대상으로 지정하였다. 이에 따라 기존 대북 경제제재 조치의 효력은 지속되게 되었다. 특히 오바마 대통령은 "북한이 무기를 확산할 위협이 있다"며 "북한의 행동과 정책은 지속적으로 미국의 국가 안보 및 외교정책, 경제에 특별한 위협이 되고 있다"고 강조했다. 미국의 양자 차원의 대북제재는 북한을 테러지원국 명단에서 제외한(2008.6) 이후에도 적성국교역법, 국제비상경제권법 등에 따른 제재를 유지하고, 북한의 핵실험, 천안함 폭침, 연평도 포격 등에 따라 새로운 행정명령으로 대북제재를 강화하였다.

북한이 핵능력 증대·강화 전략을 명백히 선언한 상황에서 '비핵화' 차원의 6자회담은 현실적으로 동력이 낮아진 상태이다. 또한 대북 압박에서 중국의 적극적 협력을 유인하지 못하는 한 미국의 '국제규범 준수 또는 고립 심화'라는 양자 선택지를 기반으로 한 정책 추진은 어려움이 있을 것으로 전망된다. 현재 미국 조야에서 북한에 대한 강압의 목소리가 높으나, 위기 상황이 지나고 대화 국면이 전개되면 '先 비확산, 後 비핵화' 논리가 정책 선택지로 제시될 가능성이 증대할 것이다. 일부 정책서클에서 북핵문제의 '전략적 관리(Strategic Management)' 제안이 등장하고 있다. 이것은 단·중기적 차원에서 북핵 상황이 더 악화되지 않도록 북한을 '관리'하면서, 비핵화를 장기적 목표로 접근하자는 전략적 구상이다.

따라서 북한의 핵능력 증대를 우선 억지하면서 세계적 차원의 비확산 정책에 대한 도전을 방지하고 북한을 협상의 틀로 유인하기 위해 비핵화, 관계정상화, 정전협정의 평화협정 전환문제, 에너지·경제지원문제 등을 포괄적 협상의제로 하는 다자 틀 속의 양자 대화를 추진할 가능성도 배제할 수 없다.

V. 북·미관계 전망

최룡해의 방중 이후 북한은 '비핵화'를 다시 언급하기 시작했으나 북한 비핵화가 아닌 '조선반도의 비핵화'를 강조하면서 북한의 비핵화를 향한 진정성 있는 행동을 보여주어야 한다는 미국의 입장을 강력하게 비난하였다.

북한은 '핵보유국'으로서의 자신감 확보를 기반으로 대외관계 활동을 강화해나갈 것이며, 역점은 역시 대미관계 개선에 둘 것으로 보인다. 대서방 및 기타 외교활동은 대미관계 정상화를 압박하고 지원하는 국제적 환경조성 차원에서 추진할 것이다. '경제건설과 핵무력건설 병진 노선'의 추진을 위해서는 외부로부터의 자원 유입이 필수적이다. 그러나 핵능력 증강을 추진하면서 경제건설을 추진하려는 전략에 대해 한·미 등 국제사회가 수용하지 않을 것이며, 따라서 '비핵화를 향한 구체적 행동'을 요구하는 미국의 입장을 수용할 수 있는가의 여부가 향후 북한의 대외관계 개선의 관건이 될 것이다.

오바마 2기 정부의 정책우선은 국내경제 회복, 재정적자 해소, 중국과의 통상 갈등 완화 등 경제문제가 될 것이다. 북핵문제는 대화의 문을 열어놓고 있다는 입장을 강조함과 동시에 상황 악화 방지를 우선하면서 국제적 제재연대와 외교적 압박을 통해 북한의 '비핵화'를 향한 행동 변화를 유인하려는 정책을 당분간 유지할 것으로 보인다.

따라서 북·미관계는 북한의 '핵·경제' 병진 추진 전략과 북한이 진정성을 보여주는 행동의 변화를 요구하는 미국의 입장 간에 접점을 찾지 못하는 한 대화 재개 상태로 쉽게 전환하기는 어려운 상황이다. 김정은은 기본적으로 '핵강국'의 토대 위에서 미국과 협상을 추진하겠다는 전략을 선택하고 있으며, 미국은 그러한 북한의 전략을 수용할 수 없다는 입장이 팽팽히 대립하고 있는 상황이다.

또한 북한이 6자회담 재개를 위해 2.29합의에서 약속한 미국의 조건(우라늄 농축프로그램 중단, IAEA 사찰관 복귀, 핵 및 미사일 등 대량살상무기 시험중단 모라토리움 선언)을 완전히 충족시키는 데에는 여전히 한계가 존재한다. 더욱이 북한이 스스로 핵무기 포기를 결정하는 것은 사실상 불가한 것으로 보이며, 향후 북한은 정전협정의 평화협정 대체 등 그들이 주장해온 의제들을 수용할 것을 강력히 요구할 가능성이 농후하다.

미국은 한·미 정상회담을 통해 강건한 한·미의 대북정책 공조를 확인하였으며, 북한의 행동변화를 요구하는 동시에 대화의 문을 열어두는 입장을 견지하고 있다. 따라서 미·북 정부 간 회담은 비핵화를 향한 북한의 의지를 구체적으로 보여주어야 이루어질 수 있을 것으로 예상된다.

북한의 핵무기 및 탄도미사일 개발은 그 자체가 한반도 및 동북아지역에서의 미국의 전략적 이익에 대한 직접적 도전으로 간주되며, 미국의 아·태지역 재균형 전략의 중요한 명분을 제공하고 있다. 따라서 이 문제들의 궁극적인 해결을 향한 일정한 정도의 진전이 기대될 수 없는 한 북·미관계의 진전은 난망할 것으로 전망된다.

북한은 미국이 대북 '적대시' 정책을 지속적으로 전개해왔고 그것이 북한의 핵무기 개발의 이유이며 따라서 미국의 대북 적대시 정책 철폐가 핵문제 해결의 관건이라는 논리를 지속적으로 견지하고 있다. '북·미 평화협정 체결이 미국의 대북 적대시 정책 변화의 준거'라는 북한의 입장과 대미 인식이 변하지 않는 한 북·미관계의 근본적 개선도 매우 어려울 것으로 예상된다.

3

2013년 8월

한반도포럼 세미나

남북관계 어떻게 풀 것인가?

권만학 경희대

1. 서문

남북관계 어떻게 풀 것인가라는 문제는 지난 20년간 한국 대북정책에서 제기됐다. 냉전시절 대북정책은 상대적으로 단순했다. 반공 또는 반북의 의도를 가지고, 군사적 실력을 갖추는 안보주의면 되는 것이었다. 하지만, 한국정치 민주화와 지구적 탈냉전이라는 지각 변동은 대북정책에 있어서도 변화를 요구했다. 대북정책은 대결 일변도에서, 대결과 화해가 번갈아 나타나는 핑퐁정책이 되었으며, 자주 스스로 표명한 목표에서도 실패했다.

이명박 정부 동안 거의 단절되고 대결적이 되었던 남북관계가 최근 당국간, 개성공단 재개와 이산가족 상봉 합의가 성사되면서, 다시금 시계추가 관계 개선으로 방향을 틀었다. 하지만 이제 문이 열렸다고 해서 남북관계 문제가 풀렸다고 속단할 수는 없다. 남북관계가 마악 개선의 첫 단추를 끼운 지금이야말로 더욱 지속가능한 대북정책을 개발하기 위하여, 과거 대북정책을 분석하고 평가함으로써 성공적 정책 개발을 위한 후사지사(後事之

師)로 삼을 수 있다면 매우 바람직할 것이다.

이 글에서는 지난 4반세기 남북관계가 대체로 실패했다는 평가 아래, 이들의 대북 목표가 어떻게 변화했는지, 이러한 목표들의 달성 가능성과 합리성은 얼마나 되는지, 그리고 바람직하고 성공할 수 있는 대안은 무엇인지를 모색해 보고자 한다.

2. 남북관계 현상과 제기되는 이론적 문제들

한국전쟁에 의하여 공고화된 분단 60년간 남북관계는, 크게는 극단적 대결에서 대결.협력이 공존하는 전환기로 전환됐다. 군사적 열전과 정치적 냉전 기간 대결 일변도였던 남북관계는 1970년대 최초로 해빙을 위한 대화가 모색되었으나 양측의 권위주의화만 공고히 한 채 좌초했다. 1980년대 남북관계에서는 대화와 교류의 물꼬가 트였으며 심지어 고위급회담에서는 향후 남북관계를 상당히 정상화할 수 있었던 남북기본합의서와 비핵화공동선언에 합의하기에 이르렀다. 하지만 1990년대 남북은 북핵과 미사일 위기 속에서 대결과 협력을 거듭했다. 1998년 출범한 김대중 정부는 햇볕정책으로 남북관계를 획기적으로 탈냉전화하려 시도했고 이러한 시도는 노무현 정부의 2007년 10월 3일 정상합의에 이르러 "과도한 퍼주기"라 불릴 정도의 회유(appeasement) 정책으로 나타났다. 한편 북미관계는 북핵을 중심으로 대결과 협상 국면을 반복하다가 결국 부시 행정부 말기 완전히 좌초했다. 그나마 정상회담 개최에 이를 정도로 화해를 향해가던 남북관계 역시 이명박 정부 들어 다시 대결 관계로 전환되었으며, 금년 봄 개성공단 폐쇄에 이르러 남북관계는 "진보 10년" 이전으로 회귀했다. "핵전쟁" 국면이 중국의 적극적 대처로 소강 상태를 보이고 있는 가운데, 남북관계가 모처럼 개성공단 재개와 이산가족 합의 등으로 악화의 정점을 지나려 하고 있다.

지난 60년간 변화 중 제일 큰 것은 물론 첫째, 남북관계가 극단적 대결관계에서 대결과 대화, 갈등과 협력이 병존하는 관계로 변화한 것이다. 변화는 물론 지구적 차원의 탈냉전화라는 구조적 원인에서 기인하기도 했지만, 남북관계에서만은 여타 세계와 달리 완전 탈냉전화하지 못하고 대결과 협력이 병존하고 있다. 이러한 현상은 남북한 특성이라는 중위 요인(conjunctural factors)과 행위자 정책 때문이라고 볼 수 있다.

둘째, 변화의 또 다른 특징은 남북관계 규정력이 북한 우위에서 남한 주도로 전환되었다는 점이다. 한국전쟁과 1950년대 평화 공세 등 북한은 과거 남북관계에서 우세한 규정력을 가지고 있었으며, 남한은 수세적, 반응적(reactive)였다. 하지만, 1980년대이래 남한은 대화와 협력에서 우세한 주도력을 발휘했다. 이러한 결과가 기본합의서와 개성공단 등이었다. 이러한 변화의 가장 큰 원인은 역시 바뀌어버린 남북한의 상대적 위상이었다. 국제정치와 국제관계는 기본적으로 상대적 위상이다. 과거 북한은 항일투쟁, 50년대 급속한 경제 성장, 60년대 군사화 정책으로 남한에 비해 상대적 우위에 있었다. 하지만, 10년 늦게 고도성장을 시작한 남한은 1974년 1인당 GNP에서 북한을 능가했으며, 1980년대에는 민주화로 정치적 정당성에서, 그리고 1990년대에 이르면 1970년대 시작한 율곡사업 등 군 현대화 정책에 따라, 재래식 무기에서, 분명하고 불가역적인 우위에 서게 되면서 남북관계에서 관계 개선의 주도권을 쥐게 된다.

셋째 특징은 바로 남남갈등이다. 수동적 대응에서, 3중 우위에 기초하여 능동적 주도권을 발휘하게 된 남한에서 대북정책은 이제 단일한 정답을 결여한 채, 매우 이념적, 당파적이 되었다. 보수와 진보가 매우 상이한 대북정책을 채택하게 된 데는 물론 남북한 내부 변화가 큰 요인으로 작용했다.

북한은 지난 60년간 대중의 지지를 어느 정도 얻었던 항일 사회주의 정권으로부터 민중의 생존조차 보장하지 못하는 봉건적 세습 정권으로 변모했으며, 남한은 정치적 민주화와 경제 발전으로 다양한 계층계급이 자유롭게 정치적 의사를 표출하는 자유 국가가 되었다. 결국 남한에서는 권위주의 시절 극단적으로 억압되었던 서민계층과 노동계급이 정치 세력으로 등장하여, 민주화 이래 노무현 정부까지, 흡사 냉전에 의해 짓눌려있던 풍선이 외압이 사라짐에 따라 다시 원상으로 되돌아가듯, 한국정치를 지속적으로 진보화시켰다.[1] 정부 수립 이래 권위주의 정권 동안 극보수 정책으로 단일화되었던 대북정책에서 비중있는 급진적 대안이 사상 최초로 등장함으로써 대북정책은 치열한 이념적 갈등을 수반하였다.

남남갈등은 대북정책이 실패함으로써 더욱 지속되었다. 한 정권의 대북정책이 실패하면 비판이 득세하여 반대측 대북정책이 선호되고, 지나치게 이념적으로 편향된 대북정책은 다시 실패하고 마는 악순화이 결과되었다. 대표적으로 노무현 대통령은 10.4합의를 통하여 20-40조 원에 이르는 대북 지원을 약속했는데, 이는 김대중 정부 이래 점진적으로 확대돼온 화해협력정책의 급진적 확대로서, 엄청난 후폭풍을 일으켰다. 대통령 선거를 2개월, 노무현 정부의 퇴진을 불과 4개월 앞두고, 그리고 여당도 없는 상태에서, 엄청난 부담을 지우는 합의는 그의 의도대로 남북관계를 고정시키는

---

1) 어느 나라나 그렇듯이, 한국에도 급진, 진보, 중도, 보수, 극보수가 존재하며, 이러한 구분선을 국민, 정당, 심지어 언론인과 학자 속에도 존재한다. 여기서는 정책적 의미와 파장이 큰 정당을 중심으로, 즉 새누리당을 보수 정책의 대표로, 그리고 민주당을 진보 정책의 대표로 간주하여 논의를 전개한다. 민주당에 대하여, "진보" 정당들과 구분하여 "리버럴 정당"으로 특징화할 수 있겠지만, 여기서는 어느 나라 국내 정치에서나 존재하는 상대적 위상의 의미로 보수 진보를 사용한다. "진보"의 내용으로 보면, 급진과의 거리가 더욱 가까운 서구 사민당보다 중도에 가까운 미국 민주당, 한국 민주당 등은 물론 "리버럴 정당"으로 분류될 것이다.

"쐐기"가 된 것이 아니라, 남북관계를 결정적으로 벌리는 쐐기가 되고 말았다. 다른 요인들도 있었지만, 10.4합의는 이명박 후보의 북한 "퍼주기" 비판에 휘발유를 뿌린 것이 되었으며, 결과적으로 민주화 이래 "준" 여당 대통령 후보가 최대 표차로 패배하도록 만들었을 뿐만 아니라 차기 보수 정부가 매우 강경한 대북정책으로 노무현 정부의 "대못"을 뽑도록 압박하고 말았다. 노무현 정부의 급진적 대북정책에 대한 반명제로 "비핵개방 3000"을 제시한 이명박 정부의 대북정책도 실패하기는 마찬가지였다. 비핵을 내세웠던 이명박 정부 기간 동안, 북한은 사상 세 차례의 핵심험 중 2번을 실시했다. 개방을 상징하는 경제 특구 역시 하나도 성사된 것이 없었다. 이명박 정부는 집권 첫 해인 2008년 20대 국정전략 및 100대 국정과제를 내놓았다. 그중 남북관계는 ①북핵 폐기를 지속적으로 추진하겠다 ②비핵·개방·3000 구상(나들섬 구상 포함)을 추진하겠다 ③남북 간 인도적 문제를 해결하겠다 등 세 가지였는데, 성과를 낸 것은 하나도 없다.

두 행정부의 대북정책은 극단적 실패를 보여준다. 스스로 제시한 목표에 비추어 실패한 것이다. 그러면 왜 이런 결과가 초래됐는가? 이들 실패는 단순히 정책적 실패가 아니어서, 이면에는 남북관계에 대한 현실적, 합리적 이해의 결여가 자리하고 있다. 성공할 수 있는 대북정책을 위해서는 대북정책에 대한 냉철한 이론적 이해가 선행되어야 한다.

대북정책은 한국에서 현재 복지정책이나 안보정책처럼 가장 이념적인 정책에 속한다. 정책은 기본적으로 정책을 채택하고 집행하는 정권의 가치에 의해 주관적으로 선호된다. 보수 정권은 당연히 보수적 해법을 선호하며, 진보 정권은 당연히 진보적 정책을 선호한다. 이때 가치는 정권의 물질적, 이념적 이해를 대표하는데, 그 바람직성이 주요 정치적 토론의 대상이 된다. 민주주의에서는 다수가 지지하는 목표가 선정될 가능성이 크긴 하지만, 지지자가 적어도 자주 정권이 강조하는 가치를 반영하는 목표가 정책이 된다. 이 경우 정책은 과도한 이념성을 띠게 된다. 정책은 정권의 주관적 선호와 객관적 성공 요건 사이의 교집합에 들어있을 때 성공 가능성이 높다. 정책의 결과는 자주 객관적으로 평가되는데, 첫째 성패에 의해, 둘째 편익과 비용의 대비 즉 효율성에 의해 평가된다. 요약하자면, 정책은 1) 목표의 바람직성, 2) 표명된 목표의 성패를 나타내는 효과성, 그리고 3) 효율성에 의해 평가되며, 대북정책도 예외가 아니다.

그러면 지난 10년간의 대북정책이 성공의 교집합을 벗어나 실패한 요인은 무엇인가? 첫째, 대북정책의 목표가 바람직성을 넘어 과도한 이념화성을 띰으로써, 성공적 양면게임"(two-level game)의 범주에 들어가지 못했기 때문이다. 국내 기득권층, 이해당사자를 가진 대부분의 대외정책은 양면게임이다. 과거처럼 대외관계가 외교안보에 국한되어 있거나 권위주의 체제라면, 대외정책의 국내적 여파는 적다. 교섭 상대방과 국익 계산만 하면 된다. 하지만, 남북관계는 국내정치화되어 있을 정도로 국내 이익집단과 밀접히 연계되어 있다. 그것도 이익집단이 극렬하게 호오를 표현한다는 데서, 대북정책에 관해서는 "과격한 양면게임" 양상이 나타난다. 과도한 이념적 대북정책은, 보수 진보를 막론하고, 북한과 국내 이익집단을 동시에 만족시킬 수 있는 "교집합"의 범위를 벗어난다. 보수 대북정책은 자주 북한에 의해 거부되고, 진보적 대북정책은 국내 보수 세력에게 비토되었다. 노무현 정권은 지나치게 북한에 유리한 급진적 합의를 채택함으로써 국내적 지지를 결여했고, 이명박 정권은 극보수적 선호를 담은 대북정책에 기초하여 북한이 선택하기 힘든 메뉴를 제시했다. 결국 이들 정부의 과도한 이념성은 국내 보수, 진보의 거리를 타협하기 힘들 정도로 벌려놓는 결과를 가져왔다. 이는 향후 대북정책에서도 과도한 이념성과 국내정치화를 피할 수 있는 온건 정책이 더욱 효과적일 수 있음을 반증한다. 근대 양면게임에서는 자주 온건 이데올로기에 기초한 대외정책이 성공하며, 또한 정책에 대한 지지를 적극적으로 획득해야 성공도를 높일 수 있다.

둘째, 남북 양측의 시각차가 너무 컸기 때문이다. 비록 탈냉전 이래 지난 20년간 양측 시각차가 일부 좁혀지긴 했지만, 여전히 동일한 문제를 보는 양측의 시각은 다르기도 하고 또한 중요성을 부여함에 있어 큰 편차를 보이고 있다. 대표적인 것이 "북핵"과 "개혁개방"에 대한 시각이다. 북한은 북핵이 외국의 적대시 정책에 대항하는 "방어용"이라고 주장하는 반면, 한국민 상당 부분은 미국이 북한을 공격할 가능성도 거의 없는 상황에서 한국 진보 정권이 과거 10년간 지속했던 엄청난 "퍼주기"에 대한 배은망덕이라고 비판한다. 노무현 전대통령은 방어용론에 "일리가 있다"고 했다가 여론의 집중포화를 맞았다. 비록 일리가 있다고 하더라고, 한국민이 북한의 핵그늘에 살아야 할 지도 모를 가능성을 열어놓은 것은 한국 대통령으로서 금도를 넘은 것이었다. 이러한 시각차는, 한국이 북핵을 남북관계 속에서 보는 반면 북한은 미국과의 관계 속에서 봄으로서 발생한다. 북한이 핵군사화를 재추진하기 직전 W. 부시 미행정부는 북한을 "악의 축"으로 규정하고 그 한 축인 이라크를 침공함으로써, 또한 2005년에는 느닷없이 북한의 BDA 계좌를 동결함으로써 북한의 극단적 대응을 불러일으켰다. 이 같은 시각차는 북한과 미국 사이에도 적용된다. 양국은 2005년의 "9.19 합의"에 서명했음에도, 이 합의의 실천을 위한 협상에서는 매우 큰 시각차, 해석차를 보임으로써 결국 합의는 좌초하고 말았다. 상당한 시각차는 개혁개방에서도 나타난다. 아직까지 북한은 개혁개방이 소련 동구 공산 정권을 붕괴시킨 주인으로 보는 한편, 남한 대다수는 북한의 활로는 중국, 베트남과 같은 개혁개방이라고 생각한다. 이 같은 시각차가 시사하는 바는, 첫째, 남북한 사이에 "사회적으로 구성된 규범"(socially constructed norms)이 매우 적다는 것이며, 둘째, 대북정책에서도 보다 이 같은 상황에 대한 이해가 없이는 실패할 가능성이 크다는 것이다.

셋째, 대북정책이 주변 강대국 정책과 정합성을 확보하지 못했기 때문이다. 주변 강대국이 첨예한 이해를 가지고 개입하고 있는 동북아 국제정치에서 불행스럽게도 한국의 대북정책은 이들 정책에 영향받는(system-dependent) 것이 현실이다. 대표적인 예가 위에서 든 노무현 정부의 대북정책과 부시 행정부의 대북정책이 갈등할 때 나타났다. 북한에 가장 호의적이었던 것으로 평가받는 노무현 정부 기간에, 북한은 최초의 핵실험을 단행했다. 북한은 남한의 호의에 호의로 대하는 것보다, 미국의 적의에 적의로 대하는 것을 보다 중요한 것으로 인식했다. 한국전쟁이 미국의 참전 결정에 의해서 좌우되고, 남북 대화가 닉슨 독트린에 의하여 시작되고, 노무현의 급진적 화해협력 정책이 부시 행정부의 대북 적대시 정책에 의하여 좌절되고, 이명박 정부의 대북정책이 중국이 북한 지원에 의해 별무효과였던 것들은 좋은 예다. 북한의 대미, 대남한 태도도 시진핑 정권의 대북정책이 직전 후진타오 정권의 대북정책으로부터 급변한 것과 무관할 수 없다. 아마도 김대중 정부가 클린턴 행정부의 강경 대북정책을 햇볕으로 녹여낸 것이 이례적인 예외가 될 것이다.

이상은 대북정책이 성공하기 위한 세 규정 요소를 논의했다. 다시 말하면 한국 대북정책이 성공하기 위해서는 국내적, 대북적, 그리고 국제적인 "3중의 정합성"을 확보해야 한다. 다음 장에서는 보다 구체적으로 대북정책의 목표를 중심으로 세 요인이 어떻게 작동하는가를 분석해 보자.

3. 목표로 본 대북정책의 실패 요인

역대 한국의 대북정책은 북한을 어떻게 인식하느냐 즉 북한 정체성에 바탕한 정책이었다. 흔히 회자되듯이, 북한을 적으로 볼 것인가, 아니면 형제로 볼 것인가가 정책의 대전제를 형성했다. 북한을 악과 적으로 인식하면, 비록 구호에 그쳤지만, 이승만 정권처럼 승공 북진통일이 대북 목표가 되었다. 박정희 정권은 "선의의 경쟁"을 내세웠지만, 평화 공존을 목표한다기보다 북한을 우세한 적으로 인식하고 타도할 수 있는 역량을 배양하고자 했던 것이다. 노태우 정권 이래 박근혜 정권에 이르면, 북한은 열세의 나쁜 동생으로서 나의 방식으로 통일해야 하는 대상이 된다. 보수를 자처하는 새누리당과 이의 전신들은, 북한 정권을 "타진(打盡)"해야 할 반국가단체의 수괴로 규정한 국가보안법 폐지를 일관되게 그리고 강하게 반대해왔으며, 동시에 "자유 민주주의"와 "자유 시장경제" 체제에로의 평화 "통일"을 점차 더욱 강조함으로써, 대결주의라는 비판을 받기도 했다. 한편 진보를 대표하는 민주당과 전신들의 대북정책은, 북한은 나쁜 행동에도 불구하고 도와주어야 할 동생이라는 시각에 입각해 있다. 이들은 국가보안법을 폐지하고자 시도한 바 있으며, 노무현 정권에 이르러서는 북핵 악화에도 불구하고 대규모 지원을 약속함으로써 이러한 대북관을 보여줌으로써 일각에서 친북이라는 비판을 받기도 했다.

남한 대북정책 목표로서의 북한 인식은, 북한의 남한 인식에 영향을 미치고, 결과적으로 북한의 대남정책을 우선적으로 규정한다. 현대 국제관계에서 주권 국가의 대외관계에서 국가 "생존(self-preservation)"은 제1의의 사활적 국익으로 정의된다. 북한은 이들과 수교한 많은 나라들과 회원으로 수용한 유엔에 의하여 주권 국가로 인정받는 것이 현실이다. 이러한 사활 문제는 곧 남북 통일과 직결되어 있으며, 민족 국가 체제(제도) 정권(정부)의 4 수준으로 구성된다. 과거 남북한 통일방안들은 "1민족 1국가"에서 공통되었던 반면 제도와 정부를 하나로 할 것인지(단방제), 두 개로 할 것인지(연방제)로 갈등하였다. 다시 말하면 가장 갈등적인 것은 통일 국가에 "1정부/정권"이 있는지, "2정부/정권"이 있는지였다. 여기서 북한 권력 엘리트에게 가장 문제가 되는 것이 바로 "국가"와 "정권"이다. 남한이 통일을 얘기하는 순간 이는 자유 민주주의와 자유 시장경제에로의 "흡수통일"로서 북한 국가와 정권은 사라져야 한다. 과거 이승만의 승공정책은 말뿐이어서 이를 뒷받침할 능력이 결여되었었다. 하지만, 소련.동구 공산주의가 붕괴한 오늘날, 북한은 우세한 남한 체제 앞에서 흡수당할 위기감을 느낄 수밖에 없다. 북한이 현 사회주의 체제를 통하여 남한을 추월할 가능성은 거의 전무하다. 북한 "사회주의"는 희귀종이 되었으며, 그나마 북한 정권조차도 이전과 같은 사회주의 체제를 유지할 능력을 결여하고 있다. 북한에서 시장은 점차 확대되고 있으며, 노동당 10대원칙, 당 규약, 국가 헌법 등에서 북한을 프롤레타리아 독재, 공산주의, 사회주의로 규정했던 원칙들은 점차 김일성주의 김정일주의 백두혈통 등으로 대체되고 있다. 다시 말하면, 북한 권력 엘리트들은 더 이상 사회주의자가 아니며, 전통적인 사회주의를 유지할 능력도 상실한 상황에서, 그들에게 제일 중요한 것은 사회주의가 아니라 자신들의 권력 기반인 정권과 국가의 유지인 것이다. 오늘날 그들에게 최대 관심사는 "체제"가 아니라, 그들 "정권"과 이의 전제인 북한 "국가"의 지속이다.

북한이 국가로서 지속될 것인가 하는 "정체성의 정치(identity politics)"는 남북한에서 모두 "제1의적 근본 문제"이다. 북한 정권은 1948년 국가보안법이 제정된 이래 여전히 이 법이 규정하고 있는 반국가단체에 해당하며, "수괴의 임무에 종사한 자는 사형 또는 무기징역에 처한다"고 되어 있다. 이제 한반도에서 가능성이 큰 통일이 흡수통일이 될 수밖에 없다면, 국가보안법은 북한 권력엘리트를 처단하는 북한 정권 단죄법이 되어버렸다. 결국 북한 정권이 현실적으로 가장 두려워하는 것은 남한에 의한 "평화 통일" 즉 "흡수 통일"이 되었다. 이러한 두려움은 매우 현실적이어서, 김일성 주석도 공산권 붕괴 직후 "누가 누구를 먹거나 먹히우지 않는 통일"을 하자고 제안했다. 한국전쟁 이후 20여 년 간 "통일" 목표를 독점했던 북한에게 이제 남한에 의한 "통일"은 사활적 위협이 되었다. 이러한 극적인 변화를 가져온 오늘의 국제 정세와 남북한 위상에 대한 합리적 평가가 전제되지 않는 한 어떠한 대북정책 큰 틀에서 성공하기 어렵다.

독일 통일처럼, 우리가 의도하지 않았다 하더라고 "결과로서의 통일"이 올 수 있으며, 이에 대한 내부적 대비는 필수일 것이다. 문제는 정책 목표로서의 통일이다. 한국 정부가 목표로서의 통일을 추구하는 한 대북정책은 붕괴 및 흡수 압박정책이 될 수밖에 없으며, 남북 관계는 근본적으로 대결적이 될 수밖에 없다. 이명박 대통령은 통일이 "밤도둑"처럼 올 것이라며 통일세를 제안했으며, "신뢰" 프로세스를 구축하겠다는 박근혜 대통령이 한미 정상회담에서 자유 민주주의와 자유 시장경제 체제로의 평화통일을 천명한 것들은 큰 맥락에서 대북정책의 성공을 좌초시키는 요소들이다. 더욱 문제인 것은 주요 정책결정자들이 평화통일과 남북관계 개선이 가지는 길항관계를 이해하지 못하고 있거나 이를 은폐함으로써, 표면상 추진하는 남북관계 개선을 실패하도록 만든다는 것이다.

북한에게 위협이 되는 통일은 과연 남한에게는 바람직한 목표가 될 것인가? 과거 당위로 여겨지던 통일이라는 목표는 이제, 편익과 비용에 기초하여 합리적으로 평가되어야 한다. 과거 이산가족 문제는 통일에 대한 도덕적 근거가 되었다. 하지만, 오늘날 이산 당사자는 거의 고령으로 사망했으며, 그들의 남한 내 가족들은 북한에 있는 친인척을 본 적조차 없다. 19세기적 현실주의자들은 통일을 통하여 부국강병을 이루어야 한다고 전제한다. 당시는 국제정치가 세력정치(power politics)이자 제국주의 정치였다. 국민이 많을수록 국민들로부터 경제적 잉여를 추출하여 국가 안보를 튼튼히 할 수 있었기 때문이다. 하지만 21세기 세계에서 제국주의는 거의 불가능하다. 세계 제1의 유일 초강대국 미국은 GDP가 100분의 1밖에 안 되는 후

세인 이라크에 대하여, 영토적 목표도 없이 지배력을 행사하려다 국제적 저항에 밀려 철수하고 말았다. 거대 규모 국민의 필요성이 격감했다는 것이다. 거대 국민의 필요성은 큰 시장으로 합리화되기도 한다. 하지만, 21세기 세계화 시대에서 거대 시장은 반드시 국내 시장이 아니라, 국제적으로 넓은 경제 영토를 확보함으로써도 얻어진다. 한국은 2013년 3월 현재 45개국과 FTA를 형성했고, 2개국과 협정을 타결하여 발효 절차를 밟고 있으며, 16개국과 협상을 진행 중에 있다. 이미 한국의 경제적 영토는 한반도를 훨씬 넘어섰으며, 확장일로를 걷고 있다. 설령 우리가 상대적 국력이 사활적인 19세기적 세계에 살고 있다고 가정하더라도, 한반도 통일은, 국제정치에서 사활적인, 한국의 상대적 위상을 역전시키지 못한다. 통일 한국은, 경제적으로나 군사적으로, 한반도 주변의, 중국, 일본, 러시아 어느 한 강대국도 추월하지 못한다.

이렇게 통일이 가져오는 편익이 제한적임에 비추어, 비용은 천문학적이다. 독일 통일과 비슷한 통일 비용이 든다고 가정할 경우, 통일 한국은 1년에 1천억 달러를 통일비용으로 지출해야 한다. 이는 현재 한국의 1년 세금이 2천억 달러를 약간 웃도는 수준임을 감안한다면, 대략 50% 증세를 의미한다. 최근 "자신들이 혜택받는 복지"를 조달하기 위하여 약간의 증세를 하자는 제안에도 폭발적 저항을 보여준 한국 중산층을 생각한다면, 한국 국민 모두가 북한 주민을 위하여 최소 20년간 50% 이상의 세금을 더 낼 용의를 기대하기는 거의 불가능이다. 2000년 고령화 사회에 진입한 한국은 2026년이면 노인 인구가 20%를 넘는 초고령사회로 진입할 것으로 예측된다. 세계적 초저 출산율로 생산 인구는 격감하는 반면 노령 인구의 급증으로 엄청난 복지 비용을 부담해야 하는 한국 20,30대의 어깨에, 또다시 엄청난 통일 비용을 얹는다는 것은 거의 불가능이다. 여러 여론조사들은 통일의 주역이 되어야 할 이들 20,30대가 이미 "통일 비관 세대"가 되었음을 보여준다.

대북정책의 또다른 주요 이슈는 북핵 위협이다. 북한은 정치, 경제, 재래식 군비 모든 측면에서 남한에 위협이 되지 못한다. 북한의 유일한 위협은 핵 등 대량살상무기이다. 문제는 한국은 이들 무기의 보유 능력은 충분하지만 “선택”에 의해 보유를 포기한 반면, 북한은 그들의 기존 세계관에서 보았을 때 “필연적인” 핵군비를 추구하고 있다는 것이다. 한국은 핵무기를 제조할 모든 기술, 핵물질, 경제력 모두를 갖추고 있지만, 군사화가 아니라 경제 번영의 길을 주요 목표로 추진하고 있다. 하지만, 자신들이 “적대시 정책”을 펴고 있는 한미일에 포위되었다(siege mentality)고 생각하는 북한은, 부시 행정부에서의 경험에 더욱 확신을 가지고, 궁극적으로 자신들의 정권과 국가를 담보할 군사력을 모색해야 하는데, 재래식 군비로 이러한 보루를 구축하는 것은 불가능하다. 북한 총생산이 300억 달러에 미달하는 반면 남한 단독의 연 국방비만도 이 만한 금액을 넘기 때문이다. 결국 북한은 “빈자의 무기”인 핵무장을 선택할 수밖에 없었는지도 모른다. 북한에게 개혁개방의 선택이 있다는 주장은, 반세기 이상 사회주의 경제를 유지하고, 동구 공산국가들이 붕괴하여 시장경제로 이행했으며, 시장경제로 훨씬 우세한 남한과 민족 정통성을 두고 경쟁할 수밖에 없는 상황에서, 북한 엘리트들에게 자살이라는 선택이 있다고 말하는 것과 비슷하다. 조선말 고종에게 서구식 자유민주주의라는 선택지가 있었다고 말할 수 있는 것일까?

대북정책에서 북핵 정책은 또한 매우 중요하다. 동기야 어쨌든, 결과로서 북핵이 한국을 포함한 주변국에 위협임은 불문가지이다. 북핵은 한국, 일본에 직접 위협이 되며, 미국에게는 세계전략에 대한 도전을 구성한다. 지난 20년간 북핵 해결 협상에서는 북한과 미국이 방휼지세를 이루었다. 서로가 상대방의 급소를 물고 있으면서 서로 먼저 놓으라고 주장하던 북한과 미국은 결국 서로 동시에 놓자며 2005년 9.19합의를 타결했다. 하지만, 이후 서로 먼저 놓으라는 요구는 지속됐으며, 합의는 유산되고 말았다. 핵 카드는, 북한의 입장에서는 불행스럽게도, 1회성 카드이며, 대체로 하나의 카드이다. 북핵 위협이 결정적으로 사라지는 순간 북핵은 더 이상 협상수단으로서의 효용성을 유지할 수 없다는 한계가 이들의 협상 전략을 더욱 극단적으로 몰아가곤 했다.

이러한 북핵 해결 과정에서, 지난 몇 년 사이 두 가지 큰 변화가 일어났다. 하나는 미국이 더 이상 핵문제를 방휼지세로 보지 않게 됐다는 것이다. 북핵은 최종 단계에 이르러서야 비로소 미국에 위협이 된다. 장거리 미사일을 결여한 북핵은 테러리스트에의 핵확산을 통해야 미국을 위협할 수 있을 뿐이어서, 제한적 위협을 받을 뿐인 미국은 정책의 핵심을 북한 비핵화에서 확산방지(PSI)로 전환시켰다. 특히 오바마 행정부는 비핵화를 더 이상 초미의 관심사(front burner issue)로 간주하지 않는다. 중동 문제 해결의 화급성도 있었지만, 오바마 행정부의 북핵에 대한 전략적 인내(strategic patience) 정책은 이전과 매우 다른 전략적 사고를 보여준다. 미국이 기다린 것이 과연 북한의 백기였겠는가? 북핵이 북한의 사활적 이해인 만큼, 이는 기본적으로 기대하기 어렵다. 사실 북핵 문제는 처음부터 한미일의 문제가 아니라 중국 문제였다. 북한의 현 정권이 유지되는 한 북핵은 중국에 위협이 되지 않을지 모른다. 하지만 한반도 통일이 남한식 통일이 될 수밖에 없는 명확한 상황에서 북핵이 용인된다면 통일 한국의 핵무장을 돕는 길이 될 뿐이다. 더욱 문제는 북핵이 진전됨에 따라 한미일이 취하게 되는 대응 조치가 중국 안보에 전략적 위협이 된다는 사실이다. 그러한 상황이 2012년 말 북한의 장거리 로켓 실험이후 나타나기 시작했다. 한국과 일본에서 "핵무장론"과 "군사화" 주장이 강화되고, 미국은 이 지역에 미사일방어(MD)를 구축하는 문제를 거론하기 시작했다. 이는 모두 중국의 군사적 옵션을 묶어놓는 중대한 반응들이다. 결국 북핵은 중국에 직간접적이며 전략적인 위협을 구성하기 시작했으며, 중국은 본격적으로 "북핵 불용"의 목표아래 평화적 해결을 주도하기 시작했다. 오바마 행정부는 바로 이러한 중국의 행동을 기다렸던 것으로 보인다. 북한의 정치경제적 생명줄 역할을 하는 중국이 움직이지 않는 한 북핵 해결은 처음부터 무망했으며, 이러한 해결 능력 측면에서도 중국은 유일한 북핵 위협과 해결의 동시 당사자이기도 하다.

이러한 맥락에서 북핵 문제는 한국에도 큰 함의를 던진다. 첫째, 중국이 나섬으로써 북핵 해결이 비로소 가시권에 들어오고 있다는 사실이다. 이제 북한 비핵화는 중국에게도 화급한 의제가 되었다. 과거처럼 더 이상 느긋하게 북미 핵게임을 관상할 시간이 없어진 것이다. 이제부터 북핵은 중국과 미국이 주도하는 협상 과정으로 들어설 가능성이 크다. 둘째, 중국의 북한 비핵화 목표가 확실하다 하더라도 북한의 "합리적인 안보 요구"를 존중한다는 중국의 입장에는 변함이 없을 것이다. 여기에는 당연히 미국과 한국의 대북정책이 포함될 것이다. 셋째, 북핵의 최대 피해자가 한국이라는 단견을 버리고, 관련국들이 고루 해결 비용을 분담케 하는 전략이 필요하다. 1994년 제네바 기본합의 과정에서 한국은 최대 피해자라는 공포감을 과도하게 드러냄으로써, 해결 비용의 70%를 떠안았었다. 그나마 협상과정에서 해결의 주역도 맡지 못했으며, 오히려 북한에게 한국과의 대화에 나서게 해달라고 미국에게 부탁하는 옹색한 모습을 보였었다. 한국에게 북핵은 당연히 용납할 수 없는 것이다. 하지만, 이 문제의 해결에서는 당사국의 이해 관계와 해결에 대한 목표를 냉철히 파악하는 등 복합적인 지혜와 전략이 요구된다.

통일과 북핵 문제에 이어, 대북 교류협력은 대북정책에서 중요한 한 기둥을 차지해왔다. 교류는 북한의 극단적인 통제에 따라 북한 체제 변화를 지렛대로서의 효용은 거의 없으며 남북관계 개선에도 정보다 부의 효과가 더 클지 모른다. 하지만, 경협은 국제적 경쟁력에서 불리한 위치에 있는 한국 중소기업에 도움이 되기도 하지만, 1) 북한에게 시장 경제의 장점을 배우게 하여 자발적 개혁개방을 유도할 수 있다는 점, 2) 대북 지렛대로 사용할 수 있다는 점, 3) 특히 개성공단의 경우, 북한의 군 병력을 뒤로 후퇴시키고 공단을 조성함으로써 긴장 완화를 통한 코리아 디스카운트를 축소시킬 수 있다는 점, 4) 경협이 활성화되면 상대적으로 시장경제파가 군부에 대하여 상대적 위상을 높일 수 있다는 점 등이 지속적 경협의 필요성을 뒷받침한다. 그러나 북핵은 경협과 길항관계에 있다는 점에 유의해야 한다. 남북경협은 북한에 대한 한국의 위협을 완화시켜 북핵의 동인을 축소시켜주며 대외적으로도 북핵이 한국에 제한적 위협을 가한다는 사실을 보여주는 반면, 북핵이 현안으로 지속되는 한 경협의 지나친 확대는 북핵의 볼모가 될 수 있다는 위험성이 상존한다. 노무현 정부의 핵과 남북관계 병행 정책이, 북핵 위기가 심화되는 가운데서도 대북 경협을 급격히 증대함으로써 국민의 지지를 얻지 못했다는 사실과 개성공단 폐쇄 과정에서 "인질 구출 작전"이 언급된 것들은 모두 이런 가능성을 방증하는 것이다.

통일과 북핵 문제에서 강경했던 이명박 정부 5년 동안 남북관계는, 예측되듯이, 최악으로 치달았다. 대청해전, 천안함 격침, 연평도 포격 등 군사적 충돌만 세 차례 일어나고 북한은 두 차례나 핵실험을 실시했으며, 남북을 이어주던 금강산 관광이 중단되고, 최후의 연계 고리인 개성공단마저 이명박 대통령 퇴임 후 얼마 되지 않아 "폐쇄"되었다. 이러한 결과는 북핵 동학 외에도, 위에서 지적한 남북 동학이 작동했기 때문이다.

여기서 흥미있는 것은 금강산관광과 개성공단에 대한 남북한의 대응이다. 두 경우 모두에서 한국 정부는 비슷한 사항을 요구했는데 핵심은 책임 인정과 재발 방지였다. 양측 모두 금강산관광보다 개성공단 재개에 우선순위를 부여했다. 금강산관광은 당초 북측이 선호하여 개성공단보다 먼저 합의되었으나, 재개에 있어서는 개성공단이 앞선 것이다. 중요한 것은 두 경협 프로젝트가, 당초 상정한대로, 과연 대북 지렛대 역할을 하는가이다. 금강산관광은 중단 5년째를 맞았지만 아직 재개 노력이 본격화하지 않고 있다. 하지만 개성공단은 폐쇄 4개월이 못 되어 재가동 합의가 이루어졌다. 북한이 처음 금강산관광을 선호했던 것은 남북 주민 간 접촉을 최대한 차단할 수도 있고, 큰 노력 없이 거액의 관광료(중단 직전엔 약 2천만 달러)를 받을 수 있었기 때문이었다. 비록 개성공단을 통하여 확보할 수 있는 현금이 연 9천만 달러로서 금강산관광보다 크기는 하지만, 폐쇄 시 가장 큰 문제는 공단에서 일하던 북한 주민 5.3만 명의 생계 문제였다. 당초 이들은 점진적으로 개성공단으로 취업했지만, 폐쇄 순간 발생하는, 가족을 포함한 20만 명의 생계 문제는 북한 당국으로서 심각한 문제가 아닐 수 없었을 것이다. 북한 군부가 이 심각한 문제를 해결할 능력은 없다. 결국 폐쇄는 군부에 대한 온건파의 발언권을 높이는 효과를 발휘한 것으로 보인다. 김양건 통전부장은 최근 개성공단을 폐쇄까지 할 생각은 없었는데 군부의 강경한 요구로 하게 됐다고 말한 것으로 전해졌다. 결국 군부가 폐쇄한 것을 통전부 온건파가 역전시킨 것으로 보인다. 개성공단 재개 합의는 당초 경협 프로젝트에서 예상되었듯이, 개성공단을 통하여 우리의 다른 요구를 관철시킬 지렛대까지는 아니더라도, 북한이 간절히 원하는 것을 남한이 보유하게 되었다는 점에서 훗날 지렛대 역할에 대한 함의는 크다.

박근혜 정부는 당초 폐쇄 과정에서 개성공단에 잔류하고 있던 근무자들이 포로가 되지 않을까 노심초사했으며, 김관진 국방장관은 "개성공단 인질 구출 작전"까지 언급했다. 그러나 인질이 한 명도 없는 상태에서 정부는 개성공단 재개에 자발적으로 합의했다. 이유는 개성공단이 가지는 남북관계의 상징성도 있겠지만, 개성공단이 미래의 대북 지렛대로 작용할 수 있다는 바로 그런 가능성 때문일 것이다. 한국 정부로서도 개성공단 폐쇄가 작은 문제는 아니었을 것이다. 영구 폐쇄의 경우 이들 기업에게 피해액 9천억 원을 지불해야 하며, 개성공단에 진출한 123개 기업과 이들 협력 업체에 근무하는 종사자 3.8만 명의 복지가 타격을 받을 것이다. 하지만, 피해보상 재원이 남북협력기금에 이미 확보되어 있는 상황에서 한국 정부의 선택은 보다 전략적이었을 가능성이 크다. 북한 고용에 큰 영향을 미치는 경협은 허쉬만(Alber Hirschman)이 이야기했듯이, 정치적으로 활용될 가능성을 높인다. 경협은 구조적 종속을 야기시켜, 개성공단 폐쇄처럼 하나의 사건이라도, 경제 규모가 큰 한국은 북한에 비하여 타격이 적음으로써 이를 정치적 목적을 달성하기 위한 수단으로 이용할 여지를 가지게 된다. 이번에는 북한 스스로가 경협의 덫을 팠지만, 나중에는 남한이 이 정치적인 힘을 이용할 유혹을 느낄 수도 있을 것이다.

4. 평화주의 대안을 찾아서

역대 보수 정부는 북한 붕괴 압박, 흡수 통일, 그리고 선 비핵화 정책을 추구했다. 역설적이지만, 오늘날 현실성 있는 통일은 진보가 아니라 보수 정부가 추구하고 있다. 이러한 통일주의는 그러나 북한의 반발과 중국의 대북 협력으로 인하여 한계를 노정했다. 북한 정권의 생존이라는 "당연한 요구"를 무시하기 때문이다. 반면 진보 정부는 통일이 아니라, 너그러운 형의 입장에서 화해를 추구했다. 하지만 화해주의 역시 비용에 비하여 북핵 등에서 성과를 내지 못함으로써 국내정치적 지지를 얻지 못했다. 오늘날 남북관계에서 북한 정권 생존 문제와 북핵 문제는 "근본 문제"를 형성한다. 이러한 근본 문제를 해소하지 못하면, 남북관계 개선은 무망하다. 그러면 3중의 정합성을 갖춘, 합리적이고, 성공할 수 있는 한국의 대북정책은 무엇인가?

박근혜 대통령은 흡수통일 지향을 공개적으로 천명하고 미국, 중국에 이에 대한 지지를 호소함으로써 흡수통일주의를 공식화했다. 그러나 이러한 대북정책이 기본적으로 갈등적이고 비용이 비싸며, 성공하기 힘들다는 것은 자명하다. 이러한 정책에 대한 북한의 반발은 당연한 것이며, 이러한 목표들은 북한의 핵포기를 거의 불가능하게 만든다. 이러한 통일주의는 박근혜 정부가 천명한 "힘의 우위"에 기초한 "한반도신뢰프로세스" 정책의 두 요소에서 전자와는 일관되지만, 후자인 남북 신뢰 구축에는 치명적이다. 박근혜 정부는 국방중기계획에서 이미, 이명박 정부가 목표로 했던 5년간 국방비를 15조원 늘려 214조5000억 원으로 수정했다. 이는 이명박 정부가 이미 인플레, 국방비 소요 등을 감안하여 계획한 연 평균 43조 예산에서 약 7% 증액한 것이다.

이제 대북정책은 근본적 인식 전환을 해야 한다. 지금까지 "통일주의"나 "화해주의" 패러다임에서 중요한 것은 북한 인식이었다. 하지만 보다 합리적인 대외정책은 북한과의 관계에서 우리가 무엇을 목표로 할 것인가이다. 이제는 북한은 우리에게 무엇인가라는 이념적 질문이 아니라, 우리는 남북 "관계"에서 어떤 결과를 원하는가를 물어야 한다. 우리가 원하는 것이 통일 추진의 결과로서 나타나는 남북 관계에서의 "갈등"인지, 아니면 화해를 추구하다 남한 내 보수에 의해 격추되는 화해인지, 아니면 제3의 목표로서 남북한이 공존하는 "평화"인지, 선택해야 한다. 제3의 길인 "평화주의" 대북정책은 기존의 통일주의나 화해주의보다, 갈등 유무나 비용의 다과 모든 측면에서, 싸고 현실적이며 지속가능한 성공 후보이다. 평화주의 대북정책은 다음과 같은 내용을 포함할 것이다.

첫째, 남북한이 "평화공존을 추구하며, 이에 방해되는 모든 위협을 제거

한다"는데 합의하는 것이다. 이러한 내용은 가히 혁명적인 변화를 수반하는 것이어서, 반드시 국내 정치적 소통과 설득을 통하여 국민의 평화공존에 대한 합의(consensus)를 선제적으로 구해야 한다. 이러한 합의가 전제되지 않은 상황에서 평화주의 정책을 구성하는 아래의 부목표들을 추진하게 되면 실패할 뿐만 아니라 평화공존이라는 대의마저 잃게 된다. 특히 대북정책도 독립된 국제법 주체인 북한에 대한 정책이기 때문에 일반 대외정책처럼 최대한 초당적 협력(bipartisanship)을 필요로 하기 때문에 여야당간의 협의와 합의는 매우 중요하다. 평화를 선택할 것인가의 문제는 북한과의 비싼 대결 비용을 치를 것인가, 아니면 공존할 것인가의 선택이다. 국민적 합의는 단시간에 얻어지지 않을지도 모르며, 명시적으로 아래와 같은 부목표들은 제시하고 지지를 구한다면 또한 실패하기 싶다. 상대적으로 쉬운 평화공존에 대한 국민적 합의를 적절히 획득하여 남북 간 정상이 이를 추진한다는 합의를 선언하고, 후속조치들은 천천히, 점진적으로, 상황의존적으로 신중하게 추진해 나가지 않으면 안 될 것이다. 평화공존에 대한 지지가 있다고 해도, 대북정책은 여전히 살얼음판 걷듯이 추진해야 한다.

둘째, 평화공존을 추구한다 함은 남북 대결의 근본 전제인 국가 인정을 포함하는 것이다. 평화공존은 남북 모두가 상대를 국가로 인정하는 것이며, 특히 우세한 남한의 북한 국가 인정이 필수적이다. 북한을 반국가단체로 간주하는 한 대결은 피할 수 없으며, 북한이 국가 생존을 위하여, 재래식 군비에서의 역전 가능성이 전혀 없는 상황에서, 핵무장으로 나아가도록 압박할 수밖에 없다. 이러한 변화가 가지는 국내적 폭발성을 감안하여, 명시적으로 국가 인정을 선포한다거나, 당장 국가보안법을 철폐하기보다, 상황적으로 이러한 효과가 나도록 일정 기간 북한을 거부하는 결정을 내리지 않는 무결정의 결정(decision of no decision) 정책을 펴는 것도 한 방법이다.

셋째, 평화공존을 목표로 한다 함은 서로 당면 정책으로서 통일을 언급하지도, 추구하지도 않을 것임을 의미한다. 이는 적화통일과 흡수통일 모두의 포기를 의미한다. 현실적으로 적화통일이 불가능하다고 해서 흡수통일이 임박했다고 보기는 어렵다. 북한은 경제 성장과 함께 민주화가 이루어지는 본격적 시장 경제가 아니고, 또한 민주화 이론들이 분석했듯이, 민주화의 주체가 될 시민사회도 거의 없으며, 또한 민주화를 촉진시킬 주변국가 즉 중국의 민주화도 이루어지지 않았기 때문이다. 다시 말하면 흡수통일은 바람직하지도, 가까운 시일 내에 가능하지도 않다. 남한에서도 그간 당위처럼 통일을 이야기해 왔기 때문에, 이에 대한 불언급과 불추구는 지속적인 국내정치적 소통과 설득을 필요로 한다. 이러한 정책에 반대할 세력은 통상적으로 추정하듯이 진보 세력이 아니라, 반북 "안보" 세력으로서, 닉슨이 중국과의 평화공존을 이루어냈듯이, 특히 보수 정당이 평화주의 정책을 주도할 경우 성공 가능성은 더욱 높아진다.

넷째, 평화주의는 평화를 위협하는 대량살상무기의 제거와 재래식 군비축소를 요구한다. 한국이 북핵 그늘에 산다면 평화는 없다. 이 같은 북핵불용은 보수의 입장과 일치하고 과거 노무현 대통령의 "북핵 일리 있다"는 입장과는 다르다. 평화주의 대북정책은 북핵과 병행 추진될 수 없을 정도로 밀접하게 연계돼 있다. 탄력을 받은 북핵 해결이 본격화될 경우, 해결방식은 이미 2005년 9.19합의에 포함되어 있다. 이 합의가 좌초한 것은 북미간 "당신 먼저"식 요구가 충돌한 것도 있지만, 중국의 지원을 받은 북한이 벼랑끝전술을 구사할 여지를 가지고 있었기 때문이다. 북한 비핵화가 추진될 경우, 북한의 "합리적 안보 요구"는 한국의 압도적 재래식 전력의 축소로 확대될 가능성이 크다. 이미 크게 열세인 북한에 대하여 한국의 재래식 전력을 더욱 증강하는 것은 북핵 개발의 촉진제로 작용할 것이다. 한편 북한 위협을 빌미로, 중국의 군비 증강에 대응하여 한국이 재래식 군사력을 증강해야 한다는 주장도 있다. 하지만 이러한 주장은 큰 효력도 없으며, 실효성도 적다. 한국이 아무리 재래식 전력을 증강해도 공식 핵국가인 중국이나 한국에 비해 10배나 국방비를 쓰는 일본과의 상대적 군비를 역전시킬 수는 없다. 만일 한국이 중국과의 갈등에서 미국과 연합하여 군사력을 사용하려 한다면, 중국 경제에의 의존도가 날로 커지고 허쉬만적 종속구조를 가지고 있는 상황에서 이는 불가능에 가깝다. 무력 사용에 반대하는 국제적 규범이 거의 보편화되고 있는 21세기 국제정치에서 한국은 오히려 최소한의 군비로 평화의 횃불국가가 되는 것이 나은 선택이 될 것이다. 한국의 지정학적 운명은 군사대국이 아니라 매력 대국이 되는 것이다.

다섯째, 평화 공존은 정전 체제의 평화 체제에로의 전환을 의미한다. 평화체제는 크게 평화협정과 북미 북일 국교 정상화를 포함한다. 그간 한국과 미국은 북한의 줄기찬 평화협정 체결 제의에 응하지 않았다. 지속되는 북핵 위협과 북한의 신뢰성 결여도 이유였지만, 중국 위협론에 대응한 주한미군 주둔이 더욱 큰 이유였기 때문이다. 주한미군 주둔에 대한 한미의 강한 주장은, 정치 경제 군사 모든 면에서 우세한 한미가 21세기적 규범인 "평화"를 주도하지 못하는 역설을 낳고 있다. 주한미군에 대한 북한의 신호는 철수와 주둔용인이 혼합되어 있다. 주한미군의 임무와 위상을, 남침 북한군 격퇴를 목적으로 하는 유엔군이 아니라 동북아 평화 유지를 자임하는 한미동맹군으로 변경한다면 협상 여지는 있을 것이다. 오히려 평화협정의 또 다른 당사자인 중국이 북한의 입을 빌어 주한미군 철수를 끈질기게 요구할 가능성이 있는데, 이 경우 역시 중국이 궁극적으로는 경제 발전을 제1의적 과제로 삼고 있고 세계 시장의 명령을 거절할 수 없는 상황에서 관철시키기는 만만치 않을 것이다. 다만, 이 경우 한반도 통일이 되더라도 주한미군의 북한 진주가 없을 것이라는 정도의 언질은 필요할 것이다. 북핵과 평화협정 문제가 매듭지어질 때쯤이면, 북한의 미일 국교 정상화는 거의 문제가 되지 않을 것이며, 이때쯤이면 북한의 "적대시 환경"도 해소되어 개혁개방에 나설 가능성이 커짐으로써, 북한 경제 발전에 대한 국제적 협조를 조직하는 것도 어렵지 않을 것이다.

평화체제 전환에 있어 또한 매우 중요한 걸림돌 중의 하나가 북방한계선(NLL) 문제이다. NLL은 노무현 김정일 정상회담에서도 양 정상이 지적했듯이 매우 중요한 문제이다. 많은 논란에도 불구하고, NLL은 한미군측에 의해 영해선이 아니라 한미군의 "북방한계선"으로 그어진 것이며, 이를 한국 영해선으로 인정하는 외국은 없다. 만일 남북이 교전 관계가 아니고 국제법이 준용된다면, 영해선은 한국의 서해 5도와 북한 영토 사이에 중간선을 따라 그어질 가능성이 크다. 그러나 평화공존이 정착되지 않은 현재로서 이러한 영해선은 한국민에게 수용되기 어렵다. NLL을 후퇴시킬 경우 수도권에 대한 북한 해군의 위협이 크게 증대되기 때문이다. 그러나 여기서 얘기하는 평화공존이 점차 진전되면, 남북 기본합의서에 규정된 대로 NLL을 남북 영해선으로 대체하기 위한 협상이 가능해질 것이다. 현 단계에서 노무현 정부가 구상했던 서해평화협력특별지대, 공동어로구역 등은 모두 어떤 형태로든 NLL 문제를 포함하고 있기 때문에 근본적으로 해결이 어렵다.

여섯째, 경협은 평화공존의 진전과 함께 확대되어야 한다. 북한에게 경협은 매우 중요하며 작은 정치군사적 이유로 포기할 수 없다는 것이 이번 개성공단 폐쇄 사건에서 나타났다. 경협은 앞서 언급한 역할을 수반할 수밖에 없으며, 이는 평화공존 정착 과정을 공고화하는 쪽으로 작용할 것이다. 하지만, 앞에서 지적했듯이, 경협은 북핵 해결이나 평화 정착보다 훨씬 멀리 나가서는 안 된다. 북핵 미해결 상황에서 대규모 경제 지원을 약속한 10.4합의가 이를 잘 보여준다. 비록 작은 위기에서는 북한이 볼모로 잡지 못한다 하더라도, 큰 위기가 닥치면 북한에 체류하는 한국 근로자들과 재산이 인질될 가능성은 크다. 경협은 북한의 입장에서도 껄끄러운 프로젝트이다. 고용 증대와 외화벌이에서는 매우 매력적이지만, 남한 영향력과, 준비되지 않은 시점에서, 시장경제적 요소의 침투는 여전히 불안한 것이다. 위에서 언급된 평화공존의 진전과 함께 남한이 북한을 통일의 대상으로 간주하지 않고 또한 북한이 시장경제로 대폭 선회한다 해도, 북한으로서는 여전히 껄끄러운 남한 기업보다 다른 외국 기업으로 다변화할 가능성이 크다. 아무리 남한이 통일을 인위적으로 추구하지 않는다 하더라도 정치 경제 군사적으로 우세한 한국의 존재는 여전히 북한에 위협적일 수밖에 없기 때문이다.

박근혜 정부는 이번에 자발적으로 북한과 개성공단 재개에 합의했다. 과거 김대중 노무현 정부가 시작한 개성공단 사업에 대하여, 북핵 인질 가능성, 지급되는 달러의 북핵 개발 자금 전용 가능성 등으로 비판적이었던 새누리당은 이제 이러한 비판을 할 수 없게 되었다. 하지만, 박근혜 정부가 진정 신뢰와 평화 진작에 나설 것이라면 이번의 선택은 성공적 대북정책의 공고한 첫 디딤돌이 될 수도 있다.

일곱째, 남북관계에서 다루어지는 이슈 중 북한에 껄그러운 이슈들은 납북자, 국군 포로, 이산가족 문제와 북한 주민의 인권이다. 이들 이슈들은 남북관계에서 결정적 문제들은 아니다. 북한 주민들의 인권에 관한 한국 정부의 입장은 보편적이기보다 특수적이다. 즉, 보편적 "인권"보다 "북한" 인권에 대한 정책이라는 것이다. 미국 프리덤하우스 인권보고서는 매년 북한 외에도 6, 7개 국가에게 정치적 권리와 시민적 자유 항목에서 북한과 같이 최악인 7.7점을 부여한다. 하지만, 한국 정부는 이중, 특히 사우디아라비아의 인권에 관하여는 언급조차 하지 않고 있으며, 우즈벡에 대해서는 원조까지 제공한다. 이렇게 보면, 한국의 대 북한인권 정책은 인권보다도 북한에 대한 반대의 성격이 강하며 위에서 논의한 북한의 국가성 부정에 기초하고 있다. 납북자, 국군 포로, 이산가족 문제의 경우 인도적 문제이긴 하나, 한국 요구를 들어주기 위해서는 북한으로서 비용이 소요되며 특히 북한이 적극적으로 해결해야 할 유인이 별로 없다는 문제가 있다. 따라서 북한 주민의 인권에서는 보편적 인권 정책으로 대응하고, 이들 문제에서는 서독이 동독에 대해 보여주었듯이 "카우프프라이(Kauffrei) 정책"으로 대응하는 것이 현실적일 것이다.

이상 새로운 평화공존 정책에 대하여 논의해 보았다 여기서 이 모든 문제에 대하여, 경중과 순서를 분류하는 문제는 매우 중요하다. 이러한 정책은 매우 지혜롭게 단계별로, 그리고 경중을 따져서 실행해 나갈 때 비로소 성공의 종착역에 이르게 된다. 시작 단계에서 중간 단계나 마지막 단계의 해결책은 불가능하거나 수용되기 어렵게 보일지도 모른다. 하지만 슬기롭고 치밀하게 기획될 경우, 한 단계의 문을 통과하면 불가능하게 보였던 다음 단계에의 진입이 가능하게 될 것이다.

마지막으로 박근혜 정부가 이번 개성공단 재개 합의에서 관철시킨 재발방지의 합의이다. 남북은 명시적으로 정치군사적 이유로 개성공단 가동을 중단하지 않기로 합의하고 이에 대한 추가적 장치로 개성공단의 국제화를 추진키로 했다. 이는 물론 이번 개성공단 폐쇄에 대한 합리적 대응이지만, 이러한 합의가 가지는 함의는 평화공존 정책과 깊은 연관이 있다. 이러한 합의가 지켜진다면, 북한의 개성공단 폐쇄를 막겠지만, 북핵 위기가 고조되고 서해 NLL에서 다시 군사적 충돌이 발생한다면, 한국 정부도 개성공단을 계속 가동시켜야 하는 의무를 지게 되고 그 경우 다시금 인질 가능성은 높아지게 된다. 개성공단이 국제화될수록 개성공단을 대북 지렛대로 사용할 수 있는 여지도 줄어들 것이다. 다시 말하면, 이러한 합의는 북한 변화를 압박하는 통일정책보다는 평화공존 정책과 더 큰 정합성을 갖고 있다는 것이다.

5. 결론에 대하여

이 글에서는 과거 대북정책이 천명된 목표에 비추어 실패했다고 진단하고, 이러한 실패의 기저에 놓여있는 이론적 문제점들을 짚어 보았다. 기본적으로 흡수통일 정책과 회유적 화해정책이 모두, 대북정책이 가져야 할 남북관계적, 대내정치적, 그리고 국제정치적 정합성의 일부를 결여함으로써 실패할 수밖에 없음을 보았다.

흡수통일과 화해라는 대북 목표 모두 민주화 이후 한국 정치의 큰 흐름과 맥을 같이 하며 탄생했다. 국제적 냉전과 국내적 권위주의로 민주화 이전 한국의 정치 지형은 극보수적 권력 엘리트와 정치 이데올로기가 지배하는 가운데, 이의 극단적 반명제인 주사파 급진주의가 저항하는 형세였다. 민주화와 함께 압축되었던 진보 세력이 지속적으로 팽창함으로써 급기야 노무현 정권에 이르러, 북핵과 남북관계 병행과 "퍼주기 화해주의"에 다달았다. 이명박 정권은 이에 대한 반작용으로 다시 큰 폭으로 우경화하여, 북한에 대한 압박정책과 흡수통일 정책이라는 우극단을 보여주었다. 양 정책이 모두 실패한 이후에 등장한 박근혜 정부와 이후 정부들은 이제 보다 합리적이고 성공 가능성이 높은 중도적 대북정책을 추진할 수 있는 정치적 환경을 맞고 있다. 민주화이후 한국정치가 큰 폭의 진자운동을 한 것이 사실이지만, 점차 중도를 향하여 진폭이 줄어든 것 또한 사실이다.

바람직하면서도 성공가능성이 높은 중도 대북정책은 흡수통일도, 무조건적 화해도 아닌 평화공존을 목표로 해야 한다. 이러한 목표는 이제 남북관계 진전을 가로막아온 정치군사적 근본 문제들의 지혜로운 해결을 요구한다. 이에는 남북의 평화공존 지향 합의, 남북의 상호 국가 인정, 인위적 통일 포기, 한반도 비핵화와 군비 축소, 정전체제의 평화체제 전환, 경협의 지속적 추진, 그리고 인도적 문제에 대한 합리적 추구가 포함된다. 무엇보다 중요한 것은, 현재 불가능해 보이는 문제들을 풀어내기 위해서는 단계별로 연계되고 순차적으로 해법이 열리는 치밀하고 현명한 기획이 요구된다는 것이다. 순서가 틀리거나 경중이 바뀌면 평화의 문은 닫히게 된다. 이념성이 배제된 합리적 신대북정책이 세계 2대 화약고로 불리는 동북아를 새로운 시대로 나아가도록 선도할 수도 있을 것이다.

남북관계 어떻게 풀 것인가?

유호열 고려대

1. 문제 제기: 한반도 신뢰프로세스

최근 통일부는 박근혜 정부의 대북정책인 "한반도 신뢰프로세스"에 관해 그 의의와 추진방향, 추진과제 등에 관해 공식적인 입장과 해설을 제시하였다. 이것은 박근혜 대통령이 지난 2월 25일 대통령 취임사에서 제시한 행복한 통일 시대의 기반조성, 확실한 억지력, 남북간 신뢰구축, 대화와 약속 이행, 국제사회의 규범 준수와 올바른 선택 등 핵심 키워드를 보다 정교하고 풍부하게 체계화한 것이다.

한반도 신뢰프로세스의 목표는 남북관계 발전, 한반도 평화정착, 통일기반의 구축이다. 이를 위해 균형 잡힌 접근, 진화하는 대북정책, 국제사회와의 협력을 3대 추진 원칙으로 제시하고 다음과 같이 4대 추진 기조를 제시하였다. 첫째, 튼튼한 안보에 기초한 정책을 추진한다. 둘째, 합의 이행을 통한 신뢰를 쌓는다. 셋째, 북한의 올바른 선택 여건을 조성한다. 넷째, 국민적 신뢰와 국제사회와의 신뢰에 기반한다.

이와 함께 한반도 신뢰프로세스는 과거 남북관계의 악순환을 끊고 북한을 국제사회의 책임 있는 일원으로 견인함과 동시에 북핵문제를 근원적으로 해결하고 기존 대북정책의 장점을 수용하고 통합적으로 접근함으로써 남남갈등을 해소하기 위하여 4대 추진 과제를 제시하였다. 신뢰형성을 통한 남북관계의 정상화, 한반도의 지속가능한 평화, 통일 인프라 강화, 한반도 평화통일과 동북아 평화협력의 선순환 등이 그것이다.

2. 남북관계의 정상화를 위한 환경 조성 및 사전 조치

박근혜 정부는 남북관계 정상화를 위해 인도적 문제의 지속적 해결, 대화 채널 구축 및 기존 합의정신의 실천, 호혜적 교류/협력의 확대/심화, '비전 코리아 프로젝트' 추진 등 4개 과제를 제시하였다.

그러나, 북한 체제는 정권 수립 이후 김일성, 김정일, 김정은 3대 세습체제를 유지하고 있으며 2012년 4월 11일 제4차 당대표자회를 통해 김정은이 당, 군, 정의 최고 지위를 확보함으로써 본격적인 김정은 수령체제가 출범하는 등 국제사회의 보편적 관행이나 기대와는 전혀 다른 체제로 진화하고 있다. 최근 공개된 북한의 내부 문건인 "당의 유일적 영도체계 확립 10대 원칙" 등에 따르면, 북한체제의 변화 가능성을 기대하기는 시기상조이다. 승계구도의 안정화와 정권이나 체제의 내구력과는 별개로 북한 권력층 내부의 갈등 및 위기 상황의 발생과 급변사태 가능성에 대하여도 지속적인 분석과 대안 모색이 필요한 시점이다. 지난해 리영호 숙청 이후 김정은 원수 추대 등 세습 구도가 공고화되었으나 당군관계의 재조정 및 북한 내부 경제 개선조치의 실질적 효과는 미지수이다. 따라서 전략적 사고와 목표에 입각해 북한 내부 정세에 정부 차원에서는 직접 언급하거나 개입하지 않는 반면에, 민간부문, 국제연대기구의 역할 강화를 측면 지원하는데 우선적인 목표를 두어야 한다.

김정은 정권의 존망과 직결될 북한문제는 북한체제의 구조적 모순과 개방개혁 등 근본적 변화의 제약성으로 인해 스스로 해결되기 어려운 상황이다. 또한 3대 세습과정에서 북한 내부 정세의 불확실성이 대남, 대외적으로 예측 불가의 행태로 나타나고 있다. 이로 인해 남북관계의 실질적 개선과 동아시아에서의 평화와 안정이 구축되기까지는 상당한 시간이 소요될 것이다. 최근 북한 내부에서 당국가체제의 강화, 선군절에 공개된 북한 지도부의 유화적 언급과 북중관계 복원행보 등은 전략적이라기보다 전술적 차원에서의 북한의 전통적 생존 방식의 반복이라고 할 것이다. 일부 김정은 일가의 공개적 행보나 대외 개방적 징후에도 불구하고 탈북자 단속과 처벌 등 내부 통제와 체제 결속을 위한 공안 활동이 강화되고 있는 이중성을 주목하여야 한다.

한반도의 미래는 단기보다는 중장기적으로 매우 불안정하고 역동적인 모습을 띄게 될 것이어서 박근혜 정부의 핵심과제는 이에 대한 공개 및 비공개의 다양한 대비책을 마련하여 수시로 점검, 보완해 나가야 할 것이다. 박근혜 정부는 이명박 정부나 김대중/노무현 정부하에서 추진되었던 대북 및 통일외교안보 정책의 장단점을 충분히 검토 수렴하여 현실적인 대안을 모색한다고 밝혔으나 한반도의 위기국면을 통일과정으로 전환할 수 있는 전략 마련 등 복안적 접근을 포기함으로써 스스로의 역량을 제약하는 우를 범할 가능성이 있다.

향후 북한의 김정은 정권의 긍정적인 변화가 감지되고 검증될 경우 한반도의 평화와 남북관계개선 및 협력을 강화하기 위해 중장기적으로 지속가능한 로드맵을 제시할 수 있을 것이다. 그러나 신뢰형성을 통한 남북관계의 정상화 구상에는 "신뢰"에 대한 객관적이고 신뢰할 만한 기준과 검증

방식이 결여되어 있는 만큼 자의적이고 독단적으로 진행될 소지가 있다. 남북기본합의서와 6.15/10.4 정상선언은 각기 해당 시기 남북관계를 조율하는 역할을 수행했음에도 불구하고 시대적 변화와 내부 역동성 및 법적 제도적 제약성으로 인해 한계를 드러냈음을 교훈으로 삼아 과거에 구속되기보다는 새로운 합의와 실천을 위한 규약을 모색하는 것이 바람직하다.

개성공단 정상화에 따른 후속 대책과 병행하여 이산가족 상봉과 금강산관광 및 각종 경협의 재개 등 현안에 대한 논의는 현실적으로 남북관계의 안정화와 관련 업체의 경제적 타당성 및 책임성을 충분히 감안하여 결정하여야 할 것이며, 무엇보다 5.24 조치의 타당성과 전략적 유용성에 대한 충분한 검토가 선행된 후에 추진하여야 한다. 개성공단의 정상화를 비롯하여 남북경협이 북한의 개방, 개혁 의지 없이 순수 경제적 실익을 얻기에는 시간이 좀 더 걸릴 사항이고, 그런 정치적 사항이라면 복합구상 하에 전략적으로 추진하는 것도 고려하여야 한다. 이산가족상봉과 대북 인도적 지원의 연계도 실질적 이해득실을 구체적으로 검토한 결과를 토대로 전략적으로 판단할 사항이며 분배의 투명성에 대한 국제기구의 경험과 관행을 활용하여야 한다. 민관역할분담이 필요한 부분에 대해서는 실질적으로 대북사업(민간교류 포함)의 정치적 효과, 통일과의 역학관계 등의 문제가 충분히 검토되어야 한다. 대북 식량차관 상환 문제, 금강산관광 관련 현금 선지급 등 제도적 미비점이 보완되고 책임소재도 분명히 따져 보아야 할 것이다.

3. 한반도의 지속가능한 평화를 위한 사전 조치

박근혜 정부는 튼튼한 안보를 강조하면서 NLL 등 영토와 주권을 확고히 할 것을 명시하였고, 제2의 천안함, 연평도 사태는 절대로 용인할 수 없으며 자위권의 범위 내에서 가능한 모든 수단을 동원하여 강력한 억지력을 구축할 것임을 천명한 만큼 이에 합당한 강력한 안보태세를 갖추어나가야 한다. 향후 북한은 북중관계의 악화 및 체제붕괴를 초래할 무모한 도발 등 확전을 피할 것으로 판단되나 위협에는 효과적 대응만이 극단적 위기를 방지할 수 있음을 분명히 하여야 한다.

북한에 대한 미국을 비롯한 국제사회의 제재는 천안함 사태에 대한 북한의 책임추궁적 성격과 6자회담의 재개를 비롯한 한반도 비핵화 실현을 위한 압박의 성격을 지니고 있다. 그리고 국제적 제재는 6자회담이 북핵문제 해결의 적절한 방식이 되지 않을 경우 새로운 전략이나 대안을 마련하기 위한 전략으로 간주할 수 있다. 미국은 2.29합의에 대한 북한의 일방적 파기와 지난 2월의 3차 핵실험 강행 등에 대응한 강력한 제재안을 추진함으로써 북한의 6자회담 복귀를 위한 사전 조치 이행을 압박하는 동시에 회담을 위한 회담용으로만 제재의 완화 또는 해제를 검토할 수 없다는 입장을 유지하고 있음을 감안하여야 할 것이다.

6자회담 참가국들은 6자회담 재개를 우선 논의하되 6자회담의 재개시 북한의 요구사항인 제재완화와 한반도 평화체제구축과 관련한 구체적이고 실질적인 논의에도 착수함으로써 새로운 북핵문제 관리구도를 재구축할 수 있을 것이다. 만약 북한이 비핵화의 결단과 함께 구체적인 수순에 돌입할 경우 미국을 비롯한 6자회담 참여국들은 북한이 안심하고 자신들의 경제를 발전시킬 수 있는 포괄적 지원에 착수할 것으로 보인다. 이러한 상황을 감안해 우리의 주도적 역할 구도를 정립해나가야 한다. 그러나 북한 김정은 정권이 체제유지와 국가존엄을 명분으로 유엔의 제재결의안에도 불구하고 비타협적 도발을 감행할 경우 국제사회, 특히 미국과의 공조를 통한 대북제재조치들을 지속적으로 강화해 나가야 할 것이다.

북한은 지난 20년 동안 체제보위수단으로 핵개발을 꾸준히 지속해왔다.

그리고 3차례의 핵실험과 농축우라늄 확보를 통해 상당한 정도의 핵무장 역량을 과시했으나 핵보유국의 지위를 인정받을 수 없으며 앞으로도 이러한 지위를 결코 인정해서는 안 될 것이다. 북한이 핵보유국으로 핵군축을 통해 핵통제, 핵확산관리를 달성하려는 시도에 대응하여 6자회담 참가국들이 단호하게 비핵화의 원칙과 의지를 관철시켜 나가도록 외교 역량을 발휘해야 한다. 한반도 평화체제 구축문제는 군축에 따르는 신뢰 및 검증 절차 등 대단히 복잡한 난제들이 있고 한반도 평화체제 구축에는 미국과 중국 등 주변국의 참여와 보장이 필요하기 때문에 한-미-중 전략대화 등을 통해 포괄적으로 제기하는 것이 필요하다.

북한의 비핵화는 한국 정부로서는 양보할 수 없는 원칙이자 북한의 정책전환을 유도할 수 있는 가장 효과적인 조치이다. 북한의 핵보유 의지의 배경과 전략을 감안할 때 선 평화체제구축 후 비핵화 달성이란 북측 주장은 결코 수용할 수 없는 환상이며 전략적 실패가 될 것임을 인식토록 하여야 한다. 북한의 핵개발 및 대량살상무기 확산에 대한 압박과 제재는 북한과 같은 전체주의적 독재국가를 다루는 데 있어 가장 유효한 정책 수단이므로 유엔안보리 제재결의안이 만장일치로 통과되었고 집행되고 있음을 감안하여 국제사회와의 긴밀한 협력적 연대를 유지하여야 할 것이다. 북한은 실리와 이해관계에 따라 주요 정책을 결정하고 변경하는 체제이므로 분명한 메시지 전달이 북한 정책 변화를 유도하는데 유용하다. 미국 등 주변국가들의 북핵문제를 비롯한 북한 정권의 잘못된 행태에 면죄부를 주지 말아야 하며 이를 위해 미국과 중국은 물론 일본 및 러시아 등과 전략적 대화를 적극화하고, 이를 통일구상과 연계하여 이들의 지지를 확보하기 위한 협력외교를 체계적으로 추진하여야 한다.

북한이 핵무기를 실전배치하기 이전 상황에서 북한의 군사적 목적의 도발 가능성은 높지 않다. 그러나 정치적 목적을 달성하기 위한 국지적 저강도 도발 가능성은 상존하기 때문에 이에 대한 전략적 대응 방안을 지속적으로 개발할 필요가 있다. 또한 한미동맹의 강화와 더불어 국지전에 있어서도 미국과의 공조를 통해 대응할 수 있는 전략과 전술을 확보하여야 할 것이다.

만약 김정은 정권이 핵무기 보유를 전제로 한반도의 군사적 균형을 파괴하고 핵경쟁 시대로의 진입을 재차 모색할 경우에 대비한 대응책을 마련해 놓아야 할 것이다. 북한은 김정일의 최대 업적을 핵무기보유국가로 격상시키고 이를 당의 유일적 령도체계확립의 10대원칙 서문 및 개정 헌법 서문에 명시하였다. 이로써 북한이 핵무기 개발계획(확보한 핵무기/물질)을 포기할 가능성은 희박하다. 박근혜 정부는 북한의 핵무장 강화 가능성에 대비해 군사적, 정치적, 외교적 대응책을 적극 마련하여 한반도의 군사적 균형과 안정성을 유지하여야 할 것이다. 박근혜 정부는 대북 억지력의 수준과 방식에 대해서 자체 핵개발이나 미국의 전술핵무기 재배치 등은 고려하지 않고 있으나 2015년 말로 예정된 전시작전권 전환을 감안할 때 새로운 대책 수립이 필요한 시점이다. 유엔안보리의 대북조치를 구현하기 위해 국제사회와 적극 협조하여 북한의 도발을 억지하여야 하며, 한반도비핵화공동선언을 남북한이 동시에 이행하도록 최선을 다하되 최악의 상황에서는 우리도 공동선언에 구애받지 않는 적극적 태세를 갖추어 나가는 것도 고려해야 한다. 북한의 핵위협, 비대칭위협에 대한 군사적 억지력, 방위력을 획기적, 근본적으로 강화하는데 일차적 노력을 기울이면서 충분한 억지력을 바탕으로 북한과의 교류협력과 평화체제, 군사회담에 임하는 비전과 전략을 지속적으로 보완해 나가야 한다.

따라서 박근혜 정부가 북한과의 대화, 지원협력의 재개를 위해서는 대화의 형식과 협력의 내용만을 문제 삼을 것이 아니다. 한반도의 평화와 관련한 북핵문제 해결의 중요성을 감안한 사전 조치로서의 남북대화 재개를 신

축적으로 운용(2011년 1,2차 6자회담 남북수석대표 회담 등)하는 것도 방법이 될 수 있다. 박근혜 정부는 향후 남북 간 새로운 관계 설정을 지원하고 보장할 수 있도록 복합적(정부 및 민간차원)이고 중장기적 전략을 수립해 이를 단계별로 지속적으로 추진해야 할 것이다.

4. 통일 인프라 구축 및 동북아 평화협력 구상의 현실화를 위한 과제

한반도 평화통일에 대한 국민과 국제사회의 공감대 형성을 위해 통일정책의 지속성과 일관성을 유지하고 더불어 통일교육과 통일외교를 병행 추진하여야 한다. 민족공동체통일방안을 발전적으로 계승하되 통일대비계획은 단계별, 점진적 통일방안과 급변사태로 인한 전격 체제통합의 가능성을 동시에 염두에 두고 추진되어야 한다. 또한 통일대비 역량 강화 구상에 대한 실질적이고 현실적이며 구체적인 의지와 계획들이 발현될 수 있어야 할 것이다.

박근혜 대통령은 후보 시절 북한 인권 문제를 방치해서는 안 된다면서 그동안 여야가 격렬하게 대립해 온 북한인권법 제정 의지를 분명히 한 바 있다. 그리고 한반도 신뢰프로세스에서도 북한인권법 제정 등 북한인권 개선을 약속하고 있으나, '북한인권법'은 17, 18대 국회에서도 제정되지 못한 대표적인 여야 대립 입법으로서 남남갈등의 상징 법안으로 부각되어 있는 상황에서 비상한 정치력 발휘가 없이는 제정되기 어려울 것이다. 19대 국회에서는 여야가 대등한 상황에서 국회 입법과정이 파행으로 치닫고, 장외에서의 실력행사가 지속될 경우 내실 없는 지루한 공방이나 허울뿐인 북한인권법이 제정될 수도 있다. 북한인권법은 북한의 주민에 대한 최소한의 인도적 배려이자 신뢰의 출발점임을 감안하여 박근혜 정부에서는 적극적으로 여야 의원들을 설득하고 국민들의 공감대를 확보하여 추진하여야 할 사항이다. 북한인권법은 북한 내 열악한 인권에 대한 국제사회의 분노와 관심 사항을 당사자인 대한민국의 입장과 의지의 표현이라는 점에서 매우 상징성이 크고, 구체적인 내용에서 북한 인민과 엘리트들에 대한 중장기 희망의 이정표라는 점에서 중요하다.

박근혜 정부는 동북아시아 내 지속가능한 평화와 발전에 대해 모든 관련국들과 신뢰 구축, 협력 안보, 경제·사회협력, 인간 안보를 추구하는 "동북아 평화·협력 구상"을 추진할 것을 밝혔다. 이것은 동북아판 헬싱키 프로세스라고 설명할 수 있는 서울 프로세스이다. 헬싱키 프로세스는 냉전시대에 미국 중심의 나토와 소련 중심의 바르샤바 동맹 35개 회원국들의 유럽의 안보협력을 위하여 1975년에 체결한 헬싱키 협약을 이행해나간 과정을 의미하는데, 이 협약에는 유럽의 평화를 유지하기 위한 신뢰구축 조처들이 담겨 있다. 박근혜 대통령은 동북아 평화협력 구상이 동북아 내 미국과 중국 간 대립 가능성을 해소하는 대안으로 활용되어 서울이 동북아시아의 평화를 구축하는 노력의 발원지로 기능하게 되기를 기대하고 있다.

동북아 평화협력구상이 성공하려면 최소한 모든 관련 국가들의 국가이익이 보존되고, 탈냉전 이후 조성된 동(북)아시아 질서의 현상 유지에 대한 광범위한 공감대가 형성되어야 할 것이다. 비무장지대의 세계평화공원 조성은 남북한뿐만 아니라 국제연합과 유관국의 적극적인 협조를 통해 가능할 것으로 보인다. TSR(시베리아 철도)와 TKR(한반도 종단철도), TCR(중국횡단철도)을 연결하여 복합물류 네트워크를 구축하고 궁극적으로는 실크로드 익스프레스(SRX)로 발전시켜서 유라시아에서의 유리한 위치를 선점할 수도 있을 것이다.

박근혜 대통령은 주변국과의 정상외교를 통해 새로운 신뢰의 토대를 구축하고 중견국으로서의 균형외교와 새로운 의제 개발을 통한 협력외교를 통해 역내에서 항구적인 평화와 협력의 시대를 열어가고 있으나 일본과의 관계 복원은 이루어지지 못하고 있다. 잠재적인 미중 경쟁구도를 기본축으로 미-일 동맹의 강화와 중-러 전략 협력체제의 확산으로 신냉전구도의 재현 가능성을 배제할 수 없다. 그러나 역내 국가 간 협력과 의존관계 역시 심화되고 있음을 감안하여 역내 FTA를 비롯한 1.5 트랙 전략대화 등 복합 네트워크를 적극적으로 구축해나가야 할 것이다. 동아시아에서 중-일 영토분쟁과 한-일 독도 및 과거사문제 등 갈등요소와 북한문제가 이중-삼중으로 작용하고 있어 6자회담과 양자관계를 연결하는 한중일, 한미중, 한미일 등 3자 또는 4자간 전략대화를 활성화해 나가야 한다.

안보-외교-통일-대북정책이 일관성을 유지하고 최적의 수준에서 조율될 때 북한의 핵보유 야망과 무모한 도발 의지가 봉쇄되고 국제사회와의 공조체제가 안정적으로 유지될 수 있으며, 궁극적으로 남북관계의 정상화와 한반도의 평화통일 기반이 조성될 수 있을 것이다. 이 와 더불어 대통령의 구상이 정부 각 부처 정책과제로 구체화되고 효율적으로 추진될 수 있어야 한다. 이를 위해서는 정부와 국회 등 정치권의 소통이 강화되어야 하며, 민간자문기구의 적극적 활용을 통한 국민 여론 수렴과 통합을 통해 대북정책이 이행되어야 할 것이다.

4

2013년 10월

한반도포럼 세미나

북핵문제와 6자회담

문정인 연세대

지난 2월 12일 북한의 3차 핵실험 이후 고조된 북핵 위기가 이렇다 할 해법을 마련하지 못한 채 7개월이 지났다. 게다가 북핵 문제를 다자 틀에서 해결하겠다고 가동된 6자회담도 금년으로 10주년을 맞았지만 아직도 교착상태에서 벗어나지 못하고 있다. 2005년에는 6개국이 북핵 문제 해결을 위한 9.19 공동성명에 합의했고 2007년에는 2.13 합의를 통해 북한 핵의 3단계 폐기 작업에 나섰지만 북한이 추가 핵실험을 하고 영변에 농축우라늄 시설을 가동시키면서 이 역시 무력화 되고 말았다.

이런 상황에서 6자회담 의장국인 중국은 지난 9월 18일 외교부 산하 국제문제연구소 주관으로 베이징에서 1.5트랙(반관반민) 형식의 '6자회담 10주년 기념 국제 토론회'를 개최했다. 토론회에는 6자회담 참가국들의 북핵 문제 당국자들과 민간 전문가들이 참석했다. 중국은 토론회에 상당한 공을 들였고, 중국의 학자와 관리 모두 북핵 문제 해결을 위해 6자회담의 조속한 재개를 강조했다. 중국이 이렇게 적극적으로 나서는 것은 북핵이 중국의 국가 이익을 침해한다는 실질적 이유와 왕이(王毅) 외교부장의 개인적인 관심사, 그리고 시진핑 정부에서 외교적 업적을 달성하려는 목적 등이 복합적으로 작용한 것으로 볼 수 있다.

이번 회의에서도 중북러 대 한미일 3각 대립 구도가 확연히 드러났다. 북한, 중국, 러시아는 전제 조건 없는 6자회담 재개를 희망했고, 반면에 미국, 한국, 일본은 북한의 '2.29. 합의 플러스 알파' 이행을 전제조건으로 들고 나왔다. 이 글은 지난 9월 회의 주요 쟁점들을 르포 형식으로 정리해 놓은 것이다.

1. 6자 회담과 중국의 적극 외교

중국이 6자회담 10주년 기념 국제토론회에 상당히 공을 들였다. 2년 전에도 외교부 산하의 국제문제연구소가 이런 토론회를 주관한 적이 있었는데 그 때는 규모도 작았고 외교부장도 나오지 않았다. 그런데 이번엔 왕이(王毅) 외교부장도 참석하는 등 2년 전과는 달랐다. 참석한 인원도 기존보다 많았다. 중국에서 18명, 북한에서 10명, 한국 8명, 미국 8명, 러시아 8명, 일본 7명 등 67명의 인사들이 참석했다. 6자회담과 같은 공식적인 회담에 참여하는 인원과 비슷한 규모였다.

중국이 이렇게 공을 들이는 데는 우선 왕이 부장의 역할이 크다. 왕 부장은 본인이 외교부 부부장으로 재임하던 때(2004년) 6자회담 대표로 나서면서 교착상태에 있던 6자회담을 정상화시키고 9.19 공동성명을 만드는 기초를 다졌다. 그렇기 때문에 지금도 강력하게 6자회담 재개를 주장하고 있고, (6자회담) 관련국들이 6자회담 재개 여건을 만들라고 강조했다.

두 번째로는 북한 핵문제가 중국의 핵심 이익과 직결된다는 판단 때문이다. 북한 핵이 중국에도 위협이 될 수 있을 뿐 아니라 미국의 '아시아로의 회귀(Pivot to Asia)' 정책을 정당화시키고 한반도에 대한 미국의 전략적 개입을 정당화시켜주고 있는데, 이것이 중국의 국가이익에 비춰봤을 때 바람직하지 않다는 것이다. 중국의 핵심이익과 관련되는 북핵 문제를 해결하기 위해 6자회담을 재개해야 한다고 보는 것이다.

세 번째로 후진타오(胡錦濤) 정권 때와 비교해서 설명할 수 있다. 후진타오 정권이 출범하면서(2003년) 6자회담을 시작했다. 6자회담은, 특히 2005년 9.19 공동성명은 후진타오 정권의 중대한 외교적 업적이라고 할 수 있다. 시진핑(習近平) 정권 역시 '신형대국관계론'에 부응해서 외교적 업적을 이루고 싶어 한다. 신형대국관계론은 기본적으로 미국을 대상으로 하는 것이다. 중국이 국제사회에서 대국으로 등장했다는 것을 미국이 인정하고 중국의 핵심이익에 (미국이) 간섭하지 않으며, 상호 존중과 협력을 통해 여러 사안들을 풀어나가자는 것이다. 만약 6자회담이 재개돼서 북핵 문제 해결을 통한 한반도 비핵화, 한반도 평화체제, 동북아 안보평화체제가 구축된다면 시진핑 정부로서는 엄청난 외교적 업적이 될 수 있다. 결국 이러한 측면과 왕이 외교부장의 개인적인 어젠다, 중국 국가 이익 등이 맞물려 6자회담에 대한 중국의 관심이 높아진 것이다.

현재 중국이 처한 외교적 상황도 작용했다고 본다. 중국은 지금 외교적으로 상당히 수세에 몰려있다. 이란, 시리아 등의 문제에 있어 러시아와 같은 입장을 보이면서 미국과 각을 세우고 있고 남중국해, 동중국해 등 영토, 영해 문제에서도 미국과 대립하고 있다. 이 과정에서 미국은 중국을 자국의 이익만 추구하는 편협한 국가로 부각시키고 있다. 이 상황에서 중국이 북핵을 해결하는 데 있어 건설적 역할을 한다면 현재의 외교적 위치가 달라질 수 있기 때문에 6자회담에 공을 들이는 측면도 있다. 실제로 2008년 12월에 있었던 마지막 6자회담 이후 중국이 지금처럼 적극적으로 나선 적이 없었다. 그런데 이번 회의에 참석한 중국학자나 관리들의 태도를 보면 아주 일관되게 6자회담에 적극적이었다.

지난 9월 19일 왕이 외교부장이 존 케리 미국 국무장관을 만나 북핵 문제에 대해 미국과 합의를 이뤄낼 수 있다고 장담했는데 토론회 중에서도 낙관론과 비관론이 나왔다. 일본과 미국 참석자들이 상당히 비관적인 전망을 하니까 중국 참석자들이 "비관론은 비관적 결과를 가져온다, 낙관적으로 보자"고 했다. 그런데 이건 중국 정부가 갖고 있는 기본 입장이다. 하지만 현 상황은 중국이 원하는 낙관적인 상태라기보다는 교착상태라고 볼 수 있다. 미국은 '2.29합의 플러스 알파'를 원하고 있다. 즉 북한이 비핵화를 위한 사전 조치를 해야 6자회담을 재개할 수 있다는 입장이다. 그런데 이번에 김계관 외무성 제1부상과 리용호 외무성 부상 등 북한 측 참가자들의 발언을 보면 북핵 문제 해법에 대해 북·중이 상당히 긴밀하게 사전 조율을 했다는 느낌을 받았다. 그렇다면 중국이 6자회담 성사를 위해 북한을 설득했다는 생각도 든다.

북한도 사전조치를 해야겠지만 미국도 북한에 대한 적대적 정책을 바꿀 필요가 있다는 것이 중국 입장이다. 북한이 계속 주장하는 것은, 9.19 공동성명을 보면 상호존중과 평등, 그리고 동시행동원칙에 따르기로 되어 있는데 왜 자신들에게만 선조치를 하라고 주문하느냐는 것이다. 이는 미국이 잘못한 것은 하나도 거론하지 않고 왜 자신들한테만 질타하느냐는 뜻으로 해석할 수 있다. 김계관 부상이 "빛이 한 곳에 비춰지면 그림자도 상당히 짙은 법"이라는 말을 했는데, "왜 우리만 비춰보냐, 미국이나 다른 나라도 비춰봐야 하는 것 아니냐, 미국이 잘못 나올 수도 있는 것 아니냐, 평등하게 하자"는 북한의 메시지인 것 같다. 중국도 다분히 이런 시각에 동조하는 것 같은 인상을 받았다.

2. 6자회담 당사국의 입장차와 주요 쟁점

이번 토론회에서 한·미·일 대 북·중·러의 입장이 완전히 갈렸다. 특히 미국은 대화를 위해서는 북한이 먼저 선조치를 해야 한다는 조건을 내세웠는데, 미국이 북한에 대해 불신감을 갖는 이유로 우선 지난해 2.29 합의 직후 '잉크도 마르기 전에' 북한이 장거리 로켓을 발사하면서 합의가 파기된 것을 들 수 있다. 2.29 합의에 따르면 미국은 북한에 23만 톤의 식량 지원(영유아 영양 지원 포함)을 하고 이에 대한 반대급부로 북한은 미사일과 핵실험을 동결하고 영변에서의 핵 활동을 중단하며, IAEA 사찰 허용 등을 약속한 것이다. 북한은 장거리 로켓은 미사일 활동이 아니라는 입장이지만 미국은 합의 파기로 보고 있다. 2.29합의 당사자인 글린 데이비스 입장도 그렇고, 오바마를 포함해 워싱턴 정가에서는 북한을 믿을 수 없다는 인식이 강하다.

또 지난 8월 30일 북한에 억류되어 있는 케네스 배(한국명 배준호)씨 석방을 위한 로버트 킹 국무부 북한인권특사의 북한 방문을 하루 전에 북한이 전격 취소한 것도 미국의 대북 불신을 강화시켰다. 이것이 성사되면 오바마의 외교적 입지를 올려줄 수 있는 것이었다. 그런데 당시 한미 합동 군사훈련인 을지프리덤가디언(UFG) 연습 기간에 미국의 B-52 전략폭격기를 한반도에 전개했다는 이유로 북한은 킹 특사의 방북을 취소했다. 미국의 행정부에서는 이것을 상당히 충격적으로 받아들였다. 미국은 이런 일련의 사건들을 보면서 "약속 다 해놓고 이렇게 판을 깨버리면 앞으로 북한과 협상을 어떻게 하나"라고 생각하고 있는 것이다. 미국이 원하는 것은 '2.29 합의 플러스 알파'인데 2.29 합의는 북한의 미사일과 핵실험 동결, 영변 관련 핵 활동 중단, IAEA 사찰 허용, 이와 관련한 추가 도발적 행동 금지 등을 기본으로 하고 있다. 여기에 미국이 말하는 '알파'라는 것은 케네스 배

석방, 도발적 행동과 언행 자제, 그리고 최근 재가동을 시작한 것으로 보이는 영변 흑연감속로 중단 등으로 볼 수 있다.

반면 북한 입장은 9.19 공동성명에 나와 있는 동시행동원칙으로 가야 한다는 것이다. 핵실험은 미국이 자신들에 대해 적대적 행동을 했기 때문이고, 미사일 발사는 미사일이 아니라 로켓이라고 미국에 미리 통보했음에도, 미국이 인정해주지 않은 것이라고 주장하고 있다. 즉 우주의 평화적 이용 권리라는 자신들의 고유한 주권적 권한도 미국이 인정해주지 않는다는 주장이다. 그러면서 리용호 외무성 부상이 방코델타아시아(BDA)이야기를 했다. 당시 9.19 공동성명이 발표된 지 하루 만에 미국 재무부에서 BDA의 북한 계좌를 동결시켜버리면서 공동성명의 이행이 지지부진해졌다. 리 부상의 주장은 이런 것이말로 미국측의 대북 적대 행위라는 것이다. 미국은 언제나 옳고, 이에 대한 북한의 대응은 도발적 행동이라고 규정해버리면 어떻게 미국과 일을 같이할 수 있겠냐는 것이다. 리용호 부상이 이런 말을 했다. "If we do not feel safe, we cannot give up our nuclear weapons", 즉 우리가 체제 안전을 확신할 수 없는데 어떻게 핵무기를 포기할 수 있느냐고 말하더라. 이게 북한의 핵심적 메시지다. 미국이 적대적 정책을 버리면 핵무기를 포기할 수 있다는 것이다. 이것이 김일성·김정일의 유훈인 것이다.

한·미·일 대 북·중·러로 갈라지게 된 것은 참석자의 면면을 보면 확인할 수 있는 부분이기도 하다. 북·중·러는 6자회담 대표 등 책임 있는 당국자들이 참가한 반면 한·미·일은 중、하급 관리와 학자 등이 옵서버로 참가했다. 중국의 경우 왕이 외교부장과 우다웨이(武大偉) 6자회담 수석대표, 쉬부(徐步) 6자회담 차석대표 등 북핵 관련 핵심라인이 다 나왔다. 북한도 김계관 제1부상, 6자회담 수석대표인 리용호 부상, 최선희 미국 담당 부국장 등 핵심 라인이 다 왔다. 러시아는 6자회담 차석대표가 왔다. 그리고 이들은 옵서버가 아니라 정식대표로 참석했다.

반면 한국은 중국 대사관의 공사 참사와 외교부 본부의 북핵과장이 왔고 일본은 주중 일본대사관 참사관, 미국은 1등 서기관 3명이 왔다. 주중 미국대사관 1등 서기관 2명과 주한 미국대사관 1등 서기관 1명이 참석했다. 그리고 이들 모두 옵서버 자격으로 참석했다. 한국은 그나마 한중 관계를 고려해서 이 정도 인사가 나온 것이다. 한·미·일 3자가 조율한 입장은 '공식 대표는 보내지 말자'는 것으로 보이는데, 한국은 중국 입장을 생각해서 국장급 정도라도 보내려고 했다가 미국이 부정적으로 나오자 미국의 입장도 고려하는 등 막판까지 눈치를 본 것 같다. 어떤 인사가 참석했느냐는 것이 곧 한·미·일 대 북·중·러의 대결 구도를 구체적으로 보인 것 아닌가 한다.

리용호 부상이 특별발언에서 "이 자리에 정부대표가 모였으면 훨씬 더 좋았을 텐데 그렇지 않아서 섭섭하다"고 언급했다. 우선 이 만남 자체는 의미가 있는 것 같고 모멘텀을 만들어 나가는 것으로 봐야 한다. 일단 중국은 자신들의 의도와 의지를 분명히 했기 때문에 향후 강하게 6자회담 드라이브를 걸 것으로 본다. 한국은 중국이 이렇게 강하게 나오면 전제조건을 걸고 판을 깰 수는 없을 것으로 본다. 한중관계가 있기 때문이다. 또 중국이 공식적으로는 한반도 비핵화를 강조하지만 1차적인 목표로 북한의 비핵화를 상정하고 있다.

중국은 현 교착상태를 극복하겠다는 분명한 의지를 가지고 있는 것으로 보였다. 중국의 외교적 능력을 지켜봐야 한다. 결국 중국의 역할이 클 것으로 본다. 우선 이번 기회에 전제조건 없는 6자회담 재개가 어렵다는 것을 중국이 인식했을 것이다. 즉 비핵화 사전조치와 관련해 북한이 최소한의 성의를 보이지 않으면 미국, 한국이 참여할 가능성이 낮을 수 있다는 것을 파악했기 때문에 중국은 북한을 설득하려고 노력할 것이다.

3. 2013년 현재, 북한 핵 능력의 실체와 변화하는 북한의 입장

회의 개최 바로 직전 미국 존스홉킨스 대학 SAIS의 〈38노스〉는 영변 5MW(메가와트) 흑연감속로 재가동에 관한 보도를 내 보냈다. 이 보도에서 새롭게 나오는 이야기는 없어진 냉각탑을 다시 만들지 않고 지하로 호수와 연결하여 냉각을 시킨다는 것인데, 미국과 한국, 그리고 중국 참석자들 사이에 이 문제도 부분적으로 논의되었다. 그러나 구체적인 물증이 없는 상태에서 흑연감속로 재가동 여부에 대해서는 신중한 입장을 취했다.

북한 측 인사에게 이 문제를 휴식 시간에 넌지시 문의했더니 답변을 피했다. 그러나 한 가지 분명한 것은 북한은 모든 것을 자기중심적으로 생각한다는 점이다. 미국이 약속을 안 지켰으니까 9.19 공동성명도 무효화되는 것이고, 그러니까 소위 '우리 식'으로 간다는 것이다. 자신들이 냉각탑 폭파시켜서 불능화시켰을 때 관련국들이 중유를 제공하기로 했는데 2009년 3월 한국이 약속을 지키지 않은 것부터 시작해서 다른 나라들도 중유를 제공하지 않았다. 그러다 보니 북한은 자기들 방식으로 가겠다고 하는 것이다. 그런데 이와는 별개로 러시아 과학자도 언급한 바 있지만, 영변 핵 시설이 노후된 것이라 신경을 좀 써야 할 것으로 본다.

한편으로는 북한이 이것을 하나의 협상카드로 쓸 수도 있겠지만, 이 카드는 북한이 양보할 수도 있는 카드다. 중요한 건 미국은 이런 것 자체가 싫은 거다. 조건부로 대화에 나서는 것이 싫으니까 아예 무시하는 전략으로 쟁점화시키지 않을 수도 있다. 이번 회의에서도 한반도 비핵화, 한반도 평화안정, 6자회담 재개 모색 이렇게 세 부분으로 구성됐는데 북한은 한반도 비핵화랑 6자회담 세션에는 발표자를 배정했는데 한반도 평화안정 세션에는 아무도 내보내지 않았다. 한반도 평화안정은 외무성이 아니라 통일전선부(통전부)에서 다루기 때문으로 판단된다.

북한의 4차 핵실험 가능성은 희박하다고 본다. 우선 북한의 발언이 중국과 거의 같다. 지난 2월 북한의 3차 핵실험 이후에 한국 내부에서 중국의 대북 정책이 변했다고 주장하는 사람들이 많았다. 미국도 그랬고 박 대통령도 그랬고 다수의 중국 전문가들이 중국의 대북정책에 본질적이고 구조적인 변화가 왔다고 말했다. 그런데 이번 회의를 통해 느낀 것은 중국의 대북 정책이 변하지 않은 것 같다. 중국의 주장은 한반도 비핵화, 전제조건 없는 6자회담 조속 재개, 그리고 북핵 문제에 미국의 책임도 있기 때문에 미국이 행동을 자제해야 한다는 것 등이 골자였다. 중국은 한미 합동 군사훈련을 하는 것을 충분히 이해하지만 그 훈련에 B-2, B-52 등 전략핵무기까지 전개하는 것에 대해 문제를 삼았다. 이런 류의 무기는 중국의 안보에도 위협이 된다는 것이다.

쉬부 중국 6자회담 차석대표는 "북미 양자 모두가 진정성을 보여야 한다, 9.19 성명의 기본 원칙으로 돌아가야 한다. 한반도 비핵화를 위해 모두 노력해야 하고 미국도 북한의 안보 우려를 해소해주고 북한의 정치체제를 존중해줘야 한다. 호혜평등원칙이 존중되어야 하고 이를 위해서는 정치적 지혜와 전략적 용기가 필요하다"고 주장했다. 쉬부 대표가 사실상 6자회담 관련 정책을 만드는데 핵심 역할을 하는 인사인데, 이걸 보면 중국의 대북 정책이 변했다고 보기 힘들다.

다른 하나는 북한이 중국말을 아주 잘 듣는 것 같다는 점이다. 북한이 기존에는 자신들은 비핵화에 관심이 없고 6자회담과 9.19. 공동성명은 이미 무효화됐다고 주장한 바 있다. 그런데 이번에 김계관, 리용호 등의 발표자들이 비핵화는 김일성·김정일의 유훈이고 자신들의 정책적 목표라고 밝혔다. 그러면서 자신들이 비핵화 조치를 할 테니 안보 우려를 해소해달라고 말하더라.

4. 북한의 '핵무력 건설과 경제 개발 병진노선'

리용호 부상은 김정은 제1위원장이 경제를 우선시하고 있다면서 지난 3~4개월 동안 벌였던 활동의 90%가 경제 현장 현지지도였다고 강조했다. 또 군부대에 들어가서도 군사 전략보다는 병사들의 복지에 신경 쓴다고 했다. 그만큼 경제에 전력을 다하고 있다는 뜻이다. 그런데 이 자리에 참석한 미국의 몇몇 인사들은 북한의 이러한 행동들에 대해 당장 외자 유치 등을 통해 돈 몇 푼 더 얻으려고 쇼 하는 것 아니냐는 언급을 했다. 그래서 내가 그 자리에서 리용호 부상에게 경제중시 정책이 permanent한(오래 지속되는) 움직임으로 봐도 되냐고 물어봤다. 리용호는 직접 영어로 "permanent한 것으로 봐도 된다"고 답했다.

기본적으로 북한은 "우린 핵무기를 가졌다. 미국이 함부로 우리를 치지 못할 것"이라는 것을 기본으로 경제에 매진하겠다는 입장이다. 다만 미국이 북한에 위협을 가하지 않고 관계 개선을 하면 핵은 포기할 수 있다고 말한다. 그런데 미국이 그렇게 하지 않으면 자신들은 병진노선으로 갈 수밖에 없다는, 즉 조건부로 이야기하고 있는 것이다. 병진노선은 그대로 있는 것이다. 지금은 무게중심이 경제 쪽으로 가 있는데, 현 상황에서 미국이 계속 위협을 가하면 핵무기에 비중을 두겠지만 미국이 적대적 정책을 버리면 핵은 포기할 수 있다는 입장이다. 북한이 미국에 바라는 선제조치는 체제를 인정하고 경제 발전하는 데 도움을 주고 자신들에 대한 위협을 없애라는 것이다. 리용호 부상은 "경제발전은 인민의 행복을 위해 포기할 수 없지만, 핵은 조건이 맞으면 얼마든지 협상의 대상이 될 수 있다"는 인상을 강하게 보였다.

결국 북한과 중국 간 조율이 굉장히 잘됐다고 보기 때문에 북한이 핵실험과 같은 도발적인 행동을 하기는 어렵다고 본다. 하지만 미국을 포함해서 여러 국가들이 계속 북한을 몰아세우면 핵실험의 가능성도 배제할 수 없다. 물론 중국은 이걸 막으려고 노력할 것이다. 지금대로 가면 과거 어느 때보다도 한반도 문제에 중국이 나설 가능성이 높다. 시진핑 정부가 외교적 주도권을 갖고 나갈 가능성을 배제할 수 없다. 예전만 하더라도 휴전협정 당사자가 중국이었는데 별로 관심을 갖지 않았었다. 지금 중국은 한반도 평화체제 구축과 관련해서 스스로를 핵심 이해당사자라고 보고 있다.

5. 북핵문제와 한국의 주도권 확보

한국 정부가 적극적으로 나서면 북핵 문제 해결에 성과를 낼 수 있다고 생각한다. 2004년에서 2005년까지 6자회담의 교착상태를 깬 것은 사실상 한국 정부였다. 미국과 각을 세우면서도 중국과 협력하고 9.19 공동성명도 만들었고, 그때 한국, 중국, 러시아가 한 팀이 됐었다. 북한은 6자회담에 나오려고 하지도 않았다. 한, 중, 러 세 나라가 미국과 북한을 설득하는 구조였다. 그런데 지금은 한국이 미국에 끌려가는 인상을 주고 있다. 반면 그때보다 상황이 나은 측면도 잇다. 북한이 그때와는 달리 중국과 러시아의 말을 듣겠다고 하고 있다. 즉 북한이 회담 재개에 적극적이라는 것이다. 중요한 것은 한국만이 미국, 중국을 넘나들면서 양쪽을 다 만나고 설득할 수 있는 국가라는 것이다. 이런 구조라면 한국이 역할을 충분히 할 수 있다. 상상력, 담력에 기초한 외교력을 발휘하면 한국이 북핵 문제 해결에 주도적 역할을 할 수 있다고 본다.

그동안 오바마 정부는 남북관계나 북핵문제와 관련해 한국정부가 주도권을 가져야 한다는 입장이었다. 한국이 운전석에 앉으면 되는 것이다. 그런데 현재 박근혜 정부는 사실상 미국과 중국 사이에서 샌드위치가 된 상태로 그저 고민만 하고 있는 것 같다. 박근혜 대통령이 시진핑 주석과 좋은 관계를 맺었으니까 중국에 화답은 해야 하는데, 미국과도 조율을 안 할 수도 없는 노릇이다. 결국 대니얼 러셀 미국 국무부 동아태 차관보와 글린 데이비스가 방한했을 때 북한의 비핵화 사전조치 없이는 6자회담을 재개하지 않을 것이라는 합의를 본 것으로 생각된다. 북핵에 대해 기본적으로 미국과 중국이 전제조건을 놓고 갈등이 있다. 중국 입장은 회담 재개의 전제조건을 너무 강하게 내걸지 말자, 즉 문턱을 너무 높이지 않은 상태에서 대화를 시작하고 거기서 풀어가자는 입장이다. 한국은 미국과 같이 북한의 비핵화 사전조치를하라는 것이다. 문턱을 높인 것이다. 여기서 한국이 문턱을 낮추는 것에 공헌할 수는 있을 것으로 본다.

북한은 기본적으로 6자회담을 재개해서 거기서 모든 것을 이야기할 수 있다고 말했다. 농축 우라늄 문제까지도 다룰 수 있다고 했다. 그리고 6자회담 재개 시 초기 단계부터 비핵화 조치를 취할 수 있다는 입장이다. 이는 스티브 보스워스가 최근 한겨레 신문과의 인터뷰에서 밝힌 바 있다. 그런데 미국 입장에서는 북한을 믿을 수가 없으니까 사전에 성의를 보이라는 것이다. 여기에서 한국은 현재 미국과 같은 입장을 취하고 있다. 물론 북한도 자신이 내세운 문턱을 낮춰야 할 필요가 있다.

이번 토론회에서 발표한 북한 외무성 북미국의 한 직원이 한반도 비핵화를 강조했는데 나는 이런 문제 제기를 했다. 한국은 이미 한반도 비핵화 선언을 준수하고 있다. 우라늄 농축이나 핵연료 재처리도 안 할 뿐만 아니라 1991년에 미국의 전술핵도 철수했는데 한반도 비핵화와 관련해 더 이상 뭘 원하는 것이냐고 하면서 미국의 핵우산도 제거하고 주한미군도 철수하라는 이야기는 현실적으로 어려운 얘기 아니냐고 물었다. 북한 외무성 직원이 답변을 하지 못했다. 그랬더니 한 미국 측 참석자가 북한 측 인사에게 "당신들이 원하는 한반도 비핵화라는 것이 미국의 핵우산 없애고 주한미군 철수하고 한미동맹 해체하는 것이라면 그건 들어줄 수 없다"고 역설했다. 이후에 참석자들 사이에서 북한이 자신들이 생각하는 한반도 비핵화에 대한 문턱을 낮춰야 한다는 이야기가 나왔다. 북한이 중국에는 한미동맹의 해체까지를 한반도 비핵화로 생각한다면 비핵화 협상 안 하겠다는 것이나 마찬가지다. 이건 판 깨자는 이야기밖에 되지 않는다.

6. 박근혜 정부, 독자적 '북핵 해법 마스터플랜' 필요

한국이 적극적으로 나서면 문제 해결에 상당한 역할을 할 수 있을 것 같은데, 현재 국정을 장악하고 있는 인사들이 주로 군부 출신의 강경파 인사들이라 쉽지 않은 것 같다. 결국 박근혜 대통령이 결단을 내려야 한다. 윤병세 외교부 장관 혼자 힘으로는 안 된다. 북한 비핵화 문제를 6자회담을 통해 풀어야 하는데 이것은 박 대통령 본인이 리더십을 발휘해서 중국, 북한, 미국을 설득하겠다는 의지를 보이면 충분히 할 수 있다. 2005년 9.19 성명이 도출된 것은 당시 노무현 대통령의 고집이 없었으면 현실적으로 불가능했다. 대통령의 결단이 중요하다는 얘기다. 박근혜 대통령이 윤병세 장관과 6자회담 수석대표인 조태용 한반도평화교섭본부장에게 전권을 줘야 한다. 구조적 문제점이 적지 않겠지만 만약 박근혜 대통령이 북한의 비핵화에 관심이 있다고 하면 방관자적 입장을 유지하거나 미국의 눈치만 보지 말고 적극적으로 나서야 한다. 물론 관련 부서의 의견은 잘 들어야 하지만 대통령의 결단도 있어야 한다.

윤병세 장관이 지도력을 발휘해주면 좋을 것 같다. 윤 장관은 누구보다 이 사안에 대해 잘 알고 있는 인사다. 신중한 성격이기는 하지만 본인이 결단 내리고 밀어붙이면 할 수 있는 분이다. 박 대통령이 윤 장관을 잘 활용해서 6자회담 재개하고 북핵 문제를 푸는 데 한국이 주도적 역할을 해야 한다고 본다. 어느새 우리가 6자회담의 방관자가 되어 버렸다. 중국 사람들은 "북핵 문제는 한국 문제인데 왜 방관하고 있냐"고 되묻는다. 지금까지 박 대통령이 한반도 신뢰프로세스와 동북아 평화 협력 구상에 대해 나름의 비전을 밝혔는데 북핵 문제를 어떻게 풀지에 대해서는 별다른 언급이 없었다. 북핵 문제에 대해 로드맵도 만들고 타임라인도 만들고 인적 자원도 구성하면서 움직여 나가야 하는데 이에 대한 그림이 아직 나오지 않았다.

한국 정부가 북핵 해결에 대한 구체적인 그림을 갖지 못한 이유는 북핵 문제가 우선순위에서 밀린 것 아닌가 하는 생각도 든다. 한반도 신뢰프로세스와 동북아 평화협력구상을 실현에 옮기고 나서 북핵문제를 해결하겠다는 것 아닌가 싶다. 그런데 남북관계 개선과 동북아 평화협력과 북핵문제 해결 등 이 세 가지는 같이 맞물려 가야 한다. 9.19 공동성명에 이 세 가지가 모두 들어있다. 성명의 1, 2조에서는 북한 비핵화와 미국의 대북 적대적 정책 포기, 미북 관계 정상화 관련한 내용이 나와 있다. 그리고 관련 당사국들이 별도의 포럼을 통해 휴전협정에서 평화협정으로의 전환을 논의한다는 것이 들어 있다. 마지막에는 이게 잘 진전되면 동북아의 안보 평화 메커니즘을 만들어서 일종의 다자협력 체제를 구축하겠다는 것이 들어가 있다. 그런데 현 정부는 북핵에 대한 구체적 대안을 제시하기보다는 미국의 입장에 편승하는 것 아닌가 싶다.

박근혜 정부만의 독자적인 '북핵 해법 관련 마스터플랜'이 필요하다. 지난 2월 북한의 3차 핵실험 이후 박 대통령이 북한과의 핵협상을 거의 포기한 것 아닌가 싶다. 그런데 그렇다고 국가의 지도자가 개탄만 하고 있을 수는 없는 것 아닌가. 해법을 갖고 행동해야 한다. 지금 중국은 저렇게 빨리 움직여나가고 있고 미국은 전략적 인내의 연장선상에서 북한을 무시하고

만 있다. 그 사이에서 우리가 제대로 대처하지 못하면 북한이 4차 핵실험하고 추가 미사일 실험 발사 할 수 있다. 이는 결코 바람직한 것이 아니다.

북핵문제와 6자회담, 그리고 박근혜 정부의 대응 방향

유호열 고려대

북한은 핵문제를 체제 존속과 관련한 핵심 이익의 관점에서 접근하고 있으며, 핵개발을 지속함으로써 핵능력을 강화할 것에 대한 기본 노선은 그대로 유지하고 있다. 북한은 핵무기는 미국 및 추종 국가들의 대북 압살에 대응하기 위한 최선의 방어책이자 체제 안보의 핵심 보장책임이라고 주장하고 있다. 동시에 북한은 리비아, 이라크 등 사례를 집중 거론함으로써 핵을 포기할 경우 외부로부터의 침공 및 정권 교체 가능성을 우려하고 있음을 잘 보여주고 있다. 핵무기 (보유)개발과 경제 발전의 병진 노선 채택과 실천, 우라늄 농축과 플루토늄 추출을 통한 핵물질 생산 지속, 4차, 5차 핵실험을 통한 핵무기 경량화 시도, 운반수단인 미사일의 성능 개선 병행 등 최근 북한의 움직임은 핵무기에 대한 북한의 인식과 대응을 잘 보여주고 있다.

북한은 6자회담 무용론/무실화 주장에도 불구하고 최룡해의 시진핑 중국 주석 면담 이후 6자회담에 무조건 복귀 의사를 피력한 바 있다. 그러나 북한은 9.19 공동성명에 대한 확인보다는 "전조선반도의 비핵화"를 반복 주장함으로써 회담 재개시 목표와 추진과제에 있어 입장 변화를 시사하고 있다. 북한은 한반도 평화체제 구축을 비롯해 동아시아의 안보, 대북 경제 및 에너지 지원, 북미, 북일 국교수립 등 여타 의제들을 6자회담의 틀 속에서 논의할 수 있다고 주장하고 있으나, 실제 북한의 주요 관심은 인도/파키스탄과 같이 미국 및 주변국으로부터 핵보유국으로 인정받는 것이다. 북한은 "전조선반도의 비핵화"는 궁극적으로 미국의 남한에 대한 핵우산의 제거와 미국의 대북 적대시정책의 폐지를 의미한다고 주장함으로써 한반도에서의 비핵화가 북한 핵개발의 포기와는 다른 의미와 내용을 내포함으로써 6자 회담의 기본 틀이자 핵심 기조를 협상 의제화하려 하고 있음를 보여주고 있다. 현재로서는 북한의 비핵화 의지나 6자회담 재개시 진정성 있는 대화나 협상의 전개 가능성이 크지 않기 때문에 회담 재개를 위한 사전 조치에 대한 북한의 확답과 중국의 책임을 보다 분명히 할 필요가 있다고 보여진다.

북한은 핵보유국가로서의 지위를 확보하고 핵능력을 지속적으로 강화함으로써 재래식 군사비를 대폭 절감할 수 있으며 이로 인해 파생되는 잉여자원을 경제 개발에 집중투자함으로써 경제발전과 민생안정을 꾀하려 한다. 그러나 이것은 현실적으로 불가능한 목표와 주장에 불과하다. 핵무기를 지속적으로 개발하고 유지하는데 소요되는 비용에 재래식 무기나 남한을 비롯한 주변국들로부터의 위협에 대응하는 새로운 방어형 공격무기 개발에 천문학적인 비용이 수반될 수밖에 없을 것이다. 더욱이 경제발전을 위해 북한 내 각 도 단위의 경제특구 건설과 기존에 추진 중인 나선 및 황금평 등 개발 특구를 활성화하기 위해서는 국제사회의 제제완화가 필수적이나 이에 대한 북한의 복안은 구체화되어 있지 못한 실태이다.

6자회담 참가국들은 6자회담의 성과에 대해 긍정적으로 평가하고, 이를 통한 북핵문제 해결에 대해 공감하지만 재개의 방식이나 조건에 대해서는 각 나라별로 차이가 있다. 중국은 6자회담의 무조건 재개, 6자회담의 틀

내에서 모든 문제를 논의할 수 있고, 궁극적으로 북핵 폐기를 달성할 수 있음을 강조하고 있다. 북한은 6자회담을 무조건 재개하되, 6자회담에서 다룰 의제와 기조가 9.19 공동성명에 명시된 내용을 그대로 이행하기보다는 북한의 3차 핵실험과 장거리 미사일 발사 등으로 초래된 변화된 상황을 감안한 새로운 틀, 새로운 의제를 논의하기를 기대하고 있다. 러시아는 기본적으로 중국의 입장에 찬성하지만, 북한 핵 폐기에 대해서는 중국보다 비관적으로 접근하며, 오히려 북한의 핵보유 주장이나 핵폐기의 조건과 대가와 관련된 주장과 논리에 대해 공감을 표하고 있다. 이에 반해 미국, 일본, 한국은 대체적으로 북한이 핵을 포기하고, 이를 입증할 수 있는 가시적인 조치를 취함으로써 비핵화 의지나 6자회담이 또다시 공전되지 않을 것이라는 진정성을 보여줄 것을 사전조치의 방식으로 요구하고 있다.

6자회담을 통해 북핵문제를 논의하게 될 정도로 각국 간 입장 조율이 이루어지더라도 6자회담 재개시 북한의 요구사항인 제재완화와 한반도 평화체제 구축과 관련한 구체적이고 실질적인 논의에 착수하기까지는 북한의 소위 "피포위의식" 또는 미국에 대한 과도한 피해의식이 불식되어야 할 것이다. 만약 북한이 비핵화 결단과 함께 6자회담에서 비핵화를 향한 구체적인 수순에 돌입할 경우 미국을 비롯한 6자회담 참여국들은 북한이 체제붕괴나 정권교체에 대한 불안감을 해소시킬 수 있어야 할 것이다. 이를 위해서는 김정은 체제하에서 스스로 천명한 민생경제, 또는 국가경제를 발전시킬 수 있는 포괄적 지원에 착수할 것임을 구체적으로 제시할 필요가 있다. 다만, 북한이 핵을 보유하면서 비타협적 도발을 감행할 경우 미국 및 중국과의 전략적 공조를 통해 북한 정권에 대한 압박을 강화해나가야 할 것은 분명하다.

북한의 비핵화를 통한 한반도 비핵화 구상은 한국 정부로서는 양보할 수 없는 원칙이자 북한의 정책 전환을 유도할 수 있는 가장 효과적인 수단이다. 북한의 핵보유 의지의 배경과 전략을 감안할 때 핵을 보유한 북한과의 평화체제구축 논의는 실효성이 없을 것으로 보인다. 지속적으로 핵과 미사일을 개발하고, 나아가 핵개발-경제발전 병진정책을 유지하고 있는 북한에 대해 기존의 유엔안보리 차원의 대북제재 조치와 5.24 조치를 비롯한 각국별 대북 제재는 북한과 같은 수령 독재국가를 다루는데 있어 가장 유효한 정책 수단이다. 따라서 북핵문제가 해결 국면에 들어서고 가시적인 조치들이 성사될 때까지 대북제재는 유지하여야 할 것이다. 북한은 현실적 이해타산에 따라 주요 정책을 결정하고 변경하는 체제이므로 스스로 이해득실을 검토할 수 있는 분명하고 일관된 메시지 전달이 북한의 핵정책 변화를 유도하는데 유용하다.

북한이 향후 2-3년 이후 핵무기를 실전배치하기 이전에 북한의 핵문제를 해결하기 위한 적절한 시기임을 감안하여 미국 오바마 정부와 박근혜 정부는 전략적 대응 방안을 적극적으로 보완하여 즉시 추진하여야 한다. 북핵문제를 다룸에 있어 한미동맹의 전력 강화와 더불어 북핵문제가 완전히 해결될 때까지 전시작전권 이양문제를 무기한 보류하는 것이 비용 대비 효과 면에서 합리적일 것이다. 동시에 일본과의 관계개선과 정치군사적 협력을 강화하기 위한 정치적 결단과 함께 한미일 3국 공조체제의 복원에 나서야 한다. 김정은 정권이 핵무기 보유를 전제로 한반도의 군사적 균형을 파괴하고 핵무기경쟁 시대로의 진입을 모색할 경우에 대비해 군사적, 정치적, 외교적 대응책을 적극 마련하여 한반도의 군사적 균형과 안정성을 유지하여야 한다. 유엔안보리의 대북조치를 구현하기 위해 국제사회와 적극 협조하여 북한의 도발을 억지하여야 하며, 9.19 공동성명과 한반도비핵화 공동선언을 남북한이 동시에 이행하도록 최선을 다하되 북한이 핵보유 의지를 굽히지 않을 경우 우리도 공동선언에 구애받지 않는 적극적 태세를 갖추어 나가는 것도 고려해야 할 필요가 있다.

5

2013년 12월

한반도포럼 세미나

여는 글

격변하는 북한의 정치와 경제

백영철 회장 건국대

원래 오늘의 세미나는 북한경제를 주제로 계획하고 추진되어 오던 중 장성택 처형이라는 대형사건의 발생으로 주제의 범위를 북한정치-경제로 확대하게 되었습니다. 오늘 회의에서는 특히 장성택 처형의 의미를 짚어보고, 향후 북한 변화의 방향과 전망을 논의하고자 합니다. 나아가 이에 대한 우리의 대비대책도 함께 다루고자 합니다.

우선 문제제기 차원에서 저의 소회를 말씀드리겠습니다.

1. 장성택 제거의 배경 및 의미

장성택의 처형은 북한 권력지형에 대격변의 사건입니다. 김정은의 후견인으로서 장성택은 김정은체제 출범 이후 선군정치로 인해 강력해진 군부지도자(이영호 총참모장 등) 및 당의 핵심세력(이제강 조직지도부 제1부부장)의 숙청을 통하여 김정은 체제의 안정에 기여하였습니다.

그러나 장성택은 방만한 권력 운영과 세력 확충, 군부로부터의 이권 탈취를 통하여 기존 기득권 세력의 불만을 촉발시켰습니다. 마침내 군부 및 소외된 당 세력이 연합하여 장성택 및 그 측근의 비위사실을 적발하고 김정은과의 이간을 통하여 장성택은 정책과정에서 점진적으로 소외되었습니다(작년 김정은 수행 110여회, 금년 50 여회).

장성택과 그 측근세력은 상당기간의 치밀한 계획에 의해 제거되었습니다.[1] 요컨대 장성택 세력과 군부 및 당 조직지도부 연합세력 간 권력투쟁, 즉 공격과 반격의 마지막 산물이 장성택의 비극적 결말입니다.

2. 향후 전망

장성택 제거 이후 선대에 비해서 카리스마가 약한 김정은의 권력기반은 군부 강경파와 민간 온건파의 양각체제로부터 군부라는 단일지주(일각체제)로 이행됨으로써 향후 권력의 불안정성은 증대될 것으로 보입니다.

군부에 권력기반을 둔 김정은체제의 정책방향은 강경정책으로 기울어질 가능성이 크고 따라서 한반도정세는 보다 긴장이 고조될 것 같습니다.

주지하다시피 장성택은 권력 제2인자로서 북·중 경제협력과 외자유치의 주도적 인물인 동시에 남북대화와 교류를 통한 북핵문제 해결을 지원하는 소위 온건·대화파의 수장으로 알려져 있었습니다. 따라서 그의 제거는 북한의 온건 민간엘리트세력의 위축과 남북관계 및 대외관계에 부정적 영향을 미칠 것으로 예상됩니다. 특히 북한의 소위 '핵·경제 병진노선'과 관련하여 당분간 경제건설의 추동력은 약화될 것으로 예상됩니다.

---

1) 금년 6월 발표된 '당의 유일영도체계 확립을 위한 10대원칙' 제6조는 종파주의적 반당세력과 양봉음위하는 세력을 척결할 것을 명시하고 있으며, 장성택 및 그 측근의 척결 시 이 조항이 명분으로 사용됨.

또한 장성택 처형과정의 대외적 공개는 북한 인권문제의 새로운 조명과 더불어 국제관계의 경색과 고립화 경향을 더욱 심화시키고 있습니다. 이와 관련하여 북한은 핵 보유에 대한 집착이 더 강해질 것입니다. 반면에 미국 등 주변 관련국들은 북한의 불확실성이 증대됨에 따라서 비핵화 요구를 더욱 강화하는 소위 '북한 핵 패러독스'는 더 심화됨으로써, 북핵문제 해결은 더욱 어려운 과제가 될 것 같습니다.

3. 대비 대책

한·미 당국은 장성택 처형 이후 북한의 내부 결속용으로 대남 도발 가능성을 제기한 바 있습니다. 북한은 이미 백령도에 대한 타격 가능성을 제기한 바 있고, 남한 보수단체의 김일성 일가 3대 화형식 직후 소위, '예고 없는 대남 타격' 통지문 발송과 이에 대한 남한의 '즉시 반격' 통고 등 남북한의 갈등 수위는 높아지고 있습니다.

장성택 처형 이후 북한으로부터 발생할 수 있는 위험과 한반도 주변국 간의 고조되는 갈등 상황에 대처하기 위하여 최근 박근혜 대통령은 NSC(국가안전보장회의) 상임위원회와 사무처 설치를 통해 국가안보기능을 강화하고자 노력하고 있습니다. NSC 상임위원회 설치는 그 취지와 인적 구성상으로 볼 때, 향후 위기관리와 돌발사태 및 급변사태 대비 등 각종 군사-안보적 측면의 강화에 그 방점이 있는 것으로 보입니다.

최근 급변하는 북한정세와 한반도를 에워싼 주변 환경의 변화에 능동적으로 대처하기 위해서는 군사안보적 능력을 제고하는 한편, 한반도 안정과 평화체제 구축, 나아가 다가오는 통일에 대비한 종합적 대책이 필요합니다.

당면하게는 미·중·일·러 등 주변국가와의 협력관계를 강화하는 한편 북한의 도발을 제어할 수 있는 '남북고위급 직접대화 채널'을 개설하여 우발적 충돌사고 방지 등 군사적 긴장을 완화해야 할 것입니다. 고위급 대화 채널의 구축·가동을 위하여 식견과 대북 접촉 경험을 겸비한 인사를 대통령 특보 또는 특사로 활용하는 것이 필요합니다.

남북관계는 종종 상대방 지도자에 대하여 막말사용과 극단적 언행으로 갈등의 수위가 높아지고 있습니다. 우선 남북한 당국은 상호간에 폭력적 언행과 도발의 자제에 합의하는 것이 중요합니다. 남북 당국이나 개인 그리고 단체들은 상대방을 비판하더라도 절제되고 성숙한 언행으로 불필요한 도발을 자제하는 것이 남북간 안정과 평화에 도움이 됩니다.

한반도 안정과 평화, 그리고 다가오는 통일시대에 대비하여 미·중·일·러 등 주변국가와의 당면과제 해결 및 향후 협력을 강화하기 위하여 해당 국가의 전직 대사 등 중량급 인물을 보임하는 특사제도 및 태스크포스를 설치·가동하는 것도 함께 고려해야 할 것입니다.

그리고 다가오는 통일시대에 대비하는 장기적 안목에서 민간수준의 교류와 협력을 제한적으로 허용-확대하여 남북통합의 기초를 쌓고 대북인도적 지원을 취약계층 중심으로 분배의 투명성을 확보하면서 점차 확대하여 북한주민에게 「희망의 창」을 열어 놓아야 할 것입니다.

마지막으로 박근혜 대통령의 한반도 신뢰프로세스 구상은 이제 보다 효율적이고 작동 가능한 정책프로그램으로 발전시켜야 합니다. 한반도 신뢰프로세스는 원칙의 강조를 넘어서서 보다 능동적이고 적극적인 한반도의 안정과 평화를 견인하는 비전과 구체적인 대책으로 보완되어야 할 것입니다.

◈

장성택 숙청 이후 북한정세와 대북정책 방향

최진욱 통일연구원

◈

1. 장성택 숙청의 의미

장성택의 위상, 숙청 배경과 주체, 향후 전망에 대해서 논란이 분분하나, 장성택의 전격적인 처형은 김정은 정권이 아직까지는 안정적이지 않다는 것과 최소한 유일영도체계가 확립되어 있지 않다는 것을 스스로 인정한 것이다. 북한 당국이 밝힌 장성택 처형의 이유들을 보면, 국가전복음모 행위가 있었으며, 최고사령관의 지시가 이행되지 않았고, 당적 지도가 관철되지 않았다고 밝히고 있는 등 북한 스스로 체제 불안정의 여러 가지 요인들을 열거하고 있다.

장성택의 죄목에 장성택은 석탄 등 귀중한 지하자원을 헐값으로 팔아버리고 라선경제무역지대의 토지를 50년 기한으로 외국에 팔아먹는 매국행위를 했다고 적시하였다. 이것은 북한 스스로 북중 교역의 주도권과 방식을 둘러싼 갈등과 여러 가지 부작용이 있음을 인정하고 있음을 보여준다.

장성택의 위상에 대한 다양한 평가가 있으나, 2013년을 돌이켜 보면 장성택은 서서히 힘이 약화되었음을 알 수 있다. 먼저 김정은의 현지지도 수행횟수가 현격히 감소하였으며, 5월에는 장성택이 아닌 최룡해가 중국 특사로 임명되었다. 6월에는 유일사상체계확립 10대원칙을 수정하면서 동상 이몽, 양봉음위가 언급되었다. 또한 10월 17일에는 13년 만에 중대장·중대정치지도원대회가 열렸으며, 11월 21에는 29년 만에 3대혁명소조 열성자 대회 (11.21)를 개최하는 등 김정일 우상화 작업은 물론, 학습을 통한 내부통제를 강화하였다. 반면에, 장성택은 행정부장에서 해임되었으며 국가체육지도위원회 업무만 수행하였다.

장성택 숙청의 극적인 연출과 이후 처리과정은 장성택이 힘이 있었다는 것을 반증한다. 사건의 공개와 전격 처형은 '장성택 일당'의 동조를 차단하려는 노력이라고 할 수 있다. 장성택 세력의 제거에 앞서 장성택 자신은 자숙 모드로 들어가면서 상황수습을 기대했던 것으로 보인다. 그러나 이것은 김정은의 개인적 특성을 오판한 것이었다.

2. 향후 북한 정세 전망

1) 대내 정세

북한은 일단 겉으로 차분한 모습을 보이고 있으나 내부적으로는 조용히 숙청을 진행하고 있음을 알 수 있다. 김정은은 장성택 숙청 이틀만에 마식령 스키장 공사장 등 현지지도에 나서는 등 밝은 모습을 연출함으로써 모든 것이 정상으로 보이길 원하며 주민들이 빠르게 일상으로 돌아가 경제활동에 매진하라는 메시지를 전하려 하고 있다. 또한 측근들로 알려진 인물들 대부분이 김정일 추모 2주기때 모습을 드러내었다. 그러나 눈에 띄는 인물들에 대한 숙청은 주민들의 동요를 막기 위해서 잠시 미룰 수 있지만, 대외적으로 드러나지 않는 인물들에 대해서는 지속적으로 숙청이 진행되고 있다.

김정일 건강 악화 이후 계속된 숙청과 의문사는 북한 엘리트들의 두려움과 함께, 갈등과 반목을 심화시켰다. 이제강, 이용철 제1부부장, 김일철 인민무력부장, 김용삼 철도상, 문일봉 재정상, 박남기 당계획재정부장, 류경 보위부 부부장, 주상성 인민보안상, 리용호 총참모장 등의 예가 그것이다.

장성택의 숙청 이후 권력 엘리트들 간 견제와 균형이 사라지면서 김정은 정권의 안정성을 해칠 가능성이 높다. 김정일 추모대회 2주기때 김정은이 한 발 앞에 나선 것이나 이후 충성결의 대회 등은 새롭게 부상한 세력의 가식적 충성 과시 현상이라고 할 수 있다.

2) 대외 관계

북한은 내부결속을 다지는 데 힘을 쓰는 한편, 외부의 위협에 민감해지면서 대외관계는 위축될 수밖에 없다.

그럼에도 불구하고 북한이 장성택을 반당, 반혁명, 종파 등 온갖 죄목을 갖다 붙이면서도 단골 메뉴인 사대, 간첩 등의 죄목을 제외한 것은 불필요한 대외 마찰을 방지하기 위한 것이다. 데니스 로드맨의 방북을 허용하고, 개성공단을 정상 가동토록 하고 있으며, 중국에게는 유화 제스처를 취하는 등 북한은 대외관계 악화의 방지를 위해 노력을 기울이고 있다. 그러나 북한의 의도와 달리 외부 세계의 시선은 매우 차가운 것이 현실이다.

〈중국〉

북한이 희망하는 안정 여부는 내부보다는 대외관계, 특히 북중관계에 달려있다. 중국은 동북아 질서 속에서 북한을 보고 있으며, 미중 경쟁 관계가 지속되는 한, 북한의 안정은 중국에게도 매우 중요한 문제이다. 그러나 장성택의 숙청은 한반도의 안정을 최우선시하는 중국의 노력에 찬물을 끼얹은 것과 같다. 중국은 북핵에 대한 단호한 입장을 과시하고 미국을 설득해 6자회담을 재개함으로써 미국의 한반도 개입의 확대를 저지하려고 하였고, 중일 영토분쟁 속에서 한미일 공조체제의 강화에 빌미가 될 북한문제가 진정되는 것을 원하고 있다.

장성택 숙청을 계기로 중국의 계산이 복잡해질 것이며 중국은 김정은 정권의 안정성 여부와 북한과의 관계 설정을 재검토하게 될 것으로 보인다. 북한의 핵실험과 도발위협이 계속될 경우 북한은 점차 중국에게 자산이 아니라 부담이 될 수 있다. 북한의 도발은 한미일 군사협력을 강화시키며, 이는 동맹과 파트너십의 강화를 통해 중국의 부상을 견제하려는 미국의 아시아 재균형 정책을 도와주는 셈이 될 것이다. 김정은 정권의 무모한 핵실험과 군사적 모험주의, 소통부재 등으로 김정은 정권의 핵무기는 김정일 정권의 핵무기보다 훨씬 더 위험할 수 있다. 동시에 김정일이 물려준 권력 핵심 구조의 조기 해체, 군 고위직의 빈번한 교체, 경제난의 지속, 미국과의 마찰, 남북관계의 경색 등 북한의 정치적 불확실성을 지속시키는 요인들에 대해 김정은 정권이 상황을 안정적으로 관리할 수 있는지에 대해서도 회의적이다.

〈미국〉

미국은 북한과의 대화에 대해서는 회의적이며, 비핵화의 필요성이 더욱 커졌으며, 북한의 도발 가능성이 높아졌다는 반응을 보이고 있다. 케리 국무장관은 "위험하고 예측불허인 김정은에게 핵무기를 보유하게 할 수 없다. 비핵화는 시급하게 처리되야 한다"고 말한 바 있으며, 마틴 뎀프시 미

합동참모본부 의장 역시 "관심을 나라 밖으로 돌려야 하기 때문에 독재 국가에서 발생하는 이런 내부 사건은 대외 도발의 전조일 수 있다"고 평가하였다. 이로 미루어볼 때 미국은 대북 억지력을 강화하면서 중국과 협력하여 북한의 비핵화에 보다 적극적인 자세로 나올 가능성이 높다.

3. 한국의 대응

장성택 숙청 이후 김관진 국방부 장관은 북한의 도발 가능성에 대해 강조하는 등 한국은 북한의 도발 가능성에 대비하고 NSC 사무처를 상설화하는 등 안보태세를 강화하고 있다.

미국의 대북정책 변화에 대비해 적극적인 한미공조체제를 확립할 필요가 있으며, 일본과의 관계 개선 역시 불가피하다. 한미공조에 바탕을 둔 안보태세 확립과 함께, 한반도의 긴장완화와 남북관계 진전을 위한 중장기 전략 수립을 위한 노력을 병행함과 동시에 불안정한 상태에 예민해 있는 북한을 자극하지 않도록 주의할 필요가 있다.

장성택 숙청 이후 김정은 체제의 미래

고유환 동국대

1. 장성택 숙청의 배경과 과정

1) 나누어 가질 수 없는 권력

일반적으로 권력은 '과두제의 철칙', '소수지배의 원칙'에 따라 나누어 가질 수 없는 속성을 지니고 있다. 최근 북한의 정세변화는 김정은의 잔인성을 보여주는 사건이기도 하지만 다른 한편으로는 권력 그 자체가 더욱 잔인하다는 것을 나타내는 것일지도 모른다. 북한 사회주의체제는 프롤레타리아독재(다수독재)에서 공산당에 의한 권력독점(노동자의 핵심분자에 의한 엘리트주의 조선로동당 독재)으로, 그리고 최종적으로 수령독재(수령절대주의)로 유일지배체제가 완성된다.

2) 수령중심의 유일체제의 희생물

김정은이 권력을 승계할 수 있었던 것은 김일성-김정일이 구축한 수령중심의 유일체제에 있으며, 지금까지 김정은 중심의 권력을 공고히 할 수 있었던 것도 이 수령체제란 시스템이 작동하기 때문이다. 북한은 수령의 덕목으로 '백두혈통', '만경대가문'을 강조하고 혈통계승론과 계속혁명론의 후계자론에 따라 다른 혈통과 가문에서 지도자가 나올 수 없도록 후계논리를 만들어놓았다. 그렇기 때문에, 북한주민들은 김정은으로의 후계체제 구축을 '관습헌법'처럼 자연스럽게 받아들이고 있다. 장성택 라인에 대한 숙청도 결국은 이들의 분파행위를 백두혈통에 대한 도전으로, 영도의 계승문제를 방해하는 대역죄로 규정하고 특별군사재판을 통해서 사형을 집행하였다. 장성택 일파의 숙청은 이러한 북한의 유일체제의 희생물로 볼 수 있다.

3) 김정일의 뇌졸중과 장성택 세력의 확장

장성택은 김일성의 사위, 김정일의 매제, 김정은의 고모부로서 3대에 걸쳐 막강한 권력을 가지고 북한 권부의 요직에 그와 인연이 있는 인물들을 심어놓아 김정일 시대에도 여러 차례 김정일로부터 근신처분을 받기도 했지만 복권되었던 인물이다. 김정은 시대는 김정일이 권력을 확고히 틀어쥐고 있었기 때문에 김정일의 묵인하에 장성택 측근 인물들이 주요 자리를 차지하고 김정일 체제를 떠받쳤다고 볼 수 있다.

장성택 세력이 급성장한 계기는 2008년 8월 김정일 위원장의 뇌졸중 이후 위기관리와 김정은으로의 후계구축과정에서 후견인 역할을 하면서부터이다. 김정일의 뇌졸중 이후 통제력이 떨어진 틈을 이용하여 당 행정부를 중심으로 권력을 키워온 장성택 세력은 김정은으로의 후계를 추진하면서 자기 세력을 확대해왔다.

4) 북한당국이 주장하는 장성택의 과오

장성택 사형집행과 관련한 로동신문(2013/12/13) 보도 등에서는 장성택이 영도의 계승문제를 방해하고, 당 행정부를 중심으로 세력을 확대하고 국가의 전반 사업에 관여하면서 이권을 챙기고, 신성불가침한 존재로 군림하며 '소왕국'을 건설했다고 주장하였다. 또한 북한당국은 장성택이 권력을 탈취할 목적으로 경제발전과 인민생활향상에 장애를 조성하고, 내각이 경제사령부로서의 기능과 역할을 제대로 할 수 없게 하였으며, 지하자원과 토지를 헐값에 팔아먹는 등의 죄를 짓고, 경제를 어렵게 하여 첫 단계로 내각 총리 자리를 차지하고 축적한 자금을 풀어 경제를 활성화시킨 다음 인민과 군대의 지지를 받아 정변을 성사시키려 했다는 시나리오를 밝히면서 장성택이 '국가전복음모행위'를 하였다고 규정하고, 혁명의 이름, 인민의 이름으로 처형하였다.

5) 신 · 구 파워엘리트간의 권력투쟁과 장성택 숙청

김정은으로의 후계 구축은 2006년 무렵부터 김정일 위원장이 혁명 3, 4세대를 중심으로 준비해왔다. 2008년 8월 김정일 뇌졸중을 계기로 북한 지도부는 2009년 1월 8일 김정은을 당내에서 후계자로 지명하고 후계체제 구축을 서둘렀다. 이후 후계체제를 본격적으로 작동시켜 2011년 12월 17일 김정일 사후 김정은이 후계 수령으로 등극한 이후 혁명 3, 4세대 신진 엘리트들이 권력을 장악하고 김정은 체제를 공고히 해나갔다.

장성택 일파가 숙청된 계기는 김정은을 떠받치는 혁명 3, 4세대(태자당)

와 장성택 일파 사이의 권력투쟁 때문일 것이다. 「조선신보」(2013/12/17)가 "장성택의 숙청은 유일령도체계의 확립, 강화의 계기점인 것과 동시에 《낡은 시대와의 결별》, 《악습에 대한 단죄》로 받아들여졌다"고 주장한 것에서도 확인할 수 있는 것처럼, 장성택의 숙청은 신·구 권력사이의 권력투쟁으로 볼 수 있다.

김정일의 갑작스러운 사망으로 예상보다 빨리 권력을 승계한 김정은에게 장성택은 가장 위협적인 경계인물로 인식되었으며, 장성택의 숙청은 김정은 권력에 도전할 화근의 불씨를 제거하는 의미가 있었다. 유일체제인 북한에서 장성택의 실각은 예정된 수순으로, 다만 시기가 빨리 왔던 것뿐이다. 장성택은 김정일 정권과 김정은 정권을 연결하여 김정은 체제 공고화를 후견하는 한시적 인물로, 장성택은 김정은 권력이 공고화될수록 역할이 줄어들 수밖에 없고 경계의 대상으로 전락하는 시대의 풍운아였다.

2. 장성택 숙청과 김정은 친정체제 강화

1) 친정체제 강화와 공포정치

장성택 라인이 숙청됨으로써 김정은 친정체제가 강화되고 있다고 볼 수 있지만, 다른 한편으로 '공포정치'가 강화되고 신구 권력엘리트 사이의 갈등 가능성도 배제할 수 없다. 우선, 장성택과 측근의 숙청을 계기로 북한 권력엘리트들은 긴장할 수밖에 없을 것이다. "충신은 99%짜리란 있을 수 없으며 오직 100%짜리만이 있을 수 있다"[「로동신문」(2013/12/4)]는 김정일의 말에서도 알 수 있듯이 북한 권력층과 주민들에게는 김정은을 절대적으로 신뢰하고 충성을 다할 것이 요구되어지고 있다. 그렇지 않을 경우 유일사상과 유일영도체계의 '변절자, 배신자'로 낙인찍혀 숙청당하거나 정치범 수용소로 가게 될 것이다. 장성택 숙청을 계기로 당분간 북한의 권력층들은 긴장하면서 불똥이 자기에게 튈 것을 우려하면서 정책수행에 매우 보수적으로 움직일 것이다.

김정은 정권은 리룡하 당 행정부 제1부부장, 장수길 부부장의 공개 총살과 장성택 사형으로 장성택 라인에 대한 숙청을 마무리하고, 장성택과 가까운 인물로 알려진 인사(김양건 통일전선부장, 로두철 부총리, 문경덕 평양시당 책임비서 등)에 대해서는 추가 숙청을 하지 않고 껴안고 가는 모습을 보이고 있다. 이러한 움직임은 권력층의 동요를 막고 추후 세대교체 과정에서 장성택과 가까운 구시대 인물들을 자연스럽게 정리해 나가려는 것일 수도 있다.

장성택 일파의 숙청을 계기로 그동안 드러나지 않았던 혁명 3, 4세대인 40-50대 신진 권력엘리트들이 전면에 등장하는 등 북한 권력엘리트들의 세대교체가 빨라질 것으로 보인다. 혁명 3, 4세대 신진 권력엘리트들은 김정은 시대를 대비해서 2006년 무렵부터 준비된 권력엘리트집단으로, 당성보다는 전문성이 강한 엘리트들로 봐야 하며 이들 중 상당수는 해외유학이나 연수경험이 있어 인민생활 향상을 위한 실용적 움직임을 보일 가능성이 높다. 또한 김정은 시대 가장 시급한 인민생활향상을 위해서는 새롭게 충원된 신진 권력엘리트를 중심으로 경제 활성화를 위한 실용적 행보를 보일 수밖에 없을 것이다.

2) 장성택 숙청이 남북관계에 미칠 영향

장성택 라인의 숙청을 김정은 체제의 권력 공고화로 볼 것인가, 아니면 불안정 심화로 보느냐에 따라 대북정책의 방향이 달라질 수도 있기 때문에 현 정세를 어떻게 평가하는가가 대단히 중요하다. 일각에서는 또 다른 급변사태가 발생할 가능성을 거론하기도 하지만, 이명박 정부 시기 김정일의 뇌졸중을 계기로 급변사태론이 부각되면서 남북관계를 재설정하는데 실패했던 경험에서 교훈을 찾아야 한다. 김정은 체제가 공고화되는 과정에서 세대교체는 불가피하고 이 과정에서 권력투쟁의 가능성을 배제할 수는 없지만, 이를 확대해석하여 관계복원을 소홀히 할 경우 북핵문제 해결과 남북관계 복원은 요원해질 것이다.

3. 장성택 숙청 이후 북한의 정책전망

1) 인민생활 향상을 위한 본격 행보

장성택을 숙청하면서 정치국 확대회의는 "장성택은 당이 제시한 내각중심제, 내각책임제원칙을 위반하면서 나라의 경제사업과 인민생활향상에 막대한 지장을 주었다"고 밝혔는데, 이는 곧 김정은의 인민생활향상 약속을 지키지 못한 책임을 장성택 일파에게 전가하는 의미를 내포하는 것이다. 따라서 장성택 숙청 이후 김정은 체제가 인민생활향상에 실패하면 모든 책임이 김정은에게로 올 수밖에 없기 때문에 인민생활향상을 위한 적극적인 움직임을 보일 가능성이 높다.

장성택 숙청 이후 김정은 유일체제가 공고화되면 김정은 정권은 인민생활향상을 위한 '평화로운 대외환경 조성' 차원의 적극적인 움직임을 보일 것으로 보인다. 장성택이 미국의 '전략적 인내정책'과 남한의 '기다리는 전략'에 편승하여 북한을 내부로부터 와해·붕괴시키고 당과 국가의 최고 권력을 장악하려 했다는 북한당국의 주장에 비춰볼 때 당분간 대외관계 재조정이 불가피할 것이지만, 내부 권력개편작업이 마무리되면 대외관계 확장을 위해 적극성을 보일 가능성이 높다. "나라의 귀중한 자원을 헐값으로 팔아버리는 매국행위"라는 부분 역시 경제재건 실패의 책임을 장성택 일파에게 돌리는 한편 중국을 겨냥한 것일 수 있다. 북한 자원의 대부분은 중국으로 수출되고 있다는 점을 고려한다면 북한경제의 지나친 대중의존을 경계하면서 남북경협 확대에 나설 가능성도 상존한다.

장성택 숙청을 계기로 김정은 친정체제가 강화됐다고 본다면 체제결속을 위한 대남도발, 장거리 로켓발사, 4차 핵실험 등 위기를 조성할 가능성은 줄어들 수 있다. 아직까지 김정은 유일체제가 제도화되지 못하고 젊은 지도자를 둘러싼 권력투쟁이 진행되고 있다는 점은 주시하고 대비해야 하지만, 장성택 숙청 등 북한의 권력투쟁을 과대평가하면서 남북관계가 악화될 것이라고 단정해서는 안 될 것이다. 장성택 숙청문제가 남북관계 정세를 지배할 경우 근본문제인 핵문제 해결과 남북관계 복원의 타이밍을 놓칠 수 있다. 한반도 정세의 안정적 관리 차원에서 남북관계 복원과 6자회담 재개를 위한 움직임을 적극화해나가야 할 필요가 있다.

북한 경제실적 재평가: 주요 쟁점과 가설

김석진 통일연구원

1. 북한경제에 대한 상반된 평가

a. 지배적 통념과 공식적 평가: grim picture

북한의 경제사정은 1990년대 중후반 '고난의 행군' 시절에 비해 크게 나아지지 못했으며 2005년 이후 침체 상태에 있다는 것이 지배적 통념이다. 한국은행의 북한 성장률 추정치에 의하면, 2012년 북한의 GDP는 1989년의 83% 수준이지만, 1인당 GDP는 대기근이 한창이었던 1996년과 비슷한 68%에 불과하다(그림 1).

b. 최근 평양 거주자 또는 방문자들의 평가: rosy picture

최근 평양의 경제사정이 매우 좋아졌다는 소식이 자주 전해지고 있다. 일부 관찰자들은 최근 북한의 변화를 5M(Money, Markets, Mobiles, Motor

Cars, Middle Class)으로 요약하기 하였다.[1)] 북한이 개혁 개방의 길로 가고 있다든가 또는 '북한식 자본주의'가 나타나고 있다는 평가가 나오기도 하다.

c. 평양과 지방 간 양극화?

평양은 좋아졌을지 몰라도 평양과 지방 간 양극화가 진행되어 지방 경제는 나빠졌을 것이라는 게 흔히 제시되는 반론이다.

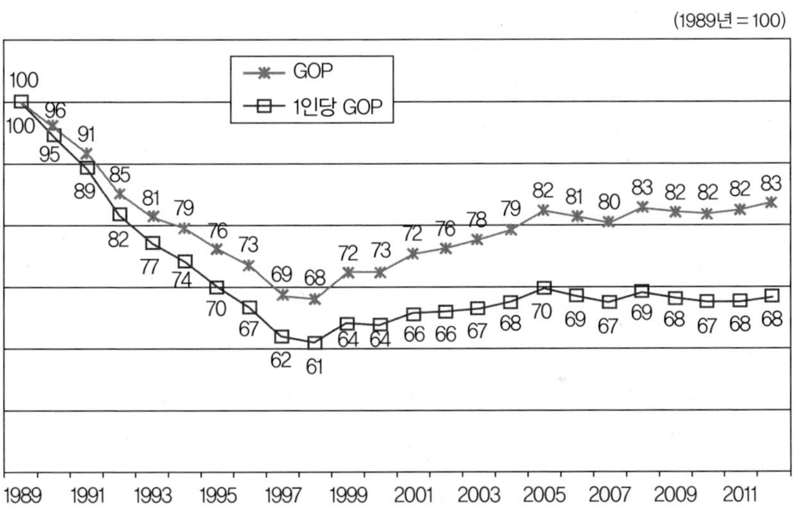

〈그림 1〉 북한의 실질 GDP 성장지수: 한국은행 추정치 (1989-2012)

자료: 한국은행 경제통계 DB.
주: 2005년 불변가격 기준 실질 GDP 시계열을 1989년 = 100을 기준으로 성장지수로 환산한 것임.

---

1) CNN 기자였으며 현재 미중연구소(US-China Institute) 연구위원인 Mike Chinoy와 스위스 개발협력처 평양사무소장을 지낸 Katharina Zellweger 등의 평가.

2. 식량·농업 사정

a. 2008년 이후 왜 대기근이 재발하지 않았나?

식량원조는 대폭 감소한 반면 북한의 인구는 꾸준히 증가하였다.(2012년 인구는 1990년대 후반보다 약 10% 증가) 또한 2008년 이후 식량의 외부 도입량(원조+상업적 수입)은 2000년 전후 시점 대비 최소한 연간 수십만 톤 이상 감소(그림 2, 3)한 반면, 식량수요는 연간 수십만 톤 증가하였다.

b. 국제기구(FAO/WFP, UNICEF, WHO)의 영양상태 조사 결과

북한의 영양상태는 1998~2002년 사이에 크게 개선되었고 2002년 이후에도 장기적으로 조금씩 개선되는 추세를 보이고 있다.(표 1) 대북 식량지원이 대폭 감소한 2008년 이후에도 식량사정은 대체로 개선된 것으로 나

(단위: 만톤)

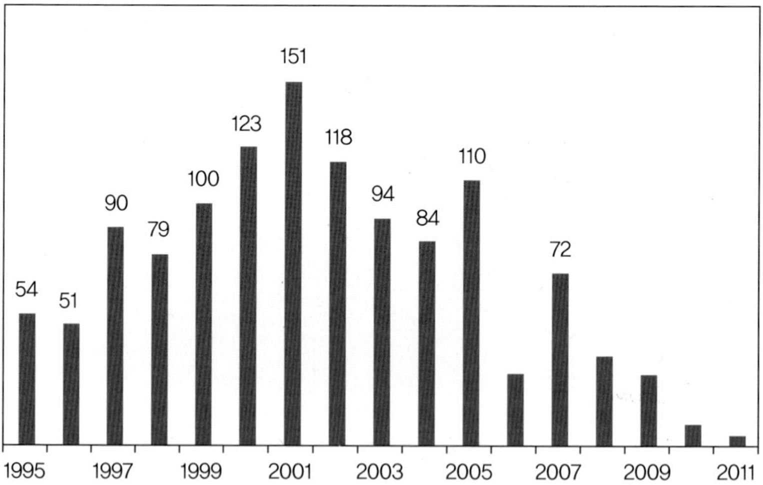

〈그림 2〉 남한 및 국제사회(중국 포함)의 대북 식량원조 추이 (1995~2011)

자료: WFP Food Aid Information System(Actual tons 기준).

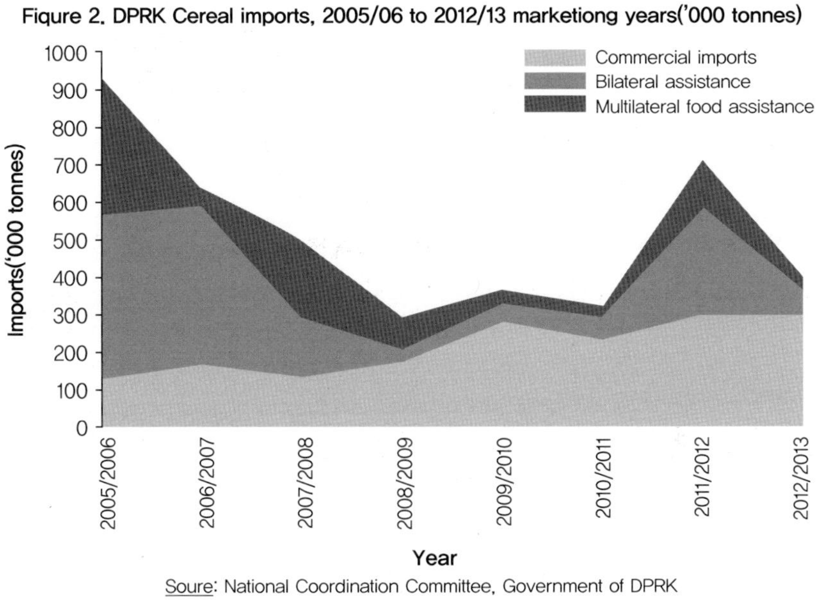

〈그림 3〉 북한당국이 FAO/WFP에 제공한 식량 도입량 자료 (2006~2013)

자료: FAO/WFP, "Special Report: Crop and Food Security Assessment Mission to DPRK", 2013.

타나며, 2012-2013년 상황은 더욱 좋은 것으로 나타났다.(표 1 및 표 2) 평양과 지방 간 차이가 뚜렷하게 관찰되지만, 지방의 식량사정도 개선되는 추세를 보이고 있다.(그림 4)

표 1 북한 영양실조 영유아 비율 조사 결과

조사 기간	조사대상 지역	만성 영양실조 (연령 대비 신장 〈-2 SD)	급성 영양실조 (신장 대비 체중 〈-2 SD)	저체중 (연령 대비 체중 〈-2 SD)
1998년 9~10월	130개 군 단위 지역	62.3%	15.6%	60.6%
2000년 5월	전국	45.2%	10.4%	27.9%
2002년 10월	전국	39.2%	8.1%	20.1%
2004년 10월	7개 도 및 1개 시	37.0%	7.0%	23.3%

2009년 9~10월	전국	32.4%	5.2%	18.8%
2012년 9~10월	전국	27.9%	4.0%	15.2%

자료: Central Bureau of Statistics(DPRK), National Nutritional Survey 2012, DPRK, March 2013, p. 72.
주: 영양실조 영유아의 비율은 각각 연령 대비 신장, 신장 대비 체중, 연령 대비 체중의 비율이 세계적 평균 대비 −2 표준편차 미만인 영유아의 비율을 의미함.

표 2 북한의 최근 식량소비 상황: 소비수준별 가구 비율

(단위: %)

		poor	borderline	acceptable
2011	전체	66	28	6
	협동농장 주민	40	47	13
	배급대상 주민	73	23	4
2012	전체	27	40	32
	협동농장 주민	24	30	45
	배급대상 주민	26	37	37
2013	전체	34	51	16
	협동농장 주민	28	45	28
	배급대상 주민	38	54	8

자료: FAO/WFP, "Special Report: Crop and Food Security Assessment Mission to DPRK", 2011, 2012, 2013.
주: "poor", "borderline", "acceptable"은 각각 식량소비점수(Food Consumption Score) "28점 미만", "28~42", "42점 초과"를 의미함.

c. (요인 1) 주식용 곡물의 증산?

FAO/WFP는 2011~2013년 3년간 곡물생산이 3년 연속 증가했다고 보고했으며, 이는 1995년 이후 최고의 실적이다.(그림 5) 그러나 이 자료는 2012년과 2013년 식량 사정이 좋은 이유를 설명할 수 있을 뿐이며, 그 이전 상황(특히 2008~2011년)은 설명하지 못하고 있다. 2011년 이후 곡물 증산 이유는 시비량 증가, 관개시설 확충, 양호한 날씨 등 다양한 요인에 기인하는 것으로 설명할 수 있다. '분조관리제' 강화 등 협동농장 관리제도

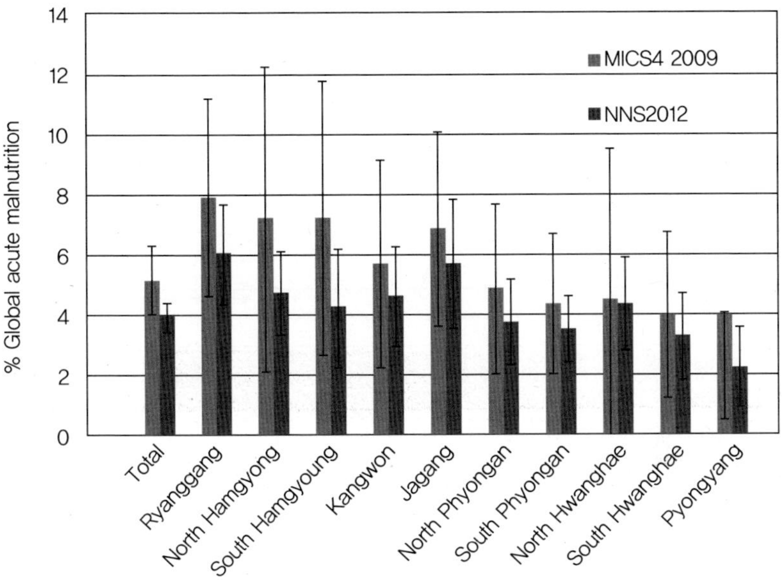

〈그림 4〉 북한의 급성 영양실조 영유아 비율 (2009년과 2012년 비교)

자료: Central Bureau of Statistics(DPRK), National Nutritional Survey 2012, DPRK, March 2013, p. 70.

개혁도 생산 증대에 기여했는가? 그럴 가능성이 없진 않으나 뚜렷한 증거는 찾기 어렵다.

d. (요인 2) 부식용 농산물의 증산(≒ private agriculture 확대)?

식량난 발생 후 주민들(상당수 도시주민 포함)의 자급자족용 사경지 경작이 크게 증가해 부식용 농산물(채소, 과일, 축산물 등)과 일부 식량작물(감자, 콩 등) 생산이 늘어났을 것으로 추측된다. 시장거래가 활성화됨에 따라 시장판매용 경작도 꾸준히 증가하여 사경지의 농산물 생산량이 상당히 늘어났을 가능성이 높아 보인다.

Fiqure 3. DPRK – Cereal production 1981–2012('000 tonnes) 1/

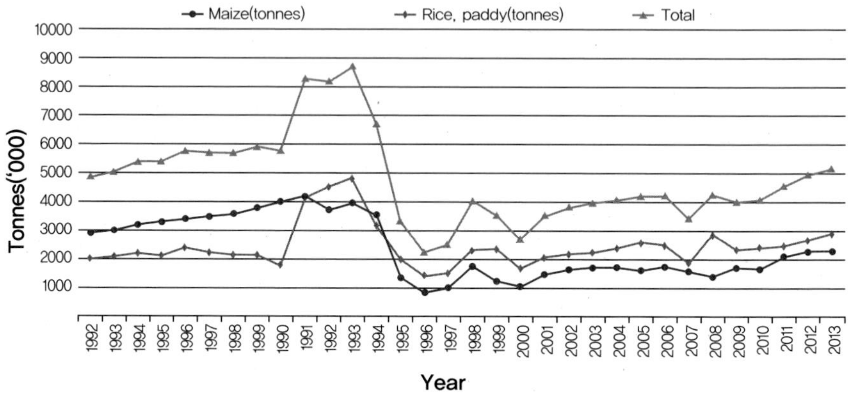

1/ Total cereals include only cereals (i.e., this figure does not include potatoes and soybeans)
Soure: National Coordination Committee, Government of DPRK

〈그림 5〉 FAO/WFP의 북한 곡물 생산량(조곡 기준) 추정치[2)]

자료: FAO/WFP, "Special Report: Crop and Food Security Assessment Mission to DPRK", 2013.

e. (요인 3) 유통·분배 효율성의 향상과 식품가공업의 발전?

시장거래가 활성화됨에 따라 유통·분배의 효율성이 향상되어 수확 후 손실이 줄어들었을 가능성이 있다. (아마도 상당 부분 사경제 부문에서) 식품가공업이 발전하여 실질적 식품 소비 증대를 가져왔을 가능성도 있다.

f. (요인 4) 상업적 수입 증가?

북한당국에 의하면 (아마도 외화사정 호전 덕분에) 2010년 이후 상업적 수입이 어느 정도 증가한 상태이다.(그림 3) 그리고 통계에 잡히지 않은 비공식 수입도 상당히 많이 증가했을 가능성이 있다.

2) FAO의 북한 곡물 생산량 자료 중에서 1995년 이전 자료는 북한당국의 보고를 그대로 받아들인 것으로 크게 과대평가된 수치로 보이며, 1995-1997년 자료는 반대로 과소평가된 수치일 가능성이 높음. 1998년 이후 자료는 비교적 신뢰도가 높지만 완전히 정확한 것은 아님.

g. 잠정적 결론

북한의 식량사정은 여전히 어렵지만 '고난의 행군' 시절보다는 현저히 나아졌고 식량 자급률이 상승하였다. 식량·농업 부문에서 나타난 사경제 활동(사경지 경작+시장거래+식품가공업)이 식량사정 호전에 크게 기여한 것으로 추측된다. 최근에는 북한당국의 노력(비료 공급, 관개시설 확충 등)에 의한 곡물 증산과 외화사정 호전에 따른 상업적 수입 확대도 중요 요인이었을 것이다.

3. 대외경협과 외화수급 사정

a. 대규모 수입 확대에 필요한 외화를 어떻게 조달했는가?

북한의 대외무역은 한중일 3국에 집중되어 있었으며, 북일교역이 중단

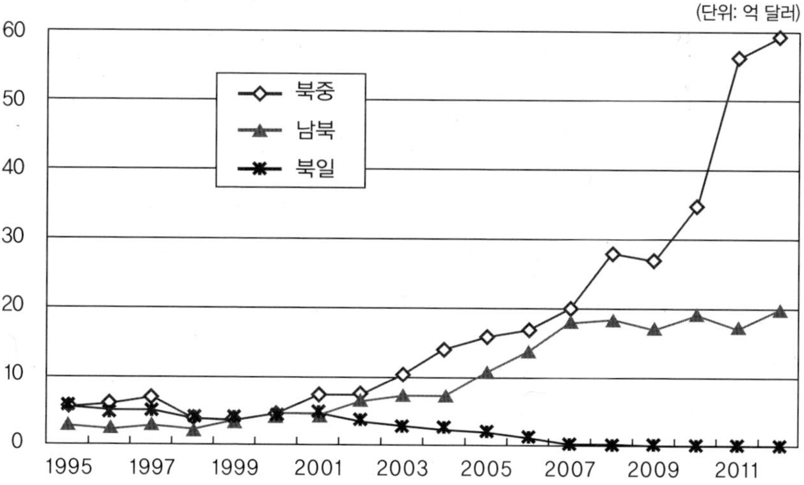

〈그림 6〉 한중일 3국과 북한 간 교역총액 추이 (1995-2012)

자료: UN Comtrade database; KOTRA, 북한무역통계; 한국무역협회, 남북교역통계.

되고 남북교역도 위축된 후로는 북중교역이 북한 대외무역의 거의 전부를 차지하고 있다.(그림 6) (개성공단 교역 등 임가공용 원부자재를 제외한) 북한 내부경제에 필요한 물자는 대부분 중국에서 수입되었다. 이에 따라 북한의 대중국 수입은 지난 10년 사이에 거의 6배로 증가했다.(그림 7)

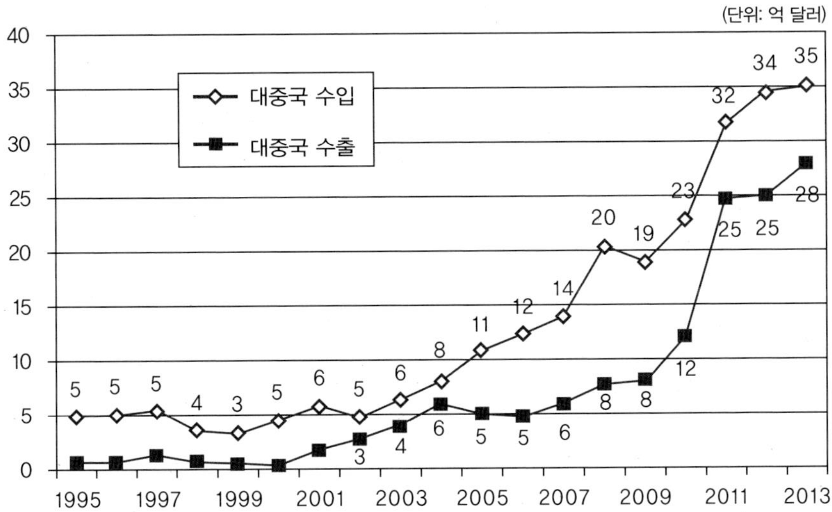

〈그림 7〉 북한의 대중국 수출입 추이 (2013년은 전망치)

자료: UN Comtrade database 및 한국무역협회, 중국무역통계.
주 : 2013년은 1~10월 증가율 자료를 이용한 전망치.

b. (요인 1) 대중국 (광산물) 수출 증가

최근 수년간 북한의 대중국 수출 중에서 광산물 수출이 약 3분의 2를 차지했으며, 광산물 수출 증가가 전체 수출 증가의 주된 요인이었다. 2005년 이후 대중국 광산물 수출이 빠르게 증가하였으며, 특히 2010년 상반기에서 2012년 상반기 사이에는 더욱 빠르게 증가하였다. 이러한 현상에 대해 통상적으로는 2010년 5.24 조치로 남북교역이 중단되자 북한당국이 줄어든 외화수입을 보충하기 위해 광산물을 밀어내기 수출했거나, 중국이 전략적으로 북한을 자기 세력권 내로 통합하고 있다는 것이라고 해석하고 있다.

그러나 대중국 수출의 장기 추세는 남북관계나 북중관계의 정치적 요인과 상관없는 중국 측의 경제적 요인으로 설명할 수 있을 것이다. 중국경제의 급속한 성장에 따라 중국의 해외 광산물 수입이 급증하였고 국제 원자재 가격도 크게 상승하였으며, 그 덕분에 북한산 광산물의 대중국 수출이 늘어날 수 있었다고 해석할 수 있다.(표 3, 그림 8)

여기에서 쟁점이 되는 부분은 〈광산물 수출량 증가는 생산량 증가에 의한 것인가? 아니면 내부 소비량 감축에 의한 것인가?〉의 문제이다. 이 두 가지 현상이 다 나타났을 것으로 보이나, 주된 요인은 생산량 증가일 가능성이 높아 보인다. 중국기업들이 북한산 광산물 수입을 위해 북한의 여러 광산들에 설비투자(대체로 설비제공형 보상무역)를 한 결과, 북한 광산의 생산능력이 크게 향상되었을 것으로 추측된다.

표 3 중국의 석탄 및 철광석 수입 실태

(단위: 백만 달러, %)

	석탄			철광석		
	총수입액	대북한 수입액	북한의 비중	총수입액	대북한 수입액	북한의 비중
2000	69	0.1	0.1	1,858	1	0.0
2001	88	2	2.0	2,505	1	0.0
2002	328	7	2.2	2,769	4	0.1
2003	364	15	4.2	4,858	7	0.1
2004	886	49	5.5	12,704	45	0.4
2005	1,382	108	7.8	18,324	67	0.4
2006	1,621	97	6.0	20,813	77	0.4
2007	2,422	163	6.7	33,812	80	0.2
2008	3,544	201	5.7	59,291	172	0.3

2009	10,578	256	2.4	50,168	98	0.2
2010	17,016	390	2.3	78,911	194	0.2
2011	20,960	1,141	5.4	112,274	324	0.3
2012	25,365	1,198	4.7	95,458	249	0.3
2013(1-10)	21,148	1,139	5.4	85,532	239	0.3

자료: 한국무역협회, 중국무역통계 및 UN Comtrade database.
주 : 석탄은 HS 2701, 철광석은 2601.

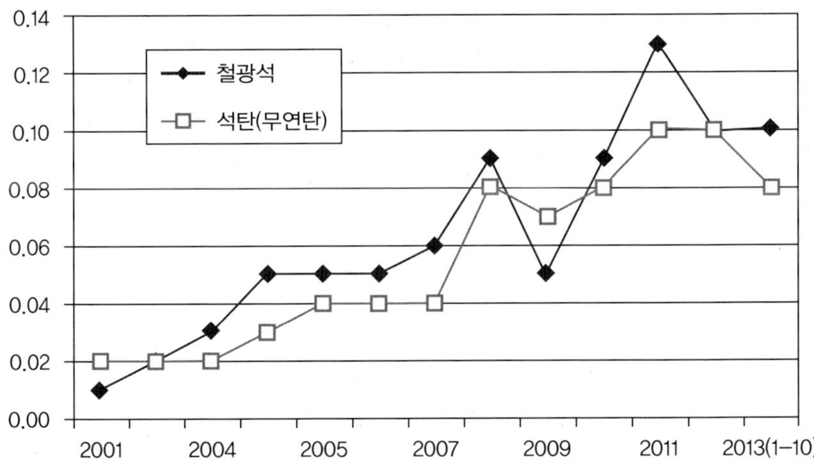

〈그림 8〉 중국의 대북한 석탄 및 철광석 수입단가 추이

자료: 한국무역협회, 중국무역통계

c. (요인 2) 기타 다양한 외화수입원[3)]

① (서비스수지) 관광수입, 운송료 및 용선료 수입, 중국 어선의 북한 어장 입어료, 기타 여러 항목

3) 상세한 분석으로는 장형수, “북한의 외화수급 추정과 분석: 1991~2012년,” 『통일정책연구』(통일연구원), 제22권 제2호, 2013 근간 참조.

② (소득수지) 해외송출 노동자의 임금 수입, 해외투자기업(식당, 무역 등)의 이익 송금

③ (자본수지) 중국기업의 직접투자, 기타 외국기업(오라스콤 등)의 직접투자

④ (경상이전) 북한이탈주민의 대북송금, 중국 내 친척으로부터의 송금

⑤ (남북경협) 개성공단 임금 수입

⑥ (무기수출 및 기타 불법 외화수입)

d. 어떤 물자의 수입이 얼마나 많이 늘어났나?[4)]

전통적인 주요 수입품목인 식품(곡물 및 기타 식품)과 석유(원유 및 석유제품)의 수입금액은 크게 늘어났지만, 이는 주로 단가 상승에 따른 것으로, 수입물량이 크게 늘어난 것은 아니다. 최근에 수입이 크게 증가한 물자는 산업용 중간재, 자본재, 기타 수송기기 등 북한 내부 산업경제에 필요한 물자들이었다. 산업용 중간재 중 주요 수입품목으로는 의류 위탁가공용 원부자재, 각종 건설자재(철강자재 및 플라스틱 자재), 비료, 각종 화학원료 등이 있다. 자본재 중 주요 수입품목은 휴대폰, 컴퓨터, 광업용 기계, 건설용 기계, 전력설비 등이다. 또한 수송기기 중 주요 수입품목은 대형트럭, 승용차, 철도차량 등이 주요 품목을 이루고 있다.

e. 대중국 수입구조로부터 추측할 수 있는 북한 내부 산업경제 동향

최근 주로 활성화된 부문은 광업, 건설, 운수, 통신, 전력 등이며, 제조업 부문 회복세는 부진한 편으로 추측된다.

---

4) 상세한 분석으로는 김석진, "제조업 분야 북중무역 구조와 추세," 이석 외, 『북중무역 종합연구』(가제), 한국개발연구원, 2013 근간 참조.

f. hidden trade

통계에 잡히지 않은 비공식 북중무역 규모가 상당히 클 것으로 추측된다.

g. 북한의 지하자원은 풍부한가?

북한의 주요 지하자원은 경제적 수익이 낮거나 수요 규모가 제한적이다. 북한에는 가장 중요한 3대 자원(석유, 가스, 역청탄)은 부재한 상태이다. 북한에 가장 풍부한 자원은 무연탄인데, 무연탄에 대한 수요는 제한적이다. 여러 종류의 석탄 중에서 발전용 및 제철용 연료로는 주로 역청탄이 사용되며, 무연탄은 보조 연료로만 이용되기 때문이다. 북한의 철광석은 품위(총중량 대비 금속중량의 비율)가 약 30%로 너무 낮아 고수익을 기대하기 어렵다.(세계시장에서 거래되는 철광석의 품위는 60% 내외). 그리고 기타 자원은 대체로 수요 규모가 제한적인 상태이다.

h. 중국이 북한 지하자원을 선점하려 하는가?

중국의 해외 지하자원(HS 코드 25~27류) 전체 수입액 중에서 대북한 수입의 비중은 0.4% 정도에 불과하다. 중국에게나 남한에게나 북한 지하자원의 가치는 매우 제한적인 상태이다. 현재 북한의 지하자원이 어느 정도 개발 가치를 갖는 것은 북한의 인건비가 매우 싸기 때문이며, 통일 후 장기적으로 북한의 인건비가 상승하게 되면 북한의 광산들은 점차 구조조정 대상이 될 가능성이 높다.

4. 비공식경제의 성장

a. 오늘날 북한경제의 가장 중요한 특징은 비공식경제의 자생적 성장

b. 북한 비공식경제의 여러 가지 정의(定義)(표 4)

첫 번째 정의 = 사경제(사기업) = ③ + ④

두 번째 정의 = 시장 활동 = ② + ③

세 번째 정의 = ② + ③ + ④

c. '비공식(informal or unofficial) 경제'의 이중적 의미

'비공식 경제'는 전통적 사회주의 계획경제에서 벗어났다(= 시장화와 사유화)는 것을 뜻하는 동시에 정상적 자본주의 시장경제에 이르지 못했다(= 사유재산권 및 거래계약의 법·제도적 보호의 부재)는 이중적 의미를 내포하고 있다.

표 4 북한경제의 이중적 이중구조: 소유제도와 자원배분 메커니즘

<table>
<tr><th colspan="2" rowspan="2"></th><th colspan="2">소유제도와 경제주체</th></tr>
<tr><th>국영/집단경제 부문
(국영기업/기관, 협동농장)</th><th>사경제 부문
(개인/가족)</th></tr>
<tr><td rowspan="3">자원배분
메커니즘</td><td>계획
(명령)</td><td>① 계획에 의한 국영기업/국가기관의 생산 및 거래
(전통적 사회주의)</td><td>-</td></tr>
<tr><td>시장</td><td>② 국영기업 간 시장거래 및 국영기업과 사경제/대외경제 간 시장거래(시장 사회주의)</td><td>③ 자영업 및 사기업(상업, 무역, 운수, 기타 서비스업, 농수산업, 광업, 제조업)</td></tr>
<tr><td>가족 내
자급자족</td><td>-</td><td>④ 자급자족용 사경지 경작</td></tr>
</table>

자료: 필자 작성.

d. (쟁점 1) 비공식경제(사경제) 비중은 얼마나 큰가?

북한이탈주민에 대한 설문조사를 통한 주요 연구들은 북한주민의 가계소득에서 비공식 소득의 비중이 적어도 3분의 2 이상, 많게는 4분의 3 이상이라는 결론을 도출하고 있다.(표 5 및 그림 9) 북한의 GDP에서 가계소득의 비중이 3분의 2 이상이라는 가정을 추가하면, 북한의 GDP 중 비공식경제 비중은 적어도 40% 이상, 아마도 50% 정도라는 결론이 나온다.

그러나 북한이탈주민은 특정 지역과 특정 계층에 편중되어 있으며, 이들의 경우 북한 평균보다 비공식경제 비중이 높았을 것으로 추정할 수 있다. 따라서 북한경제에서는 아직도 사경제보다는 국영/집단경제의 비중이 훨씬 높을 것으로 보인다.

* (참고) 한국은행의 북한 GDP 추정치는 비공식경제(사경제)의 많은 부분을 포함하지 않으며, 이는 모든 나라 GDP 통계의 공통성이다.(후진국일수록 GDP 통계에 잡히지 않는 비공식경제 비중이 높은 경향이 존재함)

표 5 가계 총소득에서 비공식 소득의 비중 추이 (김병연·양문수)

(단위: %)

1996	1997	1998	1999	2000	2001	2002	2003	2006	2007
60.5	71.0	69.1	76.2	69.0	66.6	73.3	80.0	73.4	74.9

자료: 김병연 · 양문수, 『북한경제에서의 시장과 정부』, 서울대 출판문화원, 2012, p. 33.

e. (쟁점 2) 비공식경제(사경제) 비중은 상승 추세? or not?

비공식경제 비중이 상승 추세에 있다면 북한의 실제 경제성장률은 한은 추정치보다 약간 높았을 가능성이 있다. 북한이탈주민 설문조사에서는 가계소득 중 비공식 소득 비중의 뚜렷한 상승세가 관찰되지는 않고 있다.(표 5 및 그림 9) 그러나 '사실상의 사유화'(de facto privatization)가 진전되고 있음을 알려주는 정황 정보에 주목할 필요가 있다.(표 6) 사경제 활동은 영세하고 생산성이 낮은 생계형 활동부터 제법 규모가 크고 생산성이 높은 기업

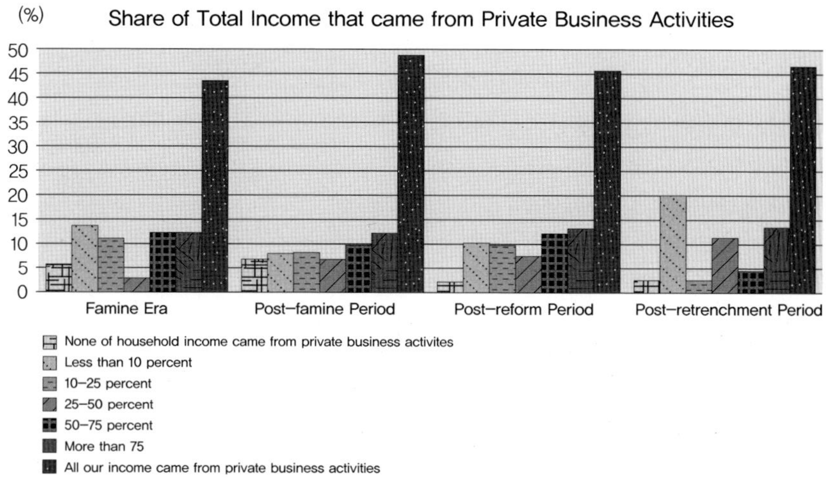

〈그림 9〉 가계 총소득에서 비공식 소득의 비중 추이 (Haggard & Noland)

자료: Haggard, Stephen and Marcus Noland (2010), "Reform from Below: Behavioral and Institutional Change in North Korea", Journal of Economic Behavior & Organization, Vol. 73, No. 2, p. 137.
주: Famine Era: 1998년 이전, Post-famine: 1999-2002년, Post-reform: 2003-2005년, Post-retrenchment: 2006-2008년.

형 활동까지 다양한 수준으로 구성되어 있다.(그림 10) 북한이탈주민 비공식 소득 비중 설문조사에서는 기업형 사경제 활동이 충분히 포착되지 않았을 가능성이 높아 보인다.

이러한 몇 가지 요인들을 살펴보았을 때 북한의 비공식경제(사경제) 비중은 천천히 상승하고 있다고 추측할 수 있다.

표 6 북한의 개인 위탁경영 실태에 대한 설문조사 결과

설문 문항	조사연도	평균(%)
지방산업공장 중 사실상 개인 운영 비중	2005년	11.5
	2009년	23.6
중앙공업공장 중 사실상 개인 운영 비중	2005년	11.0
	2009년	21.4

(국영) 상점 중 사실상 개인 운영 비중	2005년	40.1
	2009년	51.3
식당 중 사실상 개인 운영 비중	2005년	54.4
	2009년	58.5
서비스업체 중 사실상 개인 운영 비중	2005년	41.5
	2009년	46.7
무역회사 중 사실상 개인 운영 비중	2005년	32.9
	2009년	41.0

자료: 김병연 · 양문수, 『북한경제에서의 시장과 정부』, 서울대 출판문화원, 2012, p. 124.

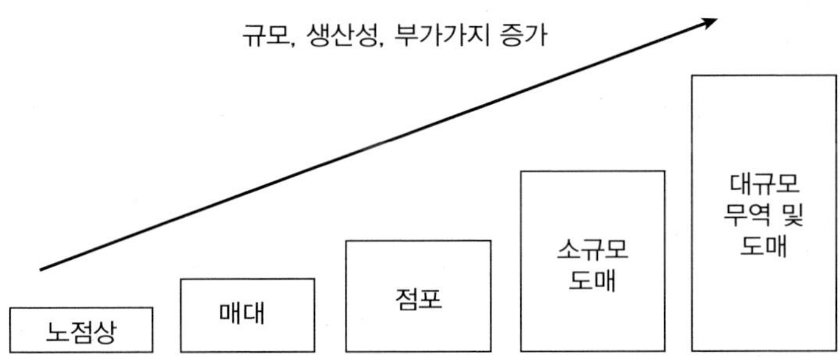

자료: 필자 작성.

〈그림 10〉 사경제 활동의 다양한 수준 (상업 사례)

f. (쟁점 3) 사경제의 성장은 국영기업 생산 증대에 기여? or not?

국영경제에서 사경제로 자원과 인력이 이동함에 따라 국영경제가 위축되는 효과가 발생할 수 있다.(김병연 · 양문수, 2012, 앞의 책, p. 44 등) 또한 사경제와의 거래를 통해 국영기업은 자재 구입 및 판로 확대 기회를 얻을 수 있어 국영기업 생산이 촉진되는 효과도 발생할 수 있다.(임강택, 『북한경제의 시장화 실태에 관한 연구』, 통일연구원, 2009, 4장 4절 등)

g. 이동전화와 자동차의 보급 실태

이동전화와 자동차의 급속한 보급 확대는 최근 북한경제에서 매우 주목할 만한 현상이다. 2008년에 출범한 북한의 '고려링크'(오라스콤과 북한 체신성의 합작회사) 이동전화 가입자수는 2013년 5월에 200만을 돌파하였다.(그림 11). (북중 무역통계에서 확인되는 북한의 휴대폰 수입량과 이동전화 가입자수의 증가 추이는 대체로 일치함.) 이동전화는 평양만이 아니라 전국 대부분 도시 및 주변 지역에서 개통되고 있다. 이것은 평양만 좋아지고 지방경제는 나빠졌을 것이라는 통상적 추측과 맞지 않는 현상이라 할 수 있다. 최근 평양 방문자들은 평양의 자동차가 크게 늘어나 종종 교통체증이 일어날 정도라고 증언하고 있다.(북중 무역통계에서도 북한의 자동차 수입 급증세가 확인됨)

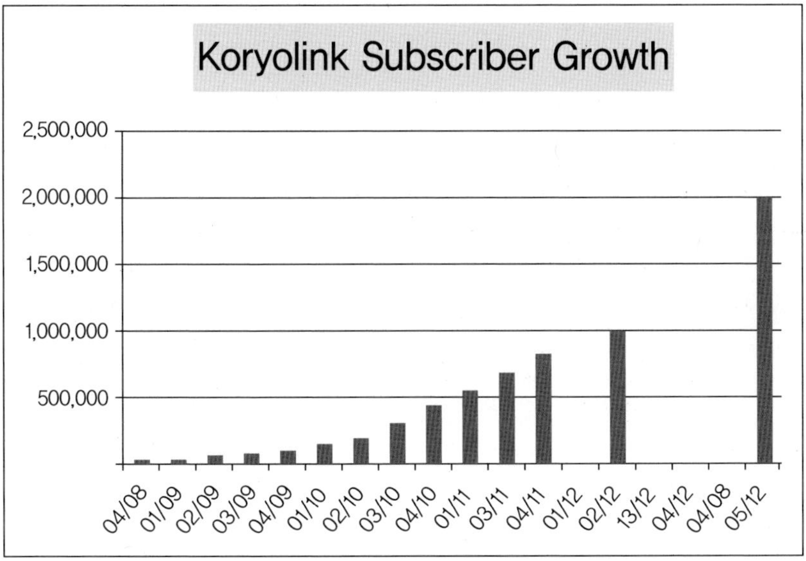

〈그림 11〉 북한 이동전화 가입자수 추이

자료: Orascom Telecom, 2008~2011 Earnings Release; OTMT Press Releases, February 2, 2012 & May 28, 2013 (Kim, Yonho, "A Closer Look at the 'Explosion of Cell Phone Subscribers' in North Korea", 38 North (http://38north.org), 2013.11.26.)

이에 대해 북한의 소득수준에서 어떻게 이런 일이 가능한가 하는 의문이 제기되기도 한다. 그러나 북한의 이동전화 및 자동차 보급률은 북한과 소득수준이 비슷한 다른 나라들에 비해서는 크게 뒤처진 상태이다.〈표 7〉.

h. 이동전화 및 자동차의 보급과 비공식경제

최근 이동전화와 자동차가 빠르게 보급된 것은 비공식경제(사경제+국영기업의 비공식활동)가 활발하다는 증거로 해석할 수 있다. 세계 대부분 저소득 개발도상국에서 이동전화는 사치성 소비재가 아니라 생산적 소득창출 활동을 위한 필수품으로 이용되고 있다. 이동전화의 보급은 경제성장을 촉진하는 효과가 있으며, 이런 효과는 가난한 나라일수록 크다는 점이 많은 연구를 통해 밝혀지고 있다. 자동차, 그 중 특히 트럭의 보급도 공식경제 및 비공식경제 양쪽 모두에서 성장 촉진 효과를 낳았을 것으로 추측된다.

표 7 인구 100명당 이동전화 이용자수

방글라데시	케냐	네팔	우간다	에티오피아	쿠바	북한	남한	
2005	6	13	1	5	1	1	0	82
2009	46	49	19	29	5	6	0.4	100
2013	74	71	69	(46)	22	(15)	8	108

자료: 2005년과 2009(2012)년은 World Bank, World Development Indicators; 2013년은 Wikipedia, "List of countries by number of mobile phones in use" (2013년 12월 12일 검색)
주: 우간다와 쿠바의 2013년 괄호안 수치는 2012년 자료임.

5. 국가재정과 공식경제

a. 북한의 전체 경제사정 vs. 정권의 경제사정

전체 경제사정과 정권의 경제적 기반은 비슷한 추세를 보일 가능성이 높지만, 서로 상당히 괴리되는 추세를 보일 수도 있다. 1990년대 중반 공식경제가 심각하게 위축되고 비공식경제(사경제)가 크게 팽창하였으며, 이에 따라 국가재정은 더욱 크게 약화되었던 것으로 보인다. 다시 말해서 GDP 감소폭보다 재정 감소폭이 더 컸을 가능성이 높다. 사경제의 성장으로 주민생활이 개선되더라도 사경제로부터 재정수입을 징수하지 못한다면 재정기반은 더욱 약화될 수 있다. 이 때문에 북한당국은 사경제로부터 재정수입을 징수하기 위해 여러 가지 노력(부동산 사용료, 시장 사용료 등)을 기울였던 것으로 알려져 있다. 공식경제 복원이 더딘 상황에서 사경제도 중요한 재정수입원이 되고 있기 때문에 북한당국이 사경제를 크게 억압하지는 못하는 것으로 보인다. 그러나 사경제의 성장은 당국의 경제 통제력 약화를 의미하며, 사경제에서 재정수입을 징수하는 것은 쉽지 않은 일이므로, 북한당국은 여전히 공식경제 복원에 경제정책의 초점을 맞추고 있는 것으로 보인다.

b. 국가재정의 여러 가지 정의 or 범위 (그림 12)

① 회계상의 재정(행정적 pricing에 따른 왜곡과 범주 분류상의 문제) vs. 실질적 의미의 재정

② 좁은 의미의 재정 vs. 넓은 의미의 재정(= 좁은 의미의 재정+국영기업 투자)

c. 북한의 국가재정은 안정적인가?

북한당국 발표에 의하면, 회계상의 재정규모는 1995-96년 2년간에 걸쳐 과거의 절반 이하로 감소했다가 2000년 이후 점진적 회복세를 보이고 있다. 공식경제의 부분적 회복과 사경제로부터의 재정수입 징수 노력으로 실질적 재정 규모도 회복세를 보였을 가능성이 높아 보인다.(북한의 GDP 대비 재정비율 추세는 알 수 없음. 관련 데이터의 신뢰도가 너무 낮기 때문)

재정규모 추이 못지않게 중요한 사안은 재정 건전성, 즉 재정적자 여부 및 그 규모이다. 2002년 7.1 조치 이후 2~3년간과 2009년 말 '화폐개혁' 이후 3년간 높은 수준의 인플레이션(high inflation)이 발생하였다. 높은 수준의 인플레이션이 발생한 원인을 명확히 입증하기는 어렵지만, 실질적 의미의 재정적자가 주된 원인이었을 가능성을 생각해 볼 수 있다. 즉, 2002-2005년과 2010-2012년 시기는 북한당국이 재정수입을 초과하는 과도한 재정지출 정책을 폈던 시기였을 가능성이 있다. 재정지출이 과도하게 이루어진 것은 재정지출이 주로 각종 건설과 투자 그리고 국영기업, 국가기관 종사자의 화폐임금 인상부문에 투입되었기 때문이다. 인플레이션의 다른 가능한 원인들로는 외화에 대한 초과수요, 국제/중국 곡물가격 상승에 따른 북한 내 곡물 시장가격 상승 등의 요인을 지적할 수 있다. 그러나 여전히 2013년에는 왜 물가가 안정세를 보였을까에 대한 의문은 남아 있다.

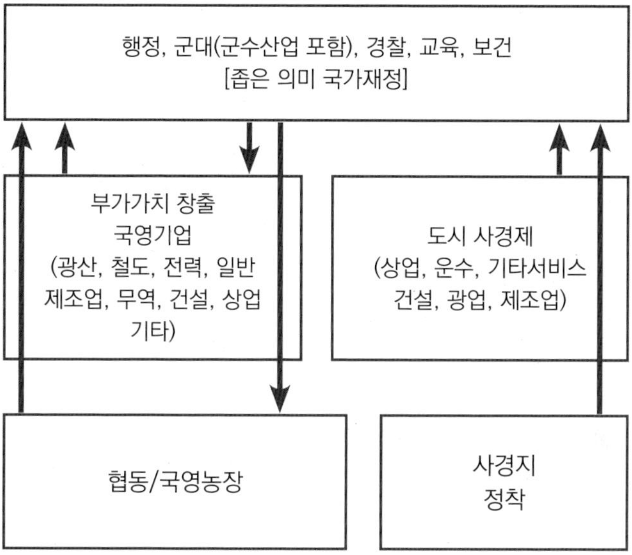

〈그림 12〉 국가재정의 관점에서 본 북한경제의 구조

자료: 필자 작성.

d. 재정관리체계의 혼란과 관료 부패의 증가

재정수입/지출 규모의 추이 및 재정적자 추이와 별도로, 북한의 재정관리체계는 안정적인가 하는 문제가 제기되고 있다. 많은 정황 정보들에 의하면, 통일적 재정관리가 잘 이루어지지 않고, (특권적) 기업, 기관의 독자적 행동과 관료들의 부패 행위가 크게 증가한 것으로 보인다. 재정관리체계의 혼란과 관료 부패는 증가하고 있는지 감소하고 있는지에 대해서 정확한 평가가 이루어진 상태는 아니다. 그러나 아마도 늘어나고 있을 가능성이 높아 보인다.

e. 재정지출 확대(공식경제 재건 정책)의 경제적 효과는?

공식부문의 건설/투자는 2000년대 말 이후 상당히 활발해진 듯하나 그 정확한 규모는 알 수 없다. 또한 공식부문의 건설/투자는 경제에 긍정적인 효과를 가져왔는지 또는 부정적인 영향을 미쳤는지의 문제 역시 양쪽 가능성이 다 있으나 실제 효과가 어땠는지 확인하기는 어렵다. 2000년대 초중반에 "석탄·전력 → 금속 → 기계·군수산업 연쇄"는 부분적으로 회복된 것으로 보이며, 2000년대 후반 이후 "석탄·전력 → (석탄)화학 → 경공업·농업 연쇄" 회복을 위해 노력 중인 것으로 보인다.[5)]

북한의 산업정책은 전통적 중화학 중심 노선에서 크게 벗어나지 못했으며, 낙후되고 비효율적인 중화학 공장들("주체철, 주체비료, 주체비날론")의 복원을 시도하고 있다. 공식경제 재건 정책보다 더 나은 정책(진정한 의미의 개혁 개방 정책)이 존재한다는 점에서 공식경제 재건 정책은 바람직하지 않은 정책이다. 하지만 공식경제 재건 정책이 북한경제를 침체·후퇴시키고 있다고 단정하기도 어렵다.

6. 잠정적 결론

a. 북한의 경제성장 추세에 대한 판단

몇몇 정황 증거들로 볼 때 2005년 이후 북한의 경제는 제로 성장 상태로 평가하기보다는 차츰 회복세가 이어지고 있다고 평가할 수 있다.

b. 경제사정 호전의 주요 원인

북한 경제 호전의 주요 요인으로는 크게 두 가지를 지적할 수 있다. 첫째, 비공식경제가 양적 및 질적 성장하고 있다. 다시 말해서 시장화와 사유

---

5) 이석기 외, 『2000년대 북한의 산업과 기업』, 산업연구원, 2010 참조.

화 (특히 기업형 활동의 확대)가 이루어지고 있다. 둘째, 대외경제환경이 북한경제에 유리하게 변화하고 있다. 중국경제의 성장과 자원 수입 수요 증대 및 국제 원자재 가격 상승이 주요 요인으로 작용하고 있다.

c. 국가재정과 공식경제의 불안정성

전체 경제사정 호전에도 불구하고 국가재정과 공식경제는 여전히 불안정한 상태에 있는 것으로 보인다. 북한 당국이 낭비적이고 비효율적인 건설과 투자를 무리하게 지속할 경우, 경제적 악영향이 커질 수 있다.

d. 전망

비공식경제는 얼마나 더 발전할 수 있을까? 북한이 적극적 개혁 개방 정책으로 전환하지 않는다면, 비공식경제의 성장에는 제약이 있을 수밖에 없을 것이다.

대외경제환경은 북한경제에 유리하게 작용할 것인가? 2012년 여름 이후 중국의 성장 둔화, 자원 수입 수요 증가세 둔화, 국제 원자재 가격 하향 안정 등으로 현상 유지 상태가 나타나고 있다.

◈

북한의 경제정책: 평가와 전망

김병연 서울대

◈

1. 서론

북한의 향후 경제 운용 방안을 정확하게 전망하고 진단하는 것은 북한의 정책 방향을 이해하거나 한국의 대북정책 결정에 있어 대단히 중요하다. 우선 북한의 경제정책 전망은 다음의 두 질문에 대한 답변에서 찾아야 할 것이다. 첫째, 핵·경제 병진 노선은 성공할 수 있을 것인가? 둘째, 장성택 처형 이후 북한의 경제정책의 내용과 효과는 이전의 그것과 차이를 보일 것인가?

이 발표문에서는 첫 번째 주제를 중심으로 논의할 것이다. 핵·경제 병진 노선은 정책 방향과 관계된 것이며 이미 공표된 것인데 반해 후자의 사건은 일종의 충격 요인으로서 일시적, 장기적 여부를 판별하기에 시간이 필요하기 때문이다.

2. 핵·경제 병진 노선의 경제 정책 내용

북한은 2013년 3월 31일, 조선노동당 중앙위원회 전원회의에서 “경제건설과 핵무력건설 병진노선”을 결정하였다. 이는 김정일 시대의 국가운영방식인 “선군정치”에서 김정은 시대에는 경제를 보다 강조하는 방식으로 변화되었음을 시사한 것으로 해석할 수 있다. 이미 실제적으로 핵을 보유한 것으로 믿고 있는 북한은 경제 분야에서 성과를 거두어 이제는 이른바 “경제적 강성대국”을 건설하고자 하는 동기가 있다. 2013년 3월 31일, 조선노동당 중앙위원회 전원회의에서 “핵 · 경제 병진노선”이 발표된 이후에 개최된 국제학회에서 북한 측 학자와 관료들은 이 노선으로 인해 경제건설의 중요성이 더욱 강화된 것으로 평가, 발표하였다. 만약 “핵 · 경제 병진노선”이 “선군정치”와 실제적 정책 내용에서 별 차이가 없다면 그 경제적 효과는 이전과 차이를 보이지 않을 것이며 따라서 추가적으로 그 효과에 대해 분석할 필요성도 없다고 할 수 있다.

아직까지 북한이 2013년 11월 21일 발표한 14개 경제특구(평북 압록강 경제개발구, 자강도 만포경제개발구, 자강도 위원공업개발구, 황북 신평관광개발구, 황북 송림수출가공구, 강원 흥남공업개발구, 함남 북청농업개발구, 함북 청진경제개발구, 함북, 어랑농업개발구, 함북 온성섬관광개발구, 양강 혜산경제개발구, 남포 와우도수출가공구, 신의주 경제특구)를 제외하고는 “경제건설”의 구체적인 내용은 알려지지 않고 있다. 북한의 마식령 스키장 건설도 대외개방을 통해 외화 수입을 증가시키고자 하는 북한의 의도를 반영하는 것으로 특구 건설의 목적과 유사한 것으로 판단된다. 장성택 처형 이후인 12월 15일에도 윤영석 북한 조선경제개발협회 국장은 “장성택의 처형이 북한의 경제정책 방향 및 외자를 유치하려는 노력에 변화를 줄 것이라는 징후로 받아들이면 안 된다”며 경제특구 사업을 지속할 것임을 시사하였다.

김석진(2013)은 북한의 대내 경제정책의 내용에 관해 "분조관리제 중심 농업개혁", "국영기업 자율권 확대와 인센티브 제고", "사경제·사기업의 향방"으로 요약하여 제시하고 있다. 김석진은 이러한 조치들의 성격에 대해 "개혁의 수준은 중국에 비해 훨씬 소극적이고 제한적인 것"으로 보면서도 "어느 정도의 성과"를 낼 가능성은 있는 것으로 판단했다. 특히 경제조치 결과 "사경제·사기업"에 대한 제약이 완화되면 그 효과는 더욱 커질 수 있다고 진단하였다.

이상과 같이 "핵·경제 병진노선"시대의 북한은 주로 "특구를 통한 대외개방 정책"과 "대내 경제 개선 조치"를 통해 소기의 경제 성과를 거둘 것으로 기대하고 있다.

3. 특구 방식의 대외 개방 정책 평가

일반적으로 경제특구는 법적, 제도적, 물적 인프라 면에서 다른 지역보다 더 나은 조건을 제공함으로써 기업에게 특구 진출 유인을 제공한다. 전 지역의 동시적 발전의 비용이 크고 정치경제적 위험성이 높다고 판단될 경우 특구는 경제적인(economical) 대안임과 동시에 일종의 점진주의적 실험(gradualist experiments)의 성격을 가진다.

특구가 성공할 경우, 다음과 같은 경제적 효과를 가질 수 있다. 첫째, (외국인 직접 투자 등의) 투자 촉진과 수출 증대 효과. 둘째, 외화 수입 증가. 셋째, 특구의 실험을 통한 경제정책의 적절성 평가와 향후 이를 타지역으로 확산. 넷째, 특구와 다른 경제 지역의 전후방 연관 효과를 통해 타지역의 경제성장 촉진 효과 등이 그것이다.

우선, 경제특구가 성공하기 위해서는 다음의 조건이 필요하다. 첫째, 법적, 제도적, 물적 인프라 면에서 투자나 방문에 충분한 유인이 제공"되어야 한다. 둘째, 투자와 방문을 타국이나 국제기관이 제약하지 않아야 한다. 셋째, 특구 실험을 타지역으로 확산시켜 법과 제도, 인프라를 발전시켜야 한다. 넷째, 특구와 다른 경제 지역의 전후방 연관 효과를 제고하여야 한다. 북한의 경우 특구가 북한경제에 미치는 영향은 그렇게 크지 않을 것으로 평가된다. 그 주된 이유는 이러한 네 가지 조건이 우호적이지 않기 때문이다.

그동안 북한 투자가 가지고 있는 잠재적 이점에도 불구하고 투자의 성공 사례는 많지 않다. 그 가장 주된 이유는 북한의 법적, 제도적, 인프라가 미비하기 때문이다.

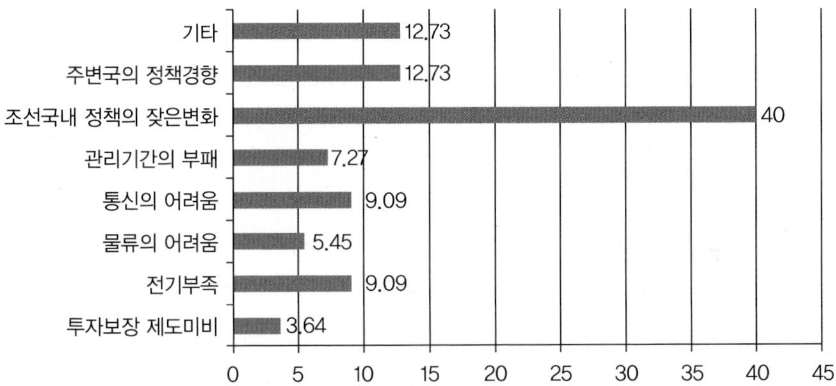

〈그림 13〉 북한 투자기업의 투자 제약 요인

주: 단동에서 북한과 경제적 거래를 갖고 있는 176개의 기업 설문 조사 결과(김병연, 정승호, 2013)

그리고 북한이 핵개발을 포기하지 않는 한 남한과 국제사회의 대북제재는 계속될 가능성이 높으며 이는 북한으로의 투자나 관광에 심각한 제약으로 작용할 것이다. 중국도 북중 경제 거래의 대부분은 상업적 거래로서 기업의 이해관계와 맞물려 있다. 따라서 중국 기업이 상당한 위험 부담을 지면서 대규모의 투자를 감행할 것으로 보이지 않는다.

마지막으로 북한의 특구 투자제안서를 보더라도 특구와 다른 북한 지역과의 연관 효과 혹은 확산 의도에 관해서는 아무런 내용이 없다. 즉, 북한은 특구를 통해 외화 수입을 취득하는 것을 핵심적인 목적으로 삼고 있는 것으로 판단된다.

4. 대내 경제 조치의 평가

북한의 대내 경제정책의 구체적 내용에 관해서는 특구 계획처럼 분명하게 발표된 것은 없다. 그러나 김석진(2013)이 정리한 내용을 중심으로 평가할 수 있을 것이다. 먼저 "분조관리제 중심 농업개혁"은 중국이 집단농장을 해체하고 시작한 가족농의 농가책임제(household responsibility system)를 연상하게 하나 그 구체적인 내용과 수준이 명확하지 않아 평가에 한계가 있다. 그러나 가장 효과적인 농가책임제는 첫째, 가족이 단위가 된 평가 및 배분 시스템, 둘째, 낮은 수준의 정액 배분이 국가와 인센티브 제고 효과가 크며 가족농 간에 정률 배분시 가족농 배분 비율이 높은 시스템이다. 현재까지 보도된 북한의 분조관리제 개혁은 가족농보다는 큰 단위의 평가 및 배분으로 보인다. 정부 및 분조 배분 비율도 7:3이라는 보도가 있었다. 이는 정부가 70%의 세율을 적용하는 것과 마찬가지로 이로 인한 인센티브 제고 효과는 낮을 것으로 판단된다. 또한 분조관리제가 전국적, 혹은 시범적으로 시행되었는지에 대해 명확하지 않으나 후자일 가능성이 큰 것으로 판단된다.

"국영기업 자율권 확대와 인센티브 제고"는 효과가 극히 제한될 것으로 판단된다. 이 정책은 아래 표에서 보는 것처럼 동유럽의 사회주의 경제에서 실패한 정책이다. 예를 들면 헝가리의 신경제메커니즘(New Economic

Mechanism), 소련의 1965년 경제개혁과 페레스트로이카 개혁에서 시도했으나 실패하였다.

표 북한과 구소련, 동유럽의 개혁 시도의 비교

개혁의 요소	구소련, 동유럽에서의 유사한 조치	(예상되는)결과
생산자에 대한 인센티브 부분적 도입	1965년 경제 개혁	사유와 경쟁 등 본격적인 시장 메커니즘의 도입 없이는 성장 효과 미미
원부자재 시장의 일부 도입	1980년대 후반 페레스트로이카	경제조정메커니즘의 공백 가능성
이윤의 자유 처분권	1965년 경제 개혁/헝가리의 신경제메커니즘/유고슬라비아의 자주관리 체제	일시적 투자 붐이 일어날 가능성 있음. 기업, 산업 간의 불균형 심화. 소득불평등 확대됨. 부작용을 우려한 정부가 이윤을 재배분할 가능성 있음
계획 부문의 축소	소련의 신경제정책/헝가리의 신경제메커니즘과 유고슬라비아의 자주관리 체제 (이 두 체제는 계획을 폐지했음)	계획의 폐지가 생산량의 지속적 증대로 이어지지는 않음.

출처: 김병연, "사회주의 경제개혁과 체제이행의 정치적 조건", 비교경제연구, 2005.9.

"사경제 · 사기업의 향방"의 내용에는 다음 두 가지가 포함될 수 있다. 첫째, 시장 유통의 자유화, 둘째, (소규모) 사기업의 이 그것이다. 이 둘이 결합되면 경제적 효과가 클 수 있으며 개별적으로는 전자보다는 후자의 효과가 더욱 클 것으로 판단된다.

Brauw et al (2004)의 평가에 따르면, 집단농장의 가족농화는 농업생산 증가율을 연 7%까지 증가시킨 반면, 농작물의 시장거래 자유화 효과는 연 1% 가량에 그친 것으로 평가하고 있다.(아래 그림) 즉, 시장화가 유통부문에 국한된 것이면 이것이 경제성장에 미치는 효과는 미미하다.

만약 시장화가 사기업의 인정과 장려로까지 이어진다면 이것이 미칠 경제 효과는 상당히 긍정적일 것으로 평가된다. 김병연(2013)에 따르면, 체제

이행의 최소 조건 중 "집단농장의 가족농화", "시장거래의 인정과 자유화", "사기업 인정과 진입, 퇴출의 자유화" 등의 조건이 적어도 부분적으로 충족된 것으로 평가할 수 있다. 그러나 현재까지 기업 단위에서 소규모의 암묵적인 생산수단의 임대와 일부 소규모 가공업을 제외하고 사기업이 형성되고 있다고 판단하기는 어렵다.(김병연, 양문수, 2012)

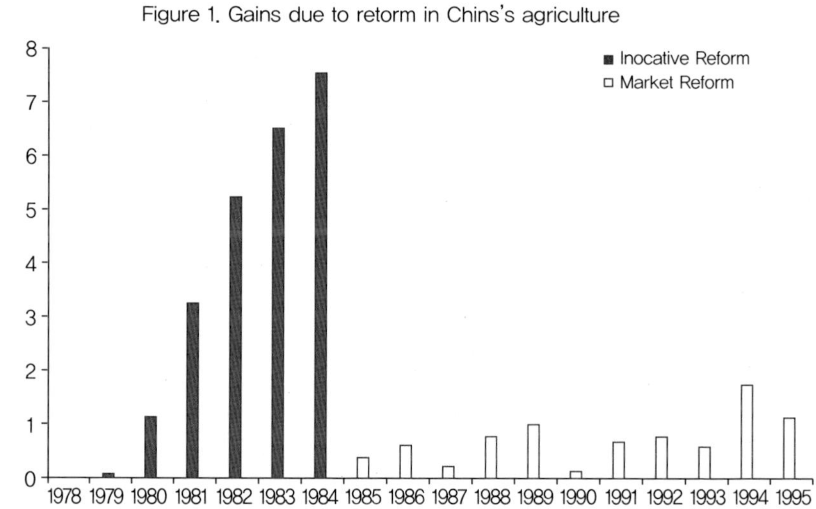

출처: Brauw, A., Huang, J. and Rozelle, S., 2004, "The Sequencing of Reform Policies in China's Agricultural Transition," Economics of Transition, Vol. 12, 427-465

요약하면 현재까지 보도된 경제 조치로써 "북한경제를 건설할" 가능성은 희박하다. 체제이행은 일종의 패키지 전환으로서 자본주의적 요소만의 도입으로 체제이행이 일어나지는 않는다. 오히려 시장과 계획의 어중간한 결합은 체제의 조정 메커니즘의 공백 상태를 불러일으켜 경제성장에 부정적인 영향을 줄 가능성도 존재한다.

5. 장성택 사건 이후 북한 경제 정책의 방향과 평가

"핵·경제 병진노선"은 우리식 경제발전 모델이자 주체사상의 핵심으로 간주될 만큼 중요한 이념이다. 따라서 장성택 사건 이후에도 이 기조에 중대한 변화가 있을 것으로 생각되지는 않는다. 경제건설은 김정은의 권력 강화에 도움이 되기 때문에 이를 포기하기는 어려울 것이다. 더욱이 김정은의 젊은 나이를 고려할 때 경제건설의 인센티브는 더욱 높다고 평가된다. 한편 위에서 평가한 것과 같이 현재까지의 조치로써는 획기적인 경제성장을 이끌 수는 없을 것이다.

그러나 적어도 단기적으로는 경제정책 및 북중무역과 관련된 내용을 장성택과 그 그룹을 대신하여 조율할 수 있는 코디네이터가 있을지는 의문이다. 따라서 단기적으로는 조정 메커니즘의 공백이 발생할 수 있다. 예를 들어 법과 제도가 미비한 생태에서 중국 무역권을 두고 당과 군, 내각이 다툴 때 이를 정리, 조율하여 사업의 안정성을 도모할 수 있는 조정 역할을 누가 할 수 있을지에 대한 의문이 그것이다.

앞서 언급한 북중 거래 기업 조사 자료에 따르면 북한과의 경제거래는 상업적 이해관계에 따라 미시적 결정에 의해 움직이는 경향이 강하며, 이 결정에 있어 중요한 요인은 북한의 카운터 파트인 "대방"이다. 이 대방이 바뀌거나 갑자기 없어지는 문제가 북중무역의 가장 큰 장애 요인 중 하나였다.

또한 그동안은 무역의 분권화를 통해 무역일꾼의 인센티브를 제고해 왔던 반면, 장성택 판결문에 언급한 대로 이제 이들의 행위를 정죄한다면 외화벌이 사업도 정체될 가능성이 높다. 즉 장성택 사후 북한은 적어도 일시적으로는 조정메커니즘의 공백과 대외거래의 위축을 경험할 가능성이 있다.

북한 경제가 장기적으로 효과를 낼 수 있을 것인지는 첫째, (가능성이 매우 낮지만) 무역과 대내 개혁의 선순환을 만드는 정책의 수립과 실행 여부. 둘째, (가능성이 높지 않지만) 북한이 법과 제도적 개혁을 통해 무역의 자율성을 보장하는지의 여부, 셋째, 장성택과 그 관련 그룹을 대신하여 경제정책과 무역을 조율할 수 있는 인적 그룹의 형성 여부와 그들 사이의 우호적 관계 등 세 가지 조건의 달성 여부가 관건이다. 첫째와 둘째 정책이 집행되면 북한경제는 장기 성장 궤도에 진입 가능할 것이다. 셋째 조건만 달성된다면 당분간 현 수준의 유지가 가능할 것이다. 그러나 셋째도 실패한다면 북한경제는 현 수준보다 더 어려워질 것으로 예측된다.

6. 한국의 대북 정책

한국은 시장과 무역이라는 북한의 열린 창을 이용하는 정책을 펴야 한다. 이를 통해 북한을 바람직한 방향으로 변화시키는 효과를 거둘 수도 있을 것이다. 이는 한국의 대북정책이 보다 유연하게 변해야 할 필요성이 있음을 의미한다. 그리고 이러한 변화를 토대로 장성택 사후 북한이 개방과 경제 개발에 더욱 중점을 두는 정책을 내놓을 수 있도록 북한을 유도할 필요가 있다.

6

2014년 12월

한반도포럼 세미나

북한 개발협력 추진방향 관련 주요 쟁점

김석진 통일연구원

1. 국제원조의 경험과 교훈

김대중·노무현 정부 시절 활발하게 진행되었던 대북지원은 이명박·박근혜 정부에서는 크게 줄어들었다. 현재 당국 차원의 직접지원은 완전히 중단되었고 국제기구를 통한 간접지원과 민간단체 지원은 지속되고 있으나 규모는 크지 않다. 대북지원이 크게 줄어든 기본적 이유는 정부의 대북정책이 보수·강경 기조로 바뀌면서 남북관계가 경색된 데 있지만, 지원 사업이 실제로 북한의 취약계층 주민에게 도움이 되느냐에 대한 의문과 우려도 지원을 주저하게 만드는 또 하나 중요한 이유가 되고 있다.

이런 의문은 지난 반세기 동안의 국제원조에서도 계속 제기된 것이다. 예를 들어 세계은행에서 오래 일했던 저명한 경제학자 윌리엄 이스털리(William Easterly)는 1970년대에서 90년대까지 30년 동안 국제사회가 아프리카 최빈국들에 대한 원조를 크게 확대했지만 아프리카의 경제성장 실적은 오히려 더 나빠졌음을 지적하면서 원조 비관론을 주장했다.[1] 2000년대 초중반에 많은 학자와 활동가들이 이런 비관론에 공감했고 국제사회에서는 개발도상국에 대한 원조를 어떻게 하는 것이 옳은가를 둘러싸고 열띤 논쟁이 벌어졌다. 여기서 국제사회의 주류적 입장은 원조 만능론도 원조 무용론도 아닌 제3의 입장, 즉 원조 효과성(aid effectiveness) 제고론으로 정리되었다고 할 수 있다. 원조는 구체적 내용과 방식에 따라 성공할 수도 있고 실패할 수도 있으며, 따라서 국제사회는 원조의 효과성을 높이기 위해 세심한 주의를 기울여야 한다는 것이다. 이런 교훈은 대북지원에도 역시 적용될 수 있을 것이다.

주목할 점은 한 때 국제사회에서 팽배했던 비관론이 2010년대 들어 서서히 낙관론으로 바뀌고 있다는 것이다. 예를 들어 경제성장론 분야의 세계적 석학인 올윈 영(Alwyn Young)은 저개발국의 성장실적이 보잘 것 없다는 통념은 잘못된 공식통계에서 나온 것이라고 주장했다. 공식통계에서는 1990~2006년 기간 중 아프리카 저개발국 1인당 실질소득 연평균 증가율이 1% 정도에 불과했던 것으로 되어 있지만, 올윈 영이 가계조사 자료를 이용해 다시 추정한 결과에 의하면, 그보다 2% 포인트 이상 더 높은 3.4%로 나타났다.[2] 그 이후 나온 여러 자료와 연구에서도 공식통계가 저개발국의 성장실적을 과소평가했음이 거듭 확인되고 있다.

지난 수십 년 동안 많은 개발도상국에서 뚜렷한 경제·사회 발전이 이루어졌다는 사실은 유엔개발계획(UNDP)이 추정하는 인간개발지수(Human

---

1) William Easterly, "Can Foreign Aid Buy Growth?," *Journal of Economic Perspectives*, 17(3), 2003; William Easterly, *The White Man's Burden: Why the West's Efforts to Aid the Rest Have Done So Much Ill And So Little Good*, The Penguin Press, 2006.

2) Alwyn Young, "The African Growth Miracle," *Journal of Political Economy*, 120(4), 2012, p. 719.

Development Index)에서도 드러난다. 인간개발지수는 인간 발전에 영향을 미치는 건강, 교육, 소득의 세 차원을 하나의 숫자로 종합해 표현한 것이다. 〈표 1〉에서 볼 수 있듯이, 개발도상국의 인간개발지수는 지난 수십 년 동안 지속적인 상승 추세를 보였으며, 비관론의 주요 대상이었던 최빈국 그룹도 예외는 아니었다. 인간개발지수의 상승은 최빈국을 포함한 개발도상권 전체에서 건강, 교육, 소득수준이 모두 향상되었음을 보여주고 있다. 그 중 특히 건강과 교육 부문의 경우 국제사회의 원조가 이들 개도국에게 적지 않은 도움이 되었다는 것이 오늘날 국제사회의 중론에 가깝다고 할 수 있다.

표 1 인간개발지수 추정치

	1980	1990	2000	2010
아랍	0.443	0.517	0.583	0.648
동아시아와 태평양	0.432	0.502	0.584	0.673
라틴 아메리카와 카리브해	0.574	0.623	0.683	0.736
남아시아	0.357	0.418	0.470	0.552
사하라 이남 아프리카	0.366	0.387	0.405	0.468
최빈국 그룹	0.290	0.327	0.367	0.443
세계 전체	0.561	0.600	0.639	0.690

자료: UNDP, *Human Development Report 2013: The Rise of the South*, United Nations Development Program, 2013, pp. 148-151.

최빈국을 포함한 많은 개발도상국의 경제·사회 발전, 그리고 그 과정에 어느 정도 도움을 준 국제원조의 경험은 앞으로의 대북지원에 대해서도 희망의 빛을 던져준다. 지원 사업이 항상 성공한다는 보장은 없지만 국제사회의 많은 성공과 실패 경험을 거울로 삼아 사업 내용과 방식을 잘 기획해 추진한다면, 북한의 경제·사회 발전과 주민생활 향상에 상당한 기여를 할 수 있을 것이다.

2. 개발협력으로의 전환 필요성

국제원조의 일반적 관례와 규범에 비춰 볼 때, 이제까지의 대북지원은 초보적 수준에 머물러 있었다고 할 수 있다. 국제원조는 그 유형을 여러 가지 방식으로 구별할 수 있는데, 그 중 하나는 인도적 지원과 개발협력(개발지원, 개발원조)[3]의 두 유형으로 구별하는 것이다. 인도적 지원은 재해, 전쟁, 분쟁 등으로 긴급한 인도적 위기 상황이 발생했을 때, 사람들의 생명을 보호하기 위해 식량과 의약품 등 구호물자를 지원하는 것을 말한다. 위기 상황이 지나가고 나면 국제원조의 초점은 인도적 지원에서 개발협력으로 옮겨가게 된다. 개발협력은 장기적인 경제·사회 발전을 돕기 위한 각종 사업, 즉 단순 물자 지원을 넘어선 기술·지식 전수, 정책·제도 개혁, 공공서비스 시스템 정립, 사회적 및 경제적 기반시설 건설 같은 한층 수준 높은 사업을 가리킨다.

이제까지의 대북지원은 대부분 단순 물자 지원 중심의 인도적 지원에 해당하는 것이었으며, 본격적인 개발협력 사업은 아직 착수되지 않고 있다. 기존 지원 사업 중에서 농업 개발이나 보건의료 지원 등의 경우에는 개발협력 쪽으로 전환하려는 노력을 얼마간 포함한 것들도 있지만, 그래도 사업 내용의 대부분은 물자 지원으로 구성되었으며 그 이외 부분의 비중은

---

3) 국제사회에서 개발협력(development cooperation), 개발지원(development assistance), 개발원조(development aid)는 대체로 비슷한 뜻(개발도상국의 경제 · 사회 발전을 돕기 위한 비영리적 개발사업)을 가리키는 용어로 혼용되고 있다.

높지 않았다.

북한이 대기근을 경험한 1990년대 중후반의 대북지원이 인도적 지원 중심으로 전개된 것은 당연한 일이었다. 그러나 2000년대 초 이후 북한경제는 장기적으로 회복세를 보였으며, 식량사정도 꾸준히 개선되어 이제는 긴급구호가 필요한 상황에서는 확실히 벗어났다고 할 수 있다. 〈표 2〉에서 볼 수 있듯이 세계식량계획(WFP)과 유엔아동기금(UNICEF) 등 여러 국제기구의 후원을 받아 북한당국이 실시한 전국적 가계조사 결과에 의하면, 북한의 영유아(만 5세 이하 어린이) 중에서 영양부족 비율은 1998년에서 2012년까지 장기 지속적으로 하락한 것으로 나타난다.

표 2 북한 영양부족 영유아 비율 조사 결과

조사 기간	조사대상 지역	만성 영양부족 (연령 대비 신장 〈 -2 SD)	급성 영양부족 (신장 대비 체중 〈 -2 SD)	저체중 (연령 대비 체중 〈 -2 SD)
1998년 9~10월	130개 군 단위 지역	62.3%	15.6%	60.6%
2000년 5월	전국	45.2%	10.4%	27.9%
2002년 10월	전국	39.2%	8.1%	20.1%
2004년 10월	7개 도 및 1개 시	37.0%	7.0%	23.3%
2009년 9~10월	전국	32.4%	5.2%	18.8%
2012년 9~10월	전국	27.9%	4.0%	15.2%

자료: Central Bureau of Statistics (DPRK), *National Nutrition Survey* 2012, March 2013, p. 72.
주: 영양부족 영유아 비율은 각각 연령 대비 신장, 신장 대비 체중, 연령 대비 체중의 비율이 국제 표준그룹 중앙값 대비 -2 표준편차(SD) 미만인 영유아의 비율을 의미함.

특히 중요한 점은 이런 영양상태 개선이 북한에 대한 남한 및 국제사회의 식량원조가 크게 줄어든 후에도 지속되었다는 사실이다. 북한에 대한 식량지원은 1995년에 시작되었는데, 많을 때는 연간 100만톤 이상, 적을 때에도 연간 50만톤 이상의 대규모였으나 2008년 이후에는 연간 50만톤

이하로 줄어들었고 최근에는 연간 10만톤 내외로 더욱 줄어들었다.[4] 외부의 지원이 큰 폭으로 줄었는데도 영유아 영양상태가 개선된 것은 북한 내부의 식량(곡물 및 기타 먹거리) 생산이 크게 늘어난 데다 식량 분배와 유통의 효율성이 향상된 덕분이다. 지금도 북한의 식량사정이 풍족한 것은 전혀 아니며 식생활의 양과 질 모두 많이 미흡하지만, 북한이 이미 오래 전에 인도적 위기 상황에서 벗어난 것은 거의 확실하다. 식량사정만이 아니라 경제, 사회 전반에 걸쳐 오늘의 북한은, 속도는 느리지만, 회복 국면에 들어가 있는 것으로 보인다.

국제사회의 규범에 의하면, 이런 경우 지원 사업의 초점은 개발협력으로 옮겨가야 한다. 북한이 장기 지속적으로 경제·사회 발전을 이뤄 나갈 수 있도록 정부, 민간, 국제사회가 모두 더욱 수준 높은 개발사업을 다양한 부문에 걸쳐 추진하는 것이 바람직하다. 북한에 대한 개발협력은 주민생활 향상, 인권 보호 같은 인도적 목표뿐만 아니라 한반도 평화체제 정착과 남북관계 발전 같은 정치적 목표를 달성하는 데에도 기여할 수 있는 중요한 사업으로 간주할 만하다.

3. 드레스덴 구상과 북한 개발협력 과제

정부는 이미 북한 개발협력을 적극 추진할 뜻을 분명하게 천명한 바 있다. 그 중 대표적인 것은 올해 4월 박근혜 대통령이 독일 드레스덴에서 행

4) 1995~2012년 기간 중 남한 및 국제사회의 대북 식량지원 통계는 WFP, Food Aid Information System(https://www.wfp.org/fais)에서 찾아볼 수 있다.

한 연설, "한반도 평화통일을 위한 구상"이다.[5)]〈표 3〉에서 보듯이 드레스덴 구상에서 박근혜 대통령은 북한당국에게 크게 세 가지 교류협력 제안을 했는데, 세부과제로 보면 다시 10개 과제로 정리할 수 있다. 이 가운데서 모자 보건 패키지, 복합농촌단지 조성, 교통·통신 인프라 건설, 경제운용 관련 교육훈련 등 네 가지 과제는 개발협력에 해당하며, 남북중 및 남북러 협력도 사업 내용 중 일부로 개발협력이 포함될 가능성이 있다.

먼저 모자 보건 패키지는 의약품 지원이라는 면에서는 일단 인도적 지원에 해당하지만, 사업을 확대 발전시킬 경우 병원과 보건소 시설 지원, 공중 보건 시스템 확립, 보건의료 인력 교육 등 개발협력으로 발전할 여지가 크다. 국제사회에서는 보건의료나 교육처럼 주민생활 향상과 인적자원 보호에 기여하는 공공 서비스 지원을 흔히 사회 부문(social sector) 개발협력이라고 부른다. 복합농촌단지 조성은 경제 부문 중 농업 개발협력에 해당하는데, 농업은 저소득 및 중하위 소득 개발도상국에 대한 개발협력에서 중점 지원 부문이 된다. 교통·통신 인프라는 경제활동에 직접 기여하는 인프라(기반시설)로서 경제 부문 개발협력의 주요 대상이다. 남북중, 남북러 협력은 각국 기업의 투자 사업이라는 면에서는 비영리적 개발협력이 아니라 상업적 경제협력이다. 하지만 상업적 경협을 지원하기 위해 관련 기반시설 건설을 각국 정부가 지원해줄 경우 개발협력의 성격도 함께 가질 수 있다. 마지막으로 경제 운용 관련 교육훈련은 국제개발협력의 중요 구성부분 중 하나인 '기술지원'(technical assistance, technical cooperation)에 해당한다. 기술지원이란 자금지원이 아닌 지식과 기술의 전수를 주요 내용으로 하는 사

5) 박근혜, "한반도 평화통일을 위한 구상," 독일 드레스덴 공대에서 행한 연설, 2014.3.28. 이 연설의 전문은 통일연구원 편, 『드레스덴 구상과 행복한 통일』, 제1차 KINU 통일포럼 자료집(통일연구원, 2014.4.30.)에 실려 있다.

업을 가리킨다.

표 3 드레스덴 구상과 개발협력 중점 부문

	남북교류협력 과제	사업 성격
인도적 문제 해결	이산가족 문제 해결	인도적 교류
	모자 보건 패키지	인도적 지원 + 사회 부문 개발협력
민생 인프라 구축	복합농촌단지 조성	경제 부문(농업) 개발협력
	교통, 통신 인프라 건설	경제 부문(인프라) 개발협력
	지하자원 개발	상업적 경제협력
	남북러, 남북중 협력	상업적 경제협력 + 경제 부문 개발협력
남북 주민 간 동질성 회복	역사, 문화, 스포츠 교류	사회문화 교류
	경제 운용 관련 교육훈련	지식 · 기술 관련 개발협력
	남북교류협력사무소 설치	기타
	DMZ 세계평화공원	기타

자료: 박근혜, "한반도 평화통일을 위한 구상"(2014.3.28)을 참고해 필자 정리.

개발협력의 국제규범에 비춰 볼 때, 정부가 드레스덴 구상에서 밝힌 북한 개발협력 추진방향은 기본적으로 타당하지만 구체적, 장기적 사업계획이 나와 있지 않으며 우선순위와 포괄범위도 분명치 않다. 앞으로 구체적 사업계획을 세우는 데에는 국제개발협력의 규범과 경험이 좋은 참고가 될 수 있다.[6] 국제사회는 개도국에 대한 개발협력에서 부문별 우선순위를 어떻게 정하며 지원자금을 부문별로 어떻게 배정하고 있을까?

국제개발협력에서 부문별 우선순위 문제는 크게 두 가지 원칙에 따라 결정된다고 할 수 있다. 첫 번째는 빈곤퇴치 목표를 가장 효과적으로 달성할

6) 김석진, "대북지원 및 남북경협의 부문별 우선순위와 지원정책 방향," 『KDI 북한경제리뷰』, 2012년 8월호.

수 있도록 지원자금을 배분해야 한다는 것이다. 국제사회는 2000년 UN 총회에서 빈곤퇴치를 위한 '밀레니엄 개발목표(millenium development goals)'를 설정했는데, 그 내용은 절대빈곤과 기아의 근절, 보편적 교육, 남녀평등, 어린이 건강, 산모 건강, HIV/AIDS 등 질병 퇴치, 환경의 지속가능성, 글로벌 파트너십의 8개 부문으로 구성되어 있다. 즉 국제사회는 산업개발이나 인프라 건설 같은 경제개발 분야보다는 교육, 보건, 환경 같은 사회개발 분야에 지원의 초점을 맞춘다. 무능하고 부패한 정권이 통치하고 있으며 정책과 제도에 문제가 많은 나라에서는 국제원조가 실효성을 발휘하기가 쉽지 않고, 그 중에서도 경제개발 분야 원조는 성공 가능성이 훨씬 더 낮아서 빈곤퇴치에 도움이 안 되는 경우가 많기 때문이다.

두 번째 원칙은 지원자금을 배정할 때 민간에서 투자할 수 있는 사업보다는 정부가 지출해야 할 부문을 우선시해야 한다는 것이다. 민간에서 투자할 수 있는 사업은 민간기업이 더 효율적으로 수행할 수 있는 경우가 많으며, 공공지출이 필요한 다른 부문에 충분한 자금을 배정하기 위해 예산을 절약할 필요가 있기 때문이다. 이 원칙에 따르면 제조업, 광업, 관광 같은 산업부문은 대체로 지원 대상에서 배제되어야 한다고 할 수 있다.

그렇다면 국제사회는 정말 이런 원칙에 따라 자금을 배분하고 있을까? 완벽하지는 않지만 대체로 그런 방향을 지향해 왔다고 할 수 있다. 예를 들어 2007년에 선진국 정부(OECD 개발원조위원회 회원국 정부)는 주요 개도국에 대해 〈표 4〉와 같이 원조자금을 배분하였다. 이를 보면, 나라마다 부문별 자금 배분비율이 크게 다름을 알 수 있다. 수단이나 차드처럼 극도로 가난하며 분쟁과 폭력으로 인도적 위기 상황에 놓여 있는 나라에서는 인도적 지원(긴급구호 및 재건)에 가장 많은 자금이 배정되었다. 하지만 아이티나 캄보디아처럼 가난하지만 인도적 위기 상황은 아닌 나라에서는 보건, 교육 등 사회 부문 개발협력이 중점 대상이 되며, 여기에 절반 이상의 자금이 약속되었다. 마지막으로 경제·사회 발전이 비교적 순조롭게 잘 추진되고 있는 베트남 같은 나라에서는 사회 부문 못지않게 경제 인프라에도 많은 자금이 배정되었다.

표 4 주요 개발도상국에 대한 국제원조의 부문별 구성 (2007년)

(단위: %)

	수단	차드	콩고민주공화국	아이티	캄보디아	베트남
긴급구호 및 재건	63.7	49.2	34.2	7.2	2.9	0.4
사회 (보건, 교육 등)	24.1	26.1	38.4	56.0	59.2	34.7
경제 인프라 (교통, 전력 등)	0.1	4.4	3.7	7.2	10.3	35.7
생산부문	1.0	1.0	1.9	1.6	10.7	9.5
기타	11.1	19.3	21.8	27.9	16.8	19.7
합계	100.0	100.0	100.0	100.0	100.0	100.0

자료: OECD, International Development Statistics Database를 이용해 필자 계산.
주: OECD 개발원조위원회 회원국의 양자간 공적개발원조 공약액(commitment) 기준.

오늘의 북한은 2007년의 수단이나 차드 같은 인도적 위기 상황은 아니며, 베트남처럼 경제·사회 발전이 순조로운 나라도 아니다. 북한은 아이티나 캄보디아처럼 인도적 위기 상황에서는 벗어나 있지만 경제개발이 아직 본격적이진 않으며, 그 이전에 먼저 사회개발을 통해 경제개발을 준비해야 하는 단계에 놓여 있는 것으로 보인다. 이렇게 볼 때, 정부가 국제사회와 함께 추진해야 할 북한 개발협력은 먼저 보건, 교육, 생활환경(상하수도 등) 등 사회 부문을 우선시해야 할 것이며, 경제 인프라 건설은 개발협력이 어느 정도 진행된 후, 그리고 북한당국 스스로 개혁·개방 정책을 더 확대한 후에 추진하는 것이 바람직하다. 북한 개발협력이라 하면, 흔히 철도, 도로, 발전소 건설 같은 인프라 사업부터 생각하지만, 국제개발협력의 경험과 규범에 비춰 보면 이는 현명하지 못한 판단이 될 가능성이 높다. 경제

부문을 지원할 경우 인프라 건설보다는 주민생활에 직접적 영향을 주는 농업개발을 중시하는 것이 더 바람직하다.

또한 기업이 주도하는 상업적 경제협력에 정부가 많은 지원을 하려는 경향이 있지만, 이것 역시 바람직하지 않다. 상업적 경제협력은 기업이 스스로 위험과 부담을 감수하면서 추진하는 것을 기본원칙으로 삼아야 하며, 정부는 관련 제도 정비와 당국 간 협상 등 간접 지원에 초점을 맞추는 것이 더 현명하다. 정부가 과도한 지원을 해줄 경우 기업들이 경제성이 부족한 사업을 추진하다 실패할 가능성이 높아지기 때문이다. 정부의 재정지원 여력에는 한계가 있으므로 앞에서 말한 우선순위 부문에 먼저 자금을 배정해야 한다는 점도 다시 상기할 필요가 있다.

4. 남북관계 단계별 개발협력 추진 로드맵

남북 간에 진행되는 모든 사업은 정치적 여건의 영향을 크게 받을 수밖에 없다. 먼저 남북 당국 간 관계가 경색 상태에 머무르느냐, 개선되느냐에 따라 추진할 수 있는 사업의 범위, 성격, 규모가 크게 달라진다. 또한 국내적으로는 보수와 진보로 양분되어 있는 정파 간 대립으로 인해 대북정책에서 합의를 이루기가 쉽지 않고, 이 때문에 남북협력은 국내정치 상황에 따라 부침을 겪기 마련이다.

〈표 5〉는 두 가지 요인을 결합해 남북관계 발전단계에 따라 북한 개발협력이 어떻게 진행될 수 있을지를 필자 나름대로 전망해 본 것이다. 먼저 남북관계를 경색 국면과 개선 국면으로 나누고, 개선 국면은 다시 핵문제 해결 이전과 이후로 나누었다. 각각의 국면에서 추진해 볼 수 있는 사업은 크게 네 개 부문, 즉 ① 사회개발, ② 농업, 환경, ③ 경제 인프라, ④ 민관협

력을 통한 상업적 경협(즉 개발협력 성격이 가미된 상업적 경협)으로 정리했다.

이 표에서 ×와 ○는 각각 추진 불가능과 추진 가능을 의미하는데, 이 부분은 보수와 진보가 합의할 수 있을 것으로 생각된다. 예를 들어 보건, 교육 등 사회개발 부문 사업은 남북관계와 상관없이 항상 추진하려고 노력하는 것이 바람직하지만, 반대로 경제 인프라나 상업적 경협 중에서 대규모 사업은 핵문제 해결 이후에야 비로소 추진할 수 있을 것이다. 이 점에는 100% 합의는 되지 않더라도 보수와 진보를 막론하고 다수 의견을 모을 수 있을 것으로 생각된다. ?로 표시된 부분은 보수와 진보가 합의를 이루기 어려울 것으로 생각된 부분이다. 진보 정파라면 해당 단계에서 해당 사업을 추진해야 한다고 주장하겠지만, 보수 정파라면 반대할 가능성이 높다는 뜻이다. 국내 정치적 합의가 이루어지지 않을 경우 해당 사업을 추진하는 것은 그만큼 더 어려워질 것이며, 따라서 ?로 표시된 부분도 실제로는 잘 추진되지 않을 가능성이 높다. 물론 이 표에 표시된 내용은 필자의 주관적 판단에 불과하며, 추진 가능성은 구체적 정세에 따라 얼마든지 달라질 수 있다.

다만 여기서 강조하려는 점은 지금 같은 경색 국면에서도 국제사회가 저개발국에서 일반적으로 추진하는 사회 및 농업 부문 협력은 북한에서도 해볼 만하다는 것이며, 국제원조의 일반적 규범과 경험에 비춰볼 때 보수 정파도 굳이 반대할 필요가 없다는 것이다. 다른 한편, 핵문제라는 현실적 걸림돌을 생각할 때 진보 정파라 해도 대규모 자금이 소요되는 경제개발 협력 사업은 앞으로도 상당 기간 추진하기 어려울 것이라는 점을 인정할 수밖에 없을 것이다.

표 5 단계별 북한 개발협력: 보수와 진보 간 정치적 합의 가능성

		남북관계 경색 국면	남북관계 개선 국면	
			핵문제 해결 진전 이전	핵문제해결 진전 이후
사회 개발(보건, 교육, 지식공유)		○	○	○
농업, 환경		○	○	○
경제 인프라 (교통, 전력)	소규모 시범사업	?	○	○
	대규모 사업	×	?	○
민관협력을 통한 상업적 경협	소규모 시범사업	?	○	○
	대규모 사업	×	?	○

자료: 필자 정리.
주: × = 추진 불가능, ○ = 추진 가능, ? = 불분명.

북한 개발협력에는 정부만이 아니라 국내 민간 및 국제사회의 여러 주체가 함께 참여할 수 있다. 남북관계 발전단계별 사업 추진 가능성은 사업주체마다 크게 다를 수 있고, 사업주체가 자체 자금을 투입하는지 우리 정부 재정자금을 이용하는지에 따라서도 달라질 수 있다. 이 점을 필자 나름대로 전망한 결과가 〈표 6〉이다. 핵문제 해결 이후에는 모든 사업주체가 활발하게 사업을 추진할 수 있을 것이므로, 이 표에서는 핵문제 해결 이전에 한정하여 남북관계가 경색 상태에 있느냐, 상당히 개선된 상태에 있느냐에 따라 사업 추진 가능성을 정리해 보았다.

먼저 남북관계 경색 국면에서는 우리 정부, 미국·일본 등 선진국 정부, 중국·러시아 정부와 국제금융기구(IMF, 세계은행 등) 등 공적 주체들은 북한 개발협력을 추진하지 않을 것이며, 북측도 수용하지 않을 것이다. 하지만 인도적 지원과 사회·농업 부문 개발협력을 주로 담당하는 유엔 산하 국제기구들(WFP, UNICEF, WHO 등)과 국내 및 해외 민간단체(개발 NGOs), 그리고 국제개발협력에 매우 적극적인 일부 선진국 정부(스위스, 스웨덴 등)

는 어느 정도 개발협력을 추진할 수 있을 것이며, 우리 정부도 당국 간 지원은 추진하지 못하더라도, 이들 다른 주체들의 사업에 재정자금을 지원해 줄 수 있을 것이다.

남북관계 개선 국면이 되면, 우리 정부도 사업을 추진할 수 있게 되며, 국내 민간단체의 사업 규모도 커질 수 있을 것이다. 또, 유엔 산하 기구나 국내외 민간단체의 북한 개발협력에 대한 우리 정부의 재정지원도 더 확대할 수 있을 것이다. 하지만 이 경우에도 핵 문제가 아직 해결되지 않은 상태에서는 국제금융기구와 미국·일본 등 선진국 정부의 지원은 기대하기 어렵다. 단, 중국·러시아 정부는 남북관계가 충분히 좋아져 남북중, 남북러 협력을 추진할 수 있게 될 경우 참여할 가능성이 있다.

표 6 북한 개발협력 공여자별 단계별 실행 가능성 (핵문제 해결 이전)

사업 주체	해당 기관 자체 자금		우리 정부 재정	
	남북관계 경색국면	남북관계 개선국면	남북관계 경색국면	남북관계 개선국면
정부 및 공공기관	×	○	×	○
유엔 산하 기구	△	△	○	○
국내 민간단체	△	○	△	○
해외 민간단체	△	△	△	△
국제금융기구 (세계은행, IMF, ADB 등)	×	×	×	×
주요선진국 정부 (미, 일)	×	×	×	×
기타 선진국 정부 (유럽 일부 국가 등)	△	△	×	
중국, 러시아 정부	×	?	×	×

자료: 필자 정리.
주: × = 가능성 희박, △ = 소규모 가능, ○ = 중대규모 가능. (중국의 기존 대북지원은 제외)

5. 요약과 결론

결론적으로, 현재의 남북관계 경색 국면에서도 정부가 북한 개발협력을 위해 할 수 있는 일은 있다. 첫째는 북한과 꾸준히 사업을 하고 있는 유엔 산하 기구들과의 협력을 확대하는 것이다. 이들 기구는 북한에서 인도적 지원, 그리고 보건, 농업, 환경 부문의 초보적 개발협력 활동을 계속하고 있는데, 이들 기구의 사업에 남북협력기금을 추가 지원할 수 있다. 또 이들 기구의 사업에서는 북한 사회경제 실태에 대한 연구조사가 동반되는 경우가 많은데, 향후 본격적 협력을 추진하기 위한 준비 차원에서 연구조사 사업에 대한 지원을 크게 늘릴 필요가 있다. 유엔 산하 기구들을 활용해 각종 지식공유 사업을 실시하는 방안도 검토해 볼 만하다. 둘째는 국내 민간단체의 지원 사업을 장려하는 것이다. 민간단체 사업에 대한 남북협력기금 지원을 확대하고 이들 단체의 방북 및 대북 물자 수송이 원활하게 이루어질 수 있도록 협조해 주는 것이 바람직하다.

남북관계가 개선될 경우에는 당국 간 협력도 시작해야 하는데, 그 경우 보건, 농업, 환경, 교육, 지식공유 등의 사업을 우선적으로 추진하는 것이 국내 정치적 합의 가능성이나 사업의 효과성 측면에서 현실적인 방안이 될 것이다. 또 차후의 본격적 개발협력을 준비하기 위해 정부와 유엔 산하기구, 국내외 민간단체 간 협력을 강화하기 위한 북한 개발협력 협의체를 구성하는 것도 필수적인 과제로 삼아야 할 것이다.

한반도 평화와 통일 1

- 남남갈등을 넘어 비핵평화와 통일을 향해 -

2023년 4월 26일 1판 1쇄

기획 한반도평화만들기·한반도포럼
지은이 백영철 외
펴낸곳 연세대학교 출판문화원
주소 서울특별시 서대문구 연세로 50
등록 1955년 10월 13일(제9-60호)
전화 02) 2123-3378~80
팩스 02) 2123-8673
전자우편 ysup@yonsei.ac.kr
홈페이지 http://press.yonsei.ac.kr
인쇄 (주)동국문화

ISBN 978-89-6850-711-3(94340)
978-89-6850-701-4(세트)

값 50,000원